中国城市发展报告

（2009）

主　办

中　国　市　长　协　会

承　办

国际欧亚科学院中国科学中心

《中国城市发展报告》编委会　编

中国城市出版社

·北　京·

图书在版编目（CIP）数据

中国城市发展报告.2009/《中国城市发展报告》编委会编.—北京：中国城市出版社，2010.5

ISBN 978-7-5074-2265-8

Ⅰ.①中… Ⅱ.①中… Ⅲ.①城市经济—经济发展—研究报告—中国—2009 Ⅳ.①F299.2

中国版本图书馆 CIP 数据核字（2010）第 068808 号

责任编辑 徐昌强 郭 垦 孙湛波
装帧设计 美信书籍设计工作室
责任技术编辑 张建军
出版发行 中国城市出版社
地 址 北京市海淀区太平路甲 40 号（邮编 100039）
网 址 www.citypress.cn
发行部电话 （010）63454857 63289949
发行部传真 （010）63421417 63400635
发行部信箱 zgcsfx@sina.com
编辑部电话 （010）52732085 52732055 63421488（Fax）
投稿信箱 city_editor@sina.com
总编室电话 （010）52732057
总编室信箱 citypress@sina.com
经 销 新华书店
印 刷 北京蓝海印刷有限公司
字 数 602 千字 印张 28
开 本 889×1194（毫米） 1/16
版 次 2010 年 5 月第 1 版
印 次 2010 年 5 月第 1 次印刷
定 价 398.00 元

《中国城市发展报告(2009)》机构组成名单

《中国城市发展报告(2009)》总顾问

成思危　全国人民代表大会常务委员会原副委员长
路甬祥　全国人民代表大会常务委员会副委员长
罗豪才　中国人民政治协商会议全国委员会原副主席
徐匡迪　中国人民政治协商会议全国委员会原副主席
周光召　全国人民代表大会常务委员会原副委员长

《中国城市发展报告(2009)》顾问

汪光焘　全国人大环境与资源保护委员会主任委员
王梦奎　国务院发展研究中心原主任
刘燕华　国家科技部副部长
曲格平　全国人大环境与资源保护委员会原主任
刘　江　国家发展改革委员会原副主任
周干峙　原国家建设部副部长，中国科学院院士，中国工程院院士
赵宝江　原国家建设部副部长
李振东　原国家建设部副部长

《中国城市发展报告(2009)》理事会

理 事 长: 蒋正华　全国人民代表大会常务委员会原副委员长
国际欧亚科学院中国科学中心主席
副理事长: 陶斯亮　中国市长协会副会长
理　　事: (以下按姓氏拼音顺序排列)
崔衡德　戴　逢　廖幼鸣　马俊如
毛其智　彭公炳　王长远

理事会办公室主任：马海鹰

《中国城市发展报告(2009)》学术委员会

主　任：吴良镛　中国科学院院士，中国工程院院士，清华大学教授

副主任：周干峙　中国科学院院士，中国工程院院士

马俊如　国际欧亚科学院院士

戴　逢　国际欧亚科学院院士

委　员：(以下按姓氏拼音顺序排列)

陈建华　陈述彭　承继成　顾朝林　何建邦　李京文

李晓江　林建元　毛其智　钱　易　邵益生　唐子来

吴敬琏　许学强　叶嘉安　赵宝江　周一星　朱　训

邹德慈　邹祖烨

《中国城市发展报告(2009)》编委会

编委会主任：马俊如

编委会副主任：戴　逢　孔德涌

主　　编：戴　逢

常务副主编：毛其智　邵益生　陈建华

副　主　编：承继成　邹祖烨　石　楠　蔡云楠

编委会委员：(以下按姓氏拼音顺序排列)

蔡云楠　陈建华　陈晓丽　承继成　池天河

戴　逢　郭日生　何建邦　黄　伟　孔德涌

李兵弟　林　泉　陆学艺　马海鹰　马俊如

毛其智　邵益生　史培军　王　丹　王景慧

王静霞　邬翊光　许学强　杨保军　邹祖烨

编委会秘书：潘媛媛　廖远涛

《中国城市发展报告(2009)》研编机构

主办单位：中国市长协会

承办单位：国际欧亚科学院中国科学中心

协办单位：(排名不分先后)

中国城市规划设计研究院

广州市城市规划勘测设计研究院

中国城市科学研究会

中国城市规划学会

中国城市经济学会
广州市都市发展研究会
清华大学建筑学院
北京大学数字中国研究院
中山大学城市与区域研究中心
北京师范大学资源学院
北京凯德欧亚咨询中心有限公司
国家遥感应用工程技术研究中心

《中国城市发展报告(2009)》工作委员会

主任委员： 王长远

委　　员： 林家宁　方兆瑞　马海鹰

序　一

蒋正华

第九届、十届全国人大常委会副委员长，国际欧亚科学院中国科学中心主席

冬去春来，万象更新。一年一辑的《中国城市发展报告》，在中国市长协会和国际欧亚科学院中国科学中心的领导下，在数十位作者的努力下，经过编辑委员会的精心组织编纂，又和读者见面了。

2009年是中华人民共和国历史上十分重要的一年。全国各族人民隆重庆祝新中国成立60周年，为伟大祖国的发展进步感到无比自豪，决心在新的起点上把中国特色社会主义事业继续推向前进。

回顾刚刚过去的一年，面对国际金融经济危机的严重冲击，全国人民在党中央的领导下，坚定信心、迎难而上、万众一心、共克时艰，坚持把保持经济平稳较快发展作为经济工作的首要任务。通过贯彻落实国务院关于进一步扩大内需、促进经济增长的十项措施，认真执行积极的财政政策和适度宽松的货币政策，实施总额四万亿元的两年投资计划，有效地落实调整振兴产业规划，统筹做好“保增长、保民生、保稳定”的各项工作，遏止了经济增长明显下滑态势，在全球率先实现经济形势总体回升向好，为世界经济摆脱危机困境、走向缓慢复苏做出了重要贡献。与此同时，我们取得了汶川地震灾后恢复重建的重大阶段性成果，妥善处理了乌鲁木齐打砸抢烧严重暴力犯罪事件，科学部署了甲型H1N1流感的预防控制工作，有力维护了社会大局的和谐稳定。

《中国城市发展报告（2009）》以“和谐城市：应对金融危机，扩大社会保障”为主题，以推进城镇化为主旋律，客观总结了一年来中国城市发展取得的伟大成就。

2009年12月举行的中央经济工作会议强调：当前，要把重点放在加强中小城市和小城镇发展上。要积极稳妥推进城镇化，全方位提高城镇化发展水平；要发挥好城市对农村的辐射带动作用，壮大县域经济；要提高城市规划水平，加强市政基础设施建设，完善城市管理。

随后，中共中央和国务院在12月31日发布了《关于加大统筹城乡发展力度　进一步夯实农业农村发展基础的若干意见》（2010年1号文件），明确要求我们“推进城镇化发展的制度创新”。文件强调：深化户籍制度改革，加快落实放宽中小城市、小城镇特别是县城和中心镇落户条件的政策，促进符合条件的农业转移人口在城镇落户，并享有与当地城镇居民

同等的权益。这些对中国城镇化发展的新思路和对城镇化发展制度创新的新举措，将有助于在新的一年里，加快调整区域经济结构和城乡结构，加快推进城镇化和国土开发，并最终加快经济发展方式的转变。

调结构、重民生、促改革是近几年城市建设的方向。以人为本，着力保障和改善民生，不断满足人民群众日益增长的物质文化需求，促进社会和谐进步，是2009年中国城市发展中的一个重点领域。其中，千方百计扩大就业，是保障和改善民生的头等大事，就业不仅解决生存问题，也体现人的尊严，关系到每个家庭的幸福。目前，我国每年外出打工的农民工达1.5亿人，城市待业人员达2400万人，每年大学毕业生600万以上，而目前城镇新增就业职工的能力仅为每年1000万人左右。妥善安排和不断扩大就业，是推进城镇化的关键因素，是摆在各级政府和全社会面前的一项十分重要的任务。

在城乡社会经济全面发展的同时，加快完善覆盖城乡居民的社会保障体系，建立健全新型农村社会养老保险、基本医疗保险、工伤保险、农民工社会保险、城乡低保、残疾人社会保障和服务体系；优先发展教育，改善教育办学条件，促进城乡、区域教育均衡发展；继续大规模实施保障性安居工程，加快棚户区改造，大力整顿和规范房地产市场秩序；多渠道多形式改善农民工居住条件，鼓励有条件的城市将有稳定职业并在城市居住一定年限的农民工逐步纳入城镇住房保障体系；采取有针对性的措施，合理解决新生代农民工问题；统筹推进城镇化和新农村建设，促进城镇化和新农村建设良性互动。这一系列问题都有待我们认真思考。在全面建设小康社会的关键时期，要把握好科学发展、和谐发展的原则。上述问题也希望得到全社会的关注，共谋发展良策，共成发展大业，在城市发展迈上新台阶的重要时期同心协力，实现新的飞跃。

《中国城市发展报告》作为一个系列性出版物，内容翔实，观点鲜明，信息量大，是社会各界回顾和评述中国城市发展年度进程的理想平台。

为了将《中国城市发展报告》编写得更好，我们衷心希望得到城市的决策者、管理者、各方学者和社会各界的关注和支持，也希望编著者们不断总结经验，改革创新，进一步提高编写质量，将《报告》越编越好。

2010年3月

序　二

姜伟新

住房和城乡建设部部长，中国市长协会执行会长

一

我国已经进入城镇化快速增长时期，城镇化水平从2005年42.99%提高到2009年的46.59%，年均增加0.9个百分点。城镇化已成为我国推进新型工业化、解决就业、扩大内需的重要举措，促进了经济发展、社会进步和文化繁荣，推动了国家综合国力的提升。

我国的中心城市经济实力不断增强，在国民经济中的作用更加突出。我国地级及以上城市以占全国不到30%的人口，创造了占全国60%以上的GDP，集聚能力进一步增强。同时，中央和地方继续贯彻实施促进小城镇发展和新农村建设的政策，小城镇发展活力增加，基础设施和公共设施水平显著提高，农民生产生活环境和村容村貌得到较大改善。以县城为主的小城镇成为农民返乡创业和农村富余劳动力进城的重要载体。2008年底，全国县城和建制镇人口2.57亿，占全国人口比重的19.4%，比2005年高出0.4个百分点。近57万个行政村中，46.7%实现了集中供水，52.1%通上了公交车或客运班车，31%建设了生活垃圾收集点，61.6%实现了主要道路硬化。

国家制定了一系列区域政策，加强对重点地区的规划引导，增强了城镇密集地区的发展动力。长江三角洲、珠江三角洲和京津冀等城镇密集地区，成为带动国家发展、参与国际竞争的重点区域。中西部以省会城市为核心的城镇密集地区发展速度加快，武汉城市圈、中原城市群、长株潭城市群、成渝城市群、关中城市群等已成为带动中西部地区发展的重要增长极。中部崛起和西部大开发战略的实施，增强了中西部地区城镇化发展动力。“十一五”前三年，中部地区和西部地区的城镇化率年均分别提高1.46个百分点和1.25个百分点，高于东部地区年均增长1.01个百分点的速度。中部城市市政公用设施投资年均增长20.6%，已成为增速最快的地区。

当然，我国人口多，底子薄，区域差异大，城乡二元结构难以在短期内根本改变。保护耕地、保证就业、保障住房、保护环境等方面，我们都将面临严峻的挑战，只有科学地统筹

协调发展，合理编制与严格实施城乡规划，我国的城镇化才能又好又快地向前发展。

二

按照目前的增长速度，我国城镇化率将很快超越50%，城镇化以量的增长为主将转向量的积累和质的提高并重。要适应城市型社会的管理要求，逐步破除长期制约城镇化健康发展的制度障碍，为我国城镇化长远的可持续发展奠定基础。

我国城镇化发展正面临着一系列深层次的矛盾和问题：一是城镇化发展动力面临结构性的调整。全球性金融危机削弱了我国三十年来以外向型经济为主导的城镇化发展动力，迫切需要在内需为主和积极利用外需的新形势下，激发城镇化发展的新动力。二是需要着力消化户籍和社会保障体制改革过程中产生的新问题。随着制约城镇化发展体制藩篱的破除，对城市就业、居住、市政基础设施和公共服务设施的隐形需求逐步显性化，也会引发新的矛盾和问题，需要转变理念，创新机制，在制度建设和服务与管理的完善上做出积极的应对。三是要满足民众日益提高的人居环境的需求。长期以来，城镇发展模式粗放成为影响我国城镇化健康有序发展的关键问题。影响城镇发展模式的因素涉及产业结构优化、建设用地管理体制调整、财税体制和政绩考核体制改革等多个方面。实现城镇发展模式从粗放向集约的转化，不仅要强化城乡规划管理，更重要的是从源头着手，破除体制机制上的障碍。

三

积极稳妥地推进城镇化，从住房和城乡建设行业的工作出发，近期应该重点抓好几方面的工作。一是要提高城乡规划水平。高水平的城乡规划是推动人口、经济和资源在空间上合理布局，促进城镇化健康发展和保障城乡可持续发展的基础。城乡规划的制定，要坚持城乡统筹、区域统筹、以人为本的原则，注重城市功能的完善，注重资源的节约，注重保护环境、风景名胜和历史文化资源，增强规划的科学性。要下工夫研究城镇化发展战略问题。要重点加大中小城市和小城镇市政基础设施建设，积极引导和推进市政基础设施建设城乡一体化进程。二是要继续把住房工作作为重中之重认真抓好。要完善政策，增加有效供给，继续综合运用土地、信贷、税收等手段，加强和改善对房地产市场的调控。重点是加快保障性住房建设，加强市场监管，稳定市场预期，遏制部分城市房价过快上涨。同时要研究促进中长期房地产市场稳定发展的政策。三是要继续推进建筑节能和城镇减排，提高发展质量和效益。通过推动供热计量改革、提高新建建筑施工阶段节能标准执行率、增加可再生能源建筑规模化应用示范城市和示范县等措施，切实提高建筑节能水平。要继续加快城镇污水处理设施建设，加快城市轨道交通和快速公交系统的建设以及城市综合交通规划的编制工作，严格绿线管理，推进节约型园林绿化建设，切实提高园林绿化水平，推动城镇减排。

感谢中国市长协会、国际欧亚科学院中国科学中心组织编写这本《中国城市发展报告》，对我国城市发展中的趋势和问题进行系统的总结与分析，为政府决策提供参考，为关心我国城镇化发展的读者提供系统的参考。

2010 年 4 月 12 日

前　言
积极应对气候变化　促进城乡规划理念转变

汪光焘

全国人大环境与资源保护委员会主任委员，国际欧亚科学院中国科学中心常务副主席

【摘要】　气候变化既是环境问题，更是发展问题，要通过转变发展模式、调整消费方式和转变能源结构解决。在我国新的历史发展时期，在国际社会积极应对气候变化的形势下，应对气候变化对于城乡规划理念的影响是一个亟待重点研究的课题。城乡规划理念的与时俱进，必须深入贯彻落实科学发展观，通过节约资源和调整能源结构来研究问题。研究城乡规划理念的转变，对于社会发展过程中产生的新概念和理念，不能简单引用或炒作，而是需要认真研究其内涵。研究城乡规划理念，应当以开发低碳能源为基本要求，以清洁生产和资源循环利用为关键环节，以绿色建筑和绿色交通为实现方式，以适应生态和人居的合理布局为衡量标准，实现可持续发展，并通过对资源消费和能源结构的现状评估，提出能源供应结构调整方案，因地制宜、科学规划、开展应用新能源在城乡规划实施中的试点工作，探索和实践我们的理念。

【关键词】　气候变化；城乡规划理念；应对措施；低碳经济；循环经济

气候变化是人类社会可持续发展面临的重大挑战。积极应对气候变化，事关我国经济社会发展全局和人民群众切身利益，事关人类生存和各国发展。而积极应对气候变化对于城乡规划理念的影响是一个亟待重点研究的课题。

在我国城乡规划理念从古至今的变化过程中，我们认识到，中国历来十分注重人与自然的和谐，这是我国规划自古以来的核心理念。现在的城乡规划理念是在工业化进程中形成的，应当适应时代的发展。城乡规划具有战略性、前瞻性，对于城乡规划理念的研究要站在时代潮流之上。改革开放30多年来，我国经济取得了举世瞩目的持续高速增长。随着城镇化进程的加快和城市建设规模的扩大，环境、安全、社会、能源、水资源等方面的问题逐渐凸现。在我国新的历史发展时期，在国际社会积极应对气候变化的形势下，城乡规划理念如何与时俱进，深入贯彻与落实科学发展观，实现城乡统筹发展，需要通过节约资源和调整能源结构来研究问题。

研究城乡规划理念转变，对于社会发展过程中产生的新概念和理念，不能简单引用或炒

作，而是需要认真研究其内涵。城乡规划理念新的成果要体现在编制城乡规划里，应当用技术标准来规范、来促进，这才是有意义的。我们应立足于战略的思考，总结历史上城乡规划理念的演变过程，针对气候变化和社会最关心的问题来研究。城乡规划部门的职责和责任应当是研究包括气候变化问题的内涵及与之相适应的城乡规划技术标准和规范问题等，从而在城乡规划建设中更好地解决气候变化问题。

一、应对气候变化问题归根到底是发展问题

胡锦涛主席2009年9月22日在联合国气候变化峰会开幕式上的讲话中指出：“全球气候变化深刻影响着人类生存和发展，是各国共同面临的重大挑战。”气候变化已经成为各国首脑最为关心的问题之一，这可以从近几年来八国集团首脑会议和华盛顿二十国集团金融峰会关键议题的转变上看出。在对气候变化问题的讨论中，存在两种观点：一种认为气候变化是自然现象，另一种认为气候变化是人为因素造成的。目前普遍认为，气候变化既受自然因素影响，也受人类活动影响，应重点研究气候变化中人为因素所占的份额及减少人为因素的方式方法。我们认为，应对气候变化归根到底是人类发展的模式问题。

气候变化是人类发展进程中出现的环境问题，与人类使用化石能源的历史和现状有着紧密联系。影响气候变化的关键是碳排放，其中最关键的是为什么要降低碳排放和如何更好地解决碳排放，这些问题对于研究气候变化以及应对气候变化的措施非常重要。中科院丁仲礼课题组最近刚刚完成的一项研究表明，在1900年到2005年百余年的时间，全球人均累计排放仅有79.58吨碳。但这个期间美国的人均累计排放为467.88吨，英国为303.13吨，德国为271.32吨，法国为161.85吨，日本为115.10吨；而同期中国人均累计排放只有24.14吨，只相当于美国、英国1900年到1907年8年的人均累计排放水平。这组数字证实，工业革命之后发达国家在快速工业化过程中大量使用化石燃料作为能源，这种能源消耗的生产方式和发展模式导致了环境污染和碳排放的累积，直接影响了今天的气候变化。发达国家意识到了能源结构对人类生存环境和经济发展的影响和自身应负的责任，首先应当承诺减排中长期目标；同时，自上个世纪起，新能源利用的问题不断被提出，许多国家都在尝试寻找未来能源供应可持续性的解决途径。

研究气候变化发生的历史和现实问题，本质上就是研究经济社会发展模式问题，即未来发展模式的问题。现在跟世界各国谈判气候问题实际上也是争取生存权和发展权问题。21世纪以来，随着社会进步和社会生产力的大幅提高，人类创造了前所未有的物质财富，加速推进了文明发展的进程。与此同时，人口剧增、资源过度开发、环境污染、生态破坏和南北差距扩大等也日益突出，成为全球性的重大问题，严重地阻碍着经济的发展和人民生活质量的提高，继而威胁着全人类的未来生存和发展。在这种严峻形势下，人类不得不重新审视自己的社会经济行为和走过的历程，认识到不顾能源、资源消耗，拼命追求经济数量增长的传统发展模式已不适应当今和未来发展的要求，而必须努力寻求一条经济、社会、环境和资源相互协调，既能满足当代人的需求，又不对后人的需求构成危害的道路。

从应对气候变化的本质上看，应当坚持减缓、适应、技术转让和资金支持同举并重。应对气候变化同各国发展阶段、生活方式、人口规模、资源禀赋以及国际产业分工等因素密切相关。应对气候变化绝不能仅仅就环境讲环境，就能源讲能源，而应该且只能在发展过程中推进，也只能靠共同发展来解决。需要强调的是，应对气候变化应当坚持《联合国气候变化框架公约》及其《京都议定书》，坚持巴厘路线图的授权，坚持“共同但有区别的责任”原则，坚持可持续发展。

开发利用可再生能源一方面对于优化能源结构、保护环境、减排温室气体、应对气候变化具有十分重要的作用。另一方面，当前，国际能源供需不均衡的区域性矛盾和结构性矛盾日益突出，甚至于产生国际社会的冲突。各国经济发展都不可避免地会受到能源市场格局变化与价格波动的影响，因此发展可再生能源也是各国共同面临的挑战，是开拓新的经济增长领域、促进经济转型、扩大就业的重要选择。

城乡规划工作者应当清醒地认识到转变城乡规划理念、调整能源结构的重要性，应当统筹协调经济增长、社会发展、环境保护的关系，走可持续发展道路，坚持以人为本，实现人与自然和谐。

二、转变发展方式与应对两个危机

近期国际上在谈“两个危机”，即国际金融危机和气候变化危机，粗看似乎两者关系不大，金融危机似乎只是近期产生的短期问题，而气候变化显然是一个长期发展的结果。但通过强调应对气候变化、增加减排投入，可以刺激相关技术的创新，培养新的经济增长点，扩大就业，进而为摆脱金融危机提供来自实体经济的根本支持，两个危机是紧密相连的。我们要以战略的、长远的观点来仔细研究这些问题，同时要思考它们对我国城乡发展的深远影响。

从历次经济危机看，经济危机的发生与国家经济政策的影响联系十分密切。20 世纪初和 1929 年前后两次经济大危机、1997 年亚洲金融危机以及眼下的世界经济危机都涉及金融和房地产行业。金融、房地产长期以来都是影响经济的重要因素。房地产是个产业问题，实则是经济运行的要素，本质是影响整体国民经济的金融问题。金融是市场经济里的重要调节手段，国家金融体制是否健全、金融市场发达程度以及金融监管程度是市场经济发展的关键问题。9·11 事件后，美国为刺激经济而大量发放贷款所导致的次贷危机，以及上一次金融危机所导致的我国香港和东南亚一些国家房地产萧条问题等等，既说明房地产涉及金融稳定问题，又说明经济政策对经济危机的影响关系。

历次经济危机的最终结果就是直接影响就业和消费，而消费的影响带来了对社会流通的影响，这就是现在应对金融危机要重新研究实体经济的原因。如果实体经济中制造业得不到调整，国民经济仅仅依靠金融业和房地产业，那么金融业和房地产业领域的危机会延伸到其他领域。新兴制造业要得到发展，生产部门要得到发展，绝不是现有制造业及其生产要素的简单重复。技术革命和技术创新是根本的出路。归根结底，应对经济危机最终要靠技术革命和技术创新。回顾20世纪第一次金融危机、第二次金融危机过程，都对应着新技术、新产品的产生。例如，电子业就在第二次世界大战以后得到突飞猛进的发展。我们在研究解决金融危机问题时，立足点不能是简单地重复原来生产和流通的过程，而是要充分利用新技术革命，来促进经济结构调整和产业升级，最终根本摆脱经济危机的困扰。

应对气候变化，我们必须要保障国家发展的空间。以我们现行的标准，中国还有4300万人属于贫困人口。如果按以往联合国标准1美元/人·天计算，我们的贫困人口规模是1.5亿，按现在联合国标准1.25美元/人·天计算，我们的贫困人口规模就增至2.5亿，可见我们改善贫困人口生活状况的责任有多大。生存权、发展权是最基本的人权，何况我们农村生活水平还远低于城市和乡镇，惠及十几亿人口的小康社会建设还任重道远。另外，我国制造业及其他产业都要结构优化、产品升级，国家的技术和服务领域的空间也很大。因此，国家确定的重点是要扩大内需、技术创新、提高人口素质、节能减排，同时要有一系列政策、规划和措施作为保障。

对我国而言，应对金融危机、实现可持续发展，要面对生产要素成本上涨的压力，包括国内阶段性发展因素的土地、劳动力等，也包括受国际影响的原材料和能源，同时面对自身发展的可持续性问题和国际社会对全球性温室气体减排带来的挑战。这两者使得我们面临的更加突出的矛盾是清洁生产和能源结构的调整，节约资源和能源，减少污染排放，推动经济发展模式的转变。人类文明发展史始终是伴随着从火的运用到各类能源的改变，带来了社会进步。我们不仅要认识到调整能源结构能为国家长远发展争取空间，同时也要认识到它对国家经济和社会所带来的深远影响。

转变发展方式，应对两个危机，简言之就是调整一、二、三产业结构，促进现代服务业发展，以消费需求的拓展和升级为重点，积极扩大内需，保障消费，积极推进城镇化。以提升高端产品的竞争力为重点，进行产业转型升级。要在保持和延伸已有中低端产业竞争力的同时，逐步培育和形成中高端产业的竞争力。以扩大就业、完善保障、加强培训为重点，提高人力资源的作用。减排和创新并举，以降低单位GDP二氧化碳的排放为重点实施节能减排。应对金融危机和应对气候变化，有利于形成一种倒逼机制，为加快能源供应结构调整、淘汰落后产能、推进资源整合、提升产业集中度和产业水平提供一个重要的机遇。

面对当前全球性的经济危机和应对气候变化，城乡规划工作者要注意发挥规划的指导性、科学性、长远性与综合协调性，尤其是通过城乡规划和实施方案将产业结构调整、降低资源能源消耗的发展战略和思路落实到位。制定城乡规划一定要因地制宜，分析资源背景和自身特点，既要为保证人口增长，特别是农村富裕劳动力就地就业的转移创造条件，又要解决城镇化快速发展中产生的问题。

三、以绿色经济、低碳经济和循环经济的理念研究城乡规划理念的转变

2009年8月27日十一届全国人大常委会十次会议通过的《全国人民代表大会常务委员会关于积极应对气候变化的决议》中提出：要“大力发展循环经济，淘汰落后产能和产品，

不断提高资源综合利用效率”，“要立足国情发展绿色经济、低碳经济”。中央强调，要大力发展绿色经济，积极发展低碳经济和循环经济，研发和推广气候友好技术。我们的城乡规划工作者应当认真思考这些概念之间有什么联系，城乡规划又应当如何落实这些要求。

1. 清洁生产、绿色经济、低碳经济、循环经济和生态经济概念辨析

清洁生产。20 世纪 70 年代中后期，西方工业国家开始探索在生产工艺过程中减少污染的产生，并逐步形成了废物最小量化、源头削减、无废和少废工艺、污染预防等新的污染预防战略。1989 年，联合国环境规划署为促进工业可持续发展，在总结工业污染防治正反两方面经验教训的基础上，首次提出清洁生产的概念，并制定了推行清洁生产的行动计划。1992 年，清洁生产被正式写入《21 世纪议程》。我国清洁生产促进法借鉴了联合国环境规划署的定义，结合我国实际情况，将清洁生产定义为：不断采取改进设计、使用清洁的能源和原料、采用先进的工艺技术与设备、改善管理、综合利用等措施，从源头削减污染，提高资源利用效率，减少或者避免生产、服务和产品使用过程中污染物的产生和排放，以减轻或者消除对人类健康和环境的危害。

绿色经济。“绿色经济”一词源自英国环境经济学家皮尔斯于 1989 年出版的《绿色经济蓝图》一书，与传统的基于煤、石油和天然气等化石燃料的“黑色”经济相对应。绿色经济是在生态经济学的基础上，强调人类经济发展与自然生态资源的相互依赖以及人类经济活动对气候变化的相互影响。在全球经济危机时，联合国环境署呼吁制定全球绿色协议，鼓励各国政府支持本国经济向“更绿”的经济转型（UNEP，2008 年 10 月 22 日）。一般认为绿色经济是指人们在社会经济活动中，通过正确地处理人与自然以及人与人之间的关系，高效地、文明地实现对自然资源的永续利用，从而使生态环境持续改善和生活质量持续提高的一种生产方式或经济发展形态。

低碳经济。“低碳经济”最早见诸政府文件是 2003 年的英国能源白皮书，是在应对气候变化、减少碳排放的大背景下提出的。从《我们能源的未来：创建低碳经济》（英国能源白皮书，2003 年 2 月）、《向全球低碳经济前进：实施施坦恩报告》（2007 年 10 月）和《建设低碳经济——英国应对气候变化做出的贡献》（气候变化委员会，2008 年 12 月）的内容来看，英国所提到的低碳经济包括了通过税收、贸易或标准为碳定价、鼓励低碳科技的创新以及减少碳排放的措施，还包括了制止森林砍伐、发展碳汇林业、适应气候变化能力建设等一系列措施。国内学者的观点认为，低碳经济是以低能耗、低污染、低排放为基础的经济模式，其实质是能源高效利用、清洁能源开发、追求绿色 GDP 的问题，核心是能源技术和减排技术创新、产业结构和制度创新以及人类生存发展观念的根本性转变。

循环经济。在清洁生产概念提出后，内涵被不断延伸。把“减量化、再利用、资源化”的原则在一个企业内部的应用扩展到整个产业链或一个区域，从生产领域扩展到消费领域，包括建立所谓工业生态园区，利用产业生态学和功能经济学的理念，关注利用服务消费替代产品消费，从而构造所谓物质的“闭路循环”利用体系或“工业生态系统”，这是循环经济理念提出的初衷。而这一内涵在不同国家有着不同的表述方式，德国是物质闭路循环

(close substance cycle)，日本人普遍用循环型社会，美国用的较多的是闭路经济（closed-loop economy），欧洲则更多地称之为可持续生产与消费（sustainable production and consumption），主要还是针对废物的管理和循环利用。我国循环经济促进法将循环经济定义为：指在生产、流通和消费等过程中进行的减量化、再利用、资源化活动的总称。

生态经济。美国海洋学家莱切尔·卡逊在1962年发表的《寂静的春天》一书中，首次真正结合经济社会问题开展生态学研究。几年后，美国经济学家肯尼斯·鲍尔丁在《一门科学——生态经济学》一书中正式提出"生态经济学"的概念及"太空船经济理论"等。20世纪60年代后期正式创建生态经济学作为一门独立的学科，从经济学和生态学的结合上，围绕着人类经济活动与自然生态之间相互作用的关系，研究生态经济结构、功能、规律、平衡、生产力及生态经济效益，生态经济的宏观管理和数学模型等内容，旨在促使社会经济在生态平衡的基础上实现持续稳定发展。

几百年来，世界经历了蒸汽机、电力、计算机等数次工业革命，给全球经济社会带来巨大推动力。在全球应对气候变化形势的推动下，世界范围内正在经历一场经济社会发展方式的巨大变革，发展可再生能源技术，建立绿色经济、低碳经济和循环经济的发展模式和消费模式，并将其作为协调经济发展和应对气候变化的基本途径，正成为一种共识。在应对国际金融和气候变化双重危机的形势下，世界各国纷纷采取行动。美国总统奥巴马经济刺激计划中提倡"绿色经济运动"，日本环境大臣齐藤铁夫近日公布了名为《绿色经济与社会变革》的政策草案，英国在能源白皮书中提出了创建低碳经济。

清洁生产是推动资源节约、环境友好社会建设的最基础的工作，是长期以来世界共同关注的问题。绿色经济、低碳经济和循环经济本质上是在不同角度讨论地球容量和经济发展的关系，是在经济活动中注重防治生态过度恶化带来人类和自然界生物生存环境恶化的过程。无论是清洁生产、绿色经济、低碳经济还是循环经济，都是把经济发展与资源环境保护协调起来，通过污染防治、发展可再生能源、节能减排来实现人与自然的协调和可持续发展，实现生态文明。

2. 新的发展模式下城乡规划应当遵循的原则

当今新的经济社会发展模式下，城乡发展必然进入新的阶段。研究新的发展模式下城乡规划遵循的原则，推动理念转变是必须的。城乡规划应当具有战略性和前瞻性。虽然规划的实施管理非常重要，但怎么制定城乡规划，体现什么理念，解决什么问题，需要首先回答。城乡规划要发挥引导作用，必须要有科学理念为先导。

气候变化在一般人看来是自然环境的局部变化，但实际上是人类赖以生存的生态环境系统的变化，是人与自然互动关系上出现的系统性问题。如果要调整这个正在发生危机的系统结构，使之朝着自然可承受的方向发展，那就需要人类的共同努力，采取积极的、系统的行动来逐步实现这样的目标。城乡规划要适应生态环境系统变化带来的科学理念改变。

我们强调城乡规划在应对气候变化进行发展模式调整过程中的作用，就在于规划的对象是城乡整体人居环境，不仅包括生活的空间，还包括生产的空间；规划的目的是实现城乡和谐发展，优化人居环境的系统功能与结构。应对气候变化，城乡规划要从城乡人居环境内在的生活消费和生产链条的每一个环节入手，深入研究优化能源和资源利用以及完善城乡规划内容和方法的可能。

目前，在我国实践中，有很多与生态保护有关的示范点，例如环境保护部负责的生态示范区（县、市、省），国家发改委、住房和城乡建设部负责的节水型城市，国家发改委、原国家环保总局等6个部门负责的循环经济试点（循环经济省、市等）。仔细察看这些示范区的考核标准，毫无例外地都提出了对规划的要求，如需要制定生态市建设规划、城市节水规划、循环经济规划等等。这就要求将这些规划结合起来，体现在城乡规划编制的成果里。

过去我们较多地从生产过程中如何减少排放的角度来思考，现在面对气候变化的挑战和应对金融危机的现实要求，我认为应当更多地从消费角度研究新兴实体产业发展，研究适应未来发展的现代服务业。这就不光是考虑如何减少企业产品生产过程的消耗，不光是盲目GDP增长目标，而且更主要是从个人消费和社会消费角度来研究解决问题的出路，来研究资源环境问题。在这个方面，城乡规划的理念更要从系统的原则出发，坚持科学的态度，研究从城乡规划是公共政策出发，在编制到实施和管理的所有环节中改进城乡发展的消费模式与政策措施。

在城乡规划编制和实施中只体现单一的概念和原则是错误的，要坚持科学态度和系统的原则，研究城乡规划从编制到管理的应对措施。如果仅仅是围绕单一目标，那么不仅解决不好问题，而且还大有炒作的嫌疑。我还是强调，系统的原则是城乡规划理念最为关键的原则，成功应对气候变化的规划措施必定也是系统的。

四、能源结构调整和可再生能源的应用将主导城乡规划的理念转变

2007年10月28日经十届全国人大常委会第三十次会议审议通过的《城乡规划法》规定，制定和实施城乡规划应当遵循城乡统筹、合理布局、节约土地、集约发展和先规划后建设的原则，明确了改善生态环境，促进资源、能源节约和综合利用，保护耕地等自然资源和历史文化遗产，防止污染和其他公害，并符合区域人口发展等需要的要求。

1. 深刻理解《城乡规划法》的立法意图，创新规划理论

实现规划理念转变，通过以规划为龙头的一系列相关手段，实现城乡统筹协调发展，是转变发展方式、应对气候变化的重要途径。通过城乡规划的具体法律制度实现政府指导和调控中国城镇化发展，为政府履行经济调节、市场监管、社会管理和公共服务职责提供了重要依据。强化科学规划，遏制城市和乡村的无序建设等问题，对控制城乡各类活动对气候的影响将起到重要的作用。

推进集约城镇化快速发展，要注意保护环境和生态、应对气候变化与消除贫困的结合，首要的问题是解决人的吃饭问题。人的吃饭问题是发展中国家最关键的问题，也是中国首先要解决的问题。中国每年农村进城务工人员2.3亿，向城镇转移约1300万，每年增加城镇

化率约1.3个百分点左右，预计到2020年中国的城镇化率将达到54%到57%。预计要转移2亿多人口到城镇里来，因此，我们在制定城乡规划时，要看到2020年，甚至更久远。要注意规划的长远性和根本性。各国应对气候变化所提出的中长期减排目标，所谓排放量的减少都是通过调整经济结构、产业结构、能源结构和消费结构来实现，通过节约能耗来解决，因而必须通过城乡规划的制订和修订体现出来。

2. 研究城乡规划理念转变的基本思路

研究城乡规划理念转变的基本思路应当从以下几个方面进行考虑，即：以开发低碳能源为基本要求，以清洁生产和资源循环利用为关键环节，以绿色建筑和绿色交通为实现方式，以适应生态和人居的合理布局为衡量标准，实现可持续发展。这几个方面内容的研究不应是孤立的，应从系统性与整体性的视角进行研究。

第一，改善能源结构，应以开发低碳能源为基本要求。人的生产与生活都需要使用能源。城镇人均耗电量是农村人均耗电量的4到5倍，随着人口大量转移到城镇中来，用电量大幅增加已经是必然趋势。节约能源是我们所面临的非常重要的问题。目前，据统计局的数据显示，2008年中国一次能源消费量构成中煤炭占68.7%，石油占18.7%，天然气占3.8%，可再生能源与新能源等仅占8.8%。煤炭和石油是主要依靠的能源。因此清洁生产要从能源的清洁开始，增加清洁能源的比例，改善城市用电结构。

第二，清洁生产和资源循环利用是关键。清洁生产是注重对企业生产过程中产生的废渣、废水、废气、余热、余压等进行回收和合理利用，循环经济是将这些工作从生产领域扩展到消费领域，对社会生产和消费过程中产生的各种废物进行回收和再生利用，从而实现社会、经济与环境的可持续发展。在城乡规划中要注意以城乡功能区合理布局为主要措施，通过改进生活生产空间的布局关系来提高循环利用的效率。

第三，研究绿色交通和绿色建筑是实现城乡规划理念转变的方式。目前，我国交通能耗为社会总能耗的20%，不加控制将达到30%；而建筑能耗已达到社会总能耗的28%，在2020~2030年期间将达到30%~40%，超过工业能耗成为全社会第一耗能大户。交通能耗和建筑能耗合起来已经达到了全社会总能耗的一半以上。绿色交通需要在保障通达安全的同时通过优化货运配送和客运集约达到低能耗、少排放和少污染，城市的交通规划不仅要利用公交，还需要与城市的产业发展格局相结合。绿色建筑则是在建筑的全寿命周期内，最大限度地节能、节地、节水、节材，保护环境和减少污染，为人们提供健康、适用和高效的使用空间。减少交通能耗和建筑能耗，不仅限于对交通和建筑本身的要求，还需要同整个城市的合理规划布局相结合。

第四，以适应生态和人居的合理布局为衡量标准，将可持续性作为发展的根本方向，以此来推动城乡规划理念的转变。要注意一、二、三产业的区域合理分工与布局，要注意城市功能区布局。同时，节约能源不等于不使用能源，减少排放和增加碳汇才是解决问题的关键。增加碳汇的根本就是增加绿化，就是扩大森林覆盖率，就是增加城市绿地。同时，还应当考虑海洋的碳汇能力。

3. 促进城乡规划的理念转变的具体行动

第一，加快经济结构、能源供应结构调整，最终实现低碳生产、可持续增长的生产模式。通过产业结构调整和发展模式的转变，平衡经济增长和就业机会增加的关系。研究规划布局要研究经济结构的调整，实现低碳生产、有序生产。要着力解决制约新兴产业发展的体制机制障碍，引导和推动新兴产业实现技术突破，发挥市场机制作用，提高低碳能源在能源结构中的份额，使城镇化进程中的能源效率提高、能源结构更为合理。

第二，根据城市、镇的地理气候特点、规模等因素，研究城市、镇或城镇群的布局模式。要加强对城镇群、中小城市、新兴城镇的规划和建设。目前各中小城市持续扩张，越来越多的城市的“热岛效应”突出，又导致城市碳排放的加剧。城市发展应该通过中小城市和镇组团或协同发展形成城镇体系，提高公共服务和基础设施的运行效率；城市、镇发展上应当高效利用土地和能源。

第三，做好城市功能分区，制定城市可持续发展的战略规划。城市、镇和乡村的科学规划应重点设计好用能和节能环节，逐步推广能源管理系统，进行碳排放信息管理。诸如能源综合利用、清洁能源使用、集中供热、水环境保护、市内人工湿地保护等，都需要周全和科学的规划。

第四，交通发展上应搞好道路系统和交通系统的规划，构建绿色交通体系。城市应实施公共交通优先和为主导的交通模式，发展运载效率相对较高的以公共汽车、地铁等为主的交通体系。关键是要改变传统公交系统研究方式，突出研究综合性公交枢纽的作用，更多地要从研究公交线路布局转到研究换乘网络节点，要从由道路系统规划公交系统转到交通和公交系统与道路系统同步研究，要改变传统公交站点设置方式，做到方便出门换乘。

第五，建筑发展上要以发展绿色建筑为主。应最大限度地节约资源，充分利用太阳能等可再生资源。要研究经济政策和市场机制，将新能源的应用有条件地向负荷中心靠近，尽可能地运用区域的可再生能源优势，深化城乡规划和建筑设计方案；在建筑设计、建筑材料的选择上力求使资源可再生利用。

4. 科学规划、因地制宜、探索和实践我们的理念

立足能源消费，评估现状。随着城镇化进程的加快，城市、镇的能源消费急剧增加是客观必然的现实。解决城市、镇发展中的能源问题，制定城乡规划前，首先有必要对城市能源消费现状开展评估工作。要根据城市、镇的性质和功能定位，确定城市、镇的能源消费评估方法和指标体系，深入分析城市、镇生产和消费过程中能源的消耗状况和特点，找出城市、镇资源、能源消耗的突出问题和制约因素，给出资源、能源消耗、能源使用效率情况的基本评价，明确降低资源、能源消耗、提高能源效率的方向以及调整能源结构的方向。

分析能源结构，提出调整方案。在降低资源、能源消耗、提高能源使用效率评估基础上，合理调整城市、镇能源供应结构，提高能源消费的经济效益、社会效益和环境效益。城市、镇能源结构是指生产和消费中固体、液体、燃气、电力等能源及其他新能源的构成比例。要根据经济与社会的发展对能源结构进行科学规划，既注重能源质量的转化提高，也要注重能源品种的变化替代，特别是可再生能源的应用，依此提出能源结构调整的基本原则和主要措施。

有效推进应用新能源的试点工作。发展新能源产业，构建稳定、经济、清洁的能源体系，应当在城市的社区，围绕新增能源需求的区域布局，以绿色建筑、新能源交通等领域为基础，充分发挥城乡规划的宏观调控和引导作用，推动新能源的试点工作。要切实树立绿色经济、低碳经济的发展理念，有计划、有步骤地积极推进试点工作，真正实现城市、镇以低碳排放为目标的可持续发展，为应对气候变化做出有益贡献。

五、小结

应对气候变化似乎距离我们城乡规划的常规工作很远，但实际上自然条件的变化以及国际、国内政策的变化已经对我们眼下的发展模式提出了严峻挑战，要求我们城乡规划突破现在常规工作的思维。转变发展模式就必须积极转变城乡规划理念。回顾城乡规划发展的整个历史过程，城乡规划理念的转变总是动态的、连续的，贯穿于社会经济发展历史的全过程。积极研究应对气候变化的方法，努力促进城乡规划理念转变，已经是当前世界各国最为关心的问题，同时也是我国城镇化过程中转变城乡发展模式、城乡统筹模式的重要内容。尽管将这个主题研究的结果付诸实施是一项非常艰巨的任务，但着眼于解决我国城乡发展中带有战略性、复杂性的问题，城乡规划人员应积极行动起来，认真反思，系统研究，才能做到在气候变化这样一些新的命题、新的挑战面前保持城乡规划工作的战略性、前瞻性，保持城乡规划工作的科学性和权威性。

我们应当积极行动起来！

目　录

论坛篇

综论篇

观察篇

专题篇

案例篇

附录篇

论坛篇

战略决策·行动计划·自由创造

——中国城市发展的哲学思考（纲要）[①]

吴良镛

（中国科学院院士，中国工程院院士，清华大学人居环境研究中心主任，
清华大学建筑与城市研究所所长）

一、引言：城市规划是建立正常秩序、进行有序建设的基本保证

城市建设往往要考虑多种因素，从多方面开展工作，包括建筑、交通、市政，以及政治体制、商业经营等等。城市规划的任务便是建立正常秩序，进行有序建设。任何一种政治体制下的城市，都必然有一定的法规约束，通过一定的规划管理，进行有序的建设。这种工作在工业革命以后尤为重要。一如恩格斯所说："人口也像资本一样的集中起来"，城市逐渐变大，建设更为复杂，必须要有一定的规划，依照一定的秩序来建设。从古至今，此理不变，尽管不同时期的具体内容有异。

二、规划要服从一定的战略思想，有一定的指导原则

从20世纪50年代初期起，我开始参与中国的城市建设规划工作，到现在已经60年了，从这60年的经验教训中认识到一点：不论城市大小，其规划首先要服从一定的战略思想，有一定的指导原则，包括国家、城市等各个层面。首先必须明确一个城市的性质和建设目标，这是决策的导则（Guideline），各行各业都应有所遵循。城市规划的工作，不是一点一滴做漫无目标的事，而是在大框架下确定未来的发展路线。当然这和各个时代的体制有关，市场经济和计划经济下就有区别，但规划的必要性是一以贯之的。特别是"以人为本、关注民生"等，必须作为坚定不移的法则予以遵循。

---

① 本文原为应2009年11月26~28日荷兰代尔夫特大学主办之"2009年国际城市论坛——新城市问题"而写。该会以"新城市问题——超越新自由主义"为主题，旨在对一度风行国际学术界的所谓"新自由主义"思想展开评论。后由于健康原因，笔者未能出席会议。

三、战略规划与具体的建设行动有机结合

战略规划有长期的，也有短期的，都涉及诸多方面，包括居住区建设、交通建设、市政建设、文教卫生建设等，只有通过具体的建设行动才能实现发展的目标。这些建设都不应违背战略规划决策，必须贯彻在20世纪末逐步明确的可持续发展原则，要做到当前举措与长远利益的有机统一。

四、在战略决策和行动计划指导下，因地制宜，自由创造

以社区建设为例，城市有总的空间规划，具体的街坊建设则可以在战略决策和行动计划之下根据不同的地点、任务、情况自由创造。既有法律法规、现状条件等的约束，又有进行不同创造的自由，这样建筑才可以有丰富多彩的风格特点。例如，在处理房屋与空地的比例时就可以根据地形、自然条件等进行不同的创造，要允许在物质环境、空间布局等方面有较高的自由度。城市建设紊乱等问题的出现，常常是指导思想不明确或行动计划无条理所造成的。基于战略决策和行动计划，在第三层次上本应自由创造，但在现实中往往没有“创造”而是“抄袭”，纯粹出于商业的考虑，东拼西凑、简单模仿，造成单调无特色的恶果。

五、城市规划要看到“普通常识”与“平凡真理”

在此情况下，要强调三点认识。首先，现在的城市建设数量巨大，各种书籍、评论甚多，城市规划已不再是高不可攀、“玄而又玄”的理论。与20世纪初期的情况不同，现在对城市经济、区域划分等不同角度都有了很深入的研究，应承认其学术的精深，但未免说教、理论过多，应该看到普遍存在的“普通常识”。经过化解和归纳，充分认识“普通常识”的科学性规律，便可以提高其为“平凡真理”，这就是对原则性和规律性的基本要求。例如：宜人的居住环境、古建筑的保护、良好的生态环境等等。

六、“普通常识”与“平凡真理”要进一步成为“社会共识”

“普通常识”与“平凡真理”要进一步成为“社会共识”，使大众对基本原理和工作方法产生认同，维护广大群众的共同利益。这是很关键的问题，有一定规律可循，也有一定的工作措施。通过社区参与，提高公共性是很多地方正在实施的工作。如果城市规模不大，就很容易贯彻前文所说的三个纲领（战略决策、行动计划和自由创造）和三点认识（普通常识、平凡真理和社会共识）。在城市建设中这是一种长期的学术思想的酝酿与实践，例如，我所做的菊儿胡同的实验，从1979年到1987年，用了差不多10年的时间，才由理论变为实践，由理想变为现实。

举例：关于北宋的都城汴梁（今河南开封市），历史上有一个记载，随着人口的增多和规模的扩大，城市问题日益严重，如：容易失火、交通不畅、用地不足等等，需要扩建以解决城市拥挤的情况。皇帝因此下了诏书，这个诏书很有深意：首先，立标杆确定扩展的范围，进行用地评定；其次，确定道路设施及公共建筑；再次，划定住宅街坊；最后，让百姓在农闲时对自己的住宅进行各自的料理。原则明确，层次分明，步骤清晰，兼具灵活性，既有规划也有自由创造的空间。

千年前的古人尚可做到如此，在现今的条件下，信息如此发达，我们更有理由进一步拓展前人城市规划建设的宝贵经验。

七、结论：空间秩序之道

简言之，我要强调的是：一定要有规划，规划不是可有可无，但也不是死的、只能照章办事的。规划工作要与时俱进，根据时代发展的不同情况，进行战略决策、行动计划和具体建设，这是必然的步骤。

一个重要的前提是，美好环境与和谐社会共同缔造。这里的和谐具有广泛的意义：人与自然的和谐，人与社会的和谐，人文精神与物质环境的和谐，物质环境中的空间环境与构成物质环境中一切有体有形之万物在体形上的和谐等等。这一切更需上升到哲学的思考。

核心问题是：要认识到必然规律，在此基础上才能进行自由的多种创造；随着时代的发展，规律性会发生一定的变化，但不能改变的是对基本建设秩序的追求。这就是空间秩序之道。

我国城镇化发展的多路径思考

邹德慈

（中国工程院院士，中国城市规划设计研究院学术顾问）

城镇化是世界进入工业化时期后各个国家普遍出现的现象。它的主要表现形式是：城镇人口占全国人口比重的提高、城镇数量的增加和空间分布形态的变化。城镇化的过程伴随经济社会的发展，它们相互影响，相互作用，互为因果，是一种客观规律的反映。但是，不同的战略和方针可以在一定程度上影响它的过程，包括它的发展速度、模式以及它的空间分布形态等，从而直接关系到国家经济社会发展的态势和效益。因而，不断监测和研究城镇化的空间发展过程是国家一项重要的政策研究工作。

改革开放30多年来，指导我国城镇发展空间形态的战略方针有一个发展变化的过程。改革开放初期，经济改革从农村开始，逐步向城市转移。那时，计划经济体制没有根本改变，城市发展战略仍然沿袭计划经济时期"控制大城市规模，积极发展中小城市"的方针（1980年"全国城市规划工作会议"）。20世纪80年代中期，农村改革解放了农业生产力，出现了乡镇企业，小城镇开始有了活力，在部分地区发展很快，引起社会的关注。"小城镇、大战略"成为这一段时期占有主流地位的一项战略性思考。但是很快，随着城市经济体制改革的推进，沿海地区改革开放、引进外资、市场化机制的出现，土地转让制度的改革，沿海开放城市对低价劳动力的需求，吸引了大批农村剩余劳动力流向沿海大中城市。同时，大量乡镇企业由于竞争、经营管理、政策等原因趋于萎缩，大部分小城镇失去动力。据统计，自1996年起，虽然每年农业剩余劳动力约1.5亿，2000年达1.7亿，但是大部分都流向了大城市。这股"大潮"成为该段时期促进我国城镇化发展（城镇人口比重快速提高）的主要因素。这种趋势直到今天还没有终结。2008年流向城市的农民工尚有1.4亿。

20世纪90年代，党的十四大明确提出"我国经济体制改革的目标是建立社会主义市场经济体制"，随着房地产业的兴起、分税制的实行，大城市的进一步开放，包括全球化的影响等，我国城镇化进程出现新的特点。到21世纪初，我国的城市发展方针调整为"大中小城市和小城镇协调发展"（《中共中央关于制定国民经济和社会发展第十一个五年规划的建议》），这在我国城镇化历史上具有"里程碑"的意义。但大城市的发展态势却越来越强劲（见表1）。例如，人口增长加速，空间大大扩展，争当"国际性大城市"（非正式统计，以此作为目标的全国有180多个大城市)，争着打造“CBD”，争着搞“开发区”、“大学城”，争着建设“三大件”(行政中心、会展中心、体育中心)等等。大城市发展快，面貌改变大，但是城市内部的贫富差异扩大，公共服务水平问题、住房问题、交通问题、环境问题等大量存在。特别是大量农民工长期不能融入城市，成为真正的城市人口，这是我国城镇化“质量”不高的主要原因。问题是：近十几年来依赖“农民工进入大中城市——提供低价劳动力——加上低价土地——创造GDP——增大城市人口——提高城镇化率”，越来越成为我国这个时期城镇化的主要路径。这样的路径，存在很多问题，虽有近利，但不利于长远的可持续发展。

表1 全国各类城市人口数量变化表

(单位：万人)

	2000年	2001年	2002年	2003年	2004年	2005年	年均增长率(%)
大城市	16 253	17 542	18 707	19 359	19 530	19 474	3.7
中等城市	10 966	9 593	8 444	7 311	7 055	6 852	-9.0
小城市	11 605	8 612	8 069	7 135	7 562	9 598	-3.7

资料依据：中国城市建设统计年鉴2000~2005年

农民工进城创造了大量财富，做出了巨大贡献，解决了一定时期的矛盾；使大量农村富余劳动力有了出路，富了城市和国家。但是他们自己在城市没有得到应有的权利和回报，有失社会公平，长此以往，就会成为社会不稳定的因素。农民工所创造的价值除了部分化为国家和地方政府的公共收入外，相当部分肥了企业和老板，只有小部分为农村所得。它并没有对农业发展做出很多贡献。相反，造成一部分农村“空心化”，村中只剩下儿童、妇女和老人；一些在城里挣钱回村盖的新房常年“空置”。

这条路径使得每年1亿多进城打工的农民，成为世界上最大的“钟摆式移民”。每年春节前后移动一次，造成世界上独特的“春运潮”(一般每年一个月)。这种春运潮给国家和社会资源带来巨大消耗。

全国铁路春运人数统计：2000年1.28亿人次；2009年1.92亿人次，年均增长4.6%；

全国公路春运人数统计：2000年14.5亿人次；2009年21.1亿人次，年均增长4.2%。

2008年冬至2009年春，在国际金融危机影响下，沿海城市的出口加工业萎缩，造成1000多万农民工“失业”，成为一个严重的社会问题。这些问题说明这条路径的不可持久性和脆弱性。

这种状况必须改变。毋庸置疑的是，中国的城镇化应该走多路径的道路。路径之一是：积极推进和发展农村地区的小城镇，目的是：截留和吸纳一部分农村的剩余劳动力，避免全部(或主要)流入大中城市。2008年全国城镇化率达到45.7%，农村人口尚有7.2亿。据预测，今后每年农村剩余劳动力的数量仍然会保持在1亿~1.5亿，它的数量不会因为金融危机的影响而有较大变化。农民工“失业”的现象也不可能很快消失，相反，大中城市的容纳能力今后不可能大幅度提高，因为：一、城市产业结构需要转型；二、城市本身就业形势严峻；三、首先要解决城市中已有农民工的大量定居问题。

我国的主要农业地区分布在中部和东北部。这些地区（特别是中部地区）农民数量多、耕地少，农业生产力的发展和现代化必然要“溢出”大量的劳动力，要发展非农产业；自十七届三中全会以来，一系列有关农业发展的新政策，包括土地、税收、市场、融资等方面，有利于农民在农村地区创业和发展；农民中具有在本乡本土创业定居的愿望，主要是缺少资金和睿智的带头人。今天的社会条件已经远优于20世纪80年代初期，例如，几十年来工业化、城市化的经验，创业的多种方式，城市的支援和反哺，新的科学技术等都是可以利用的条件，因此，不可能再回到当年大搞乡镇企业的老路；农业地区的小城镇还可以更直接地带动和支援该地区农业生产力的发展，走向现代化，实现全面小康的目标。

小城镇与“新农村”的本质差别是产业，农村的生产职能是农业，城镇的生产职能是非农产业。“非农”的内涵多种多样，千百种以上。广义而言，还包括文化、教育、科技等等。这是城镇化本原性的客观动力。因此，可以设想小城镇必然会成为成片新农村的中心。笔者最近提出“农业城镇”的新概念：在一定条件下，可以农产品（包括林、果、牧、渔等）的“生产链”作为某些农业地区小城镇的产业。从农业生产的种子、肥料、农药、工具、水利到农产品加工、包装、市场、销售、运销、物流等，可以延伸很长，不亚于其他加工业的产业链。这方面的门路宽广，但困难是要突破当前很多体制、部门的割裂。

自改革开放以来，我国的大城市一直发展较快，这是合乎规律的现象。从特大城市发展到超大城市（人口超过200万），到巨型城市（人口超过800万），以至在空间形态上，大城市连绵区、密集区的出现，包括在全球化影响下，少数“全球城市”的出现，都是不可避免的，是控制不住的。近十几年来，经济、人口进一步向沿海若干地区集约式地集聚发展，也是一种不可遏制的趋势。我国建国以来的城市建设指导方针一直是控制大城市，但是始终控制不住它的发展（包括在计划经济时期也基本如此），其原因只用“规模经济”一句话是不够的。它涉及经济社会、政治文化等综合的因素，或者说是“集聚效应”的作用。它有客观的规律性。大城市有很多难以治理的“城市病”。对大城市的“病”，要“有病治病”，想叫它不发展，条件不具备时是不可能的。21世纪开始，国家的城市建设指导方针调整为“大中小城市，还有小城镇协调发展”，比较切合实际。其中关键在“协调”二字。如何达到协调，不凭主观臆造的“理想模式”，也不凭空洞的“宏观调控口号”，而是在认识客观规律的基础上，依靠科学的监测、踏实的调查研究，根据不同地区和城市的实际情况、存在的问题和潜在的态势，因势利导地引导大城市的合理发展是十分重要的。因此，合理发展大城市，是我国城镇化过程中另一条重要的路径。这个问题应该另作专门的讨论。

参考文献：

1. 1999～2007 年全国设市城市及其人口统计资料，建设部

2. 2008 年度人力资源和社会保障事业发展统计公报，人力资源和社会保障部、国家统计局，2009

3. 王延中．中国的劳动与社会保障问题．经济管理出版社，2004

4. 熊祖辕，喻东．中国失业问题的简便测量．“统计研究”，2004 年第 7 期

5. 仲艳平．2002 年：中国就业报告．中国劳动出版社，2003

中国城市化进程回顾与前瞻

李京文

（中国工程院院士，国际欧亚科学院院士，中国社会科学院学部委员）

一、起步艰难，道路曲折，成绩巨大

2009年正值新中国成立60周年。60年弹指一挥间，华夏大地沧桑巨变，昔日落后的中国城市化在旧中国经济落后、城市衰败、国家贫穷的基础上经过恢复、发展、停滞与稳步发展诸阶段，逐步走向加速发展时期，在此期间取得了很大成绩。1949年，中国的城市化率为10.6%，到2008年，已经上升到45.68%，全国城镇人口达到6.066亿人，全国已建成较发达的城市体系。城市化水平有了很大提高，城市经济和社会有了很大发展，人民生活水平也有了很大提高，城乡人民的住宅面积都有了大幅增长。我国城市化发展大体经历了以下几个时期：

1. 城市恢复与稳步发展时期（1949～1957年）。在这个时期，国民经济正在恢复与稳定发展，我国从1953年起执行第一个五年计划开始了大规模经济建设，同时也提出了变消费城市为生产城市的任务。在重点城市安排了重点建设项目，包括由苏联援建的156项重大工业建设项目，城市基础设施改造与新建项目，城市人口也相应增加，这几年城市化率年均增长0.59个百分点，到1958年，初步形成了以北京、天津、上海、广州、武汉、沈阳、哈尔滨、西安、重庆等为代表的一批大型和超大型城市。

2. 1958～1977年是城市化的停滞阶段。这个时期经历了“大跃进”和“文化大革命”，受“左”倾思想的影响，生产力发展受到严重制约，经济、社会发展受阻甚至倒退，这也直接限制了城市的发展，加速了二元经济的发展。在近20年的时间里，城市人口仅增加了1.2个百分点，城市数量也只是增加了十多个中小城市。城市化水平先由16.25%上升到1960年的19.75%，到1965年为19.82%。

3. 1978年起，中国开始实行改革开放的政策，中国的城市化也进入了快速推进的时期。由于党中央确定了改革开放并推进经济发展的方针，把工作重点转移到经济建设上面来。城市的产业结构得到重大调整，第三产业加快发展，第二产业也作了较大调整，实行“农、轻、重”的方针，以及科技、教育、文化的加快发展，这些都极大地促进了城市的发展。

不仅城市的数量增多，而且城市的现代化水平和居民的素质与生活方式也有了巨大变化。在1966~1977年间，由于“文化大革命”的影响，我国经济受到严重破坏，城市化进程基本停滞，城市化水平下降了0.31个百分点，直到“文化大革命”结束，我国经济和城市化才重新进入正轨，在1978~1996年间，城市化水平由17.92%提高到30.43%，年均增长率为0.76个百分点，比同期世界平均城市化率还高一倍。1997~2008年，城市化水平提高更快，年均增幅是前20年的两倍。到2008年年底，我国城市数量已达到655个，城市化率达到45.68%。

我国城市化水平的提高，对我国经济社会的发展起了重大的推动作用。

第一，推动产业结构的优化和生产效率的提高。由于城市规模效益不断显现，我国的国民经济逐步由农业为主转变为以工业为主导，最后以第三产业为主导，一、二、三产业协调发展的产业结构。2008年，我国三个产业的结构比例为1:4.29:3.54.

第二，推动了铁路、公路、航空、水路和供水、供电、供热等基础设施以及大、中、小学校、科研院所、图书馆、博物馆等基础设施的建设，推动了房地产业的发展，从而有力拉动了内需的增长，也极大地推动消费的增长。按模型测算，城市化率每增加一个百分点，最终消费将增长1.6个百分点，同时城市化也是解决中国城乡差距、收入分配不均的有效手段。

第三，有力地扩大了就业。城市的兴起带动了建筑业、餐饮业、商务业、旅游业等服务业的发展，就业岗位大幅度增加，城市对各类职工的大量需求带动了农村人口大量向城市移动，为推进城市化率和城市的发展做出了巨大的贡献。反过来，也缓解了农村土地不足，农民收入低的压力，为农村土地的规模化经营创造了条件，大力促进了农业生产的集约化，提高了农民的生活水平。

总之，我国城市的发展，对我国经济社会的发展起了极大的推动作用。目前，城市在国民经济发展中已经居于主导地位。我国GDP总值的70%，税收的80%，均来自城市。国家和各地区的政治、经济、文化中心都是各地区大型、特大型城市。

二、我国城市发展中存在的问题

我国的城市化已经有了很大的发展，但是也存在不少问题，归纳起来，主要有：

1. 由于各种原因，城市化的水平还落后于工业化的发展，在某些时期，也落后于国际平均水平。城市化和工业化是一个国家现代化进程中密切关联的两个方面，一般来讲，工业化是城市化的经济基础，工业化会带动城市化，而城市化又会反过来促进工业化的实现，因此两者应该是协调并进的。哪一个方面发展过快或者过慢，都是不合理的。1949~1957年间，我国工业化起步并稳步发展，我国的城市化水平也在稳步提升，年均城市化水平增速为0.59%，两者的关系是比较协调的。但是从1958年开始，先是经历了工业大跃进，后又因为三年的自然灾害和工业大调整，之后又经历了“文化大革命”的“十年浩劫”，使得经济结构遭到严重破坏，工业化受阻，城市化也停滞了。直到1978年改革开放后，工业现代化的进程才恢复正常，第二产业得到了迅速调整，第三产业发展加快，城市化也随之加快，农村人口开始大批向城市转移。

从1953年起，中国开始大规模工业建设，同时围绕着工业化有重点地建设城市，并强调“城市建设上要反对分散主义”。对不同的城市采取了不同的建设方针。大体上可以分为四类：(1) 有重点工业建设任务的新工业城市；(2) 扩建城市；(3) 局部扩建城市；(4) 一般中小城市。

从1958年开始，全国在“大跃进、大炼钢铁”的影响下，农民大量进城，城市人口剧增，全国城镇人口由1957年的9949万人增加为1958年的13073万人，分别占全国总人口的15.4%和19.8%。全国城市数量也剧增，1957年底为177个，1960年为199个，1961年又增加为208个。结果，由于工业建设规模过大，城市化发展过快，大大超过了国力可能承受的限度，严重影响了工业建设和人民生活水平。

因此，1961年中共中央决定实行“调整、巩固、充实、提高”的方针，做出调整工业项目、压缩城市人口、撤销不够条件的市镇建制的决定。经过几年调整，全国的经济形势趋于好转，城市化也逐步转上正轨，到1964年底，建制市由208个减少为169个，但在“文化大革命”中又遭受了新的挫折。如出现了大批资源贫乏交通不便的中小城市，实行所谓“山散洞”的建设方针，大大延误了我国工业化、城市化的进程，甚至出现了把城市变为农村，以达到“消灭城乡差别”的逆历史潮流的做法。

直到1978年党的十一届三中全会决定实行“改革开放”方针以后，中国的城市化才步入正轨。在20世纪90年代，主要是弥补市政建设和住宅建设的“欠账”，加快第三产业发展。到20世纪末21世纪初，随着国民经济体制由计划经济转变为“社会主义市场经济”，城市建设进入了提高国际竞争力，加快城市建设的阶段，并于21世纪进入统筹城乡发展，加速城市化的新阶段。从20世纪90年代初到21世纪初，中国经济进入了高速增长期，同时也进入了城市化和城市建设的最好最快时期，到目前，我国已经拥有48%的城市人口，城市的发展带动了经济的高速增长，改善了人民的生活质量，同时，城市也逐渐实现了现代化。

如果按照工业化与城市化发展的情况进行比较，中国的城市化还是比工业化滞后。例如，1996年中国城市化率与工业化率（工业增加值占GDP的比重）之比仅为0.96，远远低于国际上关于该比率合理水平1.4~2.5的指数。目前中国有总人口的46%居住在城镇，远低于发达国家85%的水平，也低于世界平均50%的水平，这也说明中国的城市化还有很大空间。

在进行城市化国际比较时，需要剔除各国发展阶段及汇率的影响，因此，多用购买力平价来计算人均GDP，和人均GDP大体相同国家相比较，中国的城市化率也仅仅是大体相当，但仍稍微滞后。例如，1999年人均GDP为600~1000美元的国家有喀麦隆、印度尼西亚、安哥拉、中国、斯里兰卡等国家，1999年除中国外的这些国家的城市化平均水平为42%，中国只有32%。

2. 在城市化进程中，过分注重数量和规模，而忽视质量与效率，只要速度和规模，不要质量和效益，不顾成本。有的城市人口过度聚集，超过了城市资源与环境的承载能力，造成了极大的浪费，城市生态平衡失调，人均自然资源日益减少，交通拥挤，居住条件恶化，各种废弃物大量排放，造成水体、空气污染，环境恶化，严重危害人民的身体健康。

在城市化道路的选择上，根据我国国情，必须遵循科学发展观的要求，走集约型城市化的模式，坚持以大城市为主导，大、中城市为主体，小城市和小城镇为基础，走布局集中、城镇密集、用地节约的城市化之路。大城市是一个国家或地区的政治、经济、文化、教育、信息和对外交往的中心，大城市具有规模经济、集约经济和循环经济的优势，具有扩散和辐射的较大功能，能带动区域经济的发展，经济全球化的背景下，大城市也是参加经济全球化和国际竞争与合作的主要成员，因此，我国的城市化要加强大城市、特大城市的培养与发展，建成大、中、小城市和小城镇相结合的城市体系，对中、小城市和城镇，也要注意扶植他们的发展，特别是目前，一些大城市和特大城市，资源环境已经不堪重负，今后城市化的重点应放在中、小城市和小城镇上。

3. 城市化中的资源、环境约束日益加剧。中国人口众多，但资源贫乏，特别是水资源、耕地资源和能源资源严重不足，严重制约我国的经济发展和城市化进程，例如水资源，人均拥有量仅为世界平均水平的1/4，而且地区分配不平衡，南多北少，与人口、资源分布不协调，目前缺水城市已多达200多个。又如，中国的耕地面积也严重短缺，人均只有世界平均水平的1/3。中国的生态环境也很脆弱，水土流失、土地沙化都相当严重。草地退化、土地沙化、碱化面积不断增加，对城市化的约束日益加剧。

特别是城市用地失控。据专家估算，目前我国城市人均用地130平方米，而发达国家人均为82.4平方米。这主要是由于我国曾一度大力提倡发展小城市、小城镇而造成的。为发展小城镇为城市化中成本最高的一种发展模式。发展小城镇吸纳一个居民的平均成本比人口百万城市高5~6倍，尤其是近几年有的城市贪大求快造成的浪费更大。许多城市（既有大城市，也有小城市）都在建大广场、大马路、大高楼、大草坪，建设主题公园、音乐喷泉、大型雕塑等标志性建筑，使城市化的成本大大提高。还有的城市在搞建筑时不再考虑经济性指标，不再注意节能、节水，而是追求奇形怪状，什么斜楼、空顶，既不美观，更不节约，致使我国单位建筑面积能耗比发达国家高30%以上，目前，我国城乡建筑95%属于高耗能建筑。由于不顾建筑质量因而许多城市的建筑物寿命缩短的现象也比比皆是，本来国家规定一般建筑物使用寿命为50~60年，实际只有30年。更令人不解的是，有的城市竟然将上述问题严重的建筑物评选为“优秀建筑”而加以提倡！

三、中国城市化空间布局（城市结构）特征

我国城市化过程中，逐渐形成了具有自己特色的空间布局与城市结构。目前，特大城市占城市总数的8.85%，大城市占12.52%，中等城市和小城市各占35.42%和43.21%，即特大城市和中等城市各占1/3，大城市和小城市各占1/3。具体讲，人口100万及以上的城市58座，人口50万~100万的城市82座，人口20万~50万的城市233个，人口在20万以下

的城市282个。总的看，我国已经初步形成以大城市为中心，中小城市为骨干，小城镇为基础的多层次的城市体系。这个城市体系有以下几个特点：

1. 近代逐渐形成的几个巨型城市及其辐射区已成为国家经济、社会发展的中心。

在我国已有的大城市中，已形成几个巨型城市区，包括长江三角洲、珠江三角洲、京津唐、辽中南、山东半岛、海峡西岸等六大巨型城市区。其总面积占全国国土面积的12.38%，人口占全国的22%，产出GDP占50.01%，引进外资占全国的78.86%，进出口总额占87.33%，人口密度和人均GDP均在全国前列。

2. 中国城市空间布局的第二个特点是城市在各省、市、区中的分布很不均衡。1990年前，中国城市在地区上的密度是北高南低，但1990年后，广东、海南、福建、浙江、江苏、黑龙江、吉林等省的城市化水平加快提高，而北京、天津、内蒙古等市、区的城市人口增长率下降，导致我国地区城市化的趋势逐渐改变为2000年的东高西低。

3. 各省、市、区的城市化分布差异相当大。例如江苏、山东、浙江每万平方公里有城市3.2~3.8个，广东、河南、辽宁、湖北、海南则为1.9~2.5个，而河北（含京、津）、吉林、山西、湖南、江西、宁夏、广西等省区则只有0.9~1.8个，贵州、陕西、黑龙江、四川则只有0.5~0.8个，云南、甘肃只有0.5个，新疆、内蒙古、青海、西藏等省区不到0.2个。

归纳起来，我国城市目前主要集中分布在东部沿海地区，而中、西部地区城市分布相当稀疏。

四、我国城市发展的趋势与前景展望

1. 世界城市化的新现象和新趋势

17世纪工业革命以来，世界各国相继进入城市化时期，到20世纪末（1999年），世界各国平均城市化率为46%，其中，高收入国家为77%，中等收入国家为50%，低收入国家为31%。低收入国家和中等收入国家平均为41%。在此过程中，世界城市化的普遍规律是人口和经济活动由农村向城市集中，规模由小到大，城市郊区则发展缓慢，成为城市中心区的依附和预留空间，逐渐形成和拉大城乡差距和隔阂，而城市中心区则出现了诸如交通堵塞、住房紧张、污染严重、治安不良等“城市病”。因此，各国开始寻求新的发展道路，形成了城市化的新模式、新趋势。它们使城市发展开始出现分散趋势、城郊及周边地区发展加快，甚至成为城市化的主导力量，形成与城市中心区并驾齐驱的“卫星城镇”或“城市次中心”。它们与城市中心区相互联系、相互补充，形成城乡密切联系互补、实现城乡一体化、优化资源配置促进区域经济更快发展和城市化加速发展的新局面。在有的发达国家，甚至已经消失了城乡边界。

2. 中国已进入加速城市化时期。

2008年由美国房贷引发的全球金融危机把世界拖入了1923年以来全球最严重的经济危机，世界各国都损失很大，中国也不能幸免，国际组织和各国政府都采取了应对措施，到2009年，世界多数国家出现了复苏现象。中国由于经济基础较为扎实，政府采取“保增长、惠民生、调结构、稳发展”的应对措施，在世界各国中领先走出了危机。经济开始稳定发展，保持较快增长已有一定基础，但是面临的困难仍然不少，必须加快实现增长方式的转变，把主要依靠出口和投资转变为主要依靠内需，提高发展的质量和效益。当前经济稳定发展的主要动力一是加快技术进步，提高创新能力，二是加快城镇化水平，把数亿农民转化为市民，提高国民、特别是农民的收入水平和购买力。

如果每年城镇化水平提高一个百分点，每年农村就有1000万～1200万农民进入城市，不仅大大推进工业和服务业的发展，而且大大促进城市化率的提高，据预测，到2020年，中国将有50%的人口居住在城市，2050年则有75%的人口居住在城市。

我国城市化的另一重要趋势是更加注重城市发展与生态效益，着重发展“低碳城市”或者“绿色城市”，即发展那些消耗较少能源、排放较少的二氧化碳和其他污染物，居民享有较多的新鲜空气和洁净水，传染病发病率较低的城市及地区。

城市化的又一个重要趋势是将形成一大批城市密集区或城市群，这是因为他们的集聚效应更大，辐射功能更强，对周边地区的带动能力更强。城市密集区的人口密度很大，一般在500万人/平方公里以上，人均GDP在10万元以上，一个密集区GDP一般近3000亿元，固定资产投资年650亿元以上，引进外资约20亿美元。城市群的上述指标一般略低于城市密集区。目前，东部地区的特大城市为中心的城市密集区和城市群已初步显现，如珠江三角洲、长江三角洲、京津唐、辽中南、胶济沿线、闽东南等六大城市密集区。而在西部，由于人口密度和经济社会发展水平较低，生态环境脆弱，城市化水平较低，目前我国城市化仍应以工业化为目标，走以发展中、小城市为重点的集中型城市化道路，在中西部地区要加大改造发展现有中心城市使其成为大城市的力度，并重点发展县城和地区行政中心，形成一批有活力的中小城市。

五、我国未来城市化过程中应遵循的原则

对中国未来城市化的方针与政策，在党中央、国务院近年来发布的一些重要文件中有过明确论述。如在2001年10月11日中共十五届五中全会通过的《中共中央关于制定第十个五年规划的建议》中指出：要把“积极推进城镇化”作为着重研究和解决的战略性、客观性和政策性问题。2002年在中共十六大报告中又指出“将全面繁荣农村经济，加快城镇化进程”作为中国新世纪头20年经济建设和经济体制改革必须抓好的八大任务之一。并提出了“坚持大、中、小城市和小城镇协调发展，走中国特色的城镇化道路”，“发展小城镇要以现有的县城和有条件的建制镇为基础，科学规划，合理布局，同发展乡镇企业和乡村服务

业结合起来”等要求。此外，还应注意以下几点：

第一，城市的发展不能是为了领导人的“政绩”，不能盲目求大求“洋”，必须科学发展，首先要以人为本，城市的产生与发展都来自于人的需要。这种需要成为人创建与建设城市的根本动力。城市应该怎么样发展？它的内容应该与生活在或者即将生活在这个城市里的人们的生存与发展需求相适应，这些需求是丰富多彩的，它们涵盖了城市社会、经济、政治、文化、社会环境等诸多方面。但长期以来，我们把城市的发展只同经济规模和产业发展联系起来，只同城市的GDP联系起来，因此就出现了追求速度、追求规模而忽视质量和效益的现象。国内外的经验一再证明，城市经济规模和发展速度固然重要，但城市发展中最重要的因素是人，是人的需求的满足程度和人的综合素质的提高，不能把城市GDP增长速度的提高和经济规模的扩大简单地等同于城市水平的提高。

第二，一个城市经济增长的真正动力是来自人的创造，来自有才能并充满创意的人群聚集在一起而产生的能量。因此城市的发展应体现为建成一个适宜就业、适宜居住的高品质的城市。这是怎样的城市呢？美国著名学者理查德·弗罗里达在他的著作《你属于哪座城市?》里面写道：人们在选择自己生活的城市时看得最重要的因素包括：安全、属于创业的企业发展、有培养下一代的良好环境、优美的物质条件（公共设施、文化设施等）；高的社会开放度和包容度；有良好的教育、医疗、住房、交通等基础服务；有广泛参与决策的机会，有高素质高效率的城市领导者等等。

第三，要发挥政府在城市化中的引领和调控作用。“城市化”既是市场经济发展的必然要求，也必须在政府的统筹安排、正确引导与调控下来实现。主要是创造一个科学发展的环境，构建一个城市、土地、产业和社会等各方面、各部分相互协调发展的规划管理平台，确保空间资源充分利用的正确管理和自然资源与环境的保护与科学管理，特别是城市的发展与建设必须在全面规划的基础上展开。同时，还必须构建一个民主科学的决策平台，让广大市民特别是他们的代表能广泛参与到城市发展的规划与实施中去，使城市由人民自己来建设。

第四，加快市政公用企业和城市政府在财政、信息方面的改革，妥善解决城市基础设施建设的投资、融资，完善城市的硬件建设。基础设施是城市赖以存在和发展的硬件，在中国城市化快速推进的过程中，基础设施建设任务很重，投资需求很大。如此庞大的投资，采用目前严重依赖土地的融资模式，很难实现这项重任。同时，由地方政府支持的融资平台的风险也越来越大。为了妥善解决未来城市基础设施的投资需求，并有效控制风险，根本出路还是在改革，包括加快市政公用企业改革，以及市政公用事业价格形成机制，并在此基础上探索国际上通行的发行市政债券，资产证券化，基础实施投资基金等融资模式创新。

第五，城市的发展除了依赖物质条件的完善外，还必须营造良好的法制环境。这是吸引投资项目合作的关键。

参考文献：

1. 晨晓．中国城市化模式的创新．城市化评论，2009.07

2. 顾朝林．中国城市化空间及其形成机制．中国发展研究基金会报告，75期

3. 李京文．城市化建设与和谐社会的构建．探索与追求［M］．方志出版社，2008.10，pp.118～120

4. 李京文．建设生态经济城市，促进我国城市化健康发展．探索与追求［M］．方志出版社，2008.10，pp.121～130

5. 李京文．中国城市化水平之国际比较．探索与追求［M］．方志出版社，2008.10，pp.131～150

6. 王旭．20世纪城市发展的新规律．中国社会科学报［J］，2010.3，18，第7版

2010年：中国城镇化进入新阶段

吴建民

（国际欧亚科学院中国科学中心副主席）

自1949年10月1日中华人民共和国成立以来，我国城镇化的历程大体上经历了三个阶段：第一个阶段是从1949年到1960年，我国城镇化的年均增长率每年提高一个百分点左右，到1960年，我国城镇化率从1949年的7.3%上升到19.8%，这是我国城镇化的第一个高潮。第二个阶段是从1961年到1978年，我国城镇化处于停顿状态。到1978年，城镇化率不仅没有比1960年上升，反而下降到17.3%。第三个阶段是1978年党的十一届三中全会之后，我国实行改革开放政策，经济大发展带来了城镇化大发展。进入20世纪90年代，我国城镇化加速，平均每年提高1.4个百分点，到2008年我国的城镇化率上升到46%。

西方发达国家城市化的历史告诉我们：城市化率从30%提高到70%，是城市化加速发展的时期。西欧城市化率从30%上升到70%用了大约180年的时间，美国用了100年时间，日本用了大约50年时间。从我国目前城镇化的发展速度看，我们达到70%大概不需要那么长的时间。

把中国的城镇化进程放在全球变局的大背景下来看，结合经济和城市发展的现状，上海世博会，以及我国发展的全局部署，我认为，2010年可能标志着中国城镇化将进入一个新的阶段。

首先，看全球变局的大背景。2008年全球爆发了一场来势凶猛的金融危机，这是一场自1929～1933年那场大危机以来最为严重的金融危机，这么严重的危机是会改变世界格局的。这场危机没有重蹈1929～1933年危机演变为大萧条的覆辙，更没有导致世界大战。这一现象雄辩地反映了世界的变化和时代的变化。

20世纪二三十年代危机爆发的时候，各国手足无措，乱成一团，没有任何实质性的、有效的国际协调；各个国家采取了许多自保的措施，贸易保护主义泛滥；世界主要国家相互倾轧，以邻为壑，狭隘的民族主义急剧膨胀，最后导致了人类历史最血腥的一场大战，造成9000万人死亡。而这一次则不然，应当说国际协调是富有成效的，三次20国集团的峰会取得的成果证明了这一点。

世界尽管避免了一次大萧条，但是这场金融危机给世界造成的损失是巨大的，危机造成的后果也绝不会在短期内消失。国际货币基金组织（IMF）2009年4月发表的报告估计，在这轮席卷全球的金融危机中，全球各国折损预计将达到 4.1 万亿美元。其中美国损失最大，预计损失将超过 2.7 万亿美元。IMF 还估计，2009 年全球 GDP 下降 1.1%，美国下降 3.3%，德国下降 6%，日本下降 6.6%，但是新兴大国——中国和印度却继续保持增长的态势（中国 GDP 增长 8.7%，印度增长 5.6%）。

现在人们及世界各国的主要金融机构都在预测 2010 年世界经济的状况。较为普遍的看法认为，全球经济的复苏将是缓慢的。联合国预测 2010 年世界经济将实现 2.4% 的低速增长；其中美国增长 2.1%，欧洲和日本分别增长 0.6% 和 0.9%，印度增长 6.5%。

美国经济曾经是拉动世界经济增长的火车头，拉动美国经济 70% 的是消费。在金融危机的袭击下，美国人的消费习惯也在发生变化。美国老百姓手中的资产大幅度缩水，消费起来就不会像过去那样大手大脚了。另一方面，美国老百姓过去不存钱，现在开始存钱了，2010 年美国储蓄率大约为 7%。换句话说，美国人会把大约 6000 亿美元存在银行里。在危机爆发前，美国的消费每年大约是 10 万亿美元，而中国和印度的消费加在一起才不过 2.5 万亿美元。美国消费的萎缩是很难被新兴国家的消费所取代的，因为美国消费萎缩的窟窿太大了。

再看中国经济的现状，出口、投资和消费长期以来是我国拉动经济增长的三驾马车。据统计，2009 年我国全年进出口总额22 073亿美元，比 2008 年下降 13.9%。全年出口13 017亿美元，下降 16.0%；进口10 056亿美元，下降 11.2%。进出口相抵，贸易顺差 1961 亿美元，比 2008 年减少 994 亿美元。由于我国政府出台了 4 万亿人民币经济刺激方案和一系列扩大内需的政策，使得我国在 2009 年实现了“保八”的目标。世界银行 2010 年 1 月 25 日在北京发布的《2010 年全球经济展望》中预测称，2010 年中国经济增长率将达 9%。

展望世界经济今后几年的发展前景，许多经济学家认为，世界再回到 2002 ~ 2007 年世界经济大发展的局面大概不可能了。尽管新兴国家经济继续保持增长，但西方世界将经历一个缓慢的经济复苏的过程。今后世界面临的形势是：经济发展的要素并不短缺，短缺的是市场增长的空间。对于中国来说，一个尖锐的问题摆在我们面前：在出口下降、国际市场空间短缺的情况下，我们用什么去拉动中国经济，保持 8% 以上的增长？

一些经济学家，特别是厉以宁教授最近的一些讲话回答了这个问题。厉教授 2008 年 10 月到欧洲去访问，欧洲经济学家问他：“西欧每年能保持 2% ~ 3% 的增长，西欧就很高兴了。为什么中国的增长率下降到 6%，中国人就十分恐慌了？”厉教授的回答是：那是因为中国和欧洲处于不同的发展阶段，中国的城乡二元体制格局并没有改变。每年有 1500 万到 2000 万的农村人口转移到城市。我国在 20 世纪 80 年代改革开放的初期，也有不少农民工进城，他们进城挣了钱之后会回到农村，盖房子，结婚，生儿育女。但是 20 世纪 90 年代进城的农民工，他们是新的一代农民工，他们进城之后是不会再回到农村去的。如果他们找不到工作，他们会在城市里游荡，这就会成为严重的社会问题。

厉以宁等经济学家主张，今天，我们要加快城镇化。如果今后 15 年到 20 年，有 3 亿 ~ 4 亿农民变为城市居民，一个城市居民的消费相当于 3 个农民，消费的需求就会进一步上升。农民到了城市里，就需要建住房，购买家电；城市的基础设施也需要扩大，以适应这一需要。这会是一个多么大的市场！他们还认为，在加快城镇化的同时，还要进一步发展民营经济。因为我国就业的75%是民营经济提供的。

厉教授等人的上述主张是颇有道理的，2007年世界的城市化率已经超过50%，而中国现在的城镇化率仅达46%。这就意味着中国的城镇化率有着巨大的发展空间。经济学家们估计，我国的城镇化率进一步加快，就可以拉动我国经济增长2~3个百分点。十分明显，城镇化的速度加快，将会解决市场空间不足的问题。

美国经济学家、前世界银行的总经济师、诺贝尔奖获得者斯蒂格利茨曾经指出："21世纪初期，影响世界最大的两件事，一是新技术革命，二是中国的城市化。"斯蒂格利茨几年前讲这个话的时候并没有引起特别的注意，但是到了今天，你不能不承认他的远见卓识。

中国的城镇化为什么会对世界产生巨大的影响力？那首先是因为，中国经济自改革开放以来，经过三十多年大发展，已经成为世界经济中的一名主角。其次，随着世界的大变化，中国已经从世界舞台的边缘走到了中心。中心是最引人注目的地方。中国的城镇化进程如何、中国经济能否保持持续稳定的增长、中国社会是否稳定，不仅会影响中国，也将影响世界。

特别需要指出的是：2010年5月1日至10月31日将在上海举办以"城市，让生活更美好"为主题的世界博览会。世博会于1851年诞生于英国，在世博会过去150多年的历史上，以"城市"为主题的世博会这还是第一次。上海世博会参加者的规模将是空前的，已经有192个国家和50多个国际组织确认参展。上海世博会参观者的人数预计至少有7000万人，很多人估计7000万这个数字可能打不住。即使7000万，这个数字也是世博会历史上破纪录的。参展的国家和国际组织破纪录，参观人数破纪录，这两个破纪录会使世界聚焦中国。因此在2010年，中国的城镇化进程会更加引世界瞩目，世界对此重视的程度也会达到一个前所未有的高度。

从中国城镇化发展的进程来看，2010年可能是一个坎。你到中国各地走一走，到各个城市去看一看，你会发现：中国的城市化应当如何进行，全国并没有一个统一的认识。每个城市如何发展，很大程度上取决于该市主要领导的思路和眼界。中国经济的高速发展，使得发达国家的城市病不仅在中国出现，而且规模更大了。看一看西方大城市的发展历程，许多都是"摊大饼"的做法，城市越来越大。从北京市来看，我们已经有了六环路了，是不是还要建七环路、八环路、九环路、十环路？

我在国外期间，一些外国的城市建设专家对我谈起对中国城市化的看法。他们不少人尖锐地指出：中国的城镇化正在重复西方的错误，重蹈西方城市发展的覆辙。

拿美国为例，美国的大城市在20世纪60年代，由于市中心游行示威多，治安不好，一些有钱的中产阶级，就纷纷迁出市中心，搬去郊区住，每天开车上下班。随着城市的发展，富裕人士的增加，每天开车往返于远郊和市中心的人剧增，造成交通严重堵塞。这些上班族每天要很早起床，然后开车去上班，晚上也很晚才回到家里，赶快休息以便第二天早上早起。久而久之，人们发现，每天很多时间都浪费在往返的公路上，需要两小时，三小时乃至更长时间。这样造成的结果是上班紧张，往返在公路上紧张，回到家里还紧张。难道这就是人们所向往的生活吗？人每天处于紧张状态，健康上就不得不透支，带来许多问题。现在美国大城市中心的治安和绿化大为改善，公交迅速发展，有钱人又从远郊区搬回到市中心，每天上班乘公交 10 分钟、一刻钟就够了，生活质量比过去有了很大的改善。

发达国家所走过的这一段路程是值得我们重视的，我们正处在城市化加速发展的进程之中，如果方向不明确，那会走很大的弯路。2002 年 8 月，建设部副部长仇保兴曾率领代表团去美国考察。美国当时人口不到 3 亿，有汽车 2 亿辆。美国是一个土地大国，人少、地多。我国的情况则相反，人多地少。考察之后，仇部长一行提出了一个尖锐的问题：在我国的大城市中，小汽车已经开始大规模地进入家庭，如何解决交通问题？中国面临着一个历史性的选择：是优先发展公共交通，还是变成一个私人汽车的社会？从美国等西方国家的发展历程可以看出来，这些国家都毫无例外地经历了崇尚“小汽车家庭化”到现在选择“公交优先”的模式。

仇部长八年前提出的问题，今天变得更加尖锐了。2009 年我国汽车销售 1300 万辆，成为世界第一汽车销售大国。2010 年我国的汽车销售还会继续上升，中国小汽车家庭化的模式还在继续向前推进。北京的汽车已经突破 400 万辆，而且这个数字还在以每月增加 1 万辆的速度上升。北京的交通已经非常拥挤了，如果有一天北京汽车发展到 800 万辆，那会是一个什么样的局面？难道我们还一定要走一大段弯路后再回到公交优先的模式上来吗？

我作为国际展览局名誉主席，对上海世博会的期望是：我们中国人要通过了解世界各国城市化的经验，找到一条适合中国国情的城市化的道路，世博会给我们提供了这样的可能。我们的市长、书记不可能到全世界每个国家去参观，学习人家的长处。但是上海世博会把全世界城市化的经验送到我们家门口，这是一个多么好的机会啊！上海世博会的主题是：“城市，让生活更美好。”如果我们生活在一个高楼林立、绿地很少、交通拥挤、污染严重的城市里，那样的生活不可能是美好的。究竟如何做才能使生活更美好，我们一定能够从世界各国的经验中得到启示。

再从中国经济发展的全局来看，2009 年年底召开的中央经济工作会议明确指出：中国经济在 2010 年发展的重点是要促进经济发展方式的转变——从一种不可持续的方式，转变到一种可持续的方式。

从需求角度看，中国经济长期依靠出口和投资拉动，作为最终需求的消费动力不足。这种发展方式缺乏稳定性，国际市场上一旦有风吹草动，中国经济会立刻出现波动。应当进一步扩大居民消费需求，使得经济增长依靠消费、投资和出口协调拉动。

从生产角度看，中国经济过于依赖第二产业特别是工业支撑增长。第三产业在中国经济中的比重，近年来徘徊在 40% 左右，而美国的水平是 80%。经济发展主要依靠工业，必然加重资源环境压力，是不可持续的，应当向第一、第二、第三产业协调带动转变。

从投入方式看，中国经济过于依赖靠物资消耗推动经济增长，自主创新能力偏弱。在全球应对气候变化的大环境下，特别是国内资源和环境承载能力有限的情况下，这种方式难以为继。应当使经济增长主要依靠科技进步、提高劳动者素质和管理创新。

从上述三个方面的转变看，城市化都发挥着关键作用。从我国扩大内需来讲，城镇化的进程加速，是最大的扩大内需。从科技创新的角度来看，城市是科技创新的发源地。人类的历史进程告诉我们，城市的发展会极大地推动科技创新。因为进行科技创新，需要人才的聚集，需要进行科学实验，需要设备，创新成果转换为产品又需要市场，这一切，只有城市能够提供。

综上所述，国际形势和外部经济环境的变化要求我们要从扩大内需中寻找经济增长新的动力。而外部环境的变化，又与我国转变经济发展方式不期而遇。上海世博会的举行，一方面使世界聚焦中国，另一方面又为我们寻找一条适合中国城镇化发展的道路提供了绝好的机会。因此，我以为，2010年如果我们能够抓住机遇，用好机遇的话，我国城镇化可能会进入一个更好、更快发展的新阶段。

中国高新技术开发区的过去、现在和未来

孔德涌

（国际欧亚科学院中国科学中心科技发展战略学部副主任，

国际欧亚科学院院士，中国软科学研究会常务副理事长）

20 世纪 80 年代末，在中国这块神奇的大地上陆续出现了一批高新技术开发区（以下简称高新区）。高新区西方发达国家早在几十年前就有了，但在中国还是个新事物。虽然在高新区出现前就有了经济技术开发区，但两者的侧重点不同。高新区的产业发展实行“以自主研究开发为主，以引进吸收创新为辅”的基本方针，而经济技术开发区则正好相反。对高新区这样的新事物，大多数人是拥护的，认为这是中国高新技术产业化的希望。但也不敢期望过高。当时，预期经过十多年奋斗，到 20 世纪末达到 100 亿人民币的产值就相当不错了。但实际上，根据科技部统计资料，到 2001 年末，在 53 个国家级高新区中，拥有企业 24 293个，从业人员数达到 294.3 万人，营业总收入达到11 928.4亿元，工业增加值为 2621.3亿元，实现利润 644.6 亿元，上缴税额 640.4 亿元，出口创汇 226.6 亿美元。在这十几年中，营业总收入超出人们当初的预期 100 倍以上，每年以 30% 以上的速度猛增。西方同行认为这是个奇迹。而且，在这段期间还经历了 1997 年的亚洲金融风暴，2008 年又发生了国际金融风暴。令人惊奇的是国家高新区的营业总收入在 2008 年达到了65 985.7亿元，是 2001 年的 5.53 倍。当然，高新区是在整个国家大好形势下发展的，但在国际危机下仍能保持 30% 的速率增长，其中必有原因。

多数高新区在结构设置中有 5 个重要组成部分：①孵育幼小企业的孵化器；②为有利于科研成果转化，科技人员创业和传统产业改造，使他们能享受国家优惠政策，在大学，科研院所和企业密集的建成区设立政策实施区；③为新办和引进的高新技术企业和相关服务机构及公益设施提供足够的发展空间设立集中新建区；④为促进大学科技成果产业化和增强大学办学能力，便于教师和学生创新创业，在大学附近设立大学科技园；⑤为出售新产品和锻炼科技人员的商品意识，设立了科技市场或科技一条街。

中国高新区的科技企业孵化器（以下简称企业孵化器）可以说是名扬海内外，它是一种新型的社会经济组织。在 20 世纪 50 年代发源于美国，是伴随着新技术产业革命的兴起而发展起来的。企业孵化器为创业者提供良好的创业环境和条件，帮助创业者把发明和成果尽快形成商品进入市场，提供综合服务，帮助新兴的小企业迅速长大形成规模，为社会培养成

功的企业和企业家。企业孵化器在推动高新技术产业的发展、孵化和培育中小科技型企业，以及振兴区域经济、培养新的经济增长点等方面发挥了巨大作用，引起了世界各国政府的高度重视。企业孵化器在全世界范围内得到了较快的发展。根据科技部统计资料，目前经国家认定的企业孵化器有670家，在孵企业44 346个，职工92.8万人，累计毕业企业31 764家。

多年来，我国的企业孵化器形成了多种形式。包括：①为入驻企业提供各种综合性服务的综合性科技企业孵化器，包括场地、设施、培训和咨询服务等。这也是世界各国普遍采用的形式。②在综合服务的基础上，一些企业孵化器在某一专业形成了自己的特色，形成了专业孵化器，如医药，软件和新材料等。③依托高新区的政策，环境和条件，为大量愿意回国创业的海外学子创办海外学人创业园。其他还有国际企业孵化器，大学科技园和专利技术孵化器等。孵化器在促进我国高新技术中小企业发展上起了重要作用，是我国高新区的一大亮点，也为我国高新技术产业化打下了良好基础。

中国高新区和孵化器的成功原因需要进行深入细致的分析，要用辨证的方法，实事求是的态度，总结出成功的经验、失败的教训和存在的问题，以迎接更加辉煌的明天。

一、中国特色高新区的成功经验

(一) 没有中国的科技体制改革就没有中国的高新区

20世纪80年代，随着美国“星球大战”计划的提出和世界高技术及其产业竞争局面的掀起，日本在“科技立国”的方针基础上提出了“科学技术大纲”，欧洲提出了“尤里卡”计划，韩国提出了“国家长远发展构想”，新加坡提出了“第二次工业革命”。面对世界范围内高技术及其产业迅猛发展和激烈竞争，中国政府也迅速作出了反应。1985年3月，《中共中央关于科技体制改革的决定》明确提出为加快我国新兴产业的发展，要在全国选择若干智力密集区，采取特殊的政策，逐步形成具有不同特色的新兴产业开发区。中国科学院加快了科技体制改革的步伐，大力支持科技人员从研究所出来办公司，进行科技成果转化。北京市政府和海淀区政府出台了一系列政策，支持中关村电子一条街科技企业的发展。1988年7月国务院正式批准“建立高新技术产业开发区的报告”。

高新区成功至少需要五大要素：①人才；②资金；③创新创业环境；④市场；⑤政府支持。科技体制改革为此提供了最关键的人才和政府支持。在中国的社会主义市场经济下，有政府的支持，资金、环境和市场都可由人才去筹措和建立。

科技体制改革为推动科技为经济建设服务，改变科技经费全由政府拨款的办法，通过削减事业经费，促使广大搞应用和开发研究的科技人员为企业服务或自己开办公司创业，大批科技人员进入了高新区。经过多年的大浪淘沙，而今许多人成了国内外著名企业家。另一方面，由于高新区邻近大学和科研院所，一些教师和科研人员以及研究生可到高新区来做商业开发，这既为高新区提供了人才，又使科研开发工作更接近实际。

（二）民营体制，自由创业机制是高新区企业成功的保障

入驻高新区的企业绝大部分是民营企业，也有很少数国有企业在高新区设点进行技术推广，甚至在国有企业内设立孵化器，利用国有企业场地设备和技术力量搞研发创业。但国有体制机制的种种约束和缺乏激励等因素，是很难创新创业的。实践证明：民营科技企业入驻政府办的高新区和孵化器才是成功之道。

（三）政府扶持是中国特色高新区成功的关键

市场经济把市场看做一只看不见的手，把政府看做一只看得见的手，在具有中国特色的市场经济中，这只看得见的手发挥了相当重要的作用。

1. 提供资源。由于政府财政紧张，不可能拿出大笔钱来支持开发区，只能拿出很少的钱作为启动资金，但可以批地。所以许多高新区都通过房地产开发来积累资金。一些外国科技园区人士来高新区参观时，批评中国高新区建高楼大厦，铺张浪费，其实他们不知其中奥妙。此外，由于有政府支持，一些科技型中小企业向银行请求贷款也比较容易一些。

2. 在企业与政府之间建立热线联系。由于各地政府都把高新区看做自己的掌上明珠，委派一名政府副手兼任高新区主任，所以办事效率就比较高。成功的高新区和孵化器几乎都是政府办的，工作人员往往也是由政府部门调入的。

3. 便于落实各项优惠政策。在高新区中实行各种优惠政策是吸引高新技术企业进区的一个重要因素。虽然一些初创企业还没什么可上市的新产品，但只要已具有一定规模，就可享受税收优惠。

（四）采取灵活多样的经营方式，以积累资金

当时的中国政府财政很紧张，只能给很少的开办费，所以，高新区的初始资金是靠贸易和房地产开发积累起来的。联想创始人柳传志把它归结为“贸工技战略”。这也成为一些人士批评高新区不务正业的原因。

在高新区发展早期，进入高新区创业的企业大都是怀揣实验室成果的科技人员，没有资金——既没有支持创业的天使基金，也没有风险投资基金，从银行也贷不到款。一些科技人员甚至推个车或摆个摊在街上卖尼龙袜子、计算机零部件等来积攒初始资金，被一些人污蔑为“中关村骗子一条街”。等到新大楼建起来后，一些企业开了一些餐厅或娱乐场所，人气大旺，但又被一些人批评为不务正业，骗取国家税收优惠。实际上，不是在高新区的企业都享受优惠税收政策，只有经市科委认定的高新技术企业才享受税收优惠。反过来说，如果一个高新区只有高新技术企业，没有餐厅，没有娱乐场所、托儿所或小学，这种地方人气会兴旺吗？从另一角度来看，初创的高新技术企业由于还没有可卖的产品，很难赚到钱；许多高新区都靠副业（多种经营）来支持主业。所以，走“贸工技”的路子是走对了。

（五）营造良好的创新创业环境

西方国家的科技园区，一般就提供一套标准厂房或办公室和实验室，以及水、电、气等必要条件。我国的高新区为入驻企业提供的服务要多得多。例如：

1. 帮助创业者解决工作环境问题。在高新区内建一些相关专业的零部件制作及销售企业，使创新创业人员在最短的时间里能获得所需零部件，这在竞争异常激烈的高技术领域是十分重要的。此外，一些高新区还为区内主导产业建一些公共技术平台，例如：公用软件平台、精密测试平台等，大大方便了创新创业者开展工作。

2. 帮助解决生活环境问题。一些海外或其他城市来的创业者，往往有老有小，需要解决住房和户口等问题、小孩上学以及双语教育问题等，为使他们能安心创业，高新区能提供各种方便，解决他们的后顾之忧，使他们能安心创业。

3. 营造一种既竞争又合作的竞合精神。大量的高新技术企业集中在一个高新区里，一些企业可能在做类似的工作，通过一些公共的社交场合，在保护自己业务秘密的同时它们可以进行适度交流，达到聚集效应。

中国高新区成功经验还可以总结很多，有些经验是从西方发达国家借鉴来的，更重要的是结合中国的实践进行再创新的结果。

二、问题、对策和展望

（一）缺乏系统的宏观协调

现在，全国各种各样的开发区有几千个，造成重复建设、重复生产和大量的人力物力浪费。许多城市既有经济技术开发区（商业部主管）、高新技术开发区（科技部主管），又有经济特区和保税区等，名目繁多，各干各的。有的园区从国家级一直延伸到村级。自从中央宣布要建设创新型国家以来，大家又都向创新聚集。原来还有所分工的区，逐渐趋同。如果这些区是由民间自发成立的，则让市场做出选择，不必操心。但问题是，这么多的区大都由政府创建，许多地区根本不具备条件。有的专家建议把经济技术开发区与高新区合并，有些城市就出现一区几园。

（二）高新区的发展前景

一些专家设想未来高新区是由一棵棵茁壮成长的高新技术企业（比喻作树）构成的一片森林。一些专家设想为由已经做大做强（进入世界500强）的企业领衔的若干团队所在地。前一种设想缺乏特色，后一种设想过高，不适合地域有限的高新区。高新区应当成为由若干小巨人领衔的产业集群所在地。这里的小巨人指的是该企业的高新技术产品品牌名列世界前列。这样的目标在一块资源有限的土地上是可以实现的，而且是有特色的。

中国高新区的情况各种各样，很难由一种模式来描述、归纳出一些成功的经验供国内外有关同行探讨改进，互相取长补短。随着技术进步、管理及体制机制的不断创新，高新区的发展会更加灿烂夺目。

一些同志担心，随着国家税收优惠政策从区域优惠转向产业优惠，高新区是否应寿终正寝。这是对高新区的重要作用缺乏了解之故，税收优惠仅仅是激励政策的一部分。高新区的真正意义在于把各种创新要素整合起来，加速高新技术成果产业化。

还有些同志担心，随着我国市场经济的逐步完善，交通、通信和网络的发达，人员、信息、物资、资金和知识的交流越来越方便，人们在哪里都可以创新创业，高新区和孵化器将自然消亡。当今世界各个发达国家的科技园区和孵化器数目不是在减少，而是在增加，这已经回答了这些同志所担心的问题。高新区和孵化器主要是形成一种适合创新创业的氛围，有利于提高社会资本，社会资本是实现想法的保障。

愿意互动是吸收、传播和使用知识的先决条件，是创新的部分基础。即经济价值的创造不仅取决于物质资本（有形资产如土地和机械）和人力资本（知识和技能），还取决于人们愿意和可能分享的知识和信息的价值（Woolcock，1998 年）。社会资本可以被定义为共同的价值观和规范，以及降低交易成本的信任。

许多观察家指出，中国拥有强大的家庭联系或网络，这有时也被称为“竹网（bamboo networks)”或关系力，他们在中国的商业和其他事务中有重要作用。然而，高水平社会资本的指标可能是人们与圈外人交流信息或知识的意愿。社会资本薄弱的国家里，企业的互动和知识交流往往局限于家庭网络。如果知识和信息的利用仅限于一个人的直系网络，而不是那些能更有效地利用它的人，则资源的利用效用可能不好。例如，研究者可能会选择将其发明出售给其开公司的、但不掌握成功商业化所必需的诀窍的叔叔，而不出售给一个家庭网络之外但是拥有相关技术和资源的企业或者合作伙伴。缺乏信任和激烈的竞争可能妨碍合作，从而破坏潜在的创新。2003 年爆发非典型肺炎时，研究机构之间缺乏合作就很说明问题（Li 等，2004 年）。

薄弱的社会资本阻碍了知识溢出或在中国的外国企业研发活动与周围环境的联系。例如，Vang 和 Asheim（2006 年）对上海外国企业研发活动技术溢出的研究发现，社会资本，特别是信任的缺乏，“仍然是制约发展互动学习环境的原因，而互动学习环境是在企业一级改善吸收能力的先决条件”。

薄弱的社会资本还会破坏创新行为，产生不信任，刺激人们寻求快速的回报，而不是投资于对于创新和商业化更为必要的长期互动。

中国社会资本缺乏的原因是多方面的。几千年的封建统治和小农经济，尤其是十年文化大革命，对社会资本造成了极大破坏，再加上近年来的腐败不正之风，对创新创业很不利。高新区和孵化器使创新创业人才走到一起，使政、产、学、研、金、介和用户围绕着创新产品进行合作交流，创造了一种大大提高社会资本的环境。这就是高新区和孵化器不会消失的原因。

（三）未来高新区和孵化器的成功关键

高新区和孵化器取得的那么大的成绩是谁起了主要作用？是科研院所，大学，政府，还是企业家？各种说法不一。翻开那些成功企业的创业史，就可回答这一问题，是企业家，这是事物变化的内因。政府、科研院所和大学为内因的变化创造了条件，是外因。内因是事物变化的根据。那么，高新区和孵化器的未来是否还取决于企业家？

从美国硅谷的成功经验来看，大多数专家认为主要归功于风险投资家。这些风险投资家原本就是硅谷的创新创业者，他们在长期跌、打、滚、爬中积累了丰富经验，他们有深厚的专业知识和管理经验，知道该投谁，不该投谁，什么时机该投，什么时候不该投。中国现在已有一些企业家有资格当风险投资家，但缺少风险基金，现在大部分风险基金还是政府基金，它们的管理者不敢承担风险，不可能当风险投资家。随着二板市场的逐渐成熟，大量的民营科技企业兴旺发达，出现大批小巨人，有资金拿出来做风险基金的时候，社会资本又大大增加时，这批风险投资家将成为高新区和孵化器的灵魂。

总之，中国的高新区和企业孵化器在改革开放的推动下，在新旧两种体制的不断摩擦下，在人们将信将疑的目光注视下喷薄而出，她的骄人成绩被国内外有关人士称作奇迹。她还将在这块土地上发展壮大，一个个世界著名的小巨人将在这里站起，他们所代表的世界名牌将渗透到各个产业领域，中国制造将走向中国创造。

参考文献：

1. Li, Z., J. Zhang, W. Ke, H. Thorsteinsdottir, U. Quach, P. A. Singer and A. S. Daar (2004) "Health Biotechnology in China-Reawakening of a Giant,," Nature Biotechnology, Vol. 22, Supplement, December, pp. 13 ~ 18

2. Vang, J. and B. Asheim (2006), "Regions, Absorptive Capacity and Strategic Coupling with High-Tech TNCs: Lessons from India and China", Strategy, Technology & Society, Vol. 11, No. 1, pp. 39 ~ 66

3. Woolcock, M. (1998), "Social capital and economic development: Towards a theoretical synthesis and policy framework", Theory and Society, Vol. 27, No. 2, pp. 151 ~ 208

4. 科技部火炬中心，中国高新技术产业化发展报告，科学出版社，1999 年

发展城市固体生活垃圾的循环经济

陈 勇[①]

（国际欧亚科学院院士，中国科学院广东分院院长）

一、前言

环境问题是决定人类生存和发展的重要因素之一。自工业革命以来，世界工业化程度日益提高，伴随着生产规模扩大和社会的发展，产生了大量的废弃物，以城市的情况最为严重。并且，世界各国的城市化建设迅猛发展，2008 年城市人口数首次超过农村人口数，达到 34 亿人。城市人口密度进一步加大，导致城市生活垃圾问题也日趋严重。

据统计，全世界每年城市垃圾量 6.5 亿吨左右，我国城市垃圾年产生量超过 1.52 亿吨，并且以每年 8% ~10% 的速度增长，占世界城市垃圾总产生量的 26.5%。以北京市为例，每天产生垃圾16 000吨，现在北京市的垃圾已占用土地 2 万多亩，按现在速度发展，每年还将多占用 500 亩。

中国现在是世界制造业的中心，全国现有的工厂都位于城市或城市附近，估计用不了 10 年时间，一半的人口将居住在城市。随着经济的高速增长，制造业的不断发展，人们消费水平的不断提高，工业垃圾和城市固体生活垃圾等固体废弃物都在不断增加。目前我国对于废弃物的利用效率还较低，造成“可再生资源”的流失每年达到 300 亿 ~400 亿元，其中就包括了城市垃圾的未资源化处理所造成的损失高达 200 亿元。城市垃圾是城市人生活过程排出的废弃物，它包括厨余、果叶、废纸、废塑料、废橡胶、废玻璃、废金属、废木料及沙石等，而这些物质大多是可作为资源加以利用的，因此，“垃圾是放错了位置的资源”。如何实现城市垃圾的无害化、减量化以及资源化循环利用，不仅仅是环境保护的需要，也是资源综合利用的需要。

① 另一作者为袁浩然，中国科学院广州能源研究所。

二、城市固体生活垃圾的特点

城市固体生活垃圾（简称城市垃圾）具有很多自身特点，如中国人固有的生活习俗，经济社会发展迅速，城镇化进程快等，因此，城市垃圾也表现出相应于时代、地区的特点。

1. 成分的复杂性

城市垃圾的成分非常复杂。在我国，一般将城市生活垃圾分为厨余、纸、塑料、橡胶、布、木竹、玻璃、金属、无机物等9类。若再将其细分，则更加复杂，仅塑料就有很多种类，因此，要实现环保和资源化的双重目的，选取何种处理技术十分重要。并且，根据生活习惯与方式、经济社会发展水平的不同，城市垃圾的成分也不同，比如，北方地区因为烧煤取暖，垃圾中无机灰渣较多；南方地区饮食文化比较发达，垃圾中厨余含量就会较高；发达地区的生活水平较高，垃圾中塑料、纸的含量也较高等。随着经济社会的发展，垃圾量和成分也在改变。如：20世纪末，广州市每天的城市垃圾量约5000吨/日，到2004年变为大约7000吨/日，而到2008年则达到1万吨/日。又比如，2001年广州市进入终处理场的城市垃圾中，厨余占41.6%、草木果叶类占7.9%、塑料及橡胶占21%、纺织物占6.9%、纸占10.9%、无机物占11.7%。而目前，广州市的城市垃圾成分已变为厨余占35%、草木果叶类占17%、塑料及橡胶占22.2%、纺织物占13%、纸占9%、无机物占3.8%。

2. 物质的易变性

城市垃圾的组成复杂且多变，不同季节垃圾的成分在不断地变化。如，春节刚过，广州市的城市垃圾不仅数量大大增加，而且垃圾中的草木果叶和无机砂土类物质也大幅增加。如梅雨季节，垃圾中的含水率大幅增加。在南方的夏季，若不及时处理垃圾，24小时内垃圾中的厨余就腐烂变质，产生臭气，并招引蚊蝇。

3. 生态环境影响性

生态环境的影响大致可归纳为：

（1）污染水源。垃圾堆放场棕黑色的渗滤液，是垃圾经生物降解后富营养化的高氮、高磷物质，这种液体中携带着汞、镉、铅、砷、铬等元素，以及苯、酚等有害有机物。BOD和COD高达10^4数量级。任意堆放或简易填埋的垃圾，其中的含水量和淋入堆放垃圾中的雨水产生的渗滤液流入周围地表水体，渗入土壤，会造成地表水或地下水的严重污染，致使污染环境的事件屡有发生。例如：贵阳市1983年夏季哈马井和望城坡垃圾堆放场所在地区，同时发生痢疾流行，其原因是地下水被垃圾场渗滤液污染，大肠杆菌值超过饮用水标准770倍以上，含菌量超标2600倍。北京市环境卫生科学研究所对某垃圾堆放场地周围的地下水和地表水进行现场监测，其结果令人震惊：垃圾堆放场地下水已被污染，不能饮用；垃圾场周围几公里范围内，浅层地下水都受到一定程度的污染。

（2）污染农田、土壤。未经处理的垃圾，只经过筛分就放置于农田，会造成土壤结构的破坏和变性。另外，大量的重金属元素、苯和酚等有机物，以及寄生虫卵等，通过作物、蔬菜及草食性畜对有害物质的富积，返回人体造成不利影响。据初步统计，累计使用不合理的垃圾肥，每600平方米达10吨以上的土地，保水和保肥能力下降10%以上。某市有些地方因长期使用未经严格处理的垃圾肥，土壤的汞浓度已超过本底三倍。

（3）污染大气。裸露堆放或简单填埋的垃圾在温度、水分的作用下，一些有机物质发生分解，产生有害气体，仅有机挥发性气体就有100多种，其中含有多种有害物质；一些腐烂的垃圾散发腥臭味，使空气污浊不堪，严重影响周围居民的身心健康；还有一些垃圾，在自然条件的作用下，会产生多环芳烃气体，而这种气体是强致癌物。此外，垃圾中的微粒和病原体还会随风扩散到很远的地方。

（4）成为蚊蝇、老鼠、病原体的滋生源。裸露堆放或简单填埋的垃圾，会为蚊蝇、老鼠、病原体的繁殖提供孳生的环境，成为时疫爆发的隐患。如英国几次鼠疫的流行，印度孟买的瘟疫，以及我国上海一度流行的“甲肝”，都与此有关。北京市卫生防疫站曾在某垃圾堆放场进行蝇、蛆和蛹的定量检测，结果是：平均每个检测者在两小时内测到苍蝇212只；在0.11平方米的垃圾面上，挖取1公斤垃圾样品，分类计数为螺蛆120条，蝇蛹979个。

（5）制约社会和经济发展。城市垃圾问题伴随城市化进程日趋尖锐，已经成为人民关心、专家批评、旅游观光者留意、新闻媒体关注、对政府部门压力较大的一个社会问题。城市垃圾问题不仅对城市环境造成了巨大的压力，而且也限制了城市的发展。目前，许多城市都为寻找新的垃圾堆放场和填埋场而困惑。长久以来，城市垃圾都是未经减容处理就集中堆放，以致不得不征用大量的土地。而征地费用越来越高，还涉及拆迁、安置、赔偿等一系列问题。由于近郊垃圾场的容量日趋饱和，大量的城市垃圾只能往郊区农村直接堆置或简单填埋。这种“清洁了城市，污染了农村”的污染转嫁做法开始遇阻，郊区农民因拒收垃圾和反对在当地建设城市填埋场而引发的事件已屡见不鲜，有的甚至导致激烈的社会问题。比如：最近广州番禺区为建城市垃圾处理场就引发了群众与政府的严重矛盾。一些城市已经很难找到处置城市垃圾的地方，建设新填埋场的难度增加，只能将垃圾向更远的农村转移消纳，造成清运成本急剧上升，对政府的压力越来越大。

4. 资源和废物的相对性

城市垃圾具有鲜明的时间和空间特征。从时间上说，它仅仅是目前被抛弃的物质，而随着时间的推移，技术的使用，今天的废弃物就可以变成明天的资源。从空间角度来看，垃圾仅仅相对于某一过程或者某一场所被废弃的物质，而在另一场合、为了某种用途它就可以成为有用的物质；大部分废弃物单独存在时可看做为资源，但一旦混合后就成为了垃圾。成为垃圾不仅浪费了资源，而且会产生上述危害。若对城市垃圾加以循环利用，则大部分可以综合利用，比如，目前广州市的城市垃圾中87%的物质可以被综合利用，如果将灰渣作为建筑施工的基土的话，则可以全部被利用。例如，每回收1吨废钢铁可炼钢0.9

吨，比用矿石冶炼节约成本47%，空气污染减少75%，水污染降低97%；从汽车、摩托车上“退役”的废旧轮胎能被还原成价格不菲的燃油；利用厨余垃圾经过生物技术堆肥制成的有机肥是最天然、最优质的肥料，如果将现有的厨余垃圾转化为有机肥，其产量与目前使用的化肥量相当。

三、国内外城市固体生活垃圾处理技术发展的现状与趋势

1. 国内外城市垃圾主要处理技术

目前世界上对于城市固体生活垃圾处理的方法主要有简单填埋、卫生填埋、堆肥、焚烧和热解焚烧及资源化循环利用技术等基本处理技术。

简单填埋的处理工艺见图1。

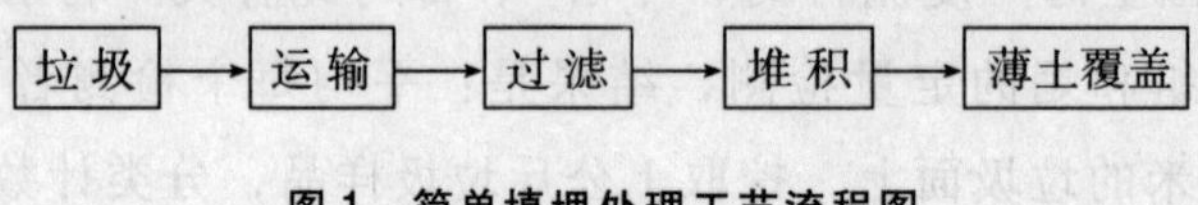

图1 简单填埋处理工艺流程图

简单填埋工艺作为垃圾的一种较为原始的处理手段，虽然能暂时性地处理城市垃圾，但是其存在土地占有率高，对环境污染严重等问题，现已被发达国家明令禁止使用。

卫生填埋的处理工艺见图2。

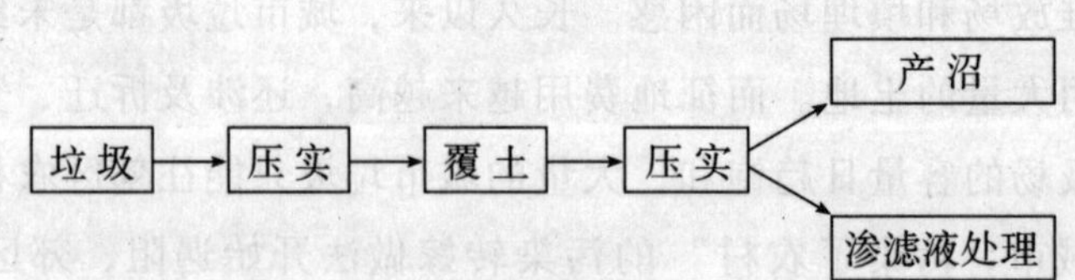

图2 垃圾卫生填埋工艺流程图

作为生活垃圾最常见最原始的处理方法，填埋技术具有处理量大、处理成本低、工艺相对简单等优点。但是也存在场址选择受地理、地质和水文地质条件限制，场址选择难度较大，土地占用面积大，减量化程度低等问题。

堆肥的处理工艺见图3。

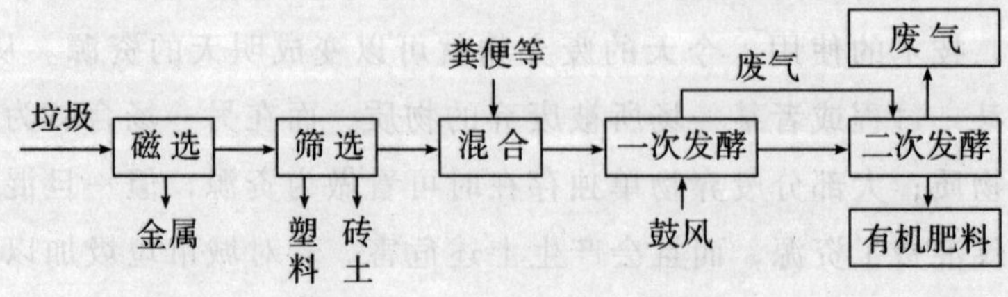

图3 垃圾堆肥工艺流程图

堆肥技术虽然具有使用年限不受自然条件限制，垃圾无害化，资源化程度较高，有利于生态环境等优点。但是也存在投资、处理成本较高，对垃圾成分要求较高（一般要求垃圾中可堆腐有机物含量大于40%），运行管理费用高，产品销售受制于市场等问题。

焚烧的处理工艺见图4。

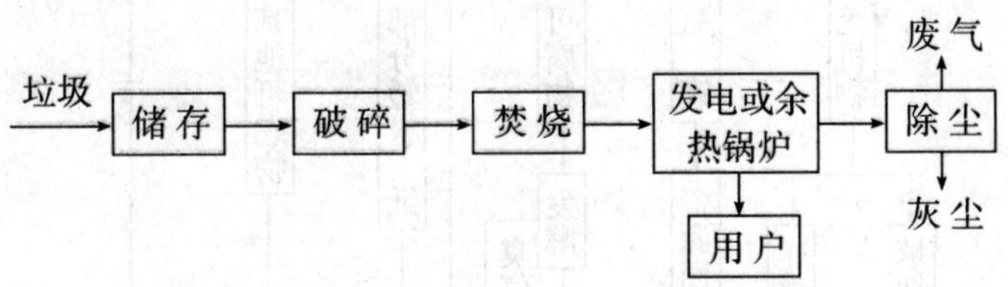

图4 垃圾焚烧工艺流程图

垃圾焚烧技术具有垃圾减量化、无害化程度高，可回收垃圾中的资源，使用期限长，占地面积少等优点。但是也存在设备投资高，运行管理费用高，工艺设备复杂，要求原生垃圾达到一定热值，特别是对空气易造成二次污染，生成的二恶英具有强致癌性等问题。

热解焚烧的处理工艺见图5。

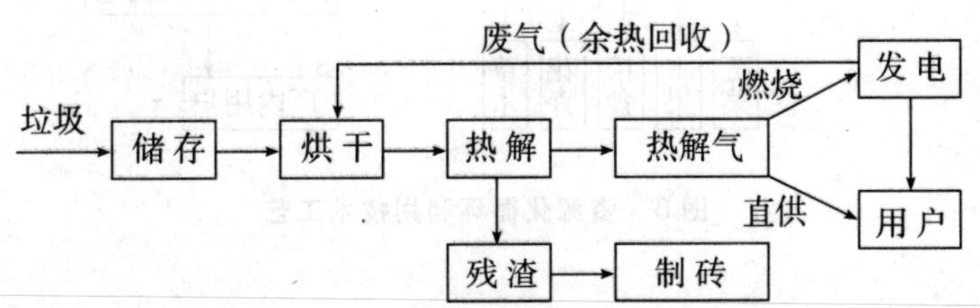

图5 垃圾热解工艺流程图

这种处理方式解决了传统焚烧以固相燃料燃烧为主、各组分燃烧时间差异大、燃料不完全、燃烧不易控制、二次污染的难题有效抑制二恶英的生成、减少尾气排放量，可根据需求产气或发电。但是，此技术若不与其他工艺结合，仍然会使资源得不到充分利用。

资源化循环利用技术工艺见图6。

该处理技术是集垃圾分选、堆肥、热解焚烧供热、气化发电、制肥技术于一体的垃圾综合处理与利用成套系统。

通过组合大物料选、破袋、磁选、筛选、风选、水选、钩选等垃圾分选技术，解决了原生垃圾组分高度粘连、缠绕、混杂、不易分离的难题，实现了垃圾复杂组分的有效分选，为垃圾资源化奠定基础。

采用本技术处理城市生活垃圾减容率可达95%以上，资源化利用率达到85%。同等规模下，采用本技术处理可大大节约填埋用地，投资成本仅为焚烧发电的30%～50%，与卫生填埋相当；垃圾处理运行成本不到焚烧的一半，与卫生填埋成本接近；同时还可通过资源化利用产生较好的经济效益。该技术是多种技术的模块化组合，可根据垃圾的特点和需求调整模块。

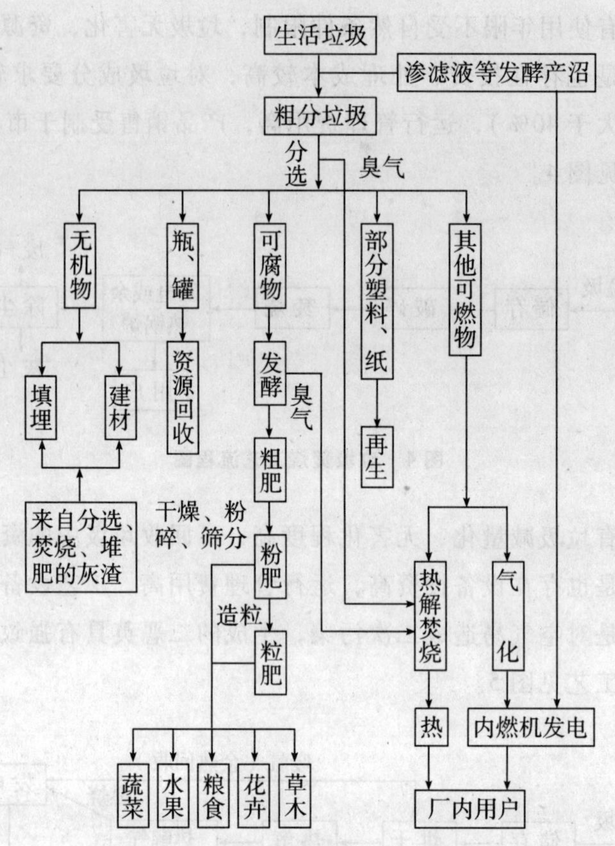

图6 资源化循环利用技术工艺

该技术目前只在少数处理场应用，还没有广泛被认识和推广。

2. 国内外城市垃圾处理现状

根据2008年中国统计年鉴[1]，截至2007年底，全国655个设市城市生活垃圾清运量1.52亿吨，有各类生活垃圾场453座，处理能力为27.2万吨/日，集中处理量约9400万吨，集中处理率约为62%；其中城市生活垃圾填埋场363座，处理能力21.5万吨/日，填埋处理量约7664万吨；城市生活垃圾堆肥厂17座，处理能力0.79万吨/日，处理量250万吨；城市生活垃圾焚烧厂67座，处理能力4.58万吨/日，处理量1466万吨；按处理量统计，填埋、堆肥和焚烧处理比例分别占81.7%、2.7%和15.6%，按清运量统计分析，填埋、堆肥和焚烧处理比例分别占50.4%、1.6%和9.6%。

由此可见，我国目前城市垃圾资源化程度低，对于先进的垃圾处理方式，例如垃圾热解焚烧技术和资源化循环利用技术，目前集中于技术开发阶段，尚未得到重视和应用。

美国是世界上垃圾填埋（7~9层特别隔绝材料建设的填埋场）技术最先进的国家。美国是一个地多人少的国家，80%以上的垃圾是填埋的，产生的沼气35%来自垃圾填埋场。

国外垃圾处理技术由原来简单地堆弃、填埋、露天焚烧及简易垃圾焚烧炉焚烧，发展到了用先进的环境卫生工程科学技术处理垃圾。国外垃圾处理方法基本上同我国现有的方法相同，表1给出了发达国家城市生活垃圾处理方法所占比例。[2]

表1 发达国家城市生活垃圾处理方法所占比例

国家	填埋(%)	焚烧(%)	堆肥(%)	利用(%)
美国	62	10	0	28
日本	12	72.8	8.7	6.5
英国	83	13	0	4
德国	61	36	3	0
法国	45	42	10	3
意大利	74	16	7	3
西班牙	64	6	17	13
比利时	49	35	0	16
奥地利	46	24	8	20
丹麦	16	71	4	9
芬兰	65	4	15	16
挪威	67	22	5	6

在研究和技术开发方面，国外的城市垃圾热解研究主要集中在垃圾中可热解的成分上，包括生物质类物质、橡胶和塑料等高分子物质。以废塑料热解处理为例，其热解产物主要是汽油和柴油，热解碳的产量很少。一般使用富士工艺或者BASF工艺，采用固定床热解即可。废轮胎的热解主要是生产燃油和炭黑，在技术上Hamburg大学的流化床、Lavaldaxuede的真空移动床、德国Kerko/kiene和日本神户的回转窑工艺都很成熟。关于混合垃圾，因为影响因素更加复杂，处于研究的初始阶段，使用慢速加热制取燃气和焦炭是主要方向，有代表性的工艺是德国CUTEC的回转窑。其他相关的垃圾热解研究也有很多，Lawrence A Ruth[3]研究表明：掺烧20%的生活垃圾使锅炉的尾气中SO_2含量和NO_x含量明显下降，但使尾气中的粉尘含量和HCl含量大大增加；Estelle[4]等的研究表明：当把垃圾加入到煤中时，降低了NO_x和SO_2的排放，并且增加了HCl的排放；A Kajita等人[5]通过垃圾和煤在流化床中的混烧实验发现，随着垃圾在给料中比例的增加，二恶英的排放浓度增加。

3. 国外城市垃圾管理系统

城市垃圾管理是垃圾处理系统工程中的重要组成部分。由于我国的城市垃圾管理系统比较落后，管理水平也比较低，在这里仅介绍一些国外的情况。首先，国外很重视城市生活垃圾的减量化、资源化和无害化，并且把“三化”作为立法的主要方向和立法重点；城市垃圾从收集、运输和处理管理与技术已很成熟，在收集方面大多数国家采取了分类收集，在运输方面基本采用密闭压缩运输。其次，垃圾分类、垃圾收费制度以法律形式在立法中体现。对违反垃圾分类和收费的行为，法律中严格规定了民事、行政，甚至刑事责任，环境执法严格。再次，先进的技术标准体系以及环境标志制度，使商品的外包装逐步实现了再循环和再利用。最后，采取了生产者责任延伸制度，将企业对产品的责任扩展到整个产品的生命周期，实行生活垃圾的全程控制。其中，国外学者讨论的重中之重是城市垃圾的分类和收费制度，严格的垃圾分类和费用征收，保证了城市生活垃圾污染防治工作的顺利进行，并且在一定程度上制约了自然资源的消耗。

在城市垃圾的管理方面，我们以日本的垃圾管理现状为例。日本从减少对天然资源的过度消费考虑，着重强调“3R”观念，即减少废弃物排出（Reduce）、物尽其用（Reuse）和循环利用（Recycle）。“3R”观念可以说是社会价值观的根本性转变。生产者把传统的“原料—工业生产—使用—废弃物”开环模式变为“资源—产品—消费—再生资源”的物质反复循环流动的闭环系统，使得整个经济系统以及生产和消费的过程基本不产生或只产生很少的废弃物，以建设一个循环型的社会。为了实现这个目的，日本相继制定了《推进形成循环型社会基本法》、《特定家庭用机械再商品化法》、《促进资源有效利用法》、《食品循环资源再生利用促进法》、《建筑工程材料再资源化法》、《容器包装循环法》、《绿色采购法》、《废弃物处理法》、《化学物质排出管理促进法》。这一系列法律法规，逐步建立健全了环境保护方面的法制。特别是第一项《推进形成循环型社会基本法》，从法律上确定了21世纪经济和社会的发展方向，提出了建立循环型经济社会的根本原则，这为促进物质循环、减轻环境负荷、构筑可持续发展的社会提供了法律保障[6]。其他如德国、丹麦、芬兰和韩国等国的垃圾处理方式也非常值得我们借鉴。

四、我国城市垃圾处理中存在的主要问题

1. 缺乏认识

我国《环境保护法》、《循环经济促进法》均已颁布实施，但由于切合实际和实践的宣传教育少，目前，环境保护、循环经济理念和节能减排意识尚未成为全社会的自觉行动。人们在没有直接侵害自身切身利益时，对垃圾问题熟视无睹，对垃圾的源头减量、资源化利用以及垃圾问题的复杂性、长远性、社会性更是认识不足，导致对环卫部门设置的收集设施视而不见。一些城市的环卫设施不断遭到人为的破坏，某些企业将垃圾非法倾倒在不让倾倒的地方，刚刚治理好的河道也成为垃圾非法倾倒的场所，对环境造成了严重的破坏。尤其有些政府官员也是似懂非懂，没有科学思考，凭感觉，乱指挥。

2. 缺乏规划

城市垃圾问题是复杂而长远的问题，关乎人类生存环境和质量，解决城市垃圾问题是一项系统工程，它涉及科学、技术、管理、政策、人文和历史等各个方面。所以，作为一个负责任的政府应对垃圾问题应高度重视，科学谋划，前瞻思考，实实在在、科学地制订城市垃圾战略规划，以指导这项复杂的工作。目前，由于存在上述缺乏认识的问题，很难做出科学的规划，即便有也是形同虚设，发挥不了作用，因此，遇到问题时，只能是就事论事，头痛

治头、脚痛治脚了。

3. 缺乏对技术的把握

目前，我国对城市固体生活垃圾的处理和处置方法主要是露天堆放、填埋、堆肥和焚烧。堆放和填埋需要占用宝贵的土地资源，易造成对大气、土壤和水的二次污染，通常也无法回收垃圾中的潜在资源。堆肥仅能处理垃圾中的可腐有机物，对不易腐有机物和无机物无法利用，资源化利用程度低。焚烧可以处理所有的有机物，但资源化利用形式单一、成本高、效率低、二次污染不易控制。因此，任何一项单一技术都无法同时实现垃圾的减量化、无害化和资源化。近几年，我国许多环保界的官员觉得用曾流行欧美的焚烧技术不错，处理简单，减量效果明显，所以，不少城市引进了一些焚烧设施。而在这同时，因为焚烧技术暴露出严重的环境问题和资源浪费问题，许多发达国家政府已经朝新的方向发展了。日本政府已决定要把全国两千多座焚烧厂陆续关闭。美国和欧洲很多国家都不再建设新的焚烧厂。

目前广州又大力提倡分类收集，这当然是好事，但仍需要对可操作性进行科学的论证，提出合理的实施方案。十多年前日本积极推行垃圾分类收集方式，在街头摆放可收集七八种类垃圾的箱子，当时，德国等许多国家都效仿这一“先进”方法。实际上，经过几年的实践，发现在街头到处摆放这么多垃圾箱既不符合文明社会的要求，也不方便群众生活。现在日本街头的垃圾箱已不见了，取而代之的是居民倒垃圾分为三个时间点，在规定的时间、指定地点，用不同的包装袋将垃圾分为厨余物、可燃物和不可燃物，由环卫部门收集，然后送往垃圾厂经自动机械分选细分，分门别类加以回收利用，使资源最大限度地得以再生利用。

4. 缺乏科学的管理

一是城市垃圾的管理主体混乱，主要表现在：管理主体有的是环保系统，有的是环卫系统，有的是建设系统，缺少系统性、规范化；垃圾管理一直被作为社会公益事业由政府一家包揽，政企合一，导致无监督无竞争；市容环境卫生管理队伍庞杂，层次多而不集中。

二是收费制度尚未建立，垃圾治理缺乏资金。仅靠国家和地方财政专项拨款解决，资金投入有限，很难达到预定目标。其根本原因在于缺乏相应的经济手段和垃圾收费制度，没有使公众和企业认识到垃圾问题与自身息息相关。目前的收费范围及额度各地不一，垃圾处理费也没有形成合理的价格体系，以至于垃圾处理费千差万别。

三是管理法律在我国城市固体生活垃圾污染防治立法体系中还存在着很多“立法空白”，虽然建立了相关的法律，但缺少相应的“子法”及实施细则，给依法管理带来一定的困难。

四是各项解决垃圾问题的技术和技术标准过于陈旧，以至于很难判断目前已在运行的垃圾处理场会不会给将来的生态环境造成危害；现有的城市垃圾处理机械设备多为通用设备，缺乏专用设备。已经设计的、生产的种类不多的专用机械设备，也多存在质量低、可靠性差、能耗大、效率低等问题，在很大程度上影响了生活垃圾无害化处理的发展。

五是政府官员的短期行为，驱使他们选择最容易创造“业绩”的快速、简便的处理方案，而不去选择对经济社会发展具有长远利益和影响的方案。

5. 缺少对自主创新技术的支持。

由于观念和认识上的问题，从国家到地方，似乎只认为生物技术、信息技术、新能源技术、材料技术等属于高新技术，并给予高度关注和支持，而恰恰对最关乎人类生存与发展以及人民生命健康，而且涉及多学科、多领域、多技术交叉的垃圾治理技术的研究与开发不太重视，支持力度很小，研发投入经费很少。

五、关于我国城市固体生活垃圾处理的思考

1. 加强宣传，提高认识

在城市，固体生活垃圾处理是关乎社会发展、人民身体健康的大事，必须调动广大人民群众——也就是生活垃圾的制造个体的积极性。居民是垃圾分类回收的主体，他们的认知程度决定了垃圾分类回收的成败。为提高公众对垃圾的复杂性、社会性、长期性、危害性、资源性，以及科学性、技术性的认识和理解，应广泛、持久、系统地进行有关垃圾知识的科普宣传，以使公众充分理解正确的收集、清运和处置方法对城市发展、生活改善有重要意义，并在资源节约、源头减量、社会监督、事业支持等方面成为自觉行为；建立公众举报监督热线，设立垃圾监管员，逐步建立公众参与垃圾管理的机制；提高政府官员认识水平，加强科学决策能力。同时，在学校教育中加入有关内容，作为常识使学生从小接受并理解。

2. 积极谋划，未雨绸缪

城市垃圾问题是关系人类生存环境与生活质量的大问题，而且这一问题伴随人类的存在而永存，伴随社会的发展而产生内涵的变化。解决好这一问题，必须要有战略性、科学性和前瞻性。因此，首先要结合经济社会和城市发展规划制订城市垃圾治理规划和发展路线图，以把握城市垃圾的发展趋势，谋划不同时期的处理方案，有计划、有步骤地建设城市垃圾处理系统。各级政府必须把城市垃圾的处理作为重点工作，成立专门机构，统一规划，完善体系，制定合适的城市垃圾处理办法，建立统一的价格制度或者补贴办法，积极引导各类资金，统筹兼顾。政府（应重视无害化垃圾处理技术的发展），建设城市垃圾资源化循环利用的工业园，将垃圾预处理、资源化循环利用、终处理系统以及相关环保产品和装备业、服务业集中在工业园内，以形成以城市垃圾为对象的循环经济工业园区。同时由政府出资设立垃圾生活中转站，以市场化运作方式处理各中转站中的垃圾，逐步建立用户保洁、政府收集、企业转运处理的生活垃圾收运体系，同时培养以城市垃圾处理为核心

的环保产业。

3. 加强研究，创新技术

一方面，城市垃圾组成非常复杂，且变化和变异性很大；另一方面，垃圾中的物质作为新的资源利用时，其利用途径和方法也是多样的。所以，处理得不好，既浪费资源，又可能产生二次污染；处理得好，不仅可以解决环保问题，而且可创造出新的财富。因为处理垃圾的技术涉及多学科、多技术的交叉，所以，必须加强针对城市垃圾及其衍生产物的科学研究，如化学、生物学、物理学及材料学的研究，为技术开发奠定基础。根据城市垃圾处理技术的发展趋势，资源化循环利用是必然的发展方向。实现资源循环利用的技术体系应包括预处理的分选技术、资源再生循环利用技术及最终产物的处理技术。在预处理的分选阶段，主要是要开发自动识别与分选技术，尽可能使垃圾中的各种物质分清，为资源化的循环利用打下基础。在循环利用阶段，主要是要根据资源性状、目标产物和经济性、环境性分析，开发相应的技术。最终产物是指从用途和经济性考虑已暂时无法利用的垃圾中的剩余物质，在这个阶段，主要是利用填埋技术和焚烧技术，或作为建筑基土利用。目前，焚烧技术已有多种多样，但最能有效控制焚烧二次污染物产生的是热解焚烧或等离子燃烧等高能物理的方法。由于高能物理的方法成本高、耗能大，暂时难以推广，而热解焚烧相对容易接受。热解焚烧由热解产气和热解气燃烧两个阶段构成。热解气燃烧可驱动锅炉蒸汽发电。如果产气与燃气内燃机结合，则又形成垃圾气化发电技术。下面简单介绍热解气化发电的相关工艺。

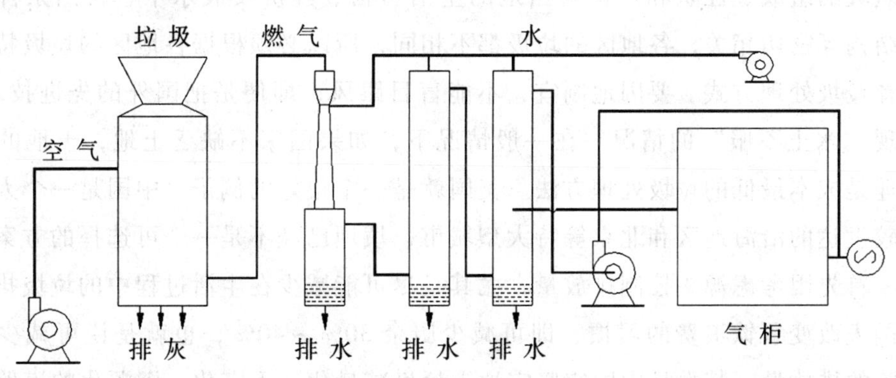

图7　垃圾气化发电系统流程图

垃圾经过破碎、筛分、压榨脱水后由皮带输送，经匀速给料机送入气化炉内，在缺氧氛围中，垃圾在气化炉内不完全燃烧，发生气化反应，生成可燃气体，可燃气经过净化系统（文丘里和两个水洗塔）净化，除去燃气中的灰、焦油后存入气柜，或直接通入内燃机中，燃烧发电。

在气化发电系统中，焦油含量应控制在 $0.02 \sim 0.5 g/Nm^3$ 的范围内，现阶段气化技术不可能将焦油控制在这个范围。要想使内燃机正常工作，就必须对燃气进行净化。目前除焦方法主要是水洗，如果焦油含量较高，仅采用水洗不能满足内燃机要求，可采用高温或加催化剂裂解法除焦。采用高温或加催化剂裂解法除焦的技术还不够成熟，不但使系统复杂化，而且会使系统成本提高。从现有技术的成熟性、系统复杂性、投资成本，以及下吸式气化炉对垃圾热解气化焦油含量低的特点上考虑，宜选用文丘里除尘和水洗除焦法来净化燃气。

4. 重视管理，建立法制

对于垃圾的有效管理体制是十分重要的，应建立环卫主管、环保监测、社会监督、企业实施的管理体系，明确各自定位，不能混淆职责。要依法管理，建立相应的法律法规和操作细则，比如可以建立“城市固体生活垃圾处理法”，以明确政府和公民的职责，规范垃圾处理的程序。应该实行垃圾收费制度，通过垃圾收费，有利于使居民树立牢固的环境意识，提高居民垃圾减量、分类收集的积极性，推动垃圾的减量化和资源化。应吸引多种经济形式参与城市垃圾清运与处理，加快城市垃圾处理企业化、市场化和产业化的进程。依法收取城市垃圾费的同时，必须规范垃圾处理费支付标准。要提高政府的执行力，应将城市垃圾的管理作为政府工作的重要考核指标，公开接受公众的监督。

科学的管理肯定也缺少不了跟踪与检测，城市垃圾的实时跟踪与检测可以较为准确地预测城市固体生活垃圾的成分发展方向，从而决定该采用哪种技术作为处理方法，或者根据预测的结果对现有的技术进行改造，使城市垃圾的资源化效率达到最高。

5. 立足国情，因地制宜

城市垃圾的组成、性状和产量与当地的生活习俗、经济发展水平、自然条件、人文环境、产业结构等密切相关，各地区的垃圾都不相同，所以必须根据各地区的垃圾特点和自身的需要选择垃圾处理方式。要因地制宜，不能盲目跟风，即便是把国外的先进技术引进来，也可能出现“水土不服”的情况。在一般情况下，如果国家不缺乏土地，土地的经济价值不高，填埋是成本最低的垃圾处理方法。美国就是一个很好的例子。中国是一个人多地少的国家，在较发达的沿海地区和北京等特大型城市，填埋已经不是一个可选择的方案了。根据中国国情，首先因考虑源头控制排放量，尤其是尽可能减少在生活过程中的垃圾排放量。比如，如果国人改变餐饮浪费的习惯，即可减少厨余 30% ~40%，也就是说可减少城市垃圾 15% ~20% 的排放量。其次是中国应坚定地走垃圾减量化、无害化、资源化的道路，开发模块化的综合治理技术，以灵活满足各种垃圾处理的需求。

六、结束语

城市固体生活垃圾对人类生活质量的影响日益严重，并伴随着经济社会发展和城市化进程而变化，因此，选择减量化、资源化、无害化的城市垃圾处理方法已迫在眉睫。根据城市垃圾的诸特点，垃圾问题解决得不好不仅影响生态环境，造成社会资源浪费，而且会引发社会问题。全社会应充分认识这一与国计民生密切相关的大问题，走一条适合国情的城市垃圾处理之路，使得垃圾中的资源得到充分利用。同时，要加大开发自主创新的、适合我国国情的相关技术和装备的力度，尽快建立起以城市垃圾为核心的环保和循环经济产业，这是一个只有朝阳没有夕阳的产业。

参考文献：

1. 国家统计局．中国统计年鉴（2008）［M］．北京：中国统计出版社．
2. 李国建，陈世和．城市垃圾处理与处置．北京：中国环境科学出版社，1992
3. 卢欢亮，王伟．日本垃圾处理模式研究．建设科技，2004（4）：56
4. 宋玉银．城市有机固体废弃物的热解研究．环境科学与技术，1992，3：9～13
5. 席俊清，蒋火华，汪志国等．我国城市生活垃圾处理现状及存在问题分析．中国环境监测，2003，19（1）：21～23
6. 中国新闻社．北京成为全世界公共卫生间最多的城市．城市问题，2008（3）：102

中国城市雕塑建设与发展

陈晓丽

（全国城市雕塑建设指导委员会常务副主任，原国家建设部总规划师）

改革开放以来，在经济社会持续快速发展、城市化和城市现代化进程不断加快的形势下，城市文化建设受到各级政府和广大人民群众前所未有的重视和关注，以城市雕塑为重点的城市公共艺术建设呈现出繁荣发展的局面。同时，也暴露出许多新的矛盾和问题，亟待研究解决。认真贯彻科学发展观，从理论和实践的高度，分析、总结不同阶段，特别是近年来城市雕塑建设的经验和问题，探索我国城市雕塑建设发展的规律，进一步提高城市雕塑建设的管理水平，对引导和促进我国城市雕塑建设科学有序地发展具有十分重要的意义。

一、我国城市雕塑建设的发展与进步

1993 年，文化部、建设部联合颁发的《城市雕塑建设管理办法》明确：城市雕塑是指在城市规划区范围内的道路、广场、绿地、居住区、风景名胜区、公共建筑及其他活动场地建设的室外雕塑。

城市雕塑作为城市空间构成的要素，通过与建筑、园林、广场、街道等其他城市要素的有机结合，形成具有一定功能的空间环境，在塑造城市形象、构建公共文化服务体系、创造潜在经济价值等方面发挥着重要作用。

孟子曰："食必常饱，然后求美；衣必常暖，然后求丽。"人们在生活温饱之后，追求更高层次的物质和文化生活是社会发展的必然趋势。新中国城市雕塑建设伴随着经济、社会的发展而发展，并在不同时期的经济、社会发展条件下，形成了不同的规模、不同的功能、不同的作用和特征。

新中国成立初期，为歌颂中国人民波澜壮阔的革命斗争，缅怀革命先烈不朽的历史功绩，从中央到地方建设了一批以英雄人物和事迹为重点的雕塑，主要形式以纪念碑、人物雕像和浮雕为主。1949 年 9 月 30 日，中华人民共和国开国大典前夕，中国人民政治协商会议第一届全体会议通过了在首都建立人民英雄纪念碑的决议。当天下午 6 时，毛泽东同志率领全体政协委员在天安门广场举行了奠基仪式，并为人民英雄纪念碑奠基。1958 年首都人民英雄纪念碑正式落成，同年 5 月 1 日举行了揭幕仪式，同时它也成为新中国第一座大型纪念性公共艺术工程。纪念碑位于天安门南约463米，正阳门北约440米的南北中轴线上。它庄严雄伟，具有我国独特的民族风格。纪念碑总高37.94米，碑座分为两层，四周环绕汉白玉栏杆。下层须弥座束腰部分四面镶嵌着八块巨大的汉白玉浮雕，分别以“虎门销烟”、“金田起义”、“武昌起义”、“五四运动”、“五卅运动”、“南昌起义”、“抗日游击战争”、“胜利渡长江”为主题。在《胜利渡长江》浮雕的两侧，另有两幅以“支援前线”、“欢迎人民解放军”为题的装饰性浮雕。浮雕高2米，总长40.68米，雕刻着170多个人物，概括而生动地表现出我国一百多年来人民革命的伟大史实，不仅具有很高的文化艺术价值，也成为中国人民宝贵的精神财富。

各地也陆续建设了一批纪念性雕塑。其中，1950年临沂建成的华东革命烈士陵园中的雕塑作品是典型代表之一。烈士纪念碑上镶嵌着记述烈士事迹题材的浮雕，生动地塑造了英雄人物的禀性和气概。园内集中反映战争年代工、农、青、妇、兵，战斗、生产、放哨等内容的浮雕栩栩如生，富有强烈的艺术感染力。

20世纪50年代中后期，我国城市雕塑建设以围绕重大建设项目为主，数量不多，但影响很大。围绕庆祝新中国成立十周年，在首都北京十大建筑规划建设中，组织创作了一批重要雕塑。其中，在全国人民心目中具有重要影响的中国革命博物馆“前赴后继”雕塑，中国人民革命军事博物馆“陆海空”和“全民皆兵”雕塑，民族文化宫的“民族团结”雕塑，工人体育场以体育为题材的雕塑，农业展览馆的两组雕塑等，气势恢弘，振奋人心，体现了人民当家做主，掀起社会主义建设新高潮历史阶段性的精神风貌。这些雕塑在艺术形式上以传统具象手法为主，在地域上以建筑环境为主，基本反映了当时人们的政治诉求和审美素质。

“十年动乱”期间，在极“左”政治思潮的影响下，建设了大量毛泽东雕像以及英雄人物和带有政治色彩的雕塑作品，有的在艺术上也达到了较高水平。客观上看，一些雕塑内容形式单调趋一，明显带有政治躁动的特征，但也不失为历史的真实写照，同样具有一定的文化、艺术和研究价值。

改革开放以来，城市规划、建设迅猛发展，塑造城市形象，加强环境景观艺术化建设，成为城市雕塑建设快速发展的主要动因。三十多年来，随着不同阶段思想观念、经济发展水平、城市建设功能需求等演进升华的过程，城市雕塑建设也明显印记着阶段性的特点。

改革开放前期，面对十年“文化大革命”造成的困难局面，党中央把解放思想作为先导，把改革开放作为动力，带领全国人民开始了伟大的创新实践。城市雕塑建设和其他行业一样，开始摆脱僵化的思想和模式，创作思想逐渐活跃，开始借鉴国外现代艺术的经验，夸张、浪漫的艺术手法和属性重新得到还原。围绕改革开放，城市雕塑建设开始注重空间环境条件，考虑城市功能的需要，体现城市历史文化的特色，呈现历史、现代、未来多样化的发展趋势。其间，涌现出了倡导、歌颂改革创业精神的《开荒牛》、反映地域特色的《珠海渔女》、弘扬黄河文化的《黄河母亲》、北京石景山雕塑园、井冈山雕塑园等一批优秀的城市雕塑和以城市雕塑为重点景观的公园。

进入20世纪90年代，社会主义市场经济体制的建立，标志我国改革开放和现代化建设进入一个新阶段。历经十年改革开放，国家经济实力大大增强，城市化和城市现代化步伐进一步加快，城市雕塑建设也迈上了一个新的台阶，更加注重城市科学的规律，表现出新的时代特征。一是城市雕塑在城市规划、建设中地位和作用日益提高，受到各级政府和广大人民群众的高度重视。北京、上海、长春、青岛、铜陵等一批城市率先开始建立管理机构、制定法规、编制城市雕塑规划，有计划有步骤地展开城市雕塑建设工作。二是积极汲取和借鉴国外先进经验，城市雕塑创作内容、手段和形式发生了重大变化。创作内容更加贴近生活，向景观性、装饰性、互动性方面发展。创作手段突破传统模式，计算机和影像等技术开始普及应用。艺术形式更加多样，意象、抽象雕塑大量出现。如这个时期建设的《李大钊像》、《九一八残历》、《起舞》、《五卅惨案纪念碑》等雕塑作品。三是城市雕塑的空间环境功能和作用得到体现，由传统的点缀和配景地位向点、线、面综合布局发展。其中，青岛东海路雕塑长廊，长春、北京、天津、广州、桂林等城市的雕塑公园都是按照规划的要求进行建设，在塑造城市形象和美化环境中发挥了重要作用。

进入新世纪后，改革开放进程的深入，社会生产力的发展，文化越来越成为民族凝聚力和创造力的重要源泉，越来越成为综合国力竞争的重要因素，丰富精神文化生活越来越成为我国人民的热切愿望。在时代的新起点上，城市雕塑作为文化建设的重要内容，在城市建设发展中被赋予了新的使命，表现出更加广泛和深入的特点。

——城市雕塑的社会功能明显增强。随着人们精神文化需求日趋旺盛和城市的特色化发展，城市雕塑已成为公共文化服务体系的重要内容，在营造城市空间的美感和艺术氛围、诠释和弘扬城市精神、反映和体现公众的文化心理及其在公众空间的话语权等方面，发挥越来越重要的作用。

——综合考虑城市雕塑布局。越来越多的城市按照科学发展观的要求，将城市雕塑建设纳入城市规划管理轨道，促进城市雕塑与建筑、园林、市政工程等其他城市要素的融合，用以提升街道、绿化带、公园、水景、广场、公共建筑等公共空间环境的质量。

——城市雕塑创作力量不断壮大。经过二十多年的发展，我国已经形成了由雕塑院、雕塑专业院校、雕塑家个人工作室以及有关企业为主体的创作群体。城市雕塑创作思想经历了传统与现代、东方与西方的文化砥砺，更加明确了以弘扬民族特色文化为主的发展方向。当今我国城市雕塑创作进入了全面繁荣时期，创作思想、形式、风格、流派、题材不断创新，有力地推进了城市雕塑建设水平的提高。

——城市雕塑艺术知识普及不断深入。为了提高城市雕塑的社会作用和艺术影响力，各级城市雕塑建设管理部门在组织城市雕塑规划编制、方案征集等工作的同时，加大了城市雕塑艺术知识的普及力度。通过建立公众参与制度，邀请专家、学者举办各个层次的专题研讨会和培训，举办各类展览会等方式普及城市雕塑艺术知识，提高市民艺术修养。上海、南昌、长春等城市还建设了专门的艺术中心和展馆，不仅展出城市雕塑作品，还投资收藏国内外名品，积累城市文化艺术财富。

——涌现出一批积极推进城市雕塑建设的城市。进入21世纪，越来越多的城市结合本地实际，探索和总结城市发展的规律，科学组织城市雕塑建设，有力地促进了城市文化和形象水平的提高和城市特色化的发展。

北京在奥运筹备过程中，把城市雕塑建设作为一项重要内容，编制了奥运场馆、公园和重要地段的城市雕塑规划。为了确保城市雕塑的质量和水平，开展了国内外征集活动，共征集方案2008件，在奥运场馆、公园建成100多件。各区、县也都配合奥运筹备建成了一批重要的景观雕塑。奥运雕塑的建设丰富了城市文化内涵，凸显了奥运理念和中国特色，受到国内外各界人士的高度评价。

上海作为正在建设中的国际大都市和2010年世博会举办地，城市雕塑建设按照高起点、高水平的目标，形成了一个以策划人、艺术家为创作主体，艺术委员会为评审主体，广大市民为评议主体，市、区两级城雕部门为推进主体的“四位一体”城雕建设运作机制。2006年至2008年是上海城市雕塑建设发展的最快时期，在《上海市城市雕塑总体规划》和《中国2010年上海世博园区城市雕塑规划》的指导下，新建城市雕塑500余座。其中，一批雕塑在全国优秀城雕建设项目评选中荣获大奖或优秀奖，实现了上海城市雕塑建设的新跨越。

长春市政府把城市雕塑建设作为城市文化和形象建设的重要内容。自1997年以来，已举办了九届国际雕塑作品邀请展和两届国际雕塑展览会，共有五大洲211个国家和地区的雕塑家莅临长春，394位作者创作了438尊（组）作品立于长春雕塑公园。现在，长春的城市雕塑已成为一个品牌，在国内外享有很高的知名度。

西安努力突出地方特色，在城市雕塑建设中，以历史文化作为大主题，深挖创作源泉，组织建设了《丝绸之路》、《秦统一》、《张骞通西域》、《诗魂》、《唐仕女图》、《捣练图》、《唐人牵马图》等一系列反映当地历史文化的雕塑，再现了世界著名古都和历史文化名城的丰韵，给人以强烈的震撼。

哈尔滨是我国城市雕塑起步较早的城市，《防洪纪念塔组雕》和《天鹅展翅》、《跳水》等雕塑曾在全国引起轰动，记录着哈尔滨城雕艺术的辉煌。新世纪以来，哈尔滨以地域风情、冰雪文化、人文历史为主线，突出滨水寒地城市地理特色和多元文化城市特征，在传统雕塑建设发展的基础上，加快了冰雕、雪雕的发展。目前，哈尔滨的冰雕、雪雕在全国独树一帜，在国内外产生了重大影响。

青岛市利用海滨优势，统一规划建成了青岛名人雕塑园和12.5公里的滨海雕塑走廊，丰富了城市景观，凸显了城市特色。其中，《五月风》雕塑已成为青岛的城市标志。

大连将城市雕塑建设与环境建设紧密结合，在城市广场、绿地中建成了数百座精美的城市雕塑，将大连装点成一座花园旅游城市。

广州在《五羊衔穗》、《孙中山纪念馆》、《解放广州纪念像》等著名雕塑的基础上，进一步突出岭南特色，建设了一批反映广州文化传统、民族风情的城市雕塑，增加了城市历史与现实、精神与追求的文化厚重感。

厦门市积极推进艺术城市建设，紧密贴近市民生活，建设了一批故事性、生活性、趣味性的城市雕塑，增加了城市的亲和力和凝聚力。

克拉玛依市在城市雕塑建设中，立足于深入挖掘与全面展示本地的历史文化，以“爱国奉献、艰苦创业、民族团结、求真务实、追求卓越”的城市精神为主线，建成了《开拓者》、《大地母亲》、《千里风沙魂》、《水来了》等具有强烈感染力的城市雕塑，尽显城市精神的魅力，让人耳目一新。

台州市在城市雕塑建设中，认真贯彻科学发展观思想，在国内率先制定和实施了“百分之一文化计划”，建立了相对稳定的城市雕塑建设投资渠道。这项计划启动后，建成了《大奏鼓》、《生态家庭》、《金桥》、《玻璃之路》、《云水长和》等一批重要城市雕塑，使城市雕塑数量和水平都有了新的突破。

铜陵是中国最早的产铜地之一，3000多年的铜采冶历史绵延不断，悠久的青铜文化赋予这座城市深厚的文化积淀。20世纪90年代以来，铜陵坚持努力发扬、提炼富有特色的地域文化，建成了以青铜文化为主题的《商周青铜壁》、《起舞》、《时空》、《春晓》、《丰收门》、《铜都颂》、《八宝柱》、《凤鸣》等主题多样、特色鲜明的城市雕塑，汇成了铜陵文化之魂，为新时期建设特色化城市诠释了一种新的思路，被称为“铜陵现象”。

新世纪来，城市雕塑建设最显著的特点就是快速发展。从城市雕塑在城市建设中的地位和作用，到城市雕塑建设的数量和质量都有了明显的提升。

纵观改革开放30多年，城市雕塑建设呈现出量和质的飞跃，逐步在美化城市环境，提升城市形象，传承历史文化，塑造城市特色，丰富文化生活，增强城市活力，提高市民素质，促进文明建设等多方面发挥出独特的功能和作用。

二、当前城市雕塑建设几个重要问题的分析

我国城市雕塑建设的进步与发展，开拓了城市雕塑事业的新局面，取得了令人欣喜的成绩。同时，我们也应清醒地看到，当前城市雕塑建设的实践与科学发展观的要求还有不小的差距。从全国情况综合分析，还存在一些突出的矛盾和问题。

（一）总体发展不平衡

由于经济条件、领导认识水平、市民美学素质等方面的差距，全国城市雕塑建设的发展冷热不均。大体上可分为以下几类城市：第一类，管理机构和法规健全，资金渠道通畅，遵循艺术规律和建设程序，科学组织城市雕塑建设和管理。第二类，虽有管理机构和法规，但无稳定的投资渠道，城市雕塑建设处于被动地位。第三类，尚无管理机构和法规，城市雕塑建设往往临时动议，决策缺少科学性。第四类，城市政府和主管部门认识不到位，城市雕塑建设至今尚未提上日程。从以上四类城市看，第一、四类为数不多，第二、三类较为普遍。这说明我国城市雕塑建设整体发展尚未步入科学发展的轨道，城市雕塑建设的管理和指导工作任重而道远。

（二）城市雕塑建设管理滞后

改革开放以来，面对城市雕塑建设的快速发展，从上到下思想准备明显不足，城市雕塑建设管理的总体水平还不能适应形势的发展。从不同层次分析，国家、省级法规建设仍是一

个薄弱环节，宏观管理和政策制定缺少依据。各地相当多的城市由于没有管理机构和法规，城市雕塑建设随意性、盲目性的问题十分突出。另外，由于缺少相应的法规制度，城市雕塑建后管理也是一个薄弱环节，不少城市没有专门的城市雕塑建设管理部门，无人负责城市雕塑的日常维护，难以保持城市雕塑艺术的良好形象。

（三）理论研究落后于实践的发展

随着城市雕塑建设规模的不断扩大，各种问题和矛盾日益增多，迫切需要加强研究，建立和完善其发展的基础理论，用以指导实践的科学发展。从目前情况看，虽然人们对城市雕塑艺术规律和建设程序的系统性认识不断提高，在实践中也不断加强雕塑家与城市规划、建筑、园林等方面的合作。但由于受传统学科设置和体制、机制的制约，导致学术研究散乱，社会统筹城市雕塑理论建设的能力十分有限，造成城市雕塑建设的理论与实践发展的不协调。

（四）缺少稳定的投资渠道

从法国、日本、美国以及我国台湾等一些发达国家和地区看，国家和地方都有比较完善的公共艺术投资政策（例如百分比艺术计划），从而保障城市雕塑等公共艺术事业的可持续发展。目前，我国城市雕塑建设的投资主要来源于政府和少量的社会资金。由于没有强制性的法规制度，资金投入常常带有一定的不确定性，难以形成稳定的投资渠道。城市雕塑建设资金的随机性直接影响决策的科学性，这是我国城市雕塑建设总体质量不高的重要原因之一。

三、迎接机遇，应对挑战

回眸改革开放三十多年，中国人民以一往无前的进取精神和波澜壮阔的创新实践，谱写了中华民族自强不息、顽强奋进的壮丽史诗，创造了经济社会大跨越、大变革、大发展的奇迹，国家经济实力、综合国力、人民生活水平都跃上了新台阶。当今时代，我们正朝着党的“十六大”确立的全面建设小康社会的目标前进。城市雕塑建设作为文化发展的一项新兴事业正站在一个新的起点上，在加快城市特色发展，丰富城市文化品位，满足人民日益增长的文化精神需求，保障人民文化权益，提升城市综合竞争力和软实力等方面将大有可为，面临着前所未有的大好机遇。因此，城市雕塑建设一定要抓住机遇，乘势而上，切实承担起传承文化、繁荣文化的历史责任，努力适应新形势、新变化，满足城市发展和人民精神文化生活的新期待。各级城市雕塑建设管理和指导部门要认真贯彻科学发展观，把握客观发展趋势和城市雕塑建设的基本规律，积极应对城市文化大发展大繁荣给城市雕塑建设带来的挑战。为此，今后一个时期内，从宏观上应着重解决以下问题。

——提高城市雕塑建设管理水平。努力适应形势需要，进一步加强各级管理机构和相关法规建设，形成责权一致、依法行政、科学决策、执行顺畅、监督有力的城市雕塑建设管理体制，全面推进城市雕塑建设管理的科学化。

——编制和完善城市雕塑建设规划。为了科学指导城市雕塑建设的发展，城市雕塑建设发展较快的城市，应抓紧编制好城市雕塑规划。已经编制城市雕塑规划的城市，也应根据新形势的需要，继续做好修订和完善工作。

——加大城市雕塑建设的研究力度。各级城市雕塑建设管理和指导部门，要针对新时期城市雕塑建设中遇到的实际问题，有计划地组织专家、学者和管理等方面的人员，开展不同层面的专题研究，科学、系统地提出解决问题的对策。

——开拓创新，繁荣城市雕塑创作。要坚持为人民服务、为社会主义服务的方向和百花齐放、百家争鸣的方针，在时代的高起点上推动城市雕塑创作内容形式、体制机制、信息手段的创新，最大限度和不拘一格地动员创作力量和挖掘创作源泉，为城市雕塑建设提供优秀方案。

——自觉、主动开展城市雕塑艺术普及工作。城市雕塑具有重要的公众性特征，广大市民的艺术修养和审美情趣直接关系城市雕塑建设的水平。各有关部门要在城市雕塑建设过程中，要充分利用媒体、展览、讲座等形式广泛开展城市雕塑艺术的普及工作，提高公众艺术修养和对城市雕塑建设的关注力度。

——逐步建立多样化的投资渠道。各地城市要结合本地实际情况，积极吸收和借鉴国外的先进经验，制定有关城市雕塑建设的投资政策，促进政府、企业、个人投资制度化，为城市雕塑建设有计划、有目标的发展提供条件。

综论篇

2009中国城市发展综述

2009年3月5日，温家宝总理在第十一届全国人民代表大会第二次会议上作政府工作报告时指出："今年是实施'十一五'规划的关键之年，也是进入新世纪以来我国经济发展最为困难的一年，改革发展稳定的任务十分繁重。"

回顾刚刚过去的一年，面对严峻复杂的国内外经济形势，全国人民在党中央的领导下，坚持把保持经济平稳较快发展作为经济工作的首要任务，贯彻落实国务院关于进一步扩大内需、促进经济增长的十项措施，认真执行积极的财政政策和适度宽松的货币政策，实施总额4万亿元的两年投资计划，大范围实施调整振兴产业规划，统筹做好保增长、保民生、保稳定的各项工作，有效遏止了经济增长明显下滑态势，在全球率先实现经济形势总体回升向好，各项社会事业取得新的进展。同时，我们取得了汶川地震灾后恢复重建的重大阶段性成果，妥善处理了乌鲁木齐打砸抢烧严重暴力犯罪事件，科学部署了甲型H1N1流感的预防控制工作，有力维护了社会大局的和谐稳定，维护了人民群众的根本利益。

在城乡社会主义经济建设、政治建设、文化建设、社会建设以及生态文明建设取得新的重大进展的基础上，全国各族人民隆重庆祝了中华人民共和国成立60周年。广大群众热爱祖国、建设祖国的热情空前勃发，决心在新的起点上，不断加快经济发展方式转变，不断提高经济发展质量和效益，不断增强我国经济的国际竞争力和抗风险能力，使发展的质量越来越高，发展的空间越来越大，发展的道路越走越宽。

一、六十年来的城市发展历程

1. 城镇化进程快速推进

1949年，我国共有132个城市，城镇化水平仅为10.6%。随着中央政府在20世纪50年代前期制定的恢复国民经济方针的贯彻，我国的城镇化和城市建设稳步发展。改革开放以后，国家工作的重点开始转移到以经济建设为中心，国民经济高速发展，城镇化进程大大加快，城市发展布局和空间结构日趋合理，城市在国民经济中重要作用不断提高，城市面貌日新月异，城市人居环境得到极大改善。

1992年，党的十四大确立了社会主义市场经济体制的总体目标，构建了社会主义市场经济体制的基本框架。城市作为区域经济社会发展的中心，其地位和作用得到前所未有的认识和重视。2002年，党的十六大明确提出“要逐步提高城镇化水平，坚持大中小城市和小城镇协调发展，走中国特色的城镇化道路”，从此揭开了我国城镇建设发展的新篇章。

至2009年底，全国31个省、自治区、直辖市（不含港澳特区和台湾省），共有设市城市655个，城镇化水平46.59%，城镇人口达到62 186万。按照行政区划，有地级及以上城市287个（包括4个直辖市和15个副省级城市），县级城市368个；全国共有乡镇级行政区划34 170个，其中乡14 848个，建制镇19 322个，街道办事处6686个。以不重复计算为原则，655个城市（包括市辖县）的行政区域土地面积共计521.6万平方公里，占国土总面积的54.3%。

2. 城市在国民经济发展中的重要作用日益显著

2008年，全国地级及以上城市（不包括市辖县）的总人口37 619万，占全国总人口的28.3%，地区生产总值占全国GDP的比重达到62%；地区生产总值超过1000亿元的城市43个，其中20个城市超过2000亿元；地方财政预算内收入16892.7亿元，占全国地方财政收入的59%；地方财政预算内支出21 296.7亿元；占全国地方财政支出的43.4%。

随着经济全球化进程加快和城市商品流通体制的改革，一大批国外商贸集团、跨国商业机构先后在国内城市建立分支机构和代理公司，商业连锁店、大型百货超市不断出现在各城市的大街小巷，极大地促进了城市国内外贸易市场的繁荣兴旺。2009年全年社会消费品零售总额125 343亿元，其中城市消费品零售额85 133亿元，占全国的67.9%；年末全部金融机构本外币各项存款余额61.2万亿元，比年初增加13.2万亿元，其中城乡居民储蓄存款达264 761亿元。

3. 城市功能与居民生活逐步改善

随着城市经济的蓬勃发展，民生问题逐渐得到改善，就业岗位大量增加，工薪水平大幅增长，消费市场繁荣。城乡居民共享改革开放的成果，生活水平明显提高，人心安定、社会稳定和谐。2009年全国城镇居民人均可支配收入已达17 175元，扣除同期价格变动因素，比1949年实际增长约19倍。

从20世纪80年代开始，城市居民出行的交通方式呈现多元化。2009年末，全国民用汽车保有量达到7619万辆，比上年末增长17.8%；其中私人民用轿车2605万辆，年增长33.8%。北京市的民用机动车保有量从1997年初的100万辆，到2009年末已增至372万辆，其中私人民用轿车218万辆。与此同时，城市交通基础设施进一步改善，路网建设、公共交通发展加快，主要大城市均建成了由主次干道、非机动车道、人行道、快速环线和立交桥等构成的现代化的城市道路交通体系。

住房制度的改革，使住宅建设成为新的经济增长点和消费热点。2008年我国城镇居民人均住房使用面积已由1949年的4.3平方米增加到23.0平方米，住房的质量和居住环境也有较大提高和改善，基础设施和公共服务设施配套水平不断提高，具有独立厨房、厕所的成套住宅占实有住宅的比例超过80%。

大力发展社会事业，推进义务教育和医药卫生事业的改革发展。一批大型文教体育设施相继建成开放，极大地满足了居民文化、学习、娱乐和体育健身需求。旅游休闲产业加快发展，2009年国内出游人数达19.0亿人次，国内旅游收入10 184亿元；国内居民出境人数达4766万人次，其中因私出境4221万人次。国内游、出国游开始由观光型走向休闲度假型，出境旅游日趋平民化。

二、持续快速发展的城乡建设

1. 城市建设

据住房和城乡建设部统计，2008年全国城市城区人口3.35亿人，暂住人口0.35亿人，建成区面积3.63万平方公里。城市市政公用设施固定资产完成投资7369.8亿元，占同期城镇固定资产投资总额的4.97%。

2008年，全国城市用水人口3.55亿人，用水普及率94.73%，人均日生活用水量178.19升；用燃气人口3.32亿人，燃气普及率89.55%；集中供热面积34.9亿平方米；城市每万人拥有公共交通车辆11.13标台，人均城市道路面积12.21平方米，城市道路机械清扫率25.4%；城市共有污水处理厂1018座，污水集中处理率57.64%；生活垃圾无害化处理率66.76%；城市建成区排水管道密度8.68公里/平方公里；建成区绿化覆盖率37.37%，绿地率33.29%；人均公园绿地面积9.71平方米。全国共有187处国家级风景名胜区，风景名胜区面积7.7万平方公里，可游览面积3.5万平方公里，全年接待游人4亿人次。国家投入14亿元用于风景名胜区的维护和建设。

自1997年起，国家环境保护部门先后命名了67个国家环境保护模范城市，5个国家环境保护模范城区和6个生态城市。自2001年起，国家建设部门先后向20个市县授予中国人居环境奖。2009年，浙江省安吉县被授予中国人居环境奖，北京市什刹海历史文化保护区环境整治项目等34个项目被授予中国人居环境范例奖。

2. 县城建设

县城作为国家城镇体系的重要组成部分和县域政治经济文化的中心，正在推进县域经济的进程中发挥越来越大的作用。2008年末，全国共有县城1635个，据其中1616个县、10个特殊区域及130个新疆生产建设兵团师团部驻地统计汇总，县城人口1.19亿人，暂住人口1079万人，建成区面积1.48万平方公里。全国县城市政公用设施固定资产完成投资1146.1亿元。县城用水人口1.06亿人，用水普及率81.56%。人均日生活用水量119.35升；用燃气人口6504万人，燃气普及率59.11%；集中供热面积3.7亿平方米；县城每万人拥有公交车辆3.04标台，人均城市道路面积11.21平方米，县城道路机械清扫率10.34%；县城共有污水处理厂427座，污水集中处理率25.75%；县城建成区绿化覆盖率21.5%，建成区绿地率16.9%，人均公园绿地面积6.12平方米。

3. 村镇建设

2008年末，全国共有建制镇19 234个，乡15 067个。据16 960个建制镇、14 115个乡、696个农场和266.6万个自然村（其中村民委员会所在地56.88万个）统计汇总，村镇户籍总人口9.46亿，其中建制镇建成区人口1.38亿，乡建成区人口0.337亿，农场建成区人口0.029亿，村庄人口7.718亿。全国建制镇建成区面积3.02万平方公里，平均每个建制镇建成区占地178公顷，人口密度5410人/平方公里；乡建成区0.81万平方公里，平均每个乡建成区占地57公顷，人口密度4473人/平方公里；农场建成区880平方公里，平均每个农场建成区占地126公顷，人口密度3717人/平方公里。

2008年，全国村镇建设总投入8100亿元。按用途分，房屋建设投入6464亿元，其中住宅建设投入3996亿元，公共建筑投入854亿元，生产性建筑投入1614亿元；市政公用设施建设投入1636亿元，其中供水186亿元，道路桥梁709亿元，排水161亿元，绿化119亿元，环卫153亿元。全国村镇房屋竣工建筑面积8.68亿平方米，其中住宅5.75亿平方米，公共建筑0.87亿平方米，生产性建筑2.06亿平方米。年末，全国村镇实有房屋建筑面积341.7亿平方米，其中住宅278.6亿平方米，公共建筑27.1亿平方米，生产性建筑36.0亿平方米。村镇人均住宅建筑面积29.45平方米。

2008年末，建制镇建成区用水普及率77.83%，人均日生活用水量97.06升，燃气普及率44.46%，人均道路面积10.81平方米，排水管道密度3.28公里/平方公里，人均公园绿地面积1.9平方米。乡建成区用水普及率62.63%，人均日生活用水量75.5升，燃气普及率17.59%，人均道路面积10.84平方米，排水管道密度1.53公里/平方公里，人均公园绿地面积0.72平方米。全国46.7%的行政村有集中供水，52.1%的行政村通公交车或客运班车，61.6%的行政村对主要道路进行了硬化，3.4%的行政村对生活污水进行了处理，31.0%的行政村有生活垃圾收集点，11.7%的行政村对生活垃圾进行了处理。

三、城市发展中的几个热点问题

1. 城镇化发展的制度创新

据国家统计局初步核算，2009年国内生产总值335 353亿元，比上年增长8.7%，其中，第一产业35 477亿元，第二产业156 958亿元，第三产业142 918亿元，比重为10.6:46.8:42.6（2008年为10.7:47.5:41.8）。全国人均国内生产总值达到25 125元（折合3681美元）。2009年末，全国就业人员77 995万人，比上年末增加515万人。其中城镇就业人员31 120万人，增加910万人，新增加1102万人。年末城镇登记失业率为4.3%，比上年末上升0.1个百分点。另据国务院报告，全国外出打工的农民工为15 000万人，城市待业人员达2400万人。

在某种意义上，城镇化是指分散的乡村人口向密集的城镇地区集聚的过程，城镇化与工业化共同成为社会发展的基本驱动力。中国城镇化面对的挑战是：乡村劳动生产率低下，城市综合承载能力薄弱，城镇化质量的区域化差异在逐步增大。目前，从事第一产业的就业人员约占全国总就业人数的40%，而人均国内生产总值仅在1万元左右，远低于从事第二、三产业的就业人员人均国内生产总值7万元和5万元的水平。农村的大量剩余劳动力和城镇难以提供充足就业岗位的状况并存，城镇住房、市政基础设施和公共服务设施均难以满足快速城镇化和大批农村进城务工人员的需求。同时，在城镇化进程中，人才与资金快速流向沿海发达城市和主要的行政中心城市，广大中西部地区和发展相对滞后的中小城镇，亟待国家政策性的扶助。要改变以上的不利局面，必须以实现城镇化发展的制度创新为前提，将城镇化作为经济发展方式转变的重要依托，积极稳妥推进城镇化，并不断提高城镇规划建设水平和发展质量。

《中共中央、国务院关于加大统筹城乡发展力度进一步夯实农业农村发展基础的若干意见》指出：当前要把推进城镇化发展制度创新的重点放在大力发展中小城市和小城镇上面，使其成为繁荣农村经济、转移农村劳动力和提供公共服务的重要载体。要在城镇化进程中研究深化户籍制度改革，加快落实放宽中小城市、小城镇特别是县城和中心镇落户条件的政策，促进符合条件的农业转移人口在城镇落户并享有与当地城镇居民同等的权益。要多渠道多形式改善农民工在城镇的生活居住条件，鼓励有条件的城市将有稳定职业并在城市居住一定年限的农民工逐步纳入城镇保障体系。要采取有针对性的措施，着力解决新生代农民工问题。统筹研究农业转移人口进城落户后城乡出现的新情况新问题。要大力发展县域经济，抓住产业转移有利时机，促进特色产业、优势项目向县城和重点镇集聚，提高城镇综合承载能力，吸纳农村人口加快向小城镇集中。完善加快小城镇发展的财税、投融资等配套政策，安排年度土地利用计划要支持中小城市和小城镇发展。

2. 城市区域性空间布局的调整

我国的城镇和区域性空间布局，通过城市发展战略和城乡规划的科学制定与实施，大中城市和小城镇协调发展的城镇体系初步形成，结构日趋合理。

目前，全国已形成长三角、京津冀、珠三角三大城镇密集地区，以及辽中南、中原、武汉、长株潭、成渝、闽东南、山东半岛、关中—天水、北部湾等城镇群，这种以一个或多个城市为核心、多个城镇共同组成的城镇群已成为各地重要的经济增长极，对城乡和区域发展发挥了重要的辐射带动作用。

在东部沿海地区，密集的城镇群已经成为全国经济发展的核心地区。2008年，京津冀、长江三角洲和珠江三角洲三大城镇密集地区的地级及以上城市地区生产总值（包括市辖县）106 242.6亿元，占全国地级及以上城市地区生产总值（包括市辖县）的33%；其中，长江三角洲城市地区生产总值53 956亿元，珠江三角洲城市地区生产总值29 745.6亿元，京津冀城市地区生产总值22 541亿元，分别占全国地级及以上城市地区生产总值（包括市辖县）的16.7%、9.2%和7%；人均地区生产总值（包括市辖县）分别为56 566元、56 000元和37 494元。由于这些城镇密集地区和城镇群在本质上打破了行政区的束缚，在一个巨大的城乡交融的区域内实现经济社会的整合，极大地缩短了人们在空间上的距离，经济活动不再局限于某一地区之内。跨地区的产业集团、金融网络和贸易集团也以前所未有的速度和规模发展，从组织结构上确保资本、技术、信息等更加畅通地向全国流动、扩散，成为我国区域经济发展的支撑点。

2009 年，为了培育更多的区域经济增长极，提高国家综合国力和国际竞争力，推进区域合作和提升对外开放能力，破解某些地区的特殊困难，提升区域的自我发展能力，打破区域之间的行政藩篱和壁垒，缓和区域之间的不当竞争，探索区域协调发展、区域综合管理的新模式，推动形成东西互动的区域发展格局和产业布局，国务院连续审批和发布了一系列有关区域规划和区域振兴发展的政策性文件，其数量之多、发布时间之密集、影响范围之广，前所未有。涉及的区域包括珠江三角洲地区、海峡西岸经济区、关中—天水经济区、辽宁沿海经济带、江苏沿海地区、图们江区域、中部地区崛起、黄河三角洲高效生态经济区、鄱阳湖生态经济区和海南国际旅游岛等。

3. 探索面向低碳经济的城市发展模式

随着全球气候不断变化带给人类社会威胁的不断加大，低碳经济的概念已经被全社会所关注和逐步接受。我国人口众多，发展水平还比较低，正处在工业化、城镇化加快发展的重要阶段，经济结构性矛盾突出，改善民生的任务十分繁重。同时，我国能源结构以煤为主，能源需求随着社会经济发展还将继续增长，控制温室气体排放面临巨大压力和挑战。而集中了主要经济发展职能的城镇和工业地区，也必将成为减少国家能源消耗和污染排放的主要“贡献者”。

2009 年 10 月，中国城市科学研究会发布了《中国低碳生态城市发展战略》，提出：发展低碳生态城市是推进中国可持续城镇化的关键；实施基于主体功能区战略要求的低碳生态城市发展战略；科学规划、合理引导低碳生态城市发展；以全方位的可持续交通系统引导城市高效节能运转；研究推广节能技术，为低碳生态城市发展提供技术保障；加强城市能源管理，促进低碳生态城市发展。越来越多的城市规划和建设的决策者们认识到，采用什么样的城市发展模式，对于节能减排、应对气候变化至关重要。

2009 年 11 月，中国环境与发展国际合作委员会发布研究报告——《城市发展的能源效率政策：建筑和交通部门》，提出控制城市消费领域能耗，即城市居民日常生活和工作场所消费的能源（建筑运行及客运交通运行能耗），是中国在未来发展中应对日益严重的能源危机与气候变化问题必须考虑的重要问题。倡导城市消费领域节能，即在改善城市居民生活水平的同时实现低能耗和低排放，是中国建设资源节约型、环境友好型社会的重要组成部分，也将为实现中国在国际社会的节能减排承诺做出重大贡献。报告指出，与工农业生产过程的节能减排不同，城市消费领域的节能不仅需要通过先进的技术与管理手段来提高用能效率以实现降低能源消耗，还需要控制与能源消耗有关的服务需求，即通过减少需求有效地降低能源消耗。从中国国情出发，控制需求与提高能源效率在城市消费领域节能中的地位同等重要，主要包括：提倡节能减排的绿色生活模式和文化理念；正确引导城镇的发展规模与速度，优化城镇的空间结构与规划布局，优先发展公共交通和非机动交通；适当的能源价格体制与财税制度，限制高能耗生活模式的发展等。

2009 年 11 月 25 日，国务院常务会议研究部署应对气候变化工作。会议决定，到 2020 年，我国单位国内生产总值二氧化碳排放比 2005 年下降 40% ~45%，作为约束性指标纳入国民经济和社会发展中长期规划，并制定相应的国内统计、监测、考核办法。会议还决定，通过大力发展可再生能源、积极推进核电建设等行动，到 2020 年，我国非化石能源占一次能源消费的比重达到 15% 左右；通过植树造林和加强森林管理，森林面积比 2005 年增加 4000 万公顷，森林蓄积量比 2005 年增加 13 亿立方米。这是我国根据国情采取的自主行动，是我国为全球应对气候变化做出的巨大努力。

据初步测算，全国 2009 年的能源消费总量为 31.0 亿吨标准煤，比上年增长 6.3%。全国万元国内生产总值能耗下降 2.2%。但是，化石能源（煤炭、原油、天然气）占一次能源消费的比重仍在 90% 以上。在 2009 年国家环境保护部门监测的 612 个城市中，有 504 个城市空气质量达到二级以上（含二级）标准，占监测城市数的 82.4%；有 100 个城市为三级，占 16.3%；有 8 个城市为劣三级，占 1.3%。

4. 加快保障性安居工程建设，促进房地产市场平稳健康发展

1998 年以来，全国商品住房的竣工量达到了 36.1 亿平方米，是改革开放前 30 年住房建设总量的 6.8 倍。据已公布的第二次全国经济普查结果，2008 年全国住宅建筑竣工面积达 13.4 亿平方米，其中城镇住房竣工面积为 7.6 亿平方米；商品住房投资已占城镇住宅投资的 85%，商品住房竣工量达到 5.4 亿平方米，占同期城镇住房竣工总量的 71%。

2008 年 12 月，为加大保障性住房建设力度，进一步改善人民群众的居住条件，促进房地产市场健康发展，国务院提出要把满足居民合理改善居住条件的愿望和发挥房地产业支柱产业作用结合起来，增加保障性住房供给，减轻居民合理购买自住普通商品住房负担，发挥房地产在扩大内需中的积极作用。温家宝总理在 2009 年政府工作报告中明确要求各地政府帮助进城农民工解决住房困难问题，继续深化城镇住房制度改革，满足居民多层次住房需求，努力实现“住有所居”的目标。

住房和城乡建设部、国家发展和改革委员会、财政部，于 2009 年 5 月 22 日联合印发了《2009 ~2011 年廉租住房保障规划》。规划的基本原则是：统筹规划，分年实施；量力而行，适度保障；省级负总责，市、县抓落实；地方加大投入，中央加大支持。规划的总体目标是：从 2009 年起到 2011 年，争取用三年时间，基本解决 747 万户现有城市低收入住房困难家庭的住房问题。同时，进一步健全实物配租和租赁补贴相结合的廉租住房制度，并以此为重点加快城市住房保障体系建设，完善相关的土地、财税和信贷支持政策。规划制定的保障方式为：通过新建、购置和改造等方式筹集房源，同时继续实施租赁补贴制度，多渠道、多方式解决城市低收入住房困难家庭的住房问题。新建廉租住房采用统一集中建设和在经济适用住房、普通商品住房、棚户区改造项目中配建两种方式，以配建方式为主。规划的廉租住房保障标准控制在人均住房建筑面积 13 平方米左右，套型建筑面积 50 平方米以内，保证基本的居住功能。租赁补贴额根据当地平均市场租金、家庭住房支付能力合理确定。

针对2009年下半年，随着房地产市场的回升，一些城市出现的房价上涨过快等问题，国务院常务会议提出：为保持房地产市场的平稳健康发展，要求按照稳定完善政策、增加有效供给、加强市场监管、完善相关制度的原则，继续综合运用土地、金融、税收等手段，加强和改善对房地产市场的调控。重点是在保持政策连续性和稳定性的同时，加快保障性住房建设，加强市场监管，稳定市场预期，遏制部分城市房价过快上涨的势头。

2009年12月，住房和城乡建设部等五部委联合发布《关于推进城市和国有工矿棚户区改造工作的指导意见》，认为城市和国有工矿棚户区居民中低收入家庭比例高，特别是下岗失业、退休职工比较集中，群众要求改造的呼声强烈。实施棚户区改造，有利于加快解决中低收入群众的住房困难，提高生活质量，改善生活环境，共享改革发展成果，提高党和政府的威信，增强人民群众的向心力和凝聚力。城市和国有工矿棚户区改造是促进经济社会协调发展的有效途径。实施棚户区改造，既可以带动社会投资，促进居民消费，扩大社会就业，又可以发展社区公共服务，加强社会管理，推进平安社区建设，是扩内需、惠民生、保稳定的重要结合点。要求力争从2009年开始，结合开展保障性住房建设，用5年左右时间基本完成集中成片城市和国有工矿棚户区改造，有条件的地区争取用3年时间基本完成，特别应加快国有工矿棚户区改造，使棚户区群众的居住条件得到明显改善。改造工作的基本原则是：以人为本，依法拆迁；科学规划，分步实施；政府主导，市场运作；因地制宜，区别对待；统筹兼顾，配套建设。

5. 培育和发展国家创新型城市

党的十七大提出“提高自主创新能力，建设创新型国家”的号召，这是国家发展战略的核心，是提高综合国力的关键。

在改革开放的大潮中，土地总面积仅为1953平方公里的深圳，在全国人民的共同努力下，深港合作，自主创新，从一个边陲小镇和“经济特区”，发展成为一座有千万人口规模、颇具国际影响力的现代化城市。2008年12月，联合国教科文组织正式批准深圳成为全球“创意城市网络”的第16名会员，并颁发“设计之都”称号。深圳把设计当作战略工具，指导城市快速增长与转型，促进社会经济文化环境各领域综合平衡发展，受到联合国专家组的高度评价。

2009年5月，《深圳市综合配套改革总体方案》出台，进一步明确提出“完善自主创新体制机制，加快建设国家创新型城市”的基本思路：把自主创新作为城市发展的主导战略，完善自主创新的体制机制和政策环境，优化配置创新资源，提高创新能力，推进核心技术的自主创新，实现电子信息、生物、新材料、新能源、航空航天、环保、海洋等产业技术的跨越式发展，打造国际化高技术产业基地，率先建成国家创新型城市，成为有国际影响力的创新中心。

2010年1月6日，在《国家发展和改革委员会关于推进国家创新型城市试点工作的通知》中，肯定了深圳创建国家创新型城市的试点工作，提出扩大试点范围，围绕完善区域创新体系，增强可持续发展能力，加快实现创新驱动发展，继续指导和推进一批城市开展创建国家创新型城市试点。原则同意大连、青岛、厦门、沈阳、西安、广州、成都、南京、杭州、济南、合肥、郑州、长沙、苏州、无锡、烟台等城市申报的创建国家创新型城市总体方案，支持以上十六个城市开展创建国家创新型城市试点。国家创新型城市试点工作的指导思想和目标是：创建国家创新型城市要以实现创新驱动发展为导向，以提升自主创新能力为主线，以体制机制创新为动力，以营造创新友好环境为突破口，健全创新体系、聚集创新资源、突出效益效率、着眼引领示范，探索区域创新发展模式，培育一批特色鲜明、优势互补的国家创新型城市，形成若干区域创新发展增长极，增强国家综合实力和国际竞争力，为实现创新型国家建设目标奠定坚实基础。

四、规划我们的城市未来

全球城市化发展进程中的主要挑战，来自在城市人口规模和经济开发迅速扩展的同时，如何使城市中日益滋生的贫困最小化，如何提高城市贫民在基本设施方面的权利，如住房、净水和环境卫生，以及如何面对另一些城市的衰落、非正规经济部门的扩大和城市在引起或缓解气候变化方面的作用等。联合国指定每年 10 月的第一个星期一为世界人居日，目的是反思我们城镇的状况和人人享有适当住房的基本权利，也是为了提醒世界，对于人类生存环境的未来，全世界要集体负责。

2009 年世界人居日的主题是“规划我们的城市未来”。选择这一主题的原因，是因为在世界许多地方，城市规划制度未能与时俱进，并经常成为城市问题的始作俑者，而不是改善人类生活和优化环境的工具。联合国人居署选择这一主题的目的，是为了提高各国对改善城市规划、应对 21 世纪新的重大挑战必要性的认识。未来世纪里，许多发展中国家将继续经历快速的城市化进程，承受其负面影响——拥挤、贫困、住房困难。

不幸的是，目前世界许多地区的城市规划系统都不足以应对城市在 21 世纪所面临的这一重大挑战，并且在很大的程度上，都没有认识到社区和其他利益相关方参与城市地区规划的意义。各国的实际情况表明，政府在很大程度上未能有效应对这些挑战，最明显的后果包括城市的无序拓展和盲目开发。在有些地区，现有的城乡规划体系还加重了快速发展的城市边缘化和社会排斥问题。

联合国秘书长在2009 年世界人居日的致辞中强调：不论是在发达国家，还是在发展中国家，许多城市都出现了一个令人不安的趋势：一方面，城郊高级住宅区和封闭式社区不断发展，而另一方面，过度拥挤的低级公寓区、少数族裔集居地、贫民区和非正规住区也在不断扩大。此外，技术先进和服务完善的商业区同充斥着衰退行业、血汗工厂和灰色经济的另一些地区形成鲜明的对比。

更好、更公平的城市规划至关重要。世界各国已萌发的一些“智慧城市”规划新观念正在为我们探索可持续城市化的发展道路。但是这远远不够。城市贫民需要拥有居住权并获得土地，所有城市都需要更安全和更加环境友好的公共交通、住房保障、医院和公共服务，而且有必要为城市发展筹措资金。在这些工作中，规划是重中之重。但是，成功的规划必须同时依靠良好的城市治理，也必须让城市贫民参与影响他们生活的决策。此外，规划要取得最大成效，还必须切实有效地解决腐败问题。

联合国人居署执行主任指出：城市化中出现的许多弊病，都来自城市发展初期的规划工作。在多数国家，城市规划部门的力量一直不是很强，开发商、私营部门和个别公民在活动中受到的限制相对较小，而他们并没有把公共利益作为其最优先的考虑。由于受到强大经济利益驱使，政治家们有可能放弃代表公众利益的责任，被弱化的城市规划也难于将公众利益放在优先的位置。为了改变这种不利局面，城市规划工作应向公众开放，让他们能够参与进来，优先考虑公众的切身利益，采用更现实的观点来看待可能遇到的限制，并考虑可能用于实施城市规划的各种资源因素。因此，城市规划必须继续适应当前形势，进一步在塑造积极的城市未来方面发挥其作用。

举办世界人居日的庆祝活动，是一个推动全球住房与城市议题在国家和国际层面交流的极好机会。人居领域公认的最重要奖项——联合国人居奖——将在世界人居日颁发。中国山东省日照市政府是2009年度联合国人居奖的得主之一，其获奖原因是“把日照市转变成为拥有新住房和基础设施的绿色家园”。自1990年开始，中国与联合国人居奖结下不解之缘，现已有19个城市、单位和个人获此殊荣，这些奖励是国际社会对中国城乡人居环境建设的鼓励和肯定。

五、“城市，让生活更美好”

新中国成立60年来，中国的城市发展成就辉煌，世人瞩目。但我们应清醒地认识到，当前所取得的成绩还仅仅是初步的，城镇化的道路艰巨漫长。我国经济运行中的新老矛盾和问题相互交织，消费需求不足，第三产业发展滞后，自主创新能力不强，能源资源消耗多，环境污染重，城乡、区域发展差距仍在扩大。一些涉及人民群众切身利益的问题没有根本缓解，社会保障、教育、医疗、住房、收入分配、社会治安等方面存在不少亟待解决的问题。后国际金融危机时期的国际经济环境将更加复杂。

在新的一年里，我们要按照党的十七大提出的发展目标，继续加快转变经济发展方式、完善社会主义市场经济体制；通过加快推进经济结构调整，加快推进产业结构调整，加快推进自主创新，加快推进农业发展方式转变，加快推进生态文明建设，加快推进经济社会协调发展，加快发展文化产业，加快推进对外经济发展方式转变，努力促进经济社会又好又快发展。

2010年3月，第五届世界城市论坛在巴西里约热内卢市召开。本届论坛的主题是“城市权利：促进城市平等”，旨在面对发展的挑战，建立“和谐城市”的概念。在全球人口中，城市人口刚刚占一半，但城市已经消耗了总能源消费的三分之二，并产生了相当比例的垃圾，包括温室气体排放。此外，并非所有社会团体都享有同等机会，同样享受城市的服务和供应。在世界各国和各地区，都存在着明显的城市差异。例如，联合国人居署确认，就基本城市服务和社会设施供应而言，青年和妇女常常面对着巨大的阻碍。论坛旨在深入讨论这些带有普遍性的问题，并促进相关解决方案的协商和评判，使我们能可持续地共同享有城市化带来的福利。这是一个城市发展的共同目标，必须由政府、私营部门、民间社会和公众付出同等努力，通过各方面的共同行动来彰显城市的权利、弥合城市的差异。

2002 年 12 月，上海市以“中国若有一份幸运，世界将添一片异彩”的庄严承诺，赢得了 2010 年世界博览会的举办权。2010 年 5 月，第一次在发展中国家，第一次以城市为主题的世界博览盛会将要在中国上海举办。全国人民都在期盼，本届世博会能够办成世界各国展示城市文明成果，交流城市建设经验，传播城市发展理念，探讨城乡互动发展，探索新的、更好的居住、生活、工作模式的盛会。让世博成为城市新的骄傲，真正实现“城市，让生活更美好”的共同理想。

（作者：毛其智，清华大学教授，国际欧亚科学院院士）

An Introduction of Urban Development in China: 2009

At the Second Session of the Eleventh National People's Congress on March 5th, 2009, Premier Wen Jiabao pointed out in his Report on the Work of the Government that "this year is crucial for the implementation of the Eleventh Five-Year Plan. It will also be the most difficult year for China's economic development since the beginning of the 21st century. We face arduous tasks in promoting reform, development and stability."

In retrospect of the year which has just passed, the Chinese people were brought to face severe and complicated economic situation domestically and internationally, but led by the China's central government, they kept fast and stable development of the economy as a top priority of economic work. Ten measures made by the State Council to further expand domestic demand and encourage the growth of economy were implemented. Active fiscal policies and moderately loose monetary policy were carried out. A two-year investment program with total investment reaching four trillion yuan began. Plans to adjust and revitalize the industries were widely carried out. Overall arrangement has been done to secure growth of economy, improvement of the people's lives, and stability. Obvious slip into recession of the economy was stopped effectively. China led the world to become the first country to make the overall economy rise up. New progress was made to various social undertakings. In the meantime, great achievements have been made in the reconstruction of Wenchuan after it was stricken by the massive earthquake. Violent crimes of beating, smashing, looting and burning in Urumqi were properly handled. Work to control and prevent A/H1N1 influenza was scientifically arranged. This safeguarded social harmony, stability and fundamental interests of the people.

Based on great progress made in urban and rural socialist construction including the economical, political, cultural, social, ecological and civilization improvement, people of all ethnic groups celebrated the 60th anniversary of the founding of the People's Republic of China in a grandeur way. The people's love of the country and their enthusiasm to construct the country were shown in an unprecedented way. Standing on the new starting point, they were determined to speed up the transformation of the mode of economic development, continuously improve the quality of economic development and benefits brought by economic development, continuously strengthen China's economic competitiveness in the world and its ability to control economic risks, to heighten the developmental quality, to extend the developmental space, and to widen the developmental road.

I. China's Urban Development in Last Sixty Years

1. Fast progress of urbanization

In 1949, China had 132 cities in total. Urbanization level was only 10.6%. With the implementation of the Central Government's guidelines to revitalize China's national economy in the early period of 1950s, urbanization and urban construction began to develop stably. After reform and opening-up, the central work of the state began to be shifted to focus on economic construction. National economy develops at high speed. Urbanization progress quickens greatly. Urban development layout and spatial structure become increasingly reasonable. The important roles played by cities in national economy are continuously improving. The appearance of cities develops with each passing day. Urban dwelling and environment is greatly improved.

In the 14th National Congress of the Communist Party of China (CPC) held in 1992, socialist market economic system was set as the overall objective and formed thoughts about the basic framework of socialist market economic system. City, as the regional center of social-economic development, its position and role was recognized and valued unprecedently. In 2002, the 16th National Congress of the CPC clearly pointed out that "It is essential to raise the level of urbanization gradually and persist in the coordinated development of large, medium and small cities and small towns along the path to urbanization with Chinese characteristics." From then on, this turned a new page in the construction and development of China's urbanization.

By the end of 2009, there had been 655 cities in China that distributed in 31 provinces, autonomous regions and municipalities directly under the central government (exclusive of special administrative regions of Hong Kong, Macaw and Taiwan Province). Urbanization level reached 46.59%. The total urban population reached 621.86 million. Based on administrative division, there were 287 cities at prefecture level and above (including 4 municipalities directly under the Central Government and 15 sub-provincial level cities), 368 cities at country level; there were altogether 34, 170 administrative divisions at township and town level, among them, there were totally 14, 848 townships, 19, 322 towns, and 6686 street communities. Based on the principle that no repetition calculation is involved, the land area of the administrative regions of the 655 cities (including counties governed by cities) totaled 5.216 million square kilometers, amounting to 54.3% of land area of the country.

2. Increasing prominent roles of urban economy in the national development

In 2008, the total population of cities at prefecture level and above reached 376. 19 million, amounting to 28. 3% of the whole country. Their value of total gross regional product amounted to 62% of the national GDP; the gross regional product of 43 cities exceeded 100 billion yuan, of which gross regional product of 20 cities exceeded 200 billion yuan; local government general budgetary revenue reached 1689. 27 billion yuan, amounting to 59% of the local government revenue; local general budgetary expenditure reached 2129. 67 billion yuan, amounting to 43. 4% of local government fiscal expenditure.

With quickening globalization and urban commodity circulation system reform, a large number of foreign businesses and trade groups, multinational businesses successively established branches and agency-companies in the cities of China, large or small, commercial chain stores, large shopping malls continuously show in urban areas, this greatly encouraged trade market flourish. In 2009, total retail sales of consumer goods reached 12, 534. 3 billion yuan, of which retail sales of consumer goods in urban area was 8513. 3 billion yuan, amounting to 67. 9% of the national total; the balance of deposits of all national banking system at the end of the year were 61. 2 trillion yuan, increasing by 13. 2 trillion yuan over the beginning of the year. Total savings deposit of urban and rural households reached 26. 4761 trillion yuan.

3. Gradual improvement of the urban functions and the dwellers' living conditions

With flourish development of urban economy, the life of the people gradually improved. Working positions increased in large numbers. Salary level is greatly improved. Consumption market flourishing; urban dwellers enjoy the fruits brought by reform and opening up. Lives of the people obviously improved. The people live peacefully, society is stable and harmoniously. In 2009, per capita annual disposable income of urban households reached 17, 175 yuan, deductive of price change of the same period, it increased about 19 times by 1949.

From 1980s, urban residents begin to use many ways to travel. At the end of 2009, possession of civil vehicles reached 76. 19 million units, increased by 17. 8% over the end of the previous year; of which possession of private civil cars were 26. 05 million units, annual increased reached 33. 8%. In Beijing municipality, the possession of civil vehicles increased from one million units in 1997 up to 3. 27 million units at the end of 2009, of which private civil cars reached 2. 18 million units. In the mean time, urban transport infrastructure is further improved. The development road network construction and public transport quickens, modern urban road traffic system of main trunk, secondary trunk, non-vehicle road, pavement, fast circular line, as well as flyovers have been built up in all of main big cities.

Housing reform made residential building construction become a new growth point and consumption. Per capita usable space of houses in urban areas increased from 4. 3 square meters in 1949 to 23 square meters in 2008. Housing quality and residential environment also greatly improved. The matching level of infrastructure and public service facilities improved. Equipped dwellings with independent kitchens and toilets have exceeded 80%.

Social undertaking is greatly developed and reform and development of compulsory education, medicine and sanitary undertaking is promoted. A large amount of culture, education and physical education facilities have been consequently constructed and opened to public. This greatly satisfies the residents demand form cultural, study, recreation and sports. The growth of tourism and leisure industry quickens. In 2009, there were 1. 9 billion domestic visits in China, and the revenue of domestic travel reached 1018. 4 billion yuan; number of Chinese outbound visitors reached 47. 66 million of which visits to foreign countries and regions for private purpose were 42. 21 million. Domestic tourism and traveling to aboard have changed form of tourist travel to recreation and leisureliness travel. And it is becoming more and more popularized.

II. Consistent and Fast Development of Urban-Rural Construction

1. Construction of cities

Based on statistics of Ministry of Housing and Urban-Rural Development, in 2008, there were total 335 million urban residents and 35 million temporary urban dwellers. The urban built-up areas amounted to 36. 3 thousand square kilometers. The total fixed assets investment in the urban municipal service facilities reached to 736. 98 billion yuan, accounting for 4. 97% of total urban fixed assets investment in the same period.

In 2008, the urban water supply served a population of 350 million with coverage rate of 94. 73% and daily per capita consumption of domestic water being 178. 19 liters; the man-made coal gas, natural gas, and LPG serving a population of 332 million and with coverage rate of 89. 55%. The centrally heated area extended to reach 3. 49 billion square meters. The number of vehicles possessed by every 10, 000 people was 11. 13 standard units. The per capita urban road area reached 12. 21 square meters, and the mechanical cleaning rate was 25. 4%. There were a total 1018 wastewater treatment plants in cities with central treatment rate of 57. 64% ; and the domestic garbage harmless treatment rate was 66. 76%. The density of sewers in the built-up districts reached 8. 68 kilometers per square kilometer. By the end of 2008, the greenery coverage rate in urban built-up districts was 37. 37% , and green space coverage ratio reached 33. 29% , per capita public green space reached 9. 71 square meters. There were 187 state-level scenic spots and historic sites in China, and they covered an area of 77 thousand square kilometers with 35 thousand square kilometers open to visitation which added up to 400 million people times for the whole year. The central government invested 1. 4 billion yuan in the development and maintenance of national parks.

Ministry of Environmental Protection has successively awarded 67 national model cities of environmental protection, 5 national model districts of environmental protection, and 6 ecological cities since 1997. Ministry of Housing and Urban-Rural Development has successively conferred China Habitat Award to 20 cities and counties since 2001. In 2009, Anji County of Zhejiang Province was conferred on China Habitat Award, and 34 projects including the project to improve the environment of Beijing Shichahai Cultural and Heritage Protection Area awarded for Best Practices to Improve the Living Environment in China.

2. Construction of county seats

County seat is the political, economic and cultural center of the county. As one of the most important components of nationwide urban-town system, county seats are playing more and more greater roles for developing the county-economy. There were 1635 county seats across the country at the end of 2008. Based statistics on 1616 counties, 10 special regions and 130 Xinjiang Production and Construction Corps stations, there are total population of 119 million and temporary residents of 10. 79 million. Built-up area in county seats accounted for 14. 8 thousand square kilometers. The fixed assets investment in the county seats reached 114. 61 billion yuan. The county seats supplied water to 106 million residents and the water coverage rate was 81. 56%; daily per capita water consumption was 119. 35 liters. County seats population supplies with gas was 65. 04 million with coverage rate registering 59. 11%; the centrally heated area extended to reach 370 million square meters. The number of vehicles possessed by every 10, 000 people was 3. 04 standard units. The road area in county seats reached 11. 21 square meters, and the mechanical cleaning rate was 10. 34%. There were a total 427 wastewater treatment plants in county seats with central treatment rate of 25. 75%.

By the end of 2008, the greenery coverage rate in county seats built-up districts was 21. 5%, and green space coverage ratio reached 16. 9%, per capita public green space reached 6. 12 square meters.

3. Construction of villages and small towns

By the end of 2008, there were a total of 19, 234 towns and 15, 067 townships. Based on the data collected from 16, 960 towns, 14, 115 township, 696 farms, and 2. 666 million natural villages among which 568. 8 thousand villages accommodate villagers' committees, rural population totaled 946 million. Among the total, 138 million people lived in the built area of towns, constituting 14. 6%; 33. 7 million in the built area of townships, making up 3. 6%; 2. 9 million in the built area of farms, taking a share of 0. 3%; and 771. 8 million were village inhabitants. The total built area of towns covered 30. 2 thousand square kilometers with 178 hectares of built area per town on average and population density of 5410 people per square kilometer; the total built area of townships covered 8. 1 thousand square kilometers with 57 hectares per township on average and population density of 4473 people per square kilometer; and the total built area of farms covered 880 square kilometers with 126 hectares per farm on average and population density of 3717 people per square kilometer.

In 2008, the investment in the villages and towns development across the country totaled 810 billion yuan. Broken down by purpose, the investment in the construction of buildings was 646. 4 billion yuan, among which, the investment in housing, public buildings, and industrial buildings was 399. 6 billion yuan, 85. 4 billion yuan, and 161. 4 billion yuan respectively; the public service facilities invested by 163. 6 billion yuan, among which, the investment in water supply, roads and bridges, drainage, greening, and sanitation reached 18. 6 billion yuan, 70. 9 billion yuan, 16. 1 billion yuan, 11. 9 billion yuan, and 15. 3billion yuan respectively. The new building completion in the country's villages and towns covered a total of floor space of 868 million square meters, among which, the completed floor space of housing, public buildings, and industrial buildings amounted to 575 million, 87 million, and 206 million square meters respectively. The total floor space of the building stock in the country's villages and towns covered 34. 17 billion square meters in this year, among which, housing, public building, and industrial buildings covered 27. 86 billion, 2. 71 billion, and 3. 60 billion square meters respectively. The per capita housing floor space in villages and towns nationwide was 29. 45 square meters.

By the end of 2008, in the built-up areas of towns, the water coverage rate was 77. 83%, daily per capita domestic water consumption was 97. 06 liters, gas coverage rate was 44. 46%, per capita area of paved roads was 10. 81 square meters, drainage pipelines density was 3. 28 kilometers per square kilometers, and per capita area of public green space was 1. 9 square meters. In the built areas of townships, the water coverage rate was 62. 63%, daily per capita domestic water consumption was 75. 52 liters, gas coverage rate was 17. 59%, per capita area of paved roads was 10. 84 square meters, drainage pipelines density was 1. 53 kilometers per square kilometers, and per capita area of public green space was 0. 72 square meters. By the end of 2008, 46. 7% of the administrative villages nationwide had access to central water supply, buses or shuttles were accessible to 52. 1% of the administrative villages, the surface of major roads had been hardened in 61. 6% of the administrative villages, domestic wastewater had been treated in 3. 4% of the administrative villages, domestic garbage collection facilities had been set up in 31. 0% of the administrative villages, and domestic garbage had been treated in 11. 7% of the administrative villages.

III. Several Key Issues in Urban Development

1. System innovation of the urbanization

According to preliminary calculation of National Bureau of Statistics, GDP was 33.5353 trillion yuan in 2009, up 8.7% over the previous year. Looking the composition of GDP, the output value of the primary industry was 3.5477 trillion yuan, the output value of the secondary industry was 15.6958 trillion yuan, and the output value of the tertiary industry was 14.2918 trillion yuan, and their ratio was 10.6 : 46.8 : 42.6. Per capita GDP reached 25,125 yuan (equivalent to 3681 U.S. dollars). At the end of 2009, there were total 779.95 million employed persons throughout the country, up 5.15 million over the end of the previous year. Of the total employed persons, the number of urban employees was 311.2 million, additional increased by 11.02 million. Registered urban unemployment rate was 4.3%, up 0.1 percentage point over the previous year. In addition, according to the report of the State Council, the number of the migrant workers was 150 million, and the population waiting for employment in urban areas has reached 24 million.

Urbanization means the process for the people in scattered rural areas to gather in densely distributed urban areas. Together with industrialization, it becomes a basic force driving social development. The challenges that China faces in urbanization include low labor productivity in countryside, weak comprehensive carrying capacity in urban areas, and increasingly widening gap of the quality of urbanization in different regions. Presently, about 40% of all employees of the society are working in the primary industry, while per capita GDP of the primary industry is only 10,000 yuan, much lower than 70,000 yuan per capita GDP of the secondary industry, and 50,000 yuan per capita GDP of the tertiary industry. Surplus of labor force in rural areas coexists with inability of towns and cities to provide sufficient jobs; it is difficult to meet the demands of rapid urbanization and a great number of rural migrant workers for housing, municipal infrastructure and public services facilities; and in the process of urbanization, talents and funds rapidly go to developed cities of coastal areas and cities which are major administrative centers, and large areas of central and, however, western China and small and medium towns and cities which are relatively less developed, are in urgent need of the country's policy support. In order to change the above-said unfavorable situations, the first thing we must do is to create a precondition, which is to innovate the system of urbanization. And then we should actively and steadily promote urbanization, and constantly improve the quality of urban planning, construction and management.

It is pointed in the *Proposals of the CPC Central Committee and the State Council on Strengthening the Efforts of Coordinative Urban-Rural Development and Further Consolidating the*

Basis of Agricultural and Rural Development that currently, the focus of innovation to innovate the system of urbanization development should be on efforts to develop small and medium cities and small towns, making them become an important carrier to bring rural economy boom, transfer rural labor force and provide public services; in the process of urbanization, household registration system reform should studied and deepened to speed up the implementation and relaxation of policies about the requirements of becoming residents of medium and small cities, small towns, especially county seats and central towns, so as to encourage qualified migrant workers to become residents of towns and cities and enjoy the same rights and interests of local residents of the towns and cities; migrant workers' living conditions in urban areas should be improved through multiple channels and in various ways, and capable cities are encouraged to make migrant workers with permanent jobs and having lived in the city for a certain number of years be gradually covered by its security system; tailored measures should be adopted to solve problems related to the new generation of migrant workers; new conditions and new problems, which occur after rural migrant workers become urban residents, should be researched with a larger picture of the overall situation borne in mind; county economy need to be vigorously developed, and favorable opportunities brought by industrial transfer should be seized to promote typical industries and advantage projects to gather into county seats and key towns so as to improve comprehensive carrying capacity of cities and towns, and speed up the absorption of rural population into small towns; supporting policies of taxation, investment, financing, and others that quicken the development of small towns should be perfected. Arrangement of annual plans about the use of land should support the development of small and medium cities and small towns.

2. Adjustment of the special layout of city-regions

With regard to the spatial layout of metropolitan and city-regions in China, a nationwide city-town system has been preliminarily formed in which large and medium cities and small towns develop in harmony and its structure is becoming more and more reasonable. This is because of urban development strategies and urban-rural plans are formulated and implemented scientifically.

At present, three major metropolitan-regions with densely distributed cities and towns, which are Yangtze River Delta, Beijing, Tianjin and Hebei Province, Pearl River Delta, and such city-regions and city clusters as Central and South Liaoning Province, Zhengzhou and Central Henan Province, Wuhan and Central Hubei Province, Changsha-Zhuzhou-Xiangtan, Chengdu-Chongqing, Southeast Fujian Province, Shandong Peninsula, Guanzhong-Tianshui Belt, Beibu Gulf and so on, have been formed in China. Such city-regions and city clusters with one or more cities as the core and consisting of many towns have become important poles of economic growth of various places. They play an important role in affecting and driving the development of urban-rural areas, and the corresponding regions.

In the coastal areas of eastern China, densely distributed city-regions and city clusters have become core areas of China's economic development. In 2008, total GDP of cities and regions of prefecture level and above (including counties governed by cities) of the three major metropolitan regions of Beijing-Tianjin-Hebei, Yangtze River Delta and Pearl River Delta, was 10. 6 trillion yuan, amounting to 33% of the GDP of cities and regions of China which were of prefecture and above level. Among them, the GDP of Yangtze River Delta was 5. 3956 trillion yuan, the Pearl River Delta was 2. 97456 trillion yuan, and the Beijing, Tianjin and Hebei was 2. 2541 trillion yuan. They separately accounted for 16. 7%, 9. 2% and 7% of the GDP of cities and regions of China which were at prefecture and above level (including counties governed by cities). Their per capita GDP (including counties governed by cities) was respectively 56, 566 yuan, 56, 000 yuan and 37, 494 yuan. Because these metropolitan regions, city-regions and city clusters substantively broke the constraints imposed by administrative boundaries, they achieved economic and social integration in regions where urban and rural areas merged into each other. This greatly shortened the distance between people and economic activities were no longer confined within a certain region. Trans-regional industry groups, financial networks and trade groups also developed at an unprecedented speed and scale. Structurally securing that capital, technology, information, and others could freely flow and spread to the whole country more smoothly, they became anchors of China's regional economic development.

In 2009, State Council approved and released a series of documents about policies related to regional planning, rejuvenation and redevelopment. There had never been so many documents which had been released so frequently in such short period of time. The influence of the documents was also unprecedentedly wide. The documents were released to develop more poles of regional economic growth, improve comprehensive strength and international competitiveness of China, promote regional cooperation and enhance the ability of opening up, solve special difficulties of some areas, enhance self-development capacity of the regions, break administrative barriers between regions, ease improper competition between regions, explore new models of coordinated regional development and integrated regional management, promote the formation of patterns of regional development and industrial development with interaction between the east and the west. Regions involved in the documents included Pearl River Delta Economic Zone, Guanzhong-Tianshui Economic Zone, Coastal Economic Zone in Liaoning Province, Coastal Region of Jiangsu Province, Tumen River Region, Central China Grow-Up Region, Yellow River Delta and Efficient Eco-economic Zone, Poyang Lake Ecological Economy Zone and Hainan International Tourist Island.

3. Explore new urban development mode under the low-carbon economy

With increasing threat to human society brought by constant global climate change, the society began to be concerned about low-carbon economy and has gradually accepted it. China has a large population, and its development level is still low. And it is in an important stage to accelerate development of industrialization and urbanization, so there are prominent economic structural problems existed and, the tasks of China to improve people's livelihood is very arduous. At the same time, China's energy structure is dominated by coal and demand for energy will continue to grow with socio-economic development, so it faces tremendous pressure and challenge to control greenhouse gas emissions. And the urban areas and industrial zones, where major functions of economic development are concentrated, will also become major "contributors" to reducing energy consumption and the pollutant emissions.

In October 2009, Chinese Society for Urban Studies published *China's Low-carbon Eco-city Development Strategies.* It was proposed that developing low-carbon eco-city was the key to promote sustainable urbanization of China; low-carbon eco-city development strategies, which were based on strategies requirements of main functional areas, should be implemented; the development of low-carbon eco-city should be scientifically planned and rationally guided; all-round sustainable urban transport system should be used to guide the cities to operate with high efficiency; energy-saving technology should be studied and promoted to technically secure low-carbon eco-city development, and urban energy management should be strengthened. A growing number of the decision-makers of urban planning and construction have realized that the mode of urban development is vital to energy-saving, reduce emission and cope with climate change.

In November 2009, China Council for International Cooperation for Environment and Development (CCICED) published a Policy Research Report 2009 called *Energy efficiency and Urban Development: the building sector and the transport sector.* It was proposed in the report that controlling energy consumption related to the daily activities of people in cities, hereafter referred to as "urban-life energy" use, is integral to mitigating the threats posed by hydrocarbon scarcity and climate change to China's development in the coming decades. Controlling urban-life energy use, with its dual goal of achieving high quality of life in urban areas in ways that also minimize energy demand and carbon emissions, is fully consistent with China's commitment and has the potential to make a significant contribution. Advocating energy efficiency in urban consumption, that is, achieving low energy consumption and low emissions without affect the improvement of the living standard of urban residents, is an important element of China's efforts to build a resource-saving and environment-friendly society. It will also greatly help China to keep its commitment to international community to save energy and reduce emission. It was noted in the report that different from energy efficiency and emission reduction in industrial and agricultural production, energy efficiency in urban consumption sector needed to use advanced technology and management tools to improve energy utilization efficiency and finally reduce energy consumption, and also needed to control demands for services related with energy consumption, that is, effectively reducing energy consumption by reducing demands. Based on China's national conditions, controlling demands is as important as improving energy efficiency in energy used in urban consumption. It mainly includes advocating ideas of green lifestyle and culture which are intended to save energy and reduce emission; in urbanization, rationally planning urban patterns, correctly guiding urban development scale and pace, optimizing spatial structure and layout that limit needs for mobility, and prioritizing the development of public transport and non-motorized transport; and using appropriate energy pricing system and the taxation system to restrict the spreading of high-energy lifestyle.

On November 25, 2009, executive meeting of the State Council researched and deployed work in response to climate change. It was decided in the meeting that by 2020, China's carbon dioxide emissions per unit GDP will have been reduced by 40% to 45% from that in 2005; this will be a binding requirement in the medium-and long-term planning of national economy and social development; corresponding methods of national statistics, monitoring and evaluation will also be formulated. It was also decided in the meeting that by 2020 non-fossil energy in the consumption of primary energy will have reached 15% by vigorously developing renewable energy resources and actively promoting nuclear power construction and other activities; and the area of forests will have increased by 40 million hectares over 2005 and forest reserves will have increased by 1.3 billion cubic meters over 2005 by reforestation and strengthening forest management. These are independent actions to be taken by China based on its own conditions. These are also great efforts made by China in the global response to climate change.

According to preliminary estimates, energy consumption of China totaled 3.1 billion tons of standard coal equivalent (SCE) in 2009, up 6.3% over the previous year. Energy consumption per ten thousand yuan GDP is declined by 2.2%. However, the percentage of fossil fuels (coal, crude oil, natural gas) in primary energy consumption still exceeded 90%. In 2009, among the 612 cities monitored by national environmental protection department, urban air quality of 504 cities was at and above Grade II (inclusive), amounting to 82.4% of all the cities monitored; urban air quality of 100 cities was at Grade III, accounting for 16.3% of the cities monitored; and air quality of 8 cities was below Grade III, accounting for 1.3% of the cities monitored.

4. Accelerate policy-related housing construction to make real estate market develop stably and healthily

Since 1998, total 3.61 billion square meters of commercial housing has been completed throughout the country, 6.8 times as much as the total amount of housing constructed during the 30 years preceding reform and opening up. According to statistics of the second national economic census, total 1.34 billion square meters of residential building was completed in China in 2008, of which the urban residential housing reached 0.76 billion square meters. Investment in commodity housing had accounted for 85% of investment in urban residential housing, and 0.54 billion square meters of commercial housing was completed and this accounted for 71% of the total urban housing completed over the same period.

In December 2008, in order to strengthen the policy-related housing construction, further improve the people's living conditions and promote the healthy development of the real estate market, the State Council pointed out that consideration should be given to both satisfying people's reasonable desire to improve their living conditions and exercising the pillar role of real estate industry to increase the supply of policy-related housing, reduce the burden of people to buy ordinary commercial houses for reasonable self-use, and make the real estate industry play a positive role in expanding domestic demand. In his work report in 2009, Premier Wen Jiabao explicitly requested local governments to help migrant workers solve their housing problems, and continue to deepen the reform of urban housing system to meet multi-level housing needs of the residents and achieve the objective of "housing for everyone".

Ministry of Housing and Urban-Rural Construction, National Development and Reform Commission and Ministry of Finance jointly issued 2009 ~ 2011 *Planning of Low-Rent House Guarantee* on May 22, 2009. Basic principles of the planning include planning in general, implementing year by year, acting based on capacity and guaranteeing properly; governments at provincial level should be in general charge and governments of city and county level should be responsible for implementation; local government should invest more in low-rent houses and the Central Government should give more support. Overall objectives of the planning include during the three years from 2009 to 2011, efforts should be made to basically solve housing problems of 7.47 million families whose income is low and are facing housing difficulties now; at the same time, low-rent housing system, which is a combination of direct renting of houses to qualified households and rental subsidies, needs to be further improved, and this should be kept as a key to accelerate the development of a urban housing security system and improve associated policies of land, finance, taxation and credit support. It is specified in the planning that housing problems of low-income families with housing difficulties will be solved through many channels and many solutions by means of building new houses, purchasing and improving houses and others means. At the same time, the system of rental subsidy should continue. New low-rental houses can be built separately, and can also be built during the construction of affordable houses, ordinary commodity houses and transformation of shanty districts. The latter should be the main method. Per capita floor area of low-rent house should be controlled to be about 13 square meters. A low rent house unit with basic living functions should not exceed 50 square meters. Rental subsidy should be fixed reasonably based on the average rent of local market and affordability of the households.

With regard to rise of housing price and too fast rise of housing price of some cities in the second half of 2009, executive meeting of the State Council pointed out that to maintain stable and healthy development of the real estate market, regulation of the market should be further strengthened and improved by comprehensively using the means of land, finance, taxation, and others. This should be done on principles of stabilizing and improving policies, increasing effective supply, strengthening market supervision and implementing relevant systems. The emphasis should be put on curbing too fast increase of houses of some cities. This would be done by accelerating the construction of policy-related houses, strengthening market supervision and stabilizing the market expectations. At the same time, policy continuity and stability should be maintained.

In December 2009, five Ministries and Commissions including Housing and Urban-Rural Construction jointly issued *Guidance on Promoting the Transformation of Shanty Districts* of *Cities and State-Owned Mines*. It was pointed out in the Guidance that the proportion of low-income families is high among households of shanty districts of cities and state-owned mines. Laid-off workers and retired workers especially concentrate in such shanty districts, and voice of the people asking form transformation of such areas is louder. Transformation of the shanty districts will be beneficial of speeding up the solution of housing difficulties of low-income people, improving their living quality and living environment, making them share the achievements of reform and development, enhancing the influence of the party and government, and enhancing the people's faith and unity. Transformation of shanty districts of cities and state-owned mines is an effective way to promote balanced socio-economical development. Transformation of shanty districts can not only stimulate social investment, promote consumption, and increase working opportunities, but can also develop public services of communities, strengthen social management, and promote the development of peaceful communities. Therefore, it combines expanding domestic demand with benefiting the people's livelihood and maintaining stability. It is required that along with construction of policy-related houses, the transformation of shanty districts which concentrated in certain places of cities and state-owned mining areas should be basically completed in five years from 2009, or basically complete in three years in places if the conditions permit. Shanty districts in state-owned mining areas should be especially accelerated to significantly improve the living conditions of their residents. Basic principles of the transformation are relocation should be lawfully done with people oriented; it should be scientifically planned but implemented step by step; the government should dominate the work but the market should duly play its role in it; it should adapt to local conditions and different things should be dealt in differential ways; an overall plan should be made with all factors taken into consideration and matching facilities constructed.

5. To foster and develop state-level innovative cities

The 17th National Congress of CPC called on the people to "improve independent innovation capacity and making an innovative country," This is the core of development strategy of the country and is the key to improve comprehensive national strength.

During reform and opening up, Shenzhen, whose total land area was only 1953 square kilometers, has been developed from a small remote town and "special economic zone" into a modern city of international influence and of a population of ten million. This was achieved with joint efforts of the whole country, its cooperation with Hong Kong, and its independent innovation. In December 2008, UNESCO officially recognized Shenzhen as the 16th member of UNESCO's Creative Cities Network, and awarded it the title of "City of Design." The experts of UNESCO also underlined Shenzhen's vision to using design as a strategic tool in piloting urban transformations while respecting balanced economic development opportunities within socio-culturally relevant contexts.

Overall Program of Coordinated and Comprehensive Reform of Shenzhen was published in May 2009. In the Program, the thoughts "to improve the mechanism of independent innovation and accelerate the construction of an innovative city of state-level" were clearly put forth. Independent innovation should be used as a strategy dominating the development of the city. The mechanism of independent innovation should be improved. There should be policies to support independent innovation. Innovation resources should be optimized so as to enhance innovation capability. Independent innovation about core technologies should be promoted so as to achieve leap-forward development in industrial technologies of electronic information, biology, new materials, new energy, aerospace, environmental protection, and marine, etc. International high-tech industry cluster should be built. Shenzhen should take the lead to make it self become an innovative city and become an innovation center with the international influence.

In the *Notification of National Development and Reform Commission on Promoting the Pilot Work of State-Level Innovative City* dated January 6, 2010, it was proposed to expand the scope of the pilot work. The work should focus on the improvement of regional innovation system to enhance sustainable development capability and accelerate the innovation-driven development. It will continue to guide and promote a group of cities to begin state-level innovative city pilot work. The work will be guided by the following thoughts and will take the following as objectives: building state-level innovative city should aim at development driven by innovation. It should not deviate from promoting the ability of independent innovation and should be driven by mechanism innovation. In principle, the overall plans about applying to be state-level innovative cities of the following cities are approved: Dalian, Qingdao, Xiamen, Shenyang, Xi'an, Guangzhou, Chengdu, Nanjing, Hangzhou, Jinan, Hefei, Zhengzhou, Changsha, Suzhou, Wuxi and Yantai. They will receive support to begin pilot work of making state-level innovative cities. Creating innovation-friendly environment will help to make breakthrough. Innovation system should be improved. Resources of innovation should be gathered. Effectiveness and efficiency should be highlighted. Leading role and exemplary roles should be borne in mine. The aim is to develop a number of growth poles of regional innovation development, enhance comprehensive national strength and international competitiveness, and lay a solid foundation for achieving the objective of an innovation-oriented country.

IV. Planning Our Urban Future

When urban population and economy are expanding quickly, the main challenges brought by global urbanization include how to minimize poverty, which is increasingly bred in cities, how to promote the rights of poor urban people to basic facilities, such as housing, clean water and sanitation, and how to face the decline of other cities, expansion of informal economic sectors, and the roles that cities play in causing or relieving climatic change. The United Nations has designated the first Monday in October each year as World Habitat Day. The idea is to reflect on the state of our towns and cities and the basic of all right to adequate shelter. It is also intended to remind the world of its collective responsibility for the future of the human habitat.

The theme of 2009 World Habitat Day was Planning Our Urban Future, and the choice has a simple but very important reason: In many parts of our world urban planning systems have changed very little. Indeed, they are often contributors to urban problems rather than tools for human and environmental improvement. UN-Habitat's choice of the theme was intended to make every country recognizing about how important for improving urban planning to cope with new and big challenges of the 21st century. In future centuries, many developing countries will continue to experience rapid urbanization progress and its most serious negative effects such as crowdedness, poverty and slums with simple facilities, to meet the service demands of ever increasing urban population.

Unfortunately, current urban planning systems in many parts of the world are ill equipped to deal with these major urban challenges of the 21st century and, to a large extent, have failed to acknowledge the need to meaningfully involve communities and other stakeholders in the planning of urban areas. The practical conditions of the countries in the world show those governments fail to effectively cope with these challenges. The most obvious result is disorder urban expansion and blind development. By failing to take these factors into account, planning systems in several parts of the world have contributed to the problems of marginalization and exclusion in rapidly growing and largely, poor and informal cities.

In the message of the Secretary General of UN on 2009 World Habitat Day, he emphasized that a troubling trend has emerged in many cities in developed and developing countries alike: the growth of up-market suburban areas and gated communities, on the one hand, and the simultaneous increase in overcrowded tenement zones, ethnic enclaves, slums and informal settlements, on the other. Stark contrasts have also emerged between technologically advanced and well-serviced business sectors, and other areas defined by declining industry, sweatshops and informal businesses.

Better, more equitable urban planning is essential. New ideas from smart cities and planning around the world are pointing the way toward sustainable urbanization. But there is far more to do. Urban poor need improved tenure and access to land. All cities need safer and more environmentally friendly public transport, housing security, clinics and public services. There is also a need to mobilize financing for urban development. Planning is at the heart of this agenda. But planning will work only where there is good urban governance and where the urban poor are brought into the decisions that affect their lives. And planning will work best only where corruption is honestly tackled.

The executive director of UN-HABITAT pointed out that many of the ills of urbanization have been conveniently left at the doorstep of urban planners and planning. In many countries planning has not been very powerful and developers, the private sector and individual citizens—who do not have the public good uppermost in their considerations—are relatively unconstrained in their activities. Powerful economic interests may feel threatened by planning recommendations. Politicians may not have an adequate sense of the public interest or plans may not reflect their priorities. In trying to correct these deficiencies, planning has opened itself to public participation and preference and to taking a more realistic view of the limits of the possible, while factoring in the resources likely to be available for implementation. Urban planning will therefore have to continue to adapt so it is able to carry out its much-required effective role in shaping a positive urban future.

Celebrating World Habitat Day is a good chance to encourage exchanges of ideas about global housing and urban issues on national and international level. The most important award of habitat, UN Habitat Scroll of Honour Award, will be conferred on World Habitat Day. The Rizhao Municipal Government China was one of the winners of 2009 UN Habitat Award. The reason for winning the award was "For transforming their city into a green home with new housing and infrastructure." Since 1990, China has been inseparable with UN Habitat Scroll of Honour Award. By now, this award has been conferred on 19 cities, units and individuals. These rewards are encouragement and affirmation of international community about China's urban-rural human settlements development.

V. Better City, Better Life

During the 60 years after its independence, China has made a lot of achievements in the development of its cities, and attracting worldwide attention. However, we should be fully aware that current achievement is only preliminary and the road to urbanization to still long and difficult. New problems and contradictions and old ones are intertwined: institutional and structural problems that have long hindered healthy economic development still remain, and some of them are still prominent. Consumption demand is insufficient, and development of tertiary industries is sluggish. Our capacity for independent innovation is weak. Consumption of energy and other resources is high. Environmental pollution is serious. Disparities in development between urban and rural areas and between regions are widening. Some problems affecting the vital interests of the people have not been fundamentally alleviated. There are still many problems demanding urgent solution in the areas of social security, education, health care, income distribution and public security. And international economic situation in post-financial crisis period will be more complicated.

In the coming year of 2010, we will go on accelerating the transformation of the mode of economic development and improving the mechanism of socialistic market economy. We will work hard and to make economic and social development sound and fast by accelerating economic and industrial structure adjustment, independent innovation, changes the mode of agricultural development. We need to improve the people's lives, increase social harmony and promote all-round progress in socialist economic, political, cultural, social and ecological development.

In March, 2010, the Fifth World Urban Forum will be held in Rio de Janeiro in Brazil. The theme of the forum is The Right to the City-Bridging the Urban Divide. It aims to develop the concept of "harmonious city" when we are facing challenges of development. Among global population, just half of them are urban residents, but 2/3 of the total amount of energy is consumed by cities and equally share of wastes, including green house gas emission, have been generated. Moreover, not all social organizations have the same chances and not all of them have equal access to urban services and supplies. Obvious differences are existing cities around the globe. For example, UN Habitat confirms that the youth and women are often obstructed in the aspect of access to primary urban services and social facilities. The forum aims to discuss these universal questions deeply and promote negotiation and judgment about relevant solutions so that we can sustainably enjoy the welfare brought by urbanization together. This is the common aim of urban development. Government, private sectors, civil societies and the public must make equal efforts to show the rights to the cities and eliminate the discrimination.

In December, 2002, city of Shanghai won the bid for hosting 2010 World Expo with a solemn commitment "Small Luck in China, Big Splendors in the World". In May, 2010, the World Expo which is held in a developing country for the first time and whose theme is for the first time on city will be opening in Shanghai. The people all over the country are expecting it. This World Expo will be a grand moment for all countries to show their achievements of urban civilization, exchange experience about urban construction, spread ideas on urban development, explore interactive of urban-rural development, and search new and better modes of habitation, life and work. It will make the World Expo become new pride of the city and truly realize the common ideal of "Better City, Better Life."

(Author: Mao Qizhi, Professor of Tsinghua University,
Academician, International Eurasian Academy of Science)

2009中国城市发展十大事件

2009年，我国发生了许多鼓舞人心的大事，对城市发展产生了重大而深远的影响。这一年，全国人民喜迎新中国60华诞，第十一届全运会成功举行，高速铁路发展迅速，区域规划加速推进，城市环境有所改善，甲型H1N1流感得到有效遏制，应对国际金融危机首战告捷。与此同时，医药卫生体制改革、城乡户籍制度改革、保障性安居工程建设、食品安全保障等涉及重大民生问题的工作取得突破性进展，为促进我国城镇化的健康发展和人民生活水平的提高发挥了重要作用。

2009年，我国部分地区也发生了一些不和谐的事件。新疆部分地区发生了打砸抢烧严重暴力犯罪事件、深圳发生了多起绑架学生事件、网络和手机短信淫秽色情泛滥等，已严重影响了社会稳定和城市的健康发展。在党中央的坚强领导下，各地采取严厉措施打击不法分子，维护了和谐的社会氛围。

一、隆重庆祝新中国成立60周年

2009年10月1日，是中华人民共和国成立60周年纪念日。首都北京举行了盛大的庆祝大会、阅兵仪式、群众游行和联欢晚会，举办了新中国成立60周年成就展、大型音乐舞蹈史诗《复兴之路》演出等系列活动，取得了圆满成功。

10月1日上午，庆祝中华人民共和国成立60周年大会在北京天安门广场隆重举行，20万军民以盛大的阅兵仪式和群众游行欢庆新中国60华诞。中共中央总书记、国家主席、中央军委主席胡锦涛检阅了受阅部队。

阅兵仪式中有14个徒步方队，由陆军学员方队、水兵方队、空降兵方队、二炮学员方队、三军女兵方队、武警方队、预备役方队、女民兵方队等组成。有30个装备方队，其中52个型号的500多台装备全部为我国自行研制；巡航导弹、机动雷达、无人机和卫星通信车等信息化装备，性能已达到或接近世界先进水平。有12个空中梯队，由陆、海、空三军航空兵151架战鹰编成；有预警机、加油机、歼—10、歼—11、轰炸机、歼轰机、歼击机、武装直升机、侦察直升机等。盛大阅兵仪式集中展示了我国国防、军队现代化建设的伟大成就和人民军队的良好形象，以及我军捍卫国家安全和发展、维护世界和平的坚强决心。

群众游行由10万各界群众、60辆彩车组成，分为36个方阵和6节行进式文艺表演依次通过天安门广场。群众游行以回顾中国共产党领导全国各族人民的奋斗史、创业史、改革开放史为主线，以“我与祖国共奋进”为主题，按照高举旗帜、展示成就和面向未来展开设计，分为“思想篇”、“成就篇”、“未来篇”三大篇章和《奋斗创业》、《改革开放》、《世纪跨越》、《科学发展》、《辉煌成就》、《锦绣中华》、《美好未来》七个部分。群众游行方阵和彩车方阵激情饱满、宏伟壮观，广场背景表演整齐划一、清晰流畅，充分展示出团结奋进、昂扬向上的精神风貌。

联欢晚会以“礼赞祖国、讴歌时代、振奋民心”为主题。晚会布局分为“光立方”表演、中心联欢区、千人合唱团、焰火幕和两个群众联欢区域等六个层级，时长100分钟。光立方、焰火燃放和多民族艺术表演构成晚会的三大亮点。有近8万人参加表演和联欢晚会，国内70余位一线著名歌手在现场高歌。国庆联欢晚会气氛热烈、欢乐祥和，各民族群众载歌载舞，光立方、网幕烟花和焰火表演新颖别致，展现了民族和谐、人民幸福的大好局面，营造出举国欢腾、普天同庆的喜庆氛围。

“辉煌60年成就展”系统展示了新中国成立60年来特别是改革开放以来，中国共产党领导全国各族人民不懈探索中国特色社会主义道路的伟大历程；系统展示了新中国成立60年来特别是改革开放以来，经济建设、政治建设、文化建设、社会建设和党的建设取得的巨大成就；展望了2020年全面建成小康社会和到21世纪中叶基本实现现代化的美好前景。

大型音乐舞蹈史诗《复兴之路》以历史时间为脉络，由序曲和五个章节构成，共36个节目，演员阵容多达3200人。这部大型音乐舞蹈史诗分为《山河祭》、《热血赋》、《创业图》、《大潮曲》和《中华颂》五大板块，展现了中华民族自1840年鸦片战争至今169年的伟大民族复兴之路。

新中国成立60周年系列庆祝活动，不仅是对我国社会主义现代化建设和国防建设成就的全面检阅，更是对当代中国人民理想信念和精神面貌的集中展示。在举国欢庆新中国成立60周年的过程中，党心军心民心得到极大振奋，全国各族人民的爱党爱国热情得到极大激发，中华民族的自信心自豪感和向心力凝聚力得到极大增强，以爱国主义为核心的民族精神和以改革创新为核心的时代精神得到了发展和升华，形成了新的宝贵精神财富，概括起来就是：高举旗帜、爱党爱国，昂扬向上、开放自信，敬业奉献、开拓创新，团结奋进、继往开来。这些宝贵精神财富，凝结着全党全国各族人民的共同心声和坚定意志，展示了中国特色社会主义的强大生命力，体现了广大干部群众的强烈爱国感情和巨大精神力量，具有丰富的内容和深刻的内涵。

新中国60年城市发展大事记

1949年2月，毛泽东主席在中国共产党第七届中央委员会第二次全体会议上的报告中指出，中国开始了由城市领导乡村的时期，党的工作重心由乡村转移到了城市。

1953年9月，中共中央发布《关于城市建设中几个问题的指示》，强调重视和加强城市规划工作。

1955年6月，国务院规定了新设立行政市和镇的条件，促使城市规划工作的大量开展。

1957年，经过专家认真研究，万里同志在全国城市建设工作会上提出一般城市的远景规划。

1964年8月中旬，毛泽东主席在中共中央书记处召开的会议上说，要准备帝国主义可能发动的侵略战争。现在工厂都集中在大城市和沿海地区，不利于备战。

1965年11月，国务院转发了国家计委、国家建委、财政部、物资部拟定的《关于改进基本建设计划管理的几项规定（草案）》。

1971年11月，国家建委召开了城市建设座谈会。桂林、南宁、广州、沈阳、沙市、乌鲁木齐等城市规划工作，先后开展起来。

1980年10月，国家建委在北京召开了全国城市规划工作会议。国务院副总理谷牧在会上强调：要建设好城市，应当先有一个好的城市规划。会议讨论通过了《中华人民共和国城市规划法（草案）》。

1984年10月，中共十二届三中全会做出了《关于经济体制改革的决定》，进一步要求充分发挥城市的中心作用。

1986年4月，国务院在批转民政部《关于调整设市标准和市领导县条件的报告》的通知中指出，由于城乡经济的蓬勃发展，现行的设施标准和市领导县体制，已不适合城乡变化，为了适应新情况，作了一些调整。

1992年12月，建设部部长侯捷以建设部第22号令发布了《城市国有土地使用权出让规划管理办法》，此办法自1993年1月1日起施行。

1993年4月，全国建设工作会议在北京开幕。国务院副总理邹家华在开幕式上强调，建设部与国家土地局要密切合作抓好房地产业，并同时宣布，建设部副部长兼任国家土地局局长。

1993年6月19日，国务院总理李鹏签发中华人民共和国国务院第116号令：《村庄和集镇规划建设管理条例》自1993年11月起施行。

1994年，以“历史地段保护和当前面临的问题”为题的全国历史文化名城保护研讨会11月在浙江省衢州市召开。

1995年6月29日，建设部部长侯捷签发第44号部令：《建制镇规划建设管理办法》自1995年7月1日起施行。

1996年11月，建设部发出《关于撤销建设部村镇建设试点办公室的通知》。

1997年4月23日，李鹏总理主持召开的国务院第五十五次常务会议讨论并原则通过了《小城镇户籍管理制度改革试点方案》、《关于完善农村户籍管理制度的意见》和《中华人民共和国契税暂行条例（修订草案）》。

1998年10月，十五届三中全会中，《中共中央关于农业和农村工作若干重大问题的决定》等文件把发展小城镇作为带动农村经济和社会发展的一大战略。

2000年7月，中共中央国务院出台《关于促进小城镇健康发展的若干意见》。

2000年10月，党的十五届五中全会通过了《中共中央关于制定国民经济和社会发展第十个五年计划的建议》，《建议》在党的文献上第一次鲜明地提出积极稳妥地推进城镇化。

2002 年 11 月，党的十六大明确提出“要逐步提高城市化水平，坚持大中小城市和小城镇协调发展，走中国特色的城市化道路”。

2003 年 1 月，中共中央、国务院发出《关于做好农业和农村工作的意见》，要求发挥城市对农村带动作用，实现城乡经济社会一体化发展。

2004 年 3 月，建设部下发了《关于优先发展城市公共交通的意见》（建城〔2004〕38 号）。

2005 年 1 月，首次正式提出“宜居城市”概念。

2005 年 9 月，中共中央政治局首次集体学习城市科学知识，胡锦涛全面阐述城镇化思想。

2006 年 5 月，国务院办公厅转发建设部等九部门《关于调整住房供应结构稳定住房价格的意见》。

2007 年 6 月，国家发展和改革委员会批准重庆市和成都市设立全国统筹城乡综合配套改革试验区。

2007 年 10 月，《中华人民共和国城乡规划法》由第十届全国人大常委会第三十次会议通过，自 2008 年 1 月 1 日起施行。

2008 年 7 月，根据第十一届全国人民代表大会第一次会议批准的国务院机构改革方案和《国务院关于机构设置的通知》（国发〔2008〕11 号），设立住房和城乡建设部，不再保留建设部。

2009 年 12 月，中央经济工作会议提出要放开放宽中小城市和城镇户籍限制，积极稳妥推进城镇化。

（参考资料来源，中国城市研究院网：http：//www. cui. org. cn/Article _ Print. asp? ArticleID = 237）

二、成功举行第十一届全国运动会

中华人民共和国第十一届运动会于 2009 年 10 月 16 日至 28 日在山东省举行。这是继北京奥运会、残奥会之后我国举办的第一个大型综合性赛事。主赛区设在济南市，山东省其他 16 个城市均设有分赛区，约有 10900 名运动员参加了比赛。本届全运会的召开极大地促进了这些城市的基础设施建设，城市的管理水平和应急能力也得到了显著提高。

本届全运会的主题为“和谐中国、全民全运”，吉祥物为“泰山童子”，会徽为“和谐中华、活力山东”。图形中多种运动项目形态相互穿插、和谐共存，体现了“和谐中国，全民全运”的精神和“以人为本”的时代特点。

10 月 16 日晚 20 时，盛大的第十一届全运会开幕式在济南奥体中心 6 万人体育场隆重举行，中共中央总书记、国家主席、中央军委主席胡锦涛及其他党和国家领导人出席了开幕式，国际奥委会主席罗格作为特邀嘉宾参加了大会。

开幕式举行了运动员人场仪式和文艺表演。46 个代表团分别来自全国各省、自治区、直辖市，香港特别行政区、澳门特别行政区，解放军，新疆生产建设兵团，以及11个行业体育协会。全运会大型文艺表演《和谐盛世齐鲁情》在第十一届全运会会歌《共圆精彩》激扬旋律的歌声中拉开序幕，整场表演由《齐鲁魂》、《和谐风》、《祖国颂》三个篇章组成。《雄峙天地》、《圣贤之光》、《长河入海》、《漱玉古韵》等节目，向观众描述了齐鲁大地壮阔旖旎的自然风光、底蕴深厚的历史文化和气象万千的时代新貌；《扇舞气畅》、《青春炫彩》、《鸢飞风鸣》等节目，通过精彩纷呈的群众体育表演，形象演绎了体育给人们带来的健康与快乐，生动诠释了本届全运会“和谐中国、全民全运”的主题；《祖国颂》热烈奔放、昂扬奋发，集中抒发了中华儿女对伟大祖国的真挚情怀和再创辉煌的豪迈气概。

本届全运会共设33个大项、43个分项、362个小项，共产生金牌551枚、银牌475枚、铜牌529枚，总分34830分。最终有32个代表团获得了金牌，36个代表团获得了奖牌，43个代表团获得了前8名的成绩。有7人9次创超5项世界纪录，3队12人21次创16项亚洲纪录，5队29人52次创39项全国纪录，5人12次创8项全国青年纪录。山东代表团以63金首次登上金牌榜榜首。

10月28日，第十一届全运会在济南闭幕，国务院总理温家宝出席闭幕式并宣布大会闭幕。闭幕式上举行了主题为《辉煌的记忆》的大型文艺演出。

第十二届全国运动会将于2013年在辽宁省举行。

历届全运会回顾

第一届全国运动会于1959年在北京举行。参赛运动员达1万多人，共设36个比赛项目和6个表演项目，有7人4次打破4项世界纪录。

第二届全国运动会于1965年在北京举行。共有5014人参赛，设22个比赛项目，24人10次打破9项世界纪录，330人469次打破130项全国纪录。

第三届全国运动会于1975年在北京举行。有包括台湾省在内的31个代表队参加，比赛项目成年组设28项，少年组设8项，另有6项表演项目。有1个队4人6次打破3项世界纪录，2人2次平2项世界纪录，49个队83人197次打破62项全国纪录，4个队36人144次打破58项全国青少年纪录。

第四届全国运动会于1979年在北京举行。有包括台湾省在内的31个代表队1.5万多名运动员参加，成年组比赛项目有34项，少年组有2项。有5人5次打破5项世界纪录，2人3次平3项世界纪录，36个队204人376次打破102项全国纪录，2个队6人10次打破5项全国少年纪录。

第五届全国运动会于1983年在上海举行。比赛项目有25项，表演项目1项，31个代表队的8943名运动员参赛。有2人3次打破2项世界纪录，7人12次打破9项亚洲纪录，38队64人142次打破60项全国纪录。

第六届全国运动会于1987年在广州举行。共有37个代表队7228名运动员参赛，设44项比赛项目。有10人2队17次打破15项世界纪录，3人3次平3项世界纪录，2人2次超过2项世界纪录，18人1队24次打破17项亚洲纪录，10人14次创造17项亚洲纪录，28

人39次超过21项亚洲纪录，85人14队168次打破82项全国纪录。

第七届全国运动会于1993年9月在北京举行。除参加前期若干项目比赛和成都赛区项目比赛的运动员外，北京主赛区共有包括解放军和行业体协在内的45个代表团的4228名运动员、1200名教练员参加，加上各代表团团部人员等，总数达7551人。共有4人4次创4项世界新纪录，18人4队43次超21项世界纪录，4人4次平3项世界纪录，54人1队93次创34项亚洲新纪录，61人3队143次超66项亚洲纪录，130人14队273次创117项全国新纪录。

第八届全国运动会于1997年在上海举行。共46个代表团7647名运动员参加了全运会，其中首次参加全运会的香港特别行政代表团由257人组成。本届全运会共有179人659次超41项世界纪录，其中16人19次超7项奥运项目世界纪录，4人4次平3项世界纪录，100人3队367次超55项亚洲纪录，88人6队142次创66项全国纪录。

第九届全国运动会于2001年在广东举行。本届全运会共有45个代表团的12314名运动员参加了预赛，8608名运动员参加决赛。共有24人35次超7项世界纪录，6人1队7次创6项亚洲纪录，28人41次超9项亚洲纪录，32人4队52次创37项全国纪录。

第十届全国运动会于2005年在南京举行。共46个代表团，9922名运动员参加了全运会。共设32个大项，357个小项。共15人21次超6项世界纪录，7人7次平6项世界纪录，5人6次创5项亚洲纪录，14人20次超5项亚洲纪录，1队19人25次创19项全国纪录。

（参考资料来源，人民网：http：//ydh. people. com. cn/GB/168924/172284/index. html）

三、国务院批复10个区域发展规划

2009年，国务院在出台10个产业振兴与调整规划的同时，连续审批和发布了一系列有关区域规划的政策性文件，一批区域经济发展规划上升为国家战略。这些规划的批准实施对我国的区域经济发展和城镇化进程将产生重大影响，同时也有助于应对当前的国际金融危机。

1月8日，国家发改委公布了经国务院审议通过和正式批复的《珠江三角洲地区改革发展规划纲要（2008～2020年）》。规划范围以广东省的广州、深圳、珠海、佛山、江门、东莞、中山、惠州和肇庆市为主体，辐射泛珠江三角洲区域，并将与港澳紧密合作的相关内容纳入规划。战略定位于探索科学发展模式试验区、深化改革先行区、扩大开放的重要国际门户、世界先进制造业和现代服务业基地、全国重要的经济中心。到2012年，率先建成全面小康社会，初步形成科学发展的体制机制，产业结构明显升级，自主创新能力明显增强，生态环境明显优化，人民生活明显改善，区域城乡差距明显缩小，区域一体化格局初步形成，粤港澳经济进一步融合发展。到2020年，率先基本实现现代化，基本建立完善的社会主义市场经济体制，形成以现代服务业和先进制造业为主的产业结构，形成具有世界先进水平的科技创新能力，形成全体人民和谐相处的局面，形成粤港澳三地分工合作、优势互补、全球最具核心竞争力的大都市圈之一。

5月6日，国务院下发了《国务院关于支持福建省加快建设海峡西岸经济区的若干意见》（国发〔2009〕24号）。意见提出，将海峡西岸经济区的战略定位为两岸人民交流合作的先行先试区域、服务周边地区、发展新的对外开放的综合通道、东部沿海地区先进制造业的重要基地、我国重要的自然和文化旅游中心。到2012年，海峡西岸经济区在优化结构、提高效益、降低消耗、保护环境的基础上，人均地区生产总值接近或达到东部地区平均水平，着力科学发展先行，力争在一些领域走在全国前列；服务两岸直接“三通”的主要通道基本形成并不断完善，两岸人民交流合作的前沿平台功能更加凸显。到2020年，海峡西岸经济区率先建立充满活力、富有效率、更加开放、有利于科学发展的体制机制。闽台经济融合不断加强，促进形成两岸共同发展的新格局。

6月25日，国务院正式批准实施《关中—天水经济区发展规划》。规划的范围包括陕西省西安、铜川、宝鸡、咸阳、渭南、杨凌、商洛部分县和甘肃省天水所辖行政区域，面积7.98万平方公里，直接辐射区域包括陕西省陕南的汉中、安康，陕北的延安、榆林，甘肃省的平凉、庆阳和陇南地区。经济区的战略定位为“一个高地、四个基地”，即全国内陆型经济开发开放战略高地、统筹科技资源改革示范基地、全国先进制造业重要基地、全国现代农业高技术产业基地和彰显华夏文明的历史文化基地。到2020年，经济区的经济总量占西北地区比重超过1/3，人均地区生产总值翻两番以上。

7月14日，国务院正式批准实施《江苏沿海地区发展规划》。江苏沿海地区地处我国沿海、沿长江和沿陇海兰新线三大生产力布局主轴线交会区域，是长江三角洲的重要组成部分，区位优势独特，土地后备资源丰富，战略地位重要。加快江苏沿海地区发展，要统筹城市与农村、陆地与海洋、经济与社会发展，坚持科学布局、合理分工、保护环境、开放合作。要充分发挥比较优势，把加快建设新亚欧大陆桥东方桥头堡和促进海域滩涂资源合理开发利用作为发展重点，着力建设我国重要的综合交通枢纽、沿海新型工业基地、重要的土地后备资源开发区和生态环境优美、人民生活富足的宜居区，将江苏沿海地区建设成为我国东部地区重要的经济增长极。

8月14日，国务院正式批准实施《横琴总体发展规划》。珠海市横琴岛地处珠江口西岸，毗邻港澳，与澳门隔河相望。推进横琴开发，有利于推动粤港澳紧密合作、促进澳门经济适度多元化发展和维护港澳地区长期繁荣稳定。规划将横琴岛纳入珠海经济特区范围，对口岸设置和通关制度实行分线管理。要通过重点发展商务服务、休闲旅游、科教研发和高新技术产业，加强生态环境保护，鼓励金融创新，实行更加开放的产业和信息化政策等，逐步把横琴建设成为“一国两制”下探索粤港澳合作新模式的示范区、深化改革开放和科技创新的先行区、促进珠江口西岸地区产业升级的平台。

8月30日，国务院正式批准实施《中国图们江区域合作开发规划纲要——以长吉图为开发开放先导区》，成为迄今唯一一个国家批准实施的沿边开发开放区域。长吉图开发开放先导区包括长春、吉林的部分地区和延边州。战略定位是：我国沿边开放开发的重要区域、我国面向东北亚开放的重要门户、东北亚经济技术合作的重要平台、东北地区新的重要增长极。发展目标分两个阶段，即到2012年，长吉图区域经济总量在现有基础上力争翻一番，森林覆盖率保持在60%以上，进出口贸易总额大幅度提高，成为我国东北地区经济发展新的亮点；到2020年，中国图们江区域对外开放水平实现重大突破，特色产业体系形成明显竞争优势，科技创新能力达到国内先进水平，长吉图区域实现经济总量翻两番以上，基本建成我国东北地区经济发展的重要增长极。

9月8日，国务院正式批准实施《辽宁沿海经济带发展规划》。辽宁沿海经济带包括大连、丹东、锦州、营口、盘锦、葫芦岛沿海城市在内，地处环渤海地区重要位置和东北亚经济圈的关键地带，资源禀赋优良，工业实力较强，交通体系发达。加快辽宁沿海经济带发展，要认真贯彻落实科学发展观，紧密结合应对国际金融危机的实际，充分考虑现有开发强度、资源环境承载能力和发展潜力，着力优化空间布局。在新形势下加快辽宁沿海经济带发展，对于振兴东北老工业基地、完善我国沿海经济布局、促进区域协调发展和扩大对外开放，具有重要意义。

10月26日，国务院正式批准实施《促进中部地区崛起规划》。包括山西、安徽、江西、河南、湖北和湖南六省在内的中部地区，是我国重要粮食生产基地、能源原材料基地、装备制造业基地和综合交通运输枢纽，在经济社会发展格局中占有重要地位。在应对国际金融危机冲击、保持经济平稳较快增长过程中，要进一步发挥中部地区比较优势，增强对全国发展的支撑能力。争取到2015年，中部地区实现经济发展水平显著提高、发展活力进一步增强、可持续发展能力明显提升、和谐社会建设取得新进展的目标。

11月23日，国务院正式批准实施《黄河三角洲高效生态经济区发展规划》，黄河三角洲位于渤海南部黄河入海口沿岸地区，包括山东省的东营、滨州和潍坊、德州、淄博、烟台市的部分地区，共涉及19个县（市、区），总面积2.65万平方公里，占全省1/6，总人口约985万人。区域内土地资源优势突出，地理区位条件优越，自然资源较为丰富，生态系统独具特色，产业发展基础较好，具有发展高效生态经济的良好条件。黄河三角洲高效生态经济区的战略定位是：建设全国重要的高效生态经济示范区、特色产业基地、后备土地资源开发区和环渤海地区重要的增长区域。区域发展的近期和远期目标，到2015年，基本形成经济社会发展与资源环境承载力相适应的高效生态经济发展新模式；到2020年，率先建成经济繁荣、环境优美、生活富裕的国家级高效生态经济区。

12月12日，国务院正式批准实施《鄱阳湖生态经济区规划》。鄱阳湖是长江的重要调蓄湖泊和具有世界影响的湿地，以之为核心的生态经济区，范围包括南昌、景德镇、鹰潭3市，以及九江、新余、抚州、宜春、上饶、吉安的部分县（市、区），共38个县（市、区），国土面积为5.12万平方公里。区域发展定位是：建设全国大湖流域综合开发示范区、长江中下游水生态安全保障区、加快中部崛起重要带动区、国际生态经济合作重要平台。战略目标是：到2015年，区域生态环境质量继续位居全国前列，率先在欠发达地区构建生态产业体系，生态文明建设处于全国领先水平；到2020年，构建保障有力的生态安全体系，形成先进高效的生态产业集群，建设生态宜居的新型城市群，为到21世纪中叶基本实现现代化打下良好基础。

我国区域规划和政策历程回顾

建国后到改革开放前的30年。我国区域规划、区域政策的基本出发点是，“加速重工业发展优先，建立战略防御型经济布局优先，自成体系，均衡发展”。这一时期，我国区域规划的主要形式是采取联合选厂、成组布局等方法，重视统筹规划，讲究功能分区，以国家指令性计划和重大项目的区域布局政策来实施的。

改革开放后到20世纪90年代前。党的十一届三中全会以后，我国区域规划和区域政策以非均衡发展战略为标志，实施沿海发展战略，设立了经济特区、沿海开放城市和沿海经济开放区；“七五”提出“东、中、西”三大地带划分思想，提出要正确处理东部沿海、中部、西部三个经济地带的关系；到20世纪80年代初，我国的区域规划工作逐步转向以国土综合开发整治为中心的国土规划上来。

进入20世纪90年代。我国区域规划和区域经济政策的制定转到为建立社会主义市场经济体制总目标服务，强调区域规划和区域政策必须以市场配置资源为基础，重视地区经济的协调发展。在20世纪80年代沿海地区开放的基础上，20世纪90年代国家又将对外开放扩大到沿边、沿江和内陆地区。1992年以来，国家先后开放了13个沿边城市、8个长江沿岸城市和18个以内陆城市为主的省会城市，并对三峡库区实施特殊的优惠政策，至此，我国全方位对外开放的格局基本形成。

从1992年开始，原国家计委组织有关部门按照市场经济规律和地区经济内在联系，以及地理特点，打破行政区划界限，在编制了长江三角洲和长江沿江地区、西南和华南部分省区、西北地区、环渤海地区、东北地区、中部五省及京九铁路沿线地区以及东南沿海地区等七大区域发展规划。

“十五”时期实施新的区域政策。“十五”以来，我国的区域规划和区域政策主要是加强区域发展的协调和指导，积极推进西部大开发，有效发挥中部地区综合优势，振兴东北地区等老工业基地，鼓励东部有条件地区率先基本实现现代化。地区协调发展战略的政策目标和机制不断强化。

（参考资料来源，新浪网：http：//dichan. sina. com. cn/zt/region/）

四、有效防控甲型H1N1流感疫情

2009年，甲型H1N1流感疫情在全球范围内蔓延，引起国际社会不安和国际机构的高度关注。面对疫情的来临，我国政府高度重视，积极应对，采取了一系列措施进行防控。在国家“新药研制”重大科技专项的支持下，仅用了87天就研制出了全球首支获得生产批号的甲型H1N1流感疫苗，并很快投入大规模使用，取得了显著成效。截至2009年12月30日，国家食品药品监督管理局累计完成批签发464批次8400万人份。全国31个省（区、市）、新疆生产建设兵团累计签收疫苗7215万人份，累计完成接种4836万人。

2009年3月，墨西哥及美国的部分地区暴发了“人感染猪流感”疫情，之后陆续出现人类感染、死亡病例，并且迅速在全球范围内蔓延，先后有英国、西班牙、法国、以色列、新西兰等国发现疑似和确诊病例。

4月25日，卫生部首次通报疫情信息，称接到世界卫生组织通报，美国和墨西哥发生人感染A/H1N1猪流感疫情。国家质检总局发布紧急公告，要求对来自人感染猪流感流行地区的人员，根据不同情况有针对性地采取相应措施。

4月27日，世界卫生组织将流感大流行警戒级别从3级提高到4级。同日，卫生部办公厅发布《关于加强人感染猪流感防控应对和应急准备工作的通知》。

4月28日，国家主席胡锦涛就做好防范人感染猪流感疫情工作作出重要指示。强调各级党委和政府一定要坚持以人为本，密切关注一些国家和地区近来发生的人感染猪流感疫情，及时采取综合防范措施。各地区各有关部门要加强领导，充分发挥联防联控工作机制作用，积极应对，科学处置，以确保人民群众身体健康和生命安全。

4月29日，世界卫生组织将流感大流行警戒级别提高到5级。国务院副总理李克强到北京首都国际机场、中国疾病预防控制中心考察人感染猪流感防控工作。卫生部印发《人感染猪流感诊疗方案（2009版）》和《人感染猪流感预防控制技术指南（试行）》。

4月30日，世界卫生组织宣布，该组织不再使用“猪流感”一词指代当前疫情，而开始使用“A/H1N1型流感”一词。中国则将原人感染猪流感改称为“甲型H1N1流感”。经国务院批准，中国卫生部发布公告，明确将甲型H1N1流感纳入传染病防治法规定管理的乙类传染病，并采取甲类传染病的预防、控制措施。

5月2日，卫生部发布通报，香港1例来自墨西哥的甲型H1N1流感疑似病例已确诊。

5月3日，农业部组织专家开展联合攻关，已成功研制出猪感染甲型H1N1病毒RT-PCR检测试剂盒，可在5小时内完成猪感染甲型H1N1病毒快速检测。该方法敏感性高、特异性强，不仅适用于猪感染甲型H1N1病毒的检测，对诊断人感染甲型H1N1流感病毒也有较高的参考价值。

5月9日，中国卫生部公布《甲型H1N1流感诊疗方案（2009年试行版第一版）》为积极应对可能发生的疫情，防止甲型H1N1流感疫情在患者转运过程中传播，卫生部制定并公布了《甲型H1N1流感病例转运工作方案》。

5月11日，卫生部通报，四川省确诊1例甲型H1N1流感病例，这是我国内地首例甲型H1N1流感病例。

卫生部印发《甲型H1N1流感监测方案（第一版）》、《甲型H1N1流感病例密切接触者判定与管理方案（试行）》和《甲型H1N1流感疫源地消毒指南（试行）》3个预防控制技术方案。

5月17日，国务院总理温家宝到北京地坛医院，看望北京确诊的首例甲型H1N1流感患者和医护人员，并来到中国疾病预防控制中心考察甲型H1N1流感防控工作。

5月30日，军事医学科学院微生物流行病研究所、病原微生物生物安全国家重点实验室的科研人员从1例甲型H1N1流感患者的咽拭子样本中，成功分离出病毒毒株并完成了全基因组序列测定，为甲型H1N1流感诊断试剂的研制和验证、人群免疫保护水平调查、流感病毒变异规律分析、抗病毒药物筛选及耐药性评价、疫苗研发等科学研究奠定了基础。

6月8日，由美国疾病预防控制中心和英国生物制品检定所提供的，为世界卫生组织认定的甲型H1N1流感疫苗株相继运送到北京，这些疫苗株将立即发往相关疫苗生产企业。此前，英国生物制品检定所提供的疫苗株分别于6月3日和6月5日运抵北京，分别运往华兰生物工程股份有限公司和大连雅立峰生物制药有限公司。

6月19日，北京首次对瞒报病情的甲型H1N1流感患者进行行政处罚。该名患者在机场填写健康申报卡时未如实登记，病发后在流行病学调查过程中才说明自己曾与甲型H1N1流感患者同屋居住，并由此引发了88名密切接触者。对此，北京出入境检验检疫局依据相关规定，并根据调查结果决定给予患者何某警告的行政处罚。

7月3日，国务院总理温家宝主持召开国务院常务会议，总结前一阶段甲型H1N1流感防控工作，分析当前疫情特点和态势，研究部署下一步防控工作。

8月18日，我国在全球率先完成甲型H1N1流感疫苗临床试验。北京科兴生物制品有限公司宣布，其生产的甲型H1N1流感疫苗临床试验完成，初步结果显示疫苗对人体安全、有效。

9月3日，北京科兴生物制品有限公司生产的甲型H1N1流感疫苗获得国家食品药品监管局颁发的药品批准文号，这也是全球首支获得生产批号的甲型H1N1流感疫苗。从获得世界卫生组织可直接用于疫苗生产的毒株算起，整个疫苗研制周期仅用了短短87天。

9月7日，国务院总理温家宝主持召开国务院常务会议，研究部署做好秋冬季甲型H1N1流感防控工作。会议强调，根据当前疫情发展的特点、趋势和我国的实际情况，下一阶段要在内防扩散、外堵输入的基础上，进一步强化预防措施，严控社区传播，加强重症救治，全力减少疫情危害。

10月6日，西藏自治区卫生厅通报，该自治区1名甲型H1N1流感患者抢救无效死亡，结果已经中国疾病预防控制中心复核确认。这是我国内地报告的首例甲型H1N1流感死亡病例。

10月21日，北京市在全国率先对中小学生、医务人员等五类重点人群免费接种甲型H1N1流感疫苗，接种时间持续到12月31日。这五类人群在签署知情同意书后，可以自愿免费接种。

10月28日，国务院总理温家宝主持召开国务院常务会议研究部署防控工作，强调要积极有序做好疫苗接种，突出抓好学校等重点场所的疫情防控，全力做好医疗救治工作，进一步加强疫情监测。

11月16日，北京市全体市民开始免费接种甲型H1N1流感疫苗，凡具有北京市户籍、3岁以上的北京市民均可在自愿、知情同意的原则下在北京市402家接种网点免费接种甲型H1N1流感疫苗。

当前，全球甲型H1N1流感疫情还在发展，我国疫情形势依然严峻，疫情涉及范围不断扩大，全国报告甲型H1N1流感住院及重症、死亡病例数持续增加，流感活动水平仍处于高位，2010年疫情防控工作仍然艰巨。

20世纪全球发生的重大疫情

流行性传染病伴随人类已有数千年的历史，每隔几百年、几十年甚至几年就会周期性地发生一场大灾难，在刚刚过去的20世纪，人类就曾经受过多次生与死的考验。

● 20世纪初叶的一场特大鼠疫

鼠疫又名黑死病，是由鼠疫杆菌引起的一种烈性传染病，是世界上流行时间最长、死亡人数最多、危害最为剧烈的人类头号杀手，在历史上曾经有过三次全球大流行。鼠疫的首次大流行发生于公元6世纪，第二次大流行在公元14世纪，第三次大流行始于19世纪末期(1894年)，至20世纪初叶达到最高峰。此次鼠疫波及亚洲、欧洲、美洲和非洲的60多个国家和地区，死亡达千万人以上，传播速度之快、波及地区之广，远远超过前两次大流行，疫区多分布于沿海城市人口稠密的居民区，在家庭宠物中也有流行。

● 1918年西班牙流感

虽然这场流感被命名为“西班牙流感”，但实际上它起源于美国。从1918年3月到1919年年底，全世界大约有20%的人感染上了西班牙流感。据估计，当时大约有5000万人在大流感中丧生，这个数字甚至有可能超过1亿，并且与以往普通流感受害者多为老人和儿童不同，这次流感中近一半的死者是正值人生顶峰的青年人。

● 1957年亚洲流感

1918年流感大流行后，世界平静了一段时间，1957年，流感再度在全世界大肆狂虐，最终越海跨洋势不可挡。这次流感起源于中国贵州，两周后突然南窜，骚扰了亚洲的所有国家，接着又在澳洲、美洲和欧洲登陆，迅速传遍了全世界。此次流感一直持续到1958年，全球共有十几亿人患病，数以万计的老人和孩子死于这场灾难。

● 1968年香港流感

亚洲流感爆发10年后，亚洲流感病毒发生了抗原转变，进化为H3N2，即所谓的“香港流感”，在1968年至1969年间又一次引起全球大流行，导致了近100万人死亡。这次流感首先于1968年7月中旬发生于香港，8至9月间经香港传入新加坡、泰国、日本、印度和澳大利亚等地，同年秋季到达欧洲，年底抵达美洲。

● 1977年俄罗斯流感

1977年11月至1978年1月，苏联“俄罗斯流感”流行，至1978年冬，其他许多国家也纷纷出现感染流行。与1957年及1968年的流行性流感不同，此次出现的病毒新亚型并未取代以前流行的病毒株，因此到目前为止，由1977年的病毒株进化出的甲型病毒（H1N1）与从1968年的流行株中产生的甲型病毒（H3N2）已流行了几十年，而且仍然能够引起流感流行。

● 20世纪末期艾滋病在全球流行

20世纪80年代前后，欧美国家开始流行一种很奇怪的疾病，像瘟疫一样在世界范围内迅速蔓延。由于该病能使人体免疫功能几乎失去作用，所以被命名为“后天免疫力缺乏症”，英文缩写为AIDS，汉语读音为艾滋。1981年6月5日，美国亚特兰大疾病控制中心在

《发病率与死亡率周刊》上简要介绍了5例艾滋病病人的病史，这是世界上第一次有关艾滋病的正式记载。不久以后，艾滋病迅速席卷全球，世界上任何一个国家都未能幸免。据不完全统计，至今全球已有数千万人感染艾滋病毒，艾滋病已成为当今人类面临的最严重的健康威胁之一。

（参考资料来源，价值中国网：http：//www. chinavalue. net/Article/Archive/2009/5/9/174788. html）

五、成功抵御国际金融危机冲击

2009年是新世纪以来我国经济发展最为困难的一年。在党中央一系列反危机政策措施的强力作用下，我国经济成功抵御住了国际金融危机的巨大冲击，经济回升走出了人们事先敢想而不敢求的V形轨迹。全年GDP（国内生产总值）达到335353亿元，同比增长达到8.7%，超额实现了年初既定的“保八”目标，引起国际社会的高度关注。

2008年第四季度以后，全球经历了20世纪30年代世界经济大萧条以来最为严重的国际金融危机。这场由美国次贷危机引发的国际金融危机出现以后，迅速从局部发展到全球，从发达国家传导到新兴市场国家和发展中国家，从金融领域扩散到实体经济领域，波及范围之广、影响程度之深、冲击强度之大，世所罕见。面对国际金融危机的严重冲击，我国政府坚持把保持经济平稳较快发展作为经济工作的首要任务，及时调整宏观经济政策，果断实施积极的财政政策和适度宽松的货币政策，出台并不断完善应对国际金融危机冲击的一揽子计划，主要体现在以下几个方面：

以扩大内需为基本立足点，大规模增加政府支出、扩大消费需求。2009年，在我国国民经济遭遇国际金融危机冲击的关键时刻，中央实施了积极的财政政策和适度宽松的货币政策，启动实施总额达4万亿元人民币的两年投资计划；其中中央政府直接投资1.18万亿元人民币，重点投向重大民生工程、经济社会发展薄弱环节、关系全局和长远发展的重大基础设施建设，并积极引导和带动社会资金、民间资本投向符合国家产业政策的领域，增强投资拉动经济增长的社会合力。与此同时，我国坚持多措并举，着力扩大居民消费需求，完善消费政策，增强消费对经济增长的拉动作用。还大力促进农民消费，在全国范围实施“家电下乡”、“汽车下乡”等补贴措施，完善“万村千乡”市场工程，努力使广阔的农村市场成为扩大消费需求的重要支撑。

以结构调整为主攻方向，大范围实施产业调整振兴规划。从2009年1月中旬开始，国务院常务会议相继审议并原则通过了汽车、钢铁、纺织、装备制造、船舶、电子信息、轻工、石化、有色金属、物流十大产业调整振兴规划，并密集出台。大幅增加对“三农”的投入，增加农业补贴，扩大补贴范围。专门制定了进一步促进中小企业发展的29项扶持政策和措施，改善中小企业的融资和发展环境，支持中小企业转型升级。加强节能减排和生态保护，强化重点领域、区域污染防治，积极开展应对气候变化工作。积极推动东部地区率先加快经济转型和产业升级，加大对中部地区优化结构的支持力度，推进西部大开发战略和振兴东北老工业基地战略，促进区域经济协调发展。制定并实施了《文化产业振兴规划》，着力推动重点文化产业和新兴文化产业发展。

以深化改革为强大动力，大强度推进重点领域和关键环节的改革。我国深化价格体制改革特别是资源性产品价格改革，加快建立充分反映市场供求关系、资源稀缺程度、环境损害成本的资源要素价格形成机制；深化公共财政体制改革，完善财政预算体系，建立健全预算编制、执行、监督相互协调、相互制衡的新机制；深化金融体制改革，建立健全货币政策和金融发展、金融监管相协调的机制，改善金融结构和服务，加强金融监管和创新；深化国有企业改革，推进国有经济布局调整，推动国有资本向关系国家安全和国民经济命脉的重要行业、基本公共服务领域集中，全力提高国有企业应变能力和国际竞争力。

以科技创新为重要支撑，大力度推进科技进步和创新。我国着眼于推动中国经济发展走上创新驱动、内生增长的轨道，加快实施国家中长期科学和技术发展规划纲要，推进重大科技基础设施建设，加强重大基础科学和高新技术研究。选择带动力强、影响面大、见效快的项目特别是核心电子器件、核能开发利用、高档数控机床、传染病防治、水体污染控制与治理等16个重大专项，集中力量攻关，着力突破一批核心技术和关键共性技术。积极发展拥有自主知识产权的高新技术产业群，培育新的经济增长点，创造新的社会需求。发挥企业的自主创新主体作用，支持企业在生物医药、第三代移动通信、节能环保汽车等方面开展研发和推进产业化，广泛应用新技术、新工艺、新设备、新材料，实现保增长和增效益相统一。

以改善民生为根本目的，大幅度提高社会保障水平。我国实施更加积极的就业政策，开辟新的就业岗位，提高中小企业、劳动密集型产业和服务业吸纳就业的能力，着力做好高校毕业生就业，稳定农民工就业，对返乡农民工进行妥善安置。加大公共财政对社会保障体系建设的投入，扩大基本养老和基本医疗保险覆盖面，落实和完善城乡居民最低生活保障制度，健全失业保险、城乡医疗救助和新型农村合作医疗等制度。加快实施保障性安居工程，加大廉租房建设、棚户区改造工作力度，抓紧地震灾区永久性住房建设。我国在改善人民群众物质生活的同时，还注意保障人民群众文化权益，大力完善公共文化服务体系，发展城乡基层文化，丰富社会文化生活。

致力于推动应对危机的国际合作，努力提高合作水平。2008年危机之初，我国领导人在华盛顿二十国集团首次金融峰会上呼吁，世界各国应增强信心、加强协调、密切合作；2009年年初，我国领导人又展开了举世瞩目的“正月外交”，与受访国就加强双边经贸往来、深化互利合作达成许多共识。在伦敦二十国集团第二次金融峰会上，我国再次提出包括进一步“加强合作”、“推进改革”和“反对保护主义”在内的五项主张。在随后的博鳌亚洲论坛上我国领导人又提出包括深化经济合作、坚持开放政策和共同应对挑战等五项倡议。在我国的积极参与中，国际社会就推动世界经济增长、加强金融监管以及为国际金融机构注资等问题达成共识。

经过一年多来的努力，我国应对国际金融危机冲击、促进经济社会发展的政策措施已取得积极成果，经济运行中的积极因素不断增多，在全球率先实现经济形势总体回升向好，保增长、调结构、促改革、惠民生取得明显成效。

应对金融危机的主要国际会议

自2008年9月全球金融危机爆发以来，世界主要经济体、联合国和权威国际金融机构举行了一系列高级别会议，以加强合作，应对金融危机。这些会议主要包括：

- 二十国集团华盛顿金融峰会

2008年11月15日在美国首都华盛顿举行。这是二十国集团为应对金融危机首次举行的金融市场和世界经济峰会。峰会就应对世界面临的金融和经济问题的措施达成行动计划。在金融领域，计划涉及提高金融市场透明度和完善问责制、加强监管、促进金融市场完整性、强化国际合作以及改革国际金融机构五个方面。

- 二十国集团伦敦金融峰会

2009年4月2日在英国首都伦敦举行。这是二十国集团举行的第二次金融峰会。会议承诺：加强宏观经济政策协调，刺激全球总需求，促进世界经济复苏；增加国际金融机构的资源，并增加发展中国家的发言权和代表性；进一步加强国际金融监管合作，将监管扩展到所有具有系统重要性的金融机构、工具和市场；坚决抵制贸易保护主义，尽快完成多哈回合谈判；高度重视发展问题，继续全力支持实现千年发展目标。

- 世界银行和国际货币基金组织（IMF）春季会议

2009年4月26日在华盛顿举行。会议集中商讨了应对危机和支持增长、稳定金融市场和改革金融体系等重大问题，并就如何落实二十国集团伦敦金融峰会所达成的共识进一步交流情况和协调立场。

- 联合国世界金融和经济危机及其对发展影响高级别会议

2009年6月24日至27日在纽约联合国总部举行。会议旨在帮助世界各国在金融和经济危机面前协调立场，合作制定长期的应对方案。会议特别关注广大发展中国家、特别是最不发达国家在危机中的困难和需求。这是联合国历史上首次就国际金融危机问题举行高级别会议。会议通过一份成果文件，呼吁国际社会增加对发展中国家的援助。

- 金融稳定委员会（FSB）成立大会

2009年6月26日至27日在瑞士巴塞尔举行。根据伦敦峰会精神，新成立的金融稳定委员会已取代金融稳定论坛，成为继IMF和世界银行之后的又一家权威国际金融机构，并与IMF一道对全球宏观经济和金融市场上的风险实施监测。该委员会在金融实务的国际协调方面有更大的发言权。

- 八国集团首脑会议

2009年7月8日至10日在意大利中部城市拉奎拉举行。与会各方主要围绕金融危机与世界经济复苏、气候变化、能源安全、粮食安全、国际贸易、发展特别是非洲发展等国际社会最为关心的问题充分交流看法。会上，八国集团同发展中国家领导人对话会议备受关注，中国国家主席胡锦涛出席此次对话会。

- 二十国集团匹兹堡金融峰会

2009年9月24日至25日在美国匹兹堡举行。这是二十国集团举行的第三次金融峰会。

会上，二十国集团领导人就全球经济复苏和可持续发展、加强国际金融监管、国际金融机构改革、共同发展以及反对贸易保护主义和多哈回合谈判等内容交换意见。

（参考资料来源，新华网：http：//news. xinhuanet. com/world/2009 - 09/25/content_12112072. htm）

六、大规模推进保障性安居工程

2009年是保障性安居工程投入资金最多、建设规模最大的一年，是实施廉租住房保障规划的第一年，也是中央和各级地方政府投入保障性安居工程资金最多的一年。中央财政安排了493亿元，主要用于支持中西部财政困难地区廉租住房建设和各类棚户区的改造。

党中央、国务院十分重视保障性安居工程建设工作。2009年3月和7月，住房和城乡建设部组织召开了全国保障性安居工程工作会议和城市、国有工矿棚户区改造工作座谈会，李克强副总理到会并作了重要讲话。经国务院同意，住房和城乡建设部牵头成立了由国家发改委、财政部等20个部委组成的保障性安居工程协调小组，加强对保障性安居工程建设的组织协调。

根据《国务院关于解决城市低收入家庭住房困难的若干意见》（国发〔2007〕24号）和《国务院办公厅关于促进房地产市场健康发展的若干意见》（国办发〔2008〕131号）精神，住房和城乡建设部会同国家发改委、财政部制定了《2009~2011年廉租住房保障规划》和2009年计划，并及时将任务和中央补助资金分解下达到地方。

《规划》目标，是从2009年起到2011年，争取用三年时间，基本解决747万户现有城市低收入住房困难家庭的住房问题。其中，2008年第四季度已开工建设廉租住房38万套，三年内再新增廉租住房518万套、新增发放租赁补贴191万户。进一步健全实物配租和租赁补贴相结合的廉租住房制度，并以此为重点加快城市住房保障体系建设，完善相关的土地、财税和信贷支持政策。

《规划》明确了廉租住房保障对象是城市低收入住房困难家庭，具体条件由市、县政府确定。廉租住房保障标准控制在人均住房建筑面积13平方米左右，套型建筑面积50平方米以内，保证基本的居住功能。租赁补贴额根据当地平均市场租金、家庭住房支付能力合理确定。

通过新建、购置和改造等方式筹集房源，同时继续实施租赁补贴制度，多渠道、多方式解决城市低收入住房困难家庭的住房问题。新建廉租住房采用统一集中建设和在经济适用住房、普通商品住房、棚户区改造项目中配建两种方式，以配建方式为主。

《规划》提出几项政策措施，包括多渠道筹措资金、实土地供应和各项优惠政策、结合城市棚户区改造多渠道筹措房源；监管方面要落实目标责任制，确保工程质量和使用功能，严格准入退出管理，加强监督检查。

各省（区、市）也根据《规划》，制订（修订）了本地区2009~2011年廉租住房保障规划和2009年计划，多数省（区、市）制定了省级住房保障专项补助资金政策。

2009年城市保障性安居工程建设工作进展顺利，全国共建设保障性住房200万套，各类棚户区改造住房130万套。

与此同时，公共租赁住房建设、保障性住房管理、住房公积金管理等工作也得到了加强，为促进城市居民特别是中低收入家庭住房消费、改善居民居住条件发挥了积极作用。

住房制度改革历程回顾

1986年2月，成立了“国务院住房制度改革领导小组”，下设办公室，负责领导和协调全国的房改工作。

1988年1月，国务院召开了“第一次全国住房制度改革工作会议”，同年2月国务院批准印发了国务院住房制度改革领导小组《关于在全国城镇分期分批推行住房制度改革的实施方案》，标志着住房制度改革进入了整体方案设计和全面试点阶段。

1991年6月，国务院发出了《关于积极稳妥地推进城镇住房制度改革的通知》，提出分步提租、交纳租赁保证金、新房新制度、集资合作建房、出售公房等多种形式推进房改的思路。同年10月召开了全国第二次房改工作会议，确定了租、售、建并举，以提租为重点，“多提少补”或“小步提租不补贴”的租金改革原则；基本思路是通过提高租金，促进售房，回收资金，促进建房，形成住宅建设、流通的良性循环。

1993年11月，国务院房改领导小组在北京召开了第三次房改工作会议，改变了第二次房改会议确定的思路，代之以“以出售公房为重点，售、租、建并举”的新方案。

1994年7月18日，国务院下发了《关于深化城镇住房制度改革的决定》，确定房改的根本目的是：建立与社会主义市场经济体制相适应的新的城镇住房制度，实现住房商品化、社会化；加快住房建设，改善居住条件，满足城镇居民不断增长的住房需求。房改的基本内容可以概括为“三改四建”。

1998年7月3日，国务院发布《关于进一步深化城镇住房制度改革加快住房建设的通知》（国发〔1998〕23号）。通知进一步确定了深化城镇住房制度改革的目标是：停止住房实物分配，逐步实行住房分配货币化；建立和完善以经济适用住房为主的多层次城镇住房供应体系；发展住房金融，培育和规范住房交易市场。

2003年，国务院发布《关于进一步深化城镇住房制度改革加快住房建设的通知》（国发〔2003〕18号）。国发〔2003〕18号文对国发〔1998〕23号文进行了修正，将国发〔1998〕23号文提出的“建立和完善以经济适用住房为主的多层次城镇住房供应体系”改变为让“多数家庭购买或承租普通商品住房”，要“增加普通商品住房供应。……采取有效措施加快普通商品住房发展，提高其在市场供应中的比例。……努力使住房价格与大多数居民家庭的住房支付能力相适应。”同时将经济适用房的性质重新定位为“是具有保障性质的政策性商品住房”。国发〔2003〕18号文的出台将大多数家庭的住房推向了市场，实现了我国住房市场化的根本转变。

2005年3月26日，为了对房价上涨过快的问题“加以全局性控制”，国务院办公厅发出《关于切实稳定住房价格的通知》，就稳定房价提出八条意见（“国八条”）；4月27日，温家宝总理又召开国务院常务会议，研究进一步加强房地产市场宏观调控问题，并提出八项措施引导和调控房地产市场（即“新国八条”）。

2005年5月11日，七部委又出台《关于做好稳定住房价格工作的意见》（稳定房价的八条措施）。

2005年5月31日，三部委出台《关于加强房地产税收管理的通知》，限制期房转卖。

2005年10月18日，国家税务总局下发《关于实施房地产税收一体化管理若干问题的通知》，强调要对20%个人所得税进行一体化征收。

2006年5月，国务院出台了稳定房价，整顿房地产市场秩序的六项措施（即“国六条”）。

2007年8月7日，国务院下发了《关于解决城市低收入家庭住房困难的若干意见》（国发〔2007〕24号），要求进一步建立健全城市廉租住房制度，改进和规范经济适用住房制度，逐步改善其他住房困难群体的居住条件，完善配套政策和工作机制，首次明确提出把解决低收入家庭住房困难工作纳入政府公共服务职能。

2008年12月20日，国务院办公厅下发了《关于促进房地产市场健康发展的若干意见》（国办发〔2008〕131号），提出了加大保障性住房建设力度，进一步鼓励普通商品住房消费，支持房地产开发企业积极应对市场变化，强化地方人民政府稳定房地产市场的职责，加强房地产市场监测，积极营造良好的舆论氛围。

（参考资料来源，搜房网：http：//vnet. news. soufun. com/2008 - 10 - 14/2147927. htm）

七、努力深化医药卫生体制改革

2009年4月6日，中共中央、国务院正式发布《关于深化医药卫生体制改革的意见》，这意味着医疗体系改革将进入新时代。《医改意见》摈弃了此前改革过度市场化的做法，承诺强化政府在基本医疗卫生制度中的责任，不断增加投入，维护社会公平正义，逐步实现建立覆盖城乡居民的基本医疗卫生制度，人人享有基本医疗卫生服务的目标。

《医改意见》的主要内容可以概括为“一个目标、四大体系、八项支撑”。一个目标就是建立覆盖城乡居民的基本医疗卫生制度，为群众提供安全、有效、方便、价廉的医疗卫生服务，实现人人享有基本医疗卫生服务；四大体系就是建设公共卫生服务体系、医疗服务体系、医疗保障体系和药品供应保障体系，构建我国的基本医疗卫生制度；八项支撑就是完善医药卫生管理、运行、投入、价格、监管、科技与人才体制机制、信息、法制的建设，保障四大体系有效规范运转。

《医改意见》确立了我国医药卫生体制改革的方向、框架和长远目标，绘出了我国医疗卫生事业的宏伟蓝图，明确了今后三年的中心任务，就是要抓好五项重点改革，解决群众“看病难、看病贵”问题。通过加快推进基本医疗保障制度、建立国家基本药物制度和健全基层医疗卫生服务体系，努力使群众“看得起病”；通过促进基本公共卫生服务逐步均等化，缩小城乡居民享有基本公共卫生服务的差距，最大限度地预防疾病，努力使群众“少生病”；通过推进公立医院改革试点，促进公立医院提高服务质量和效率，努力使群众“看好病”。

4 月 7 日，国务院正式下发《关于医药卫生体制改革近期重点实施方案（2009～2011 年）》。《实施方案》是今后三年落实《医改意见》的具体安排，确定三年内重点抓好的改革任务，突出改革的操作性。

《实施方案》主要内容可以概括为“四项基本”和“一个试点”，把五项工作作为改革重点，即加快推进基本医疗保障制度建设、初步建立国家基本药物制度、健全基层医疗卫生服务体系、促进基本公共卫生服务逐步均等化和推进公立医院改革试点。抓好上述五项重点改革，将使公共卫生服务基本普及，基本医疗保障制度全面覆盖，明显提高基本医疗卫生服务可及性，有效减轻居民医药费用负担，切实缓解“看病难、看病贵”问题。为了实现改革的目标，经初步测算，2009～2011 年各级政府需要投入 8500 亿元，其中中央政府投入 3318 亿元。

4 月 10 日，中共中央政治局常委、国务院副总理、深化医药卫生体制改革领导小组组长李克强主持召开深化医药卫生体制改革地方负责人座谈会。

6 月 22 日，人民出版社出版《人人享有健康保障——〈中共中央国务院关于深化医药卫生体制改革的意见〉操作指南》在全国发行。

7 月 5 日，财政部、发展改革委、人力资源和社会保障部、民政部、卫生部联合出台了《关于完善政府卫生投入政策的意见》，贯彻落实《医改意见》和《实施方案》，完善政府卫生投入机制。从政府卫生投入的基本原则、范围和方式、各级政府的投入责任以及管理监督等方面作出了具体规定。

7 月 8 日，国务院总理温家宝主持召开国务院常务会议，部署深化医药卫生体制改革工作。会议强调，要着力做好以下工作：进一步扩大基本医疗保障覆盖面，提高基本医疗保障水平，发布国家基本药物目录，加强基层医疗卫生机构建设，加强以全科医生为重点的基层医疗卫生队伍建设，完善政府办基层医疗卫生机构的人员和业务经费补助政策，抓紧实施涉及面广、影响全民健康水平的公共卫生项目，稳步推进公立医院改革试点。

7 月 9 日，国务院深化医药卫生体制改革领导小组第三次会议在北京召开，会议重点研究部署今年医改工作，落实国务院常务会议精神。中共中央政治局常委、国务院副总理、国务院深化医药卫生体制改革领导小组组长李克强出席会议并讲话。

7 月 10 日，国务院深化医药卫生体制改革领导小组办公室召开电视电话会议，启动并部署九项国家基本公共卫生服务项目。根据医改实施方案，这些项目将免费为城乡居民提供。

8 月 13 日，中共中央政治局常委、国务院副总理、国务院深化医药卫生体制改革领导小组组长李克强主持召开医改领导小组第四次会议，贯彻落实党中央、国务院关于深化医药卫生体制改革的决策部署，研究建立国家基本药物制度、推进公立医院改革试点等医改工作。会议审议了《关于 2009 年实施国家基本药物制度工作方案》和《关于公立医院改革试点的指导意见》。

9月26日，部分省（区、市）医药卫生体制改革工作座谈会在江西南昌召开。中共中央政治局常委、国务院副总理、国务院深化医药卫生体制改革领导小组组长李克强主持会议并讲话。他强调，要认真贯彻党中央、国务院的决策部署，坚定信心，加大力度，重点突破，有序推进，把医药卫生体制改革不断引向深入。

9月28日，为配合国家基本药物制度的实施，国家发展改革委发出通知，公布了国家基本药物的零售指导价格，共涉及2349个具体剂型规格品。调整后的价格从10月22日起执行。与现行规定价格比，有45%的药品降价，平均降幅12%左右；有49%的药品价格未做调整；有6%的短缺药品价格有所提高。

11月13日，中共中央政治局常委、国务院副总理、国务院深化医药卫生体制改革领导小组组长李克强主持召开基本药物制度实施工作座谈会并讲话。他强调，要认真贯彻党中央、国务院的决策部署，坚定不移地深化医药卫生体制改革，积极稳妥地推进国家基本药物制度建设，切实减轻群众基本用药负担，有效缓解看病难、看病贵问题，维护人民健康权益。

11月23日，国家发展改革委、卫生部和人社部联合发布了《改革药品和医疗服务价格形成机制的意见》。近期目标是，到2011年，药品价格趋于合理，医疗服务价格结构性矛盾明显缓解。

11月30日，人力资源和社会保障部正式发布《国家基本医疗保险、工伤保险和生育保险药品目录（2009年版）》。此次《药品目录》调整主要针对西药和中成药，调整后的新版《药品目录》的西药品种有1164个、中成药品种987个，共2151个。

12月22日，中共中央政治局常委、国务院副总理、国务院深化医药卫生体制改革领导小组组长李克强主持召开深化医药卫生体制改革领导小组第五次会议，研究部署进一步推进国家基本药物制度实施工作，审议公立医院改革试点指导意见。

深化医药卫生体制改革大事记

1978年，党的十一届三中全会提出全党工作重点转移到现代化建设上来，卫生部门也以此作为契机，根据党的建设路线开始加强对卫生事业的管理。

1980年，卫生部《关于允许个体开业行医问题的请示报告》得到国务院批准，这为转变国有、集体医疗机构一统天下，形成多种所有制形式并存的医疗服务机构奠定了基础。同时，也在一定程度上弥补了国家对医疗资源投入的不足，促使国有医院的改革更加顺利地进行。

1985年1月召开的全国卫生局厅长会议，贯彻中共十二届三中全会《关于经济体制改革的决定》精神，部署全面开展城市卫生改革工作。同年4月，国务院批转卫生部《关于卫生工作改革若干政策问题的报告》（国发〔1985〕62号），国发〔1985〕62号文提出："必须进行改革，放宽政策，简政放权，多方集资，开阔发展卫生事业的路子，把卫生工作搞好。"由此拉开了医疗机构转型的序幕。

1988年11月，国务院发布卫生部"三定"方案（即定职能、定机构、定编制）。这一方案确定了卫生部的基本职能，要求对直属企事业单位由直接管理转向间接管理。

1989年11月，卫生部正式颁发实行医院分级管理的通知和办法。医院按照任务和功能的不同被划分为三级十等，这一办法能更客观地反映医院的实际水平，同时也有利于医院在政府的控制下展开有序的合作和竞争。

1992年9月，国务院下发《关于深化卫生医疗体制改革的几点意见》，卫生部贯彻文件提出的“建设靠国家，吃饭靠自己”的精神，卫生部门工作会议中要求医院要在“以工助医、以副补主”等方面取得新成绩。这项卫生政策刺激了医院创收，弥补收入不足，同时，也影响了医疗机构公益性的发挥，酿成“看病问题”突出、群众反映强烈的后患。

1996年12月9日，中共中央、国务院召开了新中国成立以来第一次全国卫生工作会议。此次会议为下一步卫生改革工作的开展打下了坚实的基础。

1997年1月，中共中央、国务院出台《关于卫生改革与发展的决定》，明确提出了卫生工作的奋斗目标和指导思想。提出了推进卫生改革的总要求，在医疗领域主要有改革城镇职工医疗保险制度、改革卫生管理体制、积极发展社区卫生服务、改革卫生机构运行机制等。

2000年2月，作为贯彻中共中央国务院《关于卫生改革与发展的决定》的总体文件，国务院办公厅转发国务院体改办、卫生部等八部委《关于城镇医药卫生体制改革的指导意见》，之后陆续出台了13个配套政策。

2006年6月30日，国务院第141次常务会议决定成立由国家发展改革委和卫生部牵头，财政部、原人事部等部门参加的深化医药卫生体制改革部际协调工作小组。小组的主要任务是研究提出深化医药卫生体制改革的总体思路和政策措施，这标志着新一轮医改研究制定工作正式启动。

2006年8月17日，工作小组召开第一次会议。明确了第一阶段工作将分为管理和运行机制、卫生投入机制、医疗保障体制和药品市场监管四个专题研究组开展工作。

2006年9月26日，工作小组在国家发展改革委官方网站主页上开通“我为医改建言献策”栏目，并公布了热线电话，听取社会各界对医改的意见和建议。

2007年3月23日，为借助外脑，集思广益，提高医药卫生体制改革方案决策的科学性和可操作性，工作小组委托世界银行、世界卫生组织、国务院发展研究中心、北京大学、复旦大学、麦肯锡（中国）公司和北京师范大学七家国内外机构开展“中国医药卫生体制改革总体思路和框架设计”的独立平行研究。

2007年9月28日，工作小组办公室召开会议，讨论修改《关于深化医药卫生体制改革的总体方案（征求意见稿）》。

2007年11月30日，马凯约请高强、谢旭人等就基层医疗卫生机构的投入机制、公立医院的运行机制、政府卫生投入占财政总支出的比重等医改方案中仍存在分歧的几个问题进行协商，基本达成一致意见。

2008年1月14日、15日，吴仪副总理两次主持座谈会，分别听取全国人大教科文卫委员会和全国政协教科文卫体委员会部分委员对工作小组关于深化医药卫生体制改革指导意见的建议意见。

2008 年 2 月 29 日，国务院常务会议听取工作小组关于医改方案的汇报，根据与会国务院领导的意见，对医改方案进行进一步修改，形成了《关于深化医药卫生体制改革的意见（征求意见稿）》。

2008 年 4 月 11 日和 15 日，温家宝总理在中南海两次主持召开医改工作座谈会，就医改征求意见稿听取医务工作者、专家学者、药品生产和流通企业负责人、教师、城镇居民、农民、农民工等群众代表的意见和建议。

2008 年 9 月 10 日，温家宝总理主持召开国务院常务会议审议并原则通过了《关于深化医药卫生体制改革的意见（征求意见稿）》，并决定公开向社会征求意见。

2009 年 1 月 21 日，国务院常务会议再次审议并原则通过了《关于深化医药卫生体制改革的意见》和《2009 ~ 2011 年深化医药卫生体制改革实施方案》。

（参考资料来源，中央人民政府门户网：http：//www. gov. cn/jrzg/2009 - 04/06/content _ 1278764. htm）

八、积极探索城乡户籍制度改革

2009 年，户籍制度改革是备受关注的话题之一，全国各地借鉴其他地区经验，结合本地实际，大力加快户籍管理制度改革步伐。这对适应社会主义市场经济发展，破解城乡二元化格局，促进人才资源配置市场化，确保经济又好又快发展，构建城乡统筹的和谐社会等都具有重大意义。

2 月 4 日起，天津市调整蓝印户口管理政策，申办天津市蓝印户口购房款由原来统一的 100 万元不同程度地调低。

2 月 12 日，上海市公布《持有〈上海市居住证〉人员申办本市常住户口试行办法》。此项政策最大的突破是：允许持有居住证满 7 年的“外地人”，转为拥有上海户籍。

3 月 30 日，在浙江省十一届人大常委会第十次会议上，酝酿已久的《浙江省流动人口居住登记条例（草案）》首次提请审议。同日，广东省人大常委会审议的《广东省流动人员服务管理条例（修订草案）》删除了有关暂住证的内容，规定全省将实行“居住证制度”。

6 月 10 日，太原市第八次政府常务会议上，备受关注的《太原市非本地户籍人口租赁房屋治安管理规定》正式通过，并于 8 月 1 日开始施行。居住证将全面取代暂住证；连续居住 5 年以上并申领居住证的，经当地公安机关审定无违法犯罪记录的，按照户籍管理规定可申办太原市常住户口。

6 月 17 日，《持有〈上海市居住证〉人员申办本市常住户口试行办法》实施细则出台，从申办条件、激励条件、申请的提出、申请材料、办理流程、迁入户口、家属随迁、轮候及其他九个方面进行了进一步的明确和细化，这标志着居住证持有人申办本市常住户口受理工作进入操作阶段。

7 月 29 日，广州市正式出台《关于推进城乡户籍制度改革的实施意见》，将逐步取消“农业户口”和“非农业户口”的划分，统一登记为广州市居民户口。

9月24日，福建省公安厅发出《关于进一步放宽直系亲属户口登记迁移条件的通知》后夫妻投靠，未婚子女投靠亲生父母、父母投靠子女等直系亲属户口登记迁移将更便捷。

12月5日至7日，中央经济工作会议在北京举行，会议提出，要把解决符合条件的农业转移人口逐步在城镇就业和落户作为推进城镇化的重要任务，放宽中小城市和城镇户籍限制。

我国户籍制度变迁

1954年，中国颁布实施第一部宪法，其中规定公民有“迁徙和居住的自由”。

1955年6月，国务院发布《关于建立经常户口登记制度的指示》，规定全国城市、集镇、乡村都要建立户口登记制度，开始统一全国城乡的户口登记工作。

1958年1月，以《中华人民共和国户口登记条例》为标志，中国政府开始对人口自由流动实行严格限制和政府管制。第一次明确将城乡居民区分为“农业户口”和“非农业户口”两种不同户籍。在事实上废弃了1954年宪法关于迁徙自由的规定。

1975年，宪法正式取消了有关迁徙自由的规定。

1984年10月，国务院发《关于农民进入集镇落户问题的通知》允许农民自理口粮进集镇落户。

1985年7月，公安部又颁布了《关于城镇人口管理的暂行规定》，“农转非”内部指标定在每年万分之二。同时，作为人口管理现代化基础的居民身份证制度也在同样的背景下由全国人大常委会于1985年9月宣布实施。

1992年底，国务院户籍制度改革文件起草小组成立。

1993年9月30日，国务院召开会议研究户籍制度改革问题，小城镇户籍制度改革由此起步。

1994年，取消户口按商品粮为标准划分为农业和非农业户口的“二元结构”，而以居住地和职业划分为农业和非农业人口，建立以常住户口、暂住户口、寄住户口三种管理形式为基础的登记制度。

1997年6月，国务院批转了公安部《小城镇户籍管理制度改革试点方案和关于完善农村户籍管理制度的意见》，开始小城镇户籍制度改革试点。

1998年7月，国务院批转了公安部《关于解决当前户口管理工作中几个突出问题的意见》，解决了新生婴儿随父落户、夫妻分居、老人投靠子女以及在城市投资、兴办实业、购买商品房的公民及随其共同居住的直系亲属在该城市落户等问题。

2001年3月30日，国务院批转了公安部《关于推进小城镇户籍管理制度改革的意见》，对办理小城镇常住户口的人员，不再实行计划指标管理。

2006年3月27日，国务院出台了《关于解决农民工问题的若干意见》，放宽了农民工入城落户的条件。

2009年12月5日至7日，中央经济工作会议在北京举行，会议提出，要把解决符合条件的农业转移人口逐步在城镇就业和落户作为推进城镇化的重要任务，放宽中小城市和城镇户籍限制。

（参考资料来源，西南政法大学网：http：//www. policescience. cn/show. aspx？id = 34&cid = 23）

九、颁布实施《中华人民共和国食品安全法》

2009年2月28日，中华人民共和国第十一届全国人民代表大会常务委员会第七次会议通过了《中华人民共和国食品安全法》，国家主席胡锦涛发布第9号主席令予以公布，自2009年6月1日起施行。《中华人民共和国食品卫生法》同时废止。食品安全直接关系广大人民群众的身体健康和生命安全，关系国家经济健康发展和社会和谐稳定，食品安全法的公布施行，对规范食品生产经营活动，防范食品安全事故发生，提高我国食品安全整体水平，保障公众身体健康和生命安全，具有重要意义。

《食品安全法》共分为10章共104条，分别为总则、食品安全风险监测和评估、食品安全标准、食品生产经营、食品检验、食品进出口、食品安全事故处置、监督管理、法律责任和附则，对食品安全监管体制、食品安全标准、食品安全风险监测和评估、食品生产经营、食品安全事故处置等各项制度进行了补充和完善，旨在保证食品安全，保障公众身体健康和生命安全。

《食品安全法》对现行《食品卫生法》作了较大修改：一是建立食品安全风险评估制度；二是统一食品安全标准，规范信息披露；三是强化生产经营者为食品安全第一责任人，规范食品生产、运输、销售等各个环节；四是完善现行分段监管体制，同时授权国务院在适当时候加以调整；五是建立消费者权益救济渠道，大幅提高惩罚性赔偿标准。

《食品安全法》体现了预防为主、科学监督、严格责任、综合治理的食品安全工作指导思想，确立了食品安全风险监测和风险评估制度、食品安全标准制度、食品生产经营行为的基本规范、不安全食品召回制度、食品安全信息发布制度，确立了分工负责与统一协调相结合的食品安全监管体制，为全面加强和改进食品安全工作，实现全程监管、科学监管，提高监管成效、提升食品安全水平，提供了法律制度保障。

《食品安全法》的一些亮点引人关注：设立食品安全委员会、统一食品国家安全标准、建立食品安全风险监测评估制度、取消食品“免检制度”、对“问题食品”实行召回制度、权益受损消费者可要求10倍赔偿、民事赔偿优先、“问题食品”代言者承担连带责任、保健食品宣传不得涉及治疗功能、规范食品添加剂使用。

3月2日，国务院新闻办新闻发布会发布消息，为保证《食品安全法》6月1日顺利实施，卫生部、农业部、工业和信息化部、国家食品药品监督管理局、国家质量监督检验检疫总局、国家工商行政管理总局已经密集开展相关政策法规的衔接、修改、配套工作。卫生部组织筹建国家食品安全风险评估专家委员会和国家食品安全风险评估中心。

3月4日，国务院办公厅下发了《关于认真贯彻实施食品安全法的通知》（国办发〔2009〕25号），对食品安全法贯彻实施工作作出安排部署。要求各地各部门要依法履行食品安全监管职责，抓紧制定、修订食品安全标准，抓紧制定、完善有关行政法规和规章，加强食品安全监管能力建设，扎实做好食品安全整顿工作。

3月20日，国家工商行政管理总局下发了关于宣传贯彻实施《食品安全法》的通知（工商食字〔2009〕63号），要求认真贯彻《食品安全法》，深入开展流通环节食品安全专项整治。

4月14日，工业和信息化部发出通知，要求贯彻落实《国务院办公厅关于认真贯彻实施〈食品安全法〉的通知》精神，认真履行食品工业行业管理职责，加快提高食品工业质量安全整体水平，促进食品工业健康发展。

4月23日，国务院法制办发出通知，对《中华人民共和国食品安全法实施条例（草案）》公开向社会各界征求意见。草案共9章57条，进一步明确了企业作为食品安全第一责任人的责任，强化事先预防和生产经营过程控制；进一步明确各部门在食品安全监管方面的职责，完善分段监管工作中的协调、衔接与配合；将食品安全法确定的较为原则的制度加以具体化，增强制度的可操作性。

5月7日，全国工商系统贯彻《食品安全法》工作会议暨流通环节食品安全监管长效机制建设现场会在浙江省杭州市召开，会议就工商系统如何贯彻《食品安全法》进行经验交流和工作部署。

5月13日，农业部举办《食品安全法》专题讲座。

5月20日，司法部、卫生部、全国普及法律常识办公室联合举办《中华人民共和国食品安全法》卫星远程法制讲座。

5月27日，全国人大教科文卫委员会、全国人大常委会法制工作委员会、国务院法制办、卫生部联合举行贯彻实施《食品安全法》座谈会。

6月1日，农业部下发了关于贯彻实施《食品安全法》的通知。

7月20日，国务院总理温家宝发布第557号国务院令，公布《中华人民共和国食品安全法实施条例》，自公布之日起施行。条例在总体思路上把握了以下几点：一是进一步落实企业作为食品安全第一责任人的责任，强化事先预防和生产经营过程控制，以及食品发生安全事故后的可追溯；二是进一步强化各部门在食品安全监管方面的职责，完善监管部门在分工负责与统一协调相结合体制中的相互协调、衔接与配合；三是将食品安全法一些较为原则的规定具体化，增强制度的可操作性，但对食品安全法已经作出具体规定的内容，一般不再重复规定。

8月3日，国家食品药品监督管理局下发了《关于贯彻落实〈中华人民共和国食品安全法实施条例〉做好餐饮服务食品安全监管工作的通知》（国食药监食〔2009〕389号），要求切实加强监管队伍建设，建立健全监管工作制度，突出重点区域、重点环节、重点品种的监管，完善餐饮服务环节重大食品安全事故应急机制，及时查处餐饮服务环节和保健食品安全重大案件。

11月25日，全国质检系统食品安全法知识竞赛颁奖大会在京举行。来自全国59个直属检验检疫局、省级质量技术监督局的参赛选手、获奖企业代表参加会议。

《中华人民共和国食品安全法》出台过程回顾

2005年3月全国人代会期间，陶仪声等30名全国人大代表提出：借鉴发达国家的经验，制定一部符合我国国情的食品安全法，以确保人民身体健康。

2006年初，修订食品卫生法被列入年度立法计划。此后，国务院在研究、吸纳了全国人大代表等提出的建议基础上，将修订食品卫生法改为制定食品安全法。

2007年3月全国人代会上，江苏、安徽、河南等10多个代表团的445位代表分别联名提出14件议案，要求加快制定食品安全法或修改食品卫生法。12月，食品安全法草案经全国人大常委会首次审议后，常委会法工委将草案印发各地人大常委会以及中央各有关部门、社会团体等征求意见，并在吸收各方意见基础上，形成了草案的二次审议稿。

2008年4月20日，全国人大常委会办公厅向社会全文公布食品安全法草案，广泛征求各方面意见和建议。食品安全法草案由此成为新一届全国人大常委会向全民公开征求意见的第一部法律草案。

2009年2月28日，食品安全法经全国人大常委会表决，获得高票通过，于2009年6月1日开始施行，食品卫生法将同时废止。针对“三鹿事件”、保健食品等群众反映强烈的内容，食品安全法做出了系列规定。

（参考资料来源，世界美食网：http://food.icxo.com/htmlnews/2009/03/12/1346437.htm）

十、依法处置乌鲁木齐“7·5”事件

2009年7月5日20时左右，新疆乌鲁木齐市发生打砸抢烧严重暴力犯罪事件。一些不法分子在乌鲁木齐市人民广场、解放路、大巴扎、新华南路、外环路等多处猖狂地打砸抢烧，造成197人死亡、1700余人受伤，严重破坏了当地正常秩序和社会稳定，受到全国各族人民的强烈谴责。

7月6日，新疆维吾尔自治区党委副书记、自治区主席努尔·白克力就6·25广东韶关事件及7月5日乌鲁木齐打砸抢烧暴力犯罪事件发表电视讲话指出，7月5日乌鲁木齐打砸抢烧事件是一起典型的境外指挥、境内行动，有预谋、有计划、有组织的打砸抢事件。

7月6日早晨，中国驻德国慕尼黑总领馆也遭到两名不明身份的年轻人投掷的燃烧瓶袭击，致使总领馆的馆舍和国旗轻度受损；下午，约有150名“东突”分子在中国驻荷兰使馆门前举行示威游行，向使馆投掷石块，致使使馆多处玻璃被砸碎，使馆的人员和财产安全受到严重威胁，使馆正常的工作秩序遭到破坏。

7月7日，新疆维吾尔自治区党委书记王乐泉发表电视讲话，决定从7日下午9点开始到8日上午8点，乌鲁木齐全面实行交通管制。乌鲁木齐市委、市政府在乌鲁木齐召开新闻发布会，介绍“7·5”打砸抢烧严重暴力犯罪事件情况，约60家境外媒体和80家国内媒体参加。

7月8日，鉴于当前新疆局势，国家主席胡锦涛在结束对意大利国事访问后于当地时间7月8日凌晨提前回国。8日晚，中共中央政治局常务委员会召开会议，研究部署维护新疆社会稳定工作。中共中央总书记胡锦涛主持会议。会议指出，维护和保持新疆社会大局稳定，是当前新疆最重要最紧迫的任务。要巩固和发展前一段工作成果，坚持维护社会稳定、维护社会主义法制、维护人民群众根本利益，依法坚决打击打砸抢烧严重违法犯罪行为，严密做好各项防范工作，严防敌对势力破坏民族团结，保障人民群众基本生活，加强舆论引导，切实维护社会稳定大局。

受党中央、国务院委托，国务委员孟建柱7月8日专程来到乌鲁木齐市，看望慰问在新疆“7·5”打砸抢烧严重暴力犯罪事件中无辜受伤的干部群众、遇害同胞家属和奋战在反分裂斗争第一线的广大干部群众、公安民警、武警官兵。

7月9日，中共中央政治局常委、中央政法委书记周永康飞赴新疆维吾尔自治区，看望新疆各族干部群众，实地指导维护稳定工作。

7月11日，上海合作组织就乌鲁木齐“7·5”事件发表声明。认为，新疆维吾尔自治区是中华人民共和国领土不可分割的一部分，那里发生的事态纯属中华人民共和国内政。上海合作组织成员国将加强在打击恐怖主义、分裂主义、极端主义和跨国有组织犯罪方面的合作，共同维护本地区的安全与稳定。

同日，中共中央政治局常委、中央政法委书记周永康飞赴新疆喀什、和田，亲切看望慰问各族干部群众、部队官兵、公安民警，实地检查中央关于维护新疆稳定各项决策部署的落实情况。

7月18日，新疆维吾尔自治区主席努尔·白克力在接受境外媒体采访时说，乌鲁木齐打砸抢烧严重暴力犯罪事件发生两周后，新疆总体事态稳定，形势正在向好的方向发展。乌鲁木齐的市场供应、公共交通、企业生产以及市民出行等完全恢复正常，全区各地州县市的局势也非常平稳。

7月22日，为抗议第58届墨尔本国际电影节播放介绍“东突”民族分裂分子的纪录片，中国电影导演贾樟柯和赵亮决定撤回准备在8月中上旬在墨尔本国际电影节上公映的3部影片。

7月25日，新疆维吾尔自治区十一届人大常委会第十二次会议审议通过了《关于依法严厉打击严重暴力犯罪，坚决维护民族团结和社会稳定的决议》。决议指出：对乌鲁木齐“7·5”事件的策划者、组织者及骨干分子，对严重暴力犯罪分子，要从重从快、依法严惩、除恶务尽。

8月12日，中国武警新疆总队举行宣布任职命令大会，会议宣布了国务院、中央军委对戴肃军任武警部队副参谋长，齐保文任武警新疆总队总队长，黄水平任武警新疆总队副政委、张金良任参谋长的命令。

8月22日至25日，国家主席胡锦涛在新疆考察工作，到阿克苏、昌吉、克拉玛依、石河子、乌鲁木齐等地，深入乡村、林场、社区、企业和部队营区，实地了解新疆经济社会发展情况，看望慰问各族干部群众和执行维稳戍边任务的部队官兵。

9月5日，经中央同意，新疆维吾尔自治区党委决定，免去栗智同志乌鲁木齐市委书记职务，朱海仑同志任乌鲁木齐市委书记。

9月27日，新疆维吾尔自治区十一届人大常委会第十四次会议审议并通过了《自治区信息化促进条例》地方性法规，明确规定，禁止利用信息网络实施下列行为：危害国家安全、损害国家利益和社会公共利益；破坏民族团结、煽动民族分裂、危害社会稳定；危害信息网络和信息系统安全；侵犯知识产权、商业秘密、个人隐私以及公民、法人或者其他组织的合法权益；提供、制作、发布或者传播虚假信息；制作、散布淫秽、色情、暴力、恐怖、凶杀或者教唆犯罪信息以及法律、法规禁止实施的其他行为。

12月3日，新疆维吾尔自治区乌鲁木齐市中级人民法院依法对乌鲁木齐“7·5”打砸抢烧严重暴力犯罪活动中的5起案件13名被告人进行了一审公开开庭审理，并当庭作出一审判决。5名罪行极其严重的被告人依法被判处死刑，另有2名被告人被判处无期徒刑，6名被告人被判处有期徒刑。

12月28日，新疆维吾尔自治区人民政府新闻办公室发布公告，决定自28日24时起逐步开放相关通信业务，首先恢复疆内用户对人民网、新华网的有限浏览访问，并将根据相关情况，分步恢复对其他网站访问和互联网业务，以及开放手机短信息和国际长途电话业务。

乌鲁木齐“7.5”事件是一起由境内外“三股势力”精心策划组织的打砸抢烧严重暴力犯罪事件，给各族群众生命财产造成极大损失，给社会稳定造成严重破坏。在党中央、国务院坚强领导下，新疆维吾尔自治区党委和政府果断采取有力措施，依法平息了事态、处置了事件，恢复了乌鲁木齐社会稳定。

（作者：邵益生，中国城市规划设计研究院副院长、研究员；周长青，中国城市规划设计研究院高级工程师）

2009中国城市经济分析

一、2009年是我国城市经济不平常的一年

2007年以来，全世界遭受由美国次贷危机而袭来的金融风暴，各国都受到不同程度的影响，在经济全球化下的我国经济也不例外，而作为经济中心的城市经济自然首当其冲。面对全世界空前的经济危机，我国政府迅速出台了刺激经济增长的一揽子计划。2008年11月，面对急剧恶化的国际金融形势，中央采取了“积极的财政政策和适度宽松的货币政策”，同时出台了10项具体的“扩内需、保增长”措施，开启了“4万亿刺激计划”的序幕。在国家一揽子刺激政策的作用下，我国经济运行初步遏制了增速急剧下滑的局面，呈现出平稳回升的态势。

2009年是新世纪以来我国经济社会发展最困难的一年，经受严峻考验的一年。2009年年初，我国政府提出了8%的经济增长目标，经过全国城乡，各行各业，各个地区的齐心协力，克服重重困难，这一预期目标得以实现。国家统计局的数据显示，2009年，全年国内生产总值335 353亿元，按可比价格计算，比上年增长8.7%，增速比上年回落0.9个百分点。分季度看，一季度增长6.2%，二季度增长7.9%，三季度增长9.1%，四季度增长10.7%。分产业看，第一产业增加值35 477亿元，增长4.2%；第二产业增加值156 958亿元，增长9.5%；第三产业增加值142 918亿元，增长8.9%。

与整个国民经济一致，2009年，我国城市经济虽然经历一定的曲折和困难，曾呈现波动和起伏的过程，但总的趋势是向好发展，重新步入了平稳、健康、较快的发展轨道。

1. 城市生产总值增速稳步回升

1~2月，规模以上工业生产增长3.8%，3月份增长8.3%，4月份虽有所回落，但5月份又继续回升，增长8.9%，到6月份，增长10.7%，进入第三四季度，经济增长的势头仍然不减。而且在工业生产领域中，60%以上的行业生产增长加快，在工业产品中近60%产品获得增产。

国家统计局数据显示，我国经济下滑势头在2009年2月份见底，3~6月份连续4个月回升，在经济回升过程中，投资和内需替代出口成为经济增长的主要动力。上半年，在

GDP增长中，投资对经济增长的贡献率为87.6%，拉动GDP增长6.2个百分点，消费对经济增长的贡献率为53.4%，拉动第三季度GDP增长3.8个百分点。特别是10~12月，形势更加喜人。全年规模以上工业增加值比上年增长11.0%，增速比上年回落1.9个百分点。

2. 城市居民消费需求继续增长

城市是全国的消费中心，占全国消费总量的约80%。上半年社会消费品零售总额增长15%，而且内需增长中有两个较为突出的亮点，即商品房销售增长明显，汽车销售增长较快，分别增长31.7%和18.1%。据有关部门初步统计，2009年中国汽车产销超过1350万辆，首次成为世界汽车产销第一大国。随着我国经济的逐渐走强，城市家庭消费者越来越倾向于购买汽车，同时受政策的利好影响，我国二三线城市的汽车增长也进入高速发展时期。因此，汽车产业将成为下一轮拉动经济发展的支点之一，而我国城市将进入汽车“全民消费时代”。综观2009年，全年社会消费品零售总额125 343亿元，比上年增长15.5%；扣除价格因素，实际增长16.9%，实际增速比上年同期加快2.1个百分点。其中，城市消费品零售额85 133亿元，增长15.5%；县及县以下消费品零售额40 210亿元，增长15.7%。分行业看，批发和零售业消费品零售额105 413亿元，增长15.6%；住宿和餐饮业消费品零售额17 998亿元，增长16.8%。在限额以上批发和零售贸易业商品零售中，除通讯器材类外，其他20类商品零售均实现较大幅度增长。其中，服装、鞋帽、针纺织品类增长18.8%，家具类增长35.5%，汽车类增长32.3%。

3. 经济结构调整正在积极推进

在应对世界经济危机中调整城市经济结构，特别是产业结构，从而达到转变经济发展方式，促进产业结构优化和升级，是2009年我国城市经济发展的首要任务和既定目标。许多城市，特别是经济发展受冲击比较严重的城市，如，资源型城市、工业基地城市、沿海外向型城市和结构比较单一的城市等，更加重视城市产业结构的调整，围绕保增长、促升级，重点抓好工业结构调整。

在工业结构结构调整中，按中央部署和统一的规划和安排，一是认真实施汽车、钢铁、造船、石化、轻工、纺织、有色金属、装备制造、电子信息、现代物流等重点产业调整和振兴规划；二是大力推进企业组织结构调整和兼并重组，积极支持和扶植非国有企业的振兴，特别是民营经济的发展；三是采取更加有力的措施扶持中小企业发展。抓紧落实金融支持政策，健全融资担保体系，简化贷款程序，增加贷款规模；四是积极支持企业加快技术改造，建设创新型企业。中央财政安排一定的专项资金，主要用贴息方式支持企业技术改造；五是加快发展现代服务业，特别是现代生产性服务业的发展。

同时，大力推进科技创新，并与扩内需、促增长、调结构、上水平紧密结合起来。扩大科技投入，实施国家中长期科技发展规划纲要，突破一批核心技术和关键性技术，带动产业转型和技术升级，支撑产业振兴和经济长远发展；深化科技体制改革，发挥企业在技术创新中的主体作用，推广技术、研发产品、创办科技型企业，通过产学研结合，加快科技成果向现实生产力转化；加强装备制造业，提高装备制造业集成创新和国产化水平；推进新能源、生物、医药、第三代移动通信、三网融合、节能环保等技术研发和产业化。

4. 城市居民收入稳定，民生得到明显改善

由于城市经济在整体上不仅企稳回升，而且继续平稳增长，因此，较好地解决了城市居民的就业和下岗人员的安排，居民经济收入、人均可支配收入在各城市都有不同程度的上升，提高了城市居民的购买力。2009 年，我国全年新增就业达到 1102 万人，高校毕业生就业率达到 87%，下岗失业人员再就业达到 514 万人，就业困难人员就业人数达到 164 万人，城镇登记失业率控制在 4.3%。年末农村外出务工劳动力 1.49 亿人，比一季度末增加 170 万人。高校毕业生、农民工和困难群体就业稳中有升，全面超额完成了全年就业工作的目标任务。城镇居民家庭人均总收入18 858元。其中，城镇居民人均可支配收入17 175元，比上年增长 8.8%，扣除价格因素，实际增长 9.8%。在城镇居民家庭人均总收入中，工资性收入增长 9.6%，经营净收入增长 5.2%，财产性收入增长 11.6%，转移性收入增长 14.9%。同时中央政府和城市政府改变了财政支出方向，明显地向民生建设倾斜，用于社会保障的支出进一步增加。上半年在财政收入压力较大的形势下，财政用于社会保障和就业的支出同比增长 29.2%，中央财政对城市居民最低生活保障补贴支出增长 49.9% 以上。

从上述情况可见，2009 年对我国城市经济来说是不平凡的一年，受金融危机的影响，年初延续 2008 年以来的城市经济的低迷状态，进入了低谷。在中央正确方针的指导下，通过各个城市的努力，摆脱了新世纪以来少有的困境，经济开始走出低谷，向好的方向发展。成功地应对经济世界危机，使 2009 年的中国城市经济取得了预期的成效，胜利地度过了最困难的一年。

二、城市经济的主要产业及发展

城市经济的恢复和发展，具体表现在全国各个城市和城市的各行各业，特别是城市的主导产业和支柱产业。2009 年城市经济的恢复和发展，主要体现在以下各个方面。

1. 工业生产的恢复和增长

城市是现代工业生产基地，绝大部分工业集中于大中小城市和城镇，占全国工业产值的 80% 以上；同时对绝大部分城市来说，以工业为主体的第二产业，是城市的支柱产业，工业增加值一般占全市 GDP 的 40% ~ 50%。所以城市工业，特别是规模以上企业的工业生产既决定了全国工业生产的总态势，也决定了城市经济的繁荣。工业好，城市经济就好。2008 年和 2009 年初，城市工业受世界金融危机的影响，工业生产，特别是以出口为导向的工业行业、产品以及城市都受到不同程度的影响。生产下降，库存增加、产品积压、职工下岗、出口不景气，一些中小企业和一些外资企业不断破产，纷纷倒闭。一些城市，特别是沿海城市面临一定的经济困难。在中央正确方针指引下，经过各个城市的努力，特别是从出口转向内销，面向国内市场，采取优惠促销政策，依靠内需拉动，使城市工业逐步趋向好转和景气。第三季度出现恢复性地增长，第四季度进入正常较快发展。2009年，全年规模以上工业增加值比上年增长11.0%，增速比上年回落1.9个百分点。其中，一季度增长5.1%，二季度增长9.1%，三季度增长12.4%，四季度增长18.0%。按轻重工业分，重工业增长11.5%，轻工业增长9.7%。分行业看，39个大类行业全部实现同比增长。有的行业增长幅度超过10%，如，化学原料及化学制品制造业（14.6%）、非金属矿物制造业（14.7%）、通用设备制造业（11.0%），交通运输设备制造业（18.4%）、电气机械及器材制造业（12.0）等；而从产品来说，许多产品大幅增长，如原煤增长12.7%，生铁增长15.9%，粗钢增长13.5%，钢材增长18.5%，水泥17.9%，汽车47.8%等。

从工业生产的地区分布分析，中西部地区回升强劲。2009年，工业生产东、中、西部地区分别增长9.7%、12.1%和15.5%。中、西部地区工业增长率高于东部地区，从而有利于改善工业的地区分布。

由于工业的发展和居民生活的改善，刺激能源工业的发展，发电量继续回升。10月份，规模以上工业企业发电量同比增长17.1%，比上月加快7.6个百分点。据我国电力企业联合会统计，当月全社会用电量同比增长16%，比上月加快5.8个百分点。

上述数字表明，工业生产已经开始全面的恢复和增长，虽然个别城市和行业或产品，其增长没有达到经济危机前的水平，一些产品的产量也没有达到历史最高水平，但是，其中包含经济结构调整和产业结构调整等原因。

工业的恢复和发展也带动了铁路货运量的增长。

2. 房地产业快速回暖

席卷全球的金融风暴是由美国次贷危机所引起的，因此对房地产经济格外受到关注。在我国，房地产业是改革开放后形成和成长起来的产业，各个方面都不是非常成熟，但是，它已经是国民经济，特别是城市经济中的支柱产业，或主导产业。在一定意义上说，也是城市经济的风向标。同时，房地产业是与国民经济高度关联的产业，目前，房地产投资占我国固定资产投资的比重已经接近20%，占GDP的比重接近10%。个别地区这一比例更高，有些城市甚至把房地产当作地方政府的经济命脉。与房地产直接相关的产业达到60多个，成为城市的支柱产业，对保持城市经济的稳定，拉动城市经济发展，发挥着重要的作用。

作为我国城市的一个新兴的、特殊的产业，房地产在金融危机中跌宕起伏，从2008下半年到2009年初的短期低迷，到2009年三季度的超预期回缓；从土地的供应，到融资投资；从住房的开发建筑到销售；从新房开盘销售到二手房交易出租，呈现出眼花缭乱、变幻莫测的景象，已成为全社会和各城市关注的焦点。

据统计，2009年，全国完成房地产开发投资36 232亿元，比上年增长16.1%。其中，商品住宅完成投资25 619亿元，增长14.2%，占房地产开发投资的比重为70.7%。

2009年，全国房地产开发企业房屋施工面积31.96亿平方米，比上年增长12.8%；房屋新开工面积11.54亿平方米，增长12.5%；房屋竣工面积7.02亿平方米，增长5.5%。其中，住宅竣工面积5.77亿平方米，增长6.2%。

2009年，全国商品房销售面积93 713万平方米，比上年增长42.1%。其中，商品住宅销售面积增长43.9%，办公楼销售面积增长30.8%，商业营业用房销售面积增长24.2%。2009年，商品房销售额43 995亿元，比上年增长75.5%。其中，商品住宅销售额增长80.0%，办公楼和商业营业用房销售额分别增长66.9%和45.5%。

2009年12月份，全国新建住宅销售价格同比上涨9.1%，涨幅比11月份扩大2.9个百分点；环比上涨1.9%，涨幅比11月份扩大0.4个百分点。全国70个大中城市房屋销售价格同比上涨7.8%，涨幅比11月份扩大2.1个百分点；环比上涨1.5%，涨幅比11月份扩大0.3个百分点。住房价格成为住房制度改革以来涨幅最高的一年。其中，深圳、杭州、南京、北京、上海等一线城市房价涨幅超过全国平均水平，出现房价过高、上涨过快的现象，引起了社会各界的高度关注。

二手住宅销售价格同比上涨6.8%，涨幅比11月份扩大1.3个百分点；环比上涨1.0%，涨幅比11月份扩大0.4个百分点。

2009年，全国房地产开发企业完成土地购置面积31 906万平方米，比上年下降18.9%；完成土地开发面积23 006万平方米，下降19.9%。

由于国家对基础设施投入的增加和房地产市场的带动等原因，城市建设用地，特别是住宅用地交易量和价格水涨船高。2009年全国建设用地供应量比上年增长38.3%，其中房地产开发用地增长36.7%，住宅建设用地增长38.8%。商服用地和普通商品住宅用地平均价款同比分别增长22%和27.6%。在传统的土地供应高峰期的第四季度，出现新一轮供地高潮，并且在一些大城市和特大城市不断形成和涌现“地王”现象，其“地王”不断被刷新。由于土地交易量的扩大和地价的飙升使城市政府的土地出让金收入显著增加，甚至成为城市财政收入的主要来源。

3. 对外贸易仍步履维艰

在改革开放的指引下，我国许多城市，特别是东部沿海城市，实行全方位对外开放，大力发展外向经济，积极吸引国外资金，努力扩展对外贸易，千方百计融入全球经济一体化，并取得了巨大的进步和发展。一些城市的外向度高达80%。在这种情况下，对外贸易对城市经济发展与繁荣的拉动作用十分突出，在很大程度上依赖于或取决于全球经济的景气。所以，在经济危机的影响下，自2008年以来直到2009年年初，城市经济受到极大的影响。例如，广东东莞市，一时间，订单缩减，企业倒闭，职工下岗，农民工辞退，受影响的企业至少达到30%，甚至更多。此时，国家出台了一系列对外贸扶植政策，比如金融危机发生以来先后七次提高出口退税率，放宽加工贸易限制类目录，增加出口信贷额度，扩大出口保险覆盖率等。

同时，城市政府和企业采取多种方式摆脱困境、转产改产、重组企业、重振雄风，使生产和对外贸易得以一定的恢复和发展。虽然进出口贸易仍持续下降，但降幅逐渐收窄。据有关部门的统计，全年出口12 017亿美元，下降16.0%；进口10 056亿美元，下降11.2%。进出口相抵，贸易顺差1961亿美元，比上年减少994亿美元。

从月度走势看，进出口贸易呈现逐月转好态势，2009年1~10月我国对外贸易进出口明显好转，月度出口值连续4个月超千亿美元，进出口总值从1月份的1418.0亿美元逐步上升到9月份的2189.5亿美元，3~9月环比增速基本保持正值。

2009年，我国外贸进出口的主要特点有：一是进出口环比呈现快速增长态势，2009年2月我国外贸进出口下跌至谷底，3月开始，经季节调整后，环比连续增长；二是一般贸易进口降幅明显小于出口；三是加工贸易所占比重有所下滑，进口额大幅下降；四是外商投资企业占据主导地位，国有企业进出口降幅最大；五是对美国双边贸易表现优于欧盟与日本。1~10月中美双边贸易进出口同比降幅小于同期对欧盟和日本同比降幅3.8个和4.4个百分点；六是对外贸易相对集中于广东省等7个省市。经济发达的7个省市对外贸易合计占8成以上；七是劳动密集型产品出口降幅普遍较小，钢材和肥料等出口下降明显。其中服装及衣着、纺织纱线及织物、鞋类、家具、塑料制品、箱包、玩具等产品的降幅都比较小；八是大宗商品进口量均有不同程度的增长，钢材进口小幅增长。

由于对外经济贸易的艰难和出口的下降，对城市经济发展的拉动作用明显减弱，一些城市，特别是外向度较高的沿海开放城市，在一定时期对GDP增长的贡献率由正转负。

4. 金融服务业波浪式前进

金融是市场经济的核心，世界经济危机正是由全球金融风暴所引起的，所以，金融是反映城市经济最集中和最敏感的领域和部门。同时，金融包含诸多领域、系统和部门，而且与宏观经济和各部门经济发展关系密切，结构复杂，所以，难以以偏概全。

2009年，我国金融市场总体运行平稳，特别是债券市场快速发展，充分发挥了保证国家宏观经济政策实施、推动金融体制深化改革、加大金融支持经济发展力度的积极作用。

（1）2008年下半年，由于世界经济不景气，以及国内经济受世界经济危机的影响，我国的股票市场达到最低点，上证综指2008年10月份为1665点。随着2009年经济逐步复苏带给市场的乐观预期，股市一路顽强走来，至8月份达到3478的最高点，接着连续下挫，跌到了2667点，随后震荡上行。2009年末，A股市场上证指数收于3277.14点，与2008年底的1820.81点相比，上涨1456.33点，涨幅达80%。2009年，上证指数最高为3478.01点，最低为1844.09点，波幅为1633.92点。许多专家认为，今后的走势难以正确预测。

（2）在国家实施积极的财政政策和适度从宽的货币政策方针的指导下，流动性充足。12月末，广义货币（M2）余额60.6万亿元，比上年末增长27.7%，增幅同比加快9.9个百分点；狭义货币（M1）22.0万亿元，增长32.4%，加快23.3个百分点；市场货币流通量（M0）38 246亿元，增长11.8%，回落0.9个百分点。金融机构各项贷款余额40.0万亿元，比年初增加9.6万亿元，同比多增4.7万亿元。

货币的投放量和流通量及其变化对城市经济的影响和作用是巨大和关键性的，许多产业、行业和企业受到金融行业、金融体系，特别是受流动性的制约十分突出。由于居民对经济发展预期把握不准，可投资渠道过于狭窄，加上传统的生活习惯和消费心理，总体来说，城市居民储蓄仍大幅增长。

5. 扩内需带动国内贸易发展

在“扩内需、保增长、调结构、促稳定”的正确的经济政策下，以保障居民消费为职责的城市国内贸易和服务业，在2009年发挥了积极的作用，并取得了较快发展。

（1）消费扩张并拉动经济发展。消费方面，由于居民收入稳定增长，落实国家扩大消费政策，社会消费品零售额继续稳定增长。我国城镇居民人均可支配收入同比实际增长11.2%，农村居民人均现金收入实际增长8.1%。上半年社会消费品零售总额同比增长15.0%。城市消费品零售额39 833亿元，增长14.4%；县及县以下消费品零售额18 878亿元，增长16.4%。

2009年城市消费品零售额达84 426亿元，增长14.5%，县及县以下消费品零售额40 333亿元，增长16.1%，农村消费增速高于城市1.6个百分点，农村消费占总消费的比重32.3%，同比提高0.3个百分点。农村消费增长快于城市消费的新型格局有望逐步形成。

（2）物价平稳有利于保障居民生活。居民消费价格和生产价格全年下降，年底出现上升。全年居民消费价格比上年下降0.7%。其中，城市下降0.9%，农村下降0.3%。城市下降的幅度大于农村。涉及具体的商品类别，有降有涨，如，烟酒及用品上涨1.5%，医疗保健和个人用品上涨1.2%，食品上涨0.7%，家庭设备用品及维修服务上涨0.2%；而交通和通信下降2.4%，衣着下降2.0%，娱乐教育文化用品及服务下降0.7%。居民消费价格11月份同比涨幅由负转正，当月上涨0.6%，12月份上涨1.9%。

全年工业品出厂价格下降5.4%，12月份由负转正，当月上涨1.7%。全年原材料、燃料、动力购进价格下降7.9%；商品零售价格下降1.2%。

三、2009年城市经济发展的特点

综观2009年我国城市经济发展过程和趋势，并与过去历年经济发展相比，具有以下特点。

1. 扩大内需成为拉动经济发展的引擎

改革开放以来，出口成为我国城市特别是东部沿海城市经济发展的引擎，不仅城市经济的外向度逐步提高，而且就少数城市来说，产生了对国际市场的依赖性。因而在危机中，受到的冲击特别明显，蒙受的损失巨大。痛定思痛，根据我国城市经济发展的现实和国际的经验，千方百计扩大内需，开辟更广泛的国内市场，成为应对世界金融危机、促进城市经济进一步发展的必由之路。2009年，全国及各城市经济增长是在内需的带动下逐步回升的。上半年经济增长7.1%中，内需拉动10个百分点，外需负拉动2.9个百分点。消费在国家政策的促进下持续较旺。前7个月，社会消费品零售总额同比增长15%，扣除价格因素后实际增长16.9%，同比加快3.6个百分点。增加投资、扩大内需是城市经济走出低谷、回归较快发展的主要动力。

需要指出一点，在2009年城市经济发展中，特别是对某些城市来说，房地产业的回暖和发展发挥了重要和不可替代的作用。

2. 坚持扩大就业和改善民生的发展方针

只有充分就业、扩大就业才能保障居民的收入，提高居民的生活水平，从而刺激消费扩大内需。所以，就业是城市经济发展的根本目的之一，也是城市经济发展的首要任务，更是判断城市经济发展的重要标志。2009年，全国城镇新增就业1102万人，为全年目标900万人的122%。城市实体经济曲折发展的2009年，较好地解决了城市的就业问题，并不像有些国家失业率不断攀升或居高不下。截至2009年年末，全国实有城镇登记失业人员921万人，城镇登记失业率为4.3%。比2008年略有下降（2008年为4.2%）。

深圳是受世界金融风暴冲击较明显、对国际市场反应比较敏感的城市，人力资源市场求人倍率已从2009年1月份的最低点0.79回升到了11月份的1.76，创全年单月求人倍率的新高；平均一个求职者可挑近两个岗位，基本上已经回升到了金融危机发生前的水平。

当然，从总体上讲，城市的就业压力仍然存在，而且较大。2010年，新成长劳动力主要来自于高校毕业生数量的增加、农村外出打工人数的扩大，以及一些实体经济的不景气而出现的下岗职工等。如2009年高校毕业生611万，至今尚有相当数量没有就业，而2010年又有631万应届高校毕业生涌向社会，需要就业。整个就业环境没有发生根本的变化，就业形势还是比较严峻的，部分地区和城市出现"用工荒"现象不能说明城市的就业问题已经解决。况且，由于多种原因造成的城市结构性就业和失业问题将会更加突出。

与此同时，2009年，在国家政策的指导下，城市政府出台一系列政策和措施，通过城市财政和其他途径，实行多种优民惠民政策，着力解决关系城市居民的诸多民生问题，如，社会保障、医疗保健、公共服务、交通出行、住房保障、失业救济等问题，完善了社会保障体系。可以说，城市虽遭遇了世界金融风暴和经济危机的冲击，但城市居民的正常生活并没有受到影响，反而得到了明显的改善。

3. 通过增加投资进一步完善城市市政设施建设

在应对世界经济危机中，由于对外贸易的萎缩，国家和城市更多地依赖于扩大内需和增加投资来拉动经济，所以中央在一揽子计划中增加了4万亿元的投资。2009前三季度，我国全社会固定资产投资15.5万亿元，同比增长33.4%，增速比上年同期加快6.4个百分点。全年城镇固定资产投资194 139亿元，增长30.5%，加快4.4个百分点；全年基础设施（扣除电力）投资41 913亿元，增长44.3%。其中，铁路运输业增长67.5%，道路运输业增长40.1%，城市公共交通业增长59.7%。居民服务和其他服务业增长61.8%，教育增长37.2%，卫生、社会保障和社会福利业增长58.5%。全年房地产开发投资36 232亿元，增长16.1%。这一方面扩大了就业，刺激了消费，活跃了市场，有利于拉动城市经济的发展；另一方面，有利于城市基础设施的建设和完善，有利于城市经济竞争力的提升，有利于增强城市经济发展后劲，加强城市经济发展中的薄弱环节和部门。在国家和城市的巨额的固定资产投资中，相当一部分是投资于城市的基础设施和市政设施建设，如，城市机场、市内交通、高速公路、城市轨道交通、地下铁路、城际高铁、能源设施、环保项目、生态建设等。这些都是城市经济发展和建设的内容，是城市经济发展和居民生活的基础设施和外部条件，投资建设有利于增强城市的经济实力和改善居民生活质量。

4. 城市经济结构调整和优化的步伐进一步加快

转变经济发展方式、调整和优化经济结构，是我国经济发展的重大战略决策。但是多年来，由于种种原因，成效并不显著。应对全球的金融危机，正是转变经济发展方式、调整经济结构的良好时机。所以，许多城市，特别是沿海经济发达城市，加紧进行产业结构调整，淘汰设施落后、产能过剩、产品过时、缺乏市场、严重污染、耗能过大的产业和产品，对厂房陈旧、设备落后、经营方式过时，以及污染环境的企业和产业，进行改造和再建。如，广东省进行“三旧改造”，即对旧厂区、旧城镇、旧村庄进行改造，提高工业的现代化水平，增加工业的科技含量，节约集约企业用地，大力发展第三产业，特别是现代服务业和文化产业，推进城市化进程，提高城市土地的利用效率。

在调整经济结构和产业结构的同时，调整城市经济的地区结构和类型结构。2009 年城市经济的一个显著特点是，中小城市和中部地区城市发展较快。这些城市由于外向度相对较低，受全球金融危机的冲击相对较小，因此，借助于正确的决策，加速了自身的发展。从全国来看，中部地区和中小城市的发展相对快于大城市和特大城市。同时，大中小城市经济协调发展，城乡统筹发展，积极推进城乡一体化，扩大了城市群和城市带在城市经济发展中的作用。

5. 城市财政制度和结构体系受到考量

2009 年年初，在全世界经济危机影响下，城市经济实体，特别是工业企业受到不同程度的影响，效益下降，利润减少，因而影响了城市政府的财政收入。但是，按照我国现行的财政体制，土地出让金收入构成城市财政的重要部分，有的城市甚至占相当比例或主要部分。由于房地产业受到冲击，土地市场出现不景气，所以土地收益必然下降。在企业税收和土地出让的双重打击下，许多城市的财政捉襟见肘，面临一定的财政困难。然而，从第三季度开始，由于房地产业的复苏，房地产市场的好转，特别是土地市场的回暖，土地价格的上涨，城市政府通过建设用地出让获得巨额的出让金收入，并不断涌现“地王”，使有些城市的财政迅即宽松，解决了财政问题。如，截至 2009 年 11 月 23 日，全国 70 个城市土地出让金总额同比超过 100%，排在前 20 名的城市，总额高达 6210 亿元，同比增长 108%。2009 年全年全国土地出让的总价款高达 1.59 万亿元，创历史上最高水平。个别城市超过千亿元。与此同时，由于房地产业的特点，以及房地产业的高涨在一定程度上带动了相关产业的发展，有利于扩大与之相关的税源，从而增加了城市税收。这一方面有利于解决城市财政问题，但另一方面也反映了城市财政体系和结构的缺陷。

2009年，城市经济度过了新世纪以来最为困难的一年，取得了比预期更佳的业绩，保持了城市经济的繁荣，改善了城市民生，提升了城市经济地位，呈现出全球金融危机冲击下我国城市经济发展的活力和特点。但是，世界金融危机所产生的影响和阴霾仍未能完全消除和克服，国际国内经济形势异常复杂多变，存在着众多不确定因素，城市经济面临着转变经济发展方式、调整和优化经济结构、促进城乡一体化发展、进一步改善民生、深化经济体制改革等繁重任务，以及加速实现城市现代化的目标。所以，必须坚持科学发展观，从城市现实和特点出发，促进城市经济又好又快发展，提高城市建设的质量和水平。

（作者：杨重光，中国社会科学院研究员）

2009中国房地产市场综述

2009年，中国房地产市场（以下简称“楼市”）从年初的低迷徘徊到年末的风起火暴，经历了“始料所不及”的风变云幻的一年。

恰如有业内人士描绘的那样，2009年中国楼市是“半年刚性需求，半年投资投机；半年惶恐，半年癫狂”。(见图1)。

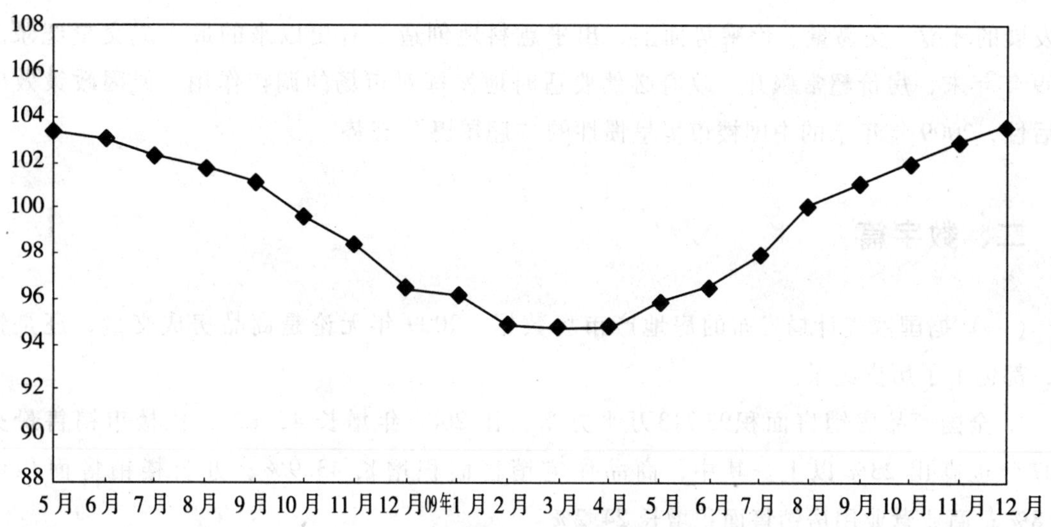

图1　全国房地产开发景气指数趋势图

资料来源：国家统计局

新年伊始，中国楼市还是“寒气逼人盼暖冬”；而到了年末，却因交易“量、价齐升”，引致国家作出“遏制部分城市房价过快上涨的势头”的决断。新年伊始，面对市场低迷，专家学者们“救市”呼声不绝于耳；而从4月份开始，全国房地产开发景气度一路扶摇直上；到了年末，“地王”迭出，楼盘抢手，使人瞠目结舌。

对2009年中国楼市“俱往矣”的风变云幻，现在试作一回眸。

一、背景篇

2008 年下半年，中国政府为应对金融海啸的冲击，采取了一系列宏观调控政策：财政政策从维持多年的稳健转向积极；与此相匹配，实施了“适度宽松”的货币政策，5 次降息，4 次下调存款准备金率，信贷规模急剧扩大。并制订了40 000亿的经济刺激计划和 9000 亿的保障性住房建设计划。

与楼市直接攸关的政策，则是实行了对购买普通住房实行 7 折利率优惠；二手房交易营业税征免年限从 5 年缩短至 2 年；房地产项目资本金比例最低降至 20% 等。

在信贷放量、货币流动性充沛的情势下，楼市交易的主体双双得益。一方面，开发企业的融资压力得到缓解，绷紧的“资金链”迎贷而松；另一方面，消费者的置业愿望也得到有力支持，先是自住型和改善型住房的需求得到释放，然后接着是投资投机型需求几经观望，判断有利时机已到，纷纷出手入市。

在 2009 年下半年中国经济开始复苏的大背景下，中央推出的一系列政策大大改善了楼市发展的环境，交易量、价乘势而上，出乎意料地创造了有史以来的最大成交量纪录。到 2009 年年末，房价超常飙升，政府必然要适时地发挥对市场的调控作用。但因政策效应的滞后性，2009 年年末的中国楼市仍呈惯性的“翘尾巴”态势。

二、数字篇

(一) 据国家统计局发布的房地产市场数据，2009 年无论是商品房成交量，还是销售额，都创下了历史纪录。

1. 全国商品房销售面积93 713万平方米，比 2008 年增长 42.1%，比楼市销售最火的 2007 年也高出 23% 以上。其中，商品住宅销售面积增长 43.9%；办公楼销售面积增长 30.8%；商业营业用房销售面积增长 24.2%。

据中国指数研究院数据信息中心、中国房地产指数系统对 16 个主要城市的统计，仅 2009 年 1 ~ 11 月份的累计成交量，除沈阳外就都已大大超过 2008 年全年的水平。其中上海、广州、天津、重庆、杭州、厦门、福州等 10 个城市都超过 2007 年全年的水平（见表 1）。销售旺势大大改变了“销供比”，减少了可售面积，缩短了出清周期。2009 年 1 ~ 10 月，上述重点城市的销供比都高于 1，其中武汉超过 2，北京、深圳、杭州超过 1.5。截至 2009 年 10 月底，主要城市可售面积较 2008 年底减少 200 万 ~ 500 万平方米；60% 的城市的出清周期缩减了 10 个月以上，其他城市也减少了 6 ~ 9 个月不等。

2. 全国商品房销售额43 995亿元，比上年猛增 75.5%。其中，商品住宅销售额增长 80.0%，办公楼和商业营业用房销售额分别增长 66.9% 和 45.5%。

3. 房价被种种因素大幅推高。一系列的政策利好，使 2007 年下半年到 2008 年压抑的刚性需求大量释放；宽松的货币政策推动了货币流动性，使置业门槛大大降低，也助长了炒房行为；对通胀的普遍预期，使房产成为投资渠道中单一的受追捧产品。此外，实体经济复苏缓慢也促使部分投资资金转投楼市。从上述销售面积增长率与销售额增长率的差距，亦可看出房价大涨的端倪。

表1　2006 年至 2009 年 1 ~ 11 月主要城市成交套数及其增长率

（单位：套数）

		2006 年	2007 年	2008 年	2009 年 1 ~ 11 月	相比 2008 全年	相比 2007 全年	统计口径
1	杭州		30 854	19 109	50 422	2. 64	1. 63	住宅（期房 + 现房）
2	重庆	97 146	163 404	133 085	240 216	1. 80	1. 47	商品房（期 + 现）
3	福州		30 219	16 675	44 471	2. 67	1. 47	住宅（期）
4	深圳	74 982	49 944	43 817	64 726	1. 48	1. 30	住宅（期房 + 现房）
5	天津	73 478	87 201	46 512	113 738	2. 45	1. 30	住宅（期房 + 现房）
6	苏州	47 257	57 426	34 589	69 388	2. 01	1. 21	住宅（期）
7	厦门		26 410	8 744	31 179	3. 57	1. 18	住宅（期）
8	大连	32 206	32 400	25 200	36 835	1. 46	1. 14	住宅（期），1 ~ 10 月
9	西安		85 566	58 925	90 133	1. 53	1. 05	住宅（期），1 ~ 10 月
10	成都		126 584	80 684	126 213	1. 56	1. 00	主城区商品住宅（期 + 现）
11	武汉	94 891	107 538	53 030	103 888	1. 96	0. 97	住宅（期房 + 现房）
12	北京	161 761	119 473	86 471	115 369	1. 33	0. 97	住宅（期房 + 现房）
13	沈阳	105 910	126 876	126 375	113 786	0. 89	0. 90	住宅（现 + 期），1 ~ 10 月
14	广州	112 312	105 012	52 059	95 831	1. 84	0. 91	住宅（期房 + 现房）
15	上海	187 131	235 423	150 847	215 326	1. 43	0. 91	住宅（期房 + 现房）
16	南京	82 376	91 770	42 520	82 630	1. 94	0. 90	住宅（期房 + 现房）

数据来源：中国指数研究院数据信息中心、中国房地产指数系统（说明：重庆、成都数据为商品房，其他城市为商品住宅）

据国家统计局发布的资料，2009 年 12 月份全国 70 个大中城市房屋销售价格同比上涨 7. 8%。其中：

（1）新建住宅销售价格同比上涨 9. 1%。

分类型看，与上年同月相比，经济适用房销售价格上涨 0. 8%，商品住宅销售价格上涨 10. 1%；其中普通商品住宅销售价格上涨 11. 0%，高档住宅销售价格上涨 7. 2%。

分套型看，90 平方米及以下的新建住宅销售价格同比上涨 11. 6%。

分地区看，与上年同月相比，新建住宅销售价格上涨的城市有 69 个，其中涨幅最大的 5 个城市有：广州 19. 9%、金华 14. 9%、深圳 14. 3%、海口 13. 4%、北京 13. 2%。价格下降的城市只有 1 个：唐山下降了 2. 0%。

(2) 二手住宅销售价格同比上涨 6.8%。

分地区看，与上年同月相比，二手住宅销售价格上涨的城市有 69 个，其中涨幅最大的 5 个城市是：深圳 23.9%、温州 19.2%、杭州 13.9%、厦门 13.2%、金华 12.1%。价格下降的城市有 1 个：唐山下降 1.8%。

(3) 新建非住宅销售价格同比上涨 4.3%。

与上年同月相比，办公楼销售价格上涨 6.4%，商业营业用房销售价格上涨 2.7%，其他用房销售价格上涨 4.1%。

(二) 土地购置、开发投资等处于紧缩状态。这意味着楼市仍未全面回稳，2010 年的楼市就整体而言，在相当一段时间内可能仍然会处于供应短缺的境况。

1. 全国房地产开发企业完成土地购置面积31 906万平方米，比上年下降 18.9%。尽管如此，随着下半年市场回暖、政府土地供应由谨慎转向积极、资金相对充裕、对后市的乐观预期等因素，促使开发企业转向积极扩张，大力储备土地。全国 10 大总价“地王”均集中在下半年，其活跃程度超过 2007 年。而且，2007 年的“地王”多集中在二三线城市，2009 年“地王”则回归一线城市。这就表明：一线城市的核心地块价值得到充分体现，成为众多开发商的争夺目标。

2. 全国房地产开发企业完成土地开发面积23 006万平方米，下降 19.9%。土地开发量的降低，必然造成未来一段时间内商品房上市量的减少。

3. 全国完成房地产开发投资36 232亿元，比上年仅增长 16.1%。其中，商品住宅完成投资25 619亿元，增长 14.2%，占房地产开发投资的比重为 70.7%。

4. 全国房地产开发企业房屋施工面积 31.96 亿平方米，比上年增长 12.8%；房屋新开工面积 11.54 亿平方米，比上年增长 12.5%。房屋竣工面积增量偏小，完成 7.02 亿平方米，只比上年增长 5.5%。其中，住宅竣工面积 5.77 亿平方米，比上年增长 6.2%。

(三) 房地产开发企业资金来源大幅增加。

2009 年，房地产开发企业本年资金来源57 128亿元，比上年增长 44.2%。

其中，国内贷款11 293亿元，增长 48.5%；利用外资 470 亿元，下降 35.5%；企业自筹资金17 906亿元，增长 16.9%；其他资金27 459亿元，增长 71.9%。在其他资金中，定金及预收款15 914亿元，增长 63.1%；个人按揭贷款 8403 亿元，增长 116.2%。

国内贷款、定金及预收款、个人按揭贷款的大幅增长，直接体现了 2009 年信贷放宽、货币流动性充沛的金融形势。

三、政策篇

2009 年楼市调控政策的四大主线是：落实住房消费优惠政策；加大住房保障力度；整顿市场秩序；遏制房价过快上涨。

(一) 落实住房消费优惠政策

2008 年，受国际金融危机及国内经济下行的影响，住房销售低迷，房价涨势逐步回落，房地产市场进入调整阶段。为此，2008年下半年，房地产作为扩大内需、促进经济增长的重点，中央及地方政府连续出台了多项鼓励住房消费、活跃房地产市场的调控政策。

2008年出台的关于住房消费优惠政策的相关文件主要有：《关于调整房地产交易环节税收政策的通知》（财税〔2008〕137号）；《关于个人住房转让营业税政策的通知》（财税〔2008〕174号）；中国人民银行《关于扩大商业性个人住房贷款利率下浮幅度等有关问题的通知》（银发〔2008〕302号）；国务院办公厅发布《关于促进房地产市场健康发展的若干意见》（国办发〔2008〕131号）。

政策调整点主要是：下调购买普通住房契税税率、暂免个人买卖印花税和营业税、免个人转让出售的土地增值税；降低购买首付比和个贷利率等。

2009年新年伊始，商业银行和地方政府都纷纷制定贯彻国办发〔2008〕131号文件的细则。

1月3日，四大国有银行宣布，只要2008年10月27日前执行基准利率0.85倍优惠、无不良信用记录的优质客户，原则上都可以申请7折优惠利率。

2月10日，继农行出台房贷细则后，工商银行也开始执行购房者可享受住房贷款7折的优惠利率优惠细则。其他银行的优惠政策细则均相继出台。

各地方政府根据中央精神，也纷纷出台促进房产市场健康发展的细则。重点是在对第一套住房的解释上，选择了较宽松的标准。规定“对已贷款购买一套住房的居民，为改善居住条件，再贷款购买第二套普通住房，比照执行首次贷款购买普通自住房”。从而，为改善性住房需求购买第二套普通自住房开启了通道。

（二）加大住房保障力度

1月9日，住房与城乡建设部的工作会议上明确要求“全面推进保障性住房建设”。提出：以实物方式为主，结合发放租赁补贴，解决260万户城市低收入住房困难家庭的住房问题；解决80万户住在煤矿、林区、垦区棚户区的住房困难家庭的住房问题；新增经济适用住房130万套。在加大保障性住房建设力度的同时，进一步鼓励普通商品住房消费，进一步搞活住房二级市场和租赁市场；支持房地产开发企业积极应对市场变化，以合理价格促进销售。

5月13日，国土资源部发布《国土资源部关于切实落实保障性安居工程用地的通知》，要求各级国土资源管理部门从保增长、保民生、保稳定的高度出发，认识保障性安居工程的重要性，重点抓好城市廉租住房和林区、垦区、矿区棚户区改造，以及农村危房改造、游牧民定居建设用地的供应管理工作，确保保障性安居工程的顺利落地；加快编制和修编2010～2011年和今年保障性住房用地供应计划，统筹协调及时调整土地供应结构，扩大民生用地的比例，确保保障性住房用地的需求。

5月22日，住房和城乡建设部、发展改革委、财政部联合发布《2009～2011年廉租住房保障规划》。从2009年起到2011年，争取用3年时间，基本解决747万户现有城市低收入住房困难家庭的住房问题。其中，2008年第四季度已开工建设廉租住房38万套，3年内再新增廉租住房518万套、新增发放租赁补贴191万户。进一步健全实物配租和租赁补贴相结合的廉租住房制度，并以此为重点加快城市住房保障体系建设，完善相关的土地、财税和信贷支持政策。

5月27日，国务院发布《关于调整固定资产投资项目资本金比例的通知》，明确规定保障性住房和普通商品住房项目的最低资本金比例为20%，其他房地产开发项目的最低资本金比例为30%。这是自2004年以来执行35%自有资本金贷款比例后的首次下调，恢复到了1996年开始实行资本金制度时的水平，从而表明紧缩数年的房地产信贷政策开始"松绑"。

（三）整顿市场秩序

从第二季度开始，住宅市场成交量和成交价格均呈加速上升之势，需求结构也出现了自住性"刚性需求"和改善性、投资性需求的此消彼长。这导致了高端项目的热销，也带动了房地产开发投资的进一步活跃，开发商纷纷加快施工进度，加大项目投资的力度。在市场活化的同时，市场秩序整顿也提到工作日程。

2月份，国土资源部发布了《国务院第二次全国土地调查领导小组办公室关于建立第二次全国土地调查工作动态通报制度的通知》。该文件明确：将落实最严格的耕地保护制度和节约用地制度，对违反国家产业政策、供地政策或用地标准，搭车用地、借机圈地、侵害农民权益等问题和政策执行不到位的地区进行重点督察，做好重大典型案件查处曝光。表明了一方面要刺激楼市，另一方面仍要加强土地管理的政策意向。

4月24日：住房和城乡建设部、监察部召开了治理房地产开发领域违规变更规划、调整容积率问题专项工作电视电话会议。会议明确了专项治理的主要内容：完善相关政策、制度；加强对控制性详细规划修改特别是建设用地容积率管理情况的监督检查；严肃查处违法违规违纪案件。两部委将重点对国家机关工作人员在建设用地规划变更、容积率调整中玩忽职守、权钱交易等违纪违法行为进行严厉查处。对2007年1月1日至2009年3月31日期间完成规划许可的开发项目，逐一进行自查；对于拒不自查自纠、弄虚作假、掩盖违规违纪问题的，要对部门责任人从严处理；对于涉嫌犯罪的，要依法移送司法机关追究刑事责任。

5月11日，国土资源部发布《国土资源部关于调整工业用地出让最低价标准实施政策的通知》（国土资发〔2009〕56号）。国土资源部对工业用地管理政策的总的思路是：控总量，充分挖掘存量用地潜力；调结构，促进经济增长方式转变和产业结构升级，淘汰落后产能；上水平，避免低水平重复建设。逐步建立和完善反映市场供求关系、资源稀缺程度、环境损害成本的生产要素和资源价格形成机制。

5月21日：为加强房地产开发企业的土地增值税征收管理，规范土地增值税清算工作，国家税务总局制定了《土地增值税清算管理规程》，对土地增值税清算的前期管理、清算受理、清算审核和核定征收等具体问题做出具体规定。《规程》自6月1日起施行。根据《规程》，纳税人符合下列条件之一的，应进行土地增值税的清算：一是房地产开发项目全部竣工、完成销售的；二是整体转让未竣工决算房地产开发项目的；三是直接转让土地使用权的。

5 月 25 日：最高人民法院公布了《关于审理建筑物区分所有权纠纷案件具体应用法律若干问题的解释》和《关于审理物业服务纠纷案件具体应用法律若干问题的解释》。两部司法解释涉及了建筑物区分所有权及物业服务纠纷案件审判实践中的若干热点、难点问题，包括业主身份的界定、专有部分和共有部分的划定、车位和车库纠纷的处理、住改商纠纷的处理、物业费纠纷处理、物业服务合同的解除及相应纠纷的处理等。

5 月 25 日：发改委公布了《关于 2009 年深化经济体制改革工作的意见》，提出今年将由财政部、税务总局、发改委、建设部负责研究开征物业税。此前，北京、辽宁等 10 多省（市）开始物业税"空转"运行，有关物业税的开征讨论持续了四五年之后，再次成为去年上半年楼市的焦点话题之一。

6 月 10 日，国土资源部强调，"小产权房" 实质是违法建筑，违反土地管理法律，违反城乡规划、建设管理的法律，违反相关政策，各地要严格依法查处大量存在的"小产权房"等违法用地、违法建筑行为。

11 月 10 日，国土资源部和国家发展改革委共同发布《限制用地项目目录（2006 年本增补本）》和《禁止用地项目目录（2006 年本增补本）》，规定商品住宅用地的宗地出让面积小城市（镇）不超过 7 公顷，中等城市不超过 14 公顷，大城市不能超过 20 公顷。此举可有效防范土地闲置，缩短开发商占地周期。

（四）遏制房价过快上涨

由楼市交易量、价随着政策变化而"一松就涨、一紧就跌"、循环往复的规律所决定，2009 年年末，楼市价格超常飙升，政府必然要进行政策性干预，适时地发挥对市场的调控作用。

12 月 9 日，国务院常务会议研究完善促进消费的若干政策措施，将个人住房转让营业税征免时限由 2 年恢复到 5 年，以遏制炒房现象。并对国办发〔2008〕131 号文件中规定的的四大税种的优惠措施作了微调，即取消了营业税优惠，但继续维持契税、个人买卖印花税、个人转让出售的土地增值税。表明政府调控楼市的平稳步骤。

12 月 14 日，国务院常务会议研究完善促进房地产市场健康发展的政策措施，明确提出："加强市场监管，稳定市场预期，遏制部分城市房价过快上涨的势头"，同时强调"地方政府要切实负起责任"。为保持房地产市场的平稳健康发展，会议要求，增加有效供给、加强市场监管、完善相关制度的原则，继续综合运用土地、金融、税收等手段，加强和改善对房地产市场的调控。重点是在保持政策连续性和稳定性的同时，加快保障性住房建设，加强市场监管，稳定市场预期，遏制部分城市房价过快上涨的势头。与以往相比，会议明确提出"遏制"房价过快上涨，其力度明显重于以往的"抑制"和"稳定"的提法。

12 月 17 日，财政部、国土资源部、央行、监察部等五部委公布《关于进一步加强土地出让收支管理的通知》(财综〔2009〕74 号),将开发商拿地首付款比例提高到五成,且分期缴纳全部价款的期限原则上不超过 1 年。此前,一些地方土地出让大多执行 20% ~30% 的首付政策,有的地区土地出让收支未全额纳入地方财政预算管理。土地出让金新规对于开发企业争当“地王”、地方政府过度依赖“土地财政”,是有效的遏制。此举也必然对遏制房价产生影响。

四、展望篇

中央对促进房地产市场健康发展给予了高度的重视。2009 年 12 月 5 日召开的中央经济工作会议和 12 月 14 日召开的国务院常务会议,都对楼市今后的健康稳定发展作出了重要决策。主要有以下几个方面:

1.“当前经济回升的基础还不牢固”,“要继续实施积极的财政政策和适度宽松的货币政策,把握好政策实施的力度、节奏、重点”。

2.“扩大居民消费需求,增强消费对经济增长的拉动作用”,“增加普通商品房供给,支持居民自主和改善性购房需求”。

3.“为保持房地产市场的平稳健康发展”,要“按照稳定完善政策、增加有效供给、加强市场监管、完善相关制度的原则,继续综合运用土地、金融、税收等手段,加强和改善对房地产市场的调控”。

4.“重点是在保持政策连续性和稳定性的同时,加快保障性住房建设,加强市场监管,稳定市场预期,遏制部分城市房价过快上涨的势头”。

5. 四项具体措施的出发点是调节供求关系。这是调控市场的基本原理和通常手段。

“增加有效供给”的措施如:适当增加中低价位、中小套型普通商品住房和公共租赁房用地供应;提高土地供应和使用效率;继续大规模推进保障性安居工程建设,力争到 2012 年末,基本解决 1540 万户低收入住房困难家庭的住房问题;用 5 年左右时间基本完成城市和国有工矿集中成片棚户区改造。

“引导购房需求”的措施如:继续支持居民自住和改善型住房消费;抑制投资投机性购房;加大差别化信贷政策执行力度;加强房地产信贷风险管理,切实防范各类住房按揭贷款风险。

把以上各点联系起来,通盘考虑,正确和深刻地理解两个会议的精神实质,我们就能体会到,从总体而言,2010 年中国楼市的政策方针不会发生大的变化,因而楼市也不会发生大起大落。

一方面,将加快发展和完善房地产市场体系,通过市场满足日益增长的住房需求;另一方面,将加快建立健全住房保障体系,帮助中低收入住房困难家庭改善居住条件。

对于部分城市房价上涨过快的现象,将会采取必要的调控措施加以遏制。如收紧二套房贷等。届时房地产市场又会像 2007 年底那样,成交量立即下降,随后房价开始回落,市场进入新一轮调整。

综观上述政策，可以得出的判断是：抑制投机性购房，鼓励自住和改善型购房，将是2010年楼市政策调控的大方向。

特别是对1993年和2008年两次楼市大波动中受到重创的地区和城市要有足够清醒的认识，要充分吸取楼市大起大落的教训。（见图2）

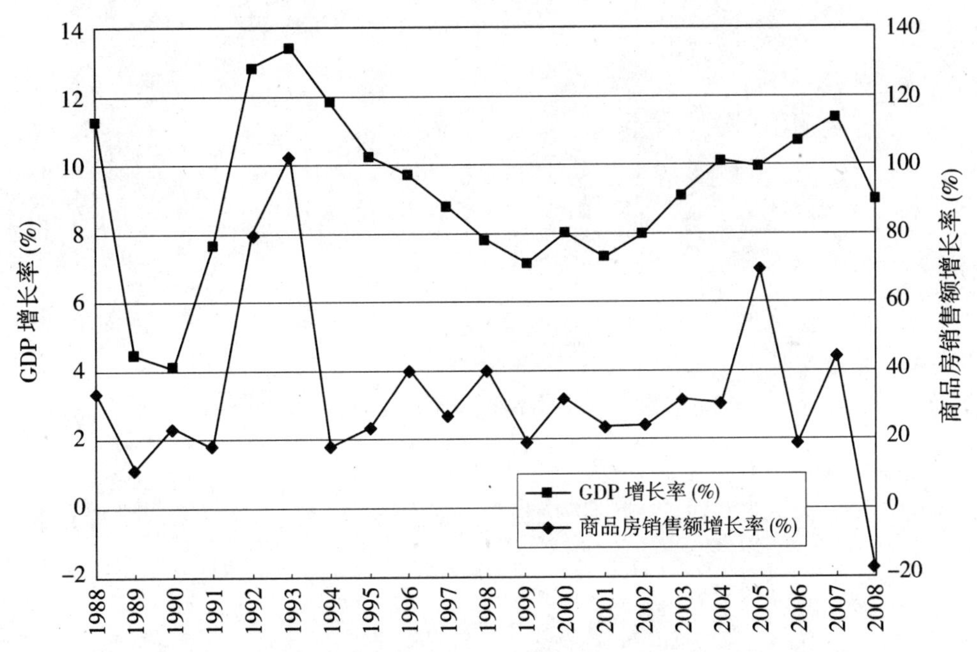

图2　1988～2008年我国GDP增长率与商品房销售额增长率对照表

资料来源：《中国地产》杂志

总的来看，2010年的房价走势，将受到以下两个因素的影响和制约：

一是购买力。由于2009年房价已上升到一个新的高位，部分城市的房价已超过普通购房者的购买力的上限，因此2010年房价上涨必然会受到购买力的限制。

二是供求关系。从供应方面看，由于2009年商品房销售处于旺势，而竣工相对滞后，使得主要城市房屋库存水平下降到历史低位。而2009年全国房地产开发企业完成的土地购置面积和土地开发面积又都同比下降2成左右，必然造成未来一段时间内商品房上市量的减少。在供应紧缺的态势下，2010年的房价恐怕难以在短期内大幅回落，房价整体上很可能是在现有水平上运行，部分上涨过快的城市则有可能适度回调。

从需求方面看，前两年蓄积的住房刚性需求已经在2009年宽松的信贷政策及系列优惠政策的扶持下得到较大的释放；目前的高房价也会压抑一部分刚性需求；随着信贷政策的规范调整和适度收紧，投资、投机性需求也将受到抑制；保障房的加快建设使市场的需求大潮得到分流。这些，都将导致2010年的楼市成交量会有所回落。

应当警惕的是，有些城市过分地把希望寄托在全国都来买房的“外向型楼市”的基础之上，有些城市则发生了影响楼市稳定的“过度投机”现象。这些都需要加以反思和纠正。

实践证明，一个地区、一个城市房地产的发展，只有建立在本地经济发展基础上的自住和改善型购房的需求才是最重要、最可靠的。外地需求固然会刺激楼市上扬，但这是虚假的上扬，不可能持久。

（作者：张元端，中国房地产研究会名誉副会长）

2009中国城市土地利用

从2008年底以来，党中央、国务院为应对全球金融危机影响，出台了“扩内需、保增长、调结构、惠民生”的一揽子计划和一系列政策措施，在土地利用与管理方面，按照中央宏观调控政策的要求，通过加强规划统筹，改革计划管理，改进用地审批等多项政策措施，优先保障国家重点项目和民生项目建设用地需求，并对提供用地保障、严格用地监管提出明确要求，有力地保证经济平稳较快发展，也促进了城市的健康发展。

一、2009年城市土地利用的基本情况

（一）通过加强规划统筹和计划管控，为城市发展提供用地保障。

加快新一轮土地利用总体规划修编。《全国土地利用总体规划纲要（2006~2020年）》在2008年10月经国务院批准实施后，新一轮土地利用总体规划修编工作全面推进，截至2009年10月底，全国31个省级规划大纲已全部通过审查，其中有26个省级规划成果已上报国务院审批，并且有河南、山东、北京、湖南、广西等12个省级规划成果已获国务院批准，53个报国务院审批城市的规划大纲也已通过审查，市、县、乡各级规划全面展开。通过各级土地利用总体规划的编制，在统筹安排各类各业用地的基础上，合理安排城市建设用地，为城市化的健康发展提供用地保障。

改革土地利用年度计划分解下达方式。实行“统分结合、动态调剂、差别管理、年中考核”，由过去年初一次下达计划，改为年初下达，年中评估奖惩，年底具体调剂。同时，加大增加建设用地供应，扩增量、放流量、挤存量，2009年安排建设用地630万亩，比2008年多50万亩，较前两年增加8.6%，并安排30万亩城乡建设用地增减挂钩周转指标。2009年前三季度共批准建设用地547.5万亩，同比增加30%以上。

2009全年共审批报国务院批准的84个城市的建设用地34 422.37公顷，其中新增建设用地25 265.69公顷，涉及农用地23 446.38公顷，其中耕地16 259.99公顷。84个城市实际新增建设用地增长显著，与2008年同期相比，2009年上半年84个城市中心城区实际新增建设用地同比增加35.8%，其中，工矿仓储用地同比增加44.8%，住宅用地同比增加13.2%。

（二）运用供地政策，积极主动服务，推进城市土地市场回暖升温。

调整了工业用地出让最低价标准实施政策。下发了《关于调整工业用地出让最低价标准实施政策的通知》，对各地根据实际情况调整工业用地出让最低价标准实施政策，促进各省（区、市）确定的优先发展产业且用地集约的工业项目，以及农、林、牧、渔业产品初加工为主的工业项目落地建设。

完善了工业用地出让制度。针对国内经济形势和工业用地供应中存在的问题，国土资源部和监察部联合下发了《关于进一步落实工业用地出让制度的通知》，要求各地大力推进工业用地预申请制度，支持中小企业发展，规范旧城区改建中工业用地出让行为，加强工业用地出让合同履约管理，强化工业用地出让执法监察。对缓解土地市场受到的金融危机冲击、优化土地利用结构、促进产业经济发展起到了积极作用。

通过优化供地结构，正确引导用地需求，土地市场出现了积极变化。前三季度，全国土地供应总量18.1万公顷，同比增加31.0%，其中工矿仓储用地7.2万公顷，占40.0%，同比增加46.1%；房地产开发用地5.7万公顷，占31.4%，同比增加14.8%。切实落实保障性安居工程用地，按照中央关于实施保障性安居工程的工作部署，下发了《关于切实落实保障性安居工程用地的通知》，前三季度保障住房供地约6191公顷，同比增加22.6%。

改进供地方式，城市地价由降缓升。前三季度，全国土地出让总面积为12.5万公顷，同比增加31.0%，占土地供应总量的69.1%。其中，招拍挂出让面积10.6万公顷，同比增加31%，占出让总面积的84.8%，划拨供应土地5.6万公顷，同比增加35.9%。前三季度土地出让总价款6724.9亿元，同比增加2.1%。从105个主要城市地价监测情况看，地价总体水平呈现由降缓升的变动态势，第三季度各用途地价的环比增长率全部转为正向增长，结束了一季度以来出现的负增长状况，商业和居住用地地价同比增长率也由负转正。

印发了《限制用地目录（2006年本增补本）》和《禁止用地目录（2006年本增补本）》，规定商品住宅用地的宗地面积上限：小城市（镇）7公顷，中等城市为14公顷，大城市为20公顷。对于大企业圈地行为起到一定限制作用，一定程度遏制了房地产项目囤积现象。

（三）加大监管力度，规范土地市场，保障城市土地市场的健康发展。

强化对城市建设用地的监管。通过开展对172个重点城市土地利用动态监测、105个主要城市地价监测，以及开展房地产用地供应和开发利用调查等手段，对建设用地批、征、供、用状况进行跟踪监测，并综合运用紧缩新增建设用地，鼓励挖潜存量土地，加大土地收购储备力量，规范土地市场等多种政策措施，防范出现新的闲置地，促进城市土地市场稳健发展。

制定了批而未征、征而未供、供而未用、用而未尽土地的处理意见和整改方案，促进批而未用土地利用，并认真抓好落实，纠正和查处以预审代审批、通过办理临时用地方式变相开工建设等未批先用、批而不用、批少占多等违法违规用地行为。对批而未用土地的处理，优先用于扩大内需急需用地项目；对由于项目自身原因造成未供地的，及时调整给急需用地的项目，并严肃查处违反土地管理法律法规新建“小产权房”和高尔夫球场项目用地。

加强对城市房地产市场的动态监测。督促、检查、指导各地严格规范运行土地市场动态监测监管系统，下发了《土地市场动态监测与监管系统运行情况》，开展了 84 个重点城市土地供应分析，召开了全国季度土地供应形势分析会，部署了对全国土地市场动态监测与监管系统运行情况的全面检查，开展了土地市场动态监测与监管系统运行情况全面调研。

加强监管调控和舆论引导，积极应对宏观经济形势变化中房地产市场的各种波动。2009 年以来，随着中央扩内需保增长各项政策措施的落实，国内房地产市场迅速回暖，成为各方关注的焦点。通过开展重点地区 620 个项目地价与房价关系问题进行了调研，利用采集的实际数据信息向社会发布，以及一系列有计划分步骤的宣传报道，积极引导舆论。积极应对“小产权房”问题等社会热点，重申国家在农村集体建设用地和宅基地管理问题上的一系列基本立场。继续加强宏观调控，进一步强化房地产用地管理，努力实现供需总量基本平衡、结构基本合理、价格基本稳定的目标。组织开展了房地产市场土地供应调控的研究，为调控房地产市场提供依据。

（四）建立实施节约集约用地考核制度，推进城市土地节约集约利用。

研究落实最严格的节约用地制度。进一步总结各地在《国务院关于促进节约集约用地的通知》（国发〔2008〕3 号）下发后的贯彻实施过程中的好经验、好做法，将其固定下来，进一步推广开去，起草了《最严格的节约用地制度基本框架》。

制定考核办法，颁布实施《单位 GDP 和固定资产投资规模增长的新增建设用地消耗考核办法》，开展考核工作。组织开展国家级开发区土地集约利用评价工作，在汇总分析国家级开发区土地集约利用评价结果的基础上，形成《国家级开发区土地集约利用评价报告》，修改完善并经审定后向社会公示。一些地方积极推进城市土地的二次开发和旧城镇、旧厂房、旧民居“三旧改造”，努力促进发展方式转变。

（五）积极探索，稳步推进，深化重点领域用地制度改革。

贯彻十七届三中全会精神，加强农村集体建设用地流转管理，稳妥推进城乡统一建设用地市场。下发了有关通知，规定不得利用农村集体土地建设商品住宅，不得建设高尔夫球场，不得建设其他违反国家产业政策和土地供应政策等法律法规规定的项目，加强农村集体建设用地流转管理，规范集体建设用地入市行为，积极稳妥推进制度创新。组织制定《农村集体建设用地出让和转让管理暂行办法》，明确农村集体经营性建设用地使用权流转范围，加快建立城乡统一的建设用地市场。积极探索农村土地整治和城乡建设用地增加挂钩相结合、统筹城乡发展、建设性保护耕地的新路子。

推进国有建设用地有偿使用制度改革。制定《深化国有建设用地有偿使用制度改革方案》和《国有建设用地划拨目录（修订稿）》。组织开展征地中农村房屋补偿问题和征地制度改革试点调研，配合相关部门建立被征地农民社会保障制度和多元安置途径，完善补偿机制。有

13个省份以不同方式公布和实施新的征地补偿标准，征地补偿水平普遍提高20%～30%。

主动参与国家综合改革试验区的改革。天津滨海新区、成渝、武汉城市圈、长株潭等试验区国土资源配套改革稳步实施，对成都统筹城乡综合配套改革中的土地管理制度改革创新进行评估。

二、当前面临的形势和问题

（一）对城市房地产市场调控效果不够得力。

城市房地产业的健康稳定发展，既事关宏观经济发展，也涉及千家万户民生，百姓对其关注度极高。在居民刚性需求、改善型需求甚至部分投资性需求的拉动下，一些热点城市房地产市场在一定程度上表现为卖方市场，“地王”频现，地价、房价涨幅过快，社会反应强烈。由于一些地方政府在阳光行政和保稳定、促民生层面对百姓的关注度和市场热点信息披露不够，面对百姓需求预期和恐慌心理，未能及时公开土地及房地产供应量及价格，未能就其消费观念进行准确引导，对市场相关信息的披露和反应未能及时跟进，宏观调控干预市场的预期未能很好实现。

（二）一些地方城市土地供应计划执行情况不理想。

一是有的城市土地供应总量有时仅仅停留在字面上，实际执行情况往往不受计划指标约束；二是土地供应结构调整政策执行情况不佳。2006年以来，保障性住房的土地供应量有所上升，但其年度供应量按不得低于居住用地供应总量的70%的标准仍有差距。此外，由于各地对中低价位、中小套型商品的统计口径不统一，因而一直难以及时准确地掌握相关土地供应情况，不利于宏观调控政策的制定和实施。

（三）城市土地供后监管有待进一步加强。

由于行政职能设置的不同，大部分土地在出让后国土管理部门不能有效监管，开发商在缴清出让价款、拿到土地使用权证书后，基本就被视为出让合同已经履行完成，出让合同中其他有关条款的约束力很难发挥效用。虽然对闲置土地、囤地的现象，国务院有明确处理规定，但由于执法监管的力度不大，存在处置难的问题。

三、对策和建议

（一）加强城市土地供应、地价和市场调控政策研究，根据形势需要及时调整相关政策，服务经济社会发展。

调整发布《限制用地项目目录（2010年本）》和《禁止用地项目目录（2010年本）》。

在 2009 年已经发布的《限制用地项目目录（2006 年本增补本）》和《禁止用地项目目录（2006 年本增补本）》基础上，根据国家发展与改革委员会对《产业结构调整指导目录（2005 年本）》修订工作情况，研究制定《限制用地项目目录（2010 年本）》和《禁止用地项目目录（2010 年本）》。

开展国有建设使用权出让合同专项清理工作。要指导各地按照《国有建设用地使用权出让合同专项清理工作方案》要求，开展自查自纠和整改，组织开展出让合同专项清理工作联合检查。要对存在问题进行认真分析，研究制定历史遗留问题的处理意见。

积极配合证监会加强对房地产企业上市和再融资的管理。规范审核标准和程序，掌握上市房地产企业土地取得和开发利用情况，针对存在问题适时调整土地市场供地规则，调控房地产用地的供应结构和时序，防范金融风险。

认真落实现有供地政策，继续加强土地供应管理。要进一步增强土地政策参与宏观调控的自觉性和主动性，土地供应要围绕优化产业结构、调整产业布局的中心工作实施。对国家支持和鼓励的产业，要优先安排供应土地。对不符合土地供应政策的项目，坚决不予供地。要严格落实《限制用地项目目录（2006 年本增补本）》和《禁止用地项目目录（2006 年本增补本）》等已有政策，加大对各地执行情况的监督检查力度。

确保政策性住房用地的供应，实现土地供应的多元化。继续严格控制高档公寓、低密度、大套型等高档住宅用地，适当增加中低价位、中小套型普通商品住房、公共租赁房和经济适用房用地供应，合理调整土地供应规模和结构，多元化供应土地，提高土地供应和使用效率，从源头上抑制房地产行业的投资和投机行为。

继续坚持土地政策向民生领域倾斜的原则，加大民生项目用地供应力度。积极为保障性住房建设等民生项目提供用地保障和服务，按照确保城市低收入住房困难家庭住房用地供应的要求，把落实保障性住房用地列入土地督察的日常监管。进一步加强对地方保障性住房用地规划计划制定和落实到地块等的督促检查，及时发现和解决计划落实和用地管理中的问题，确保土地供应。充分利用土地市场动态监测与监管系统，准确掌握各地保障性住房用地的供应情况。加强土地供应和开发利用情况的跟踪管理，坚决查处借建设保障性住房之名以划拨方式取得土地后改变用途用于商品住房开发等行为。

（二）加强城市节约集约用地制度、政策和标准研究。

继续推进土地有偿使用制度改革。研究制定经营性基础设施有偿使用定价机制和地价标准等配套措施，作为土地使用制度改革的配套文件，为推进经营性基础设施有偿使用提供技术支撑。

拟定落实最严格的节约用地制度的政策措施。尽快发出《最严格的节约用地制度基本框架》。严格土地使用标准。完善用地标准，促进各行各业节约集约用地，各部门、行业都要按照节约集约用地的要求，适时审改行业建设标准、设计规范等工程技术标准。对不符合土地使用标准的项目，不予批准用地。

继续落实开发区土地集约利用评价制度。在开发区扩区、升级等工作中充分运用评估结果进行审查，促进开发区用地集约。继续做好城市土地集约利用评价工作。

（三）加强土地市场动态监测监管系统建设和使用，强化对城市土地价格、供应和利用状况的动态监测。

严控企业囤积土地，加大城市土地供后监管力度。一是科学编制年度供地计划，降低房地产行业的系统风险；二是严控单宗地块的出让面积，防止企业圈地、囤地；三是加大土地批后监管力度，促进开发商落实出让合同中有关竣工时间和建设标准条款，加快开发建设速度，增加房源的供应，稳定房价，压缩企业投机空间；四是加大闲置土地处置力度，及时消化闲置土地，维护房地产市场秩序。五是重点对土地供应、项目用地开发利用等情况进行动态监测。特别要加强对房地产企业土地取得、开发、使用的监管。

加强城市地价动态监管，加大信息披露力度。继续抓好地产市场动态监测工作，结合监测系统建设，积极主动服务，及时向社会公开已供应土地的相关信息，稳定市场预期，同时密切关注形势变化，加大研究分析和政策储备力度，适时提出调控政策措施建议。要在土地市场动态监测监管系统升级的基础上，对新供应的土地信息，向社会公开，直到竣工验收，以加强社会监督。对闲置土地的典型案件，要公开信息，加强督办，特别要加强上市房地产公司土地信息的公开。要加强部门合作和信息共享。

（四）进一步完善土地市场管理基本制度。

加强国有建设用地供应计划管理。研究出台《国有建设用地供应计划编制规范》，指导地方规范编制国有建设用地供应计划，以“十二五”第一年为基期，推动全国市、县全面开展国有建设用地供应计划编制工作。

完善有关制度和政策。研究出台《国有划拨建设用地使用权管理办法》。指导各地落实工业用地预申请制度。研究扩大预申请制度覆盖面。开展国有土地租赁政策研究。研究明确国有土地租赁内涵、范围、权能、实施程序、法律责任，指导地方规范开展国有土地租赁工作。完善土地招拍挂制度。

（作者：郑伟元，国土资源部中国土地勘测规划院副总工程师，研究员）

2009中国城市交通进展

刚刚过去的2009年，是中华人民共和国历史上十分重要的一年，新中国成立60周年，全国各族人民满怀豪情，决心在新的起点上把中国特色社会主义事业继续推向前进。这一年也是城市交通快速发展之年，无论是多种交通方式综合作用的发挥，还是公共交通进一步加快推进，都是建国以来空前的。

一、高速铁路引领发展

中国在高速铁路领域的发展起步较晚，现已合并成为京哈线区间段的中国第一条客运专线——秦沈客运专线始建于1999年，然而经过10年的高速铁路规划、建设和对既有铁路的高速化改造，中国目前已经拥有全世界最大规模的高速铁路网。

如果以国际铁路联盟规定的运营时速（平均）超过200公里的标准作为高速铁路的定义，截至2009年年底，中国的高速铁路总里程突破2830公里，是目前高速铁路运营里程最长的国家。

继2008年8月1日时速350公里的京津城际客运专线运营后，2009年，一批重点项目又相继建成通车。依靠高铁“大运量、高速度、高密度、公交化”的运输优势，合武（合肥—武汉）客专与合宁（合肥—南京）客专相连，构成了长三角与中南区域的最短路径，从武汉至南京的时间压缩了近8小时，从武汉到上海也只需4小时45分。在东南沿海，甬台温、温福铁路的开通运营，结束了温州、福州两大城市没有直通列车的历史，宁波至福州也由原来的20余小时缩至最短时间2小时40分。特别是2009年12月26日，世界上里程最长、时速最高（390公里）的武广（武汉—广州）高速铁路开通运营，铁路旅行时间从11小时拉近到3小时，成为中国高速铁路的重要里程碑。

2009年，包括京沪高速铁路等在建高铁及城际铁路项目有36项，建设规模超过1万公里。到2012年，从北京到上海、广州，上海到武汉、重庆、成都、昆明的高速铁路都将建成通车，总里程1.3万公里；其中时速在300～350公里的有8000公里，时速在200～250公里的有5000公里。以“四纵四横”为主骨架的高速铁路网，长三角、珠三角、环渤海地区及其他城市密集地区的城际铁路系统，将引领我国全面进入高铁时代。届时，我国除了乌鲁木齐、拉萨等少数城市外，其他所有省会城市都处于在8小时交通圈以内，发达完善的铁路网将初具规模，铁路“瓶颈”制约状况基本消除。

2009年，中国城市交通全面开启了高铁时代的帷幕，中国高速铁路的建设无疑引领了世界高速铁路建设的又一次浪潮，将在世界高速铁路的建设史上画上浓浓的一笔!

二、城市轨道交通全面铺开

2009年，作为缓解城市交通拥堵的主要途径，城市轨道交通建设仍处在快速发展阶段，除了北京、上海、广州这样的大城市保持大规模的轨道交通建设外，许多省会级城市甚至非省城如佛山、无锡市等，也加入了建设地铁的热潮中。

2009年9月28日，北京地铁4号线正式通车。4号线全长为28.2公里，是继地铁5号线之后又一条贯穿城市南北的交通主动脉。截至2009年年底，北京市轨道交通通车里程达228公里，线网客流攀升到日均480万人次左右，占公交出行比例达34%，比2008年提高了14%。目前，北京地铁6号线一期、8号线二期、9号线、10号线二期、15号线、大兴线、房山线、亦庄线、昌平线9条线路均已开工建设，在建规模达到209公里。

2009年，上海轨道交通8号线延伸段、7号线、9号线、11号线相继通车运营，线路运营里程超过330公里，跃居全国第一。2009年的12月31日，上海轨道交通出现历史日最高客流量527.35万人次。

2009年，北京、上海、广州、南京、天津、重庆、武汉、深圳等10个城市，城市轨道交通运营总里程达到959公里。北京、上海、广州、哈尔滨、郑州、杭州、宁波、苏州、成都、沈阳、南昌、西安、合肥、福州等城市正在建设的共有20条线路，总长为603公里。到2010年，中国城市轨道数量将达到55条，总里程将超过1500公里。2016年新建轨道交通线路将增至89条，总建设里程达到2500公里。2020年，京、沪、穗三地的城市轨道交通运营里程都将超过500公里，其中上海将以877公里的总长度“领跑”全国。而在15年前，我国城市轨道交通运营里程仅为43公里，这样的建设速度和力度世界少有。日本东京历史上最快的建设速度是每年建成9公里，而我国目前的城市轨道交通建设已远远超过这一速度。

三、机动车量快速增长

为应对国际金融危机给中国经济带来的冲击，2009年1月国务院常务会议原则通过了《汽车、钢铁产业调整和振兴规划》。《规划》提出，加快汽车产业调整和振兴，稳定和扩大汽车消费需求，并提出了十一项政策措施，包括对1.6升及以下小排量乘用车减半征收车辆购置税、调整老旧汽车报废更新财政补贴政策等，老旧汽车报废更新补贴资金总额由2008年的6亿元增加到10亿元。这些措施大大刺激了机动车消费增长。2009年底，我国汽车保有量已达7619.31万辆，比上年增加1152.10万辆，增长17.81%；其中，小型客车增量占载客汽车增量的97.07%。2009年12月18日，北京市汽车保有量突破400万辆大关，从

300 万辆到 400 万辆，仅用了 31 个月的时间。

汽车保有量的迅速增长，对于城市交通供给是一个巨大的考验，交通设施供给虽然也在不断增加，但仍显不足，无论是道路路网建设还是停车供给都处于吃紧状态，交通高峰时期尤为明显。从总体上看，我国紧缺的土地资源和大城市高密度的土地利用模式决定了道路空间资源的有限性，小汽车对占地和道路要求高，道路供给与交通需求之间的矛盾如不合理引导，吃紧状况还会进一步加剧。

四、公交优先成绩显著

胡锦涛总书记在 2009 年国庆期间视察北京交通时说，交通问题是关系群众切身利益的重大民生问题，也是各国大城市普遍遇到的难题。要解决城市交通问题，必须充分发挥公共交通的重要作用，为广大群众提供快捷、安全、方便、舒适的公交服务，使广大群众愿意乘公交，更多乘公交。

从 2004 年国务院关于“城市公共交通优先发展”政策下发至今的 6 年时间里，中国各城市对于公交优先的探索就从来没有停止过。2009 年，我国各大中城市在确保公交优先战略的基础上，制定了详细的实施计划，进一步落实公交优先工作，强化了公交优先的精神和理念。

2009 年，北京市新增、更新公共电汽车近 1.5 万辆，全市 2.1 万多辆公交车全部符合环保要求，大大减少了尾气排放。据统计，2009 年北京市公交低票价政策的财政保障达 120 亿元，比 2008 年增加 20 亿余元。

2009 年 7 月，北京市政府颁布了《北京市建设人文交通科技交通绿色交通行动计划（2009 ~2015 年）》，在未来的 6 年中，北京市将全方位深化优先发展公共交通的政策措施，全面打造人文、绿色、高效的“公交城市”。目标是：北京中心城区九成市民步行不超过 500 米就能到达最近的公交车站，步行千米即可到达最近的地铁站，高峰期骨干地铁最小运营间隔 2 分钟。北京中心城区高峰时段通勤出行中，公共交通分担比例将达到 50% 以上，轨道交通承担公共交通总客运量力争达到 50%。2010 年轨道交通运营里程将达 300 公里，2012 年达 420 公里，2015 年达 561 公里，形成“三环、四横、五纵、八放射”的网络体系，五环路内线网密度达 0.51 公里/平方公里，全市轨道交通日均客运量将达 1000 万人次以上。同时，重点建设地面公交快速通勤系统，在主要客流走廊上继续增辟公交专用道，总里程达 450 公里以上。公交运营在高峰时段主要干线候车时间将控制在 3 ~5 分钟，高峰时段平均满载率控制在 70% 左右，日均客运量达 1500 万人次以上。

上海市综合交通体系实现了跨越式发展，2009 年 4 月，国务院下发了《关于推进上海加快发展现代服务业和先进制造业建设国际金融转型和国际航运转型的意见》，要求上海构筑与“现代化国际大都市”地位相适应的综合交通系统。公交优先战略是进一步完善“轨道交通为骨干、地面交通为基础、出租车为补充、信息为支撑”的系统，并实施节能交通、集约型网络和生态环保型的交通发展模式。

苏州启动了公交优先3年（2009~2012年）实施行动，工作重点是：路权得到进一步保障、排放不达标车辆将逐步被淘汰、公交线网进一步优化，快线总数将达6条、增加公交场站建设，15条公交线将对接沪宁城铁等。

五、交通枢纽一体化衔接

我国城市交通规划和建设正处在从关注运输能力、被动满足交通需求，转向以人为本、主动提高交通效率的转型期。在这个过程中，交通枢纽体系立体化、综合化是关键。在城市轨道交通、长途客运、航空、铁路等现代城市交通体系的建设进程中，城市交通枢纽也从相对封闭、独立、平面化逐步向开放、综合、立体化的趋势转变，以达到方便换乘、提高效率的目的，这也是优化城市交通供需关系的重要举措之一。

2009年9月，北京地铁4号线的开通使北京南站成为国内首个实现高铁、地铁、公交、出租等多种交通方式衔接的综合交通枢纽。据统计数据显示，在地铁4号线开通的仅一个月时间内，北京铁路南站上下车旅客就增加了32万人。可见，综合交通枢纽的一体化衔接不仅能够满足枢纽站区瞬时剧增客流的集散需求，更重要的是大大提高了旅客出行的可靠性，创造了更多的换乘条件，同时也使各种交通方式之间的优势得到了充分的互补。经预测，到2015年，北京南站的年客流量将达到1.5亿人次，设计高峰日发送旅客能力达50万人次。而接驳南站的地铁4号线和目前正在建设的14号线将承担50%以上的客流。

上海虹桥综合交通枢纽被誉为是世界上最复杂的综合交通枢纽，涵盖了航空、铁路、磁悬浮、长途汽车等对外大交通以及地铁、公交、出租等城市交通，是上海航空、铁路、市区轨道、快速路网交汇的重要节点，不但具有枢纽型、功能性和网络化基础设施促进区域发展的功能，今后也将成为服务于长三角的综合交通枢纽和区域商务中心。包括虹桥机场西航站楼、京沪高铁上海虹桥站、轨道交通2号线西延伸段、地面快速交通等在内的枢纽主体工程在2010年世博会前完工并投入运营，作为进入上海的重要门户，枢纽将设置多条轨道线路和公交线路直接通往世博园区，使参观者更便捷地进入世博会园区。

2009年，广佛同城化的首个交通客运枢纽滘口站落成。滘口站是广州市首个实现将地铁、公路客运、城际公交、市内公交等多种交通方式的交通换乘枢纽，乘客无需走出站场就可换乘公交地铁或城际快线。

此外，天津、郑州、杭州、武汉、长沙、合肥等众多城市也均以高铁站为重要节点，规划和建设集铁路、城市轨道、地面公交、出租车等多种交通方式于一体的综合交通枢纽体系。

六、ITS提高城市管理效率

近年来，ITS（智能交通系统）作为将传统交通技术、理念，与计算机、通信等尖端技术结合的综合体系，在节能减排、提高安全性、保障出行者舒适性与顺畅性等方面已经取得了卓著的成绩，也受到了众多城市交通行业的广泛关注与重视。

3G 技术的发展，给智能交通的信息传输带来无限机遇。济南公交于 2009 年 9 月份实现了车辆 3G 监控系统，是首个大范围使用 3G 技术的公交企业。12 月初，中国电信陕西咸阳分公司与咸阳市公共交通总公司签署了“城市公交智能化管理系统”合作协议，对咸阳市数百辆公交车辆进行数据和视频图像的实时传输。在新中国成立 60 周年庆祝活动中，北京电信为受阅部队提供了基于 CDMA2000 - EVDO 技术的 3G 视频监控服务。许多城市交通管理部门也开始应用 3G 视频监控设备。

同时，物联网的概念也作为重要研究对象走进交通管理领域。2009 年 8 月 7 日，温家宝总理在江苏无锡调研时，提出了把传感网络中心设在无锡并辐射全国的想法。温家宝总理指出：“在传感网发展中，要早一点谋划未来，早一点攻破核心技术”，“在国家重大科技专项中，加快推进传感网发展”，“尽快建立中国的传感信息中心，或者叫‘感知中国’中心”。目前，物联网在交通管理中的应用已经开始进入可研阶段。

2009 年，部分大中城市 ITS 建设已进入全面建设和升级换代阶段。根据《国家中长期科学和技术发展规划纲要（2006 ~ 2020 年）》要求，科技部于 2006 年启动实施“十一五”国家科技支撑计划“国家综合智能交通技术集成应用示范”重大项目，设立了北京奥运智能交通管理与服务综合系统、上海世博智能交通技术综合集成系统、广州亚运智能交通综合信息平台系统、国家高速公路联网不停车收费和服务系统、远洋船舶及货物运输在线监控系统、国家综合智能交通发展模式及评估评价体系研究、军事交通运输动态监控系统等 7 个课题，其中有 3 个课题属于城市智能交通领域。北京奥运智能交通管理与服务综合系统，已于 2008 年 8 月以出色的表现保障了奥运会的交通顺畅，其余两个课题将在 2010 年世博会和亚运会的交通提供保障。

受 2008 年奥运会交通保障的启示，近年来举办大型活动的一些城市，其智能交通建设纷纷向全面建设、系统集成融合等方向发展，如深圳大运会、南昌城运会、济南全运会等。这代表着以后的城市智能交通建设不再只局限于点、线的建设，更朝向“面”的方向发展。

七、低碳理念绿色出行

（一）城市无车日活动

开展中国城市无车日活动，是国家节能减排的一项重要工作，是住房和城乡建设部借鉴国际经验与做法，向全国所有城市发出的一项重大倡议，是推进城市交通可持续发展战略、构筑和谐城市交通体系和建设资源节约型与环境友好型社会的一项重要举措。中国第三届城市无车日活动于 2009 年 9 月 22 日如期举行，此次活动的主题为“健康环保的步行和自行车交通”，全国 114 座城市采用各种各样的方式参加了此次活动。一些城市领导带头骑自行车或步行上班、市民骑车上街宣传绿色交通、增开公交线路、临时交通管制等活动，形式多样。其中，香港作为承诺城市首次参加了无车日活动。通过开展城市无车日活动，大力宣传绿色交通理念，积极倡导市民尽可能选择步行、自行车、公共交通等绿色交通出行方式。同时，促进城市政府采取切实有效的措施，改善城市交通结构，实现城市交通发展模式转变，进一步落实和推进城市交通领域的节能减排，改善城市环境，促进社会和谐。

（二）公共自行车交通系统

公共自行车系统是公共交通与自行车换乘（B+R）及停车换乘（P+R）组合交通模式，是延伸公交服务，提高城市公共交通机动性和可达性，吸引小汽车出行者改变出行方式，节约道路资源，减少环境污染，缓解“出行难”问题的重要措施，也是实施公交优先，提升城市知名度和美誉度的又一重大理念创新。杭州作为中国国内第一个发展公共自行车系统的城市，经过一年多的建设和完善，在系统的运作上已经取得了相当大的成就，极大地便利了人们日常的出行。杭州公共自行车系统具有60分钟内免费使用、固定租车点可通租通还、与市民公交卡通用、绿色环保等特点；市公交公司通过不断增加服务点，给市民、游客带来许多便利。截止2009年底，杭州市公共自行车服务点达到1080个，自行车总量达到2.5万辆，公共自行车出行在杭州公共交通总量中的份额已接近4%，公众满意度达到99%。按发展规划，今后将有5万辆公共自行车、2000个租赁点，杭州公共自行车将“像普及电话一样”，“覆盖所有的小区、大型商厦和超市”。

（三）“十城千辆”计划

近年来，全球性能源紧张以及气候变化受到了国际社会的普遍关注，节能减排正日益成为国际社会的共同责任，中国作为世界上最大的发展中国家，也积极参与并承担应有的责任。2009年1月6日，科技部和财政部共同启动了“十城千辆”电动汽车示范应用工程，决定在未来3年内，每年发展10个城市，每个城市在公交、出租、公务、市政、邮政等领域推出1000辆新能源汽车开展示范运行，力争使全国新能源汽车的运营规模到2012年占到汽车总量的10%。在此期间，国家将投入数百亿元，向新能源汽车的推广使用给予税收及财政补贴。目前，参与“十城千辆”计划的城市名单目前已经增至13个，北京、上海、重庆、长春、大连、杭州、济南、武汉、深圳、合肥、长沙、昆明、南昌等城市入选。

2009年12月11至13日，“智能交通，新能源汽车——创造出行新方式”为主题的第五届智能交通年会暨第六届国际节能与新能源汽车创新发展论坛和相关展览在深圳举办。会议就我国道路交通建设规划、智能交通发展战略、国家道路交通安全科技、中国高速列车发展与智能化、汽车产业发展、新能源汽车示范推广规划和相关政策以及国际智能交通等领域最新发展动向进行了交流和讨论。这些措施和活动对于加快中国新能源车辆的产业化进程，促进交通节能减排，大力发展绿色交通，实现城市的科学发展具有十分重要的推动作用。

（四）低碳交通理念

2009年年初，奥斯陆气候和环境国际研究中心发表的一份研究报告指出，过去10年全球二氧化碳排放总量增加了13%，而源自交通工具的碳排放增长率却达25%；欧盟大部分工业领域都做到了成功减排，但交通工具碳排放却在过去10年增长了21%。

对于中国来说，这一问题也堪称严峻。亚洲发展银行预计在未来的25年内，全球交通源二氧化碳排放将增加57%，而由于发展中国家的汽车行业发展迅速，其排放增长将占到80%。因此，呼吁包括中国在内的亚洲地区国家进行大众交通系统改造建设，以缓解二氧化碳排放迅速增长的局面。

2009年10月22日，中国城市交通规划2009年年会暨第23次学术研讨会在上海举行。本次年会以"人性化城市综合交通体系规划与实践"为主题，在总结30年城市交通规划建设实践的同时，对城市交通发展面临的诸多问题进行深入探讨。

北川新县城是5·12汶川大地震灾后重建中唯一整体异地重建的新城。在规划中，强调人性化交通系统的核心和本质在于"人性化"而不是交通本身，交通规划中重点解决了道路网络、慢行交通和特殊群体的交通需求、居民生活习惯的延续等3个关键问题，针对道路网络、慢行系统、无障碍设施、稳静交通区、细部交通设计5个方面展开详细设计。

2009年11月15日，在奥巴马访华之际，清华大学与英国剑桥大学、美国麻省理工学院共同宣布，围绕"发展低碳能源、应对气候变化"成立"清华大学—剑桥大学—麻省理工学院低碳能源大学联盟"（简称"三校同盟"）。目前，三校联盟已经明确6个主要合作领域，"建筑节能、城镇规划、工业节能与可持续交通"就是其中之一。

以"共同推进节能减排、大力发展绿色交通"为主题的"绿色交通运输2009"国际论坛于12月8日在上海举行。围绕这一主题，会议就全球绿色交通运输产业的现状和趋势，以及全球前沿的运营战略和经验分享等议题展开广泛的交流和探讨，为探索具有中国特色的绿色交通和将世博会交通办成绿色世博而献计献策。

"低碳交通"是城市交通可持续发展的必然选择，不仅不会制约城市发展，反而可以增加城市发展的持久动力，并最终改善城市生活。低碳交通也是中国城市未来交通发展模式的新探索，对交通、城市的发展具有深远的影响。

八、严格交通安全管理

2009年12月7日，公安部发布了新修订的《机动车驾驶证申领和使用规定》，并将于2010年4月1日起正式施行。《机动车驾驶证申领和使用规定》作为《道路交通安全法》的配套规章，自2004年5月实施以来，在规范机动车驾驶证管理、严格机动车驾驶人考试工作、强化道路交通安全源头管理等方面发挥了重要作用。此次修改是《机动车驾驶证申领和使用规定》的第二次修改。通过修改进一步满足经济社会快速发展、机动化进程给人民群众生活带来的改变；进一步放宽残疾人驾驶汽车的身体条件，支持保障残疾人驾驶汽车出行；进一步简化办理驾驶证业务程序、方便群众；进一步完善驾驶证管理制度，在源头管理上有效预防和减少道路交通事故，以满足群众的新期待和新要求。此次修改中的一个重点就是加强驾驶人源头管理，对部分驾驶人主观过错大、严重影响道路交通安全、扰乱道路交通秩序的交通违法行为提高记分分值，加大对交通违法行为的处罚力度。其中，饮酒后驾驶机动车，在高速公路上倒车、逆行、掉头，使用伪造、变造机动车牌证3种违法行为，由一次记6分调整为记12分。

此外，交通管理部门对酒后驾车等危险交通行为在全国范围内集中检查。统计显示，2009年上半年，全国共查处酒后交通违法行为22.2万起，比2008年同期增长1.8万起，上升8.7%。2009年2月20日、3月5日、3月20日的20时至22时，公安部组织3次酒后驾驶违法行为全国集中统一行动。仅2月20日当天，各地共出动警力10多万人次，警车4万多辆次，设立检查点近1万个，查处酒后驾驶1.2万多起，拘留违法驾驶人3000多人。

2009年4月26日，北京市公安交通管理局在朝阳公园举行了“安全从我做起，拒绝酒后驾车”交通安全宣传日活动，再次敲响交通违法酒后驾车的警钟，告诫人们远离交通违法，就是对生命的关爱和保护。

九、迎接世博亚运，共创和谐交通

（一）上海世博交通

2010年5月1日，上海世博会即将开幕，世博会是继北京奥运会后中国举办的又一国际盛会。184天的展会时间，估计将吸引7000万人次参观，对于城市交通既是一项持久的考验，同时也为上海改善交通环境提供了机遇。

为迎接世博会的到来，上海城市轨道交通将建成11条轨道交通线路，总里程将由目前的331公里增加到约420公里，车站约280座，运营车辆约400列/2500辆；期间，还将开通一条世博专用线，即轨道交通13号线世博段，连接世博园区与园外、浦西与浦东，全长4.5公里，共有5座车站。服务于世博园区的轨道交通线路（涉博线）将有6条，形成“三纵三横”的布局。

为实现上海世博会交通在“园区内零排放”、在“园区周围低排放”的绿色世博目标，将采用新型无轨电车、超级电容车、超级电容与蓄电池混合动力车等清洁动力汽车。2009年4月，市政府与上汽集团签署了《世博新能源汽车推动项目协议》。据此，世博会前上海将更新4000辆公交车，世博会园区内的运营车辆将全部为新能源客车。

上海世博充分运用智能交通技术综合集成系统，综合交通动态信息获取、复杂环境交通状态分析、交通信息综合平台构建等多项技术，建立了上海综合交通信息平台，整合了城市快速道路、地面道路、轨道交通、公共交通四大系统143类信息。该综合信息平台还特别设立了世博交通专题信息，不仅覆盖了上海市的轨道、公交、轮渡等线路、班次、站点信息，也包含了长三角24个城市的专线巴士信息。

（二）广州亚运交通

2010年广州亚运会11月开幕前，广州市将以“迎亚运、路更通”为总目标，分三阶段实施总计15大整治措施，改善城区交通环境。具体包括：以“东西两翼”交通改善作为突破口，东面重点改善天河地区的交通状况，西面白天停用横跨环市西路、东风西路、南岸路的两条铁路专用线。同时，加强全市占道施工管理，实现市区交通状况整体逐步向好改善。加强路政管理，有效增强道路交通疏导能力，提高道路交通整体运行效率。试行亚运交通临时政策，预演或试行交通管制措施，全面履行亚运交通承诺。

亚运会开幕前，广州将建成六条轨道交通线路（包括：三号线北延长线、二号线、八号线延长线、四号线北延段、广佛线、珠江新城旅客自动运输系统），增加营运里程达85.7公里，从而全市形成八条线路、235.7公里长、148座车站的地铁线网，市民前往新机场、新火车站及亚运场馆，都可坐地铁到达。其中，地铁四号线将成为“亚运线”。亚运会期间四号线将连接奥林匹克体育中心和亚运村，发挥重要的交通集散功能。

“广州亚运智能交通综合信息平台系统”由“一个平台、两大系统”组成，即“广州智能交通基础信息综合平台”、“面向亚运和社会的广州综合交通信息服务系统”和“广州交通管理智能决策系统”，对于出租车、公交车等营运车辆调度到位率达到95%。目前可以通过短信、彩信、WAP、USSD、12580语音、手机导航、GPS车载导航仪等方式，为出行者提供路况查询、路况定制、动态导航、路径规划等交通信息服务。该项课题也首次实现了广州地区范围内铁、水、公、空和城市交通等多种交通方式信息资源和服务功能的整合，已于2009年7月通过国家验收。

十、结语

中国正处在城镇化快速发展进程中，城镇人口将不断增长，城市交通的供需矛盾也将进一步加大，城市交通组织和运行方式选择也更为复杂，我们必须从交通便捷、安全出发，必须从以人为本出发，着力于交通系统的整体整合，研究和实践城镇密集地区区域交通规划、人性化道路网体系与慢行交通规划、城市客运交通枢纽布局与功能规划、大型活动交通系统规划与交通组织、城市轨道交通规划与建设、城市综合交通系统信息化技术与应用以及更好完善和提升城市综合交通系统功能。

通过政府、城市交通工作者以及市民的共同努力，中国城市能够打造可持续、绿色的交通出行环境，使人民切实感受到生活更美好！

（作者：王静霞，住房和城乡建设部城市交通工程技术中心，教授级高级规划师，国务院参事）

2009中国城市市政公用设施进展

一、基本概况

2008年底，全国31个省、自治区、直辖市（不含台湾省），共有设市城市655个。城市城区人口3.35亿人，暂住人口0.35亿人，建成区面积3.63万平方公里。全国城镇总人口6.07亿，城镇化率45.68%。全国655个城市市政公用设施水平现状为：人口密度为2080人/平方公里；人均日生活用水量178.19升，用水普及率为94.73%；燃气普及率为89.55%；污水处理率为70.16%，其中污水处理厂集中处理率为57.64%；生活垃圾处理率为86.75%，其中生活垃圾无害化处理率为66.76%；排水管道密度为1.77公里/平方公里，其中建成区为8.68公里/平方公里；建成区绿化覆盖率37.37%，建成区绿地率33.29%，人均公园绿地面积9.71平方米；人均道路面积12.21平方米，每万人拥有公共交通车辆11.13标台。

二、城市建设基本情况分析

"十一五"以来，全国各地城乡建设领域广大干部职工，全面贯彻落实科学发展观和十七大以来历届中央全会会议精神，紧紧围绕与人民群众利益密切相关的热点、难点问题，坚持城乡统筹发展原则，加强对城乡规划、建设、管理的指导。城市市政公用设施建设和市政公用事业稳步发展，市政公用设施承载能力进一步增强，人民居住和生活条件明显改善和提高。

（一）城市市政公用设施固定资产投资平稳增长，设施的有效供给能力不断提高

2006～2008年，城市市政公用设施固定资产投资累计完成19 853.8亿元。其中，2006年完成投资5765亿元，比上年增长2.91%；2007年完成投资6419亿元，比上年增长11.34%；2008年完成投资7369.8亿元，比上年增长14.81%。城市供水日综合生产能力累计增长1487万立方米，天然气储气能力累计增长4620万立方米，集中供热蒸汽能力累计增长8151吨/小时，热水能力27792兆瓦，城市道路长度累计增长27 889.21公里，轨道交通运

营线路累计增长241公里，排水管道长度累计增长3.64万公里，城市污水处理厂日处理能力累计增长2452万立方米，城市生活垃圾日处理能力累计增长6.95万吨。①

（二）城市治污、减排、节能工作加速推进，城市人居生态环境改善明显

“十一五”期间，城市污水处理、生活垃圾无害化处理设施建设步伐进一步加快。2008年末，全国城市共有污水处理厂1018座，比“十五”期末（2005年）增加了226座；污水厂日处理能力8106万立方米，排水管道长度31.5万公里。城市年污水处理总量256亿立方米，污水处理率70.16%，比“十五”期末（2005年）增长了18.21个百分点；城市生活垃圾无害化处理厂（场）509座，生活垃圾无害化处理率增长15.07个百分点；城市建成区绿化覆盖面积增加了298 086公顷，公园面积增加了60 547公顷，人均公园绿地面积增加了1.82平方米。全国有广州、贵阳等42个城市获“国家园林城市”，有重庆南岸区等3个城区获“国家园林城区”，有北京密云县等20个县城获“国家园林县城”，有上海朱家角镇等10个城镇获“国家园林城镇”，有8个城市获得“中国人居环境奖”，有6个城市获得“联合国人居环境奖”。

（三）城市市政公用事业改革稳步推进，市政公用产品质量与服务水平日益提高

“十一五”以来，市政公用事业改革继续深化，稳步推进。一是改革管理体制。推进政企分开、政事分开、事企分开，把适合由市场调节的市政公用事业推向市场。建立和实施了特许经营制度，强化政府监管，促进了生产效率和服务质量的提高；二是推行投资主体多元化。逐步开放市政公用事业投资、建设、运营市场，鼓励社会资金、外资投资兴办市政公用事业，改变了过去仅由政府投资的单一模式；三是理顺市政公用产品价格。逐步调整自来水、燃气、公交等市政公用产品价格，发挥价格对市政公用产品供给与需求的调节作用。加强价格监管，维护居民的合法权益。通过改革，改善了计划经济时期存在的行路难、吃水难、坐车难等城市发展及居民生活中的诸多问题。

三、城市市政公用事业各行业发展情况分析

（一）供水、排水和节水

一是城市供水安全进一步保障。全国655个设市城市的供水综合生产能力目前约28 000万立方米/日，供水管道长度约45万公里，用水人口3.55亿。在设施不断完善的同时，城市供水的管理理念也在发生着变化。主要体现为：①用水理念由粗放型向节约型转变；②供水设施保障能力不断提高，公共供水占主导地位；③地表水逐步取代地下水，推进水资源的可持续利用；④供水行业正经历由水量增加型向水质提高型的转变。

① 所有数据均引自2005、2006、2007、2008年《中国城市建设统计年鉴》，或根据年鉴中的数据计算。

二是城镇污水处理迅速发展。我国的城镇污水处理行业近年来取得了令世人瞩目的成就，城镇污水处理已成为我国实现污染物减排目标的主要措施，2008 年总计削减 COD 约 650 万吨。

三是全国节水型城市创建工作进一步深入开展。“十一五”规划建设 50 个省级节水型城市，目前已有 40 个城市达标；节约用水宣传教育广为开展；全国节水新技术、新工艺、新设备不断投入应用。

（二）供气

一是供应能力不断加强，用户数量不断增长，服务范围不断拓展，燃气用途不断扩大，城镇燃气行业得到了较大发展。“十一五”期间，我国的燃气行业特别是天然气产业进入高速发展阶段。截至 2008 年底，全国人工煤气供应总量达 332.2 亿立方米，天然气供应总量达 359 亿立方米，液化石油气供气总量达 1424.4 万吨；全国城市用气人口达 3.35 亿，用气普及率为 89.6%；城镇燃气的应用也从民用为主，转向工业、商业、燃气汽车等多种用途。燃气普及应用对优化能源结构，改善环境质量，提高人民生活水平，发挥了极其重要的作用。

二是城镇燃气行业发展优化了城市环境，带来的环境效益不断增长。燃气特别是天然气是高效清洁便捷的燃料，燃气的普及应用，使千家万户结束了燃煤的粉尘污染和不便，大大提高了生活水平和环境质量。燃气尤其是天然气替代燃煤作为工业窑炉和宾馆酒店等商业企业的燃料，替代燃油作为出租车公交车的燃料，是治理大气污染和汽车尾气的最有效措施之一。天然气发电、制冷、采暖三合一的冷热电联产技术已在局部区域推广应用，代表了能源革命的新趋势。燃气行业的发展带来了巨大的资源环境效益，极大地促进了节能减排。

三是燃气行业改革有了良好开端。一是垄断经营局面被逐步打破，多元化投融资方式初步形成。二是深化了国有燃气企业的改革，有力地促进了国有燃气企业的发展。三是改革中的公共利益得到较好保障。燃气企业改革的推进，促进了安全、质量和服务水平的提高，较好地保障了社会公众利益和公共安全。

四是燃气行业监管体系初步建立，宏观调控、市场监管、公共服务、应急保障等职能进一步加强。初步建立起符合我国实际情况的燃气监管体系。政府主管部门对燃气行业进行管理主要是通过统一管网规划、统一服务标准、统一市场准入、统一价格监管，包括制定服务质量标准、技术指标和评估监督办法，发挥了政府主管部门的宏观调控、市场监管、公共服务、应急保障等职能，较好地保障了燃气的战略安全和供应安全。

（三）供热

一是供热供应能力较大增强，供热效率提高，改善了城镇环境。①集中供热已成为城镇供热的主体，切实保障了北方地区居民的冬季取暖。截止 2008 年底，集中供热的面积约为 34.9 亿平方米，其中住宅约为 24.4 亿平方米，约占 70%；集中供热管道长度约 12.1 万公里；蒸汽供热能力 9.4 万吨/小时，供热总量 6.9 亿吉焦；热水供热能力 30.6 万兆瓦，供热总量18.7亿吉焦。②各地积极推进供热资源的整合，供热规模小、能耗大、污染严重、供热服务质量差的锅炉房退出了市场，实现了资源的优化和合理配置，提高了供热效率，同时也为减少占地，改善环境做出了贡献。

二是以供热计量改革为核心的城镇供热体制改革取得初步成效。①供热计量收费初见成效。目前已开展供热计量的城市有40多个，已安装供热计量和温控装置的建筑面积达到2亿平方米，实现热计量收费面积4600多万平方米。供热计量政策体系进一步健全，既有居住建筑供热计量及节能改造的任务逐步推进。②采暖费补贴“暗补”变“明补”改革进展迅速。北方采暖地区15个省、自治区、直辖市基本完成采暖费补贴“暗补”变“明补”的改革有10个。北方地区132个地级以上城市有92个完成了热费制度改革，约占70%左右。③在解决低收入困难群体采暖保障方面进行了有益的探索。④在供热行业引进了市场机制，供热企业改革稳步推进。

（四）市政道路和轨道交通

随着我国城市经济、社会的发展，近年来，我国城市综合交通得到了迅速发展，城市综合交通基础设施不断完善，城市交通出行结构不断优化，为城市发展起到了很好的支撑作用。

一是市政道路和轨道交通等基础设施不断完善。2008年底，全国城市道路25.97万公里，道路面积45.24亿平方米，人均道路面积12.21平方米。有10个城市拥有29条城市轨道交通运营线路，运营里程达776公里，年客运量达33.74亿人次。

二是交通出行结构不断优化。面对私人机动车出行旺盛需求和城市资源相对紧缺的矛盾，各地加大了城市公共交通的投入，使得城市交通出行结构不断优化。

三是规划先行的意识逐步加强。很多地区已逐步认识到了城市综合交通体系规划的重要性，并开始着手或已经编制完成综合交通体系规划，对城市综合交通发展起到了很好的指导作用。

（五）市容环境卫生

一是生活垃圾收运系统逐步完善，生活垃圾处理能力不断提高。我国城市生活垃圾清扫、收集、运输系统基本形成，机械化水平大幅提高，不少城市垃圾收运方式已由过去的敞开式收运基本转变为密闭式收运。到2008年末全国环卫清运车辆总数达到7.64万台（辆），与2000年相比增加60%。全国城市生活垃圾无害化处理设施已达509座，其中卫生填埋场407座、焚烧厂74座、堆肥厂14座，其他处理设施14座。日均生活垃圾处理量31.51万吨，无害化处理率达到66.76%。城市垃圾处理设施建设与运行正向现代化、集中化、大型化方向发展。

二是投资和运营模式趋向多元化。随着我国市场经济体制改革的不断深化，环境卫生行业的投融资和生产作业服务也逐步推行市场化。目前，采用非政府投资方式建设运营的垃圾处理设施已经有100座左右，约占全国垃圾处理设施的20%，占总投资数额的15%。特别是在垃圾焚烧发电领域，已经形成了BOT、TOT等多种模式并存的格局。

三是市容环卫政策法规和标准体系逐步健全。近年来，国家有关部门出台了一系列的法律、法规和政策，如《城市市容和环境卫生管理条例》、《关于解决我国城市生活垃圾问题几点意见的通知》、《城市生活垃圾管理办法》、《固体废物污染环境防治法》、《城市生活垃圾处理和污染防治技术政策》、《关于实行城市生活垃圾处理收费制度促进垃圾处理产业化的通知》、《关于印发城市污水、垃圾处理产业化发展意见的通知》、《中国城乡环境卫生体系建设》白皮书等。目前，住房和城乡建设部已颁布市容环境卫生有关标准77项，还有48项标准正在编制中。这一系列的法规、规章和配套技术政策、标准、规范的出台，使我国城市生活垃圾处理逐渐走向法制化的轨道。

（六）园林绿化

2008年底，我国已有国家园林城市139个、园林城区7个、园林县城40个、园林城镇10个、国家生态园林城市试点城市11个。全国城市公园绿地面积359 468公顷，建成区园林绿地面积1 208 448公顷，建成区绿化覆盖面积1 356 467公顷，全国城市人均公园绿地面积9.71平方米，建成区绿地率33.29%，绿化覆盖率37.37%。在不断加大城市园林绿化建设力度、提高城市绿化指标的同时，各地根据城市地域特点，深入挖掘城市历史、文化底蕴，建设了一大批高水平、高质量的公园绿地。

四、城市建设（市政公用事业）存在的主要问题

（一）供水、排水和节水

一是全国饮用水水源地污染问题突出，水质安全保障问题十分紧迫。2007年底，全国34.7%的饮用水源地水质不符合相关标准要求，影响人口2.1亿人。2009年，全国4482个公共水厂中，约有34%的水厂出厂水存在着不同程度的水质不达标问题，涉及供水能力达0.66亿立方米/日，影响人口约1.14亿人。

二是供水管网老旧以及二次供水设施对水质的影响日益凸现。管道的损裂、锈蚀、结垢容易引起水质下降；部分二次供水设施简陋、卫生防护条件差、清洗消毒不及时，严重影响水质安全保障。同时，现有的供水水质监测监管体系不完善，监测和监管能力亟待加强。据调查，全国约78%的水厂不完全具备每日必检的10项指标检测能力，其中2000多个水厂无任何检测手段。

三是城镇污水处理设施覆盖面有待提高，城镇污水管网建设严重滞后，污泥处理处置不够。全国城镇污水处理设施缺口较大，仍有约23%的设市城市和近71%的县城没有污水处理厂，严重影响全国污水处理工作的开展。受诸多因素的限制，污水收集管网改造和建设不配套，城镇污水处理厂运行效率低。目前，全国城镇污水处理厂的污泥大部分采用简单填埋堆放或没有任何处理，极易造成二次污染，直接威胁着环境安全和公众健康。

四是促进节约用水的法规体系、促进水资源节约、高效利用的机制和制度不完善。现行节水配套法规政策不健全，各类用水、废污水排放管理的技术标准体系不完善，难以有效规范和监督管理经济社会用水活动。目前我国水资源有偿使用制度尚不健全，缺乏推广应用节水产品的激励政策；部分地区没有把节水型社会建设纳入到本地区经济社会发展规划和重要议事日程中。

（二）供气

一是燃气行业发展还存在一定程度的安全问题。①燃气供应保障机制尚未建立。我国绝大多数城镇目前仍是单一气源、单一管道，因气源紧张而危及供气保障的问题时有发生。②城镇燃气供应上游企业还没有建立完善的气源储备、调峰保障、危机处理等供气保障机制，存在着较大的供气安全风险。③燃气管理、技术、使用、设备等方面不到位，燃气安全事故时有发生。

二是缺乏合理的燃气销售价格形成机制。①天然气作为商品的属性并没有得到社会大众的普遍认同，价格很难调整到其真实水平。②燃气销售未能真实地反映成本，也未能体现企业合理利润率和投资回报率。③缺乏上、中、下游价格联动机制，导致燃气企业承担了很大的经营负担。④价格缺乏弹性，企业没有浮动价格的权力。

三是燃气行业立法较为滞后。目前我国还没有全面规范城镇燃气的法律或行政法规，立法相对落后。城镇燃气行业管理依据主要是住房和城乡建设部的有关规章和部分省（自治区、直辖市）颁布的地方性法规。由于部门规章法律效力的局限性，加之出台较早，存在一些与市场经济规则不协调的问题，对政府、企业、社会团体和自然人各自及相互之间衔接的职责、权利、义务不清晰、不明确。

（三）供热

一是供热计量改革还遇到一些问题。①新建建筑热计量设施欠账严重。目前只有天津市、唐山市、承德市等少数城市做到了新建建筑供热计量设施不欠新账。而大量的新建建筑没有安装供热计量和温控装置，或者安装的是一次性、供验收用、质量非常低劣的供热计量和温控装置，根本无法实施供热计量收费。②既有居住建筑供热计量改造进展缓慢。2008年北方地区完成既有居住建筑节能改造近4000万平方米，供热计量改造只完成2100万平方米。大部分既有居住建筑只进行了外围护结构的节能改造，而没有按要求进行供热计量改造，为以后实施供热计量收费留下了纠纷隐患。③供热计量收费不到位。目前北方地区132个地级以上城市中只有20多个城市出台了供热计量价格和收费政策。大多数城市没有计量热价，使得符合条件的新建建筑和既有建筑无法实施供热计量收费，挫伤了用户行为节能的积极性。

二是城市低收入困难群体的采暖费尚未进入社会保障体系。部分城镇低保人员、下岗职工、失业人员、退休人员等低收入困难群体冬季采暖缺乏制度性保障。

三是部分供热企业历史欠账多，包袱沉重，活力不足。①收费率不高，历史欠缴热费数量大，得不到弥补。②原材料价格上涨，供热企业运营艰难。③供热陈旧设备和管网更新缺乏改造资金，供热保障能力不足。④部分供热企业经营体制落后，缺乏竞争机制。

（四）市政道路和轨道交通

面对机动化和私人交通迅猛发展的冲击，以及城市交通发展需要的土地、能源日益紧缺的矛盾，城市综合交通发展还存在着很多问题，制约了城市综合交通的健康发展。

一是各种交通方式之间缺乏有效衔接。小汽车、公共交通、自行车、步行等交通方式都是城市综合交通系统的重要组成部分，都有不同的适用范围，只有充分发挥各自的优势，才能发挥城市综合交通的整体效益。但当前，很多城市各种交通方式之间缺乏有效衔接，甚至存在不良竞争的现象，在一定意义上降低了城市综合交通的整体效率，浪费了有限的公共资源。

二是城市交通方式发展不均衡。城市交通发展空间是有限的，要根据城市发展的实际，给予不同城市交通方式以发展的空间。目前，有些城市过分注重发展私人交通，而不注意发展公共交通，有些城市不断压缩步行道、自行车道，使行人、自行车交通环境不断恶化。

三是城市综合交通体系规划意识亟须加强。部分地区对城市综合交通体系规划的重要性缺乏足够的认识，对城市综合交通体系规划的定位、内容不明确，不重视城市综合交通体系规划的编制工作；或用公交专项规划、停车设施规划等专项规划替代城市综合交通体系规划，偏重于道路设施建设，而忽视了交通需求管理，对交通资源和交通空间配置管理缺乏针对性和指导有效性。

（五）市容环境卫生

一是收运处理能力严重不足。目前，我国城市道路机械化清扫率不足20%，许多城市垃圾收运车辆老化严重，敞开式的垃圾收运车占很大比例，造成运输沿途的环境污染。全国城市近40%的生活垃圾未能得到妥善处理，近三分之一的城市没有垃圾处理设施，现有的设施处理能力和垃圾产量的日益增长造成了严重的供求矛盾。造成设施能力不足的主要原因是选址困难大、资金投入少、建设水平低。

二是无害化处理率低。目前，全国城市生活垃圾无害化处理率为66.76%，县城和建制镇仅为8%左右，一大批垃圾处理设施没有达到无害化处理标准，很多处理厂的垃圾渗滤液得不到有效处理，尚有大量垃圾只能简易填埋或堆放处理。大量未经无害化达标处理的垃圾污染水源、土壤、大气，传播疾病、危害人体健康，存在严重的安全隐患，由此引发的群体事件更不容忽视。

三是设施建设运营水平不高。许多地方因技术选用不当或盲目引进，使得一些边缘性技术、伪技术充斥市场，造成运行效率低下或难以正常运行，导致垃圾处理技术市场混乱。一些地区小型垃圾焚烧设备仍在应用，焚烧温度低、烟气净化手段简单，二恶英等污染物超标排放，严重危害群众的健康。部分国产防渗膜的生产原料采用回收料的比例较高，抗老化时间短、抗拉伸强度差，易造成填埋场渗漏事故。同时，环卫行业的科研机构科研经费缺乏，基础性研究工作不扎实，科研和指导能力不强，项目建设运营中的一些重大问题得不到有效解决。

四是资源回收利用水平低。受多种因素所限，各地在实施垃圾分类方面有很大难度。尽管一些地方在单位、社区和街道两侧设置了分类的垃圾桶，但是末端处理仍然采取混合填埋或焚烧的方式，其效果不明显。目前城市生活垃圾中的可回收部分大多已进入物资回收系统，由于缺少相关的激励政策和手段，末端处理设施与分类收集工作不配套，影响群众垃圾分类的积极性。焚烧和综合处理设施建设滞后，垃圾中的热值和有机物资源没有得到充分利用。垃圾分类后生产出的产品，受到成本、质量和市场的影响，生产企业不能获得合理利润，直接影响资源化利用效果。

五是垃圾处理行业整体管理水平有待提高。我国生活垃圾问题具有很大的地区差异性，一些法律法规的可操作性不强，原则性规定较多，而强制性、惩罚性的措施少，实施存在难度。此外，很多地方政府部门的主要职责没有由行政管理向间接的市场监管方面转变，未能发挥市场机制在资源配置过程中的基础性作用，放松了市场监管，不能保障政府投入的效益。

（六）园林绿化

当前，部分城市园林绿化建设染上了“高碳症”，贪大求洋，追求“国际化大都市”，不惜砍伐原有树木森林，急功近利，“一日成林”、“大草坪、大景观”等绿化现象此起彼伏。“重景观，轻效益”的观念还没有在部分管理方、设计施工方以及居民群众的思维中产生转变。部分相关科研与行业实践相差较远，成果不能及时转化为服务园林绿化行业发展生产的技术。这一系列问题导致了目前我国园林绿化行业“发展迅速，综合效益不高”的普遍现状。

五、城市市政公用事业发展的政策建议

今后，城市建设要全面深入贯彻落实科学发展观，针对党中央、国务院高度关注、人民群众关心的热点难点问题，紧紧围绕“治污、减排、节能和改善城市人居生态环境”和“坚持以人为本，提高城建行业服务水平”这两条主线开展工作。在“治污、减排”工作中，要全力抓好城镇污水、城镇生活垃圾处理和重点流域治理工作。在“节能”工作中，认真抓好供热计量收费改革。大力推行节约型园林绿化，建设资源节约型、环境友好型城市。通过完善在线监测和应急管理系统，保障城市供水、供气、供热、桥梁等行业的质量和安全。通过加强综合交通体系规划，改善城市居民出行环境。通过推进数字化城市管理，促进管理观念、管理方式变革，实现城市科学管理、和谐管理。通过加强市容环卫绿化工作，美化净化城市环境，让广大城市居民放心、安心、舒心地享受城市建设发展成果。

（一）供水、排水和节水

供水：统筹新建一批供水设施，促进缺水县城供水设施建设，加强供水设施改造，提高

供水水质，逐步关停自建设施。完善城市供水应急处理技术体系和应急处理系统，全国县城以上城镇建立供水应急系统。完成“南水北调”沿线城市配套工程建设。健全城市供水水质监测体系，加强水质监管。

排水：继续加大城镇污水处理设施和配套管网的规划和建设，升级改造水环境脆弱重点地区的已有污水处理设施。同步推进污水再生利用，重点是加快北方缺水城市再生水利用设施建设。制定污水处理、污泥无害化处理和资源化利用的技术、考核标准和运营管理政策。健全特许经营管理配套制度，深化污水、污泥处理处置及再生水利用设施运营机制改革。尽快出台城镇排水和污水处理条例，加快城镇排水和污水管理行政法规的制定及修订工作。

节水：健全用水管理制度。完善以经济手段为主的水价制度，加强对重点流域污染的治理，逐步改善城市的水环境质量。配套完善节水相关法律法规制度。制定城市节水条例，开展节水型城市考核体系与指标研究及修订工作。

（二）供气

尽快出台《燃气管理条例》和配套的相关政策措施，健全燃气建设、储备、运行、使用、服务、运输、设施保护等各方面制度，使燃气行业的改革和发展走上规范化、科学化和法制化的轨道。编制《城镇燃气发展“十二五”规划》，统筹考虑燃气设施建设和燃气发展问题，促进燃气科学发展利用。加大燃气行业市场监管力度。进一步规范行业管理，坚持依法行政，建立公开、公平、公正的市场环境；严格市场准入制度，规范特许经营。进一步加强城镇燃气行业安全工作，要促进建立燃气应急储备、调峰保障、危机处理等供气保障机制，确保城镇燃气供气安全可靠和持续，降低和化解供气不足风险；要加强安全监管力度，采取有效措施，从燃气管理、技术、应用、设备等方面入手，预防和化解燃气安全隐患，降低城镇燃气安全事故的发生率。

（三）供热

加大推进供热计量改革力度。积极贯彻《节约能源法》、《民用建筑节能管理条例》、《城市供热价格暂行管理办法》和《民用建筑供热计量管理办法》等法律、法规和文件，继续推动供热计量改革和按用热量计量收费工作，继续督促北方地区推进采暖费补贴“暗补”变“明补”工作并同步建立个人账户。继续做好城市低收入困难群体采暖保障和推进供热企业改革工作。推进供热立法，明确政府权责，依法维护供、用热双方的合法权益。推进《供热管理条例》等立法进程，继续鼓励地方政府根据各地实际情况，加快供热立法工作。

（四）市政道路和轨道交通

一是充分发挥规划调控作用。以贯彻落实科学发展观为指导，以实现“以人为本”的全面、协调和可持续发展为目标，以促进城市经济社会发展为方向，全国地级以上城市结合城市发展要求，组织编制城市综合交通体系规划，并纳入城市总体规划。城市综合交通体系规划要确定城市交通发展目标和战略，论证城市内部交通与外部交通的衔接关系，提出城市交通换乘系统方案，确定城市各类交通枢纽布局和用地规模，提出规划实施的保障措施，评价规划方案的预期效果。

二是促进各种交通方式均衡发展。要严格按照城市综合交通体系规划确定的目标，加大城市交通基础设施的建设，优化交通出行结构，注重城市公共交通、步行、自行车交通系统的建设与改善。

三是强化交通需求管理。加强城市交通需求管理，引导各地采取有效措施，提高道路交通综合管理水平和交通运行效率，有效缓解城市交通紧张状况。

（五）市容环境卫生

一是完善行业规划体系。要严格按照《全国城镇生活垃圾无害化处理设施建设“十二五”规划》的要求统筹考虑存量、绝对量和增量问题，统筹处理设施建设。各地的城镇体系规划、城市规划、村镇规划等空间规划应将环卫设施建设作为重要内容，合理布局选址，保障环卫设施建设用地。

二是加大设施建设和运营资金投入。贯彻落实中央扩大内需、保经济增长等经济政策，加大中央预算内投资及新增中央投资对城乡生活垃圾处理设施建设的支持力度。指导地方政府积极落实中央投资以外的配套资金，加大对新建设施及设施运营方面的投入，加快对已有不达标生活垃圾处理设施的技术改造和水源地等重点地区生活垃圾堆放场所的生态修复工作。指导地方政府多渠道筹集资金，吸引社会资金投入生活垃圾处理设施建设和运营的模式。

三是鼓励科技进步和自主创新。根据地区之间、城市之间的差异，对各种技术和处理模式进行跟踪，建立垃圾处理技术评估体系，及时对现有技术政策进行修订，减少技术选择的盲目性。完善生活垃圾技术标准体系。制订焚烧厂、堆肥厂和中转站等等级评估的运行监管标准，增加与环卫工人的作业安全有关的工程和产品标准。加强垃圾分类收集、运输、处理及垃圾综合管理的基础性、关键性技术和标准的研究与开发，积极推动餐厨垃圾资源化处理、填埋气收集利用、渗沥液处理、垃圾填埋场臭气控制与消纳、非正规垃圾填埋场治理与生态恢复、填埋场封场后再利用等方面技术的研究应用，通过示范工程进行技术推广。

四是逐步提高市场化、产业化发展水平。规范政府主管部门管理，加强项目全过程监管，推进生活垃圾处理特许经营制度的实施，完善垃圾处理的技术、设计、施工、监理等市场准入制度，规范市场管理。制订生活垃圾处理设施建设招标投标管理办法，强化对招标投标活动进行严格管理和监督，确保招标投标活动公开、公正、公平进行。加强对地方大型生活垃圾处理设施建设的监督指导。完善对生活垃圾处理基础数据的采集和统计工作，将县城垃圾处理信息纳入统计范畴，为垃圾处理政策制定、政府决策、加强管理及与社会公众的沟通等提供可靠依据。

（六）园林绿化

一是各部门加强联系、协作，推进园林生态城市的建设深入发展。充分认识城市园林绿化对城市发展的促进作用。进一步深化“园林城市”和“生态园林城市”的创建工作。城市园林绿化建设覆盖面广，除建设方面外，还涉及市政、环保、林业、水利等多个方面和部门，只有各部门间通力协作、密切配合，形成优势互补、协作配合的工作机制，才能合力推进城市园林绿化建设深入开展。

二是促进宜居背景下的园林绿化发展。利用环境生态学原理规划、建设和管理城市，进一步完善城市绿地系统，实施清洁生产、绿色交通、绿色建筑，促进城市中人与自然的和谐。加大城市生物多样性保护和资源调查研究，推进“低碳城市”背景下的园林绿化研究（或称“低碳园林”），开展绿地碳汇功能研究，建立提高城市绿地碳汇功能的技术措施。积极应对气候变化引发的城市环境问题，研究城市园林绿地雨水、中水回用、城市绿地最佳绿量、城市绿地植物配置模式和合理种植密度、城市湿地保护、园林绿化综合效能评估等，提高城市园林绿化品质。研究城市绿地生态系统的自我演替和自养机制，探索保护、恢复和再造城市自然环境的切实工程措施。

三是促进生态修复目标下的园林绿化发展。针对城市退化生态环境的特点，以改善生态状况系统进行重点区域园林绿化生态修复工程与研究：结合城市更新改造，建设城垣园林绿地；结合河道水系治理，建设城市滨河绿地；结合环境品质提升，改造利用工矿废弃地、荒滩、沙坑等城市遗留棕地。部分自然环境恶劣的城市，可运用透水铺装技术、中水利用、雨水收集与回用、节水灌溉等新技术，应用弹性塑胶铺装、屋面种植容器以及太阳能光伏电新能源、塑木材料等新材料，加强特殊空间园林绿化，促进城市园林绿化发展。

（作者：李如生，住房和城乡建设部城市建设司副司长；严盛虎，住房和城乡建设部城市建设司主任科员）

2009中国城市信息化进展

作为国家信息化重要组成部分和亮点之一，2009年，我国城市信息化继续向深度和广度推进，为城市的规划、建设、管理、服务和城市的生活提供了有力支撑。当前，通过城市信息化建设，让信息化渗透到城市社会经济和生活的各个方面，进而切实提升城市的整体功能已经成为普遍共识。

回顾2009年我国城市信息化的发展，首先我们注意到该领域的学术和技术交流活动相当频繁，其中包括：5月，2009年国际城市遥感大会在上海召开，大会的主题便是“数字城市与和谐环境”。7月，国家测绘局在北京召开全国地理信息产业峰会，数字城市发展和应用成为峰会的重要议题之一。7月和10月，国家测绘局先后在太原、潜江、嘉兴召开了三次数字城市地理空间框架建设项目竣工验收、汇报及推广会。9月，第六届数字地球国际会议在北京召开，会议通过了《2009数字地球北京宣言》，建议加快数字地球从理论研讨到实际应用的进程，特别是在全球变化研究、自然灾害防治、新能源探测和城市规划管理、农业发展等方面发挥重要作用；并在构建数字地球系统过程中充分重视利用新一代技术，提升公共服务水平，降低服务成本。10月，住房和城乡建设部在北京举办第四届中国国际数字城市建设技术研讨会暨设备博览会。10月，中国地理信息系统协会在武汉召开年会，专门设立了城市地理信息系统论坛。12月，中国测绘学会在北京召开年会暨成立50周年庆祝大会，“数字城市建设与网格化城市管理系统推广”与国家基本比例尺地形图覆盖、珠穆朗玛峰高程测定等，一起入选了50年来对中国测绘事业发展有重大影响的10大测绘科技事件。12月，北京大学在北京举办了以“数字减灾与应急管理”为主题的第六届数字中国发展高层论坛，其间还与工业和信息化部联合召开了“全国数字城市经验交流会”。12月，《计算机世界》2009中国信息主管（CIO）年会和中国IT财富（CEO）年会在北京举行，其中设立了以“智慧城市”为主题的数字城市论坛。此外，《经济日报》、《科学时报》等媒体2009年也通过多种方式对我国城市信息化和数字城市的进展进行了专题报道。如此活跃的学术和技术交流活动，从一个方面反映出我国的城市信息化发展迅速，成就显著。

总体上讲，2009年我国城市信息化的发展呈现三个特点：一是城市建设和发展对信息化的迫切需求进一步牵引城市信息化的建设；二是新技术的发展进一步促进城市信息化的应用；三是城市信息化的效用进一步得到体现。我们可以从以下几方面对2009年的城市信息化进展做简要回顾。

一、重要领域的城市信息化建设和应用取得新成效

城市信息化是为城市的规划、建设、管理和城市的生活服务的。2009 年，城市综合管理、国土资源管理等领域的信息化建设取得了新的成效，有力地促进了相关业务的发展，显著提升了业务管理的能力。

1. 网格化城市管理新模式的试点、推广和发展取得新成效

网格化城市管理（又称“数字化城市管理”）新模式自北京市东城区 2004 年创立至 2009 年，已经成功地运行了 5 年。住房和城乡建设部先后确定了三批共 51 个城市（城区）作为全国数字化城市管理工作试点城市（城区），目前已有 30 多个试点城市（城区）通过了住房和城乡建设部组织的验收。据不完全统计，全国有 100 多个城市已经或正在推广应用该模式。2009 年 10 月，在住房和城乡建设部召开的第四届中国国际数字城市研讨会暨博览会上，专门开辟论坛，对该模式的应用进行了回顾和评述。

该模式的提出主要是源自现代城市管理的科学化和精细化需求。最近若干年来，我国城市建设飞速发展，城市管理面临巨大挑战。就狭义的城市管理——市政市容管理而言，传统的粗放管理模式已经不能适应实际需要，网格化管理新模式应运而生。该模式以实现城市管理的准确和高效为目标，以精细化、网格化、信息化和人性化为管理理念。其核心是依托数字城市技术，采用万米单元网格管理方法和城市部件管理方法，实现城市管理空间细化和管理对象的精确定位，创建城市管理新体制，再造城市管理流程，实现城市管理的精确、敏捷、高效、全时段监控、全方位覆盖。该模式大大促进了城市管理效率的提高和管理水平的提升，有力推动了我国城市信息化的建设与发展，成为城市信息化建设的一大亮点。

从信息化的角度看，该模式较好地实现了多专业、多部门的协同工作，突破了信息化建设中普遍存在的条块分割的状况，一定程度上实现了条条块块的结合，初步形成了城市信息共享、更新和服务的模式。它既是城市信息化的亮点应用，同时也为城市信息化“共享共建”奠定了基础。一些城市基于该模式成果，通过进一步拓展，形成了有特色的城市信息化应用框架。北京东城区、武汉、杭州等地已成功地扩展了社区卫生服务、“学区化管理”、“蓝天工程”、社区化救助、流动人口和出租房屋管理等多方面的应用，取得了良好的效果。

这里特别需要指出的是，北京市崇文区在推广该模式时，通过进一步发展，创立了被专家称为“崇文模式”的城市管理思路和体系。“崇文模式”以中华民族优秀传统文化为灵魂，以改善民生为根本，以旧城改造为前提，以改革创新为动力，以科技运用为依托，以综合执法为保障，以一流工作为标准，通过 2007 年以来的实践，城区管理实现了从分散式向综合化转变，从突击式向常态化转变，从平面式向立体化转变，从粗放式向精细化转变，从单一式向社会化转变，探索出一条城市和谐管理的新路。崇文区通过提升城市管理科技含量与科技水平，实现管理科学化、标准化和精细化。城管监督中心广泛使用 3G、GPS、GIS、移动监控和计算机技术，建立了覆盖全区的图像信息管理系统。采用“崇文模式”后，崇

文区在城区管理领域实现了由落后到先进的历史性跨越，连续三年在北京市市容环境卫生、城管行政执法综合考评中保持领先；2008 年被国家卫生部和全国爱卫会授予“国家卫生区”荣誉称号，在中国城市管理发展年会上荣获“中国最佳管理城市奖”；2009 年被提名为“中国地方政府创新奖”。北京市计划近期在全市范围内推广“崇文模式”。

2. 国土资源信息化提高城市国土资源工作的质量和效率

近年来，我国国土资源领域的信息化建设成就突出，不仅成为行业信息化的典范，也为城市信息化建设和应用增添了光彩。国土资源部 2009 年 11 月在上海召开了全国国土资源信息化工作现场会，对此进行了较为系统的总结。

我国国土资源信息化建设是以满足国土资源管理的需求为出发点的。国土资源信息化建设提高了包括城市在内的各级国土资源工作的质量和效率，促进了管理的规范和创新，增强了业务监管能力，提升了系统形象，在国土资源管理中发挥了积极而重大的作用。近年来，国土资源信息化建设以“金土一期”和“数字国土”为依托，立足于网络、数据库和应用系统建设，全面推进国土资源调查评价、政务管理和社会服务等主要领域的信息化工作，取得较明显的成效。突出体现在 5 个方面：一是网络架构已经基本建成；二是各项应用建设不断深化和拓展；三是以“一张图”为基础的信息资源库初步形成；四是数据采集和监管信息化的程度越来越高；五是已经形成了一支精通技术、熟悉管理的信息化建设队伍。同时，那次会议还提出了国土资源信息化建设今后的 8 项重点任务。包括：以金土工程二期建设为抓手，大力推进国土资源信息化建设；积极推进国土资源“一张图”建设；抓好办公业务网络系统建设；完善综合信息监管网络系统；建立国土资源网站体系；加快四级国土资源网络建设；加强应用系统的整合开发与应用；推进国土资源信息服务集群化产业化。

3. 城市信息化建设为上海世博会、济南全运会提供支撑

上海市为筹办 2010 年世博会，建设了“世博会建设运营管理信息系统”，并开设了官方网站——世博网。园区内的交通疏导、安全保障、身份认证、物流运输等各项工作都离不开信息化的有力支撑。“世博会建设运营管理信息系统”按功能可分为网络传输、数据处理、应用服务、控制指挥和交换管理 5 个层次，包括票务管理、交通管理、安保管理、物流管理、商务管理、工作人员管理等多个子系统。世博网是世博系统与上海市公用信息系统进行交互的信息交换平台。世博网又是“网上世博”、“虚拟世博”的载体。世博网还将成为远程虚拟展示的平台，成为一座永不落幕的“数字世博园”。

为了举办第十一届全运会，济南市启动了以信息化社区为主要内容的“数字泉城”建设。济南市以“信息化服务民生，促进和谐社区建设”为目标，采取了“厅（信息服务厅）、屏（信息显示屏）、线（便民服务热线）、站（社区服务网站）”四位一体的模式，制作了全面反映泉城人文环境和全运会地理空间分布的济南市三维全景电子地图，建设了为全运会组委会、代表团、运动员、游客、居民提供信息检索、位置查询等一站式服务的济南市地理信息服务网站。“厅屏线站”中的信息化便民服务厅，主要是为了解决居民生活“缴费难"的问题，方便市民生活；信息化便民服务屏，是为了解决社区缺少公共信息化终端，造成居民获取信息化服务困难的问题；信息化便民服务热线是为了解决居民有需求找不到服务企业、企业有服务资源找不到被服务居民的问题，在居民需求信息和企业服务信息建立便捷的信息化联系渠道，为居民提供个性化、精细化的信息服务；信息化社区服务网站以信息化网络为平台，展示信息化社区的服务内容，为居民提供信息查询服务，接受居民的建议和意见。

4. 城市其他领域信息化应用取得新成绩

2009 年 4 月，苏州智能公交系统进入试运行。市民们可以通过查看电子站牌、拨打热线、发送短信或登录苏州交通纵横网等方式，及时了解所需的公交信息。智能公交系统是在线网分配、营运调度等基础理论研究的前提下，利用系统工程理论和方法，将现代通信、信息、电子、控制、计算机、网络、GPS、GIS 等高新科技集中应用于公交系统，并通过建立智能化调度系统、行业管理系统、信息服务系统、电子收费系统等，实现公交调度、运营、管理的信息化、现代化和智能化，为市民提供更加安全、舒适、便捷的公共交通服务。

2009 年，武汉市环保地理信息系统初步建成。通过该系统可查看全市地表水、空气质量和声学环境功能区划图；查询各监测点位数据，包括全市饮用水源、河流、湖泊、河流湖泊排污口、噪声显示牌、功能区噪声、交通线噪声和空气质量自动监测点位及相关数据；调阅全市各期空气质量日报曲线图和中心城区取水量饼图；了解全市重点污染源信息及排污口基本信息和历年统计数据，以及长江、汉江的武汉段沿江排污口点位及相关数据。为更好地服务于环境规划与管理，该系统还编入了环境空气质量、城市区域噪声和地表水环境质量标准。

二、城市地理空间信息技术和应用取得新进展

地理空间信息技术及其应用一直是我国城市信息化发展的亮点。2009 年，城市地理空间信息平台和三维数字城市建设呈现新的景象，取得了新的进展。

1. 地理空间信息公共平台建设促进数字城市效益的发挥

数字城市的核心是城市信息资源的有效整合和广泛利用，灵魂是实现城市跨部门、跨行业的信息共享。信息资源整合和共享的重要方式是建立城市地理空间信息公共平台，并在此平台的基础上开展各种应用。

国家测绘局自 2006 年以来在全国开展数字城市地理空间框架建设试点工作，目前已确定了 70 多个试点和推广城市。2009 年，国家测绘局率先对太原、潜江和嘉兴 3 个城市进行了验收。此项工作通过建立权威、统一的城市地理信息公共平台，为各类专业信息的交换、整合及应用系统的搭建提供支撑，避免重复投入、重复建设，也避免定位基准、技术标准不统一导致的信息孤岛等问题，有效提升了信息综合利用的水平和能力。试点中基于地理空间

信息公共平台建立的典型应用系统，如太原的环保监测管理信息系统、潜江的卫生监测管理信息系统、嘉兴的工商管理应用系统等，在城市规划、管理及公共服务等方面发挥了重要作用，提高了政府部门在社会管理、公共服务、宏观决策等方面的科学性、准确性和工作效率。

数字太原地理空间框架建设的特点是以直观形象、立体宏观、快速便捷、精细有效、应用广泛的信息系统，服务于城市建设和管理。项目自 2007 年 9 月启动以来，先后完善了基础地理信息数据库，新建了数字太原地理信息公共平台，形成了 3 套数据集和环保监测、公众服务、药监服务、人防信息、地价查询等 5 个应用示范系统。项目于 2009 年 7 月 15 日通过专家验收，成为全国第一个通过验收的数字城市地理空间框架建设项目。

数字潜江地理空间信息公共平台于 2009 年 7 月 23 日开通。2005 年以来，相继完成了潜江市基础地理信息数据采集、多尺度基础地理信息数据库建设、地理信息公共平台搭建、基础地理信息分发服务和多个应用示范系统开发，健全了地理信息管理及分发服务的组织体系，建立和完善了基础地理数据采集、更新和运行维护的长效机制，明确数字潜江地理空间信息公共平台为潜江市唯一、权威的空间定位基础平台，推动了地理信息公共平台在市政府相关部门的广泛应用，提升了政府部门的信息化水平。数字潜江建设成果在公安警用、卫生服务、规划查询、公共服务等领域得到示范应用，并取得了良好的经济效益和社会效益，在城市信息化建设和科学发展中发挥了越来越重要的作用。数字潜江地理空间信息公共平台安装在潜江市政务网上，只要连通该市政务网，就可以方便地使用这个平台。目前，潜江市规划、公安、卫生等部门以公共平台为基础，建立或扩展了本部门的专题应用系统。

数字嘉兴地理信息共享平台建设 3 年多来，获取了基本控制成果数据、似大地水准面精化成果，完成了全市 GPS 连续运行参考站建设，建立了 4D 产品数据库、三维模型数据库、地址地名数据库等较完整的基础地理信息，并建立了基础数据动态、定期更新机制，保证了基础数据的及时更新和行业专题数据的共享。数字嘉兴地理信息共享平台为嘉兴市第二次土地调查、沪杭高铁建设、嘉绍高速公路王店互通连接线建设、嘉兴市历史文化名城保护规划、秀洲区城乡一体化供水规划设计等重大项目建设提供了支撑和保障。在统一的地理信息数据平台上，嘉兴市还完成了专业应用、电子政务和社会公众三类应用系统建设。

2009 年 12 月，国家测绘局对中国测绘科学研究院研发的“数字城市地理信息公共平台软件系统 NewMap GIS”进行了科技成果鉴定。该软件系统已成功应用于太原、潜江、嘉兴等 40 多个数字城市建设，取得了良好的经济和社会效益。

2. 三维数字城市进入规模化、实用化、公众化应用

三维数字城市应用更符合公众的应用习惯，也是目前的发展趋势之一。经过多年的实践，三维数字城市正进入规模化、实用化和公众化应用阶段。2009 年 6 月，武汉市在国内率先实现了特大城市主城区三维模型的全覆盖。总投资 1.1 亿元的武汉市三维数字地图系统已全面建成，完成了全市域 8549 平方公里的框架模型建设和主城区 450 余平方公里的精细模型建设。同时，还开展了地下管线及岩土现状三维建设，实现网络环境下三维场景的在线浏览与查询。该系统已在城市规划等实践中得到应用，取得了很好的效果。同时，在武汉市三维数字城市建设和应用实践的基础上，形成了行业标准《城市三维建模技术规范》（送审稿）。

重庆市基于三维地图开发了“重庆印象”生活门户服务平台。该平台以高分辨率的航空遥感影像为背景，以三维实景模拟的形式，直观仿真地将城市搬到互网联上。目前完成了包含重庆主城区1700平方公里范围内的高分辨率影像发布、城市精细三维发布和路网信息发布，收集并发布了20多万条兴趣点和地名信息。平台提供城市三维信息服务，已经成为城市居民生活距离最近和最具实用意义的互联网络平台。在2009年10月举行的第二届重庆金融博览会上，重庆市研发的三维金融地理信息系统受到与会各界人士的广泛关注，成为“金博会”上的亮点。该系统除具有传统三维仿真系统真实、直观等优点外，还可以互动查询有关金融的各种信息。

基于三维电子地图的车辆导航是未来导航市场发展的重要趋势。目前，已推出3D导航地图和软件，部分国产3D地图已经开始在汽车导航中应用。采用新一代高德3D导航地图的宝马轿车已在中国投放市场。

3. 城市公众地理信息服务迈出新步伐

2009年7月和12月，上海市和北京市测绘主管部门分别开通了权威的上海地图网站（www. shanghai-map. net）和北京地图网站（www. bjmap. gov. cn），为公众提供来自政府部门的权威地图应用服务。这对于进一步提升面向公众服务的城市信息化建设水平具有重要意义。

2009年，一套专为行人出行设计的导航电子地图数据研发成功，行人出行将更加方便快捷。这套行人导航电子地图数据包含北京、上海、广州、香港四大城市的公交换乘、地下通道、过街天桥、人行横道等行人设施及部分可步行但不可通车的道路信息。导航引擎可以根据行人的具体需求，简便快捷地规划出小路、步行梯等车辆不可通达的路线，指引使用者以最短距离抵达目的地。同时，它还可通过内含的大量公交换乘信息，为使用者规划合理高效的公交路线，以地铁、公交车、步行搭配的方式，引导行人在城市内自由往来。

三、相关技术的新发展支撑城市信息化新应用

在我国城市信息化发展过程中，信息技术领域的许多新发展都起了重要的推动作用。2009年，3G技术的应用和“智慧城市”的提出尤为突出。

1. 3G发展支撑城市信息化新应用

2009年被称为中国的3G元年。3G技术离我们的生活越来越近，它的到来掀起了一阵无线通讯的新浪潮，具有里程碑和划时代的意义。3G技术的发展，无疑为包括城市信息化在内的信息化建设提供了更加便捷的信息基础设施支撑。中国移动、中国电信、中国联通三

大基础电信运营商开始紧锣密鼓地部署各自的3G蓝图，2009年共完成3G网络建设直接投资1609亿元，完成3G基站建设32.5万个，建设规模超过十多年来累计规模的一半；3G网络建设取得阶段性进展，网络覆盖逐步扩大，网络质量稳步提高；国内外手机生产商、设备商以及IT企业也都纷纷上阵；3G用户数量不断增加，2009年底全国3G用户超过1500万户；移动互联网市场显示出巨大的发展空间。

在3G快速发展的同时，一些城市和政府部门抓住3G机会，大力推进城市信息化及相关信息化建设。2009年5月，北京市同时与三大基础电信运营商签署战略合作框架协议，共同把北京建设成为“城乡一体化的城市信息化、资讯获取便利的信息城市、移动互联的网络城市、信息新技术新业务的先行城市、信息安全水平一流的可信城市”。8月，深圳市也与中国电信、中国移动和中国联通签订战略合作协议，建设信息网络，推进信息技术在政务、商务、生产、生活、教育和文化等领域的广泛应用。10月，住房和城乡建设部与中国电信、中国移动签署战略合作框架协议，将在住房和城乡建设领域信息化建设方面开展深入合作。其中，住房和城乡建设部与中国移动将在“城市信息化”理论及技术的研究和推广上，共同开展数字化城市管理、城市灾害防治、城市环境治理与保护等合作，借助信息化手段强化城市基础设施运营的安全监管，提高应对突发事件的能力。12月，三亚市人民政府与中国移动海南公司签署全面战略合作框架协议，建立重要战略合作关系。未来5年，中国移动海南公司将在三亚投资9.4亿元，开展3G网络基础设施建设并以此推进三亚“数字城市”建设。此外，上海、天津、湖北等地也纷纷与三大电信运营商分别签订了战略合作协议。

2010年1月15日，中国互联网络信息中心发布了《第25次中国互联网络发展状况统计报告》。该报告显示，截至2009年12月，我国网民规模已达3.84亿，互联网普及率进一步提升，达到28.9%。受3G业务开展的影响，我国手机网民数量迅速增长，规模已达2.33亿人，占整体网民的60.8%。手机和笔记本电脑作为网民上网终端的使用率迅速攀升，互联网随身化、便携化的趋势日益明显。而商务交易类应用的快速增长，也使得中国网络应用更加丰富，经济带动价值更高。

在不久的将来，基于3G的各种城市信息化应用将精彩纷呈。比如，对目前正在推广应用的网格化城市管理新模式而言，3G新技术的应用有可能全面塑造新一代的城市管理信息化系统。

2. “智慧城市”掀起新的城市信息化建设热点

2009年，“智慧地球”、“智慧城市”、“物联网”、“传感网”、“感知中国”等一系列与“智慧”有关的新词汇不断出现在各种媒体上，令人应接不暇。按照IBM的观点，基于“智慧城市”的技术及解决方案，城市管理者能够以创新的手段为居民提供便捷、安全、高效的服务，而城市居民也将在“城市因智慧而改变”的过程中获取丰厚的回报。

2009年10月，IBM与昆山市政府共同启动“智慧城市”战略合作项目，共建IBM“智慧城市”解决方案展示中心、实验室和服务中心，在电子政务、食品管理、水资源管理、智能交通、公共卫生医疗、城市安保等项目上开展深入合作，为昆山城市建设和商业发展注入活力，支持中国城市向数字化、物联化、互联化、智能化迈进，把更多的中国城市建设成智慧型城市。

目前，“智慧城市”尚有许多理论和实践问题需要研究，真正建成“智慧城市”也还需要一个时间和过程，但其理念无疑为未来的城市信息化建设带来新的感知和启示。

四、城市信息化发展面临新机遇新挑战

温家宝总理2009年11月3日在为首都科技界做的《让科技引领中国可持续发展》的重要讲话中，提出要发展战略性新兴产业，其中包括信息技术产业，并特别提及了下一代互联网、传感网、物联网、“智慧地球”和“感知中国”等。不久前召开的中央经济工作会议明确提出了2010年我国经济工作的主要任务。可以说，2010年我国社会经济的发展对包括城市信息化在内的信息化建设提出了新的需求，这无疑将给城市信息化带来新的机遇。但机遇与挑战并存，如何更好地服务于城市的社会经济发展必然成为城市信息化发展中迫切需要解决的问题。城市信息化应该为城市经济社会发展提供深层次的支持，为公众生活质量的提升提供更大的支撑。

回顾2009年我国城市信息化发展时，我们有两点较为深刻的感受。

一是城市信息化效用显著。城市信息化建设和应用对于提高城市的社会经济发展水平和规划、建设、管理和服务能力具有重要作用。即使在全球性的经济危机带来巨大影响的时候，城市信息化的效用也在很多方面得到体现。目前，日趋理性的城市信息化建设，就是这种效用的最好注解。通过城市信息化建设，让信息化渗透到城市社会经济和生活的各个方面，进而切实提升城市功能，这将是推动城市科学发展的重要途径。

二是城市信息化发展面临新的挑战，要进一步推进城市信息化发展，就迫切需要管理创新和技术创新的支持。当前城市信息化建设中仍然存在不少较为突出的问题。比如，城市信息化规划的科学性、权威性尚待提高，规划的实施得不到有效的监控；公共信息平台建设进展缓慢，跨部门、跨行业的信息整合难以实施；信息获取、更新、管理、挖掘、整合、应用和服务等方面尚存在一系列技术瓶颈；尚没有形成统一的数字城市标准体系；公众信息服务的内容、质量和效益有待提升；城市信息化的绩效评价缺乏合适的方法；许多城市信息化建设的资金，特别是日常运行维护的资金得不到较充分的保障等等。这些问题应该说都不是新出现的，但解决起来难度较大。只有通过创新，才能进一步推动未来城市信息化的可持续发展。

我们相信，我国城市信息化未来的发展一定会更加光明，城市信息化必将为城市的社会经济发展提供新的更高层次的支撑。

（作者：王丹，建设综合勘察研究设计院有限公司研究员；田飞，建设综合勘察研究设计院有限公司工程师；承继成，北京大学教授，国际欧亚科学院院士）

参考文献：

1. http：//www. cagis. org. cn
2. http：//www. ccidnet. com
3. http：//www. ccw. com. cn
4. http：//www. ce. cn
5. http：//www. cnnic. org. cn
6. http：//www. csgpc. org
7. http：//www. cyol. net
8. http：//www. miit. gov. cn
9. http：//www. mlr. gov. cn
10. http：//www. mohurd. gov. cn
11. http：//www. sbsm. gov. cn
12. http：//www. sciencenet. cn
13. 住房和城乡建设部信息中心．《数字城市》杂志，2009（1－12）

观察篇

2009年全国两会城乡建设规划热点问题综述

2009年3月3日至3月13日，第十一届全国人大和全国政协第二次会议在北京召开。与会代表和委员紧紧围绕“保发展、保民生、保稳定”这个大局，纷纷建言献策。根据统计，十一届全国人大二次会议期间，代表们共提出建议7426件；政协第十一届全国委员会第二次会议期间，政协委员提案5571件。其中，政协委员提案中的5035件立案，有效率达到90%以上。从中可以看出两个现象：一是议案和提案数量比往年有了明显增长，二是议案和提案的质量有了较大提高，代表和委员的素质也有了一定程度的提高。

从议案和提案涉及的内容来看，2009年两会期间议案中关注科教文卫、资源环境、城乡建设、农林水利方面的就占到36.6%。代表反映比较突出的问题主要是，关于深化医疗卫生体制改革、加强食品药品安全监管、促进地区协调可持续发展、推进社会主义新农村建设、完善社会保障体系，以及妥善解决大学生就业压力等。提案中关注教育、三农和就业方面的提案最多，总共占所有提案的34%。城乡规划建设有关议案和提案仍占有较大比例，是当前我国城市化加速发展的背景下举国关注的一个重要热点。

议案和提案关注的城乡规划热点问题与往年相比更加集中，主要分为以下五类：区域发展与规划、城乡统筹建设、城市住房和基础设施建设、历史文化遗产保护、生态环境保护。以下分类综述。

表1　2009年全国两会人大代表议案分类表

序号	分　类	数　量
1	科技、教育、文化、卫生方面	1431件，19.3%
2	资源环境、城乡建设、农林水利方面	1289件，17.3%
3	社会及公共事务方面	1102件，占14.8%
4	人大、法院、检察院工作及法治建设方面	1007件，占13.6%
5	财政、税收和金融方面	891件，占12%
6	发展规划和综合经济方面	885件，占11.9%
7	其他方面	821件，占11.1%

表2　2009年全国两会政协委员提案分类表

序号	分　　类	数　　量
1	保增长、扩内需、调结构方面	551件,9.9%
2	三农方面	603件,10.8%
3	就业方面	632件,
4	社会保障方面	301件,11.3%
5	教育方面	657件,11.8%
6	医疗卫生方面	426件,7.6%
7	食品安全方面	146件,2.6%
8	民主法制建设方面	294件,5.3%
9	其他方面	1961件,35.2%

一、区域发展与规划

1. 西部大开发

2009年是国家实施西部大开发战略第10年。来自陕西的人大代表一致认为，在目前应对金融危机的新形势下，国家应继续延续有关政策，加大对西部的资金支持力度，保持西部地区经济平稳较快发展。祝作利代表提出，特别是在受金融危机冲击的关键时刻，应进一步叫响西部大开发。陈强代表以延安发展为例，说明西部大开发带来的巨大变化，城市基础设施发展很快，退耕还林还草改变延安的面貌等等；为此，他建议国家应继续推进和加大西部大开发战略的实施力度，这样，西部地区会得到更好更快发展。

全国人大代表罗强、王建军等针对国家实施的4万亿投资计划向大会提交议案，建议免除革命老区项目建设的配套资金。因为老区一方面自身造血功能极弱，财政收入总量少，另一方面在前期的建设项目中由于配套资金不足，地方政府已经出现了贷款举债甚至拖欠工程款项的现象。全国人大代表童若春提出中央应采取区别对待的办法进行建设项目资金配套，保障项目的顺利实施。全国人大常委侯义斌认为配套资金制度对西部地区确实应该考虑一定程度的减免，加强对西部发展的支持。但全国政协委员贾康认为，中央已在政府工作报告中同意地方通过发行债券的方式弥补地方配套资金的不足，西部应按“新债保证项目、旧债努力偿还”的原则，积极利用本地的融资平台来弥补资金缺口。

2. 中部崛起

全国人大代表莫德旺认为，目前中部地区面临最大现实压力，包括产业结构的同构性，经济增长方式比较粗放，以及大批农民工返乡带来的就业压力等。为此建议：一是国家尽快出台中部地区发展战略规划，并与已出台的中部地区崛起政策、十大产业振兴规划等政策相结合，进一步明确中部地区的产业发展重点和资金投向重点，大力支持中部地区发展交通、通讯基础设施、治理大江大河和湖泊，建设能源基地、装备制造基地等方面推出更有力度的政策性支持措施，在财税、资金、政策等各个方面加大对中部地区的支持力度；二是制定《促进返乡农民工创业就业的指导意见》，提出真正能惠及返乡农民工的创业就业支持措施；三是尽快制定鼓励中部地区承接境外及沿海产业转移的支持性政策，提高产业转移与区域产业结构调整升级间的适应性、匹配性，防止“简单平移”、“重复同构”，甚至恶性竞争。

3. 海峡经济区建设

台盟中央和全国台联《构建“海峡经济区”探索建立具有两岸特色的经济合作机制》的提案认为，必须在“海峡经济区”内（包括台湾和海峡西岸地区）实现政策协调、资源整合、产业对接，并作为全面加强两岸经济合作、建立两岸经济合作机制的先行试点，为今后发展积累经验。提案建议：一要两岸协商做好“海峡经济区”发展的长远规划；二要加强“海峡经济区”的重大项目建设，如探索设立“海峡经济区”产业投资基金解决重大项目建设融资和支持关键性技术的研究，尽快建成南平、三明、龙岩间的铁路，打通广州到杭州的交通动脉等；三要在“海峡经济区”试行更加宽松灵活的两岸经济整合政策，对台资企业与内资企业一视同仁，适当放宽台资投资的股比构成等；四要打造“海峡经济区”的产业发展支撑体系，把海峡西岸产业发展布局与东岸台湾的产业布局有机结合起来。

民革中央提出《构建“海峡经济区”，促进两岸共同繁荣》的提案。提案认为，当前两岸关系发生了重大的积极变化，应顺应经济全球化和区域一体化的发展趋势，加紧推动构建以台湾海峡为纽带、以两岸经济一体化为共同远景的“海峡经济区”；进一步建立具有两岸特色的经济合作机制，最大限度实现优势互补、互惠互利，促进两岸共同繁荣，使“海峡经济区”成为祖国大陆继珠三角、长三角、环渤海、北部湾地区之后又一个新的经济增长极。

九三学社的提案建议，推进海西建设，促进两岸交流合作。提案认为，福建积极推进海峡西岸经济区建设，作出了重要贡献，但海峡西岸经济区仍存在着发展基础薄弱、地方财力有限、区域发展不平衡等亟待解决的问题，束缚了其两岸交流平台作用的进一步发挥。因此，建议国家加大投入力度，加快推进以福建为主体的海峡西岸经济区建设，把海西建设作为推进对台交流合作和祖国和平统一大业的前沿平台。建设重点包括：一是建立对台经贸实验区。区内实行特殊政策，货物自由进出，人民币结算等；二是引入台湾新竹科学工业园的发展模式与管理机制，创建海西新竹科学工业园，带动高新技术产业发展；三是成立两岸交流基金，由中央财政出资并引导、整合社会资金，以鼓励和支持两岸开展多领域、多形式、多层次的交流合作；四是加强海峡西岸基础设施建设。

4. 云南跨境经济合作区

全国政协委员王学仁领衔的33位在滇委员联名提交了《关于建立云南跨境经济合作区

的提案》。提案认为，在云南建立跨境经济合作区的条件和时机已经成熟。建立跨境经济合作区，可以将两国或多国沿边经济连为一体，有利于共谋经济发展、共同应对挑战，促进国家之间经济一体化的发展。提案建议：一是将建立跨境经济合作区上升为国家战略，列入国家对外开放发展的总体规划；二是分别与越、老、缅三国政府签署建立跨境经济合作区的协议或备忘录；三是建立国家间的跨境经济合作区建设与管理机构，统一规划、部署和实施全国跨境经济合作区建设；四是先在云南河口、磨憨、瑞丽3个国家的一类口岸试点，实行相关免税、转移支付、跨境结算、外商待遇、境内关外等特殊优惠政策；五是建立联合协调管理机构，实行签证互免、互认免检、司法合作等高效边检管理体系。

为建立跨境经济合作区的提案，管国忠委员提出了《进一步提升云南口岸对外开放水平的提案》，建议进一步改善口岸检验、检疫管理模式，完善便捷的现代物流体系，提高审批效率，提高出入境人员和货物的通关速度；进一步将对外贸易从民间的边民互市、边境小额贸易逐步拓展到地方贸易、边境贸易和转口贸易，并加大旅游业的对外开放力度。同时鼓励和支持各类企业到缅甸、泰国等东南亚国家投资办厂，开发资源和开展各种经贸活动。罗黎辉委员《关于将云南作为我国沿边开放试验区的建议》指出，沿边开放的低水平已成为阻碍落实国家全面开放战略的一个重要的短板，将云南省率先打造成我国沿边开放试验区，会更加有效地促进云南经济社会发展与国家整体对外开放的有机结合，对于我国探索沿边开放新模式、推进西部大开发和边疆民族地区经济社会又好又快发展具有十分重要的现实意义。林晓昌委员建议政府在税收等方面按今年政府工作报告的要求出台相应政策，扶持出口企业，加大对企业的贴息贷款，充分调动企业和农户的积极性，扩大云南农产品和其他特色产品出口，让广大农民和企业在扩大沿边开放中得到更多实惠，提高云南产品的市场占有率。

5. 海洋城市实验区

改革开放三十年来，沿海省市区一直是带动中华民族腾飞的龙头，是经济高速持续增长的引擎。郝萍代表建议，通过“放九龙出海，催生海洋产业革命，建立海洋城市试验区，拓展人类第二生存空间”的经济和社会发展战略方案来促进国家崛起战略的实施。其中，“九龙出海”是在中国沿海的辽、冀、鲁、苏、浙、闽、粤、桂、琼九个省区，各选一个海洋开发前景好的县市，建立以海洋食物链和产业链体系为主体的海洋城市经济试验区，开始人类进入海洋时代的试验，率先完成人类新的生存空间之革命。

6. 鄂西生态文化旅游圈

驻鄂全国政协委员联名提交“构建鄂西生态文化旅游圈”的提案。提案认为构建鄂西生态文化旅游圈具有诸多有利条件。包括生态资源优势、历史文化资源优势、工程建设奇观资源优势、地域民俗资源优势和区位优势等。提案请求国家给予支持：一是从国家层面提出建设“鄂西生态文化旅游示范区”；二是建立部、省联动机制，对鄂西地区交通、生态、旅游、文化建设给予政策倾斜。

7. 广佛同城化

广佛同城化通过《珠江三角洲地区改革发展规划纲要》已上升到国家战略层面。张广宁代表认为，“推进广佛同城化，具有携领珠江三角洲地区城市群发展的重要意义。”推进广佛同城化，一定能形成1+1>2的整体效应，大大提升整体竞争力。与会代表认为，加快推进广佛同城化，一要建立领导机构和协调机制，二要起草广佛同城化合作框架协议，三要制定广佛同城化规划，四要制定年度工作计划，五要制定专责小组工作规划，六要建立新闻发布制度。

8. 港澳地区发展

港区政协委员、港府中央政策组首席顾问刘兆佳提案中认为，在东亚区域合作中，香港现时受制于区域合作在主权国层面展开的限制。他建议中央有关部门研究如何充分利用“一国两制”在制度上的灵活性，发挥香港的优势和独特的作用，使香港配合和服务于国家的周边外交以及整体对外战略。梁振英委员也提出香港与内地必须加强合作，尤其在基建、产业合作上扮演更多参与角色。他建议政府应加大行政权力，由各行政主管机构与内地做好协调工作，以配合内地的发展速度。同时他还提出加强边界地区的合作，开发深港之间的用地，建立自由贸易区，加强香港与广东乃至内的铁路联系，更加方便深港两地交流。

马有礼、陈明金、梁庆庭、杨俊文、贺定一、崔世昌等委员对建立澳珠中旅游合作、推动区域一体化发展提出了建议。他们认为，澳门要改变过去单一博彩旅游目的地的现状，通过适度的多元化发展，成为亚洲旅游休闲中心，有必要整合相邻地区珠海、中山的资源，建立澳珠中旅游合作区，构建澳珠中大旅游格局，从而确立其国际旅游城市的地位，提升全球的影响力和辐射力。陈明金委员提出，要在中央政府的协调下，建立粤、澳政府以及珠海、中山政府之间紧密的合作机制，建立澳珠中三地旅游主管部门的常态联席会议制度，在《珠江三角洲地区改革发展规划纲要》的框架下，做好旅游规划深度合作，推进区域旅游经济一体化制度的建立和组织实施。

9. 伊宁少数民族富民固边试验区建设

全国政协委员卢尼奥夫·尼古拉提交了“关于在新疆伊宁设立少数民族富民固边试验区建议的提案”。他建议在新疆伊宁设立国家级的少数民族富民固边试验区。试验区的主要功能包括完善的跨境自由贸易区的功能、向西出口商品的加工基地、中转基地、现代物流商贸基地和区域性国际商贸中心、进口能源和紧缺矿业资源的国际大通道，新欧亚大陆桥的重要枢纽，战略性资源的利用开发区。为此，他建议：一是在伊宁市设立国家级的少数民族富民固边试验区，可以统一规划，分期建设；二是试验区、口岸、跨境自由贸易区实施一体化规划、建设和管理；三是赋予试验区的创新权、试验权，要求试验区探索富民固边的新模式、新体制和新机制，以期能对西南或其他少数民族的发展起到示范作用；四是国务院相关部委应加强对试验区的领导、指导、协调和相应的政策支持。

二、城乡统筹建设

1. 城乡统筹体制建设

刘佩智委员提出，实现城乡统筹发展的目标，不仅要继续加大对基础设施的投入，更重要的是破除机制、体制障碍，激发农村、农业经济社会发展的内部活力，探索区域协调发展的新模式。他建议把推进农村产权制度改革作为重大战略部署，增强农村农业发展的动力和活力。为此要着力做好三件事：一是在明晰农村集体土地和农村房屋等所有权、使用权的基础上，探索土地承包经营权长久不变和农村宅基地有偿使用的办法；二是按照依法自愿有偿原则，在不改变土地性质和用途、不损害农民权益的前提下，建立土地承包经营权流转市场；三是在严格保护耕地总量不变、质量不下降的前提下，探索建立城乡统一的建设用地市场，同时允许农民和集体经济组织对农村集体建设用地以多种方式参与开发经营并保障农民合法权益。

李铀委员建议，应推进农村投融资体制改革，建立有利于农村发展的资金支持政策，如设立统筹城乡产业投资基金，为现代农业发展和城乡基础设施建设筹集资金；设立各类农副产品期货交易市场，使农民和农业企业实现套期保值，抵御市场风险；在农村金融市场引入竞争机制，开展村镇银行、农村信贷公司、农村资金互助社及小额信贷组织试点等。这些都是让农村获得发展所需资金的有益探索。

推进城乡公共服务均衡化一直是委员们关注的焦点。陈放委员认为，统筹城乡公共服务体系对于健康推进城乡统筹发展至关重要。要让进城农民真正成为城市主人，而不是城市雇工和城市贫民，前提是要让他们均衡享受就业、教育、医疗等社会公共服务。部分委员建议在城乡统筹过程中要形成六大机制，即要建立为生产生活奠定物质基础的生态环境统筹机制，推动社会生产力提高、经济增长、社会繁荣的产业协调发展机制，为城乡居民提供更多就业岗位、改善人民生活水平的就业统筹机制，为生产活动提供物质要素投入的资源、能源统筹配置机制，有效缩小城乡差距、实现分配公平的城乡公共产品供给机制和政府政策、法规的统筹保障机制。

2. 集体土地征用

全国人大代表罗美元提交了《关于加强农村征地管理和保护的建议》的议案。他认为，近年来国家坚持以工业反哺农业、城市支持农村的战略，相继出台了各项强农惠农政策，农村得到了快速发展。但随着经济的发展和城市的扩张，农村征地和农民失地的问题逐渐显现出来。包括失地农民利益得不到最大化保障，缺乏对失地农民的后续服务，地方政府对重点项目实行极度土地优惠或无偿赠送导致无法确保农民权益落实，因农村耕地流失影响粮食生产、污染项目落户导致农村环境恶化。为此他建议，全国人大就“农村征地与保护”问题进行专门研究立法：一是要规范农村征地行为，加强对征地的审批检查力度，配套制定征地后续服务政策要求，强化征地项目审批，落实补偿标准、落实安置方案，落实重新就业，落实培训服务；二是严肃征地资金管理，严禁政府直接进行征地补偿，优惠政策必须在适度范围内进行公示，听取意见；三是加强农村征地领导，实行县长负责制，将农村征地管理列入主要领导的实绩考核范围。

王守东代表认为："进一步采取措施，遏制耕地的非法、过度占用，加强城市建设的土地管理尤为必要。"要改革土地征用制度，建立城市土地集约利用的长效机制，明晰农民对农村集体土地的决策权，加大违法占地的处罚成本。

三、城市住房和基础设施建设

1. 城市住房和居住问题

全国政协委员郭松海《关于控制居住空间分异，构建混合社区》的提案认为，近年来城市居民的居住水平发生了分化，以高档公寓为代表的高收入居住区多处于交通发达、商业繁华、教育资源集中的市区，而经济适用房、廉租房大多在边缘地带，而且周边配套设施不齐全，形成低收入者聚居的贫民社区。他认为这种居住状态隐含着巨大风险，应该加以防范。因此提出要控制居住差异，提倡不同收入者混合居住，使城市公共资源为城市所有市民共享。他建议将商品房开发与保障性住房开放相结合，政府要在市区内各区都要安排一定数量的保障性住房，可通过优惠的土地、财政政策，要求商品房项目开发必须配建一定比例的经济适用住房和廉租房；推广和实施部分被动拆迁居民的回迁政策，并设定相应比例的回迁房，使再建的中高档商品房不只为中高收入阶层独享，从而实现混合居住。

全国人大代表胡小燕建议，应在城市交通便利的区域建设"新工人公寓社区"，以不超过 1500 元/平方米的价格卖给"新工人——农民工及其子女"，让"新工人"在条件许可的情形下转化为城市居民。

全国政协委员蔡继明《关于妥善解决小产权房问题的建议》的提案认为：一方面，解决小产权房的前提是承认现实，尽量采取经济化手段解决。另一方面，解决小产权房问题政府应承担责任，地方政府应加大财政投入，实现城镇居民"居者有其屋"后，自然没有城镇居民愿意放弃相对优越的城市生活环境，到农村去买房子。目前既成事实的"小产权房"，对于利用农村集体建设用地建设的，则应该尽量用经济化的手段，使其转入房地产流通市场，给予其合理身份，使其成为房地产市场的有效供应量；但违反农村用地规划、擅自占用耕地建商品房的，必须依法处理。另外，他认为，政府还可以通过回购等手段，将小产权房转变为经济适用房和廉租房，均比简单的拆除效果好。他还建议中央财政应进一步完善财政支出体系，加大对地方政府的财政转移力度，减轻地方财政对土地的依赖。

2. 城市基础设施建设

全国政协委员施耀忠在《关于适当提高道路限速标准的提案》中提出，国内许多省份一些公路和城市道路根据设计时速而确定的道路限速标准过低，没有充分考虑大多数道路使用者合理的驾驶习惯，对道路运输的发展造成了一定程度的阻碍。提案建议进一步提高道路的限速标准。

全国人大代表郝如玉两会期间提交了一份致国家发改委的提案，呼吁借鉴国际在减振降噪方面的先进经验，少走弯路，避免不合理不科学设计带来的资源浪费以及扰民问题。郝如玉建议，结合目前国内现状，较为现实的办法是，应该由中国具有宏观管理能力的国家发改委轨道主管部门尽快召集各轨道规划、环评及建设单位，组织并听取国内外专家意见，并牵头组建临时“轨道交通扰民治理小组”。在修改提升现有《城市区域环境振动标准》和《城市区域环境噪声标准》的同时，对正在建或规划中的轨道交通进行紧急集中普查，尽量在可能的情况下采用具体措施，强制其达到不扰民或少扰民，实现全线环保减振降噪的要求。

四、历史文化遗产保护

国家文物局局长单霁翔委员的提案提出，由于大遗址占地面积大，且常位于城市中心和边缘，因而它的保护与城市开发建设、区域经济发展的矛盾日趋严重，多数大遗址已经遭到了不同程度的侵占和破坏，形势令人担忧。为此，他建议希望国家发改委、国土资源部、财政部、国家税务总局等部门，加大对大型考古遗址公园建设的支持力度，为之开辟“绿色通道”。

谢京委员的提案认为，海南因自身财力和人力原因难以对民族文化进行深入挖掘，造成海南旅游文化特色整体不够鲜明、不够突出，民族文化的利用还显不足，民族特色产品种类还较为单一，没有形成聚集效应。他认为，海南黎族传统纺染织绣技艺的保护，需要得到国家的支持和帮助，文化部应把海南黎族传统纺染织绣技艺列入国家“急需保护的非物质文化遗产名录”，帮助海南非物质文化遗产保护中心向联合国教科文组织申报世界非物质文化遗产，并对海南黎族传统纺染织绣技艺在政策和资金上给予支持。

全国人大代表许菊云在《关于抢救历史文化、扶持老字号企业，保留城市记忆的建议》提案中提出，近几年来受机制不活和城市改造的影响，老字号企业或经营陷入困境或从市场消失。保护和扶持老字号企业，保留城市历史文化刻不容缓。她建议，首先要建立起促进老字号企业振兴发展的支持体系，其次对餐饮老字号企业在政策上、资金上给予扶持，再次应将老字号文化作为城市无形资产来保护。

五、生态环境保护

全国人大代表吴秀凤指出，当前长江的生态环境不能支撑白鳍豚和江豚的生存，长江水生生物资源严重衰退、生态环境严重恶化，为此必须尽快制定出台《长江生态环境保护法》。通过立法，全面规范长江流域人类的各种经济活动，设立有关机构具体负责长江生态环境保护的协调工作。

全国人大代表余爱国提出建立长株潭城市群生态补偿机制。长株潭三市生态环境保护高度关联，湘江是三市的共同水源，三市结合部是大片的绿心区域，具有跨流域、跨行政区域两个鲜明的特点。在湘江干流水环境治理中，处在三市中游的湘潭任务最重；在三市绿心区域中，湘潭所占部分的面积最大，整个绿心地区，包括风景名胜区、森林公园、植物园和自然保护区等，都被划为限制开发区。建立长株潭城市群生态补偿机制是预防和解决区域间环境问题的必要条件，是统筹区际协调发展的迫切需要。他建议，明确利益各方的责任，按照“谁污染，谁治理，谁破坏，谁恢复，谁受益，谁补偿”的原则，由省、市两级财政出资，建立长株潭试验区生态补偿专项资金，健全生态补偿机制，平衡各方利益，促进城市群的生态建设和环境保护。

海南代表团建议制定《中华人民共和国生态补偿法》议案认为，建立生态补偿机制、利用环境经济政策手段来解决生态环境保护问题是新时期国家环境保护工作的主要方向。按照“谁保护谁受益，谁损害谁补偿”的原则确定生态补偿范围。根据不同受偿对象的特点，可以采用财政转移支付、居民民生补偿、直接权益损失性补偿等多种方式。议案还建议国家在进行生态补偿立法的同时，制定生态补偿制度实施意见，按照“分步实施，逐步拓展”的原则，建议在海南先行试点。

曾庆红代表提交了《关于保护“一湖清水”，加快推进鄱阳湖生态经济区建设的建议》的议案。曾庆红认为，鄱阳湖在长江流域中发挥着巨大的调蓄洪水和保护生物多样性等特殊生态功能，对维系区域和国家生态安全都具有重要作用。因此，他建议，把鄱阳湖生态经济区建设纳入国家重点功能区建设规划，提到国家层面予以实施，加大对鄱阳湖经济区基础设施和产业项目投入力度，加快启动鄱阳湖生态水利枢纽工程建设，加大对湖区生态农业发展支持力度，并建立生态补偿机制，让保护生态者获得回报。

重庆代表团提出议案，建议制定长江三峡水库管理法或条例，建立长效机制，将生态建设和环境整治纳入三峡工程后续工作规划，依法加强领导、加重投入、加大工作力度。议案认为三峡库区环境保护工作需要水利、移民、市政、环保、国土等多个部门协调配合，只有依法统一管理，明晰责权利，才能避免“九龙治水”的尴尬局面。另外，长江流经多个省市，仅三峡库区就包括重庆、湖北两个省市，环境保护工作需要各个省市共同努力，也需要有法律法规作保证。

（作者：王建军，佛山市规划局南海分局总规划师，高级工程师）

我国宜居城市建设的热点与思考[①]

城市的飞速发展引发出诸如环境污染、资源枯竭、土地紧张、交通拥挤等一系列问题，迫使人们反思以往的城市建设模式与理念。宜居城市由于能够优先保障人们舒适便利的生活，而成为当代城市发展的一种新的潮流与热点。国外诸多城市和区域纷纷开展了类型多样的宜居城市建设的探索与实践，如温哥华、维也纳、新加坡、西雅图等。在我国，2000 年，广州城市战略规划中率先提出“适宜创业、适宜居住”的发展目标。2004 年，北京首次将宜居城市纳入城市总体规划发展目标，在全国掀起了宜居城市研究与建设的热潮。已有广东、重庆、深圳、济南等诸多城市编制了宜居城市的规划或专项研究，宜居城市规划与建设正得到蓬勃发展。但纵观国内相关理论研究与建设实践，热潮的背后需要冷静的思考与总结，研究与建设过程中还存在诸多问题亟待解决。本文通过梳理近期国内外宜居城市研究成果，提出具体研究与建设过程中的问题与建设对策初步思路，以期为我国城市科学的规划建设以及人居环境改善提供技术参考。

一、宜居城市理念发展历程

19 世纪末田园城市理论被普遍认为是宜居城市的最初萌芽思想。Ebenezer Howard 认为：建设一个功能完整的城市和有机的城乡动态平衡体，使人们能够生活在既有良好的社会经济环境又有美好的自然环境的新型城市之中。希腊 Doxiadis（1954 年）提出了人类聚居学的概念，强调从自然、人、社会、建筑物和联系网络等五个要素的相互作用关系综合研究人居环境。20 世纪 60 ~ 70 年代，随着城市环境问题日益突出，城市人居环境建设逐步受到重视。1963 年世界人类聚居学会（World Society for Ekistics，简称 WSE）成立，1971 年联合国教科文组织在第 16 届会议上，提出了生态城市的概念。1976 年，联合国在温哥华召开首次人类住区大会，在内罗毕成立了“联合国人居中心”（UNCHS），开始了广泛的关于人居环境的研究与建设工作，宜居城市概念也随之被提出。1993 年，美国新都市主义主张改变二战以来城市郊区盲目扩张的局面，建设布局更为紧凑的、村居式的社区，形成以步行和公共交通为主的邻里或城市体系。1994 年，西蒙兹指出 21 世纪的园林城市应该是富有表现力的城

① “十一五”国家科技支撑计划（2007BAC28B01）资助。

市、功能的城市、便利的城市、合理的城市、完整的城市，认为它们将更适合人们居住。1996年，联合国第二次人居大会提出“人人享有适当的住房”和“城市化进程中人类住区可持续发展”的理念。近些年来，全球生态环境共建意识得到极大的提升，宜居城市建设成为关注的焦点。

国内关于宜居城市理念主要源于吴良镛关于人居环境科学的研究，它是以人居环境为研究对象，围绕人居环境建设在地区开发中出现的诸多问题，进行包括自然、技术和人文等在内的多学科研究，人居环境的理论和方法成为宜居城市研究的重要基础之一。

二、宜居城市评价标准

目前国际上尚无通行的宜居城市评价标准。其中，英国的《经济学家》（Economist Intelligence Unit 简称 EIU），对宜居城市进行了几次世界范围的调查与评选，影响力较大。美国媒体 Money magazine 的宜居评价也较权威。不同的学者提出评价要素也有所差异，主要集中在健康、环境、经济、舒适、人文文化、安全、社会文明等 7 个方面。如 D. Hahlweg（1997 年）认为宜居城市应该是：健康的，拥有足够的开敞绿地，交通方便，休闲、聚会、富有吸引力，安全以及全民共享的城市。Mike Douglass（2000 年）认为安全而清洁的环境工作和谋生机会、生活机遇，包容、伙伴，城市管治以及参与和透明是宜居城市最为重要的因素。TIMMER V（2006 年）则将进入绿色空间的公平性，基础的生活服务设施、居民的可移动能力，城市发展决策的参与性作为宜居城市建设的重点。MONOCLE 杂志对于宜居城市的评选标准别具一格，认为“世界宜居城市”必须满足 11 条基本准则：①需拥有设计良好、有国际长程航班的国际机场；②低犯罪率；③国家提供优质的教育；④高素质的保健医疗服务；⑤气候宜人；⑥通讯系统良好；⑦社会容忍度高，能容忍同性恋、不同种族，并让妇女平等就业；⑧凌晨 1 时仍能买到酒；⑨公共交通包括出租车的收费合理且服务佳；⑩当地媒体及国际报纸杂志的有无、多寡及其素质；⑪城市规划可让市民接触到大自然，并尽量避免污染和生态破坏。各种国外宜居城市评价标准可以总结出以下特点：①注重生态环境的保护，认为宜居城市追求的不仅是当前城市居民生活质量的高低，更重视城市的可持续发展潜力；②对生活舒适性的愿望很强烈；③重视居民参与城市发展的决策，反映了社会的文明程度高低；④关注邻里关系、和谐的人际关系和包容性等人文文化方面；⑤对经济发展水平和城市安全方面的重视程度相对较低。

相比较而言，国内学者对宜居城市研究主要集中在标准评价方面，相关研究成果非常丰富。任致远（2005 年）将宜居城市理解为：康居、易居、逸居和安居。李丽萍（2006 年）认为宜居城市应该是景观优美宜人，经济持续繁荣，生活舒适便捷，公共秩序井然有序，文化丰富厚重，社会和谐稳定。张文忠（2007 年）则强调：健康，生态环境良好，生活方便，出行便利，良好的邻里关系、和谐的社区文化、城市的历史和文化，健全的法制秩序，完备的防灾与预警系统，安全的日常生活环境和交通出行系统。相比较国外学者对宜居城市评价而言，国内除重视生态环境保护以及生活舒适度外，特别强调城市经济发展的重要性，对宜居社区中与居民的切身利益关系密切的因素，如公共活动空间、邻里空间和交流空间等要求不高，对居民参与城市发展的决策能力重视不够。2007年，由建设部正式发布《宜居城市科学评价标准》，通过社会文明度、经济富裕度、环境优美度、资源承载度、生活便宜度和公共安全度等六大指标体系，计算城市“宜居指数”，成为国内宜居城市的规划、建设、管理一个导向性的科学评价标准。

三、宜居城市建设主要问题

虽然国内有许多城市提出宜居城市建设目标，希望将城市建设成为适宜人们居住与工作的美丽家园。但各个地区在建设探索过程中，还普遍存在以下几个问题：

1. 城市无序扩张与空间布局不合理。我国许多城市的发展都试图拉开空间框架，乱设各类开发区，随意占用农田绿地，缺乏相应的各项基础设施。2003年全国各类开发区总共6000多个，规划面积3.6万平方公里，超过了现有城镇建设总面积。而与此同时，由于新区缺乏足够的就业机会与生活设施，城市人口依然集中于旧城区中，建筑密度过大，交通拥挤，缺乏开敞空间，生活环境品质降低。

2. 粗放式的经济增长方式。城市经济是城市发展的物质基础，而经济增长方式是影响宜居的首要条件。北京国际城市发展研究院院长连玉明认为：“如果一个城市的经济增长方式是内需、消费、节约、环保型的，这个城市的经济增长与城市的生活质量肯定是成正比的；反之，如果是资源型的、透支拉动的、污染型的、掠夺性开发型的，比如依靠土地批租支撑的，这个城市经济增长肯定与生活质量成反比。”在粗放式经济增长方式驱动下，使得我国城市经济结构趋同，低水平重复建设现象时有发生，城市化水平长期落后于工业化水平，城市经济发展的环境成本过高。仅以2004年数据为例，我国GDP按现行汇率计算占全世界GDP的4%，却消耗了全球8%的石油、54%的钢材、32.4%的水泥、10%的电力、19%的铝、20%的铜和31%的煤炭（中华工商时报2005年6月26日）。

3. 生态环境日趋恶化。我国城市在开发建设过程中，生态保护意识不强，浪费土地等自然资源问题时有发生。水污染、大气污染和环境噪声污染仍较严重，水资源短缺在我国北方城市尤为突出，酸雨污染和城市“热岛”效应比较明显。

4. 城市记忆与文化特色丧失。我国许多城市正紧锣密鼓的上演着轰轰烈烈的“造城运动”，伴随着各类现代豪华的高大建筑群和街区的拔地而起，城市的人文景观和历史文化遗产被逐渐销毁，历史文脉被切断破碎，城市的可识别性、地域性逐渐消失。取而代之的是到处可见的都市风貌与景观建设，国外的城市符号被疯狂复制。人们生活在城市之中难以找寻过去的记忆，城市失去了独有的文化和精神内涵，也失去了宜居环境的文化底蕴和品牌。

四、宜居城市建设对策思考

1. 强调规划对宜居城市建设科学引导与控制。城市建设具有空间锁定与不可重复的特征，宜居城市的建设必须坚持“先规划、后建设”的原则。规划对宜居城市建设的作用主要体现在以下几个方面：首先发挥规划的前瞻性和预见性，科学确定人口规模、用地规模和空间布局，引导人口、用地在城市内部合理布局，提供必要的配套设施。其次，发挥规划的宏观调控性，统筹周边城市的关系，进行合理的功能定位，协调安排重大的基础设施。然后，发挥规划的公共政策属性，优先保障公众利益。例如，《城乡规划法》提出在城市总体规划中划定四区，将水源保护区、基本农田、重要生态廊道等划定为禁建区，实施严格的空间管制，就是为了保障城市的生态安全和居民的切身利益。

2. 鼓励采取紧凑型的城市空间布局。紧凑城市理念是现代城市空间形态结构理念之一，被认为是一种环境友好、资源节约的可持续空间形态模式之一。紧凑城市理念强调紧凑、功能混合和网络形街道，有良好的公共交通设施、高质量的环境控制和城市管理。紧凑型城市空间布局要求土地集约化利用、紧凑的城市空间形态和交通网络。其中，土地集约化利用就是充分挖掘城市土地资源供给潜力，使城市土地投入产出和土地利用率达到最佳。但集约化利用并不是一味地高强度开发，而应该是在保障宜居环境的前提下适当提高开发强度，主要目的应是节约与高效利用。紧凑的城市空间形态在区域尺度强调的是多中心、多层次的发展模式，中心之间有便捷的交通联系。公共交通优先被认为促进城市集约化发展有效途径，TOD 的开发模式受到国内许多城市推崇，其基本理念是以公共交通站点为中心，以适宜的步行距离为半径的范围内布置复合功能的社区。

3. 实现集约型经济增长方式转变。积极推进产业结构优化升级，在促进各类产业协调发展的同时，重点发展技术密集型和知识密集型产业，特别是发展高技术产业。积极发展第三产业特别是现代服务业，深化服务业产业分工，引导向专业化方向发展。处理好资金技术密集型产业与劳动密集型产业的关系，既要加快发展资金技术密集型产业，推进产业结构升级，又要继续发展劳动密集型产业，带动社会就业扩大。自主创新能力是推进增长方式转变的关键环节，要提高经济增长中的科技含量，增加产品附加价值。

4. 进一步强化城市环境保护与生态建设。划定城市增长边界，严格控制城市盲目扩张，保护自然生态空间；积极构建生态廊道与步行绿道，完善城市公园的空间布局，提高公共绿地规模。加大大气污染防治力度，积极发展循环经济，加快重点污染企业改造，减少工业企业大气排放；提高机动车排放标准，防止灰霾天气的发生；严格控制施工道路扬尘。水污染防治方面要继续强化饮用水源的保护，加快水污染防治设施的建设；完善城市污水管网系统，提高污水处理和资源化水平。固体废物污染防治的主要任务是促进废物减量化，推进废物循环利用。

5. 大力保护和弘扬地方特色文化。有文化内涵的城市才具有吸引力，才能让人流连忘返。妥善处理历史文化保护与城市现代化建设的关系，挖掘历史文化内涵，继承和发展城市特色风貌，使城市的历史文化在保护中得以可持续发展。宜居城市的规划建设应当立足本土、保护历史文化遗存，发展新时期城市特色文化，培育自身独有的文化品位与魅力，为人居环境注入个性化的精神内涵。

6. 高度重视城乡社区人性化建设。社区是城市基本组成单元，是人们居住生活的基本载体。宜居城市应该突出社区建设，从满足人们日常多样化需求出发，突出以人为中心的工作、生活的便宜要求，从建筑、绿化、环境设施、道路交通、商业服务、教育、医疗、文化等角度，构建城乡一体化的宜居社区体系。

五、结语

当宜居城市成为我国诸多城市的追求的目标时，我们还应清晰地看到目前大部分城市还处在探索之中，实践过程中还涉及经济、社会、环境、文化等诸多方面问题。我们既要充分借鉴国外发达国家的先进经验，更要结合我国城市实际，针对每个城市的实际情况，分析影响宜居最为关键的因素，找出可行、科学的建设之路。

（作者：肖荣波，广州市城市规划勘测设计研究院规划研究中心副主任，高级工程师；蔡云楠，广州市城市规划勘测设计研究院副院长，高级工程师；叶长青，广州市城市规划勘测设计研究院工程师）

参考文献：

1. Douglass M. Globalization and the Pacific Asia crisis-Toward economic resilience through livable cities. Asian Geographer，2000，19（1/2）：119～137

2. Hahlweg，D. 1997. “The City as a Family”. In Lennard，S. H.，S von Ungern-Sternberg，H. L. Lennard，eds. Making Cities Livable. International Making Cities Livable Conference，California，USA：Gondolier Press

3. Timmer V，Seymoar N K. The world urban forum，Vancouver Working Group Discussion Paper：the livable city，2006

4. 埃比尼泽·霍华德．明日的田园城市．北京：商务印书馆．2002

5. 董晓峰，杨保军．宜居城市研究进展．地理科学进展，2008，23（3）：323～326

6. 高峰．宜居城市理论与实践研究．兰州：兰州大学，2007

7. 顾文选，罗亚蒙．宜居城市科学评价标准．北京规划建设．2007（1）：8～10

8. 李丽萍，郭宝华．关于宜居城市的理论探讨．社会学问题．2006，13（2）：76～80

9. 李小英．城市宜居性评价研究—以兰州市为例．兰州：兰州大学，2007.

10. 任致远．关于宜居城市的拙见．城市发展研究．2005，12（4）：33～36

11. 王明皓，李小羽，刘玉娜等．关于创建宜居中小城市的探讨．青岛科技大学学报（社会科学版）2005（4）：12～16

12. 吴良镛．人居环境科学的探索．规划师，2001，17（6）：5～8

13. 肖荣波，蔡云楠，叶长青等．国内外宜居城市研究的热点与趋势．城市导刊，2009（2）：8～12

14. 肖荣波，蔡云楠，叶长青等．国外宜居城市规划建设实践与启示．城市导刊，2009（2）：17～27

15. 张文忠，刘旺，孟斌等．北京市区居住环境的区位优势度分析．地理学报，2005，60（1）：115～121

16. 张文忠．“宜居北京”评价的实证．北京规划建设．2007（1）：25～30

珠三角地区城市产业转型观察

珠江三角洲地区是广东省经济发展的核心区域，也是全国经济发展的领先区域。随着国民经济发展环境的变化，珠三角地区产业结构持续演进，不断呈现出新的发展态势，原有的产业结构已越来越不能满足经济发展的需要。现在珠三角地区正处于城市产业转型的关键时期，及时捕捉和把握这些新特征，调整和更新结构调整战略，促进城市产业转型，是优化产业结构和提高产业竞争力的主要途径。

一、珠三角地区城市产业转型的背景及意义

（一）珠三角地区城市产业转型背景

2008 年，珠三角地区生产总值29 745.58亿元，比上年增长 12.6%，三次产业比重为 2.4:50.3:47.3；人均国内生产总值62 643.83元。按照工业化阶段划分标准，珠三角的经济发展格局已经处于工业化后期。但目前珠三角的产值结构还是“二、三、一”，处于工业化的中期阶段；就业结构更是处于工业化的初级阶段。经济发展格局与产值结构的不适应，就业结构的变动明显滞后于产值结构的优化升级，一方面表明珠三角产业的结构效益低下，另一方面表明珠三角的发展面临工业化升级与城市化推进的双重压力。

改革开放30多年来，珠三角靠“三来一补”的加工贸易模式，社会经济得到了快速的发展。但同时，许多问题也不断累积——过于密集的劳动型企业严重依赖出口，外贸依存度和出口依存度超过全国平均水平两倍多，经济发展严重受制于国际贸易市场环境，受人民币汇率制度影响较大。另一方面，经过30年的工业化和城市化，珠三角地区的土地资源越来越稀缺，能源需求量增大且自身能源匮乏，主要依赖外部输入，在国际石油价格不断攀高的冲击下，区域内能源紧张，生产成本上升，制约经济发展。

2007 年的国际金融风暴对珠三角经济更是造成了进一步的冲击。由于对外依存度高，美元贬值、出口贸易下降，珠三角面临的国际环境更加恶劣；再加上新劳动合同法的实施、环保安全生产要求的提高和国家相关经济政策的调整，劳动力、原材料、土地和能源价格大幅度上涨，珠三角原有的低成本优势逐渐丧失，产业发展的内部环境恶化。2008 年，广东经济增长迅速回落。珠三角产业转型已势在必行。

产业要升级，旧有的产业必须先转移。由于广东珠三角以外地区和内地经济发展水平及产业结构与珠三角存在着巨大差异，这为珠三角转移低端的劳动密集型产业，引进高附加值的产业，落实“腾笼换鸟”的产业升级策略提供了基础，而区域经济的一体化以及内地投资环境的改善又为承接珠三角转移产业提供了良好的条件。珠三角产业转移外部条件已基本具备。

（二）珠三角地区城市产业转型意义

产业转移是区域经济发展到一定阶段的不二选择，也是工业化进程中的必经之路。每一次变迁带来的必然是新一轮的经济大发展和产业技术大进步。30 年前，珠三角地区正是抓住了国际产业转移和要素重组的机遇，吸引并承接了来自港澳台地区及欧日韩等国的产业转移，实现了经济社会的快速发展。但这些曾经创造了辉煌的“三来一补”的加工贸易模式，大多是处于价值链低端的劳动密集型企业，抵御外部风险的能力和国际竞争力较弱，经济发展中的结构问题逐渐显现。经济、科技和社会的发展迫使企业淘汰和转移落后产能，寻求更多的技术变革，其最终结果是让有实力的企业脱颖而出，这样才有利于企业以及整个区域产业链的结构升级和可持续发展。

当前的国际金融危机，实际上是市场机制自发地对全球产业结构进行强制性调整，不仅对企业和行业，而且对区域经济格局，都是一次重大的重新洗牌，这在客观上为珠三角产业升级转型提供了新的历史契机。通过产业转移升级，一方面可使企业获得更强的市场竞争力，在更广阔范围内有效配置资源、开拓市场，降低成本；一方面可促使产业向更高的价值链转移，有效增强地区的核心竞争力。调整优化产业结构，推动产业转型升级，既是应对国际金融危机的重大举措，也是保持国民经济平稳健康可持续发展的重要保证，更是转变经济发展方式、提高经济增长质量和效益、应对各种经济风险的根本。

二、珠三角地区产业转型现状和面临问题

（一）珠三角地区产业转型现状

2008 年，珠三角制订了“三促进一保持”（促进提高自主创新能力、促进传统产业转型升级、促进建立现代产业体系，保持经济平稳较快发展）的总体工作思路。2009 年，省里出台了《珠三角地区改革发展规划纲要实施办法》和《关于推进产业转移和劳动力双转移的决定》，提出了产业升级“腾笼换鸟”。

1.“扩内需、促消费、拓市场”，为产业升级拓宽道路

作为产业结构调整的重要组成部分，珠三角制定了一系列“扩内需、促消费、拓市场”的政策，促进企业转型升级。如东莞一方面加大投资力度重点建设基础设施、现代产业体系、城市功能配套、生态环境等四大工程，另一方面通过组织民营企业考察、补贴参展费用，鼓励企业赴国内外城市展销，扶持 100 家外资企业开展内销试点等八大商贸促进工程等

系列活动，全力开拓国内市场。2008 年全市外资企业内销总额 1673.5 亿元，增长 19.9%，占内外销总额的 30.3%，2009 年 1～8 月全市外资企业内销总额 971.6 亿元，占内外销总额的 31%。

2. “双转移”，促进地区协调发展

按照“双转移”政策及“政府引导，市场运作，优势互补，互利共赢”的方针，珠三角将传统的低端制造业转移至粤北及东西两翼地区，促进这些地区的经济发展，使本地劳动密集型产业比重显著下降。2009 年 1～8 月份，广东全省“产业转移园”实现产值 522 亿元，创税 41 亿元，比 2008 年全年增长了 72.49%。产业转移园已成为广东一些欠发达地区实现跨越式发展的载体和引擎。广州、深圳、佛山、珠海、东莞等市劳动密集型产业产值比重下降 2 个百分点以上，高新技术产业增速高于传统产业。另一方面，珠三角自主创新能力不断提高，企业自主创新主体地位不断强化。通过积极培育新型显示器件、新能源、新光源、新一代宽带无线移动通信等“四新”产业为代表的新兴战略性产业，成效初显。如深圳自主开发了高世代液晶面板技术，广州成功引进 LGD，佛山建设奇美大型液晶电视模组二期工程，TCL 成功开发高清晰液晶电视模组等。

从珠三角产业的地域布局来看，分布也愈趋合理均衡。石化、造船、汽车、飞机、海洋工程装备制造等项目主要布局在沿海地区，但与以往重化工业过分集中在珠三角地区不同，在珠三角核心区，知识密集型的高新科技产业正成为未来的发展方向，一些对环保要求相对较高的重化产业正逐渐向东西两翼辐射转移。2008 年，中石油 2000 万吨炼油项目落地揭阳、中科合资炼化项目从广州南沙迁址湛江、中新知识城落地广州等都是极好的例子。

3.“腾笼换鸟”，“退二进三”，打破旧有产业格局

“腾笼换鸟”是指按照“退、转、引、变”的思路，把劳动密集型的低端制造业转移出去，引进先进制造业、现代服务业和价值链高端产业，退二进三，主动实现“旧鸟出”、“新鸟进”。

从皮鞋和陶瓷这两个劳动密集型、附加值相对较低的行业看，近年广东的产业布局得到优化。如皮鞋行业，珠三角地区规模以上皮鞋企业工业产值比重从 2003 年的 98.2% 下降到 2008 年的 86.2%，而外围的梅州、潮州、揭阳则从无到有，三市 2008 年皮鞋产值比重为 0.7%。而陶瓷行业珠三角规模以上企业工业产值比重从 66.4% 下降到 51.4%，其中佛山从 48.8% 下降至 35.1%，下降幅度最大。佛山市禅城区 115 家建筑陶瓷企业关迁了 84 家，填补空间的是多家迅速进驻的陶瓷机械制造企业。这一地区正在加速成为陶瓷研发设计和会展中心、陶瓷机械装备业制造基地、生态型精品陶瓷生产基地和陶瓷产业总部基地。

面对国际金融危机的冲击，珠三角制造业、服务业“双引擎”效应开始显现，经济发展内生动力不断增强。先进制造业迅速发展，2008 年，广州汽车产量第一次跃居全国首位，轿车产量也领跑全国。汽车制造业作为广州第一支柱产业的地位更加巩固。2008 年广州规模以上汽车制造业产值达 1849.92 亿元，位居广州三大支柱产业之首。现代服务业成效初

显，据不完全统计，广州每年“广交会”、“广博会”、“汽车展”等会展业直接收入约13亿元，会展业正成为广州经济发展的重要支柱产业之一。

（二）珠三角产业结构转型存在问题

虽然珠三角的产业转型已经迈出了非常重要而难得的一步，但旧有的产业结构升级并不能够一蹴而就，在产业结构转型方面，珠三角依然面对着以下难题：

1. 自主创新能力不强，区域品牌不多

珠三角外向性明显，与国际产业体系联系过密且依赖严重，订单、资金、技术、生产运营等均在国外，仅仅承担了一个加工环节。这种成本指向型的“无根”经济逐利而栖，容易发生区位转移。与外源型经济快速发展相对照的是珠三角民营企业发展的相对滞后，还存在“小、散、弱”的问题。生产贴牌和无牌产品的企业约占总数的90%，拥有自主技术、自有品牌和知识产权的企业不多，高素质人才不足，对国内外市场的开发能力有限，被国际大企业视为“加工经济”，区域品牌还不多。如东莞虽有全国羊毛衫名镇——大朗，却没有出现类似“恒源祥”、“春竹”之类的品牌；“全国四大服装基地”之一的虎门，拥有服装生产企业800多家，号称“南派”服装的代表，却没有一个真正叫得响的名牌；厚街镇号称全国乃至东南亚著名的家具集散中心，同样没有叫得响的名牌。

2. 区域分工不清晰，产业同构现象仍存在

珠三角产业发展趋同较明显。一方面，行业布局分散，专业分工不够明显，重点不够突出。以制造业为例，全省从事制造业的企业涉及全部560个大类中的554个，覆盖率达98.9%。另一方面，行业内部过于集中，结构不合理，如文教体育用品制造业的单位竟六成集中在玩具制造业。由于产业地区结构趋同，行业内部分布高度集中，企业缺乏规模效益，造成过度竞争。

3. 企业生产成本不断提高，产业面临“空心化”风险

随着原材料涨价、工资成本急速上升、招工难，人民币持续升值，许多长期在珠三角营商的企业已经陷入困境，难以为继，甚至导致了盛极一时的“倒闭潮”。在金融危机的寒潮中，原有的大批工厂迁出，而新的工厂却又未能及时补充进来，出现了产业空心化的情况。如果这一企业关停或迁离现象带来多米诺骨牌效应，关厂规模迅速扩大，必然会沉重打击珠三角工业，给珠三角经济带来严重后果，从而形成“后外源型经济问题”：不仅造成一地经济增长停滞，更重要的是会带来一系列严重的社会问题，如众多外来人口向内地的回流，一些原来依靠外来人口收入的村镇将大受影响。

4. 珠三角产业转型的制度创新不足

随着人民币的不断升值，珠三角原来的低成本优势正不断丧失。要维持珠三角的比较优势，只有通过制度创新提高资源配置效率，降低生产成本与交易费用。目前，珠三角内部各地产业的低水平重复配置严重，没有完善的制度予以指导；在粤港澳经济合作中，没有足够的制度创新支撑实现经济转型；在泛珠战略合作中，制约最大的仍是落后的制度。制度创新已成为珠三角产业升级的巨大压力。

三、珠三角地区城市产业转型前瞻

珠三角尽管在产业升级方面依然存在着很大的困难，但中长期的发展空间还是巨大的。

（一）区域经济一体化不断推进，产业布局不断优化

不断推进的区域经济一体化，有利于珠三角产业的优化布局与升级。珠三角以外地区巨大的经济发展水平及产业结构的多层次阶梯状态，为珠三角内部产业梯度转移，进行区域经济梯级穿插合作提供了可能性；而其区域经济一体化的不断推进与基础设施的不断完善则为珠三角产业转移扫清了障碍，有利于珠三角产业结构向生态化、高端化发展，减少环境压力，提高经济效益，也有利于区域经济的协调发展。同时，区域经济一体化也有利于珠三角产业的集约化：通过打破行政壁垒、优化资源配置，引导产业在各市之间的合理迁移，增大集群规模，增强集群效益，实现错位发展。

（二）传统产业提升空间巨大，产业链条不断向上游发展

在传统优势产业方面，各市政府都在积极采取措施改造提升。一方面将低端的、高能耗的、劳动密集型的传统产业转移出去；另一方面通过采用高新技术、先进适用技术和现代管理技术推动传统产业向高附加值的产业链两端延伸——即向上游的研发设计环节、下游的营销服务环节发展，抢占价值链高端。推动优势传统产业向品牌效益型转变，已开始从“贴牌”向“创牌”发展，产业内部不断优化，科技含量、品牌效益不断提高，优势传统产业组织结构调整不断推进，传统产业集群效益开始显现。传统产业提升空间巨大。

（三）先进制造业、先进服务业与高科技产业发展迅速，产业格局不断升级

一方面，先进制造业加速发展，汽车、船舶、输变电和核能风电装备制造业等发展势头良好，先进制造业不断向珠三角聚集。目前，珠三角地区已经有2~3家特大型汽车制造企业，而现代化的千万吨级湛江钢铁基地正在建设中，还有2~3个千万吨级炼油、百万吨级乙烯炼化一体化工程在审批或即将动工。而现代服务业发展初见成效，创新金融、现代物流、网络信息、服务外包、创意设计、品牌会展等新兴服务业，正成为产业结构优化升级的有力“推手”。省政府发布实施《关于加快发展服务业的实施意见》，专门设立了服务业引导专项资金，为支持现代服务业发展提供政策指导。随着粤港澳一体化的推进，珠三角的金融、物流、航运等领域将进一步发展。另一方面，高新科技产业实现跨越式发展。珠三角利用良好的区位优势、比较优势与后发优势，进一步参与国际分工，引进具有更高附加值的世界先进产业，注重自主创新。众多先进产业与龙头项目相继引进、总部经济不断发展，就业结构持续优化，劳动力素质迅速提升，珠三角经济实现更高层次的发展，产业格局不断升级。

（四）资源利用效益提高，生态环境不断优化

根据《珠江三角洲地区发展规划纲要》，珠三角把自然生态环境的长期承载能力纳入经济发展的考虑中，通过“双转移”策略，把低端制造业、对环境破坏严重的企业转移出去，大力发展节能、降耗、减污、增效的高新技术产业和先进制造业，加快发展资源消耗少、环境影响小的现代服务业；通过提高环保门槛，淘汰高能耗、重污染、低效率的产业，提高资源利用效率，走可持续发展道路。随着“双转移”策略的继续推行，高污染的低端产业不断转移，高端制造业与先进服务业的不断进驻，珠三角的生态环境将进一步优化。

（五）政策优势明显，发展空间不断拓展

2009年，国务院出台了《珠江三角洲地区发展规划纲要（2008～2020年）》，明确了珠三角今后发展的总体要求和战略定位。从《纲要》来看，珠三角不仅获得了产业升级转型的众多有利政策，更重要的是，它实际上担负了中国新一轮改革开放与转型升级的使命，即作为改革的“排头兵”，争取在重要领域和关键环节率先取得突破，再创体制、机制的新优势。这种特殊的定位与使命是一种特殊的政策优势：如果说三十年前珠三角为国家闯出了一条改革开放的新路，同时也给自己带来了巨大的发展，那么珠三角同样可望在中国新一轮的转型升级时期闯出一条路来，并为自己创造出新的更大的发展空间。

任何的产业转移和结构升级都是一个长期的过程。目前珠三角地区还处于工业化进程的中后期，向技术密集型和知识密集型为代表的工业化成熟期高级阶段的过渡还需要10～15年的发展，向高技术和服务业逐渐占据主导地位的产业结构过渡期应再需要10～20年的时间。可以预计，珠三角地区的产业转移和产业结构升级持续的影响周期可能需要15～30年。

（作者：张志纯，广州康大职业技术学院讲师；杨再高，广州市社会科学院区域经济研究所所长、研究员）

参考文献：

1. 段杰．珠江三角洲产业重构与产业空间集聚研究．中山大学博士学位论文，2003
2. 陈红．从产业变迁规律看珠三角地区产业结构调整．中国期刊网，2007－12
3. 李纲．“促转型”不能过急过猛．经济观察报，2008－12－15
4. 国家发展规划．珠江三角洲地区改革发展规划纲要．广州日报，2009－1－20
5. 曾贵．关于经济危机下珠三角产业升级的几点思考．深圳职业技术学院学报，2009－4

广佛同城化发展面临的问题与规划对策

一、“同城化”的提出及其内涵

近年来，伴随着区域一体化的深入发展，一个新的发展理念——“同城化”，开始应运而生。2005 年深圳市政府发布了《深圳 2030 城市发展策略》，提出“加强与香港在高端制造业、现代服务业以及其他领域的合作，形成‘同城化’发展态势”，这是首次提出了“同城化”的概念。继“深港同城化”之后，“沈抚同城化”（辽宁省沈阳市与抚顺市）、“合淮同城化”（安徽省合肥市与淮南市）、“广佛同城化”（广东省广州市与佛山市）等发展战略也相继提出。

“同城化”成为一种两个或几个相邻城市协同合作、共谋发展的新战略举措，是我国行政区划调整限制下城市治理的一种创新。随着城市经济的快速发展，城市间的联系越来越密切，城市急需破解行政区经济对要素流动和配置、资源和市场共享等的限制，谋求自身持续发展和竞争力提升。以“撤市（县）设区”的行政兼并曾被作为城市突破行政区划限制、扩大城市空间和规模、解决大都市区发展协调的重要手段，但这种行政区划调整主要应用于科层式行政体系的上下级之间，应用于行政级别相同或相近的两个或多个城市之间难度极大。同城化战略则可在不改变既有行政层级的前提下，通过制度创新，寻求治理模式的突破，打破行政区经济，实现资源优势互补、产业错位发展、设施共享和市场共建，成为我国城市与区域发展的一种新模式。

“同城化”的出现，是城市与区域经济发展需求的一种现实反映。同城化与区域一体化一致，都是区域经济发展过程中，为打破传统的城市之间行政分割和保护主义限制，实现资源共享、统筹协作，提高区域经济整体竞争力而提出的一种区域发展理念。同城化还意味着一种更高层次的区域一体化实现形式。它不仅与区域一体化一样指向一种超越行政区划的经济融合，强调经济要素资源的市场化配置，而且意味着更深层次、更广范围、更高程度的区域合作与融合，包括在规划、基础设施、环境保护、产业发展、公共服务及管理等全方位的一体化。

“同城化”具有一定的共性特征。首先，同城化是相邻城市特定发展阶段的路径选择。同城化是区域经济一体化和城市群建设过程中的一个重要阶段，并且是经济社会发展到特定阶段才有的趋势。当相邻城市之间经济联系密切、资源存在互补性时，才可能有同城化需求。而对两个经济社会联系不太密切的城市实施同城化战略，无疑是拔苗助长。其次，同城化具有一定的距离门槛。在适宜的空间距离范围内才能做到设施共享、政策统一，才能实现同城化或一体化。而当距离大于一定门槛，实施同城化战略则比较困难。再次，同城化城市是区城发展的增长极。同城化城市均为中心城市或次级中心城市，通过城市同城化发展，形成资本、产业、资源等方面的集聚，进而通过“消滴效应”带动区域发展。

总而言之，同城化是城市和区域发展需求的一种现实反映，是两个或两个以上城市因地域相邻、经济和社会发展要素紧密联系，具有空间接近、功能关联、交通便利、认同感强的特性，通过城市间经济要素的共同配置，使城市间在产业定位、基础设施建设、土地开发和政府管理上形成高度协调和统一的机制，是市民弱化属地意识，共享城市化所带来的发展成果的一种现象。

二、“同城化”下广佛发展面临的主要问题

2008 年 12 月 31 日，国务院正式批复的《珠江三角洲地区改革发展规划纲要（2008～2020 年）》（以下简称“《纲要》”）明确提出：要“强化广州佛山同城效应，携领珠江三角洲地区打造布局合理、功能完善、联系紧密的城市群”。广东省委书记汪洋指出：“实施《纲要》的突破口是珠三角一体化发展，珠三角一体化发展的突破口是广佛同城化。”推进广佛同城化发展已经成为携领珠三角一体化发展、落实国家区域发展战略的重要举措，具有重要的标志和示范意义。

（一）广佛区域发展的历程

长久以来，广州一直是岭南地区的政治、经济、文化中心，而且由于拥有天然良港和通商口岸的优势，历史上长期发挥着对外贸易、交流的中心作用。佛山则是珠三角传统的工业基地，早在唐宋时期就是岭南地区的工商业重镇，也是近代中国民族工业的发源地之一，工业的积累发展使其形成了发达的制造业基础。历史上，广州与佛山在行政关系、岭南文化和长期产品生产与贸易分工中，建立了功能与空间联系的基础。

计划经济时期，广佛之间仍然延续着以往行政、文化和经济上的关系，但在指令性的产业发展和城市建设背景下，资源配置缺乏流通性，功能联系薄弱。有限的城市规模和落后的交通连接，使两市处于空间分离的状态。广佛区域内总体呈现各自发展的态势。

1980 年代，广州在外资的带动下，经济和产业开始加速发展，城市空间也开始突破老城区向东部天河区拓展。佛山从“三来一补”开始转向了民营经济发展，全面的工业化和城市化进程开始启动，城镇空间迅速增长。虽然各自发展还相对分离，但城市规模和密度的增加提高了区域内城市空间的临近性。

1990 年代，广佛两市经济发展和城市化的加速，使广佛两市内功能和空间联系明显加强。这一时期，广州城市空间由中心区沿东、南、北的交通干线快速拓展，建成区面积从

1990年的187.40平方公里增长至2000年的297.50平方公里，增长了110.10平方公里。与此同时，佛山在体制改革的带动下，民营经济的能量得到进一步释放，地方主体的发展冲动进一步加快了村镇工业化和城市化进程，产业空间和城镇空间增长更快。广佛两地的产业发展联系随着资源配置流通性的增加而提高，这种联系不仅体现在广州工业重型化与佛山传统制造业发展的上下游关联上，而且还体现在购物、“广交会”、“星期六工程师”等生活、生产服务方面。在空间上，由于广州与佛山中部交接地区如广州芳村、南海黄岐、盐步等发展较快，使得原本距离较近的城市空间逐步表现出粘连发展的态势。

2000年以来，广佛区域一体化发展的趋势日益显著。广州持续保持了经济的快速发展，逐步建立起以汽车、石化、电子为主导的产业带动力高的工业体系。同时，由于三产的快速发展，经济增长已经从主要依靠二产转向二、三产业共同推动，并且三产的主导地位日益突出。广州作为中心城市的综合服务功能和辐射带动作用不断增强。在“南拓、东进、北优、西联”战略的实施带动下，人口和产业明显向外围包括佛山南海等地区扩散。佛山已有的制造业基础继续提升，建材、家电、金属加工、纺织服装、陶瓷、家具等产业规模效应突出，跨地域、跨行业的产业融合发展，形成了配套日渐完善的地方性生产集群。在这种背景下，广佛两市的产业关联度进一步加强。广州的钢铁、石化等基础产业正在为佛山的家电、塑料制品等轻型工业提供原材料，佛山又以广州作为其庞大的轻工业制品的巨大消费市场，而广州的汽车产业更是在两地形成了整车生产和零配件制造的产业链（陈鸿宇、郭超，2006）。在就业生活方面，更是形成了互动频繁的“广佛生活圈”：佛山大量居民常到广州市中心购物和消费，而不少广州人也常到佛山购物消费。居住在佛山，

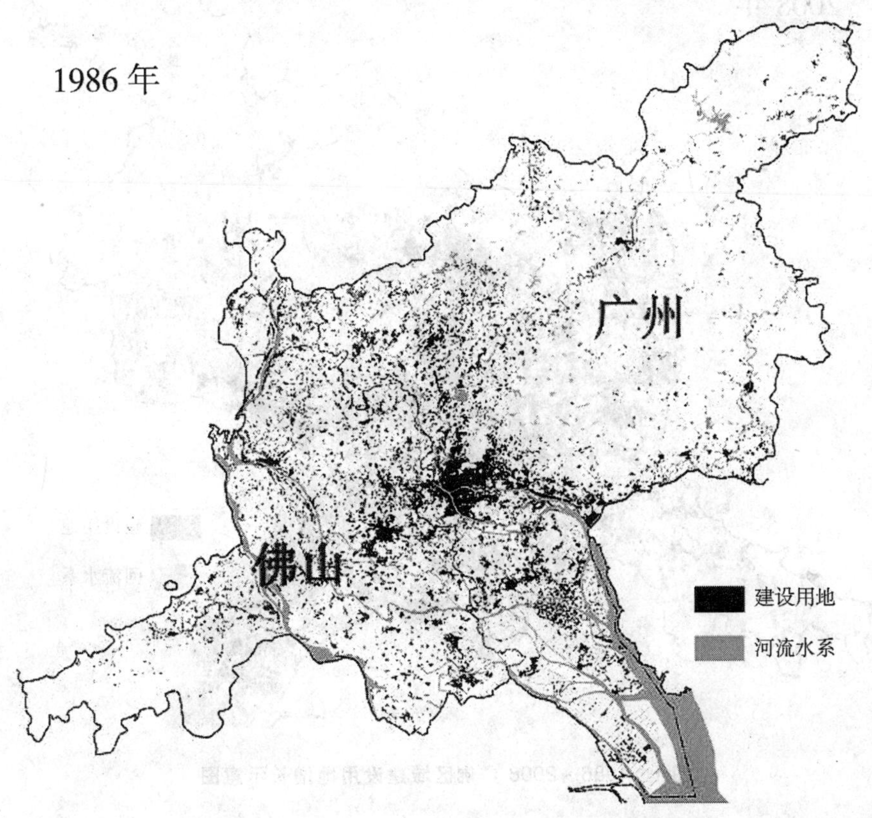

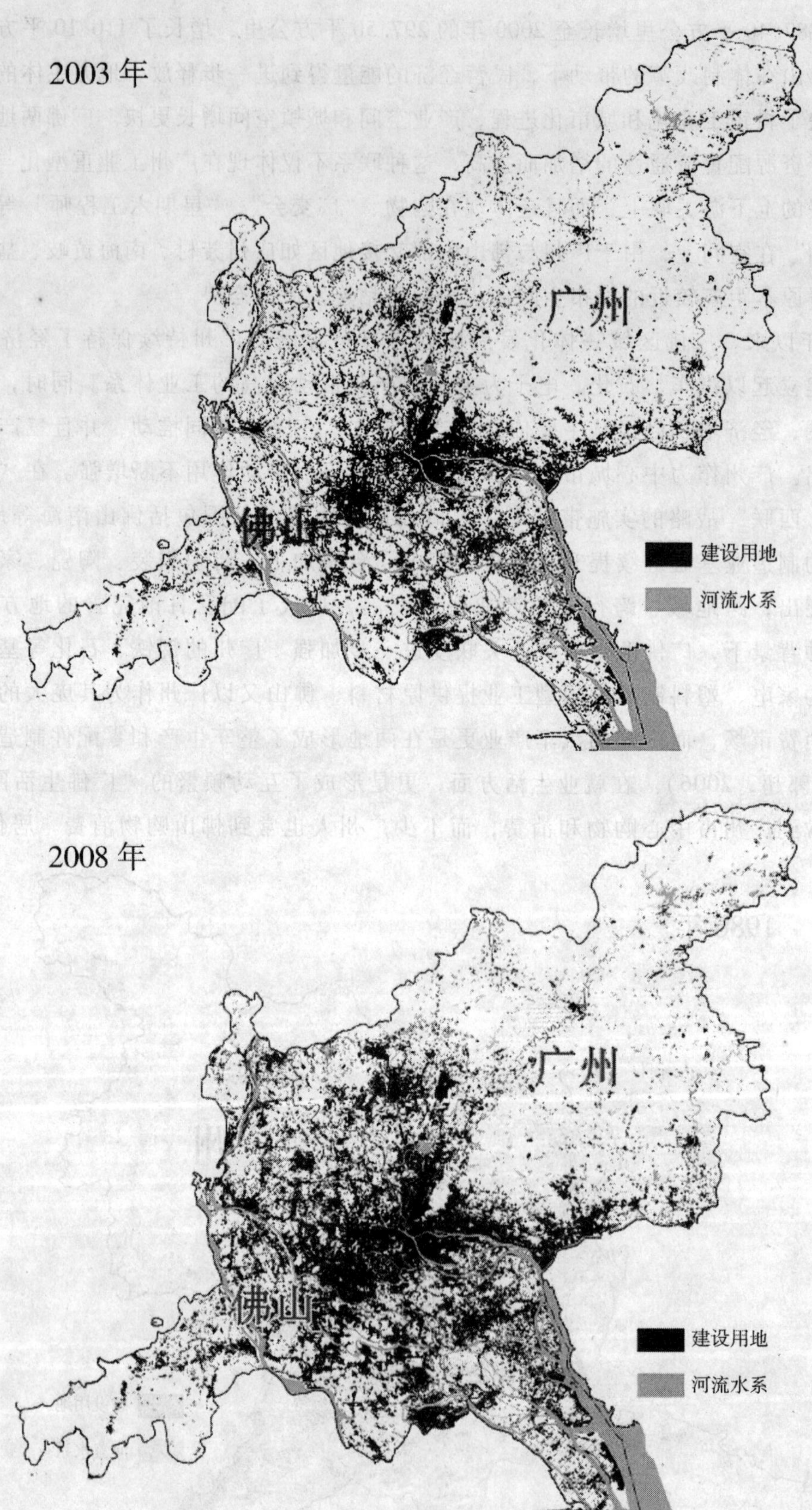

图 1　1986 ~ 2008 广佛区域建设用地增长示意图

就业在广州，居住在广州，就业在佛山，这些已成为广佛间普遍的工作和生活现象。随着两市功能联系的日益密切，广佛之间已成为功能扩散和承接的主要区域，城市空间增长迅速，某些地段已难分彼此，日趋连片发展。广佛已经呈现出区域一体化发展的显著特征与趋势。

（二）广佛同城化发展面临的主要问题

广州、佛山两市是珠江三角洲的核心区域，地域相连，文化同源，社会经济联系由来已久。在《珠江三角洲地区改革发展规划纲要（2008～2020年）》提出“强化广佛同城效应，携领珠江三角洲地区发展”背景下，“同城化”已明确成为未来广佛区域发展的战略目标，但也存在着许多需要解决的现实问题。

1. 区域分工不清，竞争多于联合

从区域统筹协调、优势互补的角度看，广佛区域内还缺乏统一、清晰的功能分工体系，缺少从广佛区域整体发展的角度考虑区域的总体功能和空间格局，各区域主导功能不够清晰，功能雷同、衔接不足的问题较多。尤其是在广佛两市交接地带，功能缺乏协调和分工的问题更为突出。区域开发建设缺乏有效的空间统筹布局，甚至存在有意将一些对环境产生不良影响的项目放在边界靠近邻里位置上的情况，而基础设施各自为政、交通互不相通、蔓延式的土地利用方式，则影响了区域性设施通道的预留与建设。

2. 经济协同发展不足，产业结构及布局有待调整

广佛两市产业结构具有互补性，区域内产业发展也形成了一定的分工协作，如两地的汽车产业。但产业内部的同构现象还是较为普遍。广州、佛山两市的现状产业门类大部分相同，造成了区域产业的重复投资和浪费，并在一定程度上形成了区域产业的不良竞争。不同地方的相关产业都有其独立的产业链和上下游企业，产业链不长且集中于低端，限制了产业竞争力的提升，不利于产业集群的形成。此外，两市产业的互补优势没有得到充分发挥，如广州的科研、信息等生产性服务资源与佛山的制造业并没有形成互动发展。

3. 内部基础设施网络衔接不够，重大设施利用不足

目前，广佛区域内部各城镇之间存在较强经济联系，而这种联系表现为客流、物流、信息流等多种流态的集聚与扩散形式。但由于行政体制、设施经营管理等原因，广佛之间的基础设施网络一直难以实现真正畅通。两市道路交通网络的布局仍有多处难以衔接，区域城际轨道交通网、天然气网、电网、信息网等建设刚刚起步，各种运输方式之间衔接协调不够，区域一体化基础设施网络尚未形成，致使很多重点项目协调不够，缺少衔接，重大基础设施得不到充分利用，不能完全发挥服务区域的功能。

4. 生态环境质量下降，环境压力不断加大

在高速发展的同时，广佛区域也付出了高昂的生态环境代价。广佛区域开发强度已达到或接近国际上一般大都市的强度，区域中部地区已基本为城市或城镇建成区覆盖。广州越秀、荔湾、海珠等区的开发强度已超过80%，番禺、黄埔、白云北部以及佛山禅城、南海、顺德开发强度也达到40%～60%，仅有外围的从化、增城、南沙、高明、三水的部分区域

开发强度不超过20%，土地后备资源已经十分有限。与此同时，区域由中心向外围，土地开发的分散性日趋明显，导致土地利用的集约度降低，城市开发侵占了大量生态绿地。灰霾、酸雨等大气环境污染，水质性缺水和湖泊水体富营养化等环境问题日趋严重，对人居环境质量产生了很大影响。

三、广佛同城化发展的战略方向与规划对策

在对广佛区域发展历程和现实问题分析的基础上，对广佛同城化发展的宏观战略方向进行分析，并从空间层面提出协调规划对策，为进一步的制度设计与政策制定提供空间框架指导。

（一）应对现实问题的宏观战略方向

1. 加快建立整合两市资源的市场机制

与我国区域一体化发展普遍问题一致，形成阻碍广佛两市同城化发展问题的关键成因，仍在于行政区经济与地方保护意识。广佛之间产业链上的分工不足、资源无法高效地自由流动、基础设施体系没有实现有效整合以及出现的一些生态问题，主要是行政区经济与地方保护意识的体现。广佛政府中仍然存在各自为政、各自发展的问题，从而导致广佛在一体化、同城化时缺乏相应的主动意识、行动策略与配套措施，进而影响到广佛区域长远的发展。为此，推进广州、佛山同城化发展，广佛两市必须突破行政区经济桎梏，按照市场经济发展要求，积极推进行政管理体制改革，充分发挥市场配置资源的基础性作用，突破地方保护的传统桎梏，建立起共同市场和利益共享机制，充分发挥市场对资源配置的基础性作用，坚持以企业为主体开展经贸合作，以政府为主导推进基础设施和公共服务的合作，推动同城化发展。

2. 强调两市产业优势互补、协调发展

产业优势互补、协调发展是广佛同城化的经济基础。广佛两市应发挥各自在产业上的优势，实现产业互补、错位发展，消除产业同构带来的恶性竞争。具体而言，广州应着眼于国际商务、金融、物流、信息、研发为一体的国际化城市建设，重点发展汽车、石油化工、精细化工、钢铁、电子信息、机械装备制造等产业。佛山则应依托广州的国际商贸、金融、物流、信息、研发中心优势，加强家用电器、金属材料加工及制品、陶瓷及其他建材、食品饮料、家具用品制造等传统产业的优势地位，对产品进行深加工，增加附加值，打造国际制造业基地。通过发挥广州中心城市高等级生产性服务要素与佛山制造业合理分工的产业布局体系，合理实现两地的产业分工和优势互补，围绕区域内支柱产业推进两地企业间的水平分工和配套协作，促进两地产业互补协调发展。

3. 统筹布局区域基础设施、公共服务设施网络

基础设施和公共服务设施建设是实现广佛同城化的支撑，是促进两市实现交通、商贸物流、服务一体化的前提。广佛两市应突出共同利益，遵循统筹规划、相互合作、资源共享以

及统一服务的原则，对区域内基础设施、公共服务设施，特别是对重大区域性基础设施进行统筹布局、协调建设。第一，全面梳理广佛两地的交通联系，建立两市协调的交通网络，确保广州的高、快速路与佛山相应等级路网实现无缝对接以及出入口的畅通，重点打通交界地区的道路衔接，特别是快速通道的连接问题。重点保证白云国际机场和广州客运专线新客站与佛山各区之间的高快速路网体系畅通，确保区域重大基础设施的共享。第二，以建立广佛生活服务圈为导向，充分发挥广州在商业、教育、医疗、文化等公共服务方面的优势，服务并带动佛山地区公共服务的水平，并着重提升广州与佛山以轨道交通为骨干的公共交通联系与服务水平，促使公共服务的服务和辐射范围能够覆盖整个区域。第三，建立两地基础设施的投资及收益分配体制，通过公私合营方式促进两地公共事业的市场化经营，以市场化促进基础设施的一体化。

4. 加强广佛区域生态环境保护一体化建设

为广佛同城化提供可持续发展的区域性生态保障，必须加强广佛区域生态环境的共建共保、优化生态安全格局，建立一体化的生态安全体系。一方面，加强区域生态廊道和绿地建设，加强对连绵山脉、河流干道的维护，建立完善的沿交通干道、河流水系等等防护体系，形成连通区域内各结构性生态控制区的生态通道，加大对山体绿地的保护和城市景观林、城区公共绿地的修复力度，形成区域绿核，加强农田林网和农田保护区的维护，促进区域城乡绿化一体化。另一方面，重点加强广佛区域水源一体化保护。建立广佛区域水源一体化保护及补偿机制，解决跨区域水源地的保护问题，保障两地居民的用水安全，并加快推进广佛两地在水源保护、污水治理方面的共同建设。

（二）由整体到局部、协调对接的空间规划对策

1. 明确广佛区域一体的总体空间发展格局

按照广佛同城化、携领珠三角区域一体化发展的要求，从广州和佛山两市功能与空间整体协调、统一布局出发，在外部衔接、内部统筹的基础上对区域空间点、轴、面的结构要素进行梳理，合理组织空间发展形态，优化配置区域经济与空间资源，协调地区经济发展与空间利用的互动关系，促进区域发展的整合。

在大区域层面上，应从珠三角区域一体化发展出发，综合分析广佛区域内外的空间发展格局，从珠三角、广佛不同区域层次，统筹协调考虑广佛区域的空间组织。

在广佛区域层面上，首先应强化广佛核心地区的发展，形成城市功能密集、高度发达的一体化发展区域，围绕核心形成“核心——都市区——都市圈”的大都市圈圈层结构发展格局，辐射带动整个区域的发展。其次，结合区域城市和产业发展基础，在能够引领区域发展的优势区域重点推动若干次中心发展，以此促进周边城市和产业空间的整合，形成一体化发展的高度城市化区域，成为都市圈核心以外区域整体发展的关键支撑。再次，在区域发展大格局下，依托区域性交通通道和走廊的建设，形成中心与外围地区的主要辐射走廊，增强核心、次中心和外围区域的联系，形成区域联动和整合发展的支撑。

2. 以综合的功能区划引导和促进两市功能分工协调

综合功能区划是区域空间管制的一种手段，主要是根据区域的自然、社会、经济和环境的特征，将某一区域划分不同开发方向和发展潜力的子区域，通过分类的政策引导或规制，达到分类发展、分类管理的目的，促进区域功能分工协调，实现人口、经济、资源环境相协调的空间开发秩序。以综合功能区划引导广佛区域发展，就是要重点统筹人口—产业的空间合理集聚、区域生态环境整体保护、水土资源空间调配等重大区域发展问题，通过地区间优势互补和相互协作，努力促进区际间空间资源的优化配置，促进区域理想空间开发结构的形成。

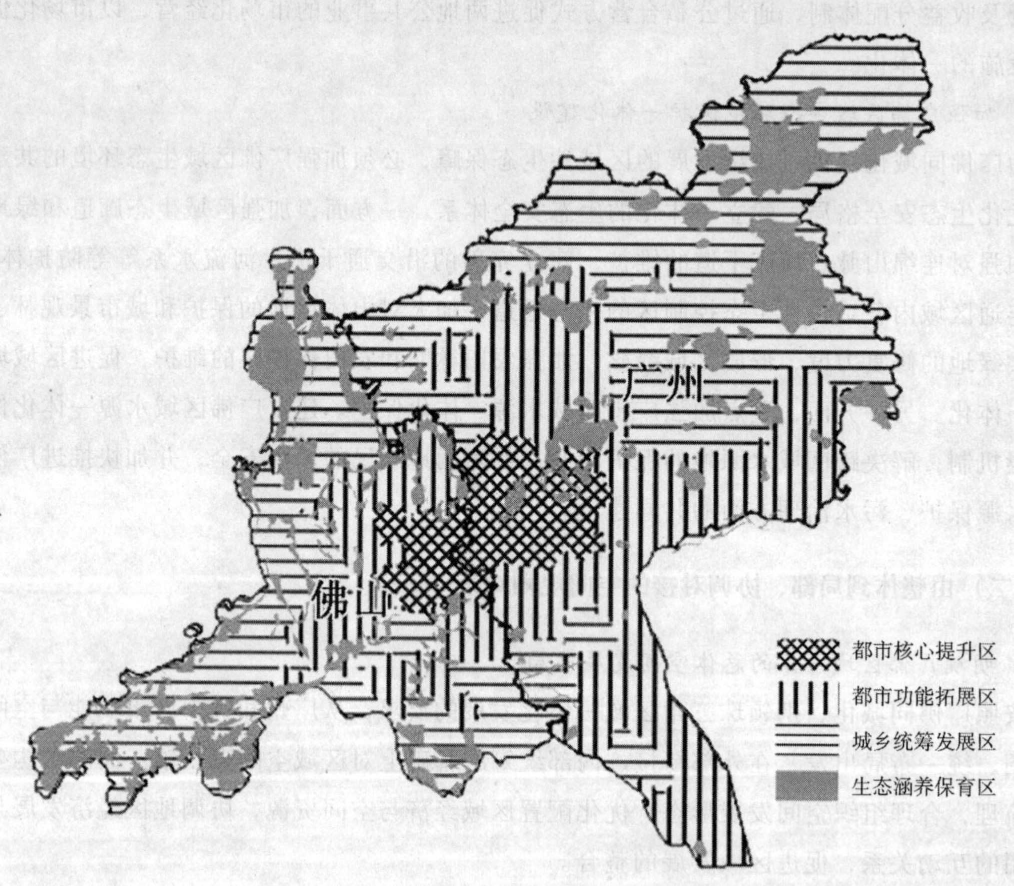

图2 广佛区域综合功能区划示意图

为此，在广佛区域总体空间结构的基础上，应以提高区域整体效益为核心，根据广佛区域内不同地区的自然资源条件、环境状况和地理区位，并考虑开发利用现状和社会经济发展需求等，综合划定不同的功能区域，为广佛同城化发展和空间的有序管理，以及不同地区规划的制订与顺利实施提供依据。按照广佛整体空间开发战略部署，综合考虑各个地区承载能力、开发现状和发展潜力，参考已有规划，初步提出广佛四类综合功能区，即都市核心提升区、都市功能拓展区、城乡统筹发展区和生态涵养保育区。见表1。

表1 广佛区域综合功能区划体系

类型	概念	功能定位	发展方向
都市核心提升区	城市经济发达,人口密集,综合服务功能水平高的区域,也是开发强度高,资源环境压力很大的区域	广佛现代化国际大都市区的核心载体,广佛的行政外事、商务会展、商贸金融、科教文化和创新中心,体现广佛综合实力和国际竞争力、集中反映城市特色和历史文化的中心区域	主要发展引领城市发展与能级提升的高端服务功能,着力创造宜居宜业的城市环境。发展总部经济、商务会展、金融、信息服务、专业服务、创意产业等现代服务业
都市功能拓展区	具有较好的城市建设与社会经济发展基础,但综合功能与建设水平有待进一步调整、优化的区域;或资源环境容量较大,发展潜力大,有明确发展政策指向的区域	发挥地区政治、经济、文化中心等综合服务功能的重要载体,是广佛发展先进制造业、高新技术和创新型产业以及现代服务业的重要区域,是支撑广佛未来发展的新增长极	通过优化产业结构、完善综合服务功能、营造宜居宜业环境,提升人口和产业集聚水平和综合服务能力。发展先进制造业、高新技术产业和现代服务业,促进产业集聚发展。加强生产、生活服务配套设施建设,促进商业、娱乐、教育、文化等多元服务功能的发展
城乡统筹发展区	指具有一定经济基础,人口聚集水平和开发强度较低,自然环境资源较好、生态限制较大且耕地和基本农田集中,宜进行点状集中开发的区域	广佛统筹城乡发展,建设社会主义新农村,实现以城带乡、以工促农,创新城乡管理体制的重要载体,是都市型现代农业发展区和主要的农副食品生产基地,也是保障区域生态安全的重要组成部分	围绕工业向园区集中、农民向城镇集中、土地向规模经营集中的原则,统筹该区域城乡一体化发展。合理推进城市化和工业化,促进城乡协调发展和生态环境保护,调整产业结构,大力发展资源环境友好型产业为主的特色经济
生态涵养保育区	指环境资源好、自然条件限制大、生态功能极其重要的地区,是各类自然保护区、森林公园、风景名胜区、水源保护区等集中分布的地区	广佛保护自然文化景观资源、为居民提供休闲游憩场所的重要区域,是保障广佛生态安全的关键区域	加强生态建设。适度发展观光农业、旅游业等生态经济。设置产业准入环境标准,依法关闭所有污染物排放企业,确保污染物的"零排放"。严禁不符合功能定位的各种开发建设行为。引导人口、资源转移。

3. 重点对两市整体发展的关键空间载体进行规划协调

从突出重点、把握关键出发，识别对广佛区域发展具有关键性意义的地区，将其作为广佛同城化重点协调建设区，重点对这些地区进行规划协调和引导，使其成为推动广佛同城化先行先试、落实各项政策的抓手和空间载体。

广佛重点协调建设区可从综合服务带动、重大设施影响、居住生活协调、生态功能维育四个方面进行分类选择，并主要考虑以下原则：①已有的总体层面规划，包括珠三角协调规划、广州与佛山城市总体规划、主体功能区规划等明确提出的需重点发展建设的区域；②处于广佛交界地段，需要从功能、产业、交通、生态等方面进行整合、协调的地区；③虽不在广佛交界地段，对于广佛整体功能提升具有重要意义的地区，是在整合交界重点功能区的基础上，通过横向轴带拓展协作的重点建设地区；④广州、佛山近期需重点发展的关键性地区；⑤与广佛区域总体空间格局相协调；⑥对区域生态安全格局具有重要意义的关键性地区。在此基础上，从功能分工、产业协作、空间布局、基础设施与公共设施建设、环境保护等方面提出具体的发展指引。见表2。

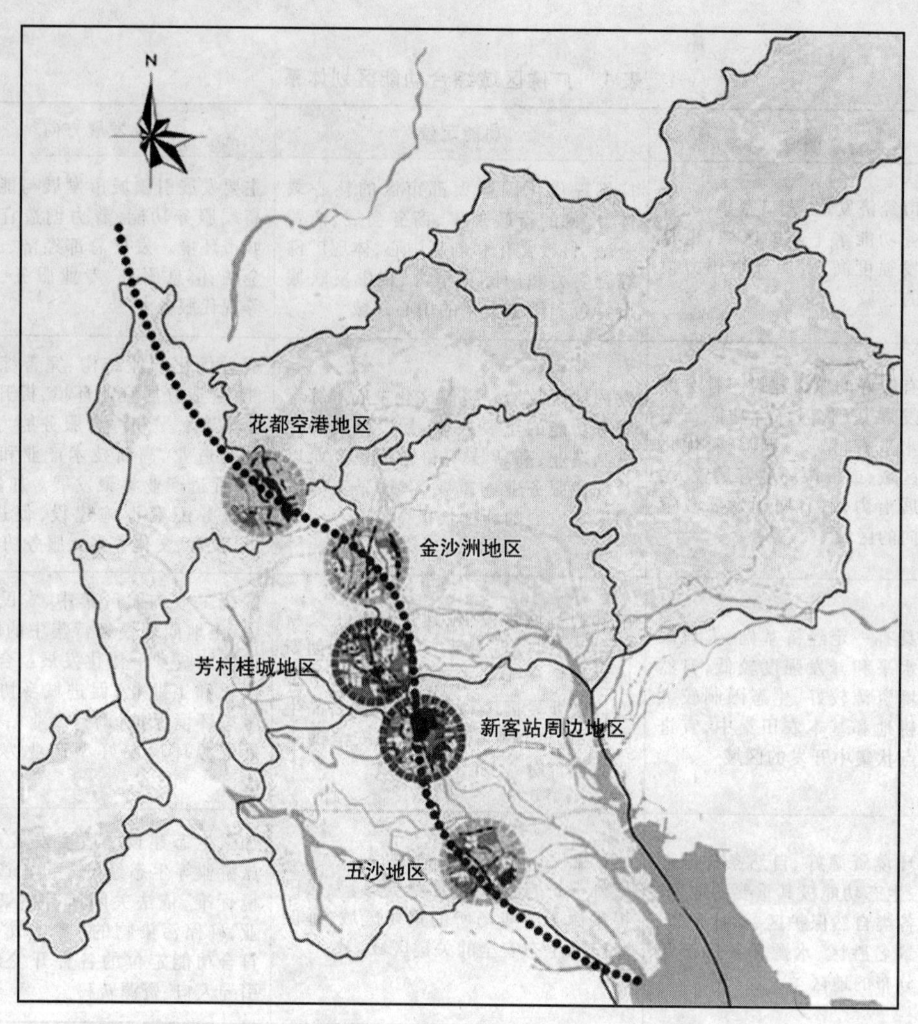

图3 广佛重点协调地区分布示意图

资料来源：参考文献3

表2 广佛重点协调建设区一览表

类型	区域	主要范围	备注
综合服务带动	商业商务区	包括琶洲、珠江新城、白鹅潭、禅城等	广佛现代服务业最为集中的地区
重大设施影响	空港经济区	包括新白云国际机场、白云区北部、花都区南部、从化西南部、萝岗区北部以及佛山的里水北部、乐平东部等	依托空港、海港、新客站，带动广佛地区整体功能提升，带动、辐射珠三角
	新客站商贸区	包括广州新客站、钟村、长隆—万博、大石，以及佛山陈村、顺德碧桂园等	
	海港经济区	包括南沙深水港、南沙滨海新城、南沙重要的产业基地，以及顺德的五沙工业区、高新技术产业开发区等	
居住生活协调	金沙洲地区、芳村—桂城	包括金沙洲生态居住区、荔湾的芳村，佛山的里水东部、黄岐、盐步、桂城等	位于广佛交界地区，以居住、商贸、商业等功能为主
生态功能维育	交界带区域绿地	—	维护区域生态安全格局
	圈内的区域绿地	—	

4. 交通先行共建一体化综合运输体系

充分发挥交通的引导作用，整合广佛区域空港、海港、河港（航道）、城际轨道、铁路、高快速路等交通设施资源，共建共享区域交通基础设施，形成以“双港双高”（以世界级的空港、海港为龙头，以内外衔接的高速铁路、高速公路网络为支撑）为核心，开放的一体化综合交通运输体系。

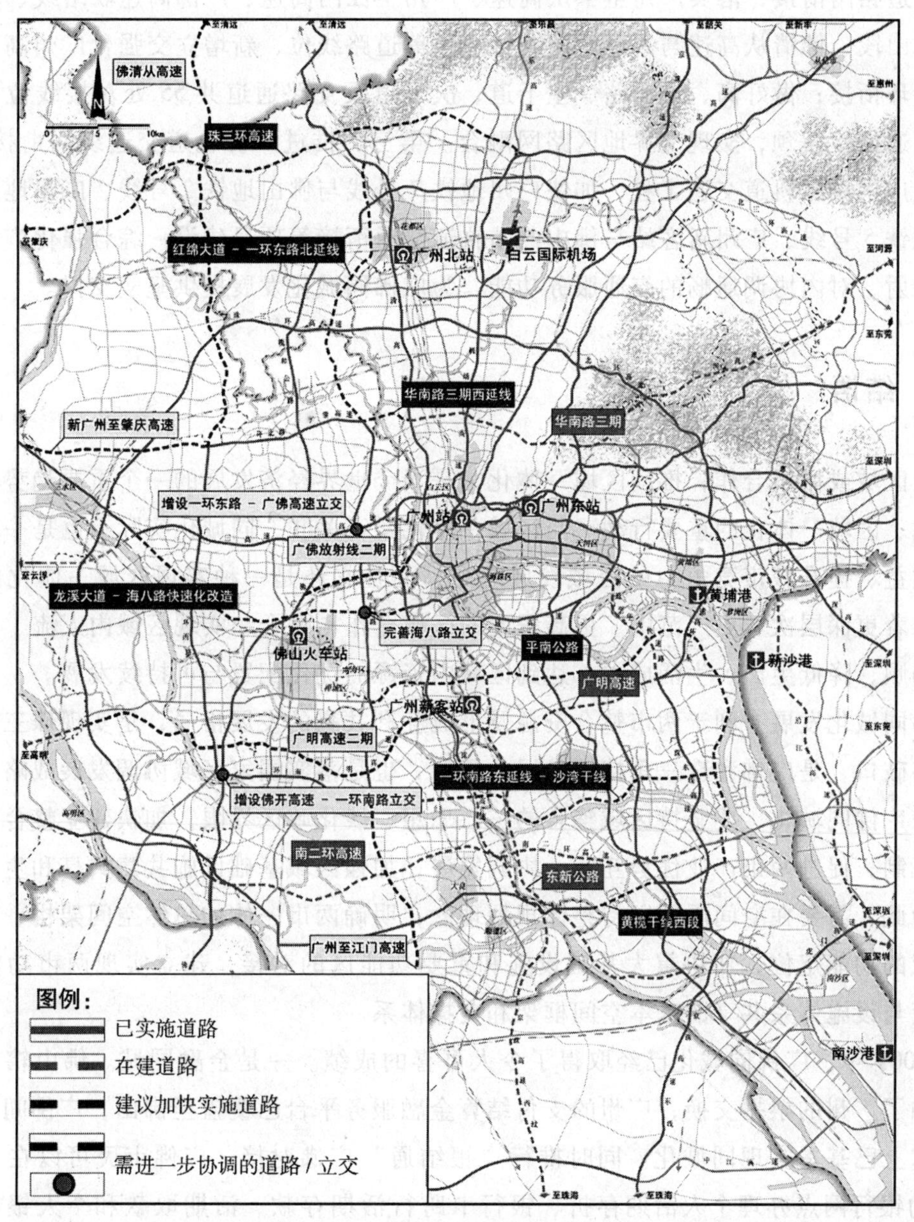

图 4 广佛同城高、快速路对接规划图

资料来源：参考文献 3

按照统筹规划、合理布局、共建共享、互利共赢原则，加强交通基础设施的建设和对接，以交通先行加快广佛同城化步伐。主要包括三个方面：第一，建设广佛共享的交通枢纽。加强白云国际机场的交通衔接和接驳，构建轨道交通和高快速道路有机衔接的立体式综合交通换乘枢纽。加快南沙港建设，优化广佛港口资源和布局，改善疏运系统，扩大腹地范围，以疏港铁路、高速公路的建设促进铁路、公路、江海联运一体化的现代化港口集疏运体系的构建。注重广州新客站地区的交通衔接组织，包括高、快速路、城市主干道、城际轨道和城市轨道的衔接和接驳，提升枢纽服务功能。第二，推进广佛两市的道路融合。加快广佛高、快速道路网衔接，落实广州至肇庆高速、广州至江门高速、广佛高速联络线、广明高速二期—佛山段、佛清从高速与一环西路对接通道等道路线位，新增立交强化广州高、快速路与佛山一环衔接；做好高、快速路、主干道、次干道及支路通道共55处对接线位，逐步打通广佛交通衔接瓶颈，实现交界地区路网融合。第三，推进广佛轨道交通线网衔接和融合，重点完成广佛城际轨道交通工程，加快广州地铁7号线与佛山地铁2号线、广州地铁5号线和佛山地铁5号线、广州新客站与佛山西站轨道交通衔接等项目建设。综合强化广佛区域对外集聚辐射、对内协调通畅的交通服务功能，为广佛同城化发展提供坚实支撑。

四、结语

加强区域或城市合作，推动区域一体化，是当今世界经济发展的一个重要趋势及适应经济全球化、区域一体化的重要行动。与区域一体化紧密关联，同城化实际上也是一种提高区域整体效益、提升城市竞争力的区域发展理念，而且它还是一种实现区域一体化的高级形式，意味着更深层次、更广范围、更高程度的区域合作与融合，实现区域内人流、物流、信息流的畅顺，降低生产、生活成本，达到区域内资源的优化配置与可持续发展。

广佛同城化发展有利于两市整合资源及形成互利共赢的发展格局，是实现珠三角区域一体化的突破口，是广佛和珠三角持续发展的需要，也是落实国家区域协调发展战略的重要举措。推进广佛同城化，要坚持区域整合的核心思想，淡化政区界限，加快建立整合两市资源的市场机制，促进两市产业优势互补、协调发展，加强区域基础设施共建共享和生态环境的共保。为此，需要在空间层面坚持整体规划理念，明确两市一体的总体空间架构，科学确立不同区域的功能定位，加快重大基础设施和重要功能区的对接，建立实现两市功能互补协调、政策与设施体系共享的基本空间框架和支撑体系。

在2009年，广佛同城化已经取得了令人可喜的成绩。一是金融同城。佛山辖区金融机构均参加了广州的票据交换，广州的支付结算金融服务平台已覆盖至佛山，广佛间的资金结算从技术上已基本实现同城化。同时推行“银结通”广佛对接，广佛市民可以在参与“银结通”的银行网点办理个人活期存折、银行卡跨行活期存款、活期取款和个人银行结算账户跨行转账业务，2010年广佛银行可实现通存通兑。二是通信同城。按照2009年8月佛山市信息产业局与广东省通信管理局、广州市信息化办公室的共同计划，将取消广佛地区移动电话后付费资费套餐的移动长途和漫游资费，在广佛边界地区将首先实现固定电话资费同城化；2012年1月前广佛移动电话价格差异较大的预付费资费套餐将调整，移动电话长途和漫游资费得以取消，而固定电话的通话费调整为区间通话费水平，广佛通信资费一体化将基本实现。三是交通同城。目前，广佛道路网络的对接工作正在稳步推进，半小时交通圈逐渐成为现实，而到2013年前后，借助于广佛地铁、佛肇城轨以及广佛环线等轨道交通的衔接，广佛间交通联系将更加便捷；而一小时经济圈将在更大的广佛肇区域形成。四是就业同城。从2009年8月15日起，广佛两市劳动保障部门实现人力资源市场信息网和就业失业管理系统信息的对接，实现两地职业供求信息和就业失业管理信息共享，方便用人单位异地招聘和求职者异地择业，实现就业服务平台一体化。此外，广佛劳动保障部门近期还启动了广佛劳动保障维权协作。广佛同城效应正日益显现，两市的融合将更有力地携领珠三角一体化发展。

（作者：李晓晖，广州市城市规划勘测设计研究院工程师；肖荣波，广州市城市规划勘测设计研究院规划研究中心副主任，高级工程师；陈建年，广州市发展和改革委员会规划处处长；廖远涛，广州市城市规划勘测设计研究院工程师；魏宗财，广州市城市规划勘测设计研究院工程师）

参考文献：

1. 陈鸿宇，郭超．“广佛都市圈”的形成和发展动因分析—对广州、佛山产业结构变动的实证研究［J］．广东经济，2006（1）
2. 广佛同城如何改写人居生活？关键在时间成本［N］．南方都市报，2009－04－09
3. 广州市规划局．广州2020：城市总体发展战略规划［Z］．2009
4. 广州市委市政府，佛山市委市政府．广佛同城化发展规划（2009～2020年）［Z］．2009
5. 国务院．珠江三角洲地区改革发展规划纲要（2008～2020）［Z］．2008－12－31
6. 汪洋：广佛同城化是珠三角一体化突破口［N］．南方日报，2009－02－14
7. 王德，宋煜，沈迟，朱查松．同城化发展战略的实施进展回顾．城市规划学刊，2009（4）
8. 肖欢欢等．三大经济圈成就广东大未来［N］．广州日报，2010－1－1
9. 杨在高．以广佛同城化携领珠三角一体化［N］．南方日报，2009－04－01

金融危机背景下外向型城市二元化的解析：以东莞为例

2007年10月，欧美爆发次贷危机。2008年，次贷危机引发的金融危机席卷全球，全球范围出现经济大幅下滑。中国作为世界经济的大国，也不能独善其身，成为受这次金融危机冲击最大的国家之一。作为外向型经济比重最大的和有着"世界工厂"之称的珠三角地区，更是金融危机影响的重灾区。

2009年8月，时值金融危机爆发一周年的日子。在过去的一年里，珠三角中的一些城市发生了什么，对企业、市民产生哪些影响，根源何在，政府、企业和民众采取何种措施进行应对，效果如何？带着上述问题，本文以珠三角外向型经济比重最大的东莞为例，试图通过对这座城市的发展沿革、城市特质等问题的解析，找出其既有的发展逻辑，尤其关注金融危机对这座城市原有发展逻辑和构架的影响、冲击和变革。

有两点需要特别说明：①本研究重点不在于"是什么"、"怎么样"，而在于"为什么"。②本研究虽以东莞为案例，但对以外向型经济为主导的经济发展城市或地区，具有普遍性的指导意义。

一、东莞发展历程和二元性

（一）发展历程

东莞市1985年9月撤县设市，1988年1月升格为地级市，全市户籍人口170万，暂住人口近千万，全市总面积2465平方公里。经过30年的改革开放，东莞经济得到惊人增长。2008年GDP 370 253亿元，是1978年的606倍。全市财政收入601亿元，是1978年的910倍，各项存款余额为4354.53亿元[1]，是1978年的4147.2倍。

本文从改革开放在东莞的纵深推进及对东莞社会经济的影响程度入手，将1978年以来东莞发展历程归结为三个阶段。

1. *发展起步期*

20世纪70年代末，中国政府在改革和发展道路上向前迈进了一大步，划定珠三角经济发展开放区，深圳为改革开放的先行区——经济特区，其具体表现是国家给予了包括深圳在内的珠三角各市更为优惠、更便利的区域发展政策，尤其是在招商引资方面的优惠政策。这一优势让珠三角具有了全国意义上的先发优势，为珠三角的经济“先行一步”打下坚实基础。在此背景下，珠三角与香港原有的地域、亲缘、乡缘等文化渊源和潜藏已久的民间联系在长期累积起来的巨大能量迅即迸发出来，珠三角面对发展的迫切需求、廉价的劳动力及土地资源和香港城市产业升级、转型及自身发展空间受限的现实需求，实现了有限对接。香港企业、产业纷纷外迁至深圳、东莞等珠三角城市，形成独特的创造珠三角经济腾飞30年奇迹的“三来一补”的经济发展模式。在这一波经济发展中，深圳起到了龙头和示范作用，东莞则处于发展的起步阶段。

2. 发展快速期

20世纪90年代，随着市场经济制度主体地位的确立，珠三角改革开放和区域发展达到了前所未有的新高度，珠三角各城市实现了巨大的经济发展。在这一波经济发展中，东莞成为最大的受益者。其发展有赖于三大优势：①良好的地理和交通区位。东莞位于广州、深圳两座大都市之间，良好的珠三角东岸交通廊道成为广州——香港联系的重要通道，为东莞提供大量发展机会，形成极具特色的珠三角东岸经济发展带。②具有大量的空间资本。与广州这一发展历史悠久的老城市和深圳发展迅猛的新型城市相比，东莞具有广阔的土地供应。在市场经济和土地资源约束条件下，土地成为区域发展的重要资本，是资源升值为资本的重要载体。③接受来自香港和深圳的经济辐射。市场经济条件下，东莞具备与深圳发展机会相对均等的机遇。在巨大市场需求和地方政府的共同努力下，东莞成为承接和发展香港制造业的最佳地区，依托香港巨大研发能力和世界国际性市场的优势，东莞成为珠三角“世界工厂”的核心地带，城市经济和社会发展实现了巨大腾飞。

3. 发展步入新时期

2000年以来，东莞经济发展出现了一些新的特征，表现为经济发展的国际化水平不断提高，产业的高端化、品牌化、集聚化、科技化态势明显。与过去加工组装的粗放型发展模式相比，信息咨询、通讯、物流、会展、产业集群、专业镇等新型经济模式开始兴起和发展；服务业的本地化趋势开始显现，现代服务业、生产性服务业、科技服务业、创新型产业等产业和产品高级阶段开始出现。改革开放30年，东莞从一个落后贫瘠的农业县一跃成为全球知名的制造业基地。“制造业之都”和“世界工厂”，是人们对这座城市的赞誉之词。

回顾30年东莞发展历程，其发展路径可概括为：初期的乡村工业化，中期的工业化和城镇化并举，后期的城市化、工业化、国际化并驾齐驱的新型发展模式。

当然，东莞的发展也存在诸多弊端，主要有两点。①长期以来“三来一补”的粗放型经济发展模式，对土地、水、电、劳动力等消耗十分巨大，经济发展的成本居高不下。②“三来一补”的发展模式造就了较高的外向依赖度。由于“研发和市场在外、生产在内”的畸形产品生产结构，产业发展的内源性动力不足，本地民营、私营发展基础薄弱，自身核心和关键技术缺乏，经济发展的可持续发展能力较弱，抗击国内外市场风险和波动的能力差。因此，在2008年爆发金融危机，东莞成为首当其冲的受害者。

(二) 东莞城市基本属性：二元性

如果用简洁明了的词语来概括东莞这座城市，这些词可能入围：外向型经济、世界工厂、加工出口、制造业名城、新莞人、农民工、超级镇、专业镇。客观上讲，上述诸词都是东莞城市内核的具象化，能够反映这座城市的本质，抓住了城市崛起和发展过程中的关键元素。但是，这些词的背后有一个共同核心，即东莞经济与社会发展的源动力——经济发展的外向性。换言之，东莞经济崛起和发展发轫于一系列外部力量，表现为外商投资、外来技术、外来研发、外在市场，这些都与东莞本土发展基础相结合，构成了东莞最基本的城市属性——二元性。东莞城市的二元性有诸种表征，有人口、社会、经济、空间和城市管理等方面。金融危机背景下，东莞二元社会受到巨大冲击和影响，既有的逻辑和运行规则被打破，原有的社会经济体制在与金融危机的碰撞过程中产生了一系列问题，经济和社会发展形势对于新的人口、社会、经济、空间结构等产生了巨大需求。本质上，二元社会是东莞在经济与社会发展过程中一系列矛盾和问题的表征，金融危机在一定程度上显化和放大了这些矛盾。以金融危机为契机，切实解决东莞发展过程中的各种问题和矛盾，是解决历史时期东莞发展过程中的遗留问题的重要任务，也是开拓东莞发展新局面的必然需求。

二、人口社会的二元化

20世纪80年代以来，东莞吸引了来自全国各地的流动人口，成为珠三角外来工集聚最多的城市之一。2008年末，全市户籍人口174.87万人，年末全市常住人口694.98万人（未包括没有办理暂住证的外来工）[1]。外来工来东莞的原因既包括经济全球化、世界经济一体化等宏观因素，也包括户籍制度的改革、区域发展差距等中观因素和外来工个体发展需求、东莞独特的生产方式等微观因素，具体表现为：全球化和世界产业升级与转移，环太平洋经济时代的来临，中国户籍制度的适度放松，市场经济的日渐完善和大量就业机会的提供，东莞经济和社会发展状况与外来工源地存在的巨大差异，珠三角生产、加工与组装的劳动力密集型的生产特征，在乡村工业化基础上发展和壮大起来的初级经济形态等[2-3]。毋庸置疑，外来工对东莞社会发展、经济增长和文化再造起到至关重要的作用，他们开创、发展和维系了改革开放以来东莞低成本的工业化、城市化和现代化道路[3]。但是，由于户籍制度及基于医保、社保、教育、劳保、住房等一系列二元化管理制度和体制，外来工与本地人的生存和发展逻辑截然不同。本地人较多从事管理、经营等高附加值产业和行业，他们享受着良好的教育、医疗、社保、购房等福利条件。出租屋经济是他们特有的经济来源，凭借既有的房产和土地，他们可以获取巨额租金，过上相对殷实的生活。其中有些人成为不折不扣的“二世祖”，即使不工作也依然可以生活得很好。外地人大多在工厂或车间从事辛苦、繁重的体力活，付出最多，收获最少，市民的教育、医疗、社保、购房等福利保障基本与他们无缘。

一般而言，城市社会是城市各利益群体的高度聚合，城市社会结构的分析重点是对城市社会经济做出重要贡献和产生深远影响的利益阶层的作用过程与结果。与国内其他城市相比，东莞城市的显著特点在于东莞拥有大量外来流动人口，他们集聚于各大工厂、车间和城中村，对城市经济、社会和文化产生巨大影响，是城市社会结构中不可忽视的重要力量。改革开放30年来，他们已成为这座城市文化创造者的中坚力量。谈到东莞，多数人就自然而然想起"外来工"，将"东莞"与"外来工"相提并论，成为多数人对于东莞这座城市的恒常性感知。外来工对东莞的贡献、影响和分量，远大于一般城市。对于城市政府而言，外来工理应成为政府提供公共服务的重要服务对象。

金融危机爆发后，很多企业订单减少。企业产量和利润减少甚至亏损，企业面对巨大的人力成本压力。在此境况下，裁员、倒闭成为一些企业的无奈之举。有媒体报道，2008年8月，东莞掀起了一波企业关闭潮，先后有1600家台企、3000家港企从东莞撤离[4]。其结果是，大量外来工失业，部分人观望，部分人回家自谋出路，更多的人奔赴上海、浙江、江苏等地寻找出路。不言而喻，大量外来工的失业对于他们的基本生活保障、东莞企业正常的生产和发展、本地人营业收入、东莞社会与经济状况造成巨大冲击。

这次金融危机警示我们，留住劳动力、尤其是技工、管理人员等高素质群体，加强和提升外来工的属地认同感，对于稳定与恢复企业发展活力、振兴和重塑地区经济发展具有重要意义。笔者以为，建立和完善外来工与本地人同福利、同待遇的一元人口认同制度至关重要。具体做法是，改革现有户籍制度，逐步建立与本地人相同的人口管理制度，消除各种针对外来工的歧视和不公正行为和举措，让他们成为真正意义上具有强烈东莞城市认同感的"东莞人"、"新莞人"。

金融危机对于东莞原有社会结构造成巨大冲击，对于企业、外来工、本地人都产生不同程度的影响。东莞市委市政府对于拯救和帮扶困难企业方面做了大量卓有成效的工作，通过银行贷款、举办讲座、对口指导等多种途径扭转不利局面。但对于外来工的培训、再教育、规劝、再就业等工作稍显不足。我们以为，一个社会经济运行良好的城市必须有一个相对完善的服务体系，这对身处困难时期的企业进行帮扶很重要，对市民生产、生活信心的激励，对企业、民众重新发展决心的树立，对城市认同感的强化和提升，对大量面临失业的外来工的悉心安慰、劝解、挽留、福利支撑和保障，对政府就业应急机制的研究、探讨与完善，对包括外来工在内的全体市民人心的稳定等也很重要。这种综合性和全方位服务工作体系的建立和健全，能够有效抵御外来经济波动和冲击，有利于建立相对稳定有序的社会结构，对于建立和谐社会也大有裨益。

三、经济的二元化

经济的二元化是东莞城市二元性的核心体现。改革开放以来，东莞靠"三来一补"和加工贸易写就传奇，从一个落后贫瘠的农业县一跃成为全球知名的制造业基地。同时，这种研发和市场两头在外、生产在内的劳动力密集型生产方式，有着致命的弱点——抗击外界干扰能力弱，其表现形式大概有以下几种。

经济结构严重失衡。一般而言，投资、消费和出口是经济发展的三驾马车。东莞经济结构的显著特点在于，出口在东莞经济中占的比例高达80%，远远超过全国平均比例。出口经济成为东莞经济发展的重要命脉，IT产业、家具产业、制鞋产业、服装产业、玩具产业在世界上占有相当份额，“世界工厂”的“美誉”由此而来。殊不知这种失衡结构存在深度隐患。金融危机对东莞这种严重依赖出口的经济结构带来巨大冲击，世界范围内的需求下降，订单锐减，企业发展受挫，失业、倒闭成为必然。对此，应该积极丰富和发展经济增长渠道和途径，建立多样化的经济发展道路，变“一条腿走路”为“多条腿走路”。具体措施包括：调整经济发展策略，积极加大投资力度，扩大内需，积极引导消费，经济发展重点从出口主导转向内销主导，尤其注重加工贸易型企业。发展和夯实投资导向和消费带动下的经济基础，弥补出口导向型经济模式的弊端，建立更为稳固、更趋平衡、合理和多样化的经济结构。

产业结构不合理。长期以来，东莞扮演为国外知名企业做嫁衣的角色，来料加工、简单加工、机械组装、贴牌生产是东莞多数企业和工厂的主要生产工序。在20世纪80~90年代，这种工作具有一定竞争力，但在知识化、信息化和技术革命日新月异背景下，这种生产和加工模式已经不能适应东莞现实发展需求。这种低端化的产业结构，给具备同样生产和发展条件的其他地区提供了可替代性机会，金融危机爆发后，其遭受的不利影响十分明显。对此，应该在产业转型、更新和升级上下足功夫，引导产业结构向高级化、高端化进发。政府必须制定有利于产业结构调整和升级的各项制度，为企业、高校、科研院所的积极合作牵线搭桥，为致力于提升产业结构的重点企业设立产业升级创新基金，鼓励企业向电子信息服务业、物流业、会展业等现代服务业和信息咨询、通讯与金融服务等生产性服务业延伸，加大产业升级的宣传力度，在企业、民间、全社会掀起一股通过创新、改革谋发展的良好风气，切实消解“世界工厂”的旧的城市认同，建立世界产品研发基地、产品营销重要战场、全球生产体系重要节点的新的城市认同。

产品结构不合理。东莞貌似打造了很多世界的知名品牌，境内有三星、耐克、诺基亚等世界性知名品牌的生产和加工基地，但核心技术缺乏；而东莞自身品牌，除了“步步高”外，再难寻其他踪迹。不同层次和质量的产品对金融危机反馈存在巨大差异。一般而言，拥有核心技术的产品抗干扰能力强，拥有自己强大品牌效应的产品免疫力强。长期以来，东莞在这两方面处于弱势弱质地位，受到金融危机的影响十分显著。对此，有关部门和企业自身要积极调整产品生产结构，加大研发和营销力度，向微笑曲线的研发、销售、售后服务等高附加值两端发展。同时，企业要积极开拓和壮大本地品牌，树立和强化自主品牌意识，加强产品与本地经济和社会的黏合性，与民众切身生活相关联，形成强有力的消费支撑，从而提升产品核心竞争力。另一方面，在区域经济发展过程中，地方政府要牢固树立发展自主性观念和区域性品牌意识，将地方知名品牌与地方形象、地方营销等相联系，促进企业进步和区域发展的良性互动。当前和今后一段时期，要以松山湖科技产业园为龙头，大力引进先进技术、适用技术和高科技人才，培育自主品牌，强化自主知识产权，形成高效率、强辐射的城市发展增长极。

四、空间结构的二元化

毋庸置疑，东莞城市经济和社会发展取得了举世瞩目的伟大成就，在工业化、现代化发展进程中，城镇化水平也大幅提高，2008 年达到 86.39%。辖区各街镇发展迅猛，2008 年末全市 32 个镇街本级总资产 803.94 亿元，净资产 539.57 亿元，分别比上年增长 8.0% 和 8.6%；全年税收总额 417.63 亿元，增长 19.7%[1]。但各镇街发展差异依然巨大。其中，靠近交通要道和传统专业镇经济发达的镇域经济综合实力强，如虎门、长安、莞城、塘厦、常平、厚街、樟木头、松山湖等发展迅猛，而望牛墩、麻涌、洪梅、沙田、谢岗、桥头、东坑等镇经济发展相对缓慢，存在明显的空间结构的二元化。为有效减少镇域之间的差异，提升中心镇经济发展抗击外界风险和波动的抵御能力，加快推进东莞城市空间一体化进程，有必要对东莞镇域经济进行合理规划，在产业布局上进行大力协调，鼓励中心镇（街）企业和产业适度转移到周边镇街，减少发展成本，带动后进镇经济发展。发展后进街镇，要本着务实、求进的原则，积极承接来自发达区的产业和企业转移，创造好的营商环境和条件，积极做好相关产业的配套和服务工作。理顺各镇街产业特色和加强互补性联系，规避相互之间恶性竞争，改变过去“村村点火、处处冒烟”的分散型产业布局，构建富有特色的产业集群和专业镇，打造东莞现代产业体系。

积极发展高端产业的空间需求和解决城市现有土地供给有限的矛盾，成为快速城市化背景下东莞可持续发展的重要课题，也是东莞目前城市发展过程中面临的主要问题。为有效提升东莞整体产业和企业竞争力，提升城市发展总体质量和效益，有效抵御国际金融危机对城市造成的巨大冲击，整体提高东莞城市空间的运行效益和效率，要坚定推进“双转移”战略，加快东莞韶关、东莞惠州两个市级产业转移工业园建设和 7 个镇级产业转移工业园的整合优化，引导竞争力较差的劳动密集型、资源依赖型等企业或生产环节的有序转移，提升城市资源环境人口承载力。坚持走引进、淘汰、转移、转型和升级有机结合的发展道路，做到稳中求进，进退有序[5]。

从内部空间尺度看，东莞是一个由众多街镇组成的面。从外部空间看，东莞是大尺度下的点。东莞的发展不可以拘泥于东莞内部，要从全球、华南、广东、珠三角、珠三角东岸出发，与深圳、广州、惠州等相邻城市及不同空间尺度谋求下一步的发展。东莞应该加强与世界各地、与周边城市的经济、贸易、社会、文化等的密切往来，增加城市经济和社会发展的区际黏合性，增进在不同空间尺度下节点位置的确立和巩固，大大强化东莞经济发展的正外部性，增强对外部危机的抗击能力。故而，树立空间协调观、广阔的空间发展视野、良好的区际空间格局是东莞在今后一段时间发展中的重要课题。仅从其与广州、深圳的关系看，如何利用广州作为国家中心城市的政治、文化、枢纽和综合服务强势，深圳作为中国创新制高点、一系列体制和制度改革的发祥地等改革优势，在合作中求进步，在博弈中求发展，是东莞可持续发展的重要任务。

五、管理的二元化

城市发展日新月异，可是一个基本的问题——“城市到底为了谁”却是一个极具争议性的话题。在计划经济体制和历史行政制度背景下，传统的“镇”成为城市管理的基层单元，而“镇”的各项政府管理和服务机构的设置沿袭了以前的“镇”的标准，城市规划和政府各职能部门的管理和服务的对象是本地户籍人口。但是，以东莞为典型代表的珠三角地区的一些镇，具有强大的外来经济、集体经济和私营经济，某些镇的综合经济实力比内地很多城市都要强，这种镇成为名副其实的“超级镇”。像长安、虎门、樟木头等镇，2008年底外来人口分别达到60万、53万和40万[6]，已经达到小型城市人口规模，长安和虎门还达到国内中等城市人口规模。外来人的身份是流动人口，但是其中相当比重是常住人口，在城市工作、生活多年。换言之，他们已经成为城市人口的一部分。如果镇域内部的公安、交管、医院、学校、民政、工商等部门编制仍然沿袭传统“镇”的级别，这就明显与大量常住人口的客观需求不符。为了提升城镇化的质量，满足大量常住人口的巨大需求，上述“超级镇”的行政体制改革势在必行。因此消解二元化城市管理体制和制度，建立统一、协调和高效的城市管理制度，按照各镇常住人口需求配备相适应的城市公共服务体系，是东莞城市管理体制改革的重要目标。其次，长期以来，在计划经济制度和传统城市管理思维方式下，城市政府和各职能部门往往“重管理、轻服务”[3]。这种趋于打压、压制和强迫的管理模式使得流动人口的城市归属感和认同感大大降低，在金融危机背景下，一旦出现失业等困境，他们的滞留意愿会很低，离开的可能性很大，这无疑对于城市发展造成不利影响。如果政府和有关职能部门能够切实提升服务质量，让他们有强烈的地域归属感，成为真正的“新莞人”。我们以为，即使金融危机爆发，即使失业，只要相关的服务能够及时跟进，在就业信息提供、再就业培训等方面下足功夫，他们不一定会选择离开。

六、东莞未来：从改革中找出路

我们欣喜地看到，在广东省委省政府、东莞市委市政府组织领导和广大东莞企业、市民共同努力下，东莞全市正在积极推进保增长、促转型、强管理、惠民生四大战略。2009年第二季度以来，东莞经济运行出现了积极变化，摆脱了经济负增长的态势，呈现出企稳向好的变化，且积极因素不断累积，回暖现象仍在持续。主要表现有：①经济增长扭负为正。据悉，上半年全市生产总值1690.17亿元，同比增长0.6%，扭转了一季度GDP负增长的局面，增幅比一季度提升2.9个百分点。其中，第三产业增长13.5%，增幅比一季度提高1.4个百分点，成为拉动GDP增长的主导力量。②工业生产下降幅度持续收窄，优势企业逆势快速增长。工业生产下降幅度逐月收窄，上半年，全市工业增加值734.54亿元，同比下降11.6%，降幅比一季度收窄4.6个百分点。在整体工业生产处于下滑情况下，仍有一些工业企业表现出快速增长的态势，工业生产能力正在逐步恢复。上半年，规模以上工业产值增长的企业数量占28.9%，增长型企业产值占规模以上工业产值的30.3%。③出口降幅逐月收缩。受金融危机影响，东莞出口出现下滑，但从2月份起，下降幅度有所收缩，出口额逐月增加。上半年全市进出口总额403.5亿美元，降幅比一季度收缩4.2个百分点。其中出口总额237.5亿美元，降幅比一季度收缩1.7个百分点。机电产品出口降幅比一季度收缩2.0个百分点，高新技术产品出口降幅收缩5.5个百分点。④固定资产投资保持增长，国内消费增长加快。上半年全社会固定资产投资总额398.18亿元，同比增长8.2%。由于转型升级战略的大力推进，技术改造步伐明显加快，更新改造完成54.02亿元，同比增长68.3%。房地产业持续发展，商品房屋建筑施工面积增长20.1%，商品房销售面积增长3.6%，销售金额增长8.1%。⑤财政金融稳健，居民收入增加。上半年市财政一般预算收入113.82亿元，增长5.4%；6月末全市各项人民币存款余额4709.42亿元，比年初增长8.2%；各项人民币贷款余额2670.07亿元，比年初增长12.4%；上半年城市居民人均可支配收入18 231元，同比增长9.9%。⑥企业景气指数止跌回升。二季度东莞企业景气指数达到114.33，结束了下跌态势，比一季度大幅提高15.50点，已经运行在“相对景气”区间。二季度企业家信心指数回升至96.52，比一季度大幅提高11.40点，企业家对外部宏观经济环境持乐观态度[7]。

过去一年，金融危机对东莞经济和社会带来巨大冲击，出口导向经济遭受巨大考验。但在“保增长、促转型、强管理、惠民生”四大战略指引下，在加速东莞产业转型与升级，优化经济结构、产业结构和产品结构等措施下，东莞经济出现了回暖迹象。

某种意义上，东莞的做法对珠三角及全国范围内外向型城市或区域的发展提供了思路。在全球化、世界经济一体化背景下，任何外向型城市的发展都不可能一味地“主外”，而忽视“安内”。在中国与世界经贸联系日渐密切的环境下，在世界经济体系起伏动荡的局面下，如何提升城市发展内力、修炼内功是所有城市亟待思考的重大课题，尤其对于长期依靠出口导向型经济的城市更是如此。展望外向型城市的未来，需要切实改变自身发展症结，找准经济发展的内源性动力，完善现有城市管理体制和制度，在制度和体制改革、转变传统二元社会上下足功夫，减少发展过程中存在的种种壁垒，不断提升和夯实经济和社会发展自主性，做到内外兼修、内外一体，开创经济与社会发展的新局面。

（作者：许学强，中山大学地理科学与规划学院教授；姚华松，广州大学广州发展研究院，香港浸会大学当代中国研究所博士后）

参考文献：

1. 东莞市统计局．2008年东莞市国民经济和社会发展统计公报［R］．东莞市统计局网站，2009－3－20

2. 东莞市统计局．经济初显回升态势　增长趋势有望延续——2009上半年东莞经济运行情况分析［R］，东莞市统计局网站，2009－7－21

3. 东莞市信息化办公室．东莞市人民政府网站·街镇信息［EB/OL］见：http：//www1. dg. gov. cn/publicfiles//business/htmlfiles/cndg/s345/index. htm，2009－11－5

4. 林驰胜，李思锫．牛年揾钱，稳字当头［N］，新快报，2009－2－6（D02 版）

5. 王慧．东莞促进产业转移工业园建设实施意见出台［N］，南方日报，2007－9－20（A5 版）

6. 姚华松，许学强，薛德升．中国流动人口研究进展［J］．城市问题，2008，(6)：69～77

7. 姚华松．改革开放以来广州流动人口空间研究［D］．广州：中山大学，2008

专题篇

中国城市化进程六十年

新中国建立以来，中国城市化得到前所未有的发展。中国的城市化不仅在城市数量上快速增长，而且城市规模结构、城市质量、城市空间结构以及城市化的动力机制等都发生了重大的变化，但也存在不少新问题。以下从六个方面予以阐述。

一、城市化发展阶段划分与速度变动

城市化是任何国家都要经历的发展历程。1949 年新中国成立后，党的工作重心由农村转向城市，社会主义中国的城市化进程由此起步，城市化水平已由 10.6% 提高到 2008 年的 45.7%。回顾 60 年来中国的城市化发展历程，可谓历经曲折和坎坷，但随着中国社会经济的持续发展和对城市化认识的不断深化，中国的城市化进程已步入稳定快速发展的阶段。总体来看，新中国成立以来，城市化进程经历了以下五个发展阶段（图 1）：

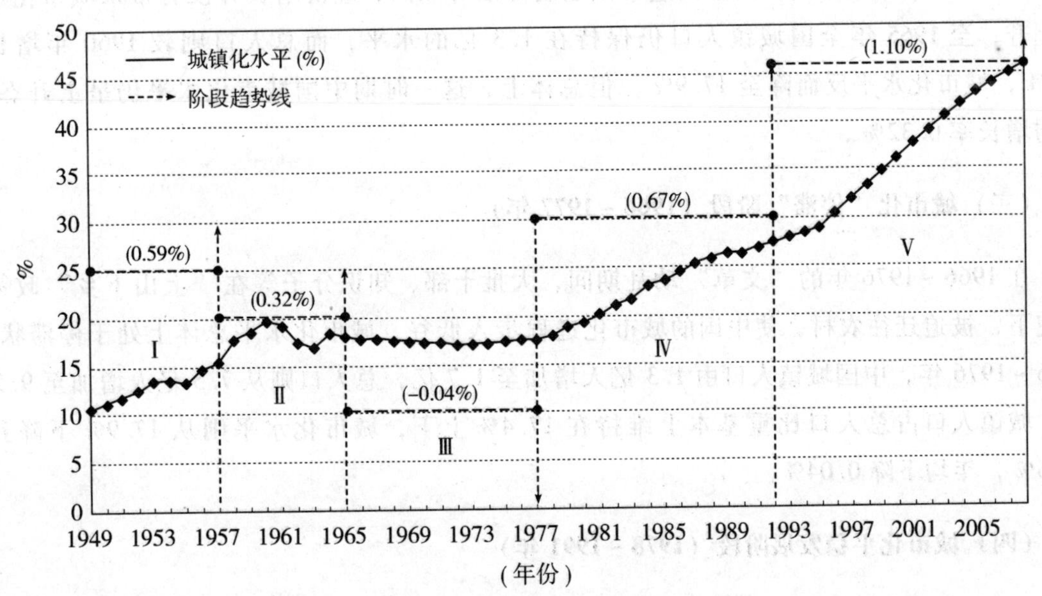

图 1　中国城市化进程

（一）城市化初步发展阶段（1949～1957年）

新中国成立后，在经过1949～1952年三年国民经济恢复时期之后，我国于1953～1957年制定并实施了首个五年计划。随着国民经济的恢复和建设，中国的工业化、城市化发展迅速，城市化水平从1949年的10.6%提高到1957年的15.4%，8年间增加了4.8个百分点。这一时期，随着“一五”计划的超额完成，城镇工业建设急剧发展，在工业优先发展的思路引领下，出现了一批新的工矿城市，大量农民进入城镇就业。到1957年末，中国城市发展到176个，比1949年的132个增长了33.3%，城镇人口增加到9949万人，比1949年的5765万人增长了72.6%。总体来说，这一时期中国城市化进程得到了初步推动，城市化水平总体呈上升态势，年均增长率0.59%。

（二）城市化波动发展阶段（1958～1965年）

这一阶段是中国城市化发展最为跌宕起伏的时期。随着“一五”计划的顺利进行，国民经济建设迅猛发展，1958～1960年又经历了三年的“大跃进”，使农村人口爆发性地进入城市，估计总数达2000万～3000万人（许学强等，1997），1960年中国城镇人口增至1.3亿人，较1957年增长了31.4%，城市化水平达19.7%，达到1949～1979年30年之峰值，是城市化的“大起”时期。然而，违背经济规律和中国国情的“大跃进”，以及雪上加霜的自然灾害，直接导致中国历史上三年困难时期。在这种情况下，1961年开始进行国民经济的调整，减少工业项目，压缩投资规模，减少市镇数量，大规模精简职工和减少城镇人口，从1961～1963年上半年共精简职工人数1887万人，减少城镇人口2600万人（罗平汉，2009）。1963～1965年间，由于调整市镇建制标准等原因，经济增长并没有带来城市化水平的上升，至1965年全国城镇人口仍保持在1.3亿的水平，而总人口则较1960年增长了9.6%，城市化水平反而降至17.9%。但总体上，这一时期中国城市化水平仍呈上升态势，年均增长率0.32%。

（三）城市化“停滞”阶段（1966～1977年）

在1966～1976年的“文革”动乱期间，大批干部、知识分子等在“上山下乡”政策的驱使下，被迫迁往农村，使中国的城市化进程步入低谷，城市化水平总体上处于停滞状态。1966～1976年，中国城镇人口由1.3亿人增加至1.7亿，总人口则从7.5亿人增加至9.5亿人，城镇人口占总人口比重基本上维持在17.4%上下，城市化水平则从17.9%下降到了17.6%，年均下降0.04%。

（四）城市化平稳发展阶段（1978～1991年）

1978年党的十一届三中全会开启了中国改革开放的历史新时期。在此期间，中国一方面实施了开放14个沿海城市、经济特区以及引进外资和技术等的对外开放政策；另一方面，进行了农村经济体制改革和城市经济体制改革。中国的经济增长和各项社会事业在探索中走上了正常发展的道路，城市化水平随之稳步提高。这一时期，中国城市数量增加很快，从期初到期末，城市个数从190个增长到479个，城镇人口从1.7亿人增加到3.1亿人，城市化水平从17.9%上升到26.9%，年均增长率达0.67%。

（五）城市化加速发展阶段（1992年至今）

1992年邓小平的视察南方的讲话和党的“十四大”的胜利召开，宣告了中国开始进入社会主义市场经济体制的新时期。在多种因素的共同作用下，中国经济增长迎来了前所未有的发展机遇，中国的城市化进程也步入了一个新时期，城市化水平由1992年的27.5%上升到2008年的45.7%。这17年间，城市化水平年均增长率高达1.1%，显示中国的城市化已进入加速发展时期。

二、中国城市化的动力机制

城市化是一个历史的演进过程，其动力机制在不同的发展时期有着不同的表现。新中国成立后至改革开放前的30年，在计划经济体制下，推动中国城市化的动力主要来自于国家的政策、宏观经济布局、大型项目建设等政府行为，即“自上而下”的一元化动力机制。城市工业化的建设以及人口在城乡之间的迁移都具有明显的政治运动色彩，这也是这一时期中国城市化进程具有较大波动性的主要原因。改革开放以来，中国的城市化进程发生了巨大变化，在机制上出现了许多推动城市化发展的新动力。一方面，市场经济开始日益在城市化进程中发挥主导作用，原本以政府力量为主导的自上而下的城市化正在向以市场力量为主导的自下而上的城市化转变。另一方面，伴随中国对外开放程度的不断加深与经济全球化的持续发展，外资与外贸在推动中国的城市化进程中发挥的作用越来越大，中国的城市化推动主体与政府、市场和外资愈来愈密不可分，城市化动力机制已明显由一元向二元又向多元发生转变。以下就改革开放以来，中国不同时期城市化主要动力的典型表现做一简要归纳。

（一）农业与乡镇企业的初始推动

改革开放以前，中国的城市化属于典型的“自上而下”的单一政府主导推动模式。城市化的发展完全服从于国家的工业化战略，导致了城市化进程的波动和缓慢发展。20世纪80年代初，以联产承包责任制为主的一系列改革首先在农村实施，使得农村生产力得到极大解放，以农业快速增长、乡镇企业快速发展、部分地区外商直接投资迅速增多以及吸引大量农村剩余劳动力的农村城市化现象迅速在中国东部沿海地区出现。这种由民间和地方社区政府或者通过外资投资建设城镇、自下而上地推动城市化发展的动力模式，被学界形象地概括为“自下而上”的城市化推动模式，并与由国家通过计划投资建设大型重点项目和城镇基础设施，即所谓“自上而下”的城市化推动模式并存。至此，中国城市化的二元化动力机制初步形成。前者对城市化发展的推动作用及趋势亦日益明显，成为新时期中国城市化发展的一种新的动力，并以改革开放先行一步的珠三角地区及江苏南部表现最为典型。

（二）外资与外贸的加速推动

20世纪90年代以来，中国城市化开始步入快速发展阶段。前期城市化的主要推动力量——乡镇企业和主要载体——小城镇，在发展中弊端日趋显现，主要表现为乡镇企业经营效益的下滑和小城镇的“处处点火”、“户户冒烟”所导致的资源浪费。为此，20世纪90年代初期前后乡镇企业产权改制在全国各地，尤其是东部沿海省份先后兴起。与此同时，随着中国改革开放政策的持续深化，这一时期，作为20世纪80年代主要在改革开放先行试点的珠三角地区，外资经过试探性进入之后，资金的来源、投资领域及数量规模均大幅上升，并伴随中国开放政策的地域拓展而向广大的东部沿海地区及内地进驻。各地也积极调整经济发展模式，从积极兴办乡镇工业转向大力发展外向型经济，各级地方政府都不遗余力地引进外资，突出的表现是开发区和工业园区大量涌现。自20世纪80年代中后期至今，中国实际利用外资总量持续增加，对外贸易，无论是进口还是出口，都大幅度上升。据测算（陈波翀等，2004），从2000年开始，国际贸易对城市化水平的贡献率均在1.5%以上，高于中国城市化水平每年增长的速度。可以说，外资的利用不仅弥补了中国稀缺的资本、技术和管理经验等资源，还最大限度的发挥了劳动力资源丰富的相对优势；外贸的发展在推动经济高速增长的同时，也消除了部分国内市场需求不足的影响，为农村剩余劳动力提供了就业机会；而开发区、工业园区的繁荣又为城市化提供了足够的空间。同时，城市功能，如城市基础设施、城市投资服务环境、教育医疗资源的优化配置等也得以不断完善和提升。

（三）市场化改革与非农产业发展的持续推动

市场化改革的直接后果是促进了生产要素的优化配置，进而推动产业结构转换和非农产业快速发展。至于市场，理论上讲，这种改革对城市化的推动作用，宏观上主要表现为资本、劳动力等生产要素因为比较利益而向城市非农产业的集聚，微观上则表现为农村剩余劳动力的城市化决策。从产业结构转换角度看，城市化发展的本身就是变落后的农村经济和自然经济为发达的城市经济和商业经济。农业无疑是城市化的初始动力，城市化的起步始终以农业进步为前提。随着农业发展水平的不断提高，工业化进程加快，工业对城市化的拉力将逐渐成为城市化的主要动力。伴随着工业化的发展，城市服务业迅速启动，由于第三产业能够吸纳较多的劳动力就业，第三产业的迅猛发展又会逐步取代第二产业而成为城市化的主要动力。也就是说，三次产业在结构转换过程中渐次成为推动城市化的主要力量。

（四）政策与体制创新的引导推动

政策和体制创新对城市化的影响包括两个方面：一是直接对城市化的作用和影响，包括户籍制度、就业制度、土地制度、社会保障制度、行政管理制度、城镇建设和投融资体制、市镇建设的有关法律制度等。二是通过工业化的作用间接对城市化发生作用和影响，包括民间资本积累与投资的激励机制、企业制度创新、投融资体制创新、财税制度创新等促进三次产业的发展，并进而作用于城市化进程。回顾中国60年的城市化进程，可以明显体会到政策和体制创新对城市化的推动作用。例如，在户籍制度方面，中国经历了由以往严格限制农民进城向允许和鼓励农民进城务工经商逐渐转变的制度创新，有效地促进了农业剩余劳动力由乡村向城市的流动；在就业制度、土地制度、社会保障制度、行政管理制度、城镇建设和投融资体制、市镇建设等领域，特别是与城市化直接相关的人口流动制度、各种社会福利保险制度等领域所进行的帕累托改进型的制度创新，无疑对中国城市化的进程产生了极大的推动作用。上述制度创新也是自20世纪90年代以来中国能够出现城市化推动主体多元化（政府、企业、个人等）的重要前提。

（五）中国城市化动力机制实证分析

主要从三次产业（第一产业、第二产业、第三产业）、经济全球化、市场化程度、政策与制度创新以及教育①等5个方面，选择7项指标，利用灰色关联分析方法，分两个时段（1978～1991年、1992～2007年）进行实证分析。结果（表1）显示，这两个时段影响中国城市化的主要动力因素按关联度大小排序有明显差异：1978～1991年的排序为，第一产业>制度与政策>第二产业>市场化程度>第三产业>教育>经济全球化；1992～2007年的排序为，市场化程度>第三产业>经济全球化>第二产业>制度与政策>教育>第一产业。

表1　1978～2007年中国城市化水平与各动力因素关联度

年份	第一产业	第二产业	第三产业	经济全球化	市场化程度	制度与政策	教育
1978～1991	0.889 629	0.882 467	0.878 102	0.874 728	0.882 02	0.888 004	0.877 238
排序	1	3	5	7	4	2	6
1992～2007	0.689 42	0.694 816	0.695 785	0.694 948	0.696 471	0.692 124	0.691 974
排序	7	4	2	3	1	5	6

对于城市化动力机制的定量分析结果，我们认为具有较强的可解释性。第一阶段（1978～1991年），即城市化平稳发展阶段，其主要动力因素前三位依次是第一产业、制度与政策和第二产业。这是因为1978年党的十一届三中全会以后，经济体制改革首先在农村展开，中国在农村全面推行了家庭联产承包责任制和统分结合的双重经营体制，经济体制改革使得农民长期压抑的生产积极性得到了全面释放，大大刺激了农村经济，中国农业出现了

① 选择教育指标，主要考虑到教育与人力资本的密切关系。因为城市化实质上就是一个资源重新配置的过程，劳动力从农村转移到城市，资本投资从农业部门转移到工业部门、服务业部门，技术由传统农业技术向先进农业、工业、服务业技术提升，技术提升的过程其实也就是人力资本重新配置的过程，而在此过程中，教育起着关键性作用。

超常规的增长。一方面，农业经济的增长为城市提供了大量的剩余劳动力，而同时在户籍制度上，由过去的严格限定农民进城的制度安排逐渐转变为允许和鼓励农民进城务工经商的制度安排，户籍制度的松动促进了农村剩余劳动力向城镇的转移，极大地提高了城市化水平；另一方面农村经济作物的大幅度增加，又带动了轻工业的繁荣。随着农村经济体制改革取得的巨大成功，中国改革的重点从农村转向了城市，城市的经济活力和竞争力得到提升。同时，乡镇企业在这一时期迅速崛起，为农民提供了大量的就业岗位，将过去被强制投入耕地的农村剩余劳动力投入到工业化生产。有数据显示，1985 年底中国乡镇企业总产值达 2728 亿元，占农村社会总产值的 44%；1979 ~ 1985 年，乡镇企业为农民提供就业岗位 5700 万个（赵燕青，1990）。

第二阶段，即城市化快速推进阶段，主要动力因素总体上较之第一阶段出现了明显的变化。从 1992 年开始，中国实行社会主义市场经济体制，市场化程度成了推动中国城市化发展的最主要的动力，其次是第三产业和经济全球化的发展，而第一产业则排在了最后一位。在市场经济的作用下，各种生产要素和劳动力可以自由流动，按照收益最大化原则做出决策。实践证明，市场经济是推动城市化快速发展的制度前提。在市场经济的制度安排下，经过前期的积累，第三产业得到了迅猛发展。一方面随着经济的快速发展，需要第三产业快速发展以使人们生活舒适方便，提高人民生活质量；另一方面第三产业可以吸纳高中低各层次的各种劳动力。第三产业取代第一产业和第二产业成为了这段时期城市化的主要推动力。同时，这一时期，尤其是中国加入 WTO 后，经济全球化越来越深刻地影响着中国的城市化进程，在经济全球化条件下，中国可以利用国际和国内两种资源、两个市场。在第一阶段，外资对城市化的影响还是排最后一位，而在这一阶段则跃居第三位。全球化对中国城市化产生了重大影响，中国城市化不仅仅是一个内生过程，越来越受到外力的影响。

三、中国城市分布的空间结构变动

（一）城市分布东密西疏特征呈先减弱后增强的态势

新中国成立之初，中国城市的总体空间分布即表现为明显的东密西疏特征，城市集中系数高达 0.547。至改革开放前，中国城市化动力机制受单一的“自上而下型”工业化推动，城市化进程起伏较大，并受国家发展政策和产业布局重内陆轻沿海的总体战略的影响，中国城市东密西疏布局特征有所减弱。图 2 显示，1949 ~ 1978 年，中国城市集中系数持续下降，城市空间分布的均衡化趋势明显，至 1978 年城市集中系数已下降为 0.4516。这一时期，西部地区新增城市在数量和速度上不仅高于东部沿海地区，也高于全国平均水平，表现为新增中小城市数量多，人口增长速度快的城市多，幅度较大；东部沿海地区城市发展则相对缓慢，表现为新增城市数量少，城市发展基本上是原有城市的升级，人口增长较大的城市也仅有北京、天津、鞍山等少数几个城市。改革开放以来，随着城市化动力机制的多元化，伴随经济的快速增长，中国的城市化也进入了一个新时期。2007 年城市增加到 655 座，城市人口也持续上升，特别是东南沿海地区，凭借优越的区位条件和政策优势，城市数量和城市人口快速增加，导致中国的城市空间分布改变了前期的均衡化趋势，东密西疏特征趋于强化，城市集中系数也由 1985 年的 0.4088 上升为 2007 年的 0.4765。另外，分省区城市密度的变化也印证了这一变动特征。以城市密度最高的江苏省为例，1956 年其城市密度是全国平均水平的 6.8 倍，1985 年下降为 3.9 倍，至 2007 年则又上升为 5.7 倍。

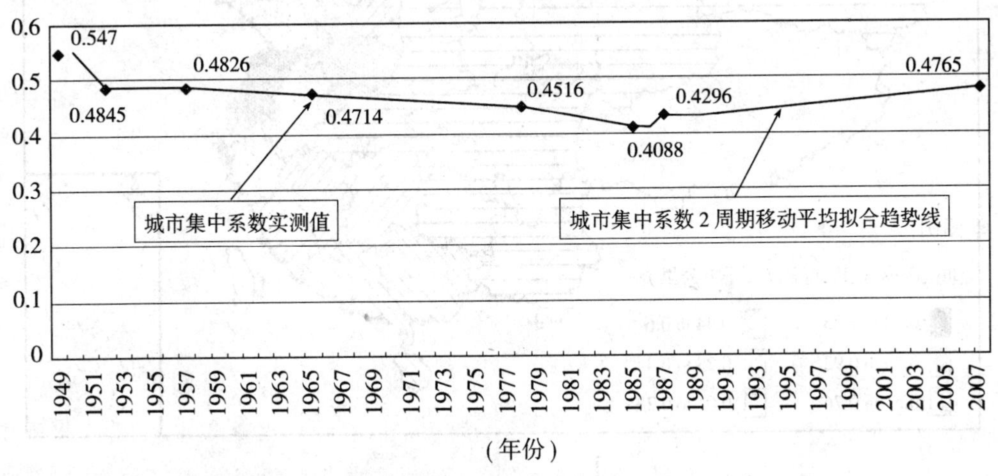

图 2 中国主要年份城市集中系数及拟合趋势线

（二）城市空间分布的区域差异明显，具路径依赖特征

建国 60 年来，江苏一直是中国城市密度最高的省份，但紧随其后的四个省份的位序一直在发生变化。1956 年依次是豫、辽、浙、皖，1985 年则是鲁、皖、辽、豫，2007 年变化为浙、鲁、粤、豫。而城市后四位排列顺序则没有变化，排序由低到高一直是藏、青、新、蒙四省区。通过选取 1956、1985 和 2007 年三个时间截面，分别代表建国初期、改革开放初期和目前状况，进行中国省区城市密度对比分析发现，中国城市空间分布若以胡焕庸线为界，总体上呈现东密西疏的特点。若从省区来看，则呈现以东部沿海省份（江苏）密度最高，总体上向南、北、西三面呈扇形递减的格局，而且路径依赖特征较为明显（图 3）。

省区间的城市分布差异也非常明显。2007 年，密度最大的江苏省城市密度达 3.9 座/万平方公里，而密度最小的西藏自治区仅 0.02 座/万平方公里，前者是后者的近 233 倍。城市密度大于 2 座/万平方公里的 7 个省区的城市平均密度为 2.63 座/万平方公里，而密度小于 1 座/万平方公里的 11 个省区的城市平均密度仅为 0.27 座/万平方公里，相差近 10 倍。

（三）城市群结构体系从无到有，逐渐发展壮大

城市群的出现和发展是中国经济社会发展的产物。1949 年至改革开放初期，一方面，

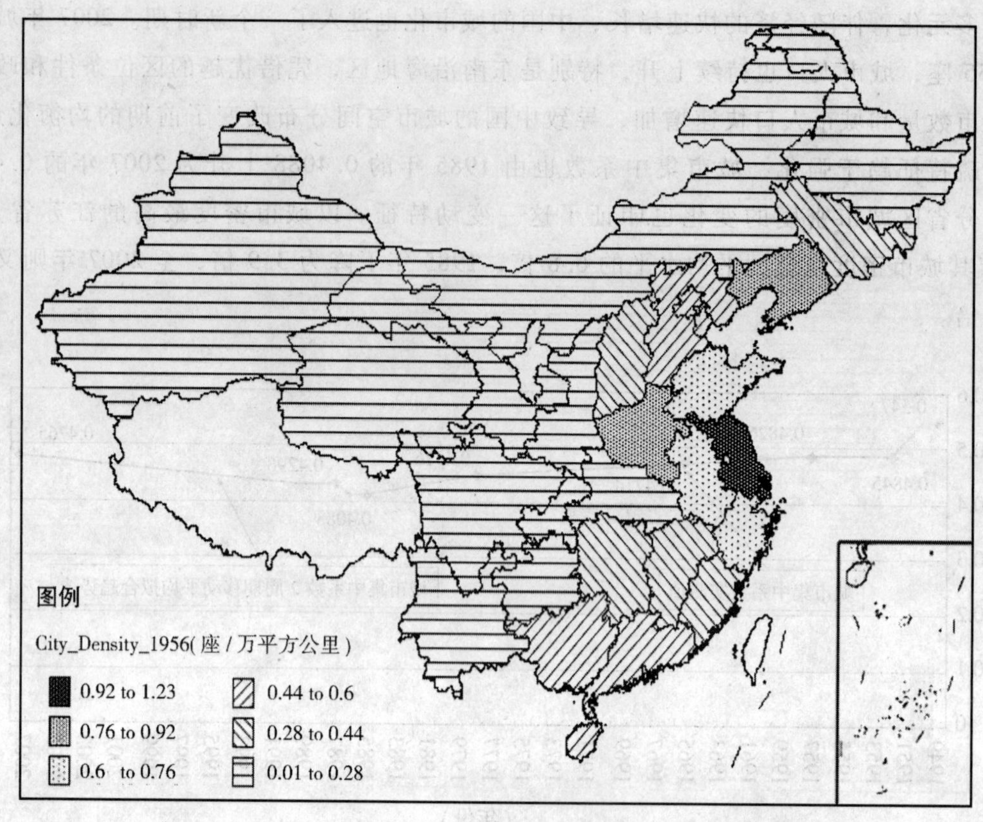
图例
City_Density_1956(座/万平方公里)
0.92 to 1.23
0.76 to 0.92
0.6 to 0.76
0.44 to 0.6
0.28 to 0.44
0.01 to 0.28

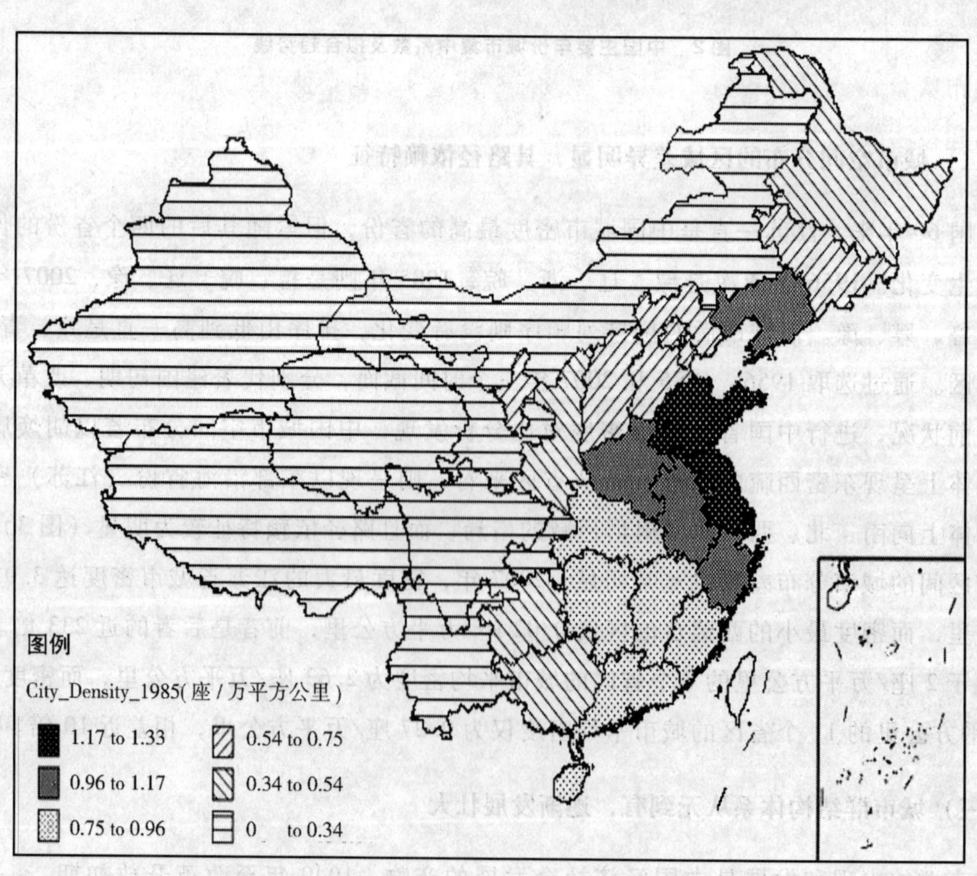
图例
City_Density_1985(座/万平方公里)
1.17 to 1.33
0.96 to 1.17
0.75 to 0.96
0.54 to 0.75
0.34 to 0.54
0 to 0.34

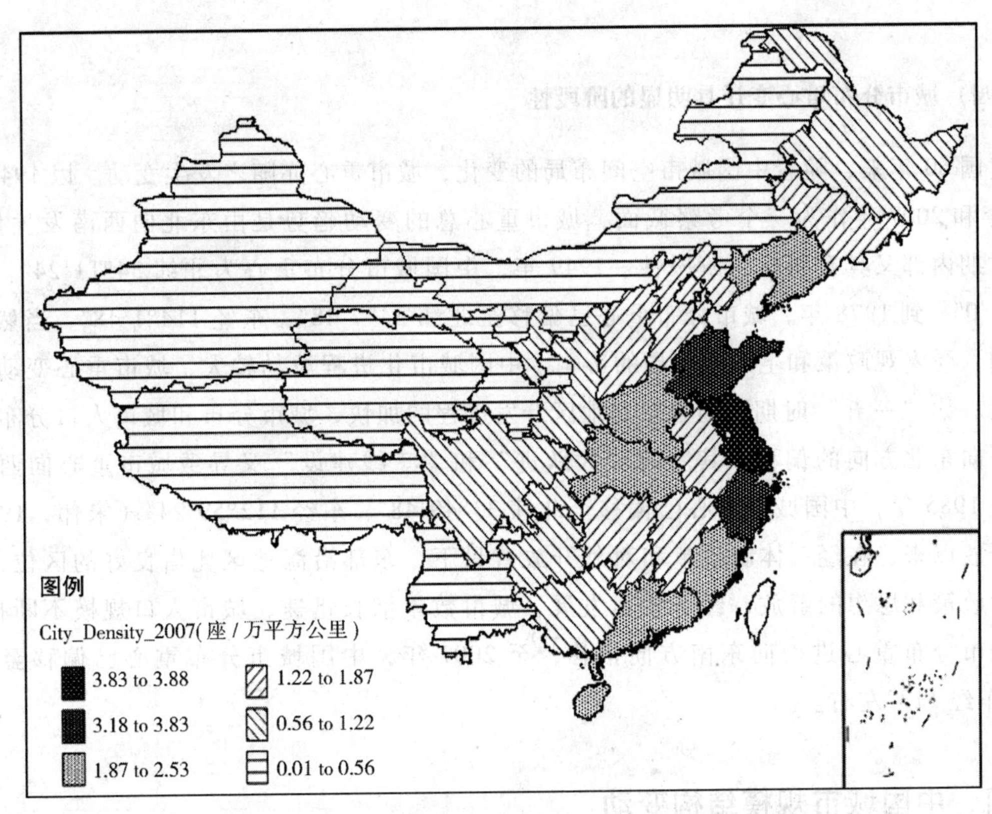

图 3 中国省区城市密度空间分布变动图

设市城市数量较少，城市发展水平普遍不高；另一方面，在计划经济体制下，工业化主导下的城市建设多采用大而全、小而全的城市发展战略思维，城市发展多自成体系，相互间的经济联系相对微弱，大、中、小城市间的联系更多的是行政联系，加之区域间的交通通讯基础设施相对落后，使得作为城市发展的较高级阶段，相互间以发达完善的交通通讯基础设施连接，人流、物流、资金流、信息流高度密集的现代意义上的城市群难以出现。直到改革开放后，随着中国市场化改革的渐次推进和市场经济体制的确立，经济的快速发展、技术的进步和区域性基础设施的日趋完善，在一些发展基础和条件较好的地区，城市密度显著增加，城市间的社会经济联系日趋紧密，城市分工不断加深，城镇密集区相续形成，现代意义上的城市群逐步增多。

从中国城市群的发育水平和规模来看，目前大致可划分为三个层级。第一层级的城市群全部集中在东部沿海发达地区，多为双核心或多核心城市群，包括长三角、珠三角和京津冀等三个一级城市群。三大城市群的经济总量约占全国经济总量的21%，发育较为成熟，并开始出现城市连绵区的发展态势。第二个层级城市群主要分布在东中部的平原、盆地地区，处于快速发育阶段，包括山东半岛城市群、辽东半岛沈大城市群、黑龙江哈大城市群、福建厦漳泉城市群、湖北武汉城市群、湖南长株潭城市群、河南郑州中原城市群以及成渝城市群，这些城市群正快速成长壮大。第三个层级的城市群主要分布在西部发展条件较好的地区，但受地理环境和气候条件等的客观限制，尚处于规划发展或雏形初显阶段。

（四）城市分布重心变迁具明显的阶段性

建国60年来，随着中国城市空间布局的变化，城市重心亦随之发生变动。以1949年、1978年和2007年作为三个考察截面，城市重心总的变动趋势是由东北向西南发生偏移，但各时期内部又具有明显的阶段性。1949年，中国城市分布重心为北纬34°11′24″、东经116°21′0″。到1978年，城市分布重心已偏移至北纬34°7′48″、东经114°1′48″。当然，这一时期，受宏观政策和生产力布局的影响，中国城市化进程波动较大，城市重心变动也颇为频繁。如“一五”时期，随着东北地区开发进程的加快，城市分布和城市人口分布重心发生了向东北方向的偏移。其后的“大跃进”和“三线建设”又导致城市重心向西南偏移。至1985年，中国城市重心已偏移至北纬33°49′48″、东经112°59′24″（宋伟，1988）。改革开放以来，在经济体制改革和对外开放背景下，东部沿海地区凭借良好的区位条件、优惠的政策和思想的解放，经济快速发展，城市数量增长迅速，城市人口规模不断扩大，中国城市分布重心进而向东南方向推移，至2007年，中国城市分布重心已偏移至北纬33°、东经113°左右。

四、中国城市规模结构变动

表2用若干典型年份表示了我国城市规模等级结构的变动。从中可以看出，在20世纪60年代以前，我国大城市和特大城市无论在城市数量和城市人口中的比重都是上升趋势，在城市体系中的地位得到加强，中小城市的比重在下降。在20世纪60年代和70年代情况相反，因这一时期国家投资重点放到中西部，搞“三线”建设，大量城市人口，特别是大城市人口“下放”农村，大城市和特大城市在城市体系中的地位受到削弱。“文革”动乱使新设市镇的建制工作处于停顿状态，有些小城市在晋升为中等城市的同时，没有新的小城市递补，因此，相对而言，在大中城市发展的同时，由于城乡的分隔，商品经济的萎缩，劳动密集的小型工业发展不足，新形成的小城市的数量不多，形成了城市结构头重脚轻的格局。中等城市增长最明显，小城市没有得到发展。整个来说，这是一个城市发展停滞、萧条的阶段。进入80年代，改革开放使城市发展进入了新的阶段，除了经济高速发展的原因以外，在行政体制上大量的县改市、乡改镇。10年间，新设市244个，使小城市的个数和人口数在全国城市规模等级结构中的比重大幅度提高。另一方面，原有的特大城市人口增长速度回升，又有一批大城市进入了特大城市，所以特大城市规模的人口比重也有明显上升。城市规模结构上形成了“两头升，中间降”的马鞍形格局。形成这种格局的主要原因，一是行政体制上的变化，二是政治稳定、经济繁荣与城市增长的互动作用在增强（许学强等，1997）。

表2 中国城市规模等级结构的变动

规模等级	城市数(个)	占城市数(%)	占城市人口(%)	城市数(个)	占城市数(%)	占城市人口(%)
	1949年			1957年		
>100万	5	4.5	36.1	11	6.5	42.4
50~100万	7	6.4	17.8	19	11.2	20.8
20~50万	21	19.1	22.2	39	22.9	20.1
<20万	77	70.0	23.9	101	59.4	10.8
合计	110*	100	100	170*	100	100
规模等级	城市数(个)	占城市数(%)	占城市人口(%)	城市数(个)	占城市数(%)	占城市人口(%)
	1980年			1990年		
>100万	15	6.7	38.7	31	6.6	41.7
50~100万	30	13.5	24.6	28	6.0	12.6
20~50万	69	30.9	23.1	119	25.5	24.6
<20万	109	48.9	13.6	289	61.9	21.1
合计	223	100	100	467	100	100
规模等级	城市数(个)	占城市数(%)	占城市人口(%)	城市数(个)	占城市数(%)	占城市人口(%)
	2000年			2007年*		
>100万	38	5.7	37.2	58	8.8	46.9
50~100万	55	8.3	15.9	82	12.5	17.7
20~50万	218	32.9	28.5	233	35.5	23.4
<20万	352	53.1	18.4	283	43.1	11.9
合计	663	100	100	656	100	100

注：规模等级按城市非农人口分组。*1949、1957年的设市城市数应分别为132、176，有个别小城市缺人口资料。2007年数据计算整理自《中国分县市人口统计资料2007》，其他年份数据计算整理自各年的《中国城市统计年鉴》。

20世纪90年代，随着改革开放的深化，外资的大量进驻大大加速了中国的工业化发展速度，加之户籍制度的“松绑”，大量农村剩余劳动力以“民工潮”的形式向大中城市迁移，使得大中城市的个数和人口数增长迅速，所占比重明显增大，形成与20世纪80年代相反的趋势。

步入21世纪之后，中国加入WTO，市场经济体制逐步确立，伴随资源配置效率的大幅提升，城市的规模效应得以充分发挥。大城市特别是人口规模在100万以上的特大城市的竞争能力显著增强，无论是数量，还是人口所占比重均出现了大幅提升；虽然中小城市在数量上也有明显增加，但增长幅度相对较慢，尤其是人口数量所占比重较之新世纪之初出现了明显下降。

五、中国的城市化质量

城市化的实质是，一个以人为中心的由传统落后的农业社会，向现代先进的城市社会演进的过程。在这个过程中，既表现为以城镇人口比重不断增加为主的城市化数量的扩张，也表现为以经济、基础设施、城镇居民生活环境以及质量为主的城市化质量的提高。

改革开放前，由于经济基础薄弱，国家确立了重工业优先发展战略，虽然有利于建立完整的工业体系，但也在客观上造成了重生产、轻生活的情况。受此影响，城市建设也大多围绕工业生产展开，忽视了社会生活和城市基础设施的建设，城市整体功能较为落后，质量较差。以居住为例，在当时的计划经济年代，单位职工主要靠福利分配方式来承租公房，自己不用花钱买房，虽有房住，但是面积小、条件差、无产权，住房需求受到压制。城市交通设施同样极其落后。1949 年设有公共交通设施的城市仅有 27 个，全国城市道路长度只有 1.1 万公里，面积 8431.6 万平方米，且路面狭窄，质量差，无排水设施，给人们的日常生活带来了很多不便。许多城市的供水、供电、供气及排水、排污、垃圾处理设施匮乏，造成市容面貌破烂不堪，街道污水横流、蚊虫肆虐，脏乱差状况相当普遍，恶劣的卫生环境严重威胁着人民群众的身体健康。

改革开放以来，伴随社会经济与城市化的快速发展，中国的城市建设质量与功能不断提高和完善。截至 2008 年年底，城市供水的综合生产能力增长了 115 倍，供水人口增加了 34 倍，人均用水量从新中国成立初期的 38 升提高到 178 升，用水普及率从 42% 上升为 95%。污水处理厂由 1978 年的 37 座、日处理能力 64 万立方米，发展到 2008 年年底的 1529 座、日处理能力 8836 万立方米。截至 2007 年年底，全国燃气供应总量达到 630 亿立方米，用气人口达到 3.2 亿人，分别比新中国成立初期增加 847 倍和 174 倍。全国城市道路总长 25 万公里、面积 43 亿平方米，较新中国成立初期分别增长 23 倍和 58 倍[①]。

我们通过选取反映城市化质量的三类、九个指标，即城市经济水平类，包括 2 个指标：人均 GDP、年末人均可支配收入；基础设施类，包括 3 个指标：人均铺装道路面积、万人拥有医生数、人均拥有公共图书馆藏书；城镇居民生活环境类，包括 4 个指标：人均绿地面积、建成区绿化覆盖率、人均生活用水量以及人均居住面积，对 1985、1990、1995、2000、2004、2007 年共 6 个年份的数据进行了因子分析。结果（表 3）显示，综合因子得分随时间推移逐渐增大，说明改革开放以来，随着中国城市化水平的逐步提高，城市化质量也呈同步改善趋势。

但需注意的是，城市化质量的提高不仅表现在城市的发展与建设在物质方面的改善与提高，还体现在城市居民在文化素质、价值观念、生活方式等方面的提升与变化。与前者相比，后者的变化相对更为缓慢。尤其中国当前正处于城市化快速推进时期，大量的农村剩余

① 统计局网站，新中国 60 周年报告十：城市社会经济发展日新月异。
http://www.gov.cn/gzdt/2009-09/17/content_1419726.htm。

劳动力将持续不断地进入城市。从这个意义上说，在目前及今后相当长时期内，城市化质量在此方面将存在巨大的提升空间。

表3 城市质量因子分析结果

年份	第一主因子得分	第二主因子得分	综合得分
1985	-1.24	-0.92	-1.19
1990	-0.72	-0.59	-0.69
1995	-0.36	1.13	-0.10
2000	0.08	1.39	0.31
2004	0.74	-0.31	0.55
2007	1.50	-0.70	1.11

六、中国城市化进程中的新问题

新中国成立60年，城市化发展取得了举世瞩目的成就。正如2001年诺贝尔经济学奖获得者、美国经济学家斯蒂格利茨认为的那样，中国的城市化和以美国为首的新技术革命被认为是影响21世纪人类进程的两大关键因素。中国的城市化水平已从新中国成立时的10.6%，跃升到2008年的45.68%。但随着中国进入城市化加速发展阶段，城市化发展过程中的一些新问题已日益凸显，集中体现在城市产业、城市特色、城市居民素质以及城市化质量的区域差异和城市发展的政策创新等方面。

（一）城市产业与特色问题

中国在城市发展过程中，城市产业结构亟待优化提升、城市特色不突出的问题已日益凸显。目前，中国城市三产结构的一个突出问题是第三产业所占比例总体上明显偏低。据统计，2007年，中国地级以上城市中第三产业比例超过50%的仅有10个城市，而除北京、上海、广州、武汉等综合实力较强的城市外，其他几个第三产业比例较高的城市则多为旅游型城市和西部地区二产较为落后、三产比重相对较高的城市。而绝大多数城市仍属工业型城市，三次产业结构呈现二、三、一结构，城市三产的发展明显滞后。城市第三产业的发展不足，一方面会阻碍城市对农村剩余劳动力的吸纳能力；另一方面也会影响到城市集聚效应的发挥和相关产业的优化升级，进而还导致城市缺乏特色、景观单一，千城一面等一系列问题。未来如何加快城市第三产业，尤其是以信息、技术为支撑的现代服务业的发展，因地制宜地培育城市特色产业、合理科学规划、彰显城市个性，增强城市竞争力，是一个需要重视和亟待解决的问题。

（二）城市居民素质提升问题

近年，中国已进入快速城市化阶段，城市化水平年均增长在1.1%以上。而中国以13

亿人口之巨，城市化水平每提高1个百分点，即意味着有1000多万农民将进入城市而成为市民。但作为发展中国家，中国的人口受教育水平较之发达国家还有相当大的差距。据国家教育部2000年公布的《中国教育与人力资源问题报告》显示，中国15岁以上国民受教育年限为7.85年，25岁以上人口人均受教育年限为7.42年，两项平均仍不到初中二年级水平。同发达国家相比，更显示出中国人口素质与城市化要求的极端不适应。以2000年为例，在25~64岁的劳动年龄人口中，美国具有高中及以上受教育水平者比例占87%，韩国占66%。美、韩两国接受过高等教育的人口比例分别为35%和23%。而在中国，2000年25~64岁的劳动年龄人口中，受过高中及以上教育的人口只占18%，受过初中及以下教育的人口是绝大多数，占82%。受大专以上教育的人口不足总人口的5%，与美国100年前的水平相仿，比韩国落后近40年（宋宝安，2007）。事实上，城市化不仅仅是简单地将人口由农村迁入城市，重要的是如何使农村居民真正地转变为城市居民，适应城市社会的生产和生活方式。这其中的关键则是人口素质的提升和受教育程度的提高。未来中国的城市化进程将面临如何提升城市居民素质的长期压力，对这一问题的解决程度将直接影响中国的城市化质量和推进速度。

（三）城市化质量的区域差异问题

由于历史以及自然地理环境的限制等原因，中国城市的地理分布不均衡。与经济发展水平相一致，中国的城市化质量也明显存在东、中、西三大地带①的地域性差异。2007年，从城市规模分布看，在中国特大城市中，东部就占了45.8%，西部仅占22.9%，且中国全部三个一级城市群，即京津冀、长三角以及珠三角城市群均位于这一地带；中部地带大城市相对较多；而西部地带中、小城市相对较多，反映出城市发展相对缓慢，城市化质量有待提高。从城市的经济发展水平来看，东部地带省会城市的人均GDP平均水平约5.4万元，而中、西部地带省会城市对应指标的平均值分别为3.1万元和2.5万元，差距明显。从城市设施来看，中国东部地带城市的平均水平也明显高于中西部地带（见图4）。

中国城市化质量区域差异的客观存在，要求中国未来的城市化政策制定应具有区域差异性，但具体政策重点应指向何方才能起到缩小城市化质量的区域差异，进而走一条具有中国特色的、健康的、可持续的城市化发展道路，无疑具有深入研究的必要性和紧迫性。

（四）城市发展政策创新问题

在60年的城市化进程中，中国在不同历史时期相继出台了一系列城市发展方针政策，这些政策在当时的特定背景下有其合理性，但随着发展条件和发展背景的变化，目前来看其局限性已日益凸显，亟待创新。以户籍制度为例，源于1958年颁布实施的《中华人民共和国户口登记条例》的新中国户籍制度，当时其制度背景是，中国经济发展缓慢，生活物资

---

① 东部地带包括京、津、冀、辽、沪、苏、浙、闽、鲁、粤、琼等11省市；中部地带包括晋、吉、黑、皖、赣、豫、鄂、湘等8省；西部地带包括其余12个省、市、自治区。这里未包括我国的香港、澳门和台湾。

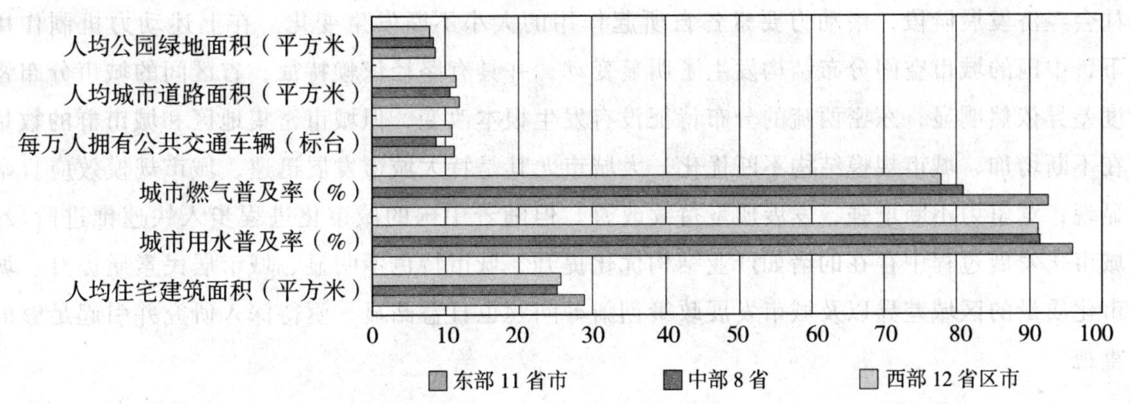

图4 2007年中国三大地带城市设施平均水平比较①

急缺，大量农民流入城市，而城市缺乏产业支撑，难以吸纳大量的农民，所以必须限制农民的迁徙自由，把农民固化到土地上。应该说，户籍制度在中国过去一段时间，尤其是改革开放以前发挥了积极作用，对缓解供需矛盾，保障城市正常运转起到了重要作用。但这一政策客观上也阻碍了劳动力在全国范围和城乡间的自由流动，固化了城乡二元结构，造成了农民收入增长缓慢和城乡差距扩大等一系列问题。在当前市场经济条件下，已严重阻碍了中国城市化的持续推进。因此，如何对户籍制度进行改革创新，由户籍管理过渡到身份证管理，实现城乡公共服务均等化，并建立全国范围内可转移、可衔接的社会保障体系，无疑是一个亟待研究和创新的重要课题。此外，诸如土地使用政策、城市产业优化升级政策、城市规划与特色城市建设政策、环境保护政策、城市发展的区域性政策、城市群协调发展政策、城乡统筹政策等，均是亟待深入研究的政策创新领域。

七、结语

建国60年，中国的城市化发生了翻天覆地的变化，经历了前30年的起步—波动—停滞和后30年的平稳—快速发展时期。从动力机制看，前30年较为单一，以政府主导的“自上而下”推动为主。后30年则呈现出动力来源多元特征，并主要体现在三个方面，即政府的制度创新与宏观政策、市场化经济改革和适应经济全球化的对外开放。其中政府的制度创新与宏观政策是中国乡村——城市转型的关键，起着关键的和决定性的作用。在政策的引导推动下，中国的市场化改革所带来的生产力水平的提高，具体又主要体现在三次产业结构的转换和非农产业的发展上面，它们成为改革开放以来推动中国城市化快速发展的直接动力。同时，开放政策的成功实施与深化又通过吸收外资、引进技术、扩大对外贸易进一步增强了城市化的直接动力。而且，上述三方面的诸动力因素又是相互交织、相互作用、互为补充、互为促进的，它们共同对中国改革开放以来的城市化进程产生巨大的推动作用，只是在不同的

① 数据来源：据《中国统计年鉴》2008计算整理而得。

社会经济发展阶段，诸动力要素各自所起作用的大小不断发生变化。在上述动力机制作用下，中国的城市空间分布结构发生了明显变动，并具有路径依赖特征，省区间的城市分布密度差异依然明显，东密西疏的分布特征没有发生根本改变，但城市密集地区和城市群的数量在不断增加，城市规模结构不断优化，大城市尤其是特大城市发展迅速，城市规模效应日渐显现，竞争力不断增强，发展质量持续改善。但随着中国的城市化进程步入快速推进阶段，城市化发展过程中存在的诸如产业结构优化提升、城市特色不明显、城市居民素质提升、城市化质量的区域差异以及城市发展政策创新等问题也日益凸显，亟待深入研究并引起足够的重视。

（作者：许学强，中山大学地理科学与规划学院教授；程玉鸿，暨南大学副教授）

参考文献：

1. 陈波翀，郝寿义，杨兴宪．中国城市化快速发展的动力机制［J］．地理学报，2004 年第 6 期
2. 国家统计局．中国城市统计年鉴．中国统计出版社，1986～2008 历年
3. 国家统计局．中国统计年鉴．中国统计出版社，2008
4. 李善同．中国城市化过程存在的问题及对策．在中国发展高层论坛 2008 年会上的演讲
5. 罗平汉．1961～1963 年国民经济调整时期的职工精简［Z］．
http：//news. qq. com/a/20090909/001497. htm，2009 年 9 月 9 日检索
6. 宋宝安．人口素质与教育公平［J］．社会科学战线．2007 年第 6 期
7. 宋伟．我国城市分布重心的迁移趋势［J］．城市问题．1988 年第 2 期
8. 唐茂华．中国城市化 30 年回眸与展望［J］．中国国情国力，2008 年第 12 期
9. 许学强，周一星，宁越敏．城市地理学［M］．高等教育出版社，1997 年版
10. 姚士谋、陈振光等．我国城市化健康发展策略的综合分析［J］．城市规划，2006 年 S1 期
11. 赵燕青．战略与选择：中国城市化道路回顾［J］．城市规划，1990 年第 3 期
12. 周一星．中国城镇化进程的昨天、今天和明天．源自中国市长协会等编．《中国城市发展报告（2005）》．中国城市出版社，2006

建国六十年中国内地城市轨道交通发展述评

建国60年来，我国城市轨道交通的发展伴随着城镇化进程，经历了从无到有、从“战备为主、交通为辅”到交通为主的发展历程。目前，我国城市轨道交通的建设规模和建设速度史无前例。

一、城市轨道交通发展历程

回顾我国内地城市轨道交通的发展历程，可以分为以下三个阶段：

1. 第一阶段：建国初期至20世纪80年代

我国城市轨道交通的起步，是从北京地铁的建设开始的。20世纪50年代，北京首次进行了地铁建设的规划。1965年7月1日我国第一条地铁在北京开工建设，1969年10月1日建成通车，线路长23.6公里。1971年，北京地铁开始售票试运营，1981年9月15日经国家验收正式交付运营。北京地铁二期工程1971年3月开工，1984年9开通试运营，线路全长16.1公里。1970年6月5日天津地铁一期工程开工建设，1984年12月28日，天津地铁一期工程全线竣工通车，线路全长7.4公里。

新中国刚成立时，经济正处在恢复和建设的初期阶段，城市交通机动化的压力并不突出，对城市轨道交通的需求尚不迫切。从新中国成立到20世纪80年代中期的30多年时间里，全国只有2个城市建设了47公里的城市轨道交通。这一阶段以“战备为主，交通为辅”为城市轨道交通建设的指导思想，立足于自力更生，所有车辆和机电设备均为国产设备，总体技术水平较低，建设规模小，建设速度慢，基本采用政府计划投资，运营依靠政府财政补贴。

2. 第二阶段：20世纪80年代至20世纪末期

随着改革开放的深入，我国国民经济开始以较快速度发展，城镇化及城市机动化也开始进入快速发展时期。在城镇化和机动化的双重作用下，特大城市普遍开始陷入难以摆脱的交通困境。

20世纪80年代后期至90年代初，以北京地铁复八线、上海地铁1号线、广州地铁1号线的建设为标志，我国真正开始了以缓解城市交通为目的的城市轨道交通建设历程。

1988年2月，国家批准了上海地铁1号线可行性研究报告，1990年1月，上海地铁1号线正式开工建设，1993年至1997年陆续分段建成通车，线路全长21公里。广州地铁1号线于1993年开工建设，1999年6月开通运营，全长18.5公里。北京地铁复八线于1988年开工建设，于1999年全线通车，线路全长13.5公里。

进入20世纪90年代，随着上海、广州地铁项目的建设，大批城市包括沈阳、天津、南京、重庆、武汉、深圳、成都、青岛等开始上报建设城市轨道交通项目。

这一时期，由于资金短缺，上海、广州等城市多利用国外贷款，而利用国外贷款需购买贷款国的车辆和机电设备，其价格又远高于国际市场价格，致使城市轨道交通造价居高不下。同时由于大批量引进国外设备，又缺乏统一标准，致使同一设备出现多种制式和规格，给后期运营带来很大隐患。

1995年国务院办公厅发出《国务院办公厅关于暂停审批城市地下快速轨道交通项目的通知》（国办发〔1995〕60号文），暂停了城市轨道交通项目的审批。文件提出，根据我国城市现有经济发展水平和国家财力状况，当前必须严格控制城市快速轨道交通的发展，并对在建项目加强管理。这一控制措施虽然时间不长，却给城市轨道交通的发展带来较大的负面影响，使很多城市的技术力量流失，在一定程度上也使城市失去了建设城市轨道交通缓解城市交通问题的较佳时机。

这一阶段，新建完成的城市轨道交通项目只有北京地铁复八线、上海地铁1号线和广州地铁1号线，3条线路总长度约54公里。

3. 第三阶段，20世纪末至现在

进入21世纪，我国城镇化和城市交通机动化速度加快，交通拥堵、行车困难、环境恶化等问题十分严重，交通需求总量的增长与交通设施供给不足的矛盾已十分突出。在这一背景下，各城市对城市轨道交通的需求也进入了膨胀阶段。

1998年底开始，国家开始研究城市轨道交通设备国产化政策，先后提出以深圳地铁一期工程、上海轨道交通明珠线、广州地铁二号线等项目作为国产化依托项目，并先后批复三个项目立项，城市轨道交通建设又开始启动。随着实施积极的财政政策，进一步扩大内需，国家于1999年陆续批准一批城市轨道交通建设项目，并投入40亿元国债资金予以支持。

2003年，国家出台了《关于加强城市快速轨道交通建设管理的通知》（国办发〔2003〕81号），针对一些地方出现不顾自身财力，盲目要求建设城市轨道交通项目的现象，提出了坚持量力而行、有序发展的方针，并设置了城市轨道交通的准入门槛。城市轨道交通建设项目的审批也从单一审批项目转变首先审批建设规划。

从2003年开始至2005年，国家陆续批准了上海、北京、天津、重庆、广州、深圳、南京、杭州、武汉、成都、哈尔滨、长春、沈阳、西安、苏州等15个城市的城市轨道交通规划（业内称为第一批城市）。在10年左右时间里，15个城市提出规划建设62条线路，总长约1700公里，总投资在6200亿元左右。

15个城市规划的62条轨道交通线路，以缓解城市交通拥堵为主，以引导并支持城市发展为辅。城市轨道交通承担起了城市发展和城市交通的骨架作用，项目建成后对缓解城市交通拥堵、改善居民出行条件起到了积极作用。

至2009年底，国家又陆续批准了宁波、无锡、长沙、郑州、东莞、大连、青岛、昆明、南昌、福州等10个城市的城市轨道交通建设规划（业内称第二批城市）。10个城市在未来不到10年的时间里，规划建设21条线路，总长近540公里，总投资约为2500亿元。

这一阶段目前大致经历了10多年的时间，在国家政策的指导下，城市轨道交通开始进入有序和高速发展阶段。到2009年底，我国内地已有10个城市的920公里城市轨道交通线路投入运营，其中1999年至2009年新增运营线路约819公里。

二、城市轨道交通发展取得的成绩和特点

1. 发展政策逐步完善

（1）城市轨道交通的政策定位

2004年，建设部下发了《建设部关于优先发展城市公共交通的意见》（建城〔2004〕38号文），明确提出，城市公共交通是重要的城市基础设施，是关系国计民生的社会公益事业。2005年，国务院办公厅转发了建设部等部门《关于优先发展城市公共交通的意见》（国办发〔2005〕46号），提出，优先发展公共交通符合城市发展和交通发展的实际，是贯彻落实科学发展观和建设节约型社会的重要举措。党中央、国务院已把优先发展城市公共交通上升到国家战略层面，城市轨道交通是大城市公共交通的重要组成部分，城市轨道交通的发展是实现国家可持续发展、建设资源节约型社会、环境友好型社会、构建和谐社会等重大战略的举措之一。

（2）城市轨道交通的发展方针

2003年，国家出台了《关于加强城市快速轨道交通建设管理的通知》（国办发〔2003〕81号），提出了量力而行、有序发展的方针；对经济条件较好，交通拥堵问题比较严重的特大城市，其城市轨道交通项目予以优先支持，并对城市申报地铁和轻轨建设项目的基本准入条件做出了规定。《中华人民共和国国民经济和社会发展第十一个五年规划纲要》（2006年3月14日第十届全国人民代表大会第四次会议批准）第一次提出，有条件的大城市和城市群地区要把轨道交通作为优先领域，超前规划，适时建设。

（3）城市轨道交通的财政政策

国家在财政政策方面，主要是针对城市公共交通提出，城市轨道交通作为城市公共交通的组成部分，享受同城市公共交通一致的财政政策。

2003年，国家出台的《关于加强城市快速轨道交通建设管理的通知》（国办发〔2003〕

81号），针对城市轨道交通的发展，明确了城市轨道交通的投融资政策。要求进一步开放城市轨道交通市场，实行投资渠道和投资主体多元化，鼓励社会资本和境外资本以合资、合作或委托经营等方式参与城市轨道交通投资、建设和经营；鼓励和支持企业采取盘活现有资产、发行长期建设债券和股票上市等方式筹集资金；城市轨道交通沿线土地增值的政府收益，应主要用于城市轨道交通项目的建设。

2005年国务院办公厅转发建设部等部门的《关于优先发展城市公共交通意见》（国发〔2005〕46号文），2006年建设部、发改委、财政部、劳动和社会保障部联合下发的《关于优先发展城市公共交通若干经济政策的意见》，明确了城市公共交通的财政政策。城市人民政府要对城市公共交通给予必要的资金和政策扶持，城市公共交通的投入要坚持以政府投入为主；城市公共交通发的发展要纳入公共财政体系，建立健全的投入、补贴和补偿机制；要在兼顾经济效益和社会效益的同时，科学核定城市公共交通票价，实行低票价政策；在公共财政投入的基础上，鼓励社会资本（包括境外资本）以合资、合作或委托经营等方式参与城市公共交通投资、建设和经营，逐步形成国有主导、多方参与、规模经营、有序竞争的格局。

（4）城市轨道交通国产化政策

1998年底，国家开始研究城市轨道交通车辆和机电设备国产化政策。1999年，国务院办公厅转发了原国家计委拟定的《关于城市轨道交通设备国产化的实施意见》（国办发〔1999〕20号文），文件提出，城市轨道交通项目，无论使用何种建设资金，其全部轨道车辆和机电设备的平均国产化率要确保不低于70%。对达到国产化目标的项目，给予适当的鼓励政策，引导地方积极采用国产设备。

2003年，《关于加强城市快速轨道交通建设管理的通知》（国办发〔2003〕81号）进一步提出，拟建城市要认真贯彻设备国产化的有关政策，积极采用国产设备，促进国内设备制造业发展，不断提高城市轨道交通项目设备的国产化比例。

（5）城市轨道交通的土地政策

2005年国务院办公厅转发建设部等部门的《关于优先发展城市公共交通的意见》，在土地使用政策上提出，要优先安排公共交通设施建设用地，城市公共交通规划确定的停车场、保养场、首末站、调度中心、换乘枢纽等设施，其用地符合《划拨用地目录》的，可以用划拨方式供地。

2. 技术快速发展，建设及设备制造能力显著提高

我国已形成比较雄厚的城市轨道交通设计和施工力量，城市轨道交通工程设计、施工、监理及建设管理队伍等都具有较强的实力，设计质量、施工质量和速度基本适应轨道交通快速建设的需要。

城市轨道交通车辆和机电设备国产化政策实施效果显著，城市轨道交通设备的生产能力和技术水平有了显著进步，逐步形成了城市轨道交通产业体系。经过10多年艰苦努力，我国在车辆、信号系统、VVVF系统、制动系统、自动门系统、供电控制系统、车钩缓冲系统等过去技术发展落后领域的研发能力和生产能力有了较大的提高。我国城市轨道交通车辆和机电设备已经由“国产化”阶段开始走向具有自主知识产权的“自主研发”阶段。

经过10年来的快速发展，现代控制技术、通信技术和网络技术、信息技术等在我国城市轨道交通中都得到广泛应用，先进技术的采用使我国主要城市的轨道交通系统已进入世界先进水平。

3. 技术法规和技术标准体系建设取得了突破性进展

近10年来，国家标准化管理委员会和住房和城乡建设部将近100项城市轨道交通标准列入制修订计划，涉及工程建设、车辆、机电设备和环境保护等城市轨道交通建设项目的各个领域。截至2009年底，已批准发布城市轨道交通相关标准33项，其中近10年新增30项，目前在编国家和行业标准67项，有力地支持了城市轨道交通的发展。2009年10月1日开始实施的我国第一部具有技术法规地位的全文强制国家标准《城市轨道交通技术规范》（GB 50490—2009），标志着我国城市轨道交通开始真正实施技术法规与技术标准相结合的标准体制，城市轨道交通标准体系逐步得到完善。

4. 建设规模和建设速度史无前例

以1998年深圳地铁一期工程、上海轨道交通明珠线、广州地铁二号线的实施为标志，城市轨道交通项目陆续启动，到2009年底，我国内地城市轨道交通运营线路约920公里。1999年至2009年新增运营线路约819公里，平均每年新增约74公里。这一时期无论是建设总量还是建设速度，我国城市轨道交通的发展在世界上都是史无前例的。

5. 网络化建设和运营时代使城市轨道交通发挥更大的作用

目前，城市轨道交通运营里程北京市228公里、上海市330公里、广州市148公里，基本构成了轨道交通网络骨架，城市轨道交通正开始进入网络化建设和运营阶段，城市轨道交通客流也取得了突破性增长。

各城市先后开始了网络化建设和运营的研究和实践。针对网络化的运营需求，研究资源配置、运营组织、网络维护、乘客出行等方面的关键技术；以安全、可靠、高效为核心，提出网络建设标准化、系统配置人性化、网络功能最优化、资源利用集约化、网络成本合理化、检修维修专业化、网络管理信息化和网络效益最大化的网络化建设和运营目标；供电、信号、车辆基地、通信、控制中心、综合监控、票务分析、环境控制等方面网络化研究成果在城市轨道交通建设过程中得到了应用，取得了良好的效果。

网络化效应使客流迅速攀升。2009年北京城市轨道交通实现运送乘客约13.72亿人次（不含4号线），全年平均日客流量376万人次，线网平均负荷强度1.9万人次/日·公里。2009年上海城市轨道交通实现运送乘客约13亿人次，全年日均客流达到358万人次，线网平均负荷强度1.2万人次/日·公里。

三、城市轨道交通发展的主要经验和认识

1. 发展城市轨道交通是落实国家发展战略的需要①

城市轨道交通的发展，关系到国家能源政策、环境保护政策、土地政策和城镇化政策。

我国人口众多、近年来经济社会持续快速发展，对能源的需求不断增加，能源成为涉及我国经济安全的战略资源。据统计，每百公里的人均能耗，与小汽车相比，公共汽车为8.4%，电车为4%，地铁为5%。推进城市交通节能技术发展的同时，最重要的就是优先发展城市公共交通。

我国工业化和城镇化正以较快速度发展，保护好环境关系到我国经济社会可持续发展。目前，机动车尾气和噪声已成为大中城市的主要污染源，许多大中城市的大气污染正经历着由煤烟型向机动车尾气型的转化。公共交通在高峰小时每人每公里排放的一氧化碳、碳氢化合物、氮氧化物三项污染物，分别是小汽车的17.1%、6.1%、17.4%。发展公共交通，提高公共交通出行分担率，能有效降低汽车尾气排放总量，减轻城市大气环境污染，改善城市生态环境。

土地是关系国计民生的重要战略资源，事关我国粮食安全和国家安全。国家确立了"十分珍惜、合理利用土地和切实保护耕地是我国的基本国策"，实行了最严格的耕地保护制度。在我国土地资源十分紧缺的条件下，城市布局必须走集约型、紧凑型的发展路子，高度集中和紧凑布局的城市发展模式只有集约化的大运量交通模式才能支撑其发展。因此，以公共交通为导向、合理配置土地资源、引导城市发展模式转变，既是解决城市交通拥堵问题的有效措施，又是支撑城市紧凑发展的重要途径。

中国的城镇化，必须走可持续的、集约式的发展道路，不断提高综合承载能力。城市健康发展，离不开公共交通的优先发展。目前我国每年新增城镇人口1300万左右，城市和城镇密集区对交通的需求增长迅速，特别是在小汽车快速增长的趋势下，城市空间扩张和城市功能集聚并存。实现城市紧凑发展并带动周边地区发展，需要建立区域公共交通体系，以满足城市和城市密集地区的随机性活动，这是其他交通方式不能替代的。大力发展城市公共交通，不仅是解决城市内部交通的需要，而且也是优化城市内部布局，推进中国特色城镇化发展的本质要求。

2. 城市轨道交通是缓解我国大城市交通问题的重要举措

城市交通机动化发展的巨大压力要求建立更为有效的城市交通方式和合理的交通结构。我国城市化的快速增长与机动化进程的启动几乎是同步发生的，国家汽车产业的发展与居民收入的提高相应加快了机动化的进程。这就迫使我国城市必须在原有的基础上既要容纳更多

① 本节根据汪光焘同志2006年12月2日在全国优先发展公共交通工作会议上的讲话整理。

的人口，又要为民族汽车工业提供市场，而不能像发达国家的城市那样有一个相对缓慢的城市交通系统与汽车产业相互适应与进化的过程。

在20世纪80年代以前，我国机动化的进程比较缓慢。汽车工业生产汽车第一个100万辆用了40年，第二个100万辆用了8年，第三个100万辆用了2年。自20世纪80年代中国开始出现私人汽车，私人汽车突破1000万辆用了近20年，而突破2000万辆仅仅用了3年时间。我国经济发达的城市实质上已经开始进入汽车化社会，在今后20年，城市机动化已经成为我国城市发展中一个不容回避的现实而迫切的问题。

在我国的一些特大城市的中心地区已经形成了大量集中的客流走廊，城市现有的交通方式已经难以承受，城市道路交通拥挤、停车困难，个别城市在高峰期道路交通几近瘫痪，同时也造成能源与土地资源浪费、环境恶化等状况，严重阻碍了居民生活质量的提高和城市社会经济的可持续发展。

目前，世界上已有100多个城市开通了城市轨道交通，有些城市的轨道交通载客量已占整个城市客运量的50%~80%，成为城市交通的骨干。如拥有1000万人口的巴黎，轨道交通承担了70%的公共交通客运量；人口为700万人的伦敦，早已实现了公共交通以轨道交通为主的目标；莫斯科和我国香港的轨道交通也分别承担了55%的城市客运量；日本东京，轨道交通占公共交通客运量的80%以上。城市轨道交通在国外大城市中发挥着重要作用，道路交通只起辅助作用，主要用于向城市轨道交通系统集散客流①。

从交通需求的角度来看，目前建设城市轨道交通系统不仅仅是急需的，对有些城市来说，已经滞后了。如何建立集约化的公共交通系统，已成为当务之急。

3. 持续的政策支持是城市轨道交通发展的基本保障

（1）正确处理社会效益与经济效益的关系需要政策引导

城市轨道交通作为城市公共交通的主要方式之一，已成为实现国家可持续发展、建设资源节约型社会、环境友好型社会、构建和谐社会等重大战略的重要组成部分，目前，我国对城市轨道交通公益属性的认识已基本达成共识，但也应该注意到城市轨道交通具有公共产品和私人产品的双重属性。

我国目前已有920公里的城市轨道交通投入运营，根据各城市建设规划的不完全统计，未来10年左右的时间，我国投入的城市轨道交通建设资金或超过1万亿元，这还不包括投入运营以后的补贴。城市轨道交通以政府投入为主的思路是正确的，但随着建设和运营规模的快速增长，城市政府将面对建设和运营资金的巨大压力。在确保政府必要投入的同时，如何从企业的角度计算从投入到产出全过程的经济效益，加强对城市轨道交通运营盈利模式的研究，将是我国面临的新课题。政策和法规的制定，在保证城市轨道交通作为社会公益事业实施的同时，也应当促进城市轨道交通商业属性的发挥，在注重社会外部效益的同时，也同样要关注经济效益，使城市轨道交通真正走上可持续发展的道路。

---

① 本段根据中国国际工程咨询公司《中国城市轨道交通发展战略研究报告》整理。

(2) 尽快构建城市轨道交通的法定规划体系

城市轨道交通建设的依据是规划。目前，我国城市轨道交通规划主要由两个层次构成：一是城市轨道交通线网规划，主要解决城市轨道交通远期和远景发展问题；二是城市轨道交通建设规划，主要解决近期建设问题。严格意义上来讲，城市轨道交通线网规划不是法定规划，如何纳入城市规划体系也没有明确的法律规定。城市轨道交通建设规划是依据国办〔2003〕81号文件的要求编制的，由国务院审批，是各城市建设城市轨道交通的前提。

目前存在的主要问题：一是城市轨道交通线网规划与城市总体规划的法定关系不明确。城市总体规划依据《中华人民共和国城乡规划法》编制和审批，城市轨道交通线网规划由城市人民政府审批（没有明确规定，实际操作如此），总体规划和线网规划中都有城市轨道交通交通线网布局。目前，城市轨道交通线网规划编制、修改的随意性较大，很多城市的线网规划与总体规划的内容不符，这里面有技术层面的问题，也有管理层面的问题，但都需要法规来规范、解决。二是城市轨道交通建设规划和城市轨道交通线网规划的法定关系不明确。从技术角度讲，线网规划是建设规划的上位规划，是建设规划编制的依据。目前的实际情况是，城市人民政府审批的线网规划是国务院审批建设规划编制的依据，维护审批制度的严肃性无从谈起。

《中华人民共和国城乡规划法》已实施两年，如何在城乡规划法的框架内将城市轨道交通规划纳入城乡规划体系，是我们面临的迫切问题。

(3) 完善我国城市轨道交通的技术控制体系

综观国外的城市轨道交通发展，最大的特点是制定相应的法律法规来保证政府在轨道交通建设和运营中的地位和作用，进而保障社会公共利益，这里面包括行政立法和技术立法。以德国为例，德国在1928年颁布了第一部适用于区域或临近区域之间轨道交通的《乘客运输法》，即适用于城市轨道交通的法律，并根据法律的授权，制定了一系列行政法规和技术法规（类似我国的强制性标准），使德国的城市轨道交通从建设到运营都必须经过国家授权机构的批准，并接受政府有关部门的监督。目前我国还没有城市轨道交通行业的法律、法规。虽然一些城市政府根据各自的需要制定了一些地方法规，来规范城市轨道交通的建设和运营行为，但仍难以满足城市轨道交通快速发展的需要。

城市轨道交通的建设和运营以及设备或产品的生产制造，需要系统、完善的标准支撑；而我国现行的城市轨道交通标准无论从数量上还是范围上，都还没有形成较为完整的体系，特别是需要政府控制的涉及安全、卫生、环境保护和公共利益方面的技术要求还缺乏详细的可操作的技术标准的支撑。在标准的实施和对实施的监督方面，无论在体制上还是在实际应用当中，还没有建立起切实可行的机制；用于工程上的影响运营安全的设备或产品也没有建立强制性安全认证制度。

为此，首先，应尽快建立较为完善的标准体系。在标准体系的建立过程中，对一些需要政府控制的技术要求，应优先制订，争取在最短的时间内，完成技术法规体系的建立，把轨道交通行业的安全、环保和公共利益置于政府的监督控制之下。在技术法规的指导下，逐步根据城市轨道交通的技术特征，建立技术标准体系，使城市轨道交通技术标准按照一定的内在联系构成科学的有机的整体。

其次，为保证技术法规和技术标准的实施，尽快完善技术法规和标准的实施监督机制。一是加强技术监督。技术监督包括政府监督和企业监督。政府监督应定位于城市轨道交通的安全、卫生、环境保护和公共利益等方面真正需要政府进行控制的技术内容；企业根据法律、法规和技术法规的规定，制定企业技术规章，建立监督机制。企业的内部监督接受政府的指导和监督。二是引用标准。引用的标准本身仍然不是法规的条文，而是作为实现法规要求的一种手段。三是合格评定。尽快建立城市轨道交通的强制性认证制度，对工程中使用的涉及安全的产品进行强制性认证，涉及安全的产品未经认证不应在工程中使用。

4. 国产化政策需要继续深化和持续推进

我国城市轨道交通车辆和机电设备在技术和生产能力上取得了巨大成绩。同时，也应该清醒地看到，城市轨道交通车辆和机电设备的制造要达到国际先进水平，任务仍很艰巨，一些问题还急需解决。一是有关核心技术还没有完全掌握，尚未全面掌握车辆设计和系统集成技术，车辆的关键技术和部件如牵引控制系统、制动系统、计算机控制和诊断系统等基本依靠进口或由外商掌控技术的合资企业提供，信号核心技术和系统集成基本依赖国外企业。二是还存在相互攀比，追求国际先进水平，出现多头引进，设备制式不统一等问题，世界主要跨国公司的产品和技术在我国几乎都被采用，造成设备国产化的难度加大。三是在创新和研发能力上，还不能满足城市轨道交通多样化系统的需求，新的制式或系统初期需要引进，建立完善的具有世界水平的大规模城市轨道交通产业体系还有一定过程。四是我国自主品牌还有待建立，产品参与国际竞争还有一定的差距①。

轨道交通是技术密集型产业，其技术先进程度是一个国家工业技术水平的重要标志之一。国家要从战略高度出发，积极实施和推进轨道交通行业的自主创新战略，加快制订支持轨道交通相关企业自主创新的政策，完善自主创新的激励和约束机制。积极支持新技术在轨道交通项目中使用，并制订和完善相关措施。制订和严格实施政府采购政策，为国内轨道交通相关企业开展技术创新、实现技术积累提供必要扶持。

5. 城市轨道交通建设标准和理念需要重新审视

城市轨道交通的建设标准涉及两个层面的问题：一是宏观层面，即一个城市规划建设轨道交通的合理规模；二是微观层面，即具体的城市轨道交通项目的系统规模和技术标准。

一个城市规划建设轨道交通的合理规模，涉及城市轨道交通在城市中的发展目标和功能定位，这是在规划层面首先需要解决的问题。

从目前国务院批准的25个城市所上报的城市轨道交通建设规划的报告看，对城市轨道交通的规划目标、功能定位、合理规模虽有一定的研究，但针对性不强；与城市发展目标、空间布局、土地使用和交通需求结合不够，不同规模、不同特点的城市确定的城市轨道交通

---

① 本段根据中国国际工程咨询公司《中国城市轨道交通发展战略研究报告》整理。

的规划目标、功能定位基本相同。城市轨道交通总体规模在兼顾社会效益与经济效益、不同交通方式的协调发展、轨道交通不同模式的选择等方面研究不够，城市轨道交通合理规模问题，缺乏可信的论据支持。

以北京和上海为例。根据目前的规划，北京到2015年城市轨道交通运营里程将达到561公里，上海到2012年将达到510公里，基本上都是地铁系统。到2020年或更远的将来，仅北京和上海城市轨道交通或将超过2000公里。如此史无前例的城市轨道交通建设，需要我们重新审视很多问题：一个城市可持续的发展，需要多大规模的城市轨道交通来支撑？规模庞大的城市轨道交通如何来确定合理的层次和技术模式？采用什么样的政策和措施来保障社会效益与经济效益的共赢？在城市轨道交通合理的盈利和投资回报模式尚在摸索的情况下，不断加速投资，无论是对政府还是对企业，风险会越来越高，处理不好，雪球般越滚越大的巨额负债将是一场噩梦。

具体的城市轨道交通项目的系统规模和技术标准涉及我们的建设理念，这是需要在具体的建设过程中解决的问题。

从目前我国投入运营的920公里城市轨道交通系统来看，近年来建设的城市轨道交通基本上采用了世界上最先进的技术和设备。从这个角度讲，我国的城市轨道交通已经达到了世界先进水平。与此相对应的是我们向乘客提供的服务水平。如何使具有世界先进水平的城市轨道交通为乘客提供同样达到世界先进水平的客运服务，是摆在我们面前的不可回避和必须解决的问题。城市轨道交通无论赋予它什么样的光环，面向大众的城市公共交通工具是它的本质。因此，城市轨道交通建设，应当立足于满足安全、卫生、环境保护和资源节约的要求，应当坚持以人为本、技术成熟、经济适用。建设为运营、运营为乘客，为乘客提供世界先进水平的服务，应当成为我国今后城市轨道交通建设的理念。

（作者：秦国栋，住房和城乡建设部地铁与轻轨研究中心副主任，高级工程师；张素燕，住房和城乡建设部地铁与轻轨研究中心工程师）

参考文献：

1. 国务院发展研究中心．新型城市化视角下的轨道交通发展和运营模式研究．2008年
2. 秦国栋．新时期城市轨道交通发展的思考．城市交通，2006（2）
3. 汪光焘．全面落实优先发展公共交通战略，促进城市科学发展和社会和谐——在全国优先发展城市公共交通工作会议上的讲话．2006年12月2日
4. 中德地铁与轻轨标准研究课题组．中国地铁与轻轨交通技术标准研究报告．中德两国政府合作项目，2001年
5. 中国国际工程咨询公司．中国城市轨道交通发展战略研究报告．2007年

2010年广州迎亚运城市行动规划

一、引言

2004年7月1日，广州成功获得2010年第十六届亚运会的主办权。广州成为继广岛、釜山后第三个举办亚运会的非首都城市。亚运会的成功申办将对广州市社会、经济、文化、城市建设与形象等方面产生深远影响，广州迎来了迈向国际化、提升城市竞争力的空前机遇。亚运会作为重大体育赛事是城市发展过程中的重大偶发事件，会拉动和促进城市物质文明和精神文明建设。这种大规模活动需要城市提供相应的硬件和软件支持，尤其在场馆、交通、公共设施及社会文化与服务等方面，并由此对城市形成了高于以往的非常规需求。

由于“六运会”、“九运会”在广州的成功举办，使得广州现有城市体育设施已经基本满足亚运会的比赛要求，亚运会规划的核心就是如何把这些分布在全市的体育及相关设施组织起来，同时提供相应的服务与环境，以满足亚运会此种重大体育赛事的非常规需求，而这些需求必须由城市来提供，必须要与城市近期发展目标相契合，这样亚运会的规划就转化为“亚运城市”的规划，转化为落实既定发展目标的实施行动。广州2010年“亚运城市”行动计划将以亚运背景下城市发展需求为切入点，结合亚运城市发展目标，在两者相互耦合作用下，确定广州近期建设重点，形成“亚运城市”行动计划，这些行动计划按照满足需求的不同层次，又可分解为具体的实施性工程与迎亚运社会文明建设两大方面，最终可归纳为“需求—目标—建设（行动）—工程”的分析框架与工作思路。

“亚运城市”行动计划的编制以省委、省政府提出的“广州要努力成为广东省建立现代产业体系和建设宜居城市的‘首善之区’”的总体要求为依据，同时必须落实广州“2010年一大变”目标与计划，重点对广州2010年的城市基础设施与环境建设进行深化。

二、亚运背景下的广州城市发展需求

1. 城市发展的供给与需求视角

根据经济学原理，供给与需求是指在市场内交易发生时的两种基本行为，是使市场经济运行的力量。需求是在市场内一定时期内消费者愿意购买并有购买力的商品数量，供给则是在市场内生产者愿意并能够提供的商品数量。在市场内，需求是供给产生的原因，催生相应的供给，同时供给也会拉动需求。

从经济学角度看，在市场经济条件下，任何经济活动都可以归结为供给与需求关系的运动。因此，对于城市发展，也可以从需求与供给这两个方面进行分析。城市对各种资源的开发利用形成的发展能力是城市供给，而城市发展中客观产生的各种需要是城市需求。供给和需求水平越高，城市发展的水平就越高；供给如果跟不上需求的增长，就会延缓城市发展的进程，城市供给如果大于需求则会造成城市资源的浪费，降低城市发展的效率。这样，城市发展如同市场，都是供给与需求相互作用的过程，供需协调方能有效地推动城市良性发展。

2. 亚运会背景下的广州城市需求分析

重大体育赛事是城市发展过程中的偶发事件，由于事件本身的特殊性，会拉动城市需求。根据美国学者 Macaloon. J 的研究，重大体育赛事举办时间一般较短，但活动内容丰富，涵盖仪式、演出、比赛乃至节日等多个层面，往往会吸引众多市民的参与。这种大规模活动需要城市提供相应的支持，由此对城市形成了高于以往的非常规需求。同时，这种需求存在一种可预期性，城市各方面的资源被调动起来，使在常规条件下难以得到支持的一些大规模城市开发活动得以实现，刺激城市供给。

亚运会是亚洲范围内最大规模的国际运动盛会，在比赛规模、参与人数、设施标准等方面的要求都大大超过广州曾经举办过的全国“六运会”和“九运会”。届时广州必须建设能够容纳10 000 ~ 13 000名官员、运动员的高标准亚运村，构建短时间内运送大量人流的高效率城市综合交通系统。2010 年前，广州不仅需要建设并完善相关的场馆设施、交通基础设施，以保证赛事的顺利进行，并且还要为众多参赛队伍及游客提供充足的公共服务，同时，还要为亚运赛事提供良好的生态环境与物质环境，展现广州现代化大都市的风采与魅力。因此，亚运会背景下广州城市需求集中体现在亚运场馆建设，综合交通基础设施完善与提升，提供优质、高档的商业、金融、文化娱乐、酒店等公共服务及相应设施，以及良好的自然生态环境与物质空间环境等。从城市发展的需求与供给视角进行分析，以上的设施建设、服务供给、环境营造等将成为广州近期建设的重点。

三、亚运城市发展目标：广州 2010 年城市形象

为充分体现“祥和亚运、绿色亚运、文明亚运”的主题，广州将结合城市自身的特色，健全和完善亚运会场馆和现代化基础设施，优化城市生态环境，致力于打造和彰显“文化广州，历史名城；商贸广州，国际都会；活力广州，体育强市；生态广州，花园城市”的城市形象，同时，这是广州 2010 年城市发展的阶段性目标。

1. 文化广州，历史名城

广州具有 2200 多年的历史和深厚的文化底蕴，是岭南文化的中心地，古代海上丝绸之

路的发祥地，近代民主革命的策源地，改革开放的前沿地。广州要力争成为一个现代文化交流的平台。一方面，要保护好、利用好广州的历史文化遗产，以及其他代表广州文化的建筑、遗址、遗迹等，展示具有鲜明岭南特色的中国优秀传统文化；另一方面，要进一步完善城市文化配套设施，提升广州作为区域性文化中心的功能，展现广州作为岭南历史名城自身的独特文化魅力。

2. 商贸广州，国际都会

广州将在保护和完善老城区富有地方特色的商业区的同时，要精心打造好天河新城市中心区，包括珠江新城 CBD、新城市中轴线地区、琶洲国际会展博览城和员村 CBD 延伸地区，提供优质、多样的商业、金融、娱乐、休闲、酒店等服务；加快完成广州白云机场扩建工程、铁路新客站等交通枢纽工程建设，大力改善城市道路交通等，通过亚运会这一平台，充分展现广州现代化国际都会的新形象。

3. 活力广州，体育强市

广州举办过第六、第九届全国运动会，近年来国际性单项体育赛事连续不断，各类体育设施比较齐全。通过筹办第十六届亚运会，广州的体育设施将得到全面提升，体育场馆布局更加合理，全民健身设施更趋完善，体育事业和体育产业将迈上一个新台阶，“国内一流、国际瞩目”的体育强市将进一步得到凸显。

4. 生态广州，花园城市

广州将继续坚持“生态优先、宜居为重”的城市发展战略，进一步加大城市生态环境保护，继续实施“蓝天碧水”和“青山绿地”工程，突出整治和美化城市出入口通道、亚运场馆周边及道路沿线环境，改善空气质量，着力打造生态、环保、自然、优美的人居环境，加快建成人和自然相和谐的“花园城市”。

四、亚运城市空间格局：两心一走廊

1. 亚运城市规划建设原则

“亚运城市”的规划建设将着力推动广州城市空间进一步拓展与优化；力求通过亚运建设投入，拉动城市快速发展，实现经济社会效益的最大化；重点要解决体育设施及与其相关的各类配套设施间的相互关系。亚运城市规划建设的主要原则与思路体现在以下方面：

（1）多中心、多功能原则

多中心是指体育设施在空间上呈多中心布局，形成综合配套设施完善的多个场馆群（或体育中心）。多功能是指每个体育中心周边地区具有综合功能，除了体育运动外，还可在体育中心周边布局商业、文娱等公共设施。这将有利于提高地区设施配套水平，推动城市空间结构由单中心向多中心结构转变。

（2）场馆建设—地区发展联动原则

坚持场馆建设与地区发展相结合，坚持场馆布局与地区生活需求相协调，同时兼顾场馆相对紧凑集中布局，形成“场馆建设—地区发展”的联动建设开发模式，促进广州国际性区域中心城市整体形象的形成与提升。

（3）体育设施与城市公共配套设施结合原则

亚运场馆及其配套设施的建设不仅是为了亚运会的举办，而且也为城市增加公共配套设施，提高城市的公共配套水平。因此，亚运场馆及其配套设施的建设要与地区公共配套统筹安排。

（4）因地制宜与勤俭节约原则

广州为举办第六、第九届全国运动会，已分别建成了天河体育中心、广东奥林匹克体育中心、广州体育馆等一批比赛场馆，大学城的落成也相应建设了配套的体育场馆。广州将注重经济性原则，充分利用现有资源，尽可能对已有场馆进行改造利用，使其符合亚运会比赛要求，同时考虑长远发展和社会效益系统考虑永久场馆和临时场馆，满足赛时和赛后利用的需要，不为城市后续发展留下压力。

2. 亚运城市的空间格局：两心一走廊

在亚运城市规划建设原则与思路引导下，广州将以城市总体规划为基础，根据亚运会场馆（含比赛和非比赛场馆）的布局及其配套的城市基础设施和环境建设要求，优化城市空间，形成“两心一走廊”的亚运会重点发展地区空间格局（“两心”指天河新城市中心和白云新城，“一走廊”为奥体新城、大学城、亚运城等构成的发展走廊），这将进一步完善城市公共中心体系，推动广州“南拓”，带动城市新区发展，推动城市结构由单中心向多中心、组团式、网络型转变；同时，以亚运场馆（含比赛和非比赛场馆）为基轴，重点整治和美化场馆周边及道路沿线环境，提升城市道路等基础设施建设标准，促进城市管理水平跃上一个新台阶，实现城市建设管理“2010 年一大变”。

五、亚运城市行动计划：近期建设重点

重大体育赛事实际上起到了一个“触发器”的作用，重大体育赛事能够为城市提供一种可预期的巨大需求，同时这种需求将被纳入城市总体需求的范畴，并直接与城市近期发展目标相结合，实现由战略性的思路向“行动”规划的转变，转化为落实既定发展目标的行动计划，成为近期城市建设的重点。根据城市“需求—供给”原理，城市各方面的资源被调动起来，非常规的城市建设行动计划得以实施，从而推动城市发展。

这些建设行动计划按照满足亚运会举办需求的不同可分为不同层次：第一层次，满足亚运会举办必要的基础支撑计划，包括亚运场馆建设以及交通基础设施建设；第二层次，满足亚运会参赛队伍及相关人员活动的设施服务计划，包括重点建设工程，集中提供文化

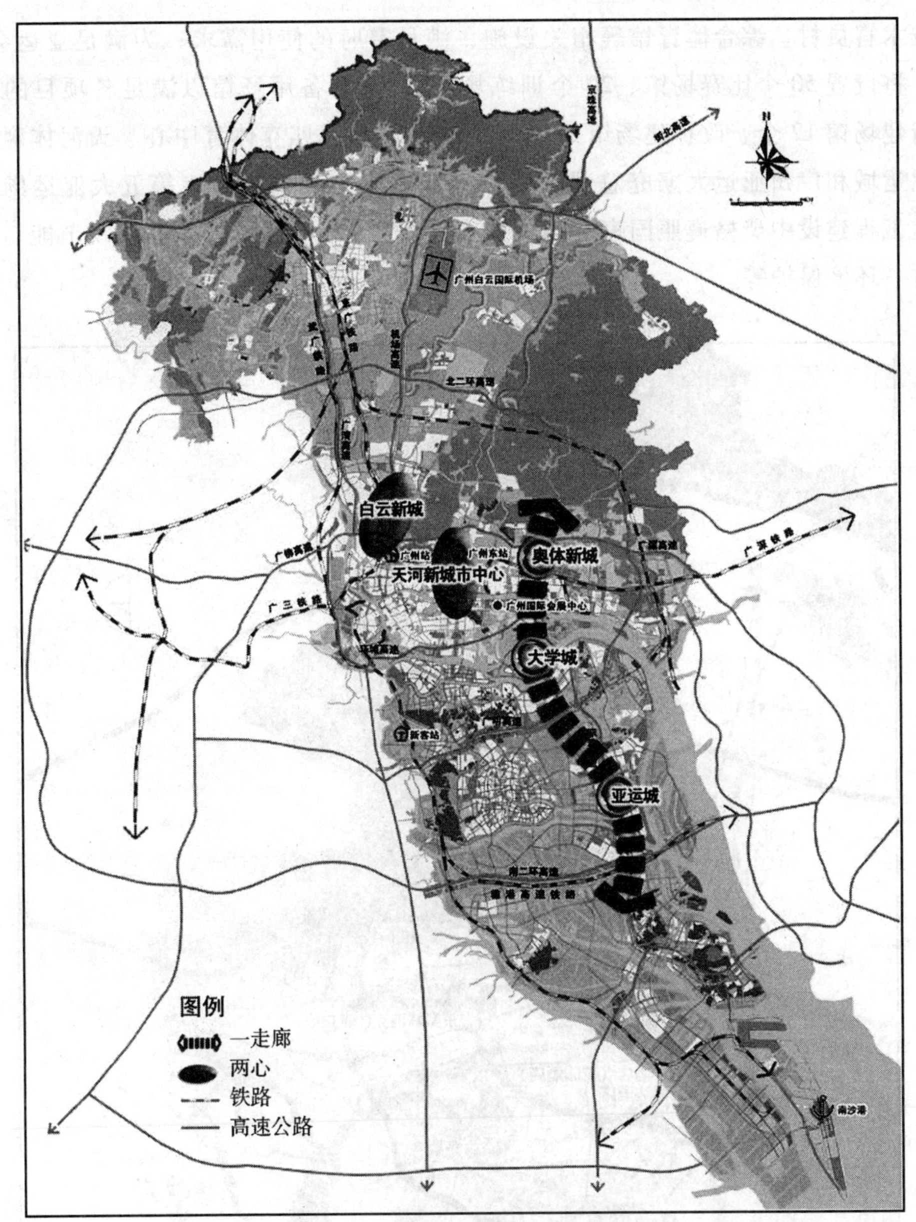

图 1　“两心一走廊”的亚运会重点发展地区空间格局

活动设施的人文景观工程，以及相关的配套设施工程；第三个层次，满足亚运会举办具有一个良好生态环境与物质环境的环境提升计划，包括青山绿地、碧水蓝天、市容改善等工程。

因此，拟定了亚运场馆、交通畅顺、重点建设、人文景观、设施配套、青山绿地、碧水蓝天、市容改善等八大实施性工程，推动亚运城市建设，重点在于亚运场馆建设、基础设施与环境建设等。

1. 亚运场馆工程

为实现“活力广州，体育强市”的发展目标，将推进亚运城建设，建设运动员村、媒体村、技术官员村、综合体育馆等相关设施，满足赛时的使用需求；为满足亚运会42个比赛项目，将设置50个比赛场馆、20个训练场馆及10个备用场馆以满足各项目的比赛训练要求；新建场馆12个、改扩建场馆68个，形成广东奥林匹克体育中心、天河体育中心、大学城、亚运城和广州亚运大家庭总部酒店（花园酒店）及周边酒店等五大亚运场馆群；同时在亚运工程建设中严格遵照国家节能减排方针政策，发展生态建筑，实现节能、节水、节地、节材、环境保护等。

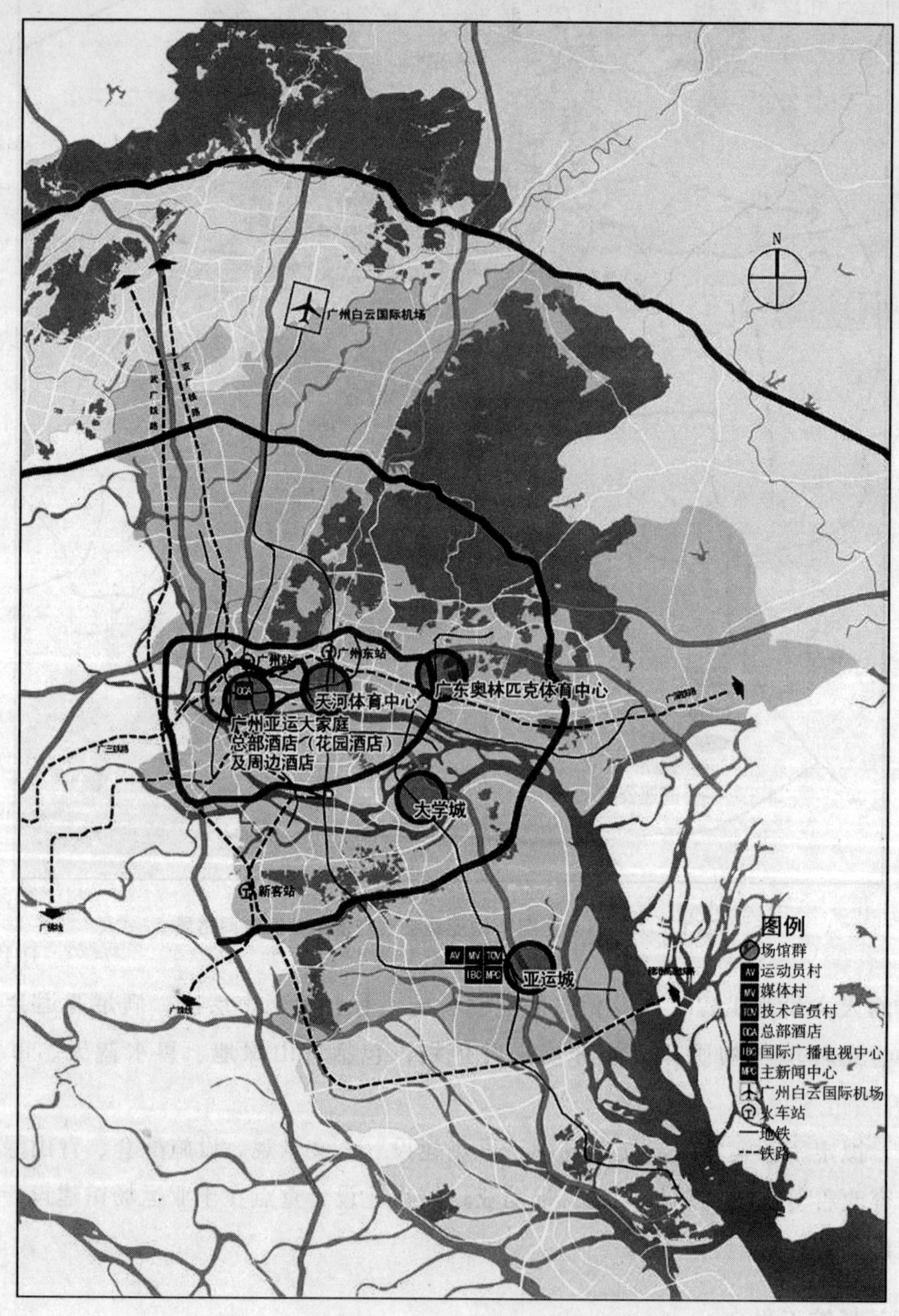

图2　亚运场馆群布局示意图

2. 交通畅顺工程

为了实现申办亚运会时的承诺，2010年前广州将按亚运场馆布局规划建设和改造一批交通基础设施项目，以保证亚运举办时交通畅顺。道路交通建设方面，将按照亚运交通的目标和需求，重点建设亚运会各场馆、口岸、总部酒店之间的联系通道及亚运场馆周边的集散通道，确保亚运交通的顺畅；同时根据城市发展和日常运行需要，推进一批市政道路建设，对主要交通黑点和堵塞点进行交通综合整治。

公共交通设施建设方面，将推进轨道交通建设，预计2010年广州市将建成轨道交通线路6条线，共211公里，车站125座；大力发展“绿色公交”，通过提高公交服务管理水平、优化公交线网布局、加快生态环保智能型公交站场建设步伐、合理配置新型公交车辆、推广使用公交清洁能源、推进公交智能化发展等措施，有效地促进广州绿色公交的系统性发展；同时，考虑行人过街系统与静态交通系统的配套设置。

3. 重点建设工程

为实现“商贸广州，国际都会”的发展目标，满足亚运会赛时的服务需求，2010年前广州将建成一批重点项目及大型标志性工程，进一步提升广州作为国际大都市的城市形象，主要包括机场二期工程、广州新客站、广州国际会展中心二期及配套设施、广州新电视塔、广州市电视中心、广州市国际金融中心（西塔）、广州歌剧院、海心沙市民广场、从化生态旅游工程等重点项目。

4. 人文景观工程

为实现“文化广州，历史名城”的目标，在“以人为本”和“可持续发展”思想的指导下，把保护古都风貌与提高广大人民群众生活质量与公共服务相结合，完善城市发展的软环境，促进历史文化名城为亚运会的成功举办创造文明祥和的气氛，展现“岭南古都”的风貌。

推进历史文化景观建筑的恢复、重建和修缮工作，重点推进南越王宫博物馆建设工程、辛亥革命纪念馆、猎德岭南文化风情街等9项重点历史文化旅游设施建设；加强横沙书香街、姬堂古村落等21个具有历史文化价值的街区、建筑群以及古村落的整治保护；同时，开展珠江两岸及标志性建筑应景升级工程，加强两岸景观建设和改造，营造优美的公共休闲空间，提升城市形象和环境质量。

5. 配套设施工程

通讯保障方面，建设及完善移动通信系统、固定通信系统、集群通信系统；市政设施安全服务方面，重点推进市政设施养护维修工作，确保桥梁安全、道路平整；电力供应保障方面，全力加快电网、电源建设，围绕亚运比赛项目、训练场馆等关键用户，完善电网架构，保证广州亚运会期间的各种用电需求；城市燃油保障方面，全面推进全市加油站等成品油零售设施的建设，合理布局，加强安全监管；城市供水保障方面，推进供水设施建设，提高城市供水系统安全可靠性，全面提升全市供水水质；天然气供应方面，稳步推进广州市天然气利用工程建设和天然气置换。

6. 青山绿地工程

为实现“生态广州，花园城市”的目标，结合亚运绿化要求，实施城市美化工程改善城市建设管理、营造节日气氛，进行城区主干道绿化升级，重点升级东风路、广州大道、广园路等41条城市干道的沿线绿化；优化城市主要进出口门户景观，打造具有广州特色的标志性门户景观；建设一批城市公园、森林公园和湿地，优化生态环境，继续实施“森林围城、森林进城”战略；推进市域范围内交通走廊绿化建设，巩固和扩大创建“国家园林城市”成果，建设以人为本、自然和谐的“花园城市”。

7. 碧水蓝天工程

综合考虑水安全、水生态、水环境、水文化、水景观的关系，开展污水治理、河涌综合整治、水源保护、白云湖建设等，努力建设水清流畅、岸绿景美的岭南水乡，凸显羊城山水之都的魅力风情。同时，通过有效治理灰霾天气，控制大气污染，加强对企业污染、机动车尾气、餐饮业油烟等的控制及管理，全面提高城市空气质量，实现羊城的“天蓝云轻、空气清新”。

8. 市容改善工程

重点推进亚运城周边环境改善、亚运场馆和中心城区主干道周边环境整治及立面整饰、重点区域和主要干道建筑物“平改坡”、光亮工程、社区环境综合整治、户外广告招牌整治、城中村改造、危破房改造、严控和清拆违法建设、整顿交通秩序、整治烂尾楼等一系列工程，全面提升亚运城市形象，确保广州以崭新的面貌迎接亚运会，真正实现“2010年一大变”。

9. 精神文明建设系列活动

为迎接亚运会的举办，广州开展的一系列“迎亚运、讲文明、树新风、促和谐”“全民行动”贯穿了2007至2010年四年。其中包括“争当知礼向善公民，塑造文明市民形象”、“人人维护公共秩序，个个遵守社会公德”、“微笑迎宾客，爱心满羊城”等五大系列活动。此外，从2009年4月份到2010年11月份，广州每月开展特色鲜明的主题日活动，2009年已经成功举行的有：4月的“微笑日”，20万窗口行业服务人员和志愿者用微笑喜迎各方宾客；5月的“健身日”，数十只龙舟竞逐；6月的“礼仪日”，20万市民现场用文明礼仪迎接亚运倒计时500天；7月的“邻居日”，通过各种运动会、游园会等活动共同营造和睦的邻里氛围；8月的“问候日”，精心组织策划有特色的问候活动；9月的“礼让日”，通过活动搭起与群众沟通的平台，让社区文化建设和“迎亚运”活动深入群众，贴近群众；10月的“英语日”，开展各类英语主题活动；11 月的“文明行动日”，开展宣传，争当文明市民；12 月的“清洁日”，开展社区清扫活动。2010 年 1 月是“排队日”、2 月是“互助日”等等。通过这么一系列活动，将“迎亚运、讲文明”的理念与实际行动相结合，更加贴近群众，提高了公众参与的积极性，促进了我市精神文明的建设。

六、结语

重大体育赛事将对举办城市产生一系列深远的影响，亚运会的举办将给广州注入崭新的动力，给广州城市发展带来新的非常规的需求。“亚运城市”行动计划是针对这些非常规需求所制订的建设行动计划，行动计划的制订也落实了城市近期发展目标，因而具有较强的可实施性。“亚运城市”行动计划归纳起来采用了“需求—目标—建设（行动）—工程”的工作思路与框架，促进了规划的实施。

“亚运城市”行动计划拟定的亚运场馆、交通畅顺、重点建设、人文景观、设施配套、青山绿地、碧水蓝天、市容改善等八大工程，各工程均列出详细的计划表格，包括项目名称、责任单位、各年度进度安排等，并最终由市政府颁布实施。这种形式充分体现了工程计划与公共政策的较好结合，通过一系列具有可实施性的工程计划来实现公共政策目标的目的，提高公共政策的可实施性。

在“亚运城市”行动计划的指导与推动下，广州近几年正展开新一轮的建设与整治，届时将以崭新的面貌迎接亚运会的开幕。

（作者：蔡云楠，广州市城市规划勘测设计研究院副院长，高级工程师；廖远涛，广州市城市规划勘测设计研究院工程师；易晓峰，广州市城市规划勘测设计研究院工程师）

参考文献：

1. MacAloon，J. Rite，Festival，Spectacle，Game［M］. Chicago：University of Chicago Press，1984

2. 陈建华，袁奇峰等. 战略规划推动下的行动规划——关于广州城市规划及其实践的思考. 城市规划学刊［J］，2006（2）：12 ~ 16

3. 彭高峰，陈勇等. 面向 2010 年亚运会的广州城市发展. 城市规划［J］，2005（8）：75 ~ 81

4. 彭涛，王建军等. 亚运会背景下广州城市空间发展模式思考. 规划师［J］，2006（8）：65 ~ 68

5. 亚运城市行动计划：广州 2010 年亚运会城市基础设施与建设管理工程实施计划. 广州亚运城市行动协调委员会办公室，广州市创建文明城市办公室

6. 袁奇峰. 2010 年的广州——亚运城市. 风景园林［J］，2006（1）：34 ~ 41

澳门城市概念性规划与城市发展

一、回顾澳门特区的建设与发展

1999年澳门回归祖国并成立特别行政区以来，取得了很大的发展成就。在中央的支持下，特区政府于2005年成功申报“澳门历史城区”列入世界遗产名录，举办了第四届东亚运动会，让澳门吸引到更多的国际目光。2000～2008年，澳门本地生产总值年均实质增长率达14%，扭转了回归前连续4年负增长的局面；公共财政收入连续9年出现盈余，有约2倍的增长，预计特区成立10周年的时候，财政盈余累积约达1000亿澳门元。澳门特区各方面的发展成果来之不易，更需好好把握，并要为子孙后代今后的安居乐业作出更周详的考虑和部署。为此，澳门特区为城市的发展战略作出了新规划。

规划是为明天做最佳的准备。踏进21世纪，特别是博彩经营权适度开放和个人游政策实施后，澳门进入了高速发展的时代，社会和经济水平达到了前所未有的高度，城市迈进了崭新的发展阶段。昔日澳门的宁静小城环境逐渐改变，现代化高楼大厦等城市建设有如雨后春笋，但同时澳门的社会和经济也呈现不平衡、不协调现象，使澳门的可持续发展遇到不少挑战。尽快解决城市问题、保持城市活力及保障澳门未来发展的可持续性成为当前急务。

为了让澳门特区进一步走向可持续发展的崭新里程碑，澳门特区政府自2008年初开展《澳门城市概念性规划纲要》（以下简称《纲要》）的编制工作。其目标是通过确立澳门未来发展目标和方略、形成合理的空间布局和可持续的生态环境，展现澳门在经济、文化和城市三方面的活力，引领澳门城市的可持续发展，使澳门朝向宜居的现代文化城市和世界旅游休闲中心的目标发展。

这项工作进行期间，世界及周边地区的大环境亦发生了巨大变化，环球金融海啸、两岸实施三通、国家颁布《珠江三角洲地区改革发展规划纲要（2008～2020年）》（以下简称《珠三角规划》）加强粤港澳紧密合作、通过实施横琴合作开发以及落实兴建港珠澳大桥等等，为澳门未来发展带来新的机遇，澳门需要更清晰地描绘未来的发展蓝图，需要具有前瞻性的城市规划。

二、澳门城市概念性规划工作

1.《澳门城市概念性规划纲要》的提出

澳门特区政府于2005年3月1日成立了“综合生活素质研究中心”，该中心是为提升居民综合生活素质和建设优质社会的施政总目标进行研究和提出政策建议。2006年5月16日该中心更名为“可持续发展策略研究中心”（简称可持续中心），进行包括区域合作等相关的研究工作，以及向政府建议制订澳门中长期可持续发展目标和策略方针（可持续中心，2009a）。

城市急速发展带来的挑战，凸显了澳门的城市规划滞后以及城市发展战略缺位的问题。可持续中心在行政长官的指示下，于2007年启动关于澳门城市规划的研究，探讨包括土地利用、交通和规划体制等在内的澳门城市发展及城市规划问题。在此基础上，借鉴世界不同城市在发展和规划上的经验，可持续中心从可持续发展和宜居的角度，开展《纲要》的研究工作（可持续中心，2008）。

2.《澳门城市概念性规划纲要》的编制与公开咨询

可持续中心自2008年初开展《纲要》的编制工作。《纲要》的目标是通过确立澳门未来发展方略、完善区域及本地层面的空间布局和生态环境，展现澳门在经济、文化和城市三方面的活力，引领澳门城市的可持续发展（可持续中心，2008）。在编制工作过程中，可持续中心曾邀请境内外专家学者就澳门现有城市发展问题和未来发展给予意见，并组成一个成员来自粤港澳三地的工作小组，专责分析和整理所得意见，审视考察资料和各领域数据，以及评估澳门的发展条件和限制，从而撰写《纲要》咨询文本。该咨询文本探讨了澳门持续发展的目标，并提出了五大规划策略和相关行动计划。

编制《纲要》是一项与市民共同谋划未来的工作，因此可持续中心极为看重公众的参与，于2008年中进行了为期两个月的公开咨询。公开咨询期间，可持续中心在澳门各区举行多场的简报会、咨询会、社区座谈会、论坛、工作坊、院校讲座和巡回展览等，让工作小组接触不同阶层市民，了解他们的观点和意见。另外，可持续中心也通过互联网络和意见卡收集更多市民的意见。《纲要》的公开咨询活动是成功的，社会各界积极参与并表达了许多意见，社会上对规划工作的必要性也达成了共识。这从各类咨询会共计有4123人次出席、收集各类意见共计3085份和可持续中心印发了厚达600多页的《意见汇总》的成果中可见一斑。

除了咨询本地市民和专家学者的意见，可持续中心代表团亦曾到北京、广州和香港等地进行考察和交流，了解各地专家学者对是项规划研究工作的意见，以取各地之长，务求把区域元素作为《纲要》主要考虑。

经过从各管道所收集的意见和建议，并配合《珠三角规划》和《大珠江三角洲城镇群协调发展规划研究》，工作小组展开意见整理和修订《纲要》咨询文本工作。经修订的《纲要》文本提出了经济、文化、人口、交通、房屋和社区环境、绿色生态环境、空间、区域发展和城市运作风险系统共九大发展策略和一系列深化工作的建议（可持续中心，2009b）。

为了配合澳门在《珠三角规划》中的区域发展战略定位——世界旅游休闲中心，《纲要》提出对澳门的城市定位是“在经济适度多元的发展策略引导下，以综合旅游业为经济主体、以中西文化交融为城市特色、以可持续发展为基本尺度、以人文关怀为内在本质，凝聚和焕发澳门的经济、文化和城市活力，使澳门成为宜居的现代文化城市、世界旅游休闲中心。”

三、澳门特区政府在城市发展与规划中的作用

编制《纲要》的过程带给澳门特区独特的发展与规划经验。作为中国的一个特别行政区，澳门特区政府在城市发展与规划中担当的角色呈现一定程度的特殊性，这种特殊性体现于它一方面需要与中央政府的宏观战略决策保持一致，另一方面又必须对特区内的市民和各利益团体的诉求进行协调，发挥一个城市政府应有的作用。在此方面，内地的规划体制与经验跟澳门可谓和而不同，既有可供借鉴之处，在发展与合作过程中彼此又将相互影响。

1. 城市政府在城市发展与规划中的引导调节作用

《城乡规划法》颁布实施以来，中国内地城市政府在现行行政和法律框架下，在城市发展与规划中担当的职责主要包括如下方面：

(1) 战略引导。通过制订城市发展战略规划（也有称概念性总体规划）对城市发展目标和战略进行深入探讨并提出相应的对策。如广州在21世纪初进行的城市发展战略规划，促使城市的空间规模和功能发生了大幅度的跳跃，为城市跻身国际舞台创造了根本性基础条件。

(2) 系统控制。通过制订和实施城市总体规划来确定城市空间的发展规模和发展结构，从战略上和总体上控制和调节城市发展空间问题。如深圳编制的城市总体规划（1996～2020)，对深圳在新世纪引导城市发展的目标、规模、空间布局、基础设施建设等提出了系统明确的规划要求和对策，有效地指引了城市的空间开发和要素配置。

(3) 计划实施。通过城市发展计划（通常是5年）的制订和实施，启动城市基础设施和重大公共设施的开发建设，从财政上和运行周期上控制和调节城市发展的进程和功能运行问题。由城市政府制订以5年为期的发展计划，涵盖了城市轨道交通、市政基础设施和公共服务设施（文化、体育、教育、医疗等）的开发建设，甚至包括整个功能区的开发建设（产业园区、教育园区)，对城市经济发展和功能开发起到无法替代的推动作用。

(4) 空间结构调节。通过定期评估和调整城市总体规划和各环节的法定规划调整城市土地的功能开发，从操作层面引导和调节城市的空间功能开发，从而在动态过程中把握和调节城市空间的功能结构。

(5) 产业调控。通过城市开发政策和产业空间开发政策干预产业发展，从而调节和引导产业结构和城市经济结构，促进城市经济发展。如，苏州市政府通过与国家相关部门的政策协调，由中国和新加坡两国合作开发建设了苏州工业园区，使城市实现了面向国际的跳跃性的接轨，以最直接的方式获得了最有价值的发展资源，从而使城市经济发展和功能配置得到迅猛的提升，城市知名度也显著增加。

(6) 政策干预。通过财税政策和行政监管手段干预城市发展的模式，包括资源利用模式、生态环保模式、社会发展模式等的干预。如，2007 年 12 月以长沙为核心的长株潭城市群被国家批准为“全国资源节约型和环境友好型社会建设综合配套改革实验区”（简称“两型社会”）。自此，长沙都市群的发展和建设都开始围绕“两型社会”这个宗旨向前推进，城市政府的财政投入、土地出让政策和城市功能开发规划都朝着这条轨道。城市产业引进、建设标准控制、资源利用方式和生态保护要求都朝“两型社会”目标要求倾斜。

2. 澳门政府以往在城市发展规划中的作用

(1) 早期以建筑和城区环境为主的葡式管理：在澳门城市规划的早期阶段，澳门主要是作为葡萄牙的海外省，按葡萄牙法律结合澳门的实际情况，对澳门实施专项规划管理。该时期的特点是规划指导主要集中在建筑物建设、区域规划和改善城市环境等问题上，澳门被看成由若干个独立的市镇构成的城市，彼此之间缺乏联系。

(2) 1980 年开始的本土化过程：澳门以 1980 年自行制订土地法为标志，开始澳门城市规划本土化的过程。在此本土化阶段，澳门探索了分区规划问题，奠定了目前澳门城市规划的基本框架。但此时期的城市规划严重受行政导向影响，未能走向法制化的轨道。规划以《都市建筑总章程》为工作依据，其思路是以建筑管理带动规划控制，以土地合同使用条件约束实施规划。整体协调性较差的特征也逐渐显露了出来。

(3) 传统管理模式遇到现代城市发展挑战：澳门城市建设在回归后出现迅猛发展，城市格局和空间都发生了很大的变化。为适应这种变化，澳门城市规划主要为城市的投资发展和项目建设服务，完成了大量的工作。由于没有城市总体发展战略和规划的指引，城市协调的矛盾也越来越突出，城市交通、区域协调、旧区重整等问题非常尖锐。社会公众对城市规划工作改革的呼声较高，希望澳门能顺应世界潮流的发展，制订城市总体发展战略和规划，指导城市未来的发展。

3. 特区政府今后在城市发展规划中的角色

随着国务院于 2008 年 12 月通过了《珠三角规划》，显示了中央政府对新时期的粤澳合作大力支持和寄予厚望。今后，粤澳将重点深化几个方面的合作：深化民生合作、深化服务业及经贸合作、深化社会事业合作、加强大型基础设施建设和口岸合作，携手推进横琴开发建设。

国家宏观政策和区域发展规划相继到位，澳门将迎来一个辉煌而关键的发展时期，特区政府在城市发展规划中将扮演十分重要的角色，为了更有效地促进经济发展、社会发展和城市发展，特区政府需要充分消化中央政策、全面融入区域环境、合理把握方向、有效控制发展速度、积极引导特区向持续高效的方向发展和提升，具体的作用体现于如下方面：

（1）持续不懈地推进城市发展战略层面的研究工作：在已有的《纲要》工作基础上，不断深化研究澳门20~30年间发展的战略问题，推演和设定各种可能情况，并针对空间拓展、土地出让、功能开发、设施更新、社会经济发展提出完整而清晰的对策，使澳门在发展中，能够牢牢地把握自身发展的命脉，这是澳门实现持续发展的基本前提，即“未雨绸缪、谋而后动、胸有成竹”。

（2）加强城市开发和地区发展规划的公开性与法规性：《纲要》的公开咨询为增加规划的科学性、合理性打下了良好的开端。为了响应不断增加的公众参与，更为了使政府的公共政策得到较高的社会认受性，特区政府需要加强城市开发行为的公开性和透明性，涉及地区发展和更新的详细规划和设计也需要具有程序性的公众参与和监督。政府在法规的适用性调整方面也需要更有效率和更有信心，使法规条文摆脱教条和脱离实际的弊病，更加到位地服务于城市发展和建设。

（3）充分运用财政手段对城市功能调整和产业结构演变施加影响：特区政府的财政和融资手段不应仅限于社会救济、基础设施建设和其他公益事业，而是需要更主动和更有目的地支持城市新功能的开发、新产业的培育，并对城市文化环境的保护倾注足够的财政和行政力量。其中，横琴的开发建设正需要特区政府进行充分的主导，才能带动和带旺这个新区域的发展进程。特区政府也需要从文化保护和传播的角度有力地支持综合旅游业和文化创意产业的发展。

（4）充分运用行政管理手段对公共空间的保护、控制和提升更新施加影响：特区政府需要把城市公共空间、商业空间、居住空间和生态保护空间进行明确的分区分对策管理，使公共空间的范围、质量、开放程度和利用效率都得到充分的发挥，从而使居民的空间公共权益得到最有效的保证，实现社会和谐发展、高质量发展和持续发展。

四、向可持续发展和宜居城市迈进

《纲要》不仅厘定了澳门特区政府在城市发展和规划中的角色和作用，同时描绘了引领澳门城市可持续发展的蓝图。当中考虑到淳朴和守望相助是澳门人传承下来的特质，在制订城市的发展策略和规划工作时必须营造条件以体现城市的和谐与包容特性，为发挥人文关怀和实现理想生活，创造更多有利条件。规划工作同时亦考虑到所有当代的开发行为应以不影响子孙后代的发展需求为前提，让澳门人生活在可持续发展和宜居的城市，让旅客畅游于世界旅游休闲中心。

1. 融合中显独特

《纲要》引领澳门城市更主动地融入珠三角地区的长远发展，并成为城镇群其中一个重要成员。在融合的同时，《纲要》亦考虑从提升城市建筑、文化及环境保育发展方面凸显城市自身的独特性及优势。

澳门拥有四百多年中西文化交汇的历史，城市、建筑模式及风格都有别于珠三角地区的其他城市。澳门拥有的历史特殊性，让它在城市中发展出一种多元、独特的文化，并与城市建筑一起呈现出澳门的文化底蕴。城市的文化保育自20世纪60年代开始，特区成立后得到进一步的发展；2005年澳门历史城区成功申报成为世界文化遗产，更充分彰显了澳门城市所具备的历史文化独特性。

经过近年的经济高速发展，在现有的建筑文化保育基础上，《纲要》充分考虑了城市文化的深厚底蕴及独特性，提出短、中、长期的发展策略，力求在后全球化时代进行一次城市文化的复兴，充分展示澳门在地区内特有的文化角色与平台作用，向宜居现代文化城市、世界旅游休闲中心迈进。

2. 经济、社会、文化适度多元

澳门近年的经济急速增长明显是依靠博彩业的大规模发展，特区政府意识到经济发展单一存在的危机，在国家“十一·五”规划明确提出“支持澳门发展旅游等服务业，促进澳门经济适度多元”后，特区政府亦提出以发展区域性商贸服务平台和世界旅游休闲中心为经济适度多元的战略。为此，澳门未来的发展将以二元多核心的空间结构为基础，与大珠三角城镇群形成开放型的空间结构，使澳门与珠海、香港、深圳、广州形成紧密的联系轴，让澳门的吸引力与辐射力能够得到最大限度的发挥。

《纲要》提出的文化发展策略，除了传承和凸显城市的历史文化独特性，亦配合经济适度多元的发展，透过对城市内不同历史特质的城区配以特殊发展策略，包括保育活化日渐衰落的历史街区、更新改造不具历史价值的旧区、引进合适的建筑文化、优化生活营商环境和打造拥有不同特色的街区，藉以提升居民综合生活素质及城市活力，为经济适度多元创造条件。

要利用澳门的文化与平台优势，逐渐开发文化旅游、商务及会展旅游等非博彩旅游。在策略上把文化创意产业作为澳门特区实现经济适度多元的新兴产业，推动传统产业及文化创意产业发展出新的局面，同时促进传统与现代两种截然不同的文化产生碰撞以至融合，增加澳门的独特性；配合休闲及独特的城市环境，为未来发展创意型经济提供基础与条件，寻求在珠三角地区生产工业转向自主创新的契机中取得发展优势。

3. 以人为本与可持续发展

城市的绿色生态空间是关系到城市可持续发展的稀有公共资源，更是以人为本的优质生活保障。对澳门这个高度密集的城市而言，它不仅是市民健康生活的载体，也是城市应对紧急安全事件时必须拥有的临时疏散和避难空间，对城市健康和安全意义重大。

近年，澳门的高速发展不仅给城市旧区带来影响，亦使澳门有限的自然生态环境呈现紧张状态，间接影响居民的综合生活水平。在《纲要》公开咨询期间，有不少有关环境保护

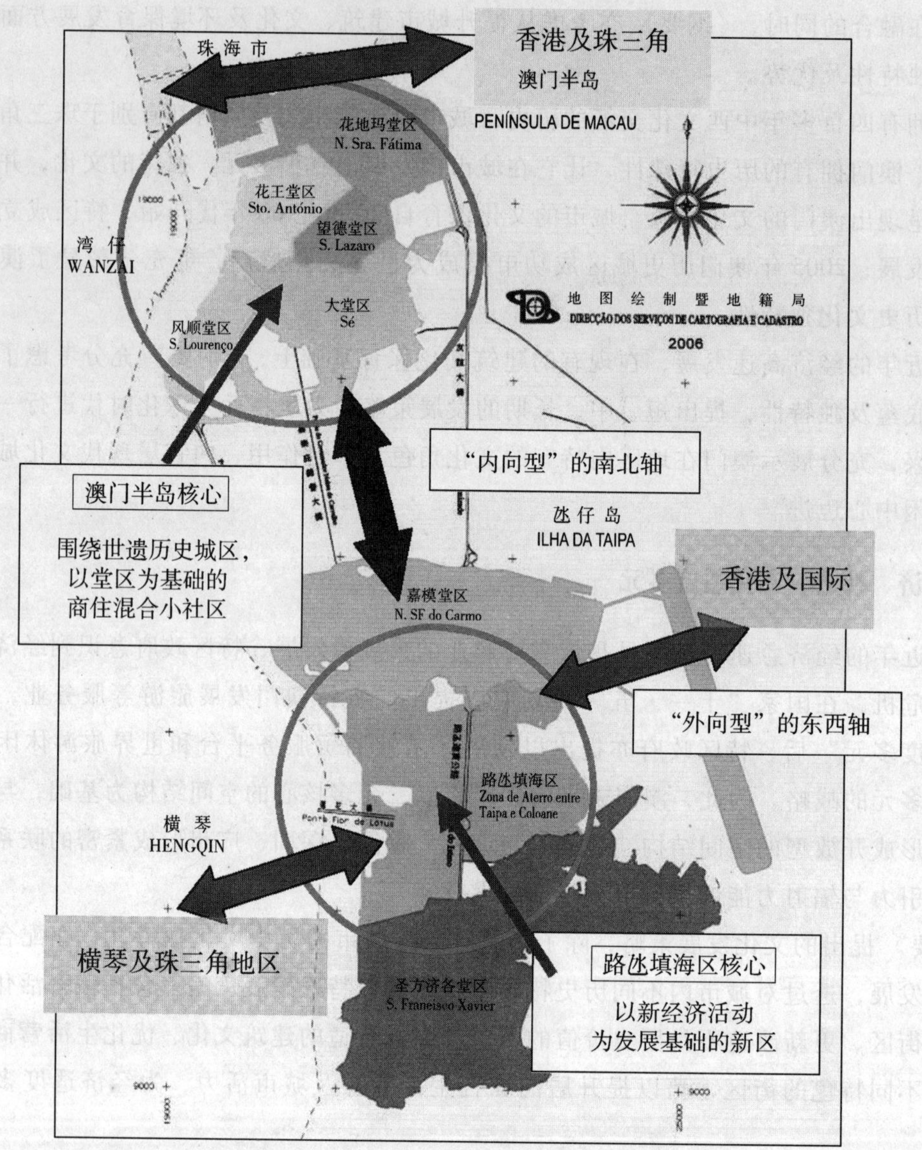

图1 以二元多核心社基础的开放型空间结构

地图来源：地图绘制暨地籍局（http://www.gis.gov.mo/dscc/chin/newarea.htm）。

的意见，当中有关保护自然绿化带及建造海滨休闲绿化区的意见都得到大比例的认同。再者，2009年1月10日国家副主席习近平考察澳门时，特别提到澳门需要处理好开发和保护两者之间的平衡，在保护中开发，在开发中保护，按生态保护原则展开工作，而路环应按照生态保护区的规划发展建设。国家领导人的意见对推动澳门的规划工作给予了极大的鼓励和方向性指引。

因此《纲要》提出澳门的规划须更注重以人为本的都市发展，让经济、社会、环境等各方面能持续平衡地发展，使澳门朝可持续发展的社会及宜居城市的方向迈进。

五、促进澳门融入区域发展

《纲要》的主旨，不只从本土层面为澳门创造一个可持续发展的未来和创造宜居的环境，更根据全球发展趋势，从区域层面配合和融入大珠三角区域发展之中，提出应对内外众多不确定因素和风险的方略，并为澳门寻找更佳的定位和发展机遇。

1. 跟上区域发展大势

国家在扩大开放的同时，积极进行区域协调与整合，包括港澳在内的大珠三角区域也乘此浪潮而上。拥有深厚经济基础的大珠三角区域，不单是泛珠三角以至国家经济起飞的主要引擎，还将成为世界级的城镇区域。大珠三角区域内其他重点城市都在数年前先后制订了不同的长远发展策略和相应的规划，如“广州 2020”、“香港 2030”、“深圳 2030”和“珠海 2030”，向世人展示了它们清晰的发展目标、手段和城市未来的愿景。此外，在中央政府的支持下，《珠三角规划》也在 2009 年初正式出台，有关规划强调了整个珠三角区域各城市间的协调发展和共同目标，以及推进与港澳特区紧密合作的必要性。如今，把香港和澳门明确纳入到区域发展结构中的《大珠江三角洲城镇群协调发展规划研究》业已完成，这些规划工作的进展对区内各城市的发展将起到导向作用。

2. 主动配合与后发先至

虽然澳门长远发展战略还在就位进程中，在 2008 年推出和进行公开咨询的《纲要》已是踏出了重要的第一步，此规划工作更有主动配合《珠三角规划》等不同区域规划而达到后发先至的可能性。“后发先至”之意思，在于广州、香港、深圳和珠海等城市的长远规划策略，是在《珠三角规划》出台前已经制订，相对考虑自身发展需要更多，提出的发展策略或未能完好配合整个珠三角区域未来发展的方向。相反，《纲要》在 2008 年 9 月完成公开咨询活动后，除了按专家和市民的意见对文本作出修订外，更按特区政府的策略，主动与《珠三角规划》和大珠三角、粤港澳大都市圈发展及珠三角西部的发展作出紧密配合，以求逐步建立起澳门与大珠三角各主要城市间协调和同步发展的战略规划，并致力共同落实绿色优质生活圈和粤港澳大都市圈等发展目标，推动澳门的规划工作从“本位发展”转向“开放动态发展”。因此，在推动落实城市间协调发展的规划上，《纲要》反而获得了时间上的优势，有机会首先完成相关的发展策略与规划，这绝对是《纲要》的焦点之一所在，更可成为具参考价值的范例。

大珠三角区域的发展，既是城市之间的协调与合作，也是竞争。澳门早一步落实《纲要》，即可早一步在配合区域合作的大方向下推动澳门城市的发展。这样对澳门在争取大珠三角和珠三角西部的发展机遇上更为有利，也能早一步协助《珠三角规划》的落实，使整个区域更理想地发展，实乃互惠互利之举。

3. 做好准备迎接区域新发展

在区域融合过程中，城市网络的形成和城市间的人口高流动性会给澳门带来较重要的转变，将对城市的发展产生深远的影响。修订后的《纲要》所提出的九大发展策略，包括经济、文化、人口、交通、房屋和社区环境、空间、区域发展和城市运作风险，都在一定程度上与城市网络发展和人口流动相配合。例如在交通发展方面，提出优化市内交通网络、确定不同空间层次的交通网络，寻求更好接驳港珠澳大桥和珠三角轨道交通等新建设；紧密联系区内各大城市，形成一小时生活圈。又如人口政策方面，提出一方面通过与区域和国际接轨，增加澳门学子到外地升学机会，另一方面则在不影响本地居民的机会下积极而谨慎引进区内以至国际人才，带动澳门社会和经济的发展。同样，空间发展方面也提出优化岛内土地利用、开发离岛用地、填海、合作开发横琴和融入珠三角都会圈等多个层次的发展。这些发展策略如得到落实，势必影响澳门在区域中的产业、城市群/轴心、社会各项服务与供应等的协作发展。

愿景的提出和策略的制订是需要全澳做好准备才能有望达成。特区政府开放是次规划过程，招揽特区内和大珠三角一众专家学者参与规划，并引入公众咨询，是推进全民认知和全民参与之举。与此同时，澳门市民亦需要提升他们的目光到更高的层次，积极参与，为迎接澳门融入大珠三角的发展所带来机遇和挑战做好准备。

六、小结

今天的中国是世界上发展速度最快的国家，而几个大都市圈的发展又是国家最活跃的区域，天津滨海新区包含的原来三个城区已经整合成一个行政区，上海也将南汇区并入浦东新区，深圳在酝酿将特区范围进一步扩大。澳门在“一国两制”框架下与珠海等城市在经济发展、人流物流、基础设施运作等方面，与珠海、香港等城市充分整合、错位发展，还是大有文章可做。

澳门城市规划由“本位发展”转向“开放动态发展”已经是大势所趋，必须确认，澳门是需要进入区域城市体系并充分利用区域要素才能保证自身的发展。澳门一向与珠海、广州和香港等城市有联系，但当前需要的是一个面向区域的更紧密、更全面的关系。历史已证明高流动性对澳门经济和人口发展所带来的深远影响，本地和区域间的日益完善的基础设施建设、蓬勃的经济发展和人口政策的调整也明显地影响了澳门要素流动，包括人口流动。

编制《纲要》的工作为澳门走向可持续发展奠定了一块基石，它是城市战略性规划，是超越具体部门和利益集团的全局整合性的规划研究。它是在具有重要变化外部形势下城市需要进行重大发展变革的前提下进行的；它是具有明确战略指向的目标导向规划，它的主要使命是为城市长远发展目标的实现提供空间战略对策，包括土地、交通系统、基础设施、环境和重大建设项目等，而不能等同于城市公共政策。

《纲要》的新意首先体现在工作进程和内容的公开与透明，这实际上比技术文件内容的开创意义更加深远；其次，体现在以发展的理念而不是静止或者回顾的思维来解决问题的思路，使发展模式（经济多元）与发展空间（新交通系统、新空间、新功能中心、面向区域）的战略变革设计为一个整体；再次，提出了从形态上刷新和提升澳门城市印象的对策和构想；最后，本次规划的咨询运用了数字城市、互联网平台等新技术手段来展示规划的概念和策略，不断地推进与外界的沟通。

我们相信，随着规划研究工作的不断深入，澳门将具有更加完善的战略规划来指引城市的持续发展，实现作为宜居的现代文化城市和世界旅游休闲中心的目标。

（作者：吕泽强、陈伟新、纪纬纹，澳门特别行政区政府可持续发展策略研究中心《澳门城市概念性规划》工作小组）

参考文献：

1. 澳门特别行政区可持续发展策略研究中心，2008. “澳门城市概念性规划纲要咨询文本”，http：//www.cplan2008.gov.mo/
2. 澳门特别行政区可持续发展策略研究中心，2009b. “可持续中心配合《珠三角规划》修订《纲要》冀澳门战略规划能凸显区域竞争优势”，http：//www.ceeds.gov.mo/cn/reports/09－04－01.html

台湾都市计划发展脉络

台湾都市计划（等同于城市规划）始于1905年日本殖民政府提出的“市区改正计划”。随着1964年“都市计划法第1次修正”和1971年“建筑法第1次修正”，以及1976年“都市计划法台湾省施行细则”的公布，台湾都市计划及其法规体系日趋完整。在这一百余年间，台湾都市计划的演变见证了台湾城市由传统形态向近代及现代形态转型的过程，其法规的修正也反映了经济社会的发展变化。近年来，海峡两岸城市规划专业交流日益紧密，然而对于台湾都市计划发展演变仍缺乏通盘性了解，因此，本文通过对台湾都市计划及其法规的发展演变的描述，对台湾都市计划发展予以简要的介绍。

一、城市发展脉络

台湾省面积约3.6万平方公里，2009年总人口达到2300万人，原住民占总人口2%，分别由14个不同族群组成，其余大多数为汉族。1624年，荷属荷兰东印度公司（Verenigde Oostindische Compagnie，简称VOC）占领南台湾，在大员（今台南市安平区，当时还是一座小岛）建造一座城堡，称为“热兰遮城”（Zeelandia），第二年在本岛另外建造“普罗文遮城”（Provinia），这两座城市的建设被视为近代台湾都市计划的开始。同时期，西班牙人于1626年进入基隆港，占领社寮岛（今和平岛），筑“圣萨尔瓦多城”（San Salvador），1628年又占领沪尾（今淡水市），筑“圣多明哥城”（Sant Domingo，今红毛城），形成与荷兰人南北分据的局面。然而，西班牙对日贸易受到挫折，加上原住民反抗，在1638年撤离了“圣多明哥城”（Sant Domingo），1642年荷兰人攻破“圣萨尔瓦多城”（San Salvador），结束了西班牙人在台湾短暂的筑城史。1661年荷兰人又败于郑成功大军，结束了欧洲人在台湾的筑城史。

1661年后，郑成功将台湾改名东都，并设立承天府（今台南市），此时台湾主要由村、庄、乡及镇组成，人口多集中在南部地区，其他地区汉族移民较少。清朝于1684年（康熙时期）设立台湾府，但对台湾建设始终持消极态度，导致城镇建设长期滞碍。1884年中法战争后，法军侵台促使清廷对台建设变得积极，并在1885年设台湾省。台湾城市近代化建设，始于清代刘铭传推动的“近代化政策”，1887年刘铭传任台湾巡抚时，台湾城镇体系主要由3府（台北府、台湾府、台南府），11县，4厅所组成，但是面对列强入侵，防务趋紧，因此城市建设成效并不明显。甲午战争后，1895年日本占据台湾，并将台湾城镇分别划分为五州三厅（台北州、新竹州、台中州、台南州、高雄州），日据时期南北纵贯铁路的通车，带动北起基隆、台北，南到台南与高雄等西部地区城市发展。光复后，台湾省行政区历经数次变化，最后形成5市16县的城市体系结构，但是城市发展仍然偏重在西部地区，形成围绕台北、台中、高雄三大都会区为主的城市带。近年在高速铁路及第二、三高速公路建设带动下，一日生活圈趋势带动了岛内都会区发展的改变。

二、都市计划法发展脉络

法规是计划执行的依据与规范。自日据时期历经光复后至今的百余年发展演变，台湾《都市计划法》形成极具地方特色的计划法规体系，近年趋向岛内国土计划法体系发展。

台湾都市近代化政策，始于清代刘铭传任台湾巡抚时的近代化建设，当时各城市公共设施建设相当缺乏，由于缺乏具体法令制度，因此未能保障建设效益。日据时期台湾都市计划及其法规的出现源于近代化土地制度改革和环境卫生的变化。台湾土地权属属于拓垦农业社会形态，形成错综复杂的土地业主权关系；到清末，已成为极其复杂的社会问题，不仅征税困难，也不利于近代化城市设施建设的推动。因此，日本殖民地政府在1896年陆续展开户口调查，并在1898年进行一系列土地调查与登记，建立土地与户口制度。在此调查整顿的基础上，1899年日本殖民政府即公布关于“市区改正计划”法令的《市区计划范围内土地建物之规定》，并于1900年另外公布关于“街屋建筑”法令的《台湾家屋建筑规则》，同年公布《家屋建筑规则施行细则》，这两项法令成为日据时期台湾都市计划与建筑两领域最早的行政法源。

1905年日本殖民政府以此法源，参考欧美都市计划与日本本土都市计划，在1905年提出以基隆、台北、台中、台南及打狗市（今高雄市）等大城市市区整建与改善为主的“市区改正计划”，在《市区计划范围内土地建物之规定》及《台湾家屋建筑规则》等规范下，逐步扩大为“市区计划”，1935年更扩展到新竹、苗栗等中小型街庄市区。自都市计划相关法规功能来看，1937年前制定的都市计划法制，缺乏明确严密的法制体系，实验形式色彩浓厚，存在各式各样计划设计，缺乏周密的法规及管理。同时“市区改正计划”相关法规已无法满足台湾城市发展需求，日本本土的《都市计划法》也不完全适用于台湾，因此殖民地政府建构“双轨制”都市计划法规体系，即一方面移植适用部分的日本都市计划法，另一方面由殖民政府制定适合台湾的都市计划法规，光复后初期仍部分沿用日据时期的都市计划及其法规，形成台湾独特的双轨制都市计划时期。随着基础设施建设的完善，日本殖民政府为推动各城市的都市计划，在1936年将“市区计划”改称为“都市计划”，1937年公布包括《都市计划法》、《市街地建筑物法》、及《土地区划整理法》等三大法规体系于一体的《台湾都市计划令》，该计划令确立了台湾近代都市计划体系的雏形。

1945年台湾光复后，都市计划原应立即采用国民政府于1938年公布的《建筑法》、1939年《都市计划法》、1945年《建筑技术规则》及1945年《收复区城镇营建规则》等法规，但因这些法规都是针对战争期间之战区各都市的复原建设和收复城镇的复旧与建设，不能完全适应于当时台湾社会之需要，因此形成同时沿用1939年所公布的《都市计划法》，部分则采用日据时期都市计划法的双轨制时期。1945年到1950年被称为都市计划双轨制时期或是转换时期。1950年后，拟定都市计划范围的扩大造成建设土地来源短缺问题，拖延计划执行效率，因此展开对土地使用方面规范制定，建立征收土地用于计划的法规依据。分别在1951年及1956年制定《台湾省都市土地改革办法》与“实施都市计划注意事项”来规范计划用途的土地征收与划定标准。《台湾省都市土地改革办法》是以都市计划区域为施行的范围，首次规定地价、开征土地增值税、照价收买、并配合都市计划征收私人土地，解决都市计划用地问题；“实施都市计划注意事项”则是首次提出“土地重划”理念，提供都市计划建设所需土地及预留计划区土地资源。这两项办法的制定不仅解决建设用土地来源及补偿机制等问题，同时建立了土地在计划体系中运作规范，加快了都市计划执行速度，加强了保障私有土地的权力。

1960年到1970年是台湾都市计划与法规体系建设时期。20世纪60年代，随着农业经济向工业转型，台湾西部地区城市进入工业时期，各种用地需求扩增，建设日趋复杂，造成开发建设领先计划，计划缺乏法源支持，衍生出许多环境问题。为应对城市产业发展趋势并调整计划功能，《都市计划法》在1964年进行首次修订，建立适合台湾城市发展的计划法规，首次明确《都市计划法》目的是“为改善居民生活环境，并促进市、镇、乡、街有计划之均衡发展”。同时提出，都市计划类型分为市（镇）计划、乡街计划（乡街是指小型街庄、乡村地区）、特定区计划及区域计划，以及负责拟定计划的各机关相应职责和管理办法。在1964年修订时，又特别增加了都市计划通盘检讨的办法，以此作为在一定执行时间后审查计划执行程度，以及应对城市发展变化而实时调整的补救方法。随着《都市计划法》的修订，带动了1971年《建筑法》的第1次修订，两项重要法规的修订不仅是台湾都市计划继1937年及1945年的第三波体系变革，也标示着法规修订成为台湾都市计划内容更新的首要途径。表1指出在1964年到2008年期间，台湾《都市计划法》6次修订的主要内容特征。其中1960年到1970年部分主要是拟定体系、操作及其规范；1980年后倾向条文功能的局部修改，满足不同时期城市发展需求。

在经济社会快速变化及公共设施用地取得的基础上，促成1973年第二次《都市计划法》条文修订。在这次修订中不仅提出延长公共设施用地取得年限，以及拟定土地使用分区管制制度，同时取消区域计划，增加对主要计划、细部计划、优先发展区、新市区建设及旧市区更新等定义及计划规定。这次修订后条文内容分为9章87条，并成为日后《都市计划法》内容框架。

为完善修订工作，在1976年更进一步发布《都市计划法台湾省施行细则》，作为这次修订后计划执行方法的补充，同时《建筑法》也进行第二次修订，台湾都市计划与建筑法规体系趋于完整。

同时期，在都市计划体系基础上，20世纪70年代中期拟定了《台湾地区综合开发计划》相关规定，解决地区协同发展问题，并在1979年实施。此举可视为台湾开始以地区统筹发展来思考都市建设，并以此作为未来都市计划新功能导向，以及区域性计划基础。为适应地区发展及计划体系变革等趋势，2002 年《都市计划法》修订幅度是历年最大的一次，约有 26 条法规修订，增订 3 条法规细项，将都市计划逐步向台湾省国土计划体系转型，其意义如同 1964 年首次修正一样，作为开创新计划机制的有力支撑。

建立台湾省国土计划体系是近年计划制定及法规修正的发展目标。台湾省国土计划源于区域性城市群发展之际，及时对岛内总体天然资源及空间发展的总量配置及管理。因此，台湾省经建会在 1993 年即修订台湾省"国土综合开发计划"及拟定《国土综合发展计划法》，并在 1996 年核定"国土综合开发计划"，作为都市计划体系的战略层面计划。1996 年台湾省《国土综合开发计划法》再度修订调整，并更名为《国土计划法（草案）》，在《国土计划法（草案）》中，将国土管理分为都市土地、非都市土地及国家公园三种，分别由《都市计划法》、《区域计划法》及《国家公园法》作为法源依据。该法案历经十余年修改及调整，终于在 2006 年完成修订，待近期立法后除了将取代 20 世纪 80 年代所制定的《区域计划法》之外，台湾省《国土计划法（草案）》也成为《都市计划法》上位指导法令，形成自宏观层面总量管制到微观层面细部计划的法规内容及其机制。

表 1　台湾都市计划法主要修订内容

时间	法条数目	修订内容
1964 年	全文为 8 章 69 条	明确都市计划类型、定位，计划时间（25 年）。创设都市计划审议制。设主要、细部计划二级制。增列专设经办都市计划人员及经费
1971 年	《建筑法》第 1 次修订	废止日据时代旧法，展开新法研订
1973 年	全文为 9 章 87 条	取消区域计划。将原新旧市区建设更新分章独立。订定旧城更新方式为重建、整建、维护。加强分期分区建设。设土地使用分区管制制度。列明细部计划要项规定
1976 年	《都市计划法台湾省施行细则》	确立台湾都市计划法制体系。上位计划为区域计划，负责指导都市计划的目标，都市计划则为实质计划，负责城市建设
	《建筑法》第 2 次修订	完善台湾建筑法制体系
2002 年	全文为九章 87 条	修改审议权责机关、完善计划公开展示及征求意见制度、通盘检讨改为 3 到 5 年应进行一次。本次主要修订不合时宜之条文
2008 年	全文为九章 87 条	容积移转办法的订定

资料来源：整理自台湾《都市计划法》

三、都市计划演变历程

台湾地区都市计划泛指主要计划及细部计划，基于都市计划属于公共政策，因此其拟定与变更属于行政处分。都市计划案于计划完成后，即依据《都市计划法》规定程序，提经各级都市计划委员会进行最适方案审议，并经核定后发布实施，都市计划才具有可执行的合法地位。台湾地区都市计划始自日据时代（1900 年），百余年来，历经各时代不同经济社会变化，其发展脉络可分为日据时期、光复后时期及 1980 年后等三个阶段。表 2 显示台湾都市计划演变主要过程，1936前台湾都市计划属于实验形式，缺乏完整计划内容，直到1937年日本殖民地政府公布《台湾都市计划令》后才进入全面性计划实施阶段，日后随时代变迁逐步衍生各种都市计划，最终朝向岛内国土计划体系发展。

（1）日据时期（1900～1945）

台湾近代都市计划起源于日据时期之“市区改正计划”，1937年公布《台湾都市计划令》施行后，开始正式称之为“都市计划”。日本占领台湾期间（1895～1945）共计公布74个都市计划案，其中在1937年前实施约51个，大都属于“市区改正计划”。依据《台湾都市计划令》，各地方之都市计划及都市计划事业由“行政厅”（地方官署）执行，依据黄武达（2000）之研究日据时期都市计划体系发展可分为萌芽期、展开期及确立期等三个时期。自1895年到1932年前，日本殖民政府引进各种欧美都市计划检验其适合性，此时“市区改正”计划大都属于这种局部性工程建设，缺乏严密法制体系的实验形式计划，可说是台湾都市计划的萌芽期。日据初期台湾城市环境卫生不佳，街道混乱，因此殖民地政府为便于统治而参考欧美都市计划与日本本土都市计划，实施城市改造，提出包括公共卫生、交通与都市防灾等环境改善的“市区改正”计划，该计划均由地方官厅拟订，呈请台湾总督同意后实施，并逐渐发展为市街整体性之改正计划。随着计划对象不同与范围扩大，开始设置“市区计划委员会”，负责审议“市区改正计划”或“市区计划”，“市区改正计划”及其审议制度的法制化使其成为台湾近代都市计划与法制的开端。

自1932年到1936年展开期间，殖民地政府开始在台湾各主要城市进行都市计划。1932年市区计划的部分内容随着“市区计划之有关规定”的发布，开始朝向以城市总体发展为计划目标，形成“市区计划”的全部内容。同时1930年后引入“大都会”的发展概念，促进全岛各大都市的计划都大幅度扩张，此期间各种都市设施渐渐纳入计划体系，带动台湾城市自传统向近代转型发展速度，在台湾城市发展过程中具有重要意义。1937年《台湾都市计划令》施行后，都市计划发展进入确立期阶段。使用分区及特定专用区制度等条文开始成为管制都市计划区域内建筑物用途的依据，同时对于各种使用分区的设定，其调查方法，设定条件及决定过程等都有具体规定。虽然在1937年到1945年期间台湾都市计划案只有23个，但是其操作程序与内容都已趋完善和成熟，并影响光复后台湾都市计划的发展模式。

光复后，台湾民政处营建局要求各市政府对于各市参酌当地之实际状况，进行都市计划调查与拟定，并提供意见送该局办理，这项规定成为现代台湾都市计划前期调查工作的起源。1953起在日据时期计划基础上开始都市计划的实施，1955年台湾省政府开始重新审查日据时期都市计划，延续适合案件实施实施。但是因专业人员短缺与客观条件不足，直到1958年才成立公共工程局，下设市乡规划处，正式开始办理都市计划工作。在1955年到1971年间，台湾都市计划性质侧重检讨修订日据时代旧计划与对制定新都市计划案，特别是市镇计划部分，但因专业人员不足及城市发展的客观条件问题，此时期全岛实施的新都市计划案总数低于100处。随着1964年和1973年《都市计划法》修订，开始全面拟定实施都市计划，计划实施数量增加达173处；其中乡街计划占79.7%，市镇计划只占18%，显示此阶段都市计划工作侧重在乡镇层面。随着台湾城市在20世纪70年代进入工业社会，公共设施建设和市镇环境改造需求激增，因此都市计划在20世纪70年代到80年代初期开始进入规模性计划时期。其中在1977年到1984年之间全岛都市计划案388件，市镇计划占30.4%，乡街计划为51.8%，特定区计划（大部分为公共工程）为17.8%。虽然服务城乡发展的计划仍超过总体计划数量的82%，但是特定区计划数量的攀升，却反映出此阶段前都市计划并未深入考虑经济发展趋势及城乡产业关系，因此产生短时间内以快速计划来满足经济发展需求，最后反而造成地区发展失序，最后必须另外拟定地区性及区域性计划来调整土地供需问题。

调节土地使用是台湾都市计划首要功能之一。自土地使用分区角度，图1显示台湾都市计划的土地使用系统分为都市土地与非都市土地（即都市计划划定范围外地区），并通过土地使用变更方式来调整两者之间土地供需与开发。但是缺乏对地区性土地使用的全面性考虑可布局，造成土地使用混乱现象。因此，台湾在1979年实施“台湾地区综合开发计划”，弥补都市计划不足之处，此举可视为台湾计划体系自城乡体系通过地区调整向区域性计划体系转型的开端。台湾省国土计划体系的建立始于1979年“台湾地区综合开发计划”。随后因经济社会环境快速变迁，在1993年重新修订台湾省“国土综合开发计划”及拟定《国土综合发展计划法》，并在1996年核定“国土综合开发计划”。刘玉山（2005）指出，台湾省“‘国土综合开发计划’功能是以多层面空间秩序为架构，其核心结构包括自然环境保育带、西部多核心一日生活圈、东部生活产业带、三大城市区域、绿色城乡及生态離岛”。图2指出“国土综合开发计划”是台湾省国土计划体系中最上层的指导计划，具有引导台湾全区空间发展、协调部门计划及指导下位计划之功能。未来台湾的都市计划体系将变更为国土计划体系，包括“国土综合发展计划”、“县（市）综合发展计划”、“都市计划”及“非都市土地使用管制规则”等计划所构成。各部门计划均可由各事业主管机关依据“国土综合发展计划”及“直辖市、县（市）综合发展计划”来指导与协调，但是有关都市土地部分仍然归都市计划管制。

相较于“台湾地区综合开发计划”浓重的经济建设色彩，“国土综合开发计划”则倾向具有目标性、政策性的长期发展计划。该计划侧重生态环境可持续发展、城乡均衡发展及相关法制的建立，但是缺乏上层法源、职权机关分散及缺乏土地整体计划。表3显示“台湾地区综合开发计划”和“国土综合开发计划”已然具备国土计划功能，然而两项计划因缺乏法源基础，无法发挥规范部门计划及指导下位计划的功能，缺乏实质效益。因此，1996年拟定的《国土计划（草案）》即为解决《国土综合开发计划》存在的功能性与技术性等问题。在空间计划上，将岛内分为国土保育区、农业发展区及城乡发展区等三大功能区，其中全台60%土地（含高山、保育土地）划为保育区，不允许开发。在农业发展区及城乡发展区部分，建设开发项目除了向县市政府缴纳开发影响费之外，还必须增纳国土保育费给主管机关来办理国土保育事宜。由此可看出，台湾省《国土计划（草案）》在计划功能上倾向规模开发限制，并注重土地与空间配置的管理机制，因此该计划功能更倾向为战略性发展规划。

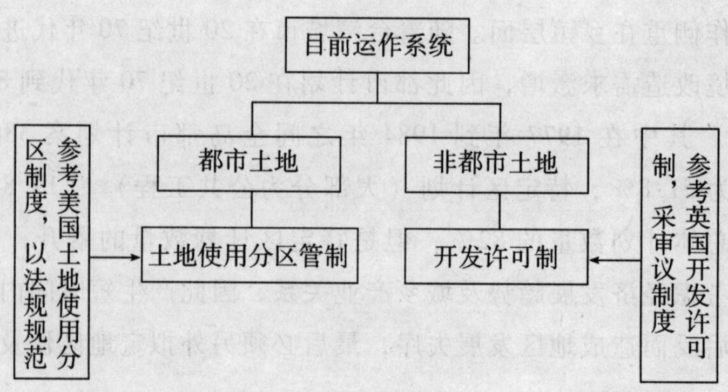

图1 台湾土地使用计划系统

资料来源：刘玉山《国土规划简报》，2005

表2 台湾都市计划演变脉络

时间、类型	计划体系
1895～1945	颁布《台湾都市计划令》体制
1945～1964	日本与国民政府计划体制及欧美都市计划模式交互实施。都市机能计划概念兴起
1964～1973	都市计划体系形成：包括区域计划时期—都市计划管制
1973～1976	都市计划与区域计划单独立法：建筑管理体系建立时期—都市计划与区域计划管制
1976～1987	区域计划体系：都市与非都市土地两套管制体系—分区管制与山坡地开发许可制度
1987～1997	国土计划体系建立：包括国土综合开发计划、区域计划、县市综合发展计划及都市计划等各层级体系—区段征收整体开发制度；城市设计层级兴起
1997～2000	国土计划向国土规划体系转型—引入发展许可、成长管理制度、总量管制模式

资料来源：台湾"营建署"

表3 台湾《地区综合开发计划》与《国土综合开发计划》的比较

	地区综合开发计划	国土综合开发计划
时间	1979年	1996年
背景	• 地区之间发展差距逐渐扩大 • 各种用地间竞争造成土地使用不当 • 公共建设未能配合经济发展需要 • 公害问题导致生活环境恶化	• 土地价格飙涨、资源分配不均 • 生态环境严重受损 • 修正国土综合开发计划并研拟国土综合发展计划法草案
内容	• 人口与经济活动的合理分布 • 改善生活与工作环境 • 资源之保育与开发（包括历史文物保护）	• 健全土地经济管理、平衡保育与发展 • 均衡区域发展，加强各项软、硬件建设 • 提升居民生活质量与促进产业发展 • 调整农地利用加强农村建设。推动工商综合区 • 落实受益付费，受损补偿。推动发展许可制

资料来源：同表2

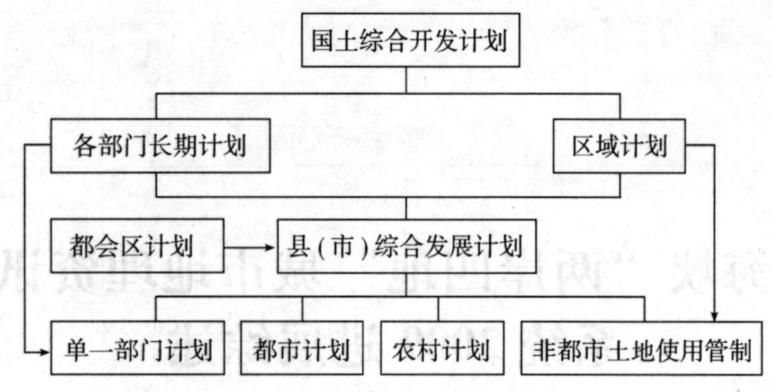

图2　台湾省国土规划体系架构

资料来源：同表2

四、结论

都市计划是引导城市发展的蓝图。自1900年迄今，台湾都市计划及其法规体系演变阐述了时代发展脉络，形成经历殖民地、战后重建、整建发展及回归开发和保育并重理念的独特计划体系。在台湾城市自传统形态向现代转型过程中，无处不受其都市计划引导，由简易早期城乡体系迈入当代多样化地区生活形态，其发展经验指出都市计划及其法规质量，以及计划远见均影响每一时代城市发展与生活环境的变化。过去台湾以生态换取经济发展的错误示范，使得其计划体系不得不设法在生态与城市发展之间取得平衡，以此带动区域环境资源的可持续发展。在台湾新计划体系所建构以人和自然共生共荣目标下，未来台湾都市计划及其法规效益值得我们持续关注，并借鉴其经验进而充实内地城市规划内容及机能。

（作者：关华，南京大学金陵学院城市与资源学系讲师，台湾台北都市计划技师公会顾问）

参考文献：

1. 陈芸楷．从日本、韩国国土规划发展对台湾国土规划发展启示之研究．台湾中山大学社会科学院高阶公共政策，硕士论文，2008
2. 黄世孟．台湾都市计划历史之初探（1895～1945年）．都市与计划，台湾都市计划学会，1985，第12卷第1期
3. 黄廷熙．各级政府审议细部计划的时程．台湾成功大学都市计划研究所硕士论文，2005
4. 刘克智，董安琪．台湾都市发展的演进—历史的回顾与展望．台湾人口学刊，2003，第26期
5. 刘曜华．台湾都市发展史．2008
6. 刘玉山．国土规划简报，台湾“行政院”，2005
7. 辛晚教，廖淑容．台湾地区都市计划体制的发展变迁与展望．城市发展研究，2001，1
8. 杨启正．日治时期台湾州治城的基础空间形态比较．台湾成功大学都市计划研究所硕士论文，2006

海峡“两岸四地”城市地理资讯系统 2009 进展综述[①]

“城市地理资讯系统（UGIS）学术论坛年会”是由海峡两岸从事城市规划和地理资讯系统建设的应用和研究单位组织的专业学术会议，旨在加强地理资讯系统建设与管理的经验交流，推进海峡两岸的城市规划地理资讯系统的建设。

“城市地理资讯系统学术论坛”于1998年在上海成立，每年举行一届。由海峡两岸热心都市发展的各界人士齐力推动，至今已迈入第十二个年头。2009年的论坛于2009年10月在台湾台中市逢甲大学召开。会议汇集了海峡两岸在“城市地理资讯系统”方面的学者、专家、企业家和在校研究生八十余人，与会代表分别来自北京、上海、天津、重庆、广州、深圳、南京和香港、澳门、台北、高雄、台中等12个城市。

今年论坛的主题是城市地理资讯系统与都市发展整合，以“探讨跨组织协同合作与应用”为重点，代表了当今“两岸四地”城市地理资讯系统发展方向。

主要应用可以分为以下几方面：

一、都市管理 SOA 应用服务研究

近年来，随着“数字地球→数字中国→数字城市”等概念的提出和迅速普及，城市地理资讯系统的内涵也经历了“GISystems→GIScience→GIServices”的转变。空间基础信息应用不再只面向局部和少数人群，而是成为涉及居民生活、政府管理、商业娱乐等诸多方面的大众型网络应用；地理信息共享的理念已成为一股潮流，被越来越多的城市相关部门投入到建设实践中。

地理信息共享层次和方式存在多种解决方案，SOA（Service-oriented Architecture）可以说是解决其复杂度和相关度问题的最新方法，它致力于解决城市空间基础数据生产、管理的专业性和空间信息应用的普及性之间的矛盾。面向服务架构（SOA）的关键是“服务”的概念，实施 SOA 的关键目标是实现行业 IT 资产的最大化重用。

海峡“两岸四地”都极为重视应用面向服务的体系结构 SOA 的研究，利用网络服务

① GIS 在大陆称地理信息系统；在台湾称地理资讯系统。

(Web Services) 技术来整合地理信息、人口信息、法人信息以及与各部分业务相关的专业信息，构成城市信息一体化的应用和管理平台，可以更好地整合异构的空间数据、GIS服务、业务系统，以共享服务平台为基础，为各层次的辅助决策提供支持和服务。

上海市提出运用面向服务架构（SOA），以文化场所地理位置为主体，研究如何有效整合文化市场各参与方的地理应用需求，从许可登记、行政执法、安全检查等多方面入手，构建基于SOA的文化市场地理信息服务框架，有效消除部门间地理信息共享瓶颈，推动多部门对文化市场一体化的监管。

广州、深圳、重庆等城市建设数字空间基础信息平台就是遵循SOA思想和技术架构进行建设的，使得空间平台的数据与服务、服务与应用相分离，实现松散耦合。空间基础信息平台SOA组件包括：使用者、应用、服务、服务支持、提供者五部分。

台湾将SOA思想和技术应用于河川管理。河川管理在台湾横跨多个公私管理部门，诸如：林务局、水土保持局、水利署、环保署、公路单位、气象单位、地方民间单位等。由于牵涉单位甚多，目前河川数据的流通及河川信息的传递不畅通，以致各单位对于河川管理均未达成共识，观念尚存较大的差距；再加上河川基本数据库及检测成果数据库数据量庞大，如何应用河川数据作为河川知识管理工作的依据，并不是单一组织可以解决，需跨多个机关进行协同合作，整合地方政府、地方及民间之力量，来完成数据流通共享的电子化政府的目标：利用SOA的理念，提出河川知识管理之新思维，以e河川网站建置导入服务导向架构为例，将来只需将网站作业服务模块化、组件化，再将模块或组件整合、发布到网站中，服务组件可在任何地方被呼叫使用，并可重复运用，进而使e河川网站成为最佳媒介者，负担起数据流通的责任。

二、城市地理资讯系统在Grid架构上的支持应用

网格（Grid）是一个90年代新出现的概念，代表了一种先进的技术和基础设施，它是一个集成的计算与资源的环境，或者说是一个计算资源池。网格的目的就是要利用互联网把分散在不同地理位置的电脑组织成一台“虚拟的超级计算机”，实现计算资源、存储资源、数据资源、信息资源、软件资源、通信资源、知识资源和专家资源等的全面共享。

随着面向服务架构（SOA）技术的不断发展，不同种类服务的绑定、共享、集成、协同成为异构、多源系统集成的关键。面向服务网格通过通用的服务接入点，在充分保证网格节点自治应用的同时，高效聚集相关的服务。面向服务网络与常规网格的显著区别在于其实现核心：网格服务发布及网格服务发现。

上海市基于面向服务网格构建上海公路信息报送系统，在充分整合公路信息化基础设施的同时实现计算资源、存储资源、信息资源的集约式可持续发展，保证了信息报送系统高可靠、强实时响应、特别柔性扩展，也是上海公路由传统业务管理模式到信息化管理模式转变的强有力支撑。基于面向服务网格的上海公路信息报送系统使得信息的报送迅速快捷、准确完整、有备可查及稳定可靠。信息报送系统实现了上海公路全网络报送覆盖，没有盲点且与

信息发布系统无缝衔接，能够将上海公路报送的各类交通信息特别是应急信息准确、完备、快速地进行发布，更好地体现“以人为本”的上海公路服务理念。

北京清华城市规划设计研究院设计的信息共享平台，探讨研发面向城市规划设计研究信息共享平台的目的意义、系统框架、功能体系、技术途径。信息共享平台采用数据层、服务层、用户层三层结构体系，以 Google Map 地图服务为背景提供信息的基本地理属性并实现地域检索，借助 Ajax 异步通讯技术保障合理高效的操作与灵活的交互体验，通过 B/S 结构提供 Web Service 分布式服务，服务之间通过 XML 格式的数据交换 SOAP 消息，并通过 HTTP 等方式实现 SOAP 消息的传递。信息共享平台面向不同用户，提供城市规划设计研究基础信息与成果信息的查询、检索、浏览、统计、分析、索取、发布等功能，有助于推动城市规划设计研究工作的信息化进程。

三、城市地理资讯系统在跨组织行政规范创新思维上的应用

城市地理资讯系统发展到今天，被更多地应用于各项跨组织、单位间环境管理、政策、行政规划的研究。当前，各部门、各单位在信息化建设中分头进行，自成体系，缺乏总体规划和资源整合，信息难以共享，跨行业和跨部门的资源整合、信息共享问题亟待解决。建立统一的公共信息平台，使多个相互封闭的信息系统有机关联起来，实现了资源整合和分级共享，初步改变了原来各系统独立运行、数据孤岛、功能重复、效率低下的局面，减少重复建设，降低了建设和运维成本；将大量的基础信息、设施信息、实时信息、预测信息等直观及时地发布，充分利用网络实现资源整合、信息共享、异地会商、动态预警，大大提高了管理部门的工作效率，有效减少了管理人员疲于奔会的现象。利用城市地理资讯系统为基础平台，建立从数据采集、数据汇集、系统分析、到 WebGIS 发布的整个动态流程，加快了信息传递的频次和速度，减少了信息传递环节。

上海市水务局建立的水务公共信息平台，以 GIS 为基础，加强了各部门的信息共享和工作协同，提高了行业基础管理的精细化和数字化程度，促进了水务的一体化管理。面向水务系统、政府部门和社会公众，准确、及时、全方位、分层次地提供便捷、规范、透明的信息服务，实现了应急管理、设施管理、行政许可、建设规划等信息和过程的逐步公开，强化了政府的公共服务职能。经受了“麦莎”、“卡努”、“韦帕”、“罗莎”等多次台风、暴雨、水资源突发事件的严峻考验，在实战中不断完善。

香港规划署已利用 GIS 去辅助城市规划委员会（下称城规会）制定法定的分区计划大纲图，以作为发展管制的工具。城市规划师亦会善用这类系统，在不同的规划阶段，进行空间分析和数据查询。同时为了改善公众咨询的效率，规划署采用了网络 GIS 的技术来满足市民和持分者的各种需要。

台湾省嘉义市政府根据《嘉义市交通政策白皮书（92/09）》的行动纲领和推动方案办理，应用 GIS 系统建成都市交通设施空间数据库。为政府及民众提供一完整都市交通设施管理与规划设计重要空间数据库。除了提供业管单位信息化、网络化与空间化的管理方式外，

交通设施空间化更提供民众通报平台，民众、地方民代、警察机关等不同单位同报设施报修的沟通平台。系统除了整合交通业管单位的交通设施数据现场调查与空间数据库建文件外，同时整合地形图、航空照片等不同地理信息空间数据，使系统空间数据库更趋于完整。达成都市交通管理的目标：①加强市区道路管理——建立交通号志数据库与查询系统；②引进智能型运输系统——建立道路基本数据与城市地理资讯系统；③强化市区停车管理——建立路边停车格位管理系统。

南京市利用3S技术［城市地理资讯系统（GIS）、遥感（RS）和全球定位系统（GPS），简称3S技术］为历史文化资源的普查、利用和保护带来新的思路和新的活力，为解决历史文化资源的空间不落地和管理利用手段低下等问题提供新的解决方案。南京市以历史文化为资源，以3S等科学技术为先导，以数据库为平台，通过数字化手段全过程支撑资源普查工作，将普查的历史文化资源建成可动态更新、方便查询的数据库，并最终建立历史文化资源城市地理资讯系统。该系统实现了全过程“数字化”框架，包括前期研究、过程实施、资源集成、资源评价、成果应用等各个阶段，并在资源成果服务过程中建立信息使用、纠错、完善、更新、发布等的良性动态循环。

四、虚拟环境在城市规划建设管理中的应用

城市仿真（Urban Simulation）通过将虚拟现实（Virtual Reality）技术应用于城市规划、设计以及规划实施、管理等环节，自20世纪末至今已有了长足进步。仿真技术在城市规划领域得以快速发展，但其应用仍主要停留在描述性分析层面。研究城市仿真在规划领域应用的优势条件和制约因素，提出面向决策统筹化、管理精细化、成果前瞻化、分析科学化、过程透明化的城市仿真建设思路，并确定了在基础数据、技术开发、应用领域、目标用户和管理机制等多方面进行拓展的具体实施策略。改变原有的以简单的浏览查询为主，转向以综合性分析为主的应用领域。按照Webster C. J的论述，GIS技术在规划工作中的作用可以具体概括为三类：描述（description）、预测（prediction）与对策（prescription）分析。当前，大多数城市仿真的应用主要停留在第一层次，即描述性分析的层次。今后，在拓展第一层次应用的基础性上，加大探索预测性与对策性分析的现实性应用是各城市开展三维仿真技术的下一步目标。“两岸四地”因城市建设进程、规划管理模式等方面的差异，在城市仿真应用方面亦呈现不同特点。

台湾都市中大型灾害频繁，举凡洪灾、火灾与震灾等，都对都市居民造成很大的生命威胁。台湾中国文化大学建筑暨都市计划研究所温国忠教授，应用多主体仿真系统进行都市大型灾害人员避难模拟之研究的课题，在面对都市大型的灾害时，如何降低大型灾害所造成的人员伤亡与财产的损失方面，为市政建设决策提供了有益的参考。该课题运用包括主体仿真系统、空间统计分析、避难行为模式，整合运用GIS与主体仿真系统，并推导数据的转换架构，应用多主体仿真系统NETLOGO程序进行仿真；然后以空间统计分析归纳出相关因子。关键路径与瓶颈；最后则针对推导出的结果，调整其路径的配置或规划，或拟定管制人员避

难的时序，以作为改善策略的依据，获得较贴近真实情况之研究成果，亦较为真实地模拟出都市大型灾害人员避难的情况。

台北市运用3D模拟真实地貌的地景仿真技术营销城市或纪录城市现在的形貌，已是地理信息领域中热门的话题。台北市将传统的电子地图用数字地形图的建筑图层以3D立体呈现，为台北市府及民众参与带来新的启发与影响。

重庆市以两江四岸城市设计为契机，大力推进三维仿真技术在城市规划管理中的应用，努力探索一条基于三维仿真技术、适合重庆市实际的规划管理新思路。通过三维建模实现较高艺术性和视觉效果的三维仿真展示，与现有规划电子政务平台相集成，辅助城市设计的方案审批，延伸到该区域建设项目的方案审批，实现基于网络的城市级三维仿真系统。在数据动态更新的机制保障下，最终作为建管项目的三维辅助审批平台，实现重庆市规划局及下属各分局的联动。

广州、深圳、武汉等许多城市也在论坛上演示了各自开展利用三维技术进行城市规划和实践的成功经验。

五、地理信息技术在地下空间开发管理中的应用

城市地下空间的开发利用离不开已有城市地下空间信息的支撑，建设城市地下空间信息共享平台是提高城市地下空间资源规划、开发和管理水平的必要手段。城市地下空间地理信息技术的发展，借助于地下空间地理信息技术实现地层、地下管线、地下构筑物、地下水资源等地下空间对象的可视化和信息化，已在城市基础设施的规划、管理、勘察、设计、施工，地下空间立法以及地下水资源管理等方面发挥巨大作用。

“两岸四地”各城市纷纷通过城市地下空间信息化建设整合已有地下空间信息资源，建立分布式地下空间数据库与信息共享平台；通过元数据目录服务和数据服务，为地下空间信息消费者提供信息服务。

台湾省台北县的道路暨地下管线信息建置计划是以实务工作流程出发，期望透过系统与制度化的设计，促使管线数据库的正确性及可信度能逐步提升，最后达到持续运营，并提供真正具有参考价值的正确管线数据为目标。期望透过实务执行的过程与结果，能减少后续管线数据库建设单位的阻力与忧虑，使管线申挖管理与管线数据库的运作能延续并成为常态业务。台北县和逢甲大学合作，历经6年，从一开始的进度管控与数据质量管理作业，到二、三期导入国际项目管理组织PMI的项目管理技术PMP，结合项目需求调整管理执行模式与流程，有效建设管理“台北县道路信息暨地下管线管理数据库”。其执行与成果经验成为台湾地方政府与其他县市政府的推动方向，同时也提供县府执行经验作为相关政策推动的参考。

澳门规划署同样利用GIS系统来进行大众运输系统服务空间分析。以澳门轻轨第一、二期为例，轻轨的发展能否给市民带来一个良好的公共交通环境，从而舒缓澳门的交通问题，进而解决长远的交通问题？澳门特别行政区政府于2006年公布了一项新的大众运输系统工

程：以兴建架空的公共运输系统来缓和现时路面上的交通挤拥情况。现时建设工程计划将会分成二期进行：第一期的轻轨将会由澳门半岛以南沿岸延伸至凼仔及路凼城，第二期则由澳门半岛以西延伸至南区并与第一期相互交接。然而，此项影响深远的大众运输系统计划能否解决现存的交通困境？澳门规划署利用城市地理资讯系统，通过数据及空间分析，利用 Arc Map 9.2 软件，透过加入研究对象目的地位置的分布，数据包括坐落于澳门、凼仔及路凼城的所有学校、酒店、赌场及公共机构等。数据加载后，把各公共汽车站点及轻轨站点位置以缓冲分析方法将各站位置的服务区划出，最后再以图层互相套叠作对比，从而找出公共汽车与第一期的轻轨服务的覆盖范围，作为政府执行政策方面的参考。

广州市地下管线信息系统（GUPIS，Guangzhou Underground Pipelines Information System）从 1997 年全面投入运行至今已有十多年，荣获 1999 年度国家建设部科技进步一等奖。到 2008 年底，广州地下管线建库量完成了现状综合管线长度 2 万公里，覆盖面积 560 平方公里，1:500 综合管线图181 760幅。现运行地下管线信息系统数据库选用 Oracle9i，空间数据引擎选用 ESRI 公司的 ArcSDE，空间数据模型使用了 Geodatabase 数据模型，包括综合应用子系统、工程入库子系统和打印出图子系统三大子系统。地下管线数据库主要由地下管线数据和辅助数据组成，其中地下管线数据主要包括给水、排水、煤气、电力、电信、工业、热力、综合管沟等管线类型，主要是为各类管线规划许可、验收等管理提供数据参考，辅助管线规划建设。

六、地理信息技术在台湾人文社会科学的应用

城市地理资讯系统近十几年来得到迅猛发展，在军事、城乡规划、交通、地质、测绘和环保、救灾等领域日益得到广泛的应用。但近年来有愈来愈多的人文学科领域运用 GIS 进行研究。

台湾省“中央研究院”计算中心信息人员运用普遍可取得的数据库来进行基本的 GIS 功能和数据类型的运算处理，并且借由网络互通方式即可以在网页中呈现地理信息的功能。构成殷周青铜器城市地理资讯系统即历史 WebGIS 研究平台，成为为该研究院的主题计划成果之一。

台湾省中央警察大学的警察政策研究所研究人员研究发现，犯罪发生与地理空间有极大的相关性，通过运用城市地理资讯系统在犯罪制图领域来探讨犯罪地理空间理论，说明犯罪制图的做法与预防犯罪的作用，对犯罪预测、犯罪制图及犯罪预防有着积极的参考价值。

台湾省高雄师范大学地理系研究尝试以量化方法针对台湾近 20 年（1980～2008）女性在各级民选公职参与表现进行探讨，将参与数据以 ArcGIS 软件绘图输出，并透过可视化呈现、空间探索分析、空间回归三个层面进行台湾女性政治权力发展的空间分析并得出结论：台湾省女性政治权力发展逐年成长，至 2008 年已属于国际上领先团体。台湾省内区域的女性政治权力发展，在非单一名额选举上成长较显著，而 1998 年是成长的关键年。整体观察，台湾女性政治权力发展，北部以北基都会区为首，南部则以嘉义县市表现较突出，而中南部

的成长率较高。台湾女性政治权力发展的空间成分与邻近效应影响并不显著。但在空间成分相关分析所得到的有限信息下，归纳出女性政治权力发展在都市地区有着较多的机会。

目前，台湾还积极运用GIS系统在社会经济领域、医学、教育等等人文研究，并取得一定成果。

当今，地理资讯系统技术已经发展到了一个新的阶段，信息资源的网络整合与服务将是地理资讯系统建设的发展潮流。大陆各城市在GIS科技研发及电子政务方面，投入大，并取得了相当好的建设成果；台湾在管线管理、政务改造、抗震救灾、民间应用方面相当成功，非常值得借鉴。

城市地理资讯系统建设是涉及全局性的城市可持续发展系统工程，它的建设是城市经济社会进步的显著标志，它将有力地促进与城市各行各业信息化的快速发展，并辐射到社会经济的各个方面，所产生的社会经济效益无法估量。海峡“两岸四地”城市地理资讯论坛是当今城市地理资讯系统技术高水平学术会议，汇集海峡两岸各界重要都市城市地理资讯系统研究成果与宝贵经验，共同为都市发展不同单位的协同与应用、土地整合系统与组织政策、环境资源（水、土、林）管理运用等跨组织管理政策、系统发展等主要议题，相互讨论、切磋，规划出永续都市的新蓝图，对今后各城市地理资讯系统建设与发展起着良好的促进作用。

（作者：胡海，海峡两岸UGIS学术论坛秘书处，广州市城市规划自动化中心工程师）

参考文献：

1. 白璧玲．运用历史地图建置WebGIS整合平台之于研究推展
2. 邓兆星．应用工作流程和城市地理资讯系统处理规划申请之分享
3. 邓志松．GIS经社数据库的推广与应用：中国经社指针数据库建置计划
4. 侯伟等．三维仿真技术在重庆市规划管理中的应用研究
5. 黄永胜等．基于SOA构筑深圳地理信息共享服务
6. 李时锦等．基于SOA架构空间信息整合和共享
7. 梁伟銮．大众运输系统服务空间分析——以澳门轻轨第一、二期为例
8. 林峰田等．地景模拟技术之应用与公私合作可行性评估——以台北市政府为例
9. 林正恭等．河川管理新思维整合SOA及web2.0概念应用于e河川网站建置
10. 王一如．基于WebGIS的上海公路公众出行服务系统
11. 张瑞玲．台湾女性政治权力地图之空间分析
12. 周岚等．基于3S的历史文化资源普查与利用全过程数字技术研究

低碳城市发展与规划管理

一、低碳经济：可持续发展的低碳城市

“低碳经济”是以低能耗、低污染、低排放为基础的经济模式，是人类社会继农业文明、工业文明之后的又一次重大进步。“低碳经济”这一概念自2003年英国政府能源白皮书首次提出以来，正成为欧盟、日本、美国等应对气候变化挑战、保障未来能源安全的重要路径，也成为世界主要经济体抢占未来经济制高点的重要战略选择。2007年9月，中国国家主席胡锦涛在亚太经合组织（APEC）第15次领导人会议上，本着对人类、对未来高度负责的态度，郑重提出“发展低碳经济”，令世人瞩目。2009年12月在丹麦首都哥本哈根召开《联合国气候变化框架公约》缔约方第15次会议，温家宝总理提出我国减缓温室气体排放的目标，到2020年，单位国内生产总值二氧化碳排放比2005年下降40%～45%。

在全球应对气候变化和能源安全的背景下，低碳经济和低碳城市的概念应运而生。其核心为降低能源消耗、减少二氧化碳排放，揭示低碳经济是世界发展的趋势，低碳城市是低碳经济发展的必然过程。因此低碳城市就是通过在城市发展低碳经济，创新低碳技术，改变生活方式，最大限度减少城市的温室气体排放，彻底摆脱以往大量生产、大量消费和大量废弃的社会经济运行模式，形成结构优化、循环利用、节能高效的经济体系，形成健康、节约、低碳的生活方式和消费模式，最终实现城市的清洁发展、高效发展、低碳发展和可持续发展。

二、低碳城市发展与规划框架

（一）低碳城市发展

目前，我国低碳城市发展理论探索主要集中在低碳城市发展目标、模式、策略、路径、指标体系以及与城市规划的结合等方面。其中低碳城市发展目标是首要的，有专家呼吁，为应对低碳经济革命，“低碳城市”应纳入国家战略。中国社会科学院2009年在京发布《城市蓝皮书：中国城市发展报告（NO.2）》认为，低碳城市是可持续发展的必然选择。低碳

发展是中国在城市化进程中控制温室气体排放的必然选择；有效利用能源是低碳城市建设的核心内容；制定实施中国城市的低碳发展战略，加强城市公共治理力度，促进城市可持续发展，是低碳城市建设的发展方向。这就要求城市进行科学的城市规划，高效利用土地和能源，实现工业布局低碳化、循环化，构建绿色交通体系，发展绿色建筑，倡导绿色消费，尽快建立量化的低碳城市评价指标体系，指导低碳城市发展。

1. 低碳城市发展目标

在全球气候变化的影响下，城市发展的低碳排放成为关注的热点，发达国家与发展中国家就低碳排放的主要责任分歧严重，争执的焦点就是碳减排放量的分配。因此，针对低碳城市建设目标而言，低碳排放定量指标是其核心内容；而就其具体目标而言，可以进行目标分解。如上海市提出城市未来低碳发展目标应该包括城市低碳发展总体战略目标，建筑、生产及交通发展的分项目标，可再生能源利用及碳捕捉目标（陈飞、诸大建，2009）。也有专家学者认为低碳城市应与生态城市相结合，提出建设低碳生态城的发展目标。（仇保兴，2009；孟菲、杨富强，2009）

2. 低碳城市发展模式

在低碳城市发展模式方面，戴亦欣着重讨论建设低碳城市所必需的治理模式和制度建设模式，提出了基于城市历史传承和社会经济发展特点的政府、市场、公民三方协作互动模型。从经济、社会、能源与技术的角度认为低碳城市的发展路径有：基底低碳——能源发展低碳化、结构低碳——经济发展的低碳化、方式低碳——社会发展的低碳化、支撑低碳——技术发展的低碳化（付允、汪云林等，2008）。仇保兴在建设低碳生态城的发展目标基础上，认为低碳生态城是以低能耗、低污染、低排放为标志的节能、环保型城市，是一种在生态环境综合平衡制约下的全新城市发展模式。同时指出从城市规划建设角度，至少可将低碳城市定义为低碳机动化城市交通模式、绿色建筑、低冲击开发模式与规划建设生态城市的四重奏。要求城市规划方式从过去的重空间物质规划转向物质与生态协调共轭的规划。辛章平、张银太认为低碳城市的构建途径包括：新能源技术应用、清洁技术应用、绿色规划、绿色建筑和低碳消费。还有一些学者从气候变化、城市化、城市资源环境保障、低碳金融支撑体系、森林碳汇、工业行业碳生产率和能源碳排放系数等角度对低碳城市的构建进行了探索。

3. 我国低碳城市建设实践

在低碳城市建设实践上，全国已有保定、上海、贵阳、杭州、德州、无锡、吉林、珠海、南昌、厦门等多个城市提出了建设低碳城市的构想，还有不少城市正在加入打造低碳城市名片的行列。世界自然基金会在中国选定了5个城市探索低碳发展的示范项目，分别是：上海生态建筑的示范城市，广州可持续交通的示范城市，攀枝花生物柴油发展之城，伊春生态保护低能耗发展之城，保定新能源制造业之城。但一些城市低碳城市建设开展尚存在盲目现象，我国低碳城市建设需防“大跃进”现象。

（二）低碳城市规划框架

从低碳经济发展来看，低碳城市是实现城市可持续发展的必要路径。比较低碳城市发展目标、模式以及与城市规划的结合来看，我国低碳城市实践有很大局限性，但低碳城市的概念已渐入人心，对低碳城市的认识也在不断深入，与城市规划的结合还处在概念设想的阶段。

1. 低碳规划综合决策框架

叶祖达提出以低碳经济为发展目标的城市规划综合决策框架，分为五个阶段：①城市发展远景和减排目标——排放审计及减排放目标；②城市发展战略及政策——城市低碳政策；③土地利用/总体规划可——能源资源管理规划，详细规划及规划许可——低碳土地分区控制指标与规划许可；④城市设计及绿色建筑设计——城市/建筑设计导则认证；⑤监控和持续研究——碳数据监控气候变化研究。每个阶段决策过程中都加入的“无碳化”考虑，这五个阶段同时也代表了在城市规划中由宏观的远景政策，到中观的总体土地和建设规划，及微观的详细规划、规划许可管理和监控等步骤。

2. 低碳城市空间规划

潘海啸、汤锡等基于低碳排放的发展观出发，提出了中国“低碳城市”的空间规划策略。从区域规划、城市总体规划和详细规划三个层次分析了规划编制方法和技术标准，结合实例指出城市空间规划中普遍存在的问题，并在城市交通与土地使用、密度控制和功能混合方面提出改进规划编制的建议。

3. 低碳城市规划框架构建

从上述低碳城市规划框架的设想中可以看出，低碳城市规划框架的构建主要从区域、城市、社区、单体及实施监控等方面入手，包括区域低碳愿景/目标与策略、低碳城市总体（专项）规划、低碳社区（详细）规划、场地与建筑低碳设计、低碳实施与监控五大方面。

（1）区域低碳愿景/目标与策略。从区域层面制定碳减排放目标、土地利用与交通战略、低碳产业战略、能源供应战略、城市/社区能源政策等。

（2）低碳城市总体（专项）规划。以区域低碳为目标，制定城市碳减排放目标、土地利用与交通出行模式、低碳产业发展、能源利用结构与供应方式等。

（3）低碳社区（详细）规划。由社区规划推动，制定本地区整体的低碳社区规划，包括低碳排放目标、土地混合利用、多样化交通选择、低碳产业发展、区域能源共享、能源供应方式的多样选择等。

（4）场地与建筑低碳设计。主要由业主推动，进行景观美化、建筑节能、节水、节材、增加采光和利用太阳能供热制冷、建筑用途多样化、建筑能源供应的多样化、增加自行车/步行路径和绿化等。

（5）低碳实施与监控。通过对低碳排放量的监测、跟踪管理，了解低碳规划实施的效率，反馈至修改方案中。

三、低碳社区能源规划与管理

作为实施低碳城市发展的主要载体，低碳社区主要是从全球气候变化的影响和减少碳排放的国家能源政策目标出发，努力发挥地方政府在节能应用中先锋作用，大多采取以低碳化节能示范性项目为先导进行社区节能实践。低碳社区在建造时一般需遵守10项原则：零碳、零废弃物、可持续性交通、可持续性和当地材料、本地食品、水低耗、动物和植物保护、文化遗产保护、公平贸易以及快乐健康的生活方式。

（一）低碳社区能源规划框架与流程

1. 低碳社区能源规划框架

为了促进低碳社区的发展，低碳社区能源规划框架主要由发展设想与战略、建立规划机制两大部分组成（如图1）。从社区能源的发展设想与战略来看，将城市划分为六大区域：城市中心区、中心边缘区、内城区、工业区、郊区和乡村地区。针对每个区域，制定社区能源发展的中远期规划方案和确定能源规划组合资源配置方式。其中，后者主要关注城市特征区域、新旧建筑类型比例、能源密度的大小，对不同的区域制定不同的中远期社区能源利用规划方案。如乡村地区能源利用大多忽略建筑、场地、区或镇等边界的影响，能源规划从整个乡村地区来考虑资源的配置方式，重视自然能源和可再生能源的利用。社区能源规划在发展设想与战略的基础上，建立规划机制，确立规划的范围和定位，构建社区发展的框架。建立规划机制的目的是实施低碳化能源规划的战略，因此，首先应明确社区能源规划的范围和定位，城市主要从区域、次区域、地区三个层面来界定社区能源规划的范围和定位，整合国家、城市、地区相关的能源发展战略，构建社区能源发展的框架。

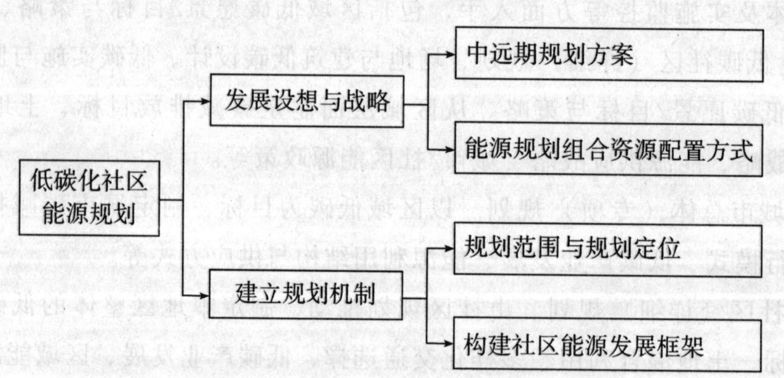

图1 低碳化社区能源规划框架

2. 低碳社区能源规划流程

低碳社区能源规划是在评估社区已有能源利用和温室气体排放的基础上，针对减少能源消费和排放，提高能源利用效率，并增加地方可再生能源的供给。这项规划内容包括土地利用和交通规划、建筑和场地规划、基础设施建设（包括固体和液体废物的管理）和可再生能源的供给。在低碳社区能源规划思路上，大多采用减少能源需求、再利用废热、更新热力资源、更新电力能源的原则：①减少能源需求，通过社区设计、绿色建筑和高效的节能技术；②再利用废热，为建筑供热和提供热水，比如工业或商业废热、污水和废水热能回收；③更新热力资源，为建筑供热和提供热水，例如太阳热能和地热能；④更新电力能源，例如生物能包括热力、电力、微水电、氢气、风、潮汐、太阳能、地热。

其规划成果框架大多由规划简介、社区共识、规划评估、目标设定、行动计划、实施与监督、资金与资源七大部分组成。从低碳社区能源规划过程来看，可以采用以下步骤：

（1）组建规划团队

依靠有关的政策规定，确定低碳社区能源规划的领导方、组织方和技术顾问委员会，成员通过选举和推荐产生，可以来自于政府部门以外，以平衡社区各方利益。

（2）阐明低碳社区能源目标

社区低碳目标主要参考上层次的宏观规划目标，通常明确地来自于区域规划、城市政府相关规划，通过比较这些目标能帮助制定相应的低碳能源战略去达到这些目标，在已有目标条件的基础上制定更为明确的能源目标。

（3）提出低碳社区能源愿景

找出区域、社区或邻里能源使用价格，从哪里来，花费多少，如何影响城市和区域环境。可以通常有精密的计算，但是也能做很粗略的计算，精确的测度不是最重要的，目标是让社区居民对社区能源利用的低碳模式共同的影响有着广泛的理解。

（4）为社区提供能源服务信息

了解目前能源服务的花费，宣传一个可替代能源方法的好处。确信挑选政府所理解的如何使能源利用与低碳相联系，正视能源利用的问题，建立发展低碳能源为处理其他规划问题而得到发展的公众参与和教育计划。

（5）指出低碳能源机遇

让所有社区团体参与到规划制定过程中去，可能包括能源和市政部门、大的能源使用者、小商品代表、居民团体、土地和建设开发商、能源服务公司、设备和器械商、上一级政府机构等。借鉴别的社区低碳概念的成功之处，细分低碳能源利用的类别和指出低碳能源利用的机遇。

（6）低碳规划方案设计

做几个可选方案进行评估和比较。低碳能源规划是区域规划、城市规划、住区详细规划、场地设计的一部分，可以设想一些可替代的方案或情景，这些已有的方案能够与能源推断方案进行比较，修正能源战略，去创造新的和更好的替代方案。

（7）评估和选择最佳方案

依靠社区目标评估可替代的能源方案或发展情景，制定低碳能源利用的模型。在经济、环境甚至是一些社会目标选择上，哪一个情景执行了，这都是相对容易的和将导致大量的推断，众多可选择方案能够进行比较和排序。

（8）制定行动计划

分配资源去实施首选的方案，包括一个面向公众行动计划的交流方案。在方案完成后，依靠社会舆论造声势立刻实施简单的、关注度高的项目。

（9）监测结果

针对目标估量进展，树立目标和分配责任以达到规划目标。需要决定监测频率，一些检测容易每年被追踪，而其他的需要更加努力进行数据搜集和每三到五年能被监测。使用监测结果去识别哪一个战略起作用，哪一个战略没有起作用。如果有必要，可以使用这些信息去修改行动计划，找到解决方法，反馈到社区低碳规划方案制订中去。

（二）低碳社区能源规划管理

1. 低碳社区能源规划管理模式

从低碳社区的管理模式来看，主要包括责任式、参与式、合同式三种能源管理模式。其中责任式能源管理模在管理主体方面包括国家、省、地方、社区、公用工程、消费者和市场等，通过对建筑、交通、土地利用、能源供应等四个方面来的社区能源的管理，具体到社区实施层面可以包括参与式、合同式能源管理两种方式。

①责任式能源管理

按照行政级别和地理区位的不同，可将管理主体划分为国家、省、地方、社区、公用工程、消费者和市场等。从能源利用类别可分为建筑、交通、土地利用、能源供应四大方面。采用的管理方式是从明确管理主体、分类别进行针对性管理，从垂直的管理架构来统筹各项能源利用的效应，实现对能源的低碳利用和管理。

②参与式能源管理

在低碳社区能源规划过程中，明确社区居民为社区能源管理主体，由社区成立能源管理机构，倡导社区居民参与规划过程，通过低碳化能源利用的宣传，提高社区居民的低碳意识。

③合同式能源管理

合同式能源管理是一种基于“合同能源管理”机制运作的、以赢利为直接目的的专业化公司。节能服务公司与愿意进行节能改造的客户签订节能服务合同，向客户提供能源效率审计、节能项目设计、原材料和设备采购、施工、培训、运行维护、节能量监测等一条龙综合性服务，并通过与客户分享项目实施后产生的节能效益来赢利和滚动发展。

2. 低碳社区能源规划管理指引

低碳社区能源规划主要通过提高建筑能源利用效率，增加交通节能，鼓励土地利用规划节能，多样化供应能源，能源教育和吸引居民和商业业主介入，明确社区能源规划目标。从低碳社区能源信息收集、规划、管理、执行等方面进行持续能源管理的改良，制定低碳社区能源管理指引。其管理指引与规划过程相衔接，大致可分为七大方面：

①对持续改良作出承诺。包括任命能源管理者、成立能源团队、颁布能源政策等。

②评定性能。包括收集和跟踪资料，建立基本标准，分析资料，管理技术估价和审计。

③树立目标。明确规划范围，确定能源潜在的增长点。

④制定行动计划。定义技术阶段与目标、确定作用和办法。

⑤实施行动计划。制定一个交流规划、提高认识、提升能力、激励、追踪和监测。

⑥估计进展。预测结果，评估行动计划。

⑦取得成效。从社区内部到外部取得认可。

通过低碳社区组织管理资源，成立能源管理机构，建立能源政策，安装能源检测和报告系统，实施公共参与和居民培训计划，进行管理能源审计，基于审计准备行动计划和实施行动，同时有规律地发布检测结果、年度评估、反馈，使整个低碳社区能源管理过程和社区能源规划、实施、反馈实现良性互动，共同推进低碳社区能源的持续发展。

四、中国低碳城市与低碳社区发展的未来构想

气候变化是国际社会普遍关心的重大全球性问题。城市在未来的区域和国家的经济社会发展中将扮演重要角色，在应对气候变化、转变发展方式的过程中，低碳城市的建设是核心所在。而低碳社区作为低碳城市实践的主要载体，其重要性不言而喻。因此，低碳城市、低碳社区作为21世纪城市可持续发展的理想范式，在上海、北京、保定等城市率先试点，低碳城市、低碳社区建设的示范效应正逐步显现。对于未来，低碳城市、低碳社区发展主要有以下几个方面：

1. 低碳产业发展

产业发展是城市发展的基础和支柱，产业结构体系的调整、优化和升级是转变城市经济增长方式、实现城市可持续发展的根本保障。按照技术密集程度高、产品附加值高和能耗少、水耗少、排污少、运量少、占地少的原则，重点发展高新技术产业，促进第二产业“高加工度化”；发展再生资源产业和环保产业，大力提高第三产业比重。

2. 多样化的低碳能源利用

将国家能源消费结构的变化与城市燃料供应的改善紧密结合起来，扩大石油和天然气消费，最大限度地提高各类城市的气化水平和高质量燃料供应。注重新一代纤维素乙醇和氢燃料等车用燃料生产技术，清洁煤、核能、太阳能和风能等先进发电技术，先进节能技术，碳捕获和封存，可再生能源等新技术的研究与开发。

3. 低碳交通方式

交通是我国国民经济的基础产业部门之一，是社会经济活动中物流和客流的纽带，也是我国的石油消费大户。因此，需要实施紧凑型城市空间规划，以减少交通需求量；优先发展城市公共交通，构建合理的交通结构；推进城市轨道交通建设，发展大运量的快速公交系统；加大交通科技研发力度，提高清洁能源比重等。

4. 绿色建筑

绿色建筑倡导节能、节地、节水、节材和环境保护，既是对建筑节能的有力带动，也是引领建筑技术发展的重要载体，同时也是调整建筑业产业结构、提高人民群众居住质量水平、促进两型社会建设的重要举措。因此，要大力推进大型公共建筑节能改造，实施城镇民

用供暖节能改造，打造绿色新建公共建筑和住宅新模式和兴建光伏民宅社区工程等。

5. 居民低碳消费理念

已有的研究结果表明：CO_2 减排的有效方式包括居民消费理念的转变，即由奢侈型消费向节约型消费转变。基于此，民众要改变以往高消费、高浪费的生活方式，倡导文明理性消费、绿色生活模式及促进家用技术革新，实现城市低碳发展。

6. 低碳技术发展

低碳技术是实现中国低碳发展的核心，是提升未来核心竞争力的关键。为获得低碳技术，一方面，可以通过清洁发展机制（CDM）引进发达国家的成熟技术；另一方面，通过原始创新和集成创新，重点攻关中短期内可以获得较大效益的低碳技术，尤其针对提高重化工行业能耗的新技术。

（作者：艾勇军，广州市城市规划勘测设计研究院工程师；肖荣波，广州市城市规划勘测设计研究院规划研究中心副主任，高级工程师）

参考文献：

1. Community Energy-Urban Planning For A Low Carbon Future，TCPA & CHPA 2008
2. Guidelines for Energy Management Overview，ENERGY STAR
3. Tool Kit for Community Energy Planning in British Columbia，Community Energy Association
4. 陈飞，诸大建．低碳城市研究的内涵、模型与目标策略确定．城市规划学刊，2009 年第 4 期
5. 仇保兴．从绿色建筑到低碳生态城．城市发展研究，2009 年第 7 期
6. 仇保兴．我国低碳生态城发展的总体思路．建设科技，2009 年第 15 期
7. 戴亦欣．中国低碳城市发展的必要性和治理模式分析．中国人口、资源与环境，2009 年第 19 卷第 3 期
8. 发展低碳经济将成为未来城市建设新趋势．今日南国，2009 年第 13 期
9. 付允，汪云林，李丁．低碳城市的发展路径研究．科学对社会的影响，2008 年第 2 期
10. 顾朝林，谭纵波，刘宛．低碳城市规划：寻求低碳化发展．建设科技，2009 年第 15 期
11. 顾朝林，谭纵波等．气候变化、碳排放与低碳城市规划研究进展．城市规划学刊，2009 年第 3 期
12. 蔺雪峰．中新天津生态城：低碳发展新模式．建设科技，2009 年第 15 期
13. 刘志林，戴亦欣，董长贵，齐晔．低碳城市理念与国际经验．城市发展研究，2009 年第 6 期
14. 孟菲，杨富强．低碳发展：中国城市发展的主轴．建设科技，2009 年第 15 期
15. 潘海啸，汤锡，吴锦瑜，卢源，张仰斐．中国“低碳城市”的空间规划策略．城市规划学刊，2008 年第 6 期
16. 王文静，周云旭．零碳城市相关理论研究．山西建筑，2009 年第 35 卷第 22 期
17. 辛章平，张银太．低碳经济与低碳城市．城市发展研究，2008 年第 4 期，98～102
18. 叶祖达．城市规划：从“碳足迹”开始．建设科技，2009 年第 15 期
19. 叶祖达．城市规划管理体制如何应对全球气候变化？．城市规划，2009 年第 9 期

20. 叶祖达．建设低碳城市：城市规划管理的盲点？．香港规划师学会原会长、ARUP 奥雅纳咨询顾问——规划发展总监
21. 殷耀．“低碳城市”应纳入国家战略．瞭望，2009 年第 35 期
22. 张芳，郭艳丽，丁海军．低碳城市建设中的金融支撑体系研究初探．生态经济，2008 年第 8 期
23. 赵继龙，李冬．零碳城市理念及设计策略分析．商场现代化，2009 年第 16 期
24. 朱守先．城市低碳发展水平及潜力比较分析．开放导报，2009 年第 4 期

案例篇

面向知识经济时代的广州知识城规划

一、"知识城市"战略成为全球共识

1973年美国学者Daniel. Bell在其著作《后工业社会的来临》中指出，今后的社会将是围绕知识经济组织起来的社会。1996年OECD在《The Knowledge-based Economy》报告中首次提出了"知识经济"的概念，人类社会步入知识经济时代形成广泛认同[1-4]。在这一框架下，"知识城市"或"基于知识的城市"这一全新议题日益成为社会关注的热点。

"知识城市"发展的源头可以追溯到1980年，基于政府、企业、学术机构间的技术合作，形成了具有重要影响的若干技术创新极核。卡斯特尔（Castells）和霍尔（Hall）1994年的研究发现，在大都市边缘地区出现了一些领导世界新技术潮流的知识集聚区，如波士顿128号公路、北卡罗科研三角区、日本筑波科学城、伦敦M4走廊等[5]。

进入21世纪，有关"知识城市"的内涵界定、核心理论逐渐变得清晰。"知识城市"的核心理念可概括为：在知识经济和社会发展背景下，从战略上超越传统工业社会城市发展模式，有目的地鼓励市民平等学习与分享知识[7-8]，通过知识培育、技术创新、科学研究知识城市来提升创造力，从而减少物质消耗与污染，达到城市经济与社会特别是市民个人的协调发展[9]。见图1。

"知识城市"概念和理论提出近20年了，无论是学者还是政府管理人员对此都已达成了共识。目前世界上已有很多城市把目标集中在制定和实施21世纪"知识城市"的战略规划上，如澳大利亚墨尔本、墨西哥蒙特雷、美国纽约、德国法兰克福、荷兰阿姆斯特丹、丹麦Oresund地区以及波罗的海沿岸12个国家的城市，都制定了"知识城市"发展战略。

二、广州知识城的提出

（一）建设背景

21世纪是"知识化的全球社会"正逐步成为人类社会的共识，以知识及创意为主的经济，即知识经济正引领着世界发展的新潮。然而，知识经济在中国，即使是相对发达的广东

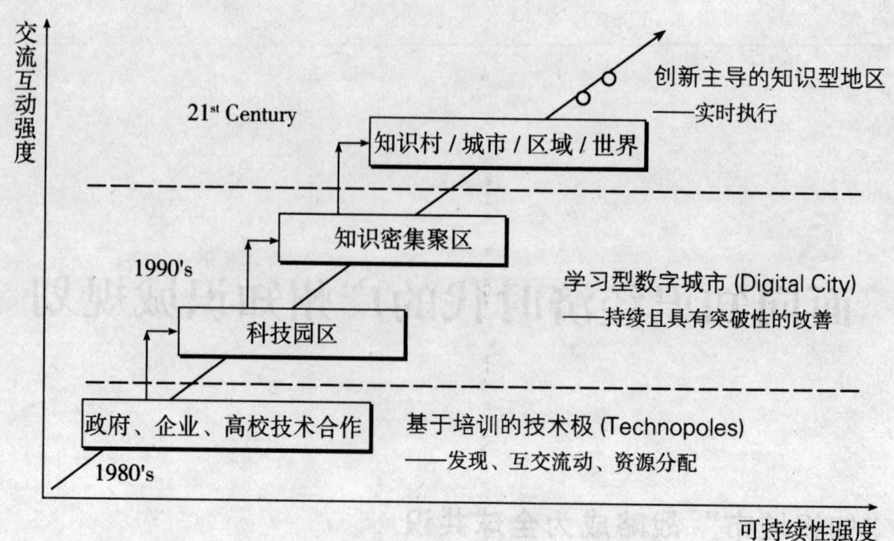

图1 知识城市概念的发展[6]

地区也还处于起步阶段。

经过改革开放后30年的高速发展，珠三角地区已经成为世界最重要的制造业基地之一，然而由于处在国际产业分工的低端环节，以加工贸易为主要特征的珠三角地区在全球经济危机中遭遇了前所未有的困难，发展亟待转型。在这一背景下，建设“知识型城市区域”逐渐成为政府和社会各界的共识，期望通过创新空间建设、高素质人才引进和高新产业培育，带动区域转型升级。

2008年9月，中共中央政治局委员、广东省委书记汪洋率广东代表团访问新加坡，双方达成了进一步加强双边在经贸领域合作的共识，同意在适当时候以适当方式在广东合作建设一个标志性的项目，使之对广东正在进行的产业转型升级起到积极导向作用。2009年3月，广州开发区与新加坡吉宝集团正式签署《关于合作建设“知识城”项目的备忘录》，广州知识城项目落户广州科学城北区，成为广州开发区“二次创业”的突破口和实现创新发展的战略高地。2009年4月，广州知识城被纳入国务院颁布的《珠江三角洲地区改革发展规划纲要》，属于国家、省重点建设项目。

（二）选址条件

广州知识城选址位于广州市东北部萝岗区九龙镇内，用地面积约123平方公里（其中可建设开发面积50~60平方公里）。该区东连增城市中新镇、东北靠从化市太平镇、西北临广州市白云区钟落潭镇，西部与广州市白云区相邻，南部边界为建设中的广河高速公路；距离白云国际机场约24公里，与广州中心城区和科学城的距离分别为约35公里、26公里，均在30分钟内可达。见图2。

广州知识城选址区域生态环境良好，是广州市域绿地系统的重要组成部分。东、西两侧分别毗邻福和山与帽峰山山麓，中间地势平缓、狭长分布，呈现出较为明显的枝状山谷地形。区内水网密布，主要水系包括平岗河、凤凰河两大水系和白汾水库、腰坑水库、新陂水

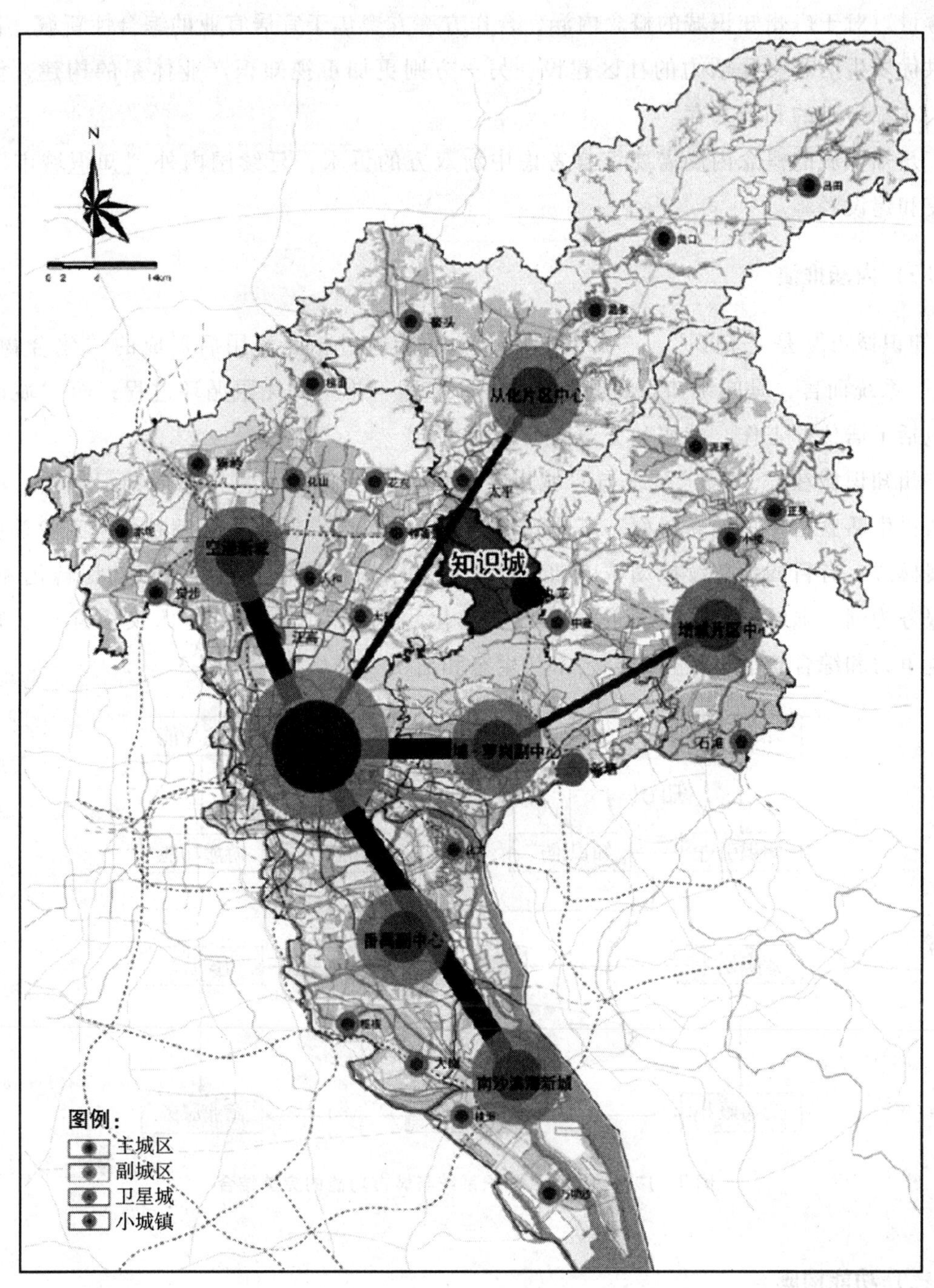

图2　广州知识城在广州市的区位

库、柯木窿水库、狮岭水库五大水库。

三、广州知识城内涵解读

广州知识城是继新加坡在中国投资的“苏州工业园”（第一代）、“天津生态城”（第二代）之后，提出的第三代新型综合性园区，除了注重产业和生态外，将注入更多的科技和知识含量。对于广州知识城的概念内涵，合作方一方聚焦于宜居宜业的综合性新城，特别注重提供优质生活和文化活力的社区建设；另一方则更加重视知识产业体系的构建，注重产业、人才和生态的和谐共存。

广州知识城的概念内涵需要综合考虑中新双方的诉求，延续国内外“知识城市”的理论研究和建设经验。

（一）内涵推演

“知识城市”是“知识”、“城市”两部分功能通过相互作用后形成的“化合物”。就“知识”系统而言，是围绕知识的创造—应用—实践—推广的无限循环过程；而“城市”系统则包括了居住、工作、游憩和交通四大基本功能。

广州知识城在“知识”系统与“城市”系统的相互作用下，将形成知识创造、应用与城市居民生活紧密相关的新局面。广州知识城是在知识经济背景下，超越传统工业社会的城市发展模式，有目的地持续推动城市知识链进程，以知识创造为核心，以知识转化和服务、生活服务为辅，强调城市的知识化、知识服务化、国际化、网络化、人文多样性、知识资本、竞争力和综合功能，是知识、艺术与生态和谐统一的城市。见图3。

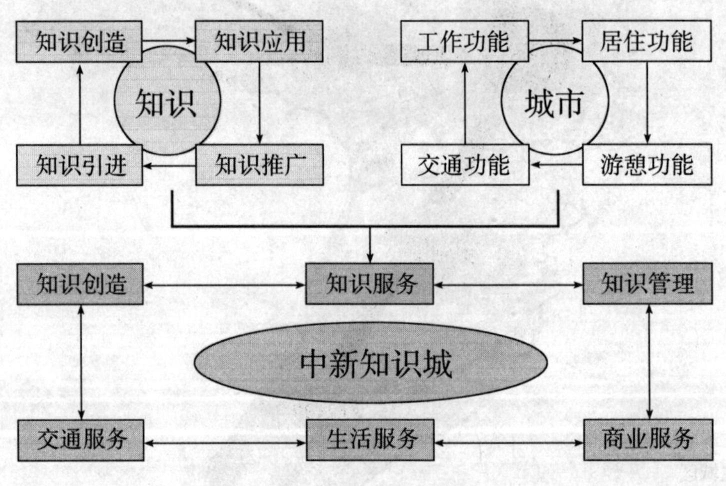

图3　广州知识城：知识系统与城市功能的完美结合

（二）功能构成

广州知识城是以知识创造、应用和传播为核心的城市，按照这一观点，可将其功能构成分为知识核心、服务外核、生活城域三个层面：

第一层面，知识核心是广州知识城形成世界级的科技研发，体现创新、研发知名度和世界影响力的最重要方面。其主体功能是知识创造，将集聚世界级知识型研发企业，体现知识的创造力和知识经济先导性，并通过研究机构合作，衍生知识创新副产品，体现知识创造和实践的催化功能。

第二层面，服务外核为广州知识城的知识转化、新产品推广提供专业性服务。主体功能包括知识服务、管理与商业化服务。其中，知识服务是借用数字网络，为“知识城”提供数据交换、搜索引擎、多媒体应用、在线服务、远程教育培训等；知识管理注重网络平台、企业信息系统平台、知识产权管理与交易平台的建设；而知识商业化服务则是通过银行、投资公司、保险公司、律师事务所、咨询公司、广告、代理代销商等机构实现知识商业化推广。

第三层面，生活城域为广州知识城提供生活配套，完善城市功能。其主体功能包括生产、生活、交通、游憩等城市核心功能。其中，生产功能是为“知识城”研发提供部分生产实践和推广；生活功能通过配套城市型生活设施，为研发人才和普通市民提供多元化居住；交通功能主要体现在快速交通、绿色交通等可持续发展的交通模式方面；游憩功能注重塑造“知识城”优美的环境和多样、健康的游憩设施。见图4。

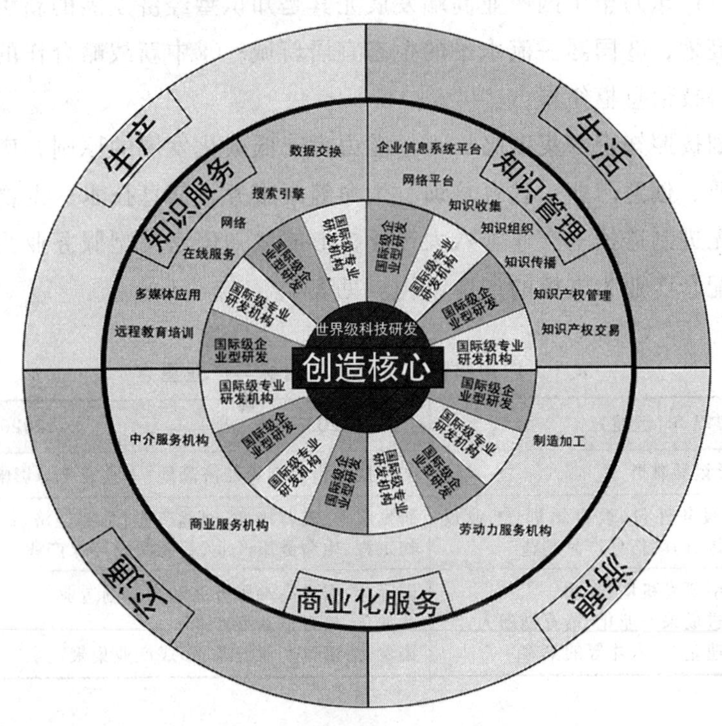

图4　广州知识城主体功能的三个层面

四、广州知识城规划概述

（一）工作阶段

1. 前期研究工作

广州知识城概念提出前后，广州市开发区已对该区域组织开展了一系列的规划研究，形成了《科学城北区概念规划》、《中新知识城产业发展规划》、《中新知识城项目可行性研究报告》、《知识城政策体系研究》等重要成果，并委托中国城市规划设计研究院开展了《中新知识城总体规划咨询》工作，包括知识城的概念及规划理念解析、知识城开发控制指标体系等20个研究专题。

2. 概念性总体规划

2009年8月，受广州市开发区委托，新加坡前国家总规划师刘太格先生领衔新加坡雅思柏设计事务所承担《知识城概念性总体规划研究》的编制工作。近半年来，中新双方规划工作组密切合作，在新加坡和广州开展了多次联合工作，形成了多个阶段的规划成果。

（二）概念规划的创新与特色

1. 突出知识型产业的主体地位

根据中新双方的共识，至2020年，广州知识城将初步建设成为世界知识经济高地：

①引领广州、广东乃至中国产业高端发展尤其是知识型经济发展的新引擎；②汇聚全球精英人才的人才高地；③国际一流水平的生态宜居新城；④中新战略合作的代表作品和杰出典范；⑤国际化科技信息枢纽城市。

基于此，规划按照知识密集度高、市场潜力大、低碳化发展的原则，广州知识城重点选择发展研发服务业、创意产业、教育培训、生命健康服务、信息技术、生物技术、新能源与节能环保技术、先进制造技术产业等八大产业，形成以知识密集型服务业为主导、高附加价值制造业和宜居配套产业为支撑的产业结构。见表1。

表1　广州知识城阶段发展目标与产业重点

	至2013年(近期)	至2020年(远期)	2020年后(远景)
发展目标	知识城建设粗具雏形	初步成为世界知识经济高地	具有全球影响力的知识经济高地
发展重点	研发服务、服务外包、教育培训、工业设计、数字媒体、高端信息产品制造	研发服务、教育培训、创意产业、总部经济、高端信息技术制造、生物工程、生命健康产业、新能源及环保产业	
路径选择	国际化:吸引研发机构、人才 产业化:推进成果产业化,培育创新人才 集聚化:加速企业、人才等的集聚	国际化:引进高端服务业和高端制造业 产业化:培育创新型产业 集聚化:培育产业链条,形成产业集聚	

2. 构建有利于创新的空间布局

结合自然特征，规划提出建立由三个新市镇组成多中心多等级的新城结构，北部新市镇发展新兴产业，中部新市镇打造成为整个“知识城”的中心，南部新市镇作为次中心。在新市镇内部，规划强调多种功能的混合，如交流中心、会展中心与商业中心等大型综合服务设施聚集，形成多样化的核心功能区；在社区层面，注重研发、教育、居住与社区服务功能的多样混合，打造有利于交流、创新的复合空间。

在广州知识城的总体结构和用地布局方面，将采用“产业用地大于商住用地，产业用地中研发等知识型产业用地大于制造业用地”的原则，总体产业和其他用地与居住用地比为7:3。产业用地中，科研类用地占50%以上，先进制造业用地占40%左右，突出广州知识城以知识经济为核心的建设理念。

3. 搭建“井”字型快速对外交通系统

作为信息敏感的城市地区，获取信息渠道便捷性以及对外交通的快速可达性（尤其是与机场、城市中心区的快速可达性）关系到广州知识城建设的成败。

规划在“知识城”内部构建“井”字型快速路网骨架，并以快速路网划分了三个新市镇，既保障了“知识城”与重点区域的快速交通联系，同时也减少过境交通对新市镇内部环境的影响。规划通过城市（际）轨道交通、高快速路构筑了与广州市中心区、空港、大学城等重要节点的快速通道，优化与珠三角城市的高快速道路及轨道交通联系，实现“知识城”与核心城市、信息枢纽的快速交流。通过“门户型”交通区位地位的提升，逐步建设成为广州东北部的城市副中心，并带动周边区域的发展。

4. 尊重自然的生态网络构建

广州知识城是广州东北部生态屏障与白云山绿心的重要联系通道，生态环境比较敏感；在知识城南北狭长的带状谷地中部，凤凰河、平岗河的分水岭是重要的生态保育和水源涵养区，同时也是维持地区生态系统平衡的重要生态廊道。规划注重生态环境保护和低碳城市的营造，尊重既有生态脉络，保留主要山体和水系等蓝绿基底；构建了两条各约500米宽的绿道，联系两侧山体，并可作为生物迁徙通道，保护区内生物的多样性；强调生态空间与产业、居住等空间的渗透，还突出了循环经济、节能减排等新技术的应用。见图5。

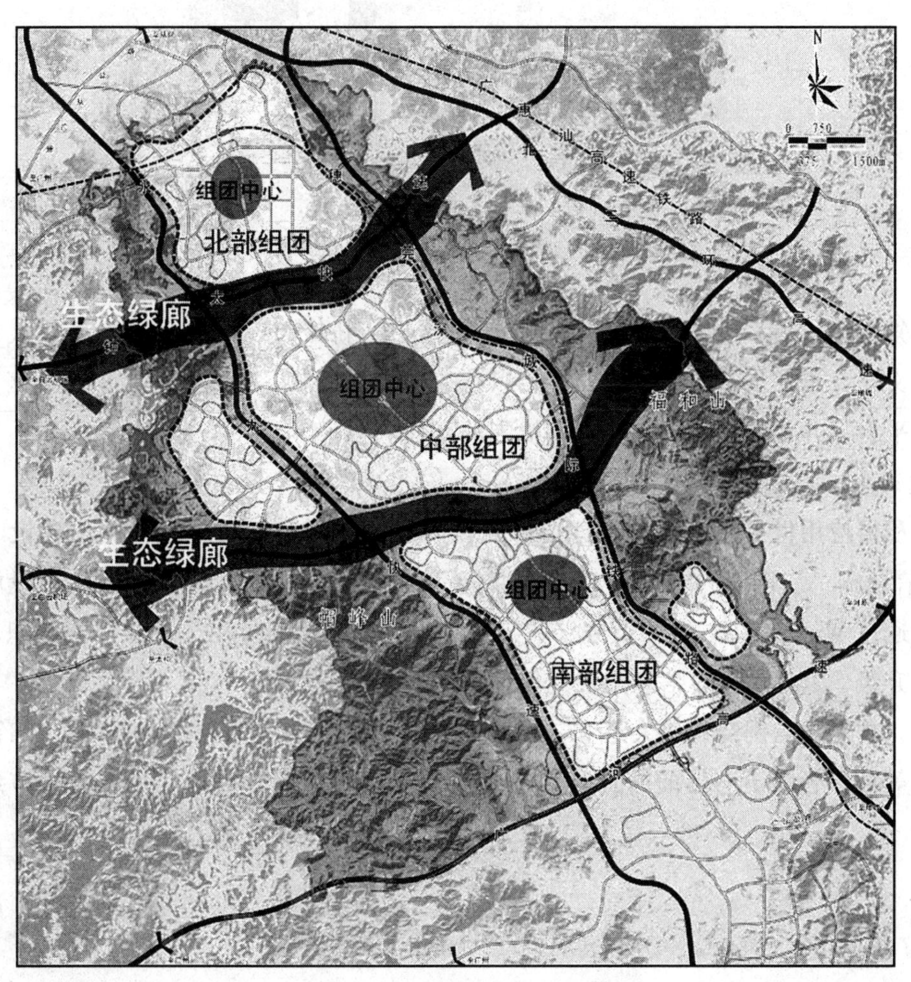

图5　广州知识城规划结构图

5. 着眼和谐共融的社会规划

广州知识城建设，首先要解决好12 000户原住民的拆迁安置问题。规划在充分尊重区内历史文化遗产基础上，提出了安置村民与城市居民按照35%:65%比例互融的理念，在加快村民融入城市生活的基础上，更加有利于新城建设中的社会和谐共融。此外，规划还研究制定了征地补偿策略，统筹解决征地、拆迁、安置、社保、就业等各方面的工作，并在首期征地拆迁工作正式启动后受到当地群众的积极响应。见图6。

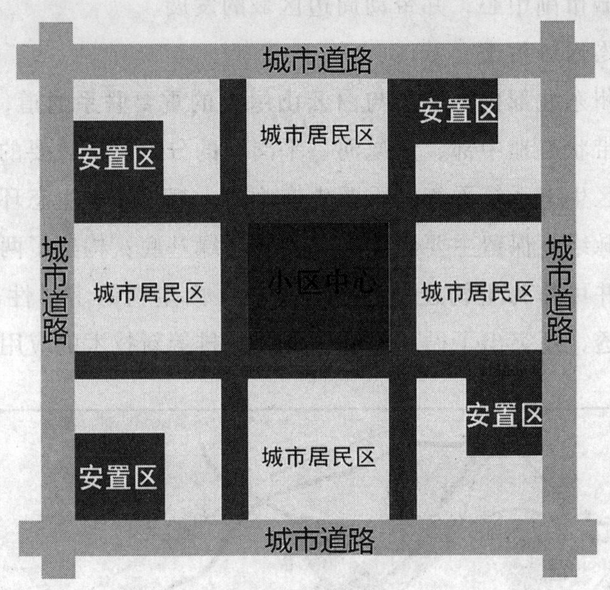

图6 广州知识城居民拆迁安置模式

广州知识城作为一个未来国际化的“宜居宜业”新城，规划充分考虑居住人口结构的复杂性、文化背景及生活习惯的差异性，以营造舒适、高效、有魅力的知识新社区，成为吸引人才的平台，并为促进市民消费提供恰当的场所。

6. 建设智能的基础设施网络

规划积极应用世界先进技术，打造智能化的居住社区和办公环境。提出建设“智能电网”、通信设施“三网（广播电视网、互联网、电信网）融合”等数字化基础设施建设理念，强调通过Wi-Fi、3G、电子商务、数字家庭等先进技术的应用，支撑广州知识城研发创新、技术升级、家庭生活对信息的快速便捷获取。

此外，规划重点围绕九龙大道和三个新市镇核心区，打造集电力、供水、供冷、电信、有线电视等各种管线于一体的综合管沟，实现地下空间的综合有效利用，大大节约了城市用地。

五、结语

在知识经济时代，随着新技术特别是信息技术的迅猛发展，一个国家或地区参与何种分工、在全球生产网络中处于何种层级，取决于其拥有的生产要素（特别是知识性要素）的水平，而不再取决于生产成本的高低（Sassen，2001）。从这个意义上讲，广州知识城建设将带动形成中国知识创新的新格局，提升珠三角地区在国际产业分工中的地位；同时，广州知识城建设是对新经济时代城市发展的全新探索，将对国内城市发展具有重要的示范意义。

广州知识城是中新合作建设的第三个重大项目，得到了中新两国有关部门以及广东省、广州市的高度重视。考虑到广州知识城项目的重要性和规划的探索性较强，在工作组织上，广州市开发区在规划编制前组织了多轮该区域的规划咨询，极大地保障了概念性总体规划成果的科学性、准确性。在规划编制过程中，中新双方工作人员多次共同工作、深入交流，为规划的圆满完成打下了坚实基础。本次规划的工作组织、工作方式等方面取得的经验也值得在后续工作中继续推广。

（作者：李红卫，广州开发区管委会副主任，萝岗区常务副区长；邓小兵，广州开发区管委会副总规划师，高级工程师；林敏，广州开发区城市规划信息编研中心主任）

参考文献：

1. Adams, M. & Cross, A. Towards a proposed Caribbean knowledge city: An investment destination for quality higher education. www. wikieducator. org
2. Bugliarello, G. Urban knowledge parks and economic and social development strategies [J]. Journal of urban planning and development, 1996, 122 (2): 33 ~ 45
3. Castells, M. & Hall, P. Technopoles of the world: The making of 21st century industrial complexes [M]. London Routledge, 1994
4. Kostas, E. et al. Knowledge Cities: The Future of Cities in the Knowledge-based Economy [J]. Innovations in Information Technology, 2007, 18 (2): 238 ~ 242
5. Kostas, E. et al. Towards knowledge cities: conceptual analysis and success stories [J]. Journal of Knowledge Management, 2004, 8 (5): 5 ~ 15
6. World Bank. World Development Report 2002: Building Institutions for Markets [M]. Washington, World Bank, 2001
7. 王东等．“知识城市”理论源流及评述［J］．中国技术管理与战略，2008，1（1）：51～59
8. 吴季松．21 世纪社会的新趋势：知识经济［M］．北京：北京科学技术出版社，1999
9. 赵民，杨晓光．知识经济与城市发展［J］．规划师，1999，15（1）：13～15

城市规划三维管理平台的建设与应用

一、背景

城市三维仿真技术应用于城市规划和城市建设，是近年来一项新的技术理论与方法。它能使人们置身在一个虚拟的三维环境中，用动态和交互式的方式浏览城市，更加直观地进行城市规划、管理和研究。在当前我国各地热烈开展的城市建设开发阶段，城市三维仿真技术在城市规划中的应用，对城市规划设计理念、城市规划技术方法、城市规划的实施与管理机制更是有着现实意义。建立规划设计方案的三维仿真实时浏览模型，可让人感觉到规划设计地段的未来面貌，并可以将规划方案与现状模型无缝结合，模拟出方案实施后的城市景观；同时还可以进行多视角和动态的城市设计分析及规划方案评价，为城市规划建设和管理决策提供比较传统方式更为直观、可靠和科学的技术手段。

国内自20世纪90年代后期开始投入城市三维仿真研究和应用，因为有利于工作，进展和推广顺利。城市建设和城市管理部门纷纷建立起Windows环境下的城市仿真软硬件平台，开展了一系列适合自身的城市仿真应用开发，并提出了一些城市三维模型框架结构和数据规范，利用自建自用的城市规划三维分析系统，开展了对城市有代表性的地段如广场、典型小区进行城市设计的辅助和效果表现，或是对一些文化遗址、公众活动场所及周边地区进行保护规划，直观的表象纷纷出现在政府的各类信息化网站上，成为政务公开和公众参与的一种良好手段。例如，起步较早的广州规划局在21世纪初所作的大学城数字仿真模型系统等项目的三维仿真建模和应用系统开发；2007年又开始了“数字详规”项目的建设，完成了全市范围7430多平方公里的大地形模型建设和外环路以内约260平方公里的精细模型的建设。这些工作的开展，积累了大量的三维基础数据和建设经验。2009年便以这些基础数据为基础，建设和开发了广州市城市规划三维管理平台，2010年1月在广州市规划局正式上线应用。国内许多城市如武汉、南京、重庆、常州等也纷纷建成城市三维管理平台，为城市规划、城市建设和旧城改造服务，效果都很好。

二、三维管理平台建设目标

以现有二维、三维空间信息数据资源库为基础，综合运用遥感、地理信息系统、视景仿真、数据库、网络及多媒体等技术，建成一个面向城市规划的三维可视信息平台。该三维可视信息平台主要包含城市现状三维模型、规划方案三维模型以及与此相关联的属性信息和规划指标信息。平台能模拟真实的地形地貌，能以三维可视的方式记录和呈现详细规划方案，预览城市形态的发展变化。在三维信息平台的基础上，针对城市规划编制的技术特点和城市规划管理的业务特点，在平台中还提供了一些辅助规划管理的功能，作为现状调查、方案设计、方案分析、方案审批以及领导决策等重要辅助手段，为城市土地与空间资源的规划管理、建设项目的规划管理提供专业的、更深一层的信息分析与服务。

三、三维管理平台总体设计

平台大多采用 B/S 三层体系结构，它将应用程序结构划分三层独立的包，包括用户表示层、业务逻辑层、数据访问层。其中将实现人机界面的所有表单和组件放在表示层，将所有业务规则和逻辑的实现封装在负责业务逻辑组件中，将所有和数据库的交互封装在数据访问组件中。业务层包括三维地图操作和二维地图操作的二次开发应用模块。其中平台的三维地图操作二次开发应用利用 Terra Explorer Pro 提供的二次开发接口和控件。其总体设计框图如下所示：

四、三维模型数据库的构建

数据是三维平台建设基础，也是平台的核心组成部分。以广州规划局的平台建设为例，城市规划三维管理平台的数据基础主要包括有地形影像和高程数据、三维模型数据、地下管线三维数据、二维 GIS 数据等。

1. 地形影像和高程数据

地形数据覆盖了广州全市范围 7430 平方公里。数据建设包括基础数据获取、地形数据制作两个过程。

地形数据有着质量好、处理效率高的特点。

• 数据质量高——地形数据采用最新的 ADS40 卫星影像，分辨率为 0.2 米，精度非常高；影像经过了严格的较正和色彩等方面的处理，和真实的情况基本一致。

• 数据处理效率高——整个地形数据数据量近 500G，在数据处理时采用了金字塔、缓存等十分有效的处理方法，用户在访问地形文件时反应效率很高。

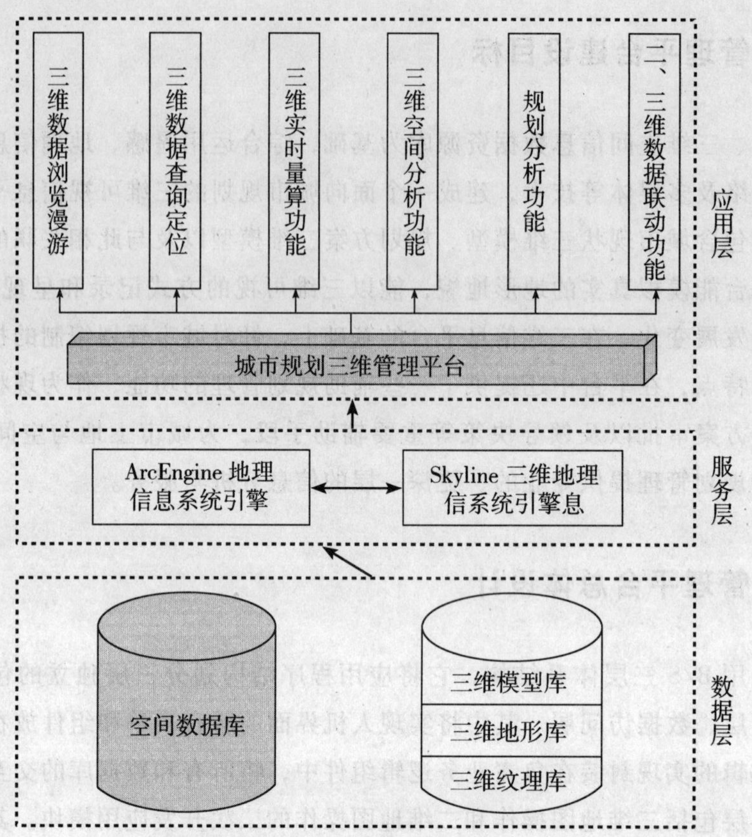

图 1 三维管理平台总体设计框架

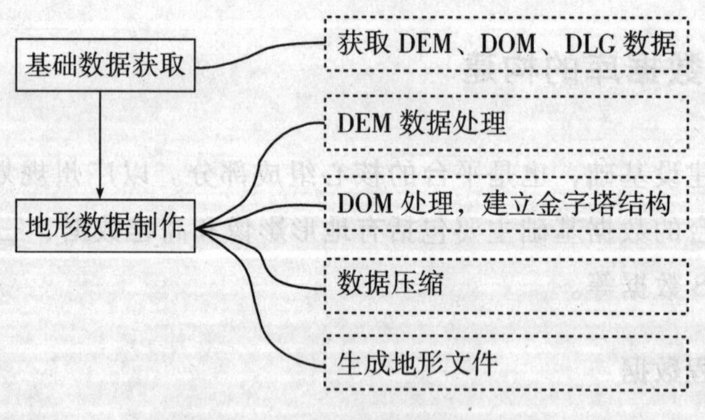

图 2 地形数据制作流程

2. 三维模型数据

三维模型制作的总体思路是先建立全市范围的基础体块模型、然后由中心城市向周边扩展，建立城市详细三维模型，同时对历史文化保护区进行超高精度的三维模型建设。

● 全市范围的基础体块模型

体块模型的建立由房屋建筑面的二维 GIS 数据来生成，体块模型的底面对应二维数据的底面，高度由底面的建筑层数属性确定，对于不同层数的建筑，贴上不同的通用纹理以尽量和整体环境保持协调一致。目前体块模型覆盖了全市整个范围。

- 城市精细三维模型

城市精细三维模型范围包括广州市环城高速范围内和白鹅潭地区、琶洲地区、白云新城、新城市中轴线南地区等四大重点区域，面积超过260平方公里。

- 历史文化保护区三维模型

结合广州市城市自然生态及历史文化特色区步行系统规划，建立了超高精度的新河浦、昌华苑、耀华大街等自然生态及历史文化特色节点的历史文化保护区三维模型。

3. 地下管线三维数据

根据二维GIS管线数据，通过计算机程序建立了地下管线三维模型，地下管线三维模型真实地反应了管线的类型、管线形状、管径大小、管线的地理水平位置和高程位置，为进行空间管线分析提供数据基础。

4. 与二维GIS系统的集成

二维GIS数据与统一信息平台数据保持一致，和统一平台共用同一套数据，保持数据的现势性。加入到广州市城市规划三维管理平台中的二维GIS数据主要包括二维基础地形图数据和规划专题数据等。

二维基础地形图数据包括地名点、现状道路中心线、1:2000地形图、1:10 000电子地图中的居民地、1:500分幅格网和街道数据等。

规划专题数据包括修详规数据、数字详规入库数据、规划路网数据、规划管理单元数据、用地红线数据和建筑放验线数据等。

五、应用实践

广州市城市规划三维管理平台于2010年1月正式上线，目前它在规划管理的应用主要是业务办案、三维电子报建、规划方案比较、指标核算等方面。

1. 规划业务办案

三维平台中提供了在三维窗口中查询相关案件号，实现了与OA办公系统的关联。也可以在平台中输入OA案件号，查询其对应的空间地理位置。在三维平台中，办案人员可以查看案件地及周边的三维模型，查看二维GIS数据，进行量算等操作。

2. 三维电子报建

三维平台的上线运行，为三维电子报批提供了一个可行的平台，审批人员可以将报建的三维模型导入三维平台，或将规划设计方案CAD格式数据经过整理与转换导入平台，平台会自动根据建筑物高度信息生成建筑物体量模型，通过在三维平台中加载报建模型，便可以对规划设计方案进行直观地评价。此外，平台也提供丰富的三维建模工具，可以动态地生成各种三维模型，包括：建筑物、长方体、三维多边形、球体、圆锥体、圆柱体等，并可交互修改三维模型的参数。

3. 规划方案比较

在规划设计方案评审阶段，可以将每个设计方案三维模型导入到三维平台中，并叠加周边的三维数据和二维 GIS 数据，为方案评审和决策提供一个较全面的参考。此外，还可以通过更换场景中的建筑物模型和动态调整、编辑建筑物模型来修改规划方案，并保存多种设计方案，进行最优化决策。

4. 指标核算

三维平台除了提供可视参考之外，还实现了定量的指标核算功能。三维平台继承了二维指标核算中建筑内容的建筑面积、用地面积、地块的容积率、建筑密度、绿化率等参数。还新增加了如日照分析等参数的分析和核算，进一步提高规划的科学性。

六、三维平台的特色

一般来说，城市规划三维平台建设考虑的是面向城市规划设计、业务办理、规划管理等规划全过程，能够服务于城市规划的方方面面。具体来说有以下一些特色：

1. 紧密结合规划业务

城市规划三维应用平台的建设目标是面向规划业务的应用平台，能够和城市规划业务紧密结合，融入到从总规、控规、详规、建筑设计和验收的各个阶段。平台提供的功能（如指标分析、日照分析、规划方案比较等）也和规划业务紧密相连。平台的数据是一个有机的整体，实现了上一规划的数据作为下一规划的数据的基础，最终规划成果数据作为现状基础数据更新的依据。

2. 融入规划业务办公系统

城市规划三维应用平台已经和规划部门已建成和在应用的办公自动化系统、各种统一信息平台和信息系统融为一体，在数据基础上，三维平台和统一信息平台共享同一套数据；实现了和办公自动化系统的关联，在平台中可以查询有关的 OA 案件，通过 OA 案件的信息也可在三维平台中实现查询和定位。

3. 综合多样信息的管理平台

城市规划三维应用平台与单独的三维视景仿真平台和 GIS 信息平台有着很大区别，它是一种技术上和应用上的进步，这种平台综合了大量的三维信息和二维信息，既有现状信息又有规划信息。此外，适合人们直观观察的三维平台除满足三维浏览和展示功能外，更融入了许多 GIS 分析功能，实现了两者的互补。

4. 数据动态更新机制

城市规划三维应用平台注意引入了数据动态更新机制，其基本思想是借助三维电子报批手段，利用设计单位、建设单位报送的资料，及时地将规划的、建成的三维数据入库，实现三维数据的动态更新。值得提出的是，由于三维电子报批的推行，一方面使得我们的规划审批人员能够更直观地对规划方案进行审批，另一方面，又能及时更新已有的三维数据库。

电子报批是现代规划管理的一大进步。目前，国内的三维电子报批主要采用以下三种形式：

- 在修建性详细规划阶段，一般工程采用简单的三维体块方式进行表达，不需要增加报建单位的工作；对于重点工程，如进行招投标的项目，可要求设计单位提供三维模型和纹理贴图以建立精模，已利在评审阶段提供给专家评审，并随即更新到三维详规数据库。
- 在单体报建阶段，首先从重点项目入手，要求报建单位提供精模进行三维电子报批，逐步推广到所有项目。单体报建获得通过的模型随即动态更新到三维建筑报建数据库中。
- 在验收阶段，要求提供三维电子数据，利用验收的三维电子数据更新现状三维数据库。

可见，广州市城市规划三维应用平台上线运行，迈开了三维仿真技术在城市规划应用中的第一步。下一步首先在基础数据建设方面在现有数据的基础上，进一步扩大和完善精细三维模型的范围，逐步实现精细模型覆盖全市域范围；其次结合规划局的规划管理业务应用需求，开发和完善平台的功能；最后，将三维平台与地理信息系统平台和自动化办公平台有效地集成在一起，更好地为城市规划服务。

七、三维城市仿真实例

中国是发展中国家，城乡建设管理工作量比较大，面貌日新月异，通过三维地图的展示，可以令人直观地感觉到城市建设的发展日新月异步伐，正是中国人民奔向小康生活的一种写照。

三维城市仿真的应用，除了起步较早的城市规划和建设为代表的电子政务而外，在城市生活中如电子商务、电子黄页、生活资讯、旅游出行、休闲动漫等领域虽然起步略晚一些，但三维直观的丰富想象力和强大的表现力使其在这些行业中发展得更快，应用也更加多彩多样。今天我们可以在互联网上很方便地搜索到许多大中城市的三维仿真浏览图像，每个城市几乎都能覆盖。虽然从某些方面来说这些三维图像是由人工应用计算机软件制成的作品，不如遥感图像那样详细和逼真，因为一定程度上其表现能力和效果还有赖于作者的涵养和认识，但是三维仿真却是“仿”真，可以把对象表现得更加突出和吸引眼球，它的透视效果更容易让广大读者亲近和习惯，往往能够收到感官上的效果。

图1是广州的天河区三维表现，新区的高楼大厦、火车站、体育中心以及良好的绿化环境都是改革开放之后的产物。

图1 广州的天河地区三维仿真效果图

图2是深圳市中心，这是中国发展最快的城市，从一个小渔村成长为大城市，其发展速度令人信服。

图2 深圳市中心三维仿真效果图

图3是武汉市三维仿真效果图，著名的武汉大学校区的良好规划历历在目，优美的学习环境掩映在绿化环抱之中。

图3 武汉市三维仿真效果图

（作者：杨建国，广州城市规划自动化中心工程师；李时锦，广州城市规划自动话中心主任，教授级高级工程师；钟家晖，广州城市规划自动话中心副主任，教授级高级工程师）

参考文献：

1. www. edushi. com

2. www. o. cn

城市空港经济

——以广州白云国际机场周边地区为例

全球化背景下，随着航空时代的到来，机场已从单一的交通运输设施演变为具备强大辐射力的城市经济综合体。以现代化大型国际枢纽机场为核心的空港经济的竞争正成为新的经济竞争方式，被称为当今世界引领城市和区域发展的重要增长极。

现阶段，世界许多国家和地区，如美国、德国、法国、荷兰、韩国、新加坡等国家都把空港经济建设作为重点，甚至将其纳入国家发展战略，给予政策上支持和优惠。国内除北京、上海、天津市外，江苏、浙江、重庆、湖北、河南等省市近年来也开始重视和加大发展空港经济的力度，纷纷抢夺战略资源，期望通过空港经济的发展，带动机场周边地区的综合开发和产业调整，形成以机场为中心多功能、综合性的经济发展格局。

广州白云国际机场是我国三大枢纽机场之一，拥有雄厚的腹地基础，同时吸引到了联邦快递亚太转运中心的落户，具备发展空港经济多方面的动力与优势。广州从2000年即开始谋划空港经济的发展，经过谨慎发展、积极发展到目前大力发展三个阶段，已取得较明显的成效，机场周边已形成临空产业集聚发展的雏形，对区域经济增长也发挥了较强的推动作用。本文在分析广州空港经济发展动力的基础上，介绍广州空港经济的发展对策、发展成效及尚存在的主要问题，并提出加快广州空港经济发展的建议，以期为我国城市空港经济的发展提供借鉴和参考。

一、空港经济的基本概念

空港经济是依托于大型机场（特别是大型国际枢纽机场）的吸引力和辐射力，在其周边地区发展起来的，由直接服务及依托于航空运输业的相关产业和具有明显航空枢纽指向性的有关产业组成的，具有巨大影响力的区域经济体系。空港经济又被称为临空经济、机场经济，具有时间价值敏感性、技术先导性、市场速达性、空间聚集性等特征，是后工业化时代标志之一和经济进入发达阶段的产物。

与空港经济最直接联系的另一概念是空港产业，通常又被称为临空产业，是指以航空运输业为核心的全部相关产业的集合，可以分为以下四种类型。

（1）航空附属产业：与航空运输和航空公司运营直接相关的产业，包括航空配餐、航空维修、航空货代、航空培训、航空技术服务等航空运输服务业。

(2) 航空物流业：航空物流不仅是临空产业的重要类型，也是促进临空产业整体发展壮大的核心动力。

(3) 具有明显航空运输指向性的高新技术制造业：主要是附加值高、体积小、重量轻、时间价值敏感的高新技术产品制造如电子信息、精密仪器、生物医药、汽车零部件等和航空航天制造业。

(4) 现代服务业：航空客流和高新技术制造带动的服务业，如总部经济、金融商务服务、会展、信息服务、中介服务、技术服务等产业。

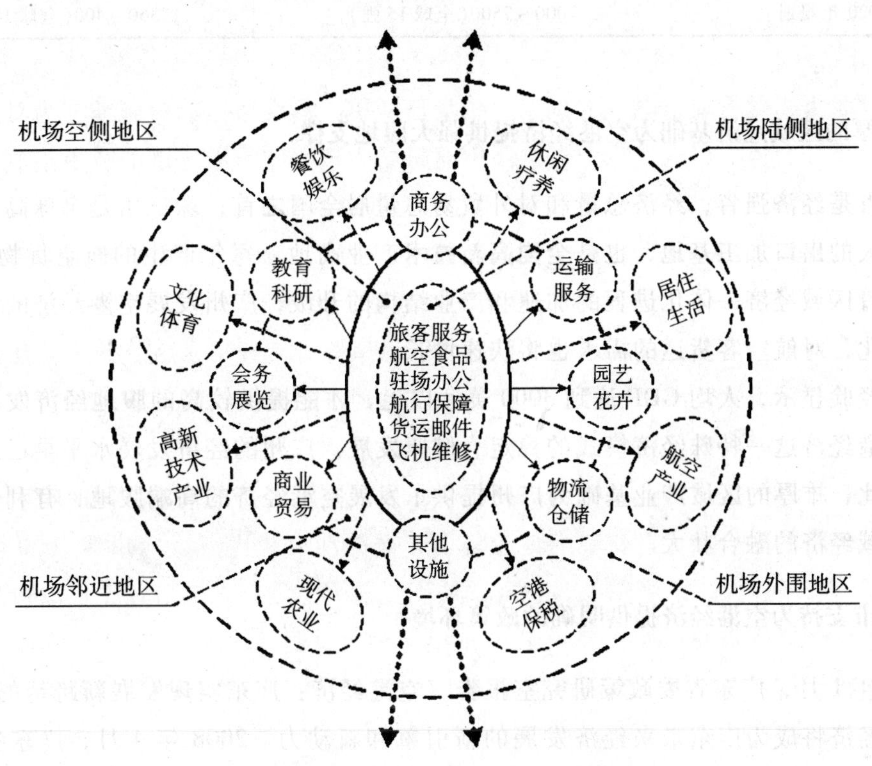

图1 空港周边产业分布示意图

二、广州空港经济的发展动力

1. 强大成熟的枢纽机场是空港经济的内核与发动机

白云国际机场是我国三大枢纽机场之一，也是国内首个按中枢机场理念设计和建设的超大型枢纽机场，2004 年由广州中心城区搬迁启用至今地位迅速上升，目前旅客吞吐量居全国第 2 位（不包括香港），货邮吞吐量居全国第 3 位（不包括香港）。根据《广东省机场管理集团公司“十一五”规划及 2020 年远景展望》，2020 年白云国际机场将发展成为高度成熟的亚太地区综合性航空枢纽，旅客吞吐量和货邮吞吐量分别进入全球前 15 位和前 10 位。

表1 2003~2008年白云国际机场客货吞吐量变化

年份	旅客吞吐量(万人次)	货邮吞吐量(万吨)
2003	1501	54.40
2004	2033	63.24
2005	2340	75.06
2006	2622	82.49
2007	3096	89.70
2008	3341	92.75
2020年规划	7000~7500(全球15强)	360~400(全球10强)

2. 雄厚的区域经济基础为空港经济提供强大腹地支撑

广东省是经济强省，经济总量和对外贸易总量居全国之首；珠三角是全球高密度的工业基地和最大的出口加工基地，也是全国高新技术产业高地，每年产生的航空货物总量约500万吨。随着区域经济一体化进程的加速和产业结构的升级，广州发展空港经济的区域环境将进一步优化，对航空客货运的需求也将快速增长。

国际经验显示，人均GDP达到3000美元以上，才能提供较高的腹地经济发展支撑，从而保证空港经济这一特殊经济模式的稳定、健康发展。广州的经济发展水平早已远超过上述标准。因此，雄厚的区域产业基础为广州提供了发展空港经济的高端腹地，有利于实现空港经济与区域经济的融合壮大。

3. 省市支持为空港经济提供明确的政策环境

2008年1月，广东省委政策研究室报告《空港经济：广东实现发展新跨越的战略选择》指出空港经济将成为广东未来经济发展的新引擎和新动力。2008年4月，广东省委书记汪洋在广州调研时提出要推进广州空港经济的大发展，使之成为经济发展新的重要引擎。2008年7月，《中共广州市委、广州市人民政府关于推动广州科学发展，建设全省“首善之区”的决定》进一步明确指出要做大做强空港经济，以白云国际机场为中心构建空港经济区，并将其作为全市产业发展格局的重要组成部分。随后相关的政策文件中，空港经济也均被摆在了重要的战略位置。广东省和广州市政府的重视与政策支持成为空港经济发展的巨大推力。

4. 机场周边重大交通设施的建设将为空港经济注入新动力

完善便捷的综合交通体系是空港经济发展与向外延伸的重要支撑。武广高速铁路客运专线将于2010年前建成使用，在白云国际机场西部的广州北站设有车站。连接广州火车东站与白云国际机场的地铁3号线北延线将于2010年建成启用。同时，白云国际机场周边的高速公路、快速路等道路网络也将进一步完善。这些区域性交通基础设施的新建和完善，将扩大白云国际机场的辐射影响范围，进一步吸引经济活动，大大提升客货集散效率，给空港经济注入新动力。

三、广州空港经济的发展对策

1. 科学及时地编制空间规划

空港周边的土地资源极具稀缺性，规划先行是保证其不被侵占的关键。在空港经济发展进程中，随着空港经济发展阶段的变化，广州市及时组织编制了相应的空间规划，为保护临空土地资源和促进临空土地资源合理有序开发起到了非常重要的作用，是空港经济发展壮大的必要支撑。

在机场尚未搬迁的1999～2000年，广州市吸取旧机场周边土地蔓延无序发展的教训，组织编制了《广州新白云国际机场周边地区控制性规划》。该规划将机场周围地区明确划分为“核心区——不可建设区——控制区——开发建设区”四个层次加以控制，认为机场周围地区应是有控制的发展，并提出选择用地适宜的地区，适当发展机场相关产业和机场带动产业，进而规划了约8平方公里的机场开发带动区，布局物流、商贸服务和航空相关产业等功能。

在机场实施搬迁的2004年，为了更好地引导机场周围地区的协调发展，广州市组织对机场周围地区相关规划成果进行必要的整合与完善，编制了《广州白云机场周围地区整合规划》。该规划延续《广州新白云国际机场周边地区控制性规划》的模式，将机场周围地区划分为“核心区——保护隔离区——周围控制区——外围邻港发展区”。与《广州新白云国际机场周边地区控制性规划》不同的是，该规划提出积极利用机场带动作用发展机场相关产业，并将其作为主导产业类型。其中，115.81平方公里的外围邻港发展区是产业集中发展区，规划布局7个发展组团，包括1个商务及工业组团、1个机场后勤服务基地、2个城镇综合组团和3个工业及物流组团。

2008年，广州市明确提出做大做强空港经济，构建空港经济区，同年即组织编制了《广州空港经济区发展规划》，划定了718.43平方公里的空港经济区（约占广州总面积的9.6%），并采用“集群发展、组团布局”的模式，规划布局17个临空产业组团，包括5个现代服务业组团、4个先进制造业组团、3个航空物流组团、2个休闲娱乐组团、2个花卉组团、1个科教组团。

2. 差别化的产业发展引导

考虑到空港经济的空间梯度性和政府管理引导的主次性，《广州空港经济区发展规划》将空港经济区划分为核心区和拓展区两个层次，制定差别化的产业发展引导对策，进而逐步形成以临空产业为主体，产业规模不断扩大、产业结构持续升级的高级产业体系。

空港经济核心区面积178.9平方公里，是政府发展空港经济的重要抓手，其产业进行重

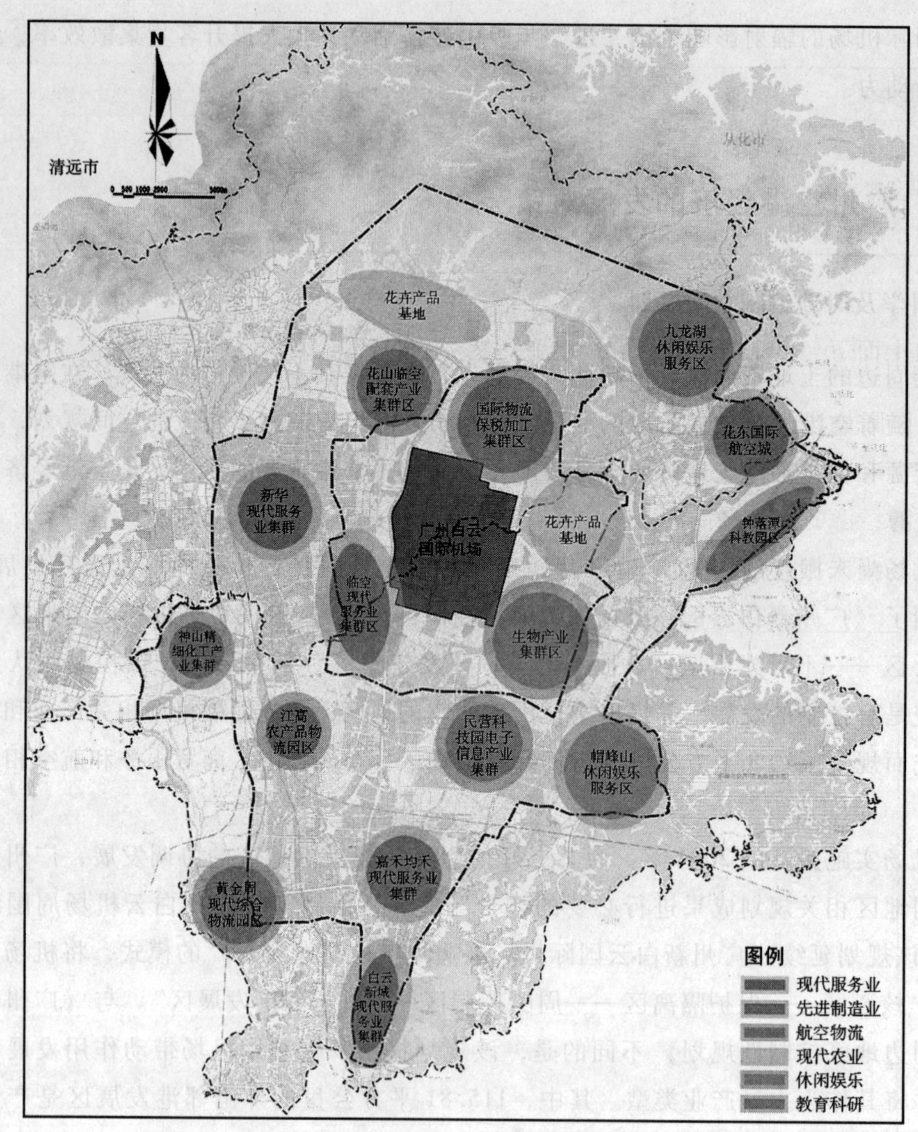

图2 广州空港经济区总体布局规划图

点选择，并加强刚性控制，严格产业准入，强调产业的临空指向性和高端性；空港经济拓展区面积539.53平方公里，采用政府积极引导，市场多主体参与的发展模式，并提出产业选择指引，产业准入适度弹性，对于优先发展的产业在政策上给予优惠支持。目前，广州市发展和改革委员会正在根据规划成果制定《空港经济产业引导指南》。

表2 广州空港经济核心区的产业选择

产业类型	具体产业选择
航空类产业	航空航天材料、器材制造；航空培训、航空技术服务、航空公司运营服务
现代物流业	航空综合物流
现代服务业	总部经济、商务服务、信息服务、技术服务
临空高新技术产业	高新技术总装产业、汽车零部件制造业、生物医药产业、新材料产业

表 3　广州空港经济拓展区的产业选择指引

产业类型	产业选择指引
临空高新术产业	电子信息、汽车零部件、精密仪器、高档珠宝、精细化工、生物医药、新材料
临空现代服务业	金融保险、商务服务、会展、现代物流、旅游服务、信息服务、研发技术服务
临空农业	花卉农业、生物农业、现代农业贸易

3. 自上而下与自下而上的发展相结合

白云国际机场位于广州市白云区与花都区交界处，客运出口在白云区，货运出口在花都区。由于空港经济的发展必须有相应的物质空间来承载，因此，整个空港经济的发展离不开两个区空港经济的发展，而两个区空港经济的发展也必须在全市统一规划的框架下进行。正是这种自上而下与自下而上发展的相结合，能够促使广州空港经济较快地发展。

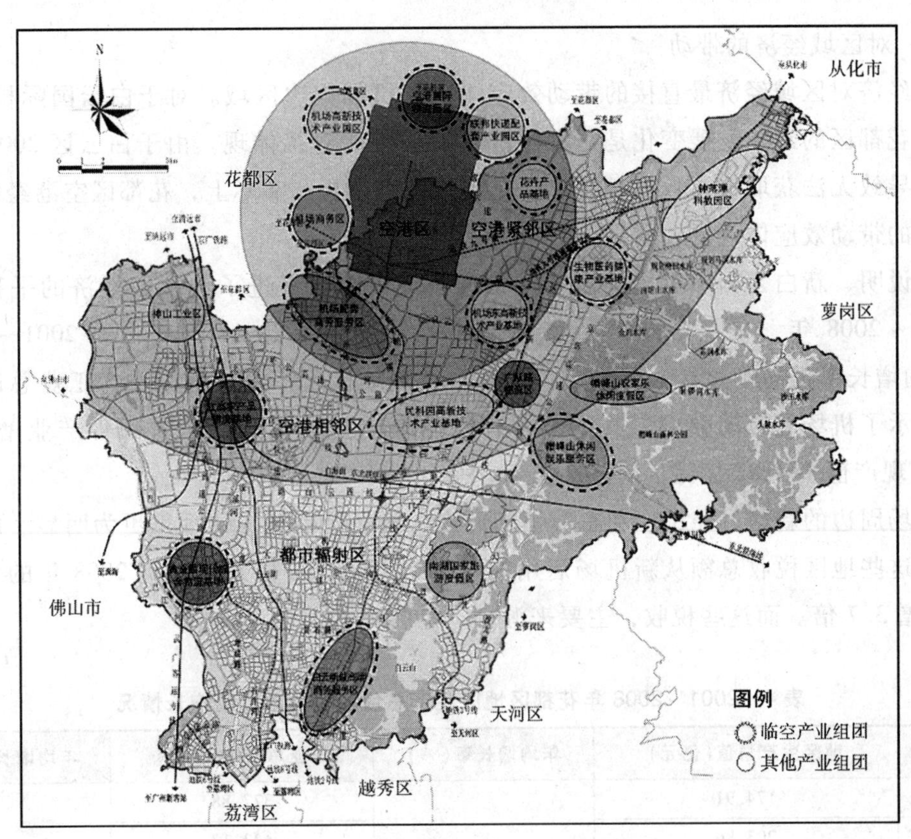

图 3　广州市白云区空港经济布局规划图

2004 年 8 月，在机场转场的同步，花都区专门成立了区空港经济发展领导小组和空港经济管委会，统一领导、组织和协调全区空港经济的发展，并提出了“依托机场，服务机场，发展花都”的发展思路。4 年多来，花都区逐步确立了“机场带动物流，物流促进高新科技产业，花都与机场共赢”的产业发展策略，并在全市统一规划的指导下，在机场周边规划了包括广州空港国际物流园区、机场高新科技产业基地和机场商务区在内共约100平方公里的空港产业园区。目前，这些产业园区均已逐步发展起来，汽车零部件、航空物流及临空服务业已具雏形，并成为全市空港经济格局的重要组成部分。

白云区于2006年正式提出“空港城区”的概念，2008年又提出“全区空港化”的发展策略，编制了全区空港经济发展布局规划，并成立了区空港经济发展委员会。白云区共规划布局9个临空产业组团，以形成空港经济为主导的产业布局，目前这9个产业组团均已起步发展，成为全市空港经济格局的重要组成部分，将逐渐形成电子信息、生物医药、精细化工、机场配套服务等产业的发展基地。

四、广州空港经济的发展成效及存在问题

1. 广州空港经济的发展成效

（1）对区域经济的带动

空港经济对区域经济最直接的带动效应体现在机场周边区域。对于白云国际机场而言，白云区和花都区的经济发展变化是空港经济发展成效的直接体现。由于白云区2005年行政区划调整导致无法获取连续数据，故选择花都区进行分析。实际上，花都区空港经济发展较早，机场的带动效应体现得较明显。

表4说明，新白云国际机场的启用及快速发展，明显促进了花都区经济的平稳快速增长。2005～2008年，花都区地区生产总值年均增长率高达18.20%，较2001～2004年12.62%的增长率提高了近6个百分点，仅4年实现地区生产总值翻一番。工业总产值的增长同样显示了机场的带动效应。其中，具有明显临空指向性的汽车零部件产业增长突出，2008年实现产值144.82亿元，同比增长48.5%。

对机场周边的新华、花山、花东等镇街而言，机场带动效应体现得更为明显。以税收总额为例，这些地区税收总额从新机场启用前2003年的5.57亿元增加到2008年的26.14亿元，5年增3.7倍。而这些税收，主要来源于空港物流相关企业。

表4　2001～2008年花都区地区生产总值和工业总产值增长情况

<table>
<tr><th>年份</th><th>地区生产总值(亿元)</th><th>年均增长率(%)</th><th>工业总产值(亿元)</th><th>年均增长率(%)</th></tr>
<tr><td>2001</td><td>174.91</td><td rowspan="4">12.62</td><td>377.88</td><td rowspan="4">14.90</td></tr>
<tr><td>2002</td><td>203.86</td><td>433.12</td></tr>
<tr><td>2003</td><td>226.88</td><td>530.07</td></tr>
<tr><td>2004</td><td>250.81</td><td>561.42</td></tr>
<tr><td>2005</td><td>301.54</td><td rowspan="4">18.20</td><td>719.58</td><td rowspan="4">20.00</td></tr>
<tr><td>2006</td><td>361.17</td><td>827.55</td></tr>
<tr><td>2007</td><td>420.91</td><td>977.12</td></tr>
<tr><td>2008</td><td>489.56</td><td>1164.20</td></tr>
</table>

(2) 联邦快递亚太转运中心的引入

经多方努力，将联邦快递亚太转运中心引入白云国际机场落户，是广州空港经济发展进程中具有里程碑意义的重要事件。它将进一步增强白云国际机场的复合枢纽功能，与机场形成双动力驱动的格局，催化广州空港经济快速发展。

国际经验显示，联邦快递对当地经济和社会所产生的影响是巨大广泛的，包括经济、就业、税收、对外贸易、外国投资等多个方面。生物医药、电子信息等多个高附加值、技术密集的产业部门也往往因为依托于快递网络选择聚集在联邦快递附近。1995 年联邦快递在苏比克湾设立亚太转运中心，在不到 10 年的时间里便引来和聚集了 40 多个国家和地区近 500 家企业落户，使苏比克湾从一个只给美军基地提供生活服务的小镇飞速发展成为菲律宾著名的经济特区与休闲旅游胜地，生产总值翻了近 50 倍。

广州联邦快递亚太转运中心由苏比克湾迁移而来，是美国本土外最大的转运中心，具有比苏比克湾更优越的机场、区位和区域经济条件。国务院发展研究中心的研究表明，由于强大物流引擎作用和带动效应，联邦快递及其配套产业将形成广州空港经济极其重要的一个产业板块，大大推动珠江三角洲地区乃至整个华南地区的经济发展。据其预测，到 2020 年联邦快递亚太转运中心总体上将给华南地区带来 740 亿美元的产值、125 亿美元的工资性收入以及 61 万人的就业。实际上，2009 年 2 月联邦快递正式运营的效应已经显现，至 2009 年 11 月底，白云国际机场货邮吞吐量累计同比增长近 30%，远远超过以往的增长速度。

表 5　广州快递枢纽的建立对华南地区经济的影响（2010～2020）

	2010	2015	2020
直接影响			
产值(亿美元)	84	253	473
工资收入(亿美元)	11	33	62
就业(万人)	4.6	13.9	25.9
总体影响			
产值(亿美元)	131	396	740
工资收入(亿美元)	22	67	125
就业(万人)	11.3	32.9	61

注：产值和工资收入指标均以 2003 年美元计算。

(3) 空港综合保税区的筹建

综合保税区是指经国务院批准，设立在国家对外开放的口岸港区和与之相连的特定区域内的特殊功能区，集口岸通关、保税加工、保税物流、进出口贸易、国际采购分销和配送、国际中转、售后服务、检测维修、展示展览、金融服务、科技研发等多种功能于一体。它整合叠加了保税区、出口加工区、保税物流园区（中心）的所有政策和功能，是中国目前开放程度最高、功能最齐全、政策最优惠、通关最便捷的海关监管区。目前，国务院仅批准北京首都国际机场和上海浦东国际机场两个空港综合保税区。

广州充分认识到空港综合保税区对经济发展的重要驱动作用，将其作为空港经济发展的关键载体之一，于2008年6月开始积极筹备申报，8月成立申报工作领导小组和若干专责小组，经深入研究于2009年3月将申报方案上报国务院。按照申报方案，广州空港综合保税区拟选址地总面积7.198平方公里，如果通过国务院审批，将成为国内第三个，也是目前最大的空港综合保税区。可以预见，空港综合保税区一旦建设，将成为广州空港经济的加速器，拉动整个空港产业链发力。

同时，广州已开始进行空港综合保税区的前期规划及配套设施建设，并将借助新一轮土地利用总体规划修编的契机，争取将保税区周边的用地调整为建设用地，为保税区和空港经济的壮大预留充足的后备发展空间。

2. 广州空港经济发展存在的主要问题

广州空港经济经过五年多的发展，虽然取得了较为明显的成效，但仍存在如下几个方面的问题，在一定程度上制约了空港经济的发展。

（1）政策支持力度不足

虽然广东省和广州市已将空港经济的发展提升了战略层面，给予了足够的重视和明确的政策指向，但目前一系列的配套政策仍处在调研阶段，尚缺乏有力的扶持和优惠政策出台。这使得广州与其他城市或地区竞争中还缺乏政策优势。

（2）统筹协调机制不健全

自下而上的发展促使广州空港经济能够较快地起步，但由于全市层面的统筹协调机制不健全（如缺乏市级专门的统筹协调机构），机场周边的白云区和花都区两区仍存在较明显的重复建设现象，造成临空资源的浪费。如白云区和花都区分别基于自身利益在机场周边编制了相应的规划，但规划之间互不衔接，难以围绕空港经济形成统一、整体性的发展目标。

（3）土地供需矛盾突出

受广州市“北优”战略的影响，白云区和花都区均有较多的基本农田保护任务，建设用地指标缺乏，这使得土地供需矛盾成为制约广州空港经济发展的关键瓶颈之一，空间规划实施起来难度很大。尤其是空港经济核心区的用地大部分是农用地和农保地，明显影响具体项目的落户和大型项目的进驻。如联邦快递亚太转运中心北侧大部分用地属于基本农田，需要置换和调整，如不调整，可能制约联邦快递带动效应的发挥。

（4）基础设施配套不完善

完善便捷的基础设施体系是空港经济发展与向外延伸的重要支撑，对空港经济的发展具有战略意义。但目前白云国际机场周边基础设施建设远不能满足空港经济的发展需求，且现有的基础设施规划并未考虑空港经济的特殊要求。机场周边道路尚未形成网络体系，多条重要道路尚未列入建设计划，且高快速路与地区内部道路衔接不顺，缺乏综合交通枢纽换乘系统；大部分市政配套设施尚未纳入城市市政建设和管理，建设标准尚较低。

五、加快广州空港经济发展的建议

1. 成立空港经济协调和管理机构

建议由省、市政府牵头组织成立空港经济发展协调领导小组，协调省、市、区三级政府以及海关、航空、安全、财税、规划、国土等多个部门，确保空港经济健康快速发展。

同时，建议成立市级空港经济管理委员会，加强对空港经济各项工作的统筹领导，结合空港经济区规划划定具体管理范围，将现有各类规划和发展诉求整合到统一的框架内，对空港经济的发展统一规划、统一实施、统一管理，实现临空资源的有效合理利用。

2. 尽快完善政策支撑体系

建议借鉴国内外发达地区空港经济发展的经验，尽快形成一套涉及行政、税收、资金、产业、用地、基础设施等方面比较完整的扶持空港经济发展的政策，为引进优质项目切实营造良好的投资环境。此外，建议加快推进具有明显政策优势的空港综合保税区的申报建设工作，突破政策制约瓶颈。

3. 做好空港经济区规划与土地利用规划的衔接

建议加强机场周边土地资源的整合，将空港经济区规划与正在修编的新一轮城市总体规划、土地利用总体规划进行有效衔接，分步调整基本农田，并在用地指标安排上予以倾斜，为空港经济长远发展提供足够的空间。

4. 加快配套基础设施规划建设

建议根据空港经济发展的要求，梳理机场周边各层次基础设施系统的关系，加快交通、市政以及生活配套等设施的规划建设，支撑空港经济的高端发展。其中，交通系统应先行规划建设，尽快打通与机场联系的关键道路，完善相应配套设施，实现城市道路、公路、轨道交通、铁路等各种交通方式的无缝驳接，从而建立立体化的综合交通体系。

（作者：闫永涛，广州市城市规划勘测设计研究院工程师；吴天谋，广州市城市规划勘测设计研究院工程师）

参考文献：

1.《临空经济发展战略研究》课题组．临空经济理论与实践探索．北京：中国经济出版社，2006

2. http：//www. huadu. gov. cn/hdgk_ 1/hdjj/gy/200911/t20091106_ 36728. html

3. http：//www. huadu. gov. cn/hdgk_ 1/zzcy/lkjj/

4. 管驰明. 从“城市的机场”到“机场的城市”——一种新城市空间的形成. 城市问题，2008，(4)：25～29

5. 广东省委政策研究室. 空港经济：广东实现发展新跨越的战略选择，2008

6. 广州市城市规划勘测设计研究院. 广州白云机场周围地区整合规划，2005

7. 广州市城市规划勘测设计研究院. 广州空港经济区发展规划研究，2008

8. 广州市城市规划勘测设计研究院. 广州新白云国际机场周边地区控制性规划，2000

9. 广州市城市规划勘测设计研究院. 广州市白云区发展战略规划暨“空港”发展策略研究，2008

10. 国务院发展研究中心. 联邦快递亚太转运中心配套产业园区政策研究报告，2008

11. 李晓江编译，王缉宪校译. 航空港地区经济发展特征. 国外城市规划，2001，(2)：35～37

12. 吕斌，彭立维. 我国空港都市区的形成条件与趋势研究. 地域研究与开发，2007，26(2)：11～15

13. 欧阳杰. 我国航空城规划建设刍议. 规划师，2005，21(4)：30～33

14. 王旭. 空港都市区：美国城市化的新模式. 浙江学刊，2005，(5)：12～17

15. 周晓华. 新城模式——国际大都市发展实证案例（第2版）. 北京：机械工业出版社，2007

海峡西岸经济区建设与城市群发展规划

自福建省提出建设海峡西岸经济区的发展战略以来，得到了中央和国家有关部门的大力支持和周边省区的积极响应。为落实国家战略，支持海西的建设和优化福建省的城镇空间发展，住房和城乡建设部与福建省联合编制完成了《海峡西岸城市群协调发展规划》，规划的编制对于提升海西战略、明晰福建省的发展思路，以及优化福建省及周边地区的空间发展起到了重要作用。

本文从三个方面对该规划进行介绍。第一部分，介绍规划编制的背景和项目的组织与工作过程；第二部分，介绍规划的主要内容和技术特点；第三部分，介绍规划的编制成效。

一、背景：迈向国家战略的海西

（一）海西建设与规划缘起

海峡西岸经济区是以福建省为主体，涵盖浙江南部、广东东部和江西部分地区的我国东南沿海的区域经济板块。由于与台湾地区的特殊渊源，以及北承长三角，南接珠三角的区域位置，在我国发展大局中占据重要位置。加快海西的发展有利于完善我国沿海区域布局，有利于更好地服务中西部地区，更有利于国家和平统一大业的完成。早在1985年，国务院就曾召开“长江、珠江三角洲和闽南厦漳泉三角地区座谈会”，强调了福建闽南地区在加速沿海经济发展、带动内地经济开发中的重要作用。1995年，福建省第六次党代会提出“以厦门经济特区为龙头，加快闽东南开放与开发，内地山区迅速崛起，山海协作联动发展，建设海峡西岸繁荣带，积极参与国际分工，加快与国际经济接轨”的更为清晰的发展思路。2004年，福建省委、省政府立足于经济全球化和国内区域经济发展的新形势，提出了“努力建设对外开放、协调发展、全面繁荣的海峡西岸经济区”的发展战略。

自从“海西”战略提出以来，得到了中央的高度关注和社会各界大力支持。党的“十七”大报告明确提出“将继续实施和充实惠及广大台湾同胞的政策措施，依法保护台湾同胞的正当权益，支持海峡西岸和其他台商投资相对集中地区经济发展”。《国务院关于支持福建省加快建设海峡西岸经济区的若干意见》（国发〔2009〕24号）指出，建设海峡西岸经济区是“完善沿海地区经济布局，推动海峡西岸其他地区和台商投资相对集中地区发展的重大举措；也是加强两岸交流合作，推进祖国和平统一大业的战略部署，具有重大的经济和政治意义”。因此，在当前我国改革发展关键阶段，从闽南“金三角”的开放到整个海峡西岸的全面开放和发展已经成为历史的必然趋势。

为落实国家经济社会发展战略和中央有关支持海峡西岸经济区的战略部署，深化和提升福建省委省政府提出的“海峡西岸经济区”发展战略，落实全国城镇体系规划的要求，指导以福建省为主体的海西经济区的优化发展，2006 年 9 月，时任建设部部长的汪光焘同志和时任福建省省委书记的卢展工同志商定部省合作编制《海峡西岸城市群协调发展规划》(以下简称《规划》)。

（二）规划范围与目的

海峡西岸经济区是一个以福建省为主体又超越福建省区的区域经济概念，因此，《规划》本质上是一个跨区域的规划，但从可操作性的角度来看，又必须强调福建省的主体作用。因此，《规划》界定了规划范围和协调范围：规划范围为福建省全境，协调范围包括粤东、浙南和江西部分地区以及对岸的台湾。

《规划》编制的目的主要为：①研究两岸合作和区域合作的要求和趋势，明确区域发展的定位、发展目标和发展战略；②以区域发展的资源环境为前提，按照资源节约、环境友好的要求，确定健康有序的城乡空间发展格局；③统筹城乡发展，协调大中小城市和城镇关系，引导和促进城市分工与协作，形成合理的城镇体系；④协调区域综合交通通道和基础设施建设，构建区域一体、和谐高效的综合交通和基础设施体系；⑤制定空间指引的技术体系，强化规划的公共政策属性和对空间布局的政策引导。

（三）规划组织与编制过程

《规划》编制工作于 2007 年 1 月正式启动，省部联合组织了以中国城市规划设计研究院为总牵头的核心编制团队，以周干峙、邹德慈院士领衔的专家顾问团队，以及由中国社科院、北京大学、香港大学、厦门大学、英国卡迪夫大学等多家研究机构参与的专题研究团队。建设部和福建省高度重视《规划》编制工作，双方共同组建了规划编制工作领导小组，组织领导规划编制，对有关重大问题进行指导决策。领导小组下设办公室，具体负责规划编制的组织和协调工作，为规划提供了强有力的保障。《规划》编制期间，建设部主要领导和规划司领导多次莅临指导，福建省领导多次专题听取汇报并做出指示。编制过程中，规划广泛征求了各级各部门和社会各界意见，集思广益。此外，还邀请第三方人士赴台湾进行调研和沟通。

《规划》编制工作分为战略研究和规划制定两个阶段进行。战略研究阶段主要对台海关系，发展趋势、区域定位和发展目标、空间结构、重大设施布局等问题进行研究，形成了《海峡西岸城市群协调发展规划》。2008 年 2 月 1 日，省部联合召开《规划》战略研究成果汇报会，规划成果得到高度评价。2008 年 3 月 7 日，建设部函复福建省人民政府，原则同意《海峡西岸城市群协调发展规划》。

在《规划》深化的过程中，规划编制的外部环境发生了重大变化。一是2008年5月20日国民党重新执政以来，两岸交流合作实现若干重大突破；二是海西的发展得到了国家进一步的支持。2009年5月，国务院出台《关于支持福建省加快建设海峡西岸经济区的若干意见》（国发〔2009〕24号，以下简称《意见》）。国务院《意见》明确了海峡西岸经济区建设的战略意义、总体要求和战略定位，并从八个方面对福建省的发展提出了要求。配合于此，2009年7月，福建省委出台《实施意见》。针对新的形势，规划进一步强调了对于国家战略的落实，进一步强调了规划的综合性，在广泛征求社会各界的基础上最终形成《海峡西岸城市群发展规划》。2009年12月1日，《海峡两岸城市群发展规划》得到住房和城乡建设部的批复。

二、规划成果和主要技术特点

（一）规划成果

《规划》的成果包括文本、图件、说明书和专题研究报告。主要内容可以概括为"一个战略、一个体系、六大协调"。"一个战略"是指海峡城市群的区域空间合作战略；"一个体系"是指城市群空间体系，包括区域空间结构和城镇体系组织；"六大协调"分别指产业空间布局协调、机场港口和交通通道协调、生态环境与资源利用协调、基础设施协调和综合防灾体系协调、分区域发展协调，以及跨区域发展协调。

为了对重大问题进行深入研究，《规划》开展了12项专题研究。这些专题研究分别是《台湾综合背景研究》、《闽台关系研究》、《海西区域关系研究》、《产业发展研究》、《港口与港城关系研究》、《区域成长管理与协调机制研究》、《综合交通研究》、《区域土地利用遥感分析》、《区域土地利用研究》、《生态环境研究》、《环境能源基础设施与公共安全体系》，以及《大气环境研究》。

（二）主要技术特点

第一，《规划》放眼大区域视野，把握台海关系这一海西发展最为敏感而关键的外部因素，前瞻性地提出了"海峡城市群"的两岸格局发展构想。

闽台关系，无疑是影响福建省发展的最为重要的外部因素。闽台"五缘"相连，息息相关。独特的闽台关系使得福建省在两岸合作和交流中占据重要的位置。因此，判断未来两岸关系的走势，特别是分析未来两岸合作的空间需求及其对海西的空间影响，是《规划》制定的前提。

《规划》重点从台资转移的空间轨迹和未来合作特点两个角度，对闽台合作进行了把握。首先揭示出在新的合作阶段，随着两岸交流的日益密切，海西临近台湾的空间区位优势和其作为两岸交流"枢纽"的战略地位将再次凸现出来。从台资的空间转移来看，规划分析了改革开放以来台资沿福建—珠三角—长三角转移的空间轨迹，揭示出这种空间转移的轨迹固然是台商追逐成本优势的理想选择，但这种长距离的空间转移，却使得外移产业独立于台湾的本岛经济体，难以形成在本岛和外围投资地之间的回馈机制，一定程度上弱化了产业转移对于台湾本岛经济发展的应有的促进效应。其次，从未来转移的趋势来看，在经历了三轮产业之后，本岛经济的低端加工业已经基本转移出岛，未来产业转移的主要方向将是高新技术产业和服务行业的转移（台湾的人才、技术和信息的输出）。而这类产业的转移与加工基地的转移特点不同，会强烈依托台湾本岛进行发展，也从客观上要求移出地和本岛之间保持紧密的信息和空间关系。上述两个方面的因素将使得海西成为新一轮台资转移的高地和提升台湾本岛竞争力的重要依托。

立足这一基本认识，《规划》结合闽台产业和港口合作的互补性的特点、两岸空间合作

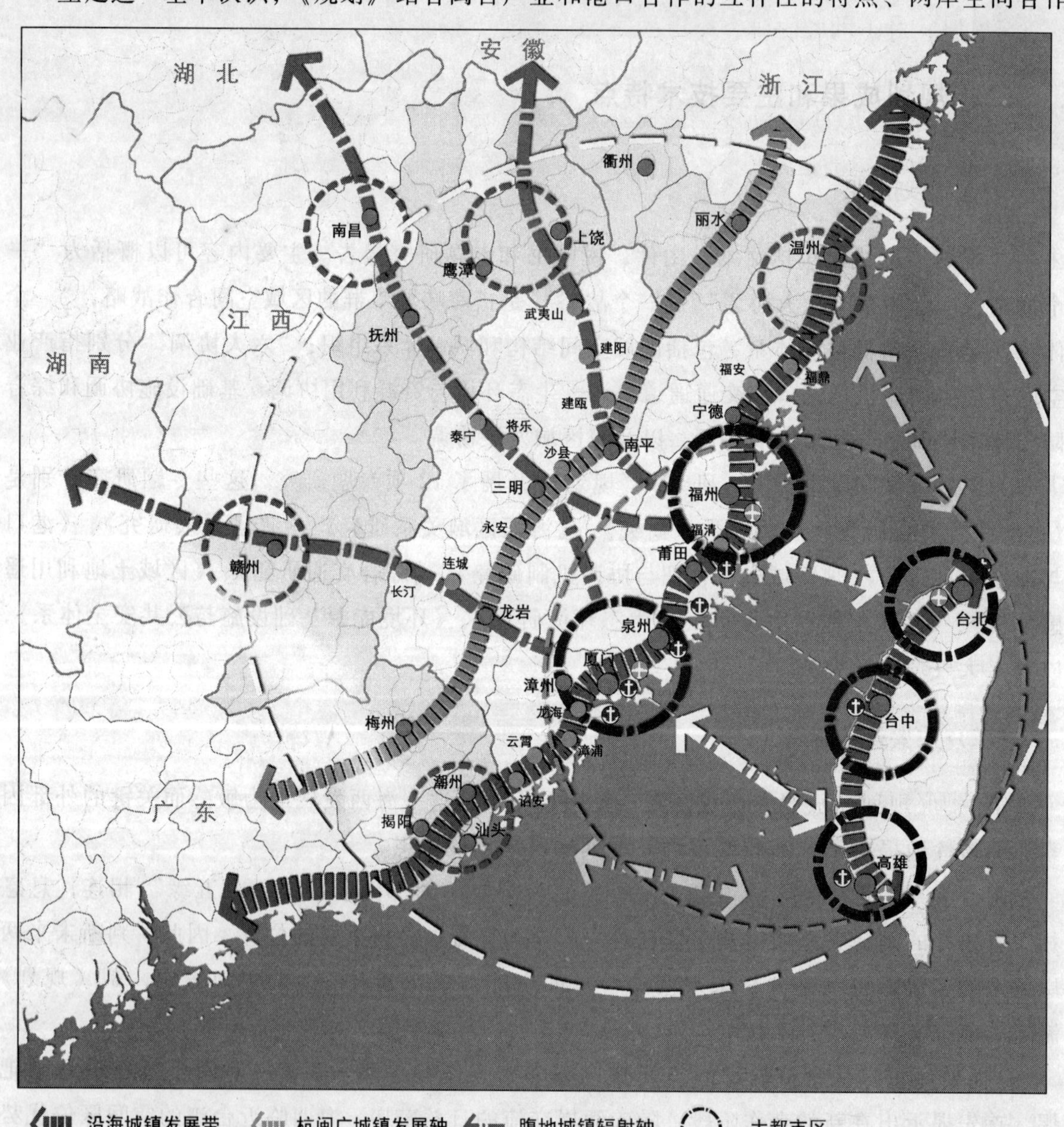

沿海城镇发展带　杭闽广城镇发展轴　腹地城镇辐射轴　大都市区

图1　海峡两岸城镇空间格局分析图

的需求以及福建省与周边地区区域协作的趋势，提出了两岸将形成空间紧密合作的“海峡城市群”的发展构想。

第二，《规划》突出强调门户基础设施和重大区域性交通通道对区域发展目标实现和空间布局优化的先导作用。

大型区域基础设施是区域发展的重要支撑。机场和港口等设施在经济全球化的时代，已经成为提升区域竞争力的关键要素。这些设施投资巨大，一旦落成，将长久地影响区域空间的发展。《规划》分析了海西机场和港口的发展现状和未来的需求特点，从充分发挥设施的服务效应和引导空间整合的角度，提出了福建省东南沿海的区域机场布局和东北沿海地区港口布局的思路。

《规划》对于机场的研究突出关注了机场对于空间发展的优化、带动和整合作用。因为，机场的选址不仅仅是设施的建设问题，大型区域性机场通过四个层次效应的发挥能够产生强大的外部带动效应：①在空港核心区，即机场周边1公里左右的范围，机场能够直接带动附属机构和与空港运营相关的行业的发展。②在紧邻空港的地区，也就是在周边1~5公里范围，机场将主要带动为空港运营、航空公司职员和旅客提供相关的商业服务。③在空港相邻地区周边5~10公里范围内，或在空港交通走廊沿线15分钟车程范围内，机场常常会带动住宅、大型超市、金融机构、教育机构等附属产业和高科技企业、会展中心、跨国公司总部等产业的发展。④在更大的都市区的范围内，由于机场的存在，整个区域的竞争优势将大大提升，由此带动相关的各种产业的发展。

推断出四个方面的影响，也就揭示了机场带动效应的发挥不仅仅取决于机场的规模，也取决于机场和城市的空间关系的这一规律。这为机场合理的选址奠定了基础。《规划》总结了我国其他地区机场和城市互动发展的经验和教训，结合厦门和泉州空间合作的趋势和要求，明确提出了在厦门和泉州之间的沿海地区建设新的区域新机场并配置机场新城发展组团的思路。

《规划》对于港口研究的核心思路是在岸线富集地区迅速培育具有发展潜力的枢纽港。福建省岸线资源丰富，建港条件优越，由于发展程度的差异，东南沿海的港口已经呈现分工合作的格局：厦门港已经成为国际性枢纽港口，泉州港主要是内陆港。因此，规划将大型基础的协调研究的重点确定为东北沿海的港口布局。

《规划》总结了国内外港口发展的经验，认为港口，特别是集装箱港口的发展不仅仅取决于港口的资源条件，更多的是一种取决于腹地市场条件和市场化的投资商（码头公司、航运公司等）的市场行为。只有上述的三种条件具备，那么集装箱港才会发展，也就会进入一个出口加工工业和港口发展的互动循环：本地加工业的发展促进了本地出口货物，推动码头公司投资码头和运营公司增加航班，也会提升港口服务和海关管理，进而提升了该地区的对外门户区位，从而促进更多的出口导向型企业选址于此。这种互动关系不仅仅发生在港口和直接腹地之间，也会对港口的间接腹地有所促进，即航班的增加会吸引远程腹地出口的货物前来此处，港口的腹地会拓展至更远的范围。

对于港口和腹地发展的互动关系形成强大的累积循环的路径的揭示，指出了集装箱港口的发展竞争性的规模经济属性，也明确了突出重点、集中发展的港口发展思路。在这一思路的指导下，《规划》结合福建省东北沿海的现实条件，确定了打造福清江阴港的发展思路。

第三，《规划》突破了传统规划中重城镇体系而轻产业空间布局的做法，把握沿海化的发展态势，关注湾区富集的沿海地区在新的沿海化发展态势下形成的“城镇＋湾区”双重带动的空间拓展模式。

随着整体产业结构的升级，我国目前已经步入第二波沿海化的进程。与第一波沿海化以国际劳动密集型产业转移为动力的特征不同，第二波沿海化是由国际重化产业转移，以及资源具有高度国际性依赖条件的国内基础重化产业布局优化所驱动。由于这类产业依赖大宗物流，从而对深水岸线产生了的巨大需求，也形成了国内外的大型重化产业向临港转移和集聚的态势。而能源、重装、原材料等产业在港区的落位，将进一步吸引相关产业的发展，最终催生以港口为核心的临港产业集群。

《规划》把握了沿海化的态势，认为海西凭借良好的港湾条件，将获得重大的产业发展机遇。由于这类产业的发展更多依赖于港口的自然条件，并非单纯依靠现状发展基础较好的城镇，因此，海西的空间发展将由现有的以传统中心城市为主体的“城市”带动，转向城镇和湾区的“双重”带动；海西现有的“点状”开发的模式，也将开始转向“沿线”拓展的模式。

在这一思路的指导下，《规划》明确了福建省各个湾区的发展类型和发展重点，提出了各湾区开发与保护及湾区协调的发展指引。在产业空间协调方面，明确了现代服务业、重化工业和现代制造业的产业空间布局，并对生态先导型产业地区和省际边界地区提出了指引。

第四，《规划》突破传统规划对于空间结构静态蓝图式和描述式的理解，强调空间结构对于现状问题解决和未来发展引导的动态性战略意图。

如果说“海峡城市群”的空间战略更多的是从大区域角度放眼未来、关注长远目标的话，那么对于海西内部空间结构的研究则是立足现实基础、关注当前问题、识别发展趋势，进而引导和优化空间发展。《规划》从总体格局、中心格局和区域差异三个方面来认识现状的空间格局：①福建省的人口、经济总量高度集中在沿海地区、山海差异显著。②泉州、福州、厦门三大中心城市带动福建的发展，厦门和福州的中心服务职能尤为突出。③厦门、泉州、漳州形成的东南板块，处于城镇连绵发展的阶段，带动全省的发展；福州、宁德、莆田构成了东北板块，福州的极化特征明显；南平、三明、龙岩位于的西部板块处于城镇演化的初期阶段。

对于现状问题的揭示，《规划》紧紧抓住了中心城市服务带动能力不足的问题，即福州弱、厦门小、泉州散的“弱、小、散”的问题，交通基础设施建设滞后，以及城市之间缺乏协调等三大方面的问题，从而为未来空间结构的优化指明了调整的方向。

《规划》结合沿海化推进、城镇化加速和网络化分工的趋势，确定了福建省“两点、一线、四轴”的空间结构。其中“两点”指福州大都市区和厦泉漳大都市区，通过城市之间的分工合作构建两大增长极，从而带动整体区域的发展；“一线”是指沿海城镇密集地带，

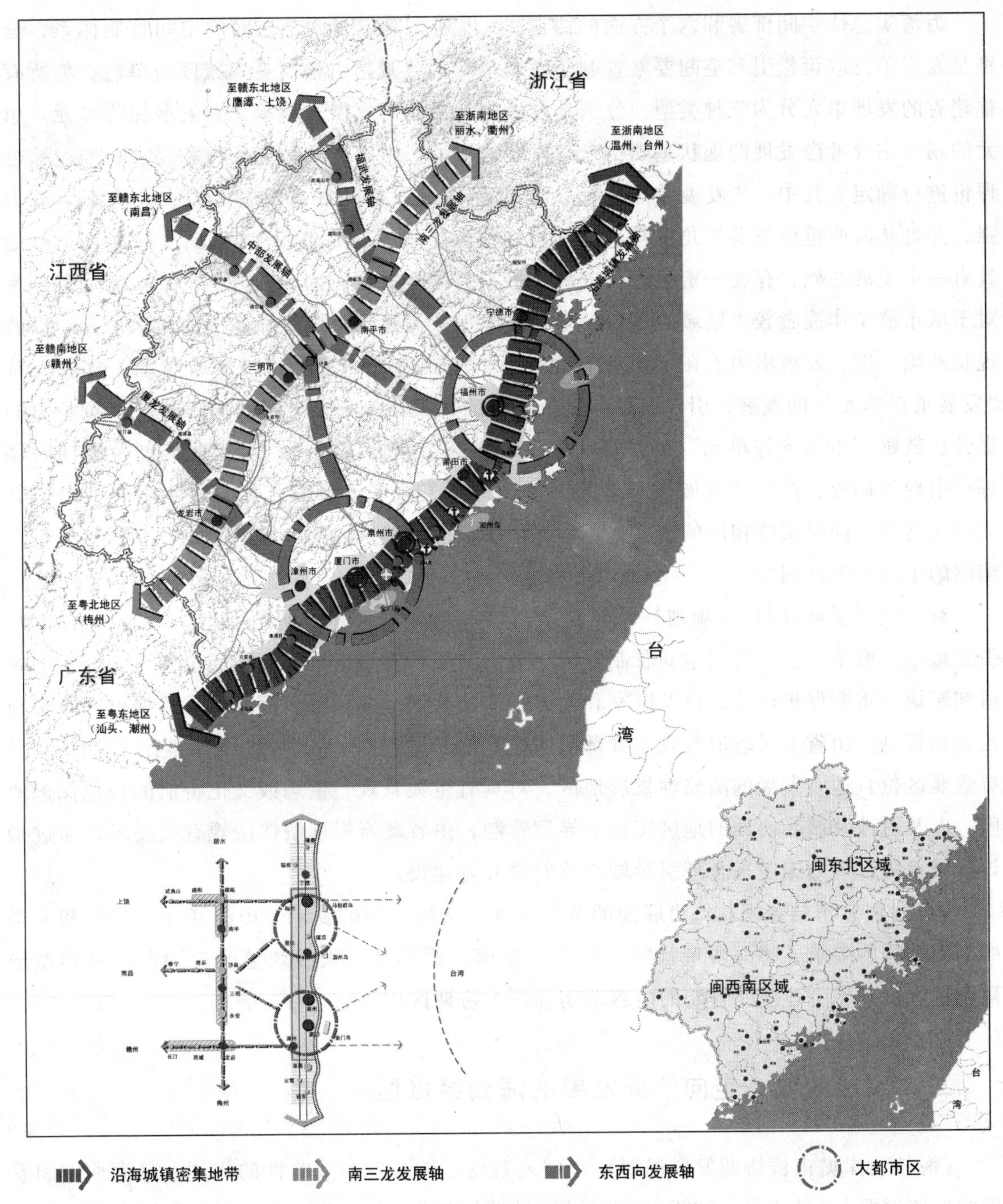

图2　海峡西岸城市群区域空间结构图

是未来海西发展的主要承载载体；“四轴”是指整合山区发展、辐射中西部地区的发展轴线，是拓展沿海带动的辐射轴。这一空间结构实际上是基于现状发展基础，针对未来发展态势对现状问题的破解，也体现了《规划》所确定的“强化中心、突出重点、集中布局、协调区域”的空间部署。

第五，《规划》丰富了空间管制内容，制定了“单元发展政策指引”和“空间要素管制”两个层面的发展调控政策体系。

为落实总体空间部署和六个方面的协调，《规划》制定了两个层面的空间管制体系，分别是发展单元政策指引和空间要素管制。发展单元的政策指引是以县和城区为单位，将所有福建省的发展单元分为三种类型，分别是发展重点单元、发展支撑单元和发展保障单元。单元的划分主要考虑发展的现状基础、未来发展的潜力、生态资源环境条件和要求，经过综合评价进行确定。其中，“发展重点单元”是指现状发展基础好、发展潜力大、生态承载力强，并且从海西整体发展的角度看具有结构性塑造作用的发展单元。“发展支撑单元”是指具有一定发展基础，存在一定生态、资源发展条件限制的发展单元。“发展保障单元”是指对于城市群整体或者较大区域的生态保育、环境保护等起到重要保障作用的地区单元，以及现状基础一般、发展潜力有限、生态较为敏感的地区单元。在总体发展政策上，优先支持“发展重点单元”的发展，引导人口和生产要素向该类单元集聚，带动城市群整体竞争力的提升；鼓励“发展支撑单元”的发展，在保障生态要求的前提下，对产业类型及空间时序进行引导和调控；控制“发展保障单元”合理的开发规模和开发强度，逐步引导人口向其他单元转移，同时实施相应的转移支付和补偿手段。发展单元的分类指引协调和指导了正在编制的主体功能区划分。

对于空间要素管制，《规划》从可持续发展和增强规划弹性的角度出发，提出监管型、引导型、一般型三级八类的空间管制要素划分。其中，对于对重大交通通道和设施、生态廊道和斑块、重要保护岸线，以及国家和地方法律法规确定的风景名胜区、自然保护区等实施监管型管制，由省人民政府及其主管部门通过立法和行政等手段进行强制性监督控制。对具有重要区位且适宜发展的战略性发展地区，对具有重大景观、生态或文化价值的特色保护地区，以及对涉及城际协调的地区实施引导型管制，由省政府根据法律法规有关要求，通过指导各城市进行规划编制来合理引导城市政府的开发建设。

《规划》紧密结合现状城市联盟的合作基础、流域协调的要求、山海联动的趋势和未来的空间结构的要求，将海西现状的“东北、东南、西部”三大板块整合成为两大城镇发展协调地区，并将上述空间管制的内容落实到两个协调区中。

三、实施成效：走向协调发展的海西经济区

《海峡西岸城市群协调发展规划》是“宏观性、综合性和战略性的规划，是海西空间发展的总体纲要”（黄小晶，2008）。由于规划编制刚刚完成，规划的实施效果还有待时间的检验，但是《规划》通过“政府组织、专家领衔、部门合作、公众参与、科学决策”的工作组织和对下一层次规划的指导，已经展现出一定的实施成效。

第一，《规划》进一步促进了海峡西岸经济区战略的提升。规划“重点研究福建省在国家核心利益的要求下的站位”（汪光焘，2008），通过深入分析海西发展的战略意义，“促进了海西发展战略的进一步形成和提升”（卢展工，2008）。规划的研究工作对于推动海西的发展上升为国家战略起到了重要作用。2009 年国务院公布《关于支持福建省加快建设海峡西岸经济区的若干意见》，规划主要的发展理念在《意见》中得以体现。《规划》提出的

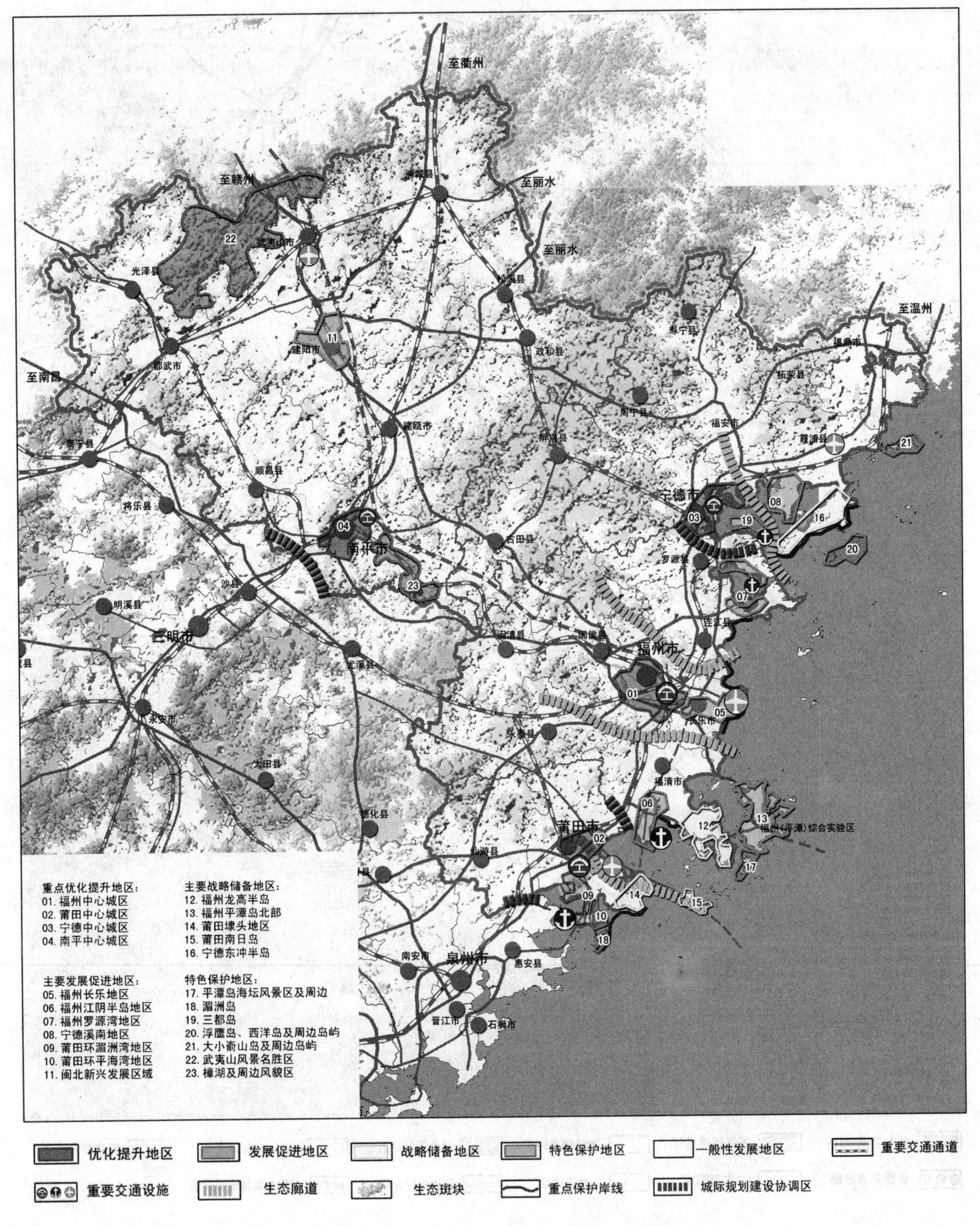

图3 闽东北区域协调发展指引——空间要素管制图

“一带、两极”的空间发展思想，作为重要内容写入《贯彻落实〈国务院关于支持福建省加快建设海峡西岸经济区的若干意见〉的实施意见》、《福建省建设海峡西岸经济区纲要（修编送审稿）》。

第二，统一各界认识，拓展海西效应。《规划》由省部联合编制，影响深远，编制过程本身就是统一全省上下和社会各界关于海峡西岸城市群认识、推进海峡西岸经济区建设的一

图4　闽西南区域协调发展指引——空间要素管制图

项重要举措。社会各界均对该项工作给予高度评价。《规划》先后被评选为“海西先行十大故事”,“2008影响福建十大经济新闻”。此外，规划编制的经验在“2009年全国建设工作会议上”进行了交流。

第三，指导各层次的城乡规划，促进福建城镇空间优化。依据《规划》，建设厅完成《福建省省域城镇体系规划》的实施评估工作，并开展《福建省省域城镇体系规划》的修编工作；相继完成福州、泉州、莆田、南平等中心城市总体规划纲要的审查工作，将《规划》确定的城镇空间布局和规模控制要求、重大基础设施的布局、有关生态环境和资源保护的开发管制要求落实到各城市的总体规划中去。

（作者：朱力，中国城市规划设计研究院副所长，高级城市规划师；李晓江，中国城市规划设计研究院院长，教授级高级城市规划师；张全，中国城市规划设计研究院所长，教授级高级城市规划师；张永波，中国城市规划设计研究院，城市规划师）

西部山地城市的发展战略

——以遵义市为例

一、引言

西部地区主要是指包括重庆、四川、贵州、云南、广西、西藏、陕西、甘肃、青海、宁夏、新疆和内蒙古等十二个省市自治区在内的广袤地区，总面积686.74万平方公里，占全国陆地面积71.5%。而在西部地区山地面积约占整个西部国土面积的68%，有5个西部省市区的山地面积超过本省土地面积的80%，这5个省市区主要是指重庆、四川、云南、贵州、西藏，西部地区的发展对于促进区域经济整体腾飞将起到重要的作用。

20世纪90年代末期，随着国家实行西部大开发战略，西部城市得到了较快发展，但是与东部城市、中部城市相比，西部城市尤其是西部山地城市存在着先天的不足，如经济发展动力不足、交通基础设施建设落后、用地拓展受限等。本文以西部山地城市发展特征为切入点，试图梳理出西部山地城市发展的困境与难点，在此基础上以贵州省第二大城市——遵义市为例，来探讨遵义如何通过城市发展战略的制定来应对西部山地城市发展所面临困境，以期为其他山地城市提供参考。

二、当前我国西部山地城市发展的主要特征

1. 经济基础比较薄弱，内部差异较大

从区域发展水平对比来看，西部地区从经济总量、人口分布、城镇化水平等均比东部甚至是中部地区要低（详见表1）；特别是西南地区，经济基础相对薄弱，是全国相对落后的地区。同时，从西部地区内部来看，也有较大差异性，西部直辖市、省会城市经济发展水平较高，首位度较高，而其余地级市发展相对较慢，特别是西南山地城市。譬如，重庆、成都、西安等城市基本上均步入了工业化后期，贵阳、昆明、乌鲁木齐等城市处于工业中期即将进入工业化后期；而遵义、凯里等中小城市还处于工业化初期或即将进入工业化中期。因此，对于西部城市尤其是西部山地城市，城市发展阶段的判别十分重要。不同发展阶段的城

市具有不同的工业化进程，而工业化进程是城市发展不可逾越的发展阶段，处于不同工业化阶段的城市具有不同的产业结构。产业结构的调整一方面使城市用地不断出现新的类型和新的需求，另一方面促进了城市功能的进一步完善。

表1　区域发展水平对比（2007）

区域	人口（万人）	GDP（亿元）	人均GDP（元）	工业总产值（亿元）	第三产业增加值（亿元）	城镇化水平（%）
东部	47 476	152 346.4	363 330	71 330.0	63 451.8	55
东北	10 852	23 373.2	63 590	10 697.5	8 516.5	55.8
中部	30 925	38 563.9	75 763	17 132.3	13 795.9	39.4
西部	36 298	47 864.1	108 806	18 804.2	18 047.0	36.2
其中西南5省市	19 503	22 453.2	57 117	8 233.3	8 769.0	35

备注：①资料来源于《中国统计年鉴2008》；
②表1统计中，西部地区包含了广西壮族自治区、内蒙古自治区的数据，部分指标高于中部地区；
③西南5省市区是指重庆、四川、云南、贵州、西藏

2. 用地条件适宜性较差，用地拓展受限

城镇发展首先受自然生态条件的制约。从全国范围看，由于地形地貌、气候、水资源、土地利用类型等自然生态条件的限制，不适宜人类生存和居住的地区约占国土面积的52%（详见表2），这些地区主要分布在西部地区特别是西南山区。西南山地城市适宜地区较少，城市大部分土地都属于较不适宜或者不适宜地区，而适宜地区大都属于建成区，西南山地城市中有部分城市还未进入快速工业化阶段，城市还需要建设用地拓展的支撑，但受到自然生态的限制，用地拓展受限。

表2　地理因素对城镇发展适宜性评价表

城镇发展适宜度	分布地区	面积比例（%）	耕地比例（%）
不适宜地区	主要分布于西部地区以及中部的内蒙和西南地区和东部的沿海滩涂、湿地等地区，包括塔克拉玛干沙漠、藏北高原、内蒙的中央戈壁等地区。这些地区主要受高程、坡度、土壤侵蚀、降水等因素制约	52	5
较不适宜地区	主要分布于坡度较高的山地丘陵地区、降水较少的半干旱地区、积温较低不适宜农作物生长的地区，以及以林地和草地等覆盖为主的地区	29	20
适宜地区	主要位于平原盆地地区，现以耕地覆盖为主，也是地势平坦、水资源较为丰富的地区主要分布于东部地区的东北平原、三江平原、华北平原、长江中下游平原，以及四川盆地，和西部的河西走廊、天山南北的河流冲积扇地区	19	55

资料来源：《全国城镇体系规划（2005～2020）》

3. 基础设施建设落后，交通存在瓶颈

西部地区由于经济基础薄弱，地方财务能力有限，基础设施建设基本上依靠国家投入，

2000年以前，国家投资重点在东部地区，因此，西部地区基础设施建设相对落后。据统计，1999年底，西部地区公路通车总里程532 650公里，公路密度为7.73公里/百平方公里，公路网密度很低。经过10年的西部大开发，至2008年底西部地区公路通车总里程达到1 421 087公里，公路密度达到20.61公里/百平方公里，相比1999年有较大幅度的提升；但同期东部、中部地区，公路密度均已经达到70公里/百平方公里以上，西部公路密度较东部、中部还有不小的差距。西部山地城市由于受到自然地形条件限制，公路网密度更低，且较多西部山地城市缺少机场（支线机场）、高等级公路网等重大基础设施的支撑，城市发展存在瓶颈。

4. 资源蕴藏丰富，城市发展与生态环境保护矛盾突出

西部地区是我国重要的能源和资源分布地区，特别是西南地区。西南地区是我国自然资源最富集的地区之一，也是我国主要江河的水源地，生物多样性丰富，对国家生态安全具有重要意义，包括川滇森林生态系统多样性保育类型区、藏东南高原边缘森林生态系统保育类型区、三江源高寒草原/草甸/湿地生态系统保育类型区等。然而，西部山地城市正逐步迈入工业化进程，对能源、土地资源、矿产资源、水资源等产生了巨大的需求，城市发展与区域生态环境保护之间产生了一定的矛盾。但是城市发展不能以破坏区域生态环境为代价。在城市发展的同时，必须加强生态系统的保护和建设，对城镇建设与产业发展做出合理的引导。

通过上述分析，西南山地城市的主要特征包括：经济基础比较薄弱，内部差异较大；用地条件适宜性较差，用地拓展受限；基础设施建设落后，交通存在瓶颈；资源蕴藏丰富，城市发展与生态环境保护矛盾突出。针对这些特征与问题，拟定有针对性的战略与策略，才能更好地指导城市发展与建设。为解决经济基础薄弱的问题，必须正确判断城市发展阶段，以此为基础，拟定适合的产业发展战略，促进城市又好又快发展；针对用地条件、交通等问题，必须合理选择城市可建设用地，通过基础设施建设，拉动城市空间有序拓展；针对生态环境保护，应制定适宜的、操作性强的保护策略。以下以遵义市为例，探讨遵义如何通过城市发展战略的制定来应对上述问题。

三、遵义城市发展战略

1. 现状概况

遵义是我国西部内陆山地城市，贵州省综合性次中心城市，境内山地面积占土地总面积的64.3%，丘陵占29.4%，盆地及河谷坝子仅占6.3%，属于典型的山地城市。复杂的地形条件与多样的气候类型，奠定了遵义良好的生态基质。遵义野生动植物资源2009种，其中有83种被列为国家一、二级重点保护动植物，占全省总数的93%以上。目前全市建立了22个自然保护区、14个森林公园和7个风景名胜区。

遵义2006年总人口为750万人，城镇人口为217.86万人，城镇化水平为29.9%，即将步入城镇化的快速发展期。地区生产总值达到464.5亿元，居贵州省第二位，人均GDP为780美元，遵义三次产业结构为19.8:37.1:43.1，第一产业比重较大，接近20%，第二产业所占比重较低，第三产业比重稍高于第二产业，呈现出较低层次的“三二一”结构。根据判断（详见表3），遵义正处于前工业化向工业化初期转型的阶段，即将进入快速工业化进程。

表3　遵义工业化水平评价指标（2006）

	前工业化时期	工业化初期	工业化中期	工业化后期	后工业化时期	遵义
人均GDP(美元)	745～1 490	1 490～2 980	2 980～5 960	5 960～11 700	>11 700	780
城镇化水平(%)	<30	30～50	50～60	60～75	>75	29.91
产业产值结构(%)	A>I	A>20,且A<I	A<20,I>S	A<10,I>S	A<10,I<S	19.8 37.1 43.1

注：表中，A表示第一产业，I表示第二产业，S表示第三产业

遵义市目前缺少民航机场，铁路运输能力较弱，公路也存在总量少、高快速路比重低、路网功能不完善等问题。综合交通的不足，成为遵义发展的瓶颈。

面对经济基础薄弱、城市空间拓展受限、典型的山地城市，如何制定适宜的城市发展战略？以下主要从产业发展、空间发展与山地利用、生态保护与利用等三个方面进行论述。

2. 产业发展

第二产业发展的重点与主导产业的选择应十分慎重，本文采用了定性与定量相结合的方式来确定遵义的产业体系。

定性方面，遵义市产业选择主要坚持以下六项原则：①工业产业发展现状的比较优势，即遵义市某一工业行业在遵义市各工业行业间、同一工业行业在全省或全国各区域之间具有的相对优势；②工业行业发展趋势的相对优势，即未来发展前景好，属于朝阳行业；③工业行业在大区域分工中的市场份额和市场潜力；④工业行业发展区域条件（包括资源条件）的潜在优势；⑤工业行业的关联和集群效应；⑥对可持续发展的环境效应。

定量方面，采用工业行业综合测算，选取产业市场潜力、产业比较优势度（比较劳动生产率）、产业专门化率、综合指数等指标进行测算。综合定性与定量分析，制造业中有四类产业可作为主导产业，即饮料制造业、金属冶炼及压延加工业、电气机械及器材制造业、化学原料及化学制品制造业、非金属矿物制品业，这些产业是符合经济发展阶段，同时也是可依托本地资源、具有比较优势的产业。

在这个阶段，第三产业还不是遵义发展的重中之重，但应做长远打算，可早做安排，积极发展与扶持旅游、现代物流、科技文化、金融保险、信息、房地产等新兴服务业，提高服务业发展水平。同时，积极运用现代经营方式和信息技术改造提升商贸、餐饮、住宿、商

贸、交通运输、公用事业等传统服务业。最后，确定遵义的产业体系，详见表4。

表4　遵义市规划产业体系

产业体系	行　业	部　门
主导产业	食品、原材料、机电、化工和旅游	饮料制造、烟草加工、金属冶炼及压延加工、电气机械及器材制造、化学原料及化学制品制造、旅游资源开发与服务
潜在产业	新材料、先进制造业、制药、物流和商务服务	新材料、先进制造、生态(现代)农业及农产品加工、医药制造、物流运输、贸易、办公
基础产业	农业、能源、建材业、服务业及各类生产资料供应业	特色农业、能源生产、非金属矿制品业、建筑业、批发零售、交通运输、教育、房地产、水的生产和供应、热力生产供应、燃气生产和供应

资料来源：《遵义市城市总体规划（2009～2030）》

3. 空间发展与山地利用

遵义市作为典型的山地城市，当前中心城区适宜建设用地已基本用完。2006年，遵义中心城区人均城市建设用地仅67平方米，远低于平原城市水平和国家标准，建设用地紧张、供需矛盾突出。为了加速推进工业化进程，急需寻找可建设用地，支撑产业空间的拓展，因此，需在更大范围内考虑城市的发展。

按照科学发展观的要求，规划用地必须建立在对适宜建设用地的科学分析基础上，因此，以遥感、GIS为技术平台，开展建设用地适宜性分析，首先从高程（绝对海拔和相对海拔）、坡度、坡向、河流水系、植被覆盖、断层等6个方面对遵义山地利用进行生态因子分析；其次，将单因子评价结果进行叠加，并充分考虑基本农田和耕地对于建设用地的影响，从而获得全部适宜建设用地的空间分布与规模。

综合考察用地发展的现状和有效土地供应情况，明确中心城区和中心城市空间拓展方向，形成"东扩西控、南北充实"的空间发展战略。

东南方向用地条件较好，有一定的工业基础，离中心城区也有一定距离，可以满足遵义中心城区未来产业空间的拓展，构建南白—三岔—龙坪—深溪与尚稽—团溪—西坪两条产业集聚带，满足城市工业用地增量需求，疏导中心城区工业，降低污染扩散，减少对主城生活区影响；东北方向利用良好的生态和用地条件，重点发展礼仪、新蒲、机场组团和虾子中心镇，增强城市服务功能，尤其是交通、商贸、物流、教育和居住等；保护主城区西侧的北郊、南郊、水泊渡等水源保护区，禁止和限制相关建设，限制城市向西拓展。

南北向交通轴线是城市发展的主轴，连接大量城镇与产业增长点，向南应大力培育南白的综合服务中心职能，打造三合—苟江产业区，形成南部产业集群环境。向北着力培育桐梓组团，成为遵义衔接重庆的窗口。

此外，为了更好地指导山地的开发利用，参考借鉴国内外山地城市开发建设的经验，根据山地地貌类型特征，从基底处理、建筑形态、建筑布局、交通组织、道路线形等对各片区的山地建设提出技术指引（详见表5）。

表5 山地建设方法与技术指引

序号	地貌类型	片区	基底处理	建筑形态	建筑布局	交通组织	道路线形
1	谷地型	董公寺—高坪、南白、三岔	分层、分台的建筑基底	地表式：错层、掉层错叠地下式	线网联系型 空间序列型 层台组合型	顺应沟谷走向以枝状、网格状路网为主；平行或垂直于车行道形成鱼骨状步行系统	以直线型，蛇行线路为主
2	沟壑丘陵型	礼仪—南宫山、深溪—龙坪	坡地和台地结合的基底	地表式：错层、掉层架空式：架空型、吊脚型	踏步主轴型 主从空间型 层台组合型 空间穿插型	以环状、放射状为主，辅以枝状、立交的多种路网结合形式；自由灵活的步行系统	以均匀环绕的线路为主
3	平缓坡地型	老城—龙坑、新蒲、新舟	缓坡或平地基底	地表式：全部勒脚、局部勒脚、阶梯式勒脚	线网联系型 主从空间型	以网格状路网为主	以直线型线路为主

资料来源：《遵义市城市总体规划（2009～2030）》

4. 生态保护与利用

为保护遵义丰富的生态资源，培育区域生态安全格局，支撑遵义快速工业化所需要的发展空间与资源，也为避免城市发展对生态环境产生过多影响，根据遵义市生态环境特点，以及未来发展趋势和保护要求，以遥感、GIS为技术平台，将遵义市划分成四个等级的生态控制区，即严格保护区、控制性保护利用区、引导性开发利用区、优化开发利用区；并提出有针对性的保护措施与对策，严格保护生态资源，合理引导城镇建设与产业发展，详见表6。

表6 遵义生态管制分区一览表

序号	生态管制分区	管制保护范围	保护策略
1	一级生态控制区（区域基本生态保护区）	自然保护区、典型原生生态系统、珍惜物种栖息地、重要水源地涵养区、水土流失和石漠化极敏感区等	• 坡度大于25%的山坡地实行退耕还林，严格控制森林砍伐规模 • 严格限制开垦和开发活动，除重大交通设施、市政公用设施、旅游设施、公园外，禁止开发建设 • 已批建设项目，优先考虑环境保护，严控开发强度，逐步腾退不符合生态功能保护要求的用地 • 严格限制高资源消耗型和高污染型的工业生产活动
2	二级生态控制区（控制性保护利用区）	生态系统的敏感区和重要的生态服务功能区，与整体生态维护密切相关的区域	• 注意营造与一级生态保护区之间生态连续 • 积极开展疏林植被的培育更新，对已经开发的农业种植区和经济林果区，要结合种植结构和区域经济的调整，恢复自然植被，加强农田防护林体系建设 • 严格控制土地开发规模和开发强度 • 优先发展环境友好型产业，限制不符合生态功能要求的产业
3	三级生态控制区（引导性开发区）	耕地、基本农田保护区等	• 减少坡地开发，加强水土保持工作 • 加强生态农业建设和基本农田保护，建设农田防护林体系 • 控制畜禽养殖规模，重视农田的生态防护功能
4	四级生态控制区（优化开发区）	现有建成区，包括工业区、居民区以及其他城市功能区	• 集约开发，以市区、重要城镇和开发区为重点，提升土地利用的生态效益、社会和经济效益 • 调整土地利用布局，优化土地利用结构，强化土地资源综合利用与控制，在结构上保证城镇建设和农业保护能协调发展 • 实施城市环境综合治理，控制和减少城市污染，加强城市绿地建设，提高城市的自然属性 • 优化产业格局，淘汰工艺技术落后和污染严重的企业，优先发展环境友好型产业

备注：根据《遵义市城市总体规划（2009～2030）》整理所得

四、总结与讨论

（1）西部山地城市大多都存在经济基础薄弱、用地条件适宜性较差、基础设施建设落后、城市发展与生态环境保护矛盾突出等特征，城市发展战略的制定就必须针对这些问题拟定出相应的策略。

（2）工业化进程是城市发展不可逾越的发展阶段。对于多数的西部山地城市，即将进入快速工业化，面临着产业结构的调整与产业空间的拓展，使得城市用地不断出现新的类型和新的需求。城市用地的变更与城市功能的变化又反映出城市空间的演替，城市也会拟定不同的发展战略以应对空间的变化。

（3）对于西部山地城市，城市可建设用地的选择与空间拓展方向的确定是规划的重点与难点，可借用遥感、GIS 等技术平台，开展建设用地适宜性分析与评价，合理确定可建设用地。在此基础上，结合城市现状建设情况与发展趋势，确定城市空间拓展方向与空间发展战略。

（4）如何有效地保护生态资源、生态环境，这是一个经常探讨的问题。一般做法是提出相应的策略与措施，但是在空间上很难落实。笔者认为，可以借用“管制”的理念，以遥感、GIS 的技术平台，划定生态管制分区，划定“控制线”。以此作为立法的依据，并制定相应的政策，这可能是一种更加有效的做法。

（5）对于西部山地城市需要研究的问题还有很多，如人口空间分布、城镇规模、旅游发展、历史文化保护等，但首要应解决产业发展、空间拓展、生态保护等重点问题，对于其余问题的探讨也应加强。

（作者：廖远涛，广州市城市规划勘测设计研究院工程师；王建军，佛山市规划局南海分局总规划师，高级工程师）

参考文献：

1. http://www.china.com.cn/economic/txt/2009-11/26/content_18958086.htm

2. 曹春华．西部山地城市土地开发利用思考．规划师［J］，2003（7）：72~74

3. 陈国阶等．2003 中国山区发展报告［M］．北京：商务印书馆，2004

4. 卢峰，徐煜辉等．西部山地城市设计策略探讨—以重庆市主城区为例．时代建筑［J］，2006（4）：64~69

5. 彭涛，廖远涛等．城市总体发展战略比较研究——基于不同发展阶段的思考．规划师［J］，2009（8）：89~95

6. 全国城镇体系规划（2005~2020 年）．中国城市规划设计研究院

7. 王磊．城市产业结构调整与城市空间结构演化——以武汉市为例［J］．城市规划汇刊，2001 年第 3 期总第 133 期：55~58

8. 遵义市城市总体规划（2009~2030）．广州市城市规划勘测设计研究院

以治水为先的推进东莞低碳生态城市化实践

——东莞生态园在行动

一、引言

东莞社会的快速发展不知不觉地将城市化的量与质的矛盾推到了一个特殊时期。东莞以往的发展模式成就了东莞城市化初级阶段的成功，但也逐渐成为一种影响继续发展的问题。东莞市域快速蔓延的工业化推动了东莞以镇为发展单元的城市化进程，使镇区的边缘地区渐渐地成为各个镇的不重要地区，成为被漠视的空间，不仅环境差、土地价值低，而且也被人为地割裂了镇与镇之间经济要素之间的关系，减少了产业聚沙成塔和形成更完善产业链的机会。

近十年来，东莞市政府遵循属地社会经济文化的空间差异性规律，先后实施了松山湖产业新区、虎门港新区的发展计划，对东莞实现社会和经济转型起到了非常明显的推动作用。如果说松山湖园区①是以山水格局的环境特色取胜、虎门港区②是以组合港城经济要素而得宜，那么规划开始于三年前的东莞生态园，就是一个全新的复合生态价值观的社会综合发展。

东莞快速城市化的过程伴随着社会结构、生活方式、思想文化的变化，甚至也影响到政治组织的变化。实施这三个发展计划成为共同应对上述变化，组合、联动镇区资源，共同构建东莞现代产业体系，持续推进更高阶段城市化的重要步骤。

二、应时的生态园

东莞生态园位于广东省东莞市东北部，生态园选址于六个镇区③的发展边缘地带，拥有

① 松山湖园区：是2001年开始规划建设的省级高新技术园区，是以山水环境为特色的高新技术产业、总部集聚、适宜居住的新城。新城用地总面积54平方公里，湖面8平方公里。

② 虎门港区：东莞沿江产业带的重要构成内容，是以五大港区组成港口物流和临近镇区的临港产业集聚为特色的综合发展区。

③ 六镇：茶山镇、石排镇、寮步镇、石龙镇、东坑镇、横沥镇。

30.54平方公里地势低洼的土地；区外周边环水，园区内现有南畲朗和大圳埔排渠等水利设施，是邻近六镇的低洼地带，具有典型的岭南水乡农耕特色。由于各镇区工业化的原因，园区内成为镇区污水汇聚和流经的地区，是一处典型的快速城市化发展引发的水环境污染严重和土地价值低下的区域。

2006年以来，针对东莞的发展特点，东莞市委、市政府提出了“双转型”的战略发展要求，同年6月提出了生态园的发展设想，围绕生态园同步展开了相关城市问题研究——如何统筹城乡协调发展、传统发展模式如何向低碳节能和生态模式转型的可操作路径、水生态环境综合治理的有效标准和可实施的路径、综合治水可能带来的复合功能价值，以及如何将单一的水利工程与城市水生态环境治理相结合并形成综合土地利用的有效的模式，探索和实践可持续的社会稳定、环境宜居、经济循环、文明提升的城市化路径。

东莞生态园定位是以生态湿地为特色的循环经济和生态产业示范区、高端产业发展及配套服务区，将建成以低碳模式和传统模式兼蓄并重为目标的综合园区，实践《珠江三角洲地区改革发展规划纲要》提出的转变发展方式，成为新经济增长模式的示范点（图1）。其职能是：城镇群统筹协调发展的示范区，复合环境生态的综合发展区，具有岭南文化特色的

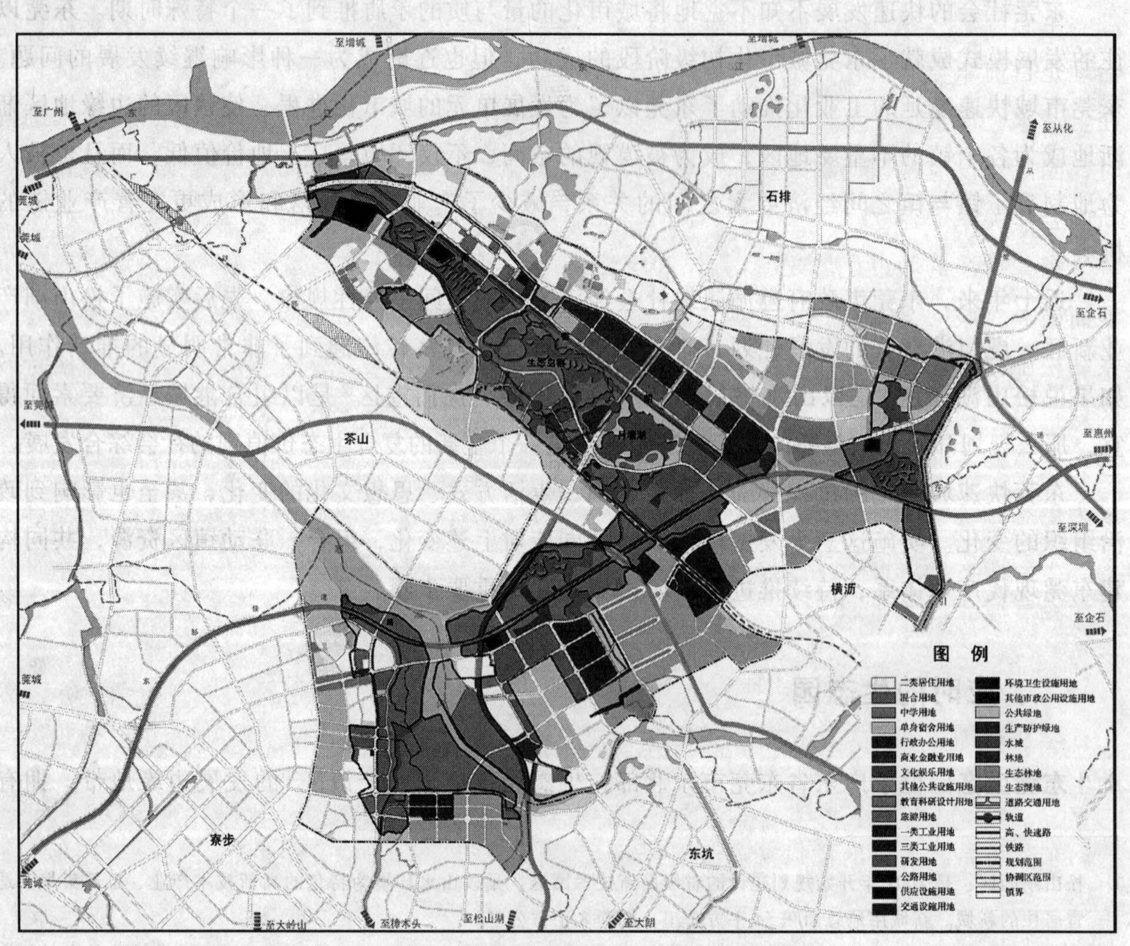

图1 东莞生态园总体规划土地利用规划图

城市休闲旅游区，东莞发展高端（现代）产业及其配套产业的服务区。[①]

生态园规划总用地30.54平方公里，城市建设用地面积为15.58平方公里，规划人口控制规模为15万人。

三、生态园的价值观

1. 统筹发展——关注东莞社会发展的特征和规律，建立镇区间持续城市化过程中的共同利益关系

东莞以镇为单元的诸侯模式、粗放式的经济发展方式从属地最大效益的角度，快速地完成了东莞城市化初级阶段的任务。但各种社会和经济发展要素也由此而画地为牢，由于存在镇际间“界”[②]，经历了30年最快速城市化历程的东莞，城市化进程和品质化都遇到了水环境、土地资源的质与量、城市化品质再提升等瓶颈性问题；“界”内的资源短缺已经成为制约进一步发展的主要瓶颈之一。

生态园从“水环境欠账”的问题入手，进行区域水环境综合治理。我们认为水环境的治理是目前东莞城市化留下的具有特征性的问题，水环境是六镇的共同利益和共同责任所在。治水、理水、护水、惜水成为生态园计划中首先进行的规划和建设工作，在治水的同时，园区建设应遵循低碳减排标准，带动镇区城市功能和产业空间布局的变化，促进镇区间新的合作关系的建立。

东莞持续的城市化需要破“界”，经济发展需要破界，生态环境的系统性更需要整体发展而破界。破“界”有助于完成资源的集合与高效，形成跨镇域的经济发展要素组合新关系。松山湖、虎门港和正在建设实施中的生态园都是包含破“界”融合的内涵，即使行政区划在短期内难以合并，但在影响经济发展的要素群中，重组合作已越来越成为需求。以生态和城市共有的水环境作为破“界”达成各镇协作共识，延伸城市化模式的新路径，也已成为生态园统筹发展的有效手段。

生态园要选择以治共同之水为先，嵌入新园区的价值取向，组合、粘接次区域的各种积极的发展要素，才能破经济要素不流通之界，破土地综合价值差异之界，破产业不成链之界。

2. 生态城市——关注和实施绿色低碳和循环经济发展理念，创造与时俱进的、特色突出的生态新城区

东莞可持续发展的挑战来自于外源驱动型的高碳经济模式。资源高消耗的全球产业链分

---

① 引自中国城市规划设计研究院2007年编制的《东莞生态园总体规划》。

② 镇的行政区划界限和各镇的政策差异产生了经济要素流动的边界。在东莞快速社会和产业转型时期，诸侯模式不再是优势，已经成为发展制约的瓶颈，以镇为发展单元的工业化带动的城市化发展模式是最大的“界”。

工、劳动密集型工业主导的产业特点，非农流动型的社会结构、以镇为单位的分散发展格局等社会特征，使得东莞面临资本转移的风险、产业升级的压力、社会转型的困顿、生态环境的危机。在这多重的矛盾下，东莞市以“创建低碳新城”为目标，以“生态修复、区域统筹”为己任，从蔓延到紧凑，从分散到集约，从高碳到低碳，消减对生态环境空间的侵蚀，提高城市和产业用地的效率，就成为生态园发展的目标。为此，我们要从生产和生活方式上推广低碳城市的发展理念，从生态园和六镇区的新型城市化模式入手，走循环经济和减碳的社会改良发展道路，使生态园的发展计划不只是一个单纯的、常规经济发展计划，还要营造绿色生态的新城区，创建新的生活方式，彰显新文明。生态园是东莞向世人展示“资源节约型、环境友好型”的案例，也是对探索中国特色新城在产业转型与生态环境修复过程中的“低碳”建设路径的实践。

3. 城市文明—关注社会文明质素之变，规划次区域①的生产和生活服务中心，引领和促进周边镇区社会进步

随着东莞城市化持续地演进，东莞社会崇尚的价值观也在发生着由表及里的深刻变化。生态园要与松山湖新城、虎门港一样要成为一种构建次区域新产业关系和新社会关系的组织者。因而，规划建设生态园在于更好地应对和引导东莞城市化路径和价值观的变化，在于更有效地丰富东莞城市的社会文明，推进东莞经济、社会双转型。

生态园与六镇是社会经济发展的合作伙伴，其合作的过程也是探索东莞新模式的过程。生态园要为次区域提供生活和生产服务的新中心，促进镇区统筹、重组社会和经济要素集成，促成产业和发展要素间相互依赖、相互链接的新关系，引导、促进建立和完善临近镇区优势产业链和价值链，达到土地空间资源、能源、人力和各种投资的最大效益与最优组合利用，形成市场共同体，发挥有限空间资源的价值（图2）。

4. 先行先试——关注适合东莞可持续的、具有复合生态内涵的②城市化路径

建设和保护可持续的人类生存环境质量是我们今天面临的一项重要的“事业”，这是影响人类生存的、长久的人文价值取向，也是东莞城市化新模式的价值取向。

东莞市政府以负责任的态度推动生态园的发展建设，遵循复合生态的价值观，根据东莞城市化的特征和规律，找寻维系健康和持续的东莞社会和经济发展之路；要实行环境生态、产业生态和社会生态复合并进的发展策略，应针对东莞双转型③的需求，以新观念、新技术对传统产业生态化、绿色化和高技术化，完善东莞现代产业的体系。生态园的规划建设就是以生态环境为主要空间平台，以循环经济模式引导生态园周边地区更高级的城市化，逐渐实现相对稳定的社会、城市和产业结构，开启建设新型园镇关系的发展阶段。

---

① 由东莞东部六镇构成的区域，约150平方公里。

② 自然环境和人文环境的生态状况，生态园分为湿地水环境生态和减碳模式为特色的城市环境两种空间形式。

③ 社会转型和经济转型。

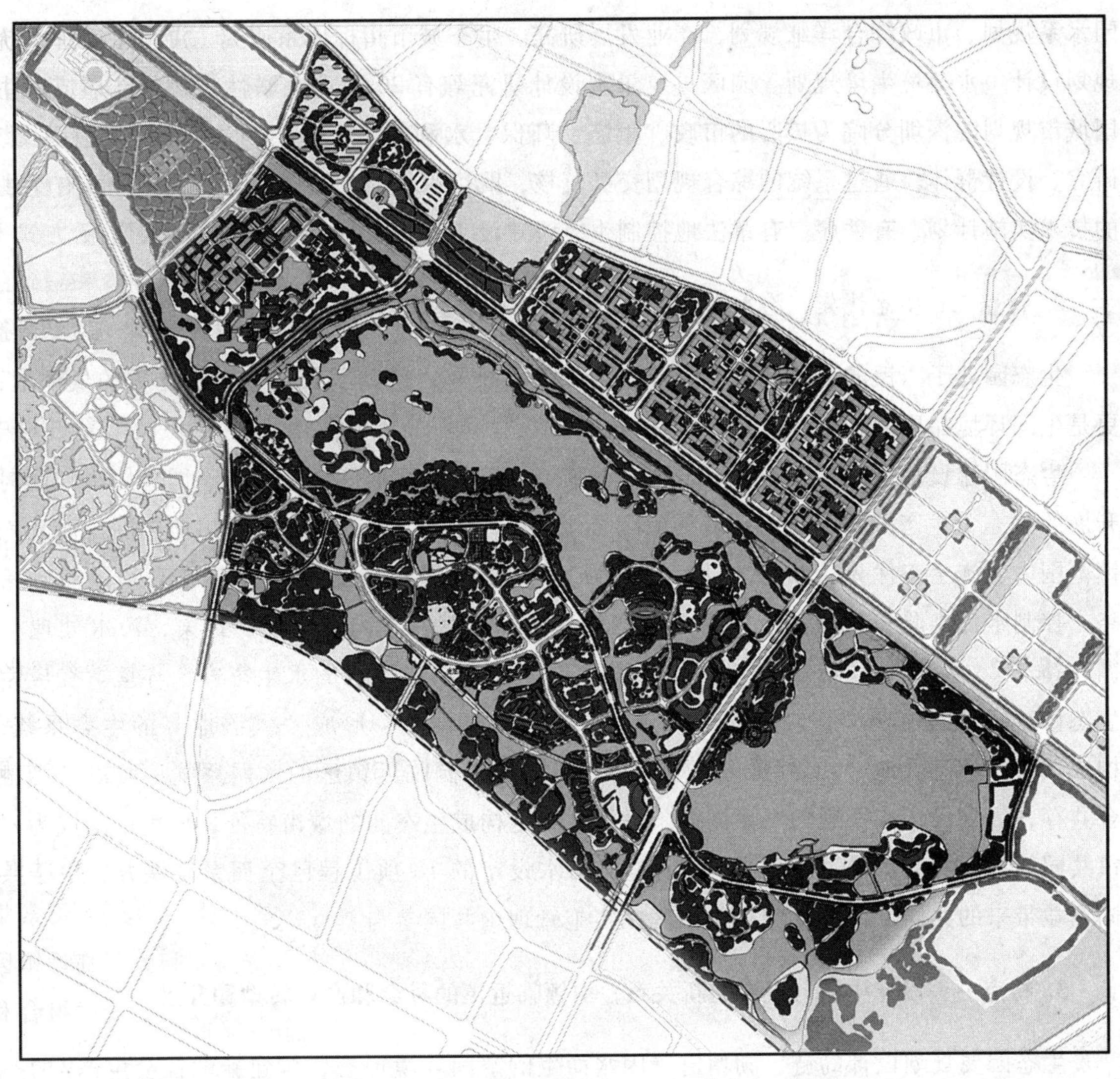

图2　东莞生态园核心区总平面图

实施生态园计划的行动，意味着坚定而理性地树立持续地从减碳到低碳生态的发展目标，持续建设恒久的、次区域的环境生态循环系统，支持健康的社会和产业发展，也意味着东莞城市化模式、经济增长方式的改变。

四、理性的生态园——系统规划与快速实践

1. 特点一：建立系统的多专业规划设计的互动组织和协调机制，形成完善的规划、管理体系

为了系统地协调规划和工程问题，采取整体的规划技术组织，同时开展生态园区总体规划及相关规划的研究，创造各专业规划之间互动协同的机制，为生态园的建设做好决策技术准备。同步推进的规划和研究包括六镇协调规划、生态园总体规划、核心区城市设计、生态

园水系规划、市政综合详细规划、产业发展研究、生态城市指标体系研究、湿地水处理系统规划设计、水环境生境规划、园区重要景观设计研究等有20余项关联性工作，已形成以中国城市规划院深圳分院为核心的市政、生态、环保、水利等多家参与同步进行的专业规划、研究、设计群体。通过系统的综合规划交叉复核，既可以及时发现问题，又便于形成有组织的技术实施计划，有秩序、有章法地控制生态园建设工程的实施节奏，推进项目实施。

2. 特点二：生态优先、治水为前，着重次区域水系生态环境修复

生态园处于六镇的边缘地带，垃圾堆填、污水排放，使其不仅成为内涝严重的低洼地，更是生态环境品质的“低洼地”。

生态园建设是一个复杂的系统工程，面临诸多需要解决的问题。与生态园总体规划同时开展的《东莞生态园水系及水环境整治综合规划》，没有局限于生态园的用地范围，而从六镇范围内实施生态优先、治水为前、以绿为基、以水为源、重建区域水生态环境的带动策略，控制水污染源和防治洪涝灾害等问题；采用外部截污、内部清淤、扩渠、污水处理①、循环补水②、生态修复等措施，整治和重构生态园及其周边镇区的水生态安全环境。在应用生态修复技术的过程中，要发挥湿地净化、生态恢复功能，形成“大湿地”的生态系统，构成城市型生态湿地“经络”③；重塑生态环境与生态园临近镇区的水网系统、城市环境融合共存；规划设计非景观的水系湖面、岛群、湖链构成生态园的城市特征，使生态园成为六镇共同拥有的利益“公共资源”。目前整体治水设定的18项工程已全面系统展开，由于共同利益带来的共同责任也促使相关镇区在实施管理中共同参与。

3. 特点三：设计生活与生产的新关系，引领临近镇的社会和产业转型和升级

生态园要规划设计岛链、湖塘链等因水而生的空间环境形态，构建新的社会生态④的空间结构，组织多元化的特色场所，形成内容丰富、个性各异的生态城区⑤，使城市用地空间与生态湿地水景紧密结合，塑造城水相映、城水相融的城市特征，使原有的农耕地区生态景观转变为城市化的生态景观。

要构建以人为本的综合交通体系，设计支持生态园新生活方式的快慢行交通出行的服务网络，形成由城市轨道、各级道路、自行车和休闲人行系统相结合的城市型复合交通体系，按照满足生产高效率交通服务的系统和保障生活系统有效、合理衔接的原则，实践绿色减排

---

① 配合污水处理厂尾水深度净化建立人工处理湿地生态系统（1级A的水质提升为三类水质）。

② 成为修复生态环境建立大规模的人工生境湿地的补水水源。

③ 生态园湿地经络主要由绿地系统、中央水系、排渠等构成，其中中央水系——为湿地生态主干工程。东莞生态园湿地不是一个保护型自然湿地公园，而是一个具有参与城市循环经济体系的功能型绿色生态系统，是人工建设但趋近于自然湿地景观状态的环境。

④ 包含产业生态和社会生态。

⑤ 以生态低碳标准建设生态园商务办公、生产性服务、文化创意、旅游服务、生态湿地展示、文化设施、居住区、产业研发等城市功能，并以特色的水生态环境组织生态园新的生活和工作方式。

的交通方式。

城市化滞后于工业化的现象已经给东莞社会经济发展带来了越来越明显的阻碍作用。宜居城市在新一轮发展中也表现出明显占优的特点。要通过上述生态园高标准的城市生活环境的规划建设，改善该地区城市生活环境指数，支持生态园与镇区的合作，传递园区高标准的建设价值取向，从而引导、提升导周边镇区城市生活品质。

4. 特点四：以生态园规划协调统筹六镇的社会和经济要素资源

生态园临近的各镇在一定程度上存在着各自为政、重复建设、区域交通网络不完善、土地使用效率不高等问题。寒溪河、南畬朗渠、大圳埔渠等次区域流域的内河涌污染严重，生态环境较为脆弱，需要从土地功能、产业类型、生态环境、发展观念等多方面进行“变革”，实现六镇地区经济要素和资源的协调发展。

生态园的规划和建设注入绿色低碳的发展理念，从空间上发挥“粘接”效益，在维持镇区传统发展职能的基础上，生态园规划从镇区公共服务系统、产业统筹协调入手，改变各镇区边缘地区的土地价值，在物质空间层面促成了六镇水域资源的统筹，实现了六镇和城市其他地区主要市政基础设施的网络化，将过去以镇为独立发展单元建设的断头路系统相互连通，形成有助于各镇边缘土地功能转换和镇区空间的重新布局，通过完善城市道路和重大市政基础设施的服务体系，理性地控制和影响该地区的土地增值、产业转型。因此，不断完善的东部六镇的市政设施是有效推进东莞镇区城市化进程的重要保证，促进各镇区有限土地资源的集约化、规模化利用，为完善镇区产业链和规模化的产业升级奠定了基础，在一定程度上改善不均衡工业化进程带来的各镇社会综合发展不平衡的状况。目前已依据功能布局、水环境治理、合理发展划定了生态园影响区、协调控制区、生态园区三个层次的管理区域集相关的事权关系。

5. 特点五：建立绿色低碳价值观下的循环经济体系，以新价值观引领镇区城市化

生态园以大规模的湿地特色生态环境，建设和完善区域的生态系统，兼有防洪排涝功能，在保证城市安全的同时，形成超过150平方公里城镇雨污水排放的综合循环利用（再生水）体系；对横沥垃圾发电厂适时进行技改，实现六镇区城市垃圾循环减排的目的，构建绿色低碳的空间环境基础平台。从区域城市化的角度致力于在现状产业特色的基础上，引导镇区逐渐建立和完善循环经济的产业体系，以生态园区的城市建设为示范，倡导绿色建筑、绿色交通、绿色城市、绿色文明，逐渐达成广泛的社会共识，意在以绿色低碳的理念引导土地的高效利用，使生态园与临近各镇形成担负共同的生态环境责任，获得在生态园品牌下的共同利益，并推进镇区实现更高标准的城市化。目前生态园管理服务中心大楼已按国家绿色三星标准展开设计，计划2011年完工，并在积极推动行政文化岛绿色生态城区的建设示范；规划建设职教城，改善原来城市化在产业持续发展和升级的人才供给方面的不足。最终实现建设东莞新型城市化路径下，孕育的、支持可持续和健康发育的东莞社会生态文明的目标。

五、结束语

2008年，生态园进入中央水系和主要道路全面施工的阶段，镇区污水收集系统+污水处理厂+人工处理湿地+人工生境湿地+排涝沟渠泵站等一体化设施也同步建设。在全球金融危机的影响下，2009年，政府加大了公共财政投入，生态园的建设进入加速期，预计2010年底基本上会形成六镇区的道路网络、水资源再生循环体系，以及生态园城市总体环境。我们认为，东莞生态园的规划建设将以全新的社会价值和资源观，梳理、重组东莞东部地区的城市服务链和产业链。生态园不是独立存在的产业+新城，而是体现东莞现阶段社会发展的特点，促进整合次区域空间和社会资源，带动东莞城市化新的发展模式、产业转型发展的新借鉴。

（作者：朱荣远，中国城市规划设计研究院副总规划师；莫淦泉，东莞市政府副秘书长、东莞生态园管委会副主任；吴敬军，东莞生态园管委会副总工程师）

欠发达地区历史文化名镇旅游发展策略

——以贵州雷山西江千户苗寨为例

一、引言

据世界旅游组织在全球范围内的调查，到2020年，中国将成为全球旅游的第四大消费市场。在国内，随着人们生活品质的提高，休闲旅游正成为一种趋势。而历史文化名镇作为我国传统文化旅游地，旅游发展势头尤为迅猛。

对于正处于快速城镇化进程中，保护措施刚刚提上日程的历史文化名镇来说，对其进行保护与发展的研究和规划具有重要的指导意义，这对其他城镇以及历史文化名城名镇的保护与发展都能起到参考和借鉴作用。近年来，对历史文化名镇的关注大多集中在东南地区一些较发达、历史文化较丰富及知名度较高的城镇，而对欠发达地区的历史文化名镇考虑较少。本文以贵州省西江千户苗寨为例，通过分析其资源特色优势及存在的主要问题，对其发展阶段及主要的发展模式进行了判断，提出了欠发达地区具有可操作性的发展策略，这对促进我国优秀历史文化遗产的保护传承具有十分重要的意义。

二、欠发达地区发展的优势及存在的问题

1. 概况

西江镇位于贵州省雷山县东北部，海拔833米，面积57.9平方公里，距县城37公里，距州府凯里市81公里，拥有1285户，5120人，其中99.5%的是苗人，故称“千户苗寨”。西江镇是苗族第三次大迁徙的主要集结地，也是全国最大的苗族村寨，素有“苗都”之称，是研究苗族历史、文化的“活化石”。2007年，西江镇被列为中国历史文化名镇和全国农业旅游示范参观点。

受自然条件的限制，西江镇开发较晚，西江所属的雷山县是一个国家级贫困县。2005年，雷山县农民年人均纯收入1600元，而西江镇更低，尚未达到雷山县农民人均纯收入水平。西江镇工业、服务业相对落后，三次产业结构中第一产业一直占主导地位。同时，由于

受外来文化影响较小，西江镇苗族歌舞、服饰、建筑、习俗、节日、祭祀等仍保留着自己独特的风格，民族风情极为浓郁、古朴，被中外人类学者和民俗学者认定是一个保存苗族“原始生态”文化比较完整的地方，是领略和认识中国苗族漫长历史的首选之地。民族风情旅游存在巨大的开发潜力。

2. 资源特色及优势

（1）自身拥有的文化资源优势

独特的地域特征形成了我国众多的传统村镇，西江镇即为其中之一。西江镇拥有悠久的历史，内涵丰富的民族文化资源，主要包括建筑文化、节庆文化、工艺美术、地方特产等方面，这是一批庞大的潜在资源，使得西江在贵州的民族旅游业中占据重要的地位。

①建筑文化：造型独特的吊脚楼

西江镇苗寨的房屋建筑俗称“吊脚楼”，是典型的黔东南苗族民居建筑。千户苗寨，同构堆积，景观重叠，参差错落，极为壮观，为山区坡地房屋建筑的典范，被建筑界赞为“民族建筑之瑰宝”。

吊脚楼一般分为三层，顶楼一般用于储存粮食和堆放杂物；底层楼下圈养猪、牛和家禽；中层中间大厅供奉祖宗牌位，兼作接待宾客之用。两边房间安排卧室与取暖间。大厅退堂与凹廊处有长椅式栏杆即“美人靠”，是全家的活动中心。吊脚楼的构造很有建筑特色。

②节庆文化：丰富多彩的民族节日

西江镇苗族风情浓郁，节日丰富而且多彩。其中最讲究规矩、持续时间最长是13年一次的鼓藏节、祭祀祖宗的大典。节日期间的水牯牛斗角赛、芦竹会等活动是展示苗族服饰、信仰、饮食、歌舞等文化的综合体。

另外，在平常迎接客人时，苗族人大都能歌善舞。西江镇的酒宴上，主客对唱“劝酒歌”以迎宾接客，苗家还有“飞歌”、“起造歌”、“开亲歌”等。在芦笙场上有节奏性很强的芦笙舞（图1）。

图1 丰富多彩的民族节日

③工艺美术：精湛的制作工艺

由于苗族在历史上处于自给自足的自然经济状态，故手工劳动较为普遍，擅长制作手工艺品，具有代表性、市场需求量大、大批量生产的主要包括苗族银饰品、服饰品、芦笙等（图2）。

④地方特产：品种繁多的特

色物产

西江镇拥有香禾、苗家酸汤鱼、香菇、木耳、薇菜、蕨菜、银球茶、清明茶等诸多特产，这是难得的旅游食品和纪念品。

（2）周边旅游资源的优势

西江镇周边地区集聚了被列为“全国重点文物保护单位”的雷山郎德上寨、“国家森林公园”的雷公山等优质旅游资源，构成了贵州省东南生态风光与民族风情旅游极其重要的目的地。

图2　精美的苗族服饰

3. 存在的主要问题

随着2008年凯里—西江公路的开通，旅游业的蓬勃发展使得西江镇进入了快速发展期。但这也逐渐暴露其存在的一些问题。

（1）经济基础薄弱，发展水平低

长期以来，受地形及交通条件的影响，西江镇发展较慢，经济总量较少，职能单一，城镇建设主要依靠政府有限资金的刚性投入，发展受限。

西江镇产业优势明显，但配套服务设施层次低，消费带动有限，自我发展能力弱，开发程度不高。

（2）基础设施建设落后，对外交通不方便

西江镇基础设施建设水平落后，基础配套设施明显不足，现状道路功能混杂，没有形成合理而有效的道路系统，限制了城镇自身的发展。近年虽已大力加强基础设施的建设，但远未能满足旅游产业发展和城镇建设的需要。

另外，受地形条件限制，城镇对外公路等级低、质量差、交通不畅。整个雷山县尚无高速公路，仅有过境省道一条，虽然已经形成公路网，但是道路等级不高。

三、产业发展模式的比较

1. 发展阶段判断

1995年，西江被列为省级历史文化名镇，旅游产业开始起步，但成效不显著。2008年凯里—西江公路的开通，及第三届贵州旅游产业发展大会的召开极大地提升了西江的知名度，为其旅游产业的发展提供了新的有利契机。

但总体而言，当前西江镇还处于旅游产业发展的初级阶段，以观光旅游为主：旅游内容较为简单，基本上表现为“拦门酒—看民族表演—拍照留念—农家乐—离开”的简单重复，缺乏“回头率”；旅游产品相对单一，缺乏强占市场的拳头主打产品，资源整合度不高，市场较不规范，服务质量和软环境建设有所欠缺；游客以省内游客为主，其主要的旅游目的是观光，资源开发力度不大，尚未被评为国家A级景区；景区宾馆、餐饮、停车场等接待设施不足，满足不了大量涌进的游客的需求，导致游客滞留时间较短，消费指数较低，产生的经济效益不显著；乡村旅游组织化程度低，缺乏市场竞争，且由于缺乏有效管理，多数以农户自发经营为主；除少数苗民从事农家乐及相关商业外，大部分苗民仍以农业为生，旅游业对他们的生活尤其收入水平的提高影响并不明显。

2. 发展模式比较

旅游地的政策背景、资源优势、发展阶段不同，所采取的发展模式亦不同。成功的模式对于一个区域的乡村旅游发展具有前瞻性、科学性和战略性的指导作用。笔者在对相关研究进行梳理总结的基础上，将乡村旅游的发展动力及其核心利益相关者相结合，认为在遵循市场经济规律的前提下，乡村旅游的发展模式主要包括政府主导型、外来投资型、自主经营型模式三种。

（1）政府主导型模式。由于乡村公共品和乡村景观属于公共产权，而民居等属于私人产权，故政府主导型模式弥补了乡村居民开发能力弱、资金不足、管理能力不强的弱点，为乡村旅游的发展提供了足够的金融、信息、技术等多方面的支撑。总体来说，该模式能够实现当地旅游发展、居民受益、旅游资源保护三个方面的“共赢”，促进社会进步、经济发展等诸多发展目标的优化。

政府主导型的发展模式缺乏灵活性，难以对市场的变化做出及时反映，政府需要在乡村旅游发展成熟后退出到辅助地位，而且政府在制度监督和实施中需要较高成本，有些地方政府在乡村旅游目的地直接设立了常驻管理机构，这无疑加重了政府的负担。

（2）外来投资型模式。地方政府可以通过出让旅游开发经营权或建设经营转让的方式，吸引投资商介入古镇的旅游开发。外来投资型模式能够为乡村旅游地带来旅游开发所需要的资金和必需的旅游开发人才，能在政府负担较小的前提下，短期内促进当地经济的增长。

但是外来投资型模式主要追求经济利益的最大化，而疏于对当地旅游资源的保护，当地居民受益较少。故外来投资型模式需要视具体情况而采用，在当地没有开发实力而又亟需发展的情况下，可适度引进外来投资启动乡村旅游的开发。

（3）自主经营型模式。该模式是乡村地区发展旅游初期缺乏政府引导下的主要模式，但并非大多数乡村旅游开发的最佳选择，此种模式较为灵活。

自主经营模式亦存在自身的不足，其对旅游资源的保护缺乏足够的重视，另外，在管理水平和市场营销方面的能力相对欠缺，需要政府强有力的推动。另外，在该模式发展成熟后，需要政府的有序引导，以避免产生恶性竞争。

表1　三种发展模式优劣势比较

	政府主导型	外来投资型	自主经营型模式
旅游开发资金获取	政府	外来投资	当地村民
利益分配	当地村民、政府	外来投资、当地村民、政府	当地村民、政府
政府在旅游开发中的地位	主导	提供政策平台	提供政策平台
居民受益情况	较好	一般	较好
旅游资源保护	较好	较差	较差
影响范围	众多发展目标的优化	经济增长最大化	众多发展目标的优化
发展的基本推动力	内生	外生	内生

四、发展策略

1. 坚持可持续发展的理念，加强对历史文化名镇的保护和管理

历史文化名镇是珍贵的历史遗产，在进行开发利用时，需要坚持可持续发展的理念，建立起保护与开发之间的协调关系。在西江千户苗寨保护的范围内，应整体保护村寨内传统风貌、村落自然环境和人文景观，包括被专家们称为“民族建筑的瑰宝”的“吊脚楼”、乡土文化等有形和无形的历史文化遗产，以凸显整体风貌的原真性。

针对当前政府有关部门的认识不足，大部分村民对苗族文化价值不理解，很多吊脚楼被拆除，历史风貌被严重破坏的现象，政府有关职能部门要加强有关旅游专业知识的学习，对当地农民进行科普，注意保护苗族建筑，不得任意改建和拆除。另外，新增建筑的外貌和风格要注意地方特色，政府建设的学校等公益设施要标识苗族文化的标志。

在服饰文化方面，从总的文化背景来说，苗族服饰的流变已成必然，但西江要把民族文化旅游业做大做强，就必须保留苗族服饰，故需要将苗族服饰制作、挑花、刺绣等搬进课堂，培养专业人才。利用苗族传统节日展示苗族服饰的艺术魅力，拓宽苗族服饰的生存发展空间。

博物馆是集中展现民族历史与文化的场所，它对于民族文化的保护和弘扬具有十分重要的作用。当前，西江博物馆虽然建成了，但由于经费缺乏，很多文物不能回收，文物古籍无法细致地整理，致使游客到苗寨，仅仅观看民俗表演，不能全面了解一个民族的历史文化和全貌。故西江镇政府在继续争取上级政府部门资金支持的基础上，每年从景区收入中提取一定比例的数额，扶持博物馆的建设，以确保西江博物馆能起到传承苗族优秀文化、宣传展示苗族文化的积极作用，增强西江苗族文化游的魅力和知名度。

2. 变资源为旅游产品，打造全国苗族特色旅游之乡的品牌

古镇旅游的形式和内容丰富多样，从观光到度假、娱乐、休闲，再到考察、研究、交

流、摄影等各种文化旅游，发展层次不断提升，这也使得古镇能够保持持久的魅力和生命力。西江镇拥有全国乃至世界上规模最大、保护最完整的苗寨。完整的千户苗寨原始村容寨貌及苗族原生态的民族风情是西江镇最为重要的旅游资源，是西江能成为旅游区的根本。西江镇要以创建成为国家A级景区为近期目标，以建设成为向全国人民展示苗族民族文化的“橱窗”为定位，将丰富的旅游资源开发和利用作为当前旅游业发展的重要突破口；在充分保护的基础上，加大旅游商品开发力度，抓好富有特色的银饰品、服饰品、芦笙等工艺品的规模化生产和加工，并加快促进旅游产业发展由观光游览等逐步向休闲度假游、商务旅游、会议旅游等过渡，逐步使旅游产品向延伸文化旅游产品过渡（图3），优化旅游产品结构，打造部分旅游精品，既能增加当地苗族人民的收入，又能满足游客的购物需求。

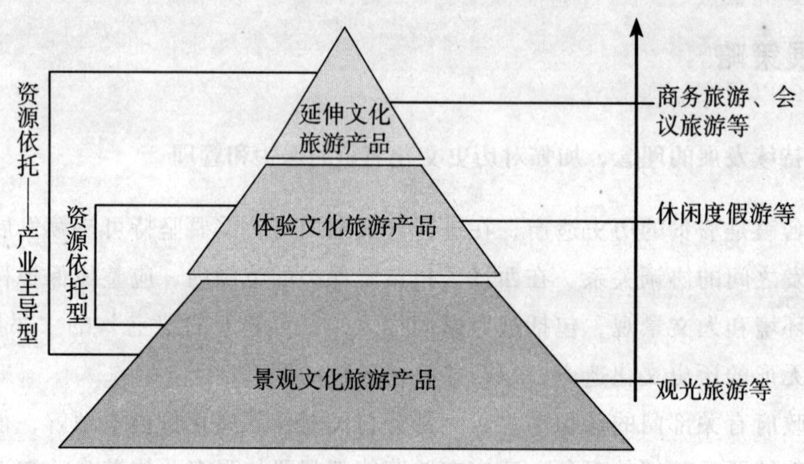

图3 传统村镇旅游地发展过程中旅游产品结构演变

在国际、国内旅游市场竞争日益激烈的背景下，西江镇要对自身的旅游客源市场具有较为清醒的认识，即对于海外、省外的大多数区域而言，西江镇有强烈的吸引力和显著的异质性，故要加强对海外、省外旅游客源地的营销力度，充分利用举行全国苗族文化旅游大会等重大事件的契机，提升自身的知名度，打造全国苗族特色旅游之乡的品牌。另外，西江镇要整合周边地区的旅游资源，提高整体旅游市场规模和市场占有率，以西江为龙头，依托区域范围内西江古镇与其他旅游资源形成的区域聚合优势，整合郎德上寨、雷山等周边地区的资源，开辟郎德上寨—雷山—黄里—西江—大沟—雷山（1~2日游）等苗族风情风俗、工艺品旅游线路，建立区域共同市场，联合扩大古镇知名度和美誉度，达到以旅游业为突破口，实现历史文化名镇跨越式发展的目的，并以此带动整个雷山县的发展。

3. 依托重大事件，逐步完善道路交通及旅游服务配套设施，提升服务品质

利用重大事件进行营销活动，可以极大提升城镇的知名度。一方面，重大事件的物质载体——公共建筑是城市的特色标志，是城市风貌不可或缺的组成和彰显城市品牌的名片；另一方面，城镇可以围绕重大事件的开展，逐步完善自己的道路交通及旅游公共服务配套设施，提升接待能力，不断改善城市环境。

在旅游业开发初期，区位、交通条件直接决定着旅游地的可进入性，对客流量的大小起到了关键作用。西江镇处于贵州省东南苗族风情旅游的核心位置，与周围郎德、雷公山景区等旅游景点的同质性较高，可替代性较强。如果西江千户苗寨的可达性、可亲近性不高，其优秀旅游资源的客流将会被周边的地区“截流”。针对此挑战，西江镇要充分利用如贵州旅游产业发展大会等重大事件，通过项目支持、多种形式筹资的办法加大道路等旅游基础设施建设的力度，改善其他城市与西江联系的交通路线，如改善直达西江路段的路面状况，强化与客源市场的联系，提高其可进入性。再者，面对广大游客的需求，不断完善西江苗寨的建筑包装、停车场、表演场及标识标牌等配套设施，使游客花较短的时间、走较短的路程能够看到较多、较好的景点。同时，还需加大对村寨环境的整治力度，进一步完善旅游住宿设施，并根据旅游发展需求，适度建设少量星级宾馆，提高普通旅馆的档次，营造良好的乡村旅游发展环境，以提高旅游服务质量。

4. 采用政府主导，多方利益群体共同参与的发展模式

鉴于前文所述的政府主导型、外资主导型、自主经营型发展模式的利弊分析，考虑到当前西江千户苗寨正处于旅游产业发展的初级阶段，应在充分遵循市场经济规律的基础上，采取政府主导型的发展模式，在制定旅游公共政策、投资基础设施和配套服务设施建设、提供旅游参与平台等方面发挥政府的主导作用。另外，出于专业性、市场、管理等多方面的考虑，西江千户苗寨应引入外来资本的参与，以实现对旅游产业发展的专业化经营管理，为村民创造大量的旅游就业机会，确保经济的活力。同时，充分发挥政府的作用，规范西江镇旅游发展的秩序，确保居民能够从旅游业的发展中受益，应制定合理的、可操行的法规、措施以确保旅游资源的保护与经济发展的“双赢”，实现政府、外来投资企业、地方居民利益的最大化（图4）。

值得注意的是，西江镇的旅游产业需要一个逐步成熟的过程，确定发展的先后时序显得特别重要，切忌急功近利。西江千户苗寨应首先在政府的大力支持下，逐步完善自身的旅游接待设施，近期应采取措施鼓励农户积极参与到旅游接待中，积极引导农户提高自身的卫生标准和服务质量，这不仅能在短时间内提升地区旅游设施的承载力，满足大量涌进游客的需求，而且能促进农民增收，实现以旅游带动地区发展的目的。当然，不能急切、盲目扩建旅游接待设施，要合理控制旅游容量，防止景区严重超载，对当地原生态的旅游环境造成破坏。

另外，开展古镇旅游的主要目的是为了古镇的可持续发展。要保证这一目标的有效性和实现的最优化，在开展旅游的过程中就必须构建一个合理且可操作性强的社区参与机制，不仅实现经济上的参与，还要包括居民参与决策、参与规范的利益分配机制、参与的生态保护机制、参与评估体系等，促进旅游目的地的可持续发展。

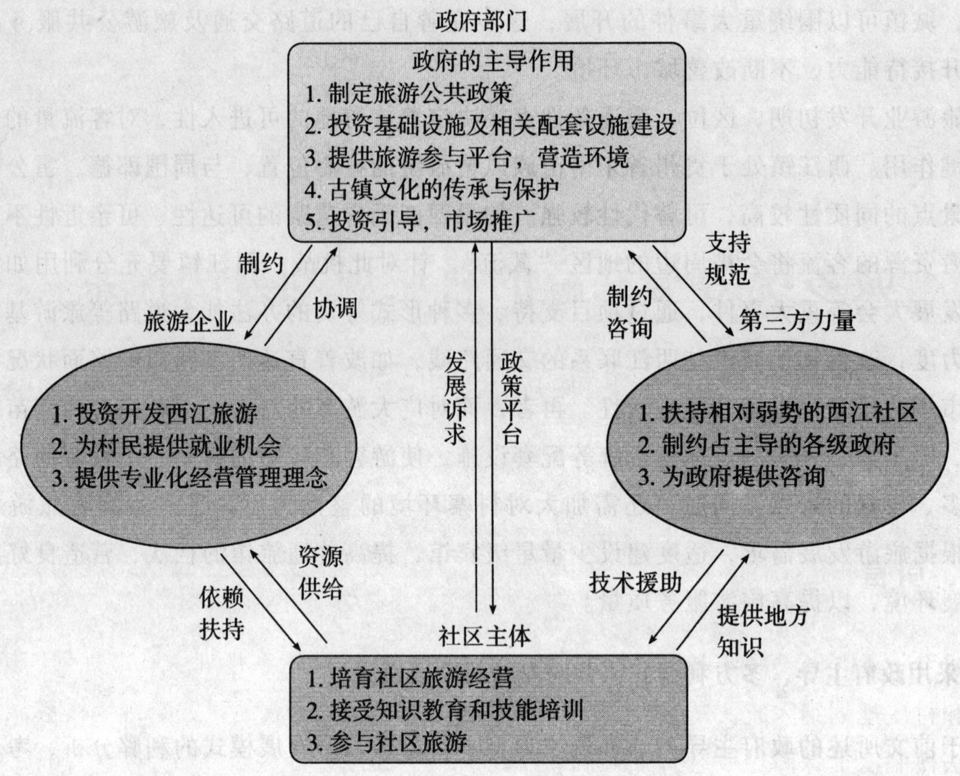

图4　西江千户苗寨政府主导旅游发展的模式

（作者：魏宗财，广州市城市规划勘测设计研究院工程师；廖远涛，广州市城市规划勘测设计研究院工程师）

参考文献：

1. de Oliveira, J. A. Governmental responses to tourism development: three Brazilian case studies［J］. Tourism Management, 2003, 24: 97～110
2. Koscak, M. Integral development of rural areas, tourism and village renovation, Trebnje, Slovenia［J］. Tourism Management, 1998, 19 (1): 81～86
3. 保继刚，苏晓波．历史城镇的旅游商业化研究［J］．地理学报，2004，59（3）：427～436
4. 费广玉，陈志永．民族村寨社区政府主导旅游开发模式研究——以西江千户苗寨为例［J］．贵州教育学院学报（自然科学），2009，20（6）：28～35
5. 高明锦，龙拥军．西江千户苗寨旅游资源特点与开发构想［J］．贵州教育学院学报（自然科学），2004，15（4）：62～65
6. 季群华．基于和谐理论的乡村旅游组织模式研究［D］．硕士学位论文，浙江大学，2008
7. 粮丽萍．民族文化与民族旅游业的发展——以西江苗寨为例［J］．怀化学院学报，2007，26（3）：4～6
8. 魏宗财，马强，罗绍荣．国外大型公共建筑建设与城市的发展互动及其启示［J］．国际城市规划，2009（1）：92～96
9. 姚丽娟，黎莹．贵州西江“千户苗寨”现状与发展调查报告［J］．中央民族大学学报（哲学社会科学版），2007，34（3）：141～144

城乡统筹与共赢的村庄规划方法探索

——以广州市番禺区石碁镇罗家村为例

一、引言

2008年，《中华人民共和国城乡规划法》施行，将城镇体系规划、城市规划、镇规划、乡规划和村庄规划纳入统一的城乡规划体系。村庄规划从此正式纳入法定规划体系，体现了国家从法律制度上保障城乡统筹发展的新思路。

近年来，城市化进程不断加快的广州市对城乡统筹发展给予了高度重视，其城乡规划覆盖面显著扩大，但鉴于市内各村庄在发展条件、发展问题等方面差异较大，城乡差距仍有逐步扩大趋势。在此情况下，“一刀切”的城乡规划标准，将难以科学引导城乡和谐的规划建设。因此，广州市根据村庄城市化程度划分成城市建设范围内的村庄、城乡接合部的村庄以及远郊区的村庄三大类型，不同类型的村庄制定不同的城市化路径，明确不同的规划与发展重点。已属于完全城市化地区的村庄以城市的规划建设标准和要求进行“城中村”改造和各类规划建设，属于传统农业发展地区的按照农村制度优惠，介于两者之间的探索系列政策避免新的“城中村”出现，最终实现城市与乡村的全面协调发展。笔者在参与番禺区部分村庄建设规划工作过程中，观察到位于城镇边缘与城市或城镇联系紧密的村庄，受城市影响正日益增大，这些处于城市化阴影地区的村庄如不加以引导和控制，极有可能发展成为新的“城中村”，为城镇的健康发展埋下隐患。鉴于此类“未来城中村”所面临的情况在城市化快速发展的广州市具有普遍意义，因此，有必要深入研究通过某种规划方法实现村庄建设与城市建设的协调发展，达成双方共赢。下面就以广州市番禺区石碁镇罗家村为例，对“未来城中村”型的村庄规划方法进行探讨。

二、罗家村现状与存在问题

1. 现状概述

罗家村位于番禺区石碁镇西南部，毗邻番禺区政府以及番禺广场，周围及内部有区主要交通干道东环路、市莲路、清河路等通过。以罗家村的区位发展条件和趋势，未来必将成为城镇中心的组成部分。石碁镇总体规划也把罗家村所在地区纳入了城镇规划发展用地，布置了大量商业及居住用地。

罗家村总人口约为13 000人，其中外来人口占总人口83%以上，人员构成呈现明显的外来化特征。目前村内村民绝大多数从事非农产业，村民经济收入主要依靠外出务工、出租屋收入及村集体经济分红等。村集体经济目前是单一的以土地和物业出租为主的模式。

从村土地利用构成来看，建设用地占村域总用地的89.2%，非建设用地（林地、少量园地、水域）占村域总用地的10.8%。全村大部分土地已经被征用或租用，村集体控制下的土地尚余59.5平方公里，占村域总用地的28%。

综合上述情况，罗家村目前尚处于“半城市化”阶段，并显现出一定的“未来城中村”趋势。罗家村处于城市规划发展区，目前村民大部分从事第二、第三产业，似乎可以跟上城市化的步伐，但他们的文化和技术水平不高，就业层次普遍偏低，未来随着区域经济发展、产业升级，农民的充分就业存在较大的不确定因素。另一方面，由于罗家村毗邻番禺区政府的优越区位条件，依靠土地和物业出租的集体经济每年都能给予村民较为丰厚的分红，也培养了一部分的“包租族”。出租物业的高回报使村民违章加建、改建意愿强烈，一旦控制不当，极有可能形成新的“城中村”。

2. 存在问题

从村内土地利用、规划建设、设施环境等方面的调查情况来看，主要存在以下问题：

（1）村庄建设规划缺失，村庄发展现状与所处区位条件不符

由于以往的城镇规划大多缺少对村庄发展的具体控制措施和指引，村庄建设本身也缺乏村庄规划指导，导致村庄建设存在自发无序现象，与城市整体发展脱节。以罗家村所处区位及镇总体规划的定位来看，应发展土地效益较高的居住及商业用地，但目前村内有部分工业用地及闲置地分布，土地利用粗放，同时村内违建现象较严重，现状人均村建设用地指标远高于规划标准。

（2）公共服务配套设施不足

目前城市中公共服务设施的配套有各级规划及相关标准指导，但村庄公共服务设施配套之前并未有一个统一的标准，同时也无渠道让村民表达对于公共服务设施的需求，导致村内公共服务设施的配置难以满足村民需要。罗家村内现状市政基础设施供给不足，道路通达性较差，旧村内建筑密度高，道路狭窄且不成体系不利于防灾，停车场、公厕、消防、垃圾池等设施配置不足，给村民生活带来不便，文化娱乐健身等设施配置也难以满足村民需求。另一方面，村中承接的大量外来人口对公共服务的需求也在不断增加，如何协调村内利益来有效地供给公共产品是新农村规划需要重点解决的问题。

（3）整体景观环境不佳

村内目前部分地区仍存在“脏、乱、差”的现象，空地上堆放建筑材料或垃圾、乱拉电线情况普遍，绿化场地较少，村内建筑风格不一，未能形成良好的整体景观风貌。

3. 问题实质

罗家村的问题实际上具有普遍性，透过问题的表象，究其深层次的原因，主要有以下几点：

（1）村民自治带来的局限性

乡村过去一直以村民自发选举的村委会为管理主体，其村庄建设与管理均具有较强的自治性。由于村庄发展缺乏上层次的具体控制措施与指引，村民仅从自身利益出发难免存在局限性。

（2）政府引导不足

由于城市与乡村长期存在的城乡分离、各成一体的管理体制，政府未对村庄的规划与建设给予充分的技术力量支持，或制定相应合理有效的法规政策及配备有力的管理执法队伍；同时村内公共服务设施配套的成本绝大部分都需要村集体经济负担和消化。村民自身能力有限，政府对村庄规划建设投入、引导及支持力度不足，各种政策法规及管理部门交错，是农村规划建设管理混乱的主要原因。

（3）城乡“二元结构”制约

农村土地在城市化过程中被不断掠夺，户籍制度的“二元结构”使失去土地的农民也无法享受城市的社会保障和福利，为了生存和保障，农民必须从可控制的土地中获得最大的收益，另一方面却由此形成了相当数量的、主要收益来自土地的、富裕的村庄和村民，埋下了农民第二代、第三代坐享其成的隐患和危机，也使“未来城中村”地区的城市化因用地权属制约而阻碍颇多。

（4）村民缺少自身意愿和利益表达的平台

传统的规划和决策往往自上而下地提出各种措施，缺乏对村民自身意愿的充分了解，因此服务于村民的建设或公共产品配给往往难以符合村民的真正需要或存在偏差。村民因为缺乏畅通的利益表达渠道和平台，在编制规划这一本应综合平衡各方利益的过程中往往处于弱势地位，从而形成社会经济的不平等状态，引发诸多社会问题。

三、城乡共赢的村庄规划方法探索

从罗家村现状存在的问题分析，这一类型村庄首先需要解决的是与城市的关系，即：如何使村庄的发展与城市发展密切结合，在充分实现村集体土地效益的基础上促进村庄社会的进步与村民生活水平的提高，进而完善城市功能与结构，实现城市整体的和谐发展。本文将从以下几个方面对融入城市发展体系的村庄规划方法进行探讨：

1. 注重引导、控制、扶持相结合的方法，促进城乡一体化

（1）合理确定村庄发展定位，有效引导土地利用布局

城市与村庄发展的共赢是城乡统筹的目的，在进行村庄规划时，应该把村庄放在区域环

境之中，分析其在区域发展中的机遇与挑战，在城市规划、镇规划的引导下，协调村庄自身发展诉求，合理确定村庄发展定位，有效引导土地利用布局。根据罗家村的情况，石碁镇总体规划将其所在地区定位为市桥城市功能的拓展区，突出居住和公共服务职能。目前村内毗邻番禺区政府的地块现状为工业用地，项目组通过在规划过程中向村集体传达上层次规划对其的定位，及分析改造的效益，分期实施的可能性，促使村集体欣然接受了这一地块功能置换为商住用地，从而也推动了区政府周边地块的功能完善。

(2) 有效控制低效使用和无序建设

新农村规划建设的核心之一是用地控制，土地这一日渐稀缺的珍贵资源向来是村庄发展与城市发展矛盾冲突的焦点所在。一方面城市化进程需要村庄用地功能和权属转化的支持，另一方面村庄将土地作为生活的保障希望不断从中获取收益。由于之前缺乏有效的规划控制，以及村民自身的局限性，村庄建设自发无序、人均建设用地指标偏高、村庄用地粗放的现象十分突出。因此新农村规划应合理控制村庄建设用地规模，并严格控制农民生活用地指标，防止农用地随意转化为建设用地，促使农民集约利用土地和充分利用闲置地，并促进农村实施拆旧建新和土地复垦。通过新农村规划控制下来的用地，其一部分可用于合理的城镇发展，完整城镇空间结构和功能，实现城乡一体化的发展。

(3) 为村庄发展提供相应扶持

农村的发展不应是城市简单地外溢并吞没农村的过程，而是应达成村民享有和城市居民同等权利，以及享有和城市相当的基础设施、社会保障和生活服务的途径。为实现农村与城市的协调发展，政府应为村庄发展提供相应扶持，适当让利于农民，让农民也分享到城市化的成果。

因此，新农村规划不仅是简单的物质建设规划，它应当注重农村经济与社会的内涵建设，重点保障社会公共产品供给，并解决村民社会保障问题。鉴于目前农村的公共服务事业还比较落后、设施配套不齐全的现状，政府应加大新农村市政设施等配套的资金投入，通过资金的倾斜和基础设施投入的资金调配，加强新农村社会公共产品的供给。村集体也可根据自身情况，出租土地利润较高的村可每年划出部分租金作为公共设施建设资金，另一方面可结合周边城市市政设施建设改造筹措。

由于长期以来实行的城乡二元社会保障体系使得失去土地的村民不能获得合理的社会保障，土地和房屋成为村民构筑“自我保障”的条件，因此，规划建议政府为村庄发展预留一定数量用地发展壮大集体经济，以解决村民生活的社会保障问题。

除了硬件设施和环境条件改善外，农民在职业技能、文化、精神生活方面的需求亦不容忽视。规划应配置提供这些服务的空间载体，比如教育设施（职业教育设施、文化设施、体育设施等），政府可为其配备一定的人员支持，通过这些场所使广大农民能积极学习沟通，获取一技之长，增强村民的职业竞争力，逐渐提升自己精神层次，建立一种自强自立的健康生活态度。

2. 引入倡导规划方法，建立农村与城市之间的规划协调平台

倡导规划理论源于20世纪60年代的美国，是指在社会分层、公众需求多样化、多元利益集团介入的情况下采取的一种协调对策，以保证规划行为更科学与民主，使规划决策更能符合实际情况和切实体现公众的利益需求，并确保规划工作的顺利实施（蔡云楠等，2005）。引入倡导规划方法，建立城乡规划协调平台，是实现村庄与城市协调发展和共赢的基础，只有充分听取各方利益相关阶层的意见，在协商基础上制定出的村庄规划才可能在保障村民利益的同时，不影响城市的良性发展，实现城乡的协调发展。

（1）建立村民为主体、多方参与的规划协调机制，寻求城乡协调的平衡点

借助倡导规划方法，村庄规划应建立以村民为主体，多方利益团体共同参与的群体决策平台，充分了解各方的需求，剖析各个参与主体的利益关系、寻求多方利益的平衡点，是达成多方共赢的基础。新农村规划既要站在农民的角度考虑问题，同时也应考虑到新农村建设对城市造成的影响，对其可能造成的负面影响给予应对和处理，使规划真正成为农村和城市之间的协调平台。

目前，参与村庄整治改造的利益主体主要有以下四类：

政府部门：新农村建设的组织者和政策的制定者，协调各有关部门有计划、有步骤地推动社会主义新农村建设工作。

村民：是村庄整治、建设的主要参与者和最基本的动力。

开发机构（各类企业、投资机构）：村庄整治运行的主要经济主体，通过市场运作进行村庄整治、基本建设或进行产业开发。

规划设计咨询服务机构：对村庄规划提供技术支持和咨询服务，从技术角度按照规划的原则、规范和标准提供村庄低成本整治规划方案。

在新农村建设中，政府、开发机构、村民从自身出发各自追求其利益，形成多方博弈的局面，而对各利益主体利益诉求的满足程度也影响了利益主体的参与积极性和参与程度。因此村庄规划应对各利益主体进行综合协调，形成各参与主体个体利益与新农村建设整体利益的共赢，确保新农村规划方案的顺利实施。

以目前正在启动的罗家村商业广场项目为例，村集体希望将电脑城与罗家购物广场周边村工业用地全部转为商业用地，打造地标性的购物娱乐中心，但对开发商而言，大规模的项目资金投入额大，在运营上存在一定风险。两者都以自身利益最大化为出发点，既相互矛盾，又相互配合。从政府角度出发，推进该地区的用地置换，提升该区城市形象及土地价值是其希望的结果，但这一目标的实现既需要村民的支持，也需要开发商的经济投入和技术支持。

因此，政府在制定利益博弈规则的过程中，应通过向各方提供有关城市整体和长期考虑的信息，协调双方，解决长、短期目标的矛盾，并通过有意识地培养该区的商业功能，提升该区土地效益，达成多方共赢的局面。规划单位在这一过程中，则主要承担起目标的分析与决策过程中传达各利益主体意愿和协调多元利益的社会中介性组织的作用，其中最为重要的是为相对处于弱势的村集体实现与规划、国土部门等政府公共部门的互动。

（2）引导村民参与规划决策，促进规划实施

在制定罗家村规划的过程中，项目组通过调查问卷发放，现场踏勘与访谈，初步征询

了村民对于规划的建议。初步方案完成后，通过汇报及向全村进行批前公示，再次征询村民意见并进行多次修改。在这一过程中村民由于寻求自身利益的最大化往往提出不同观点，规划师的职责则是通过不断的沟通、交流、协调提出合理化的建议，在保证农村与城市和谐发展的基础上满足村民的合理需求，让村民能在自愿的原则下参与到新农村建设过程中，使规划成为村民与政府间联络的桥梁。以村内靠近富怡路的一块村集体用地为例，镇总体规划将其规划为城市公用设施用地，而村集体希望将其作为村经济发展用地，并建议在本村范围内进行地块空间置换与调整。考虑到该地块征用时的困难，同时置换地块也能满足该公用设施的功能需求，以及镇总体规划尚未通过审批，因此笔者在新农村规划文本中提供了一个规划调整的建议，以协调村与镇双方的利益，求得村庄发展与镇发展的共赢。

3. 强化规划过程控制，使村庄建设与城市发展进程相吻合

在罗家村规划中，项目组首先就村庄必须配备的公共产品，按问卷调查中村民所反映出需求的急迫程度进行了近期项目计划安排，并通过经济测算分析其分期滚动实施的可行性，为新农村规划中需控制的刚性要素的实施工作提供参考与依据。其他规划内容则保持一定的柔性，强调过程的控制。如新村建设，通过与村民及政府的协调最后划定新村建设范围，规定所有村民新建住宅只能在该用地内进行，并对其建筑形式、容积率、建筑密度做出相应指引；同时将部分村集体用地规划为预留用地，不确定其具体土地使用性质，而是提出可能的发展方向及相应的规划控制指标，日后可结合城市发展再具体确定建设内容。

四、结语

村庄建设问题纷繁复杂，实现城乡统筹还面临许多深层次的问题，如土地产权二元化，多头管理、村规划建设所需资金来源不稳定、村民就业安置和社会保障等。因此，在村庄规划过程中，规划师首先必须切实从村民需要出发，制定具有可操作性及可行性的村庄规划；另一方面，规划师应当扮演表达村民意见和协调不同利益阶层的角色，构建多个利益主体沟通的平台，使规划成为村民与政府间联络的桥梁，为实现村庄进步与城市发展的共赢奠定基础。

（作者：蔡云楠，广州市城市规划勘测设计研究院副院长，高级工程师；李洪斌，广州市城市规划勘测设计研究院规划设计一所所长，高级工程师；朱江，广州市城市规划勘测设计研究院工程师；袁媛，广州市城市规划勘测设计研究院工程师）

参考文献：

1. 广东省建设厅．广东省村庄治理规划编制指引（征求意见稿）［Z］．2006
2. 林文棋．试论新农村建设中的规划创新．规划师，2007，〔2〕
3. 罗竞哲等．工业化快速推进地区新农村规划方法探索．规划师，2008，〔3〕
4. 汪光焘．认真研究社会主义新农村建设问题．城市规划学刊，2005，（4）
5. 杨峥屏等．新农村建设规划的思考与启示—珠海市三个试点村的实践．规划师，2007，〔2〕

附录篇

附录1　2009年中国城市规划发展大事记

2009年1月1日，由中华人民共和国国家旅游局、海南省人民政府主办的2009年中国生态旅游年启动仪式在海南三亚举行。国家旅游局将2009年确定为“中国生态旅游年”。

2009年1月1日，我国《工业项目建设用地控制指标》和《全国工业用地出让最低价标准》统一按国土资源部发布的调整后土地等别执行。

2009年1月2日，国务院同意将江苏省南通市列为国家历史文化名城。至此，我国的国家历史文化名城达到110个。

2009年1月2日，武汉城市圈“两型社会”综合配套改革试验空间、产业发展、综合交通、社会事业、生态环境规划纲要等五个专项规划，经湖北省省委、省政府审议通过后，由省政府正式印发实施。这五个专项规划是根据武汉城市圈“两型社会”综合配套改革试验总体方案制定的，是试验区建设的主要实施内容。（中国建设报2009.2.4）

2009年1月4日，湖南省举行长株潭“两型办”成立授牌暨国务院批准试验区总体方案新闻发布会。长株潭试验区改革总体方案和城市群区域规划获得国务院批准，这在全国改革试验区是第一例。

2009年1月8日，国家发改委发布《珠江三角洲地区改革发展规划纲要（2008～2020年）》。提出了珠江三角洲地区与香港、澳门和台湾地区进一步加强经济和社会发展领域合作的规划，到2020年把珠江三角洲地区建成粤港澳三地分工合作、优势互补、全球最具核心竞争力的大都市圈之一。

2009年1月11日，住房和城乡建设部部长姜伟新表示，2009年要加强地方政策的严肃性和合法性，地方政府不许再越权出台税收、财政等刺激房市的政策。他强调“地方政府不许再越权出台救市政策”，既是在纠正一些地方政府曾经出现的偏差，同时也是一道“降价令”：要求开发商降价销售，否则将面临更加严重的后果。（经济日报2009.1.12）

2009年1月12日，2009年全国环境保护工作会议在京召开，强调要坚持以科学发展观为统领，积极探索中国特色环境保护新道路，为促进经济平稳较快发展做出更大贡献。

2009年1月26日，国务院下发关于推进重庆市筹城乡改革和发展的若干意见（国发〔2009〕3号），对重庆市统筹城乡改革和发展提出十大项三十七条意见和要求，包括：（1）推进重庆市统筹城乡改革和发展的总体要求（2）促进移民安稳致富，确保库区和谐发展；（3）发展现代农业，推进新农村建设；（4）加快老工业基地改造，大力发展现代服务业；

(5) 大力提高开放水平，发展内陆开放型经济；(6) 加快基础设施建设，增强城乡发展能力；(7) 加强资源节约和环境保护，加快转变发展方式；(8) 大力发展社会事业，提高公共服务水平；(9) 积极推进改革试验，建立统筹城乡发展体制；(10) 加强组织领导，落实各项任务。《意见》明确重庆市统筹城乡改革和发展的导思想、基本原则、战略任务和主要目标。

2009 年 2 月 1 日，《中共中央国务院关于 2009 年促进农业稳定发展农民持续增收的若干意见》公布。意见要求建立健全土地承包经营权流转市场。意见指出，土地承包经营权流转，不得改变土地集体所有性质，不得改变土地用途，不得损害农民土地承包权益。坚持依法自愿有偿原则，尊重农民的土地流转主体地位，任何组织和个人不得强迫流转，也不能妨碍自主流转。按照完善管理、加强服务的要求，规范土地承包经营权流转。鼓励有条件的地方发展流转服务组织，为流转双方提供信息沟通、法规咨询、价格评估、合同签订、纠纷调处等服务。(中国新闻网 2009. 2. 1)

2009 年 2 月 9 日，北川新县城总体规划向社会公布主要内容，并公开征集群众意见。《北川羌族自治县新县城灾后重建总体规划》经中国城市规划设计研究院编制完成，在正式上报之前，将充分听取社会公众的意见和建议，力求新县城规划能够更加科学、合理，具有可操作性。(新华网 2009. 2. 10)

2009 年 2 月 11 日，国土资源部在其官方网站上发布了《土地利用总体规划编制审查办法》。该办法自发布之日起施行。1997 年 10 月 28 日原国家土地管理局发布的《土地利用总体规划编制审批规定》同时废止。为规范土地利用总体规划的编制、审查和报批，提高土地利用总体规划的科学性，根据《中华人民共和国土地管理法》和《中华人民共和国土地管理法实施条例》等法律、行政法规，2009 年 1 月 5 日，国土资源部第 1 次部务会议审议通过了《土地利用总体规划编制审查办法》。(人民网 2009. 2. 11)

2009 年 3 月 1 日，江苏省环保厅正式公布《江苏省重要生态功能保护区区域规划》，这就给江苏生态功能保护区的开发利用画上了"红线"。据介绍，江苏共划分出 12 类重要生态保护类型共计 569 个重要生态功能保护区，分别明确其功能分区和保护措施。12 种类型分为自然保护区、风景名胜区、森林公园、地质遗迹保护区（公园）、饮用水源保护区、洪水调蓄区、重要水源涵养区、重要渔业水域、重要湿地、清水通道维护区、生态公益林和特殊生态产业区。(文汇报 2009. 3. 2)

2009 年 3 月 5 日，据国家发展改革委介绍，为有效应对国际金融危机，促进资源型城市可持续发展和区域经济协调发展，国务院日前确定了第二批 32 个资源枯竭城市。据中国政府网报道，这 32 个城市包括 9 个地级市、17 个县级市和 6 个市辖区。9 个地级市包括山东省枣庄市、湖北省黄石市、安徽省淮北市、安徽省铜陵市、黑龙江省七台河市、重庆市万盛区、辽宁省抚顺市、陕西省铜川市、江西省景德镇市。此前，国务院确定的第一批资源枯竭城市共 12 个。中央财政将给予这两批城市财力性转移支付资金支持。近年，暂不审定新的资源枯竭城市。(人民日报海外版 2009. 3. 6)

2009 年 3 月 12 日，《拉萨市城市总体规划（2009 年 ~2020 年）》获得国务院批复。批复说，拉萨市是西藏自治区首府，国家历史文化名城，具有高原和民族特色的国际旅游城市。要以科学发展观为指导，坚持经济、社会、人口、环境和资源相协调的可持续发展战略，统筹做好拉萨市城市规划、建设和管理的各项工作。要有重点地发展特色产业，按照合理布局、集约发展的原则，不断完善公共服务设施和城市功能，逐步把拉萨市建设成为经济繁荣、社会和谐、生态良好，富有鲜明历史文化特色和浓郁民族风貌的现代化城市。（文汇报 2009. 3. 16）

2009 年 3 月 16 日，《无锡市城市总体规划（2001 年 ~ 2020 年）》获得国务院批复。《总体规划》确定，无锡市是长江三角洲的中心城市之一，国家历史文化名城，重要的风景旅游城市，城市规划区范围 1622 平方公里，到 2020 年，主城区常住人口控制在 200 万人以内，建设用地控制在 190 平方公里以内。

2009 年 3 月 17 日，2009 年中华环保世纪行宣传活动启动仪式在京举行。迈入第 16 个年头的中华环保世纪行宣传活动，以“让人民呼吸清新的空气”为主题，大力宣传我国环境资源法律法规实施进展情况、取得的积极成效和典型，大力宣传“十一五”规划确定的节能减排目标完成情况和取得的可行经验，进一步提高全社会保环境资源的意识和法制观念。

2009 年 3 月 22 日，我国举办第十七届“世界水日”纪念活动，3 月 22 ~ 28 日开展第二十二届“中国水周”宣传活动。联合国确定 2009 年“世界水日”的宣传主题是“跨界水——共享的水、共享的机遇”，我国的宣传主题为：落实科学发展观，节约保护水资源。

2009 年 3 月 22 日，国务院在落实《政府工作报告》重点工作部门分工的意见中要求住房和城乡建设部牵头做好促进房地产市场稳定健康发展的工作，包括：（1）落实支持居民购买自住性和改善性住房的信贷、税收等政策，加大对中小套型、中低价位普通商品房建设的信贷支持；（2）积极发展公共租赁住房，加快发展二手房市场和住房租赁市场；（3）继续整顿和规范房地产市场秩序；（4）帮助进城农民工解决住房困难问题。同时，负责加强节能减排和生态环保工作实施，以及全国中小学校舍安全工程，推进农村中小学校舍标准化建设。

2009 年 3 月 23 日，环境保护部发布《2009 ~ 2010 年全国污染防治工作要点》。《要点》以全面改善环境质量作为污染防治的根本任务，将以防为主防治结合作为污染防治的根本方针，将全面推进重点突破作为污染防治的根本方法，将减少污染物产生作为污染防治的根本途径，将综合运用法律、经济、技术、行政和信息公开等措施作为污染防治的根本手段。

2009 年 3 月 23 日，国家旅游局公布了《中国国家旅游线路初步方案》，并公开征求意见。按照典型性强、知名度大、交通通达、跨越多省等条件，“丝绸之路”、“香格里拉”、“长江三峡”、“青藏铁路”、“万里长城”、“京杭大运河”、“红军长征”、“松花江—鸭绿江”、“黄河文明”、“长江中下游”、“京西沪桂广”、“滨海度假”12 条线路入选首批中国国家旅游线路的备选名单。（人民网 2009. 3. 24）

2009 年 3 月 24 日，中央文明办、住房和城乡建设部、国家旅游局 3 部门联合公布了第二批全国文明风景旅游区和全国创建文明风景旅游区工作先进单位的名单，15 家单位获得

“全国文明风景旅游区”称号，55家单位获得“全国创建文明风景旅游区工作先进单位”称号。

2009年3月26日，《淮河流域防洪规划》获得国务院批复。《规划》确定，力争到2015年，淮河干流上游防洪标准达到10年一遇以上，中游淮北大堤防洪保护区和沿淮重要工矿城市的防洪标准达到100年一遇，洪泽湖及下游防洪保护区的防洪标准达到100年一遇以上。到2025年，建成较为完善的防洪排涝减灾体系，与流域经济社会发展状况相适应。

2009年3月28日，由国家发改委小城镇改革发展中心、上海市发改委和宝山区人民政府联合主办的“2009美兰湖中国城镇发展论坛”在上海举行。论坛主要探索小城镇和推进城乡经济社会一体化发展的新途径。

2009年4月10日，中华人民共和国住房和城乡建设部、监察部联合发出《关于召开治理房地产开发领域违规变更规划调整容积率问题专项工作电视电话会议的通知》（建规〔2009〕53号)，要求各地要深入开展专项治理工作，坚决遏制房地产开发领域腐败问题易发多发势头。《通知》明确了专项治理的三项主要任务：（1）抓紧完善变更规划、调整容积率的相关政策、制度；（2）是加强对控制性详细规划修改特别是建设用地容积率管理情况的监督检查；（3）是建立健全违法违纪行为的责任追究机制，加大查办案件力度。

2009年4月11日，“中国文化遗产保护无锡论坛”公布《关于文化线路遗产保护的无锡倡议》，各国文物保护界专家一致认为，文化线路近年来作为国际文化遗产保护的新载体被世界各国接受，世界文化遗产将在人类更理性的多维度保护中得以延伸拓展。文化线路是指拥有特殊文化资源结合的线形区域内的物质和非物质文化遗产族群。（中青在线2009.4.13)

2009年4月15日，鄱阳湖生态经济区规划与国家部委联合调研活动启动。鄱阳湖生态经济区建设始于2008年3月8日，联合调查组实地考察了九江、南昌、抚州等地。

2009年5月1日，《中华人民共和国防震减灾法》修订案施行，中国地震局和国务院法制办公室、国家发展和改革委员会、住房和城乡建设部、民政部、卫生部、公安部等6部委4月22日为此联合召开贯彻实施《防震减灾法》电视电话会议，对全国贯彻实施《防震减灾法》进行部署。

2009年5月11日，国务院新闻办公室发表《中国的减灾行动》白皮书，介绍中国减灾事业的发展状况。白皮书提出了中国减灾的战略目标和九大任务。《中国的减灾行动》白皮书称，中国政府在《国家综合减灾“十一五”规划》等文件中明确提出“十一五”期间(2006~2010年)及中长期国家综合减灾战略目标，即：建立比较完善的减灾工作管理体制和运行机制，灾害监测预警、防灾备灾、应急处置、灾害救助、恢复重建能力大幅提升，公民减灾意识和技能显著增强，人员伤亡和自然灾害造成的直接经济损失明显减少。中新网国内新闻2009.5.12)

2009年5月13日，住房和城乡建设部仇保兴副部长在2009年农村危房改造试点工作会上发表讲话，强调必须充分认识农村危房改造工作的重大意义，做好农村危房改造及试点工作。具体把握好以下五个原则：1. 一定要按照最贫困、最危险的原则来严格确定补助改造对象。要把农村危房补助改造的对象框定在比较小的范围之内。2. 按照最基本的原则严格控制建设标准。3. 结合当地的实际确立改造的方式。4. 坚决贯彻原址就近就地改造的方式。5. 三北地区一定要高度重视建筑节能示范工作。下一阶段要抓紧做好四项工作：1. 抓紧编制本年度农村危房改造规划。2. 抓紧落实配套资金。3. 抓紧落实技术服务工作。4. 加强对农村危房改造的督促检查。

2009年5月13日，国土资源部发出《国土资源部关于切实落实保障性安居工程用地通知》，要求各地从保增长、保民生、保稳定高度出发，加快保障性住房用地供应计划的落实，加强保障性住房用地的供应管理，做好监督检查，把党和政府对人民群众的庄严承诺落到实处。实施保障性安居工程，是党中央、国务院作出的保持经济平稳较快发展、保障和改善民生的重大举措。中央已经确定，争取用三年时间解决750万户城市低收入住房困难家庭和240万户林区、垦区、煤矿棚户区居民的住房问题，同时扩大农村危房改造试点。（新华网2009.5.18）

2009年5月21日，四川省政府新闻办举行新闻发布会，宣布国务院已于近日正式批复了成都市上报的《成都市统筹城乡综合配套改革试验总体方案》。两年前的6月7日，成都正式获批“全国统筹城乡综合配套改革试验区”。《方案》的指导思想是，深入贯彻落实科学发展观，坚持统筹城乡发展的基本方略，把解决“三农”问题作为重中之重，以体制机制创新为动力，以产业发展为支撑，大力推进新型工业化、新型城镇化、农业现代化。主要目标是，努力把成都试验区建设成为全国深化改革、统筹城乡发展的先行样板、构建和谐社会的示范窗口和推进灾后重建的成功典范，带动四川全面发展，促进成渝经济区、中西部地区协调发展。成都在9个方面具有先行先试的任务：1. 建立三次产业互动的发展机制；2. 构建新型城乡形态；3. 创新统筹城乡的管理体制；4. 探索耕地保护和土地节约集约利用的新机制；5. 探索农民向城镇转移的办法和途径；6. 健全城乡金融服务体系；7. 健全城乡一体的就业和社会保障体系；8. 努力实现城乡基本公共服务均等化；9. 建立促进城乡生态文明建设的体制机制。（经济日报2009.5.22）

2009年5月21日，提交北京市人大常委会审议的《北京市城乡规划条例》规定，“经依法审定的修建性详细规划、建设工程设计方案的总平面图不得随意修改”；“因修改给利害关系人合法权益造成损失的，应当依法给予补偿。”据介绍，北京市相关部门正在制定该条例的实施细则，该细则与条例于2009年10月1日同时实施。（北京晚报2009.5.21）

2009年5月21日，根据国家发展和改革委员会此日公布的数据，在我国4万亿元投资计划中，有4000亿元投向廉租房、棚户区改造等保障性住房，占比10%。2008年11月初，国务院颁布进一步扩大内需、促进经济增长的十项措施，其中第一条就包括加快建设保障性安居工程，加大对廉租住房建设支持力度。住房和城乡建设部副部长齐骥此后不久表示，3年将在全国投资9000亿元建保障性住房。（新闻晨报2009.5.22）

2009年5月22日，由中国城市规划学会和香港规划师学会联合主办，英国皇家规划师学会和澳门城市规划学会协办的“共建低碳都市”国际研讨会日前在香港举行。住房和城乡建设部副部长仇保兴出席会议并发表了《中国城镇化发展与低碳生态城规划建设的探索与实践》的演讲。他强调：中国内地城镇化发展迅速，采纳低碳发展策略尤为重要。仇保兴认为，当前迫切的问题是要反思城市的建设理念和发展模式，探索符合中国国情和生态文明建设要求的城市发展道路。低碳生态城是以低能耗、低污染、低排放为标志的节能、环保型城市，是一种在生态环境综合平衡制约下的全新城市发展模式。

2009 年 5 月 22 日，住房和城乡建设部、国家发展和改革委员会、财政部向各地、各部门印发《2009～2011 年廉租住房保障规划》。《规划》称，从 2009 年起到 2011 年，争取用三年时间，基本解决 747 万户现有城市低收入住房困难家庭的住房问题。其中，2008 年第四季度已开工建设廉租住房 38 万套，三年内再新增廉租住房 518 万套、新增发放租赁补贴 191 万户。进一步健全实物配租和租赁补贴相结合的廉租住房制度，并以此为重点加快城市住房保障体系建设，完善相关的土地、财税和信贷支持政策。(中国新闻网 2009. 6. 3)

2009 年 5 月 26 日，获国务院批复通过的《深圳市综合配套改革总体方案》正式发布。深圳此次获得四项“先行先试”权。一是对国家深化改革、扩大开放的重大举措先行先试；二是对符合国际惯例和通行规则，符合我国未来发展方向，需要试点探索的制度设计先行先试；三是对深圳市经济社会发展有重要影响，对全国具有重大示范带动作用的体制创新先行先试；四是对国家加强内地与香港经济合作的重要事项先行先试。《总体方案》提出，下一步深圳市的改革将在六个方面实现重点突破：一是深化行政管理体制改革。二是全面深化经济体制改革。三是积极推进社会领域改革，不断深化教育、医疗卫生、就业、社会保障、收入分配、住房、文化制度改革，创新社会管理体制，培育发展社会组织，积极推进依法治市，加快构建社会主义和谐社会。四是完善自主创新体制机制。五是以深港紧密合作为重点，全面创新对外开放和区域合作的体制机制，创新外经贸发展方式，主动应对开放风险，率先形成全方位、多层次、宽领域、高水平的开放型经济新格局。六是建立资源节约环境友好的体制机制。(新华网 2009. 5. 26)

2009 年 6 月 3 日，中新天津生态城联合工作委员会举行第四次会议，中国住房和城乡建设部副部长仇保兴、新加坡国家发展部部长马宝山共同主持。同日，生态城科技园奠基。位于天津滨海新区的中新天津生态城，是中国与新加坡两国政府继苏州工业园区后又一重大合作项目。生态城规划面积 30 平方公里，于 2008 年 9 月底开工，确定了以节能环保、高新技术研发和现代服务业为主导的产业发展方向，着力构建以高新技术、清洁生产、循环经济为主导的生态型产业体系，构成绿色企业之谷。(人民日报 2009. 6. 4)

2009 年 6 月 4 日，为贯彻落实最严格的耕地保护制度和最严格的节约用地制度，落实《全国土地利用总体规划纲要（2006～2020 年)》，科学编制市、县、乡级土地利用总体规划，强化土地用途管制和土地宏观调控，国土资源部在试点实践和调查研究基础上，制定了《市县乡级土地利用总体规划编制指导意见》，下发地方执行。

2009 年 6 月 5 日，我国举办 2009 年“六・五”世界环境日活动，主题是：减少污染——行动起来，旨在引导公众关注污染防治，积极参与到节能减排的工作中来。

2009 年 6 月 10 日，国务院总理温家宝主持召开国务院常务会议，讨论并原则通过《江苏沿海地区发展规划》。会议指出，江苏沿海地区地处我国沿海、沿长江和沿陇海兰新线三大生产力布局主轴线交会区域，是长江三角洲的重要组成部分，区位优势独特，土地后备资源丰富，战略地位重要。在新形势下加快江苏沿海地区发展，对于长江三角洲地区产业优化升级和整体实力提升，完善全国沿海地区生产力布局，促进中西部地区发展，加强中国与中亚、欧洲和东北亚国家的交流与合作，具有重要意义。

2009年6月10日，首批“中国历史文化名街”授牌仪式及高峰论坛在北京举行。在综合专家意见和公众投票的基础上，北京国子监街、平遥南大街、哈尔滨中央大街、苏州平江路、黄山市屯溪老街、福州三坊七巷、青岛八大关、青州昭德古街、海口骑楼老街、拉萨八廓街等10条街区被评为首批“中国历史文化名街”。中国文物学会会长罗哲文在授牌仪式上指出，历史文化名街是历史文化名城、名镇、名村最重要的组成部分。把历史文化名街保护好，对于历史文化遗产的保护非常重要。同时，要把物质文化遗产的保护与非物质文化遗产的保护结合起来。

2009年6月13日，我国第四个“文化遗产日”开展活动，主题是：保护文化遗产，促进科学发展。

2009年6月24日，国务院总理温家宝主持召开国务院常务会议，讨论并原则通过《横琴总体发展规划》。会议决定，将横琴岛纳入珠海经济特区范围，重点发展商务服务、休闲旅游、科教研发和高新技术产业，实行更加开放的产业和信息化政策等，逐步把横琴建设成为“一国两制”下探索粤港澳合作新模式的示范区、深化改革开放和科技创新的先行区、促进珠江口西岸地区产业升级的新平台。

2009年6月25日，我国第19个“土地日”开展活动，主题是：保障科学发展，保护耕地红线。同时拟定20条宣传口号。开展全国“土地日”宣传活动，是宣传我国土地资源国情国策，坚持和落实最严格的耕地保护制度和最严格的节约用地制度，提高全社会坚守18亿亩耕地红线意识的有效手段。

2009年6月25日，国务院发布了《关中—天水经济区发展规划》。关中—天水经济区是《国家西部大开发“十一五”规划》中确定的西部大开发三大重点经济区之一。规划范围包括陕西省西安、铜川、宝鸡、咸阳、渭南、杨凌、商洛部分县和甘肃省天水所辖行政区域，面积7.98万平方公里。直接辐射区域包括陕西省陕南的汉中、安康，陕北的延安、榆林，甘肃省的平凉、庆阳和陇南地区。（人民日报2009.7.15）

2009年6月29日，住房和城乡建设部向无锡、珠海、大同等17个城市派驻城乡规划督察员，对国务院审批的城市总体规划的实施情况加强监督。加上此前分三批派遣的人员，目前住房和城乡建设部已向包括全部省会城市在内的51个城市派驻了68名规划督察员，覆盖了由国务院审批的城市总体规划中的所有国家级历史文化名城。（新华网2009.6.30）

2009年7月1日，国务院常务会议讨论并原则通过了《辽宁沿海经济带发展规划》，从而不仅为这片中国最北端的沿海地区带来新的发展机遇，也为东北振兴增添新的动力。包括大连、丹东、锦州、营口、盘锦、葫芦岛等沿海城市在内的辽宁沿海经济带，地处环渤海地区重要位置和东北亚经济圈关键地带，资源禀赋优良，工业实力较强，交通体系发达。加快辽宁沿海经济带发展，对于振兴东北老工业基地，完善我国沿海经济布局，促进区域协调发展和扩大对外开放，具有重要战略意义。

2009年7月11日，中国城市科学研究会与美国联合技术公司关于合作开展“生态城市指标体系构建与生态城市示范评价项目”的签字仪式在哈尔滨举行。住房和城乡建设部副部长仇保兴出席签字仪式并讲话。根据协议，中国城市科学研究会将组织构建中国生态城市指标体系，并依照该指标体系，在中国遴选优秀生态示范城市，大力推广生态城市最佳实践，鼓励和推动城市相互经验交流、借鉴，从而促进中国城市的可持续发展。

2009年7月12日至13日，由中国城市科学研究会、中国城市规划学会、哈尔滨市人民政府共同主办的2009城市发展与规划国际论坛7月12日至13日在哈尔滨举行，“和谐生态，可持续的城市”成为此次论坛主题。

2009年7月14日，全球最具知名度的建筑师学会之一——英国皇家建筑师学会公布了获得2009年建筑国际奖的名单，包括北京国家体育场（“鸟巢”）、“水立方”和首都国际机场3号航站楼在内的15个建筑项目榜上有名。颁奖典礼在英国外交部举行，英国皇家建筑师学会主席和来自世界各国的多位知名设计师，共同参加了当晚的颁奖活动。

2009年7月23日，国家发改委、住房和城乡建设部下发了《关于做好城市供水价格管理工作有关问题的通知》，要求各省、自治区、直辖市有关部门严格履行水价调整程序，完善水价计价方式，做好对低收入家庭的保障工作，保障城市供水和污水处理行业健康发展。

2009年7月27日，辽宁省阜新市海州露天煤矿国家矿山公园正式开园，从而使这个当年亚洲最大的露天煤矿变身为工业遗产主题公园。海州露天煤矿国家矿山公园2007年破土动工，公园总占地面积28平方公里。目前，面积达20万平方米的矿山主题公园已经正式对外开放，包括正门、矿山文化广场、博物馆、纪念碑和观景台5部分。矿山博物馆共建有20多个功能区，涵盖了矿产资源与环境保护、工业遗产与旅游开发等内容。（中国建设报2009.8.10）

2009年8月6日，深圳市委市政府通过最新一期《市政府公报》正式发布《深圳市综合配套改革三年（2009~2011年）实施方案》，明确了今后三年深圳市综合配套改革的主要内容和任务，确定了2009年要实施的九个重点改革项目。《实施方案》提出，力争用三年左右的时间，在行政管理体制改革、经济体制改革、社会领域改革、完善自主创新体制机制、创新对外开放与区域合作、建立资源节约环境友好的体制机制等六大方面取得新突破、新进展，确保综合配套改革起好步、开好局，实现“今年起好步，每年有进展，三年大突破”的工作目标。（人民网2009.8.6）

2009年8月7日，由住房和城乡建设部正式批准的《中国城市综合管理体制及其运行机制研究》课题研究大纲公开征求意见。课题提出了“大城管”概念，也就是城市综合管理，所管理的范围包括给水、电力、通信、垃圾收运处理、供水等城市基础功能，以及城市公共空间。在此基础上，专家提出，这些城市管理工作应由住房和城乡建设部负责指导和管理。各地政府可以成立统一的城管综合管理指挥中心，统一指挥权、督察权、赏罚权，建立健全城管综合管理指挥中心运行机制。从8月7日起，该课题研究大纲（征求意见稿）在人民城市网（www.city188.net）“和谐城管”栏目公示，公开向外界征求意见，征求意见的截

止时间为9月8日。(京华时报2009.8.8)

2009年8月10日，在积极应对国际金融危机、加快交通运输基础设施建设的新形势下，交通运输部组建以来的第一次全国交通运输发展前期工作会议在贵阳召开，标志着“十二五”交通运输发展规划编制工作全面启动。

2009年8月12日，国务院总理温家宝主持召开国务院常务会议，听取并审议了发展改革委关于应对气候变化工作情况的报告，研究部署应对气候变化有关工作，审议并原则通过《规划环境影响评价条例（草案）》。会议要求，下一阶段，重点做好以下几方面工作。(一）把应对气候变化纳入国民经济和社会发展规划。（二）抓好国家方案的落实。（三）大力发展绿色经济。（四）强化应对气候变化综合能力建设。（五）健全应对气候变化的法律体系。（六）积极开展国际交流与合作。继续对外开展应对气候变化政策对话与交流，拓展应对气候变化国际合作渠道，加快资金、技术和人才引进，有效消化、吸收国外先进的低碳技术和应对气候变化技术。深化与发展中国家的合作，支持不发达国家和小岛屿发展中国家提高适应气候变化的能力。(中国政府网2009.8.12)

2009年8月14日，国务院对《横琴总体发展规划》正式作出批复。业内人士认为，《横琴总体发展规划》的实施，使珠海横琴新区站在了一个新的制高点上，标志着横琴开发建设迈进了新的阶段。据了解，《横琴总体发展规划》的规划范围为珠海横琴岛，土地总面积106.46平方公里，规划期至2020年。

2009年8月17日，中国第一份各省区市生态文明水平的排名日前出炉。它来自代表国家社科研究最高水平的国家社科基金项目——“新区域协调发展与政策研究”课题组。作为研究成果的《中国生态文明地区差异研究》首次披露了各省区市生态文明的发展现状，以期促进各省区市经济社会的可持续发展，落实科学发展观、构建和谐社会。根据这份研究报告，通过测算，除西藏自治区外，全国各省市自治区的生态文明水平排序如下：北京、上海、广东、浙江、福建、江苏、天津、广西、山东、重庆、四川、江西、河南、湖南、（以下为全国平均水平线下）湖北、海南、安徽、陕西、黑龙江、吉林、青海、河北、辽宁、新疆、云南、甘肃、内蒙古、贵州、宁夏、山西。(中国经济周刊2009.8.17)

2009年8月17日，国务院召开会议，讨论并原则通过了《关于进一步实施东北地区等老工业基地振兴战略的若干意见》。会议指出，要着重抓好以下工作：一是优化经济结构，建立现代产业体系。二是推进企业技术进步，全面提升自主创新能力。三是加快发展现代农业，不断巩固和发展农业基础地位。四是加强基础设施建设，为东北地区全面振兴创造条件。五是积极推进资源型城市转型，促进可持续发展。六是切实保护好生态环境，大力发展绿色经济。七是着力解决民生问题，加快推进社会事业发展。八是深化省区协作，推动区域经济一体化发展。九是继续深化改革开放，增强经济社会发展活力。（中国政府网2009.8.17）

2009年8月18日，国土资源部和监察部联合发出了《关于进一步落实工业用地出让制度的通知》，以更好地发挥土地政策调控作用。《通知》细化了工业用地招标拍卖挂牌政策和协议出让政策的适用范围，提出：凡属于农用地转用和土地征收审批后由政府供应的工业用地，政府收回、收购国有土地使用权后重新供应的工业用地，必须采取招标拍卖挂牌方式公开确定土地价格和土地使用权人；划拨工业用地补办出让、承租工业用地补办出让、划拨工业用地转让等，符合规划并经依法批准，可以协议方式出让。(人民网 2009.8.16)

2009 年 8 月 18 日，据新快报报道，最新修编的珠三角城际轨道交通网络规划已原则上获广东省政府常务会议通过，并上报国家发改委审批。根据规划，到 2030 年，珠三角的城际轨道交通网络将基本覆盖所有城镇，线网密度达到 4.8 公里/百平方公里。据了解，与 2005 年获得国务院批准的《珠江三角洲地区城际轨道交通网规划》相比，《规划》将珠三角地区规划城际线路从原来的 5 条增加到 23 条，线网总长从原来的 600 公里，增加到 1890 公里。(新快报 2009.8.18)

2009 年 8 月 23 日，西藏文物保护史上投资最多、规模最大、科技含量最高、技术要求最严的“西藏三大重点文物”——布达拉宫、罗布林卡、萨迦寺文物保护维修工程竣工。该三大重点文物保护维修工程是中央第四次西藏工作座谈会确定的国家重点文化建设项目，也是全国六大重点文物保护维修工程中的三大工程。三大工程共安排国家批准的子项目 154 个，总投资 3.8 亿元，主要包括古建筑和壁画维修、部分住户搬迁及环境整治、新改建公用设施等内容。(人民日报海外版 2009.8.24)

2009 年 9 月 1 日，国土资源部发布《关于严格建设用地管理 促进批而未用土地利用的通知》(以下简称“通知”) 强调，对取得土地后满 2 年未动工的建设项目用地，应依照闲置土地的处置政策依法处置，促进尽快利用。通知强调，严肃查处违反土地管理法律法规新建“小产权房”和高尔夫球场项目用地。通知要求，对在建在售的以新农村建设、村庄改造、农民新居建设和设施农业、观光农业等名义占用农村集体土地兴建商品住宅，必须采取强力措施，坚决叫停管住并予以严肃查处。(每日经济新闻 2009.9.2)

2009 年 9 月 2 日，住房和城乡建设部在京举行新闻发布会，呼吁采取措施，在我国实施和恢复绿色交通，使城市空间资源向公共交通、步行、自行车等绿色交通倾斜，构建合理的综合交通体系，减少私人机动车的使用。9 月 22 日，迎来又一个世界无车日。据介绍，2009 年中国城市无车日活动的主题为“健康环保的步行和自行车交通”。9 月 22 日 7 时至 19 时，各承诺城市将围绕活动主题，组织“无车日”活动。开展活动的城市将划定不小于 5 平方公里的区域 (道路) 作为无小汽车区，禁止机动车在无小汽车区内行使，只对行人、自行车、公共电汽车、出租车和其他交通 (校车、通勤车、特种车辆等) 开放。城市将至少选定 1 条道路作为自行车和步行交通出行的示范道路。住房和城乡建设部要求，各城市政府领导应带头采用步行、自行车或公共交通上下班。各城市政府至少应实施两项长效措施，提高步行和自行车出行便利和安全。(中国经济时报 2009.9.3)

2009 年 9 月 7 日，广东省政府召开珠三角一体化五个规划编制工作会议。在会议上，黄华华省长指出，编制好珠三角基础设施建设、产业布局、城乡规划、公共服务和环境保护等五个一体化专项规划，对贯彻落实《规划纲要》和推动珠三角发展至关重要，是当前全省工作的重点之一。(广州日报 2009.9.8)

2009 年 9 月 12 日至 14 日，由中国城市规划学会主办、天津市人民政府协办、天津市规划局承办的2009中国城市规划年会在滨海国际会展中心举行。本届规划年会以“城市规划与科学发展”为主题，探讨新形势下城市的科学发展，交流展示国内外规划设计先进理念和优秀成果。开幕式上，多位著名规划专家就当前业界关注的热点问题进行深入探讨，总结了新中国成立60年以来城市规划事业的重要经验教训，反思城市规划的学科地位，分析当前面临的宏观形势，展现上海世博会的全新理念等。年会期间，开设了12个专题研讨会、5个自由论坛和2个特别论坛，分别就我国城市发展的一些热点、焦点问题进行了深入研讨。年会的召开，对提升我国城市规划理论水平，促进城市科学发展具有十分重要的意义。

2009年9月22日，上海市府办公厅召开会议宣布，上海10个小城镇建设发展改革试点工作全面启动。目前松江区小昆山镇、嘉定区安亭镇、浦东新区六灶镇、宝山罗店镇等试点镇完成了城乡建设用地增减挂钩规划的编制和上报工作，国家已批复同意4个镇共7000亩土地增减挂钩指标。上海10个发展改革试点的小城镇为崇明县陈家镇、金山区廊下镇、奉贤区青村镇、松江区小昆山镇、嘉定区安亭镇、青浦区金泽镇、浦东新区六灶镇、宝山区罗店镇、闵行区浦江镇和浦东新区川沙镇。(文汇报2009.9.23)

2009年9月23日，国务院批复《促进中部地区崛起规划》。《规划》共11章，围绕总体要求和全面实现建设小康社会宏伟目标，提出了到2015年中部地区崛起的4大目标及8个方面的重点工作：一要以加强粮食生产基地建设为重点，积极发展现代农业。二要按照优化布局、集中开发、高效利用、精深加工、安全环保的原则，巩固和提升重要能源原材料基地地位。三要以核心技术、关键技术研发为着力点，建设现代装备制造业及高技术产业基地。四要优化交通资源配置，强化综合交通运输枢纽地位。五要加快形成沿长江、沿陇海、沿京广和沿京九“两横两纵”经济带，积极培育充满活力的城市群；推进老工业基地振兴和资源型城市转型，发展县域经济，加快革命老区、民族地区和贫困地区发展。六要努力发展循环经济，提高资源节约和综合利用水平。七要优先发展教育，繁荣文化体育事业，增强基本医疗和公共卫生服务能力，千方百计扩大就业，完善社会保障体系。八要以薄弱环节为突破口，加快推进体制机制创新，支持综合改革试点，提高对外开放水平，加强区域经济合作，不断增强发展动力和活力。(中国政府网2009.12.3)

2009年9月26日，国务院发布了一则《关于集约用地的通知》，针对开发商首次明确规定了相对严格的“闲置”费用标准，并指出将会很快对“闲置”土地征收增值地价。对于土地闲置满两年的，将依法无偿收回、坚决无偿收回或者重新安排使用；对于土地闲置满一年不满两年的，开发商需按出让或划拨土地价款的20%交纳土地闲置费。另外，国土资源部将对闲置土地征收增值地价。专家预计，这一方面会削弱开发商拿地的冲动，同时还会促使开发商加快建设进度。(重庆晚报2009.9.29)

2009年9月27日，广州召开了《广州城市总体发展战略规划2010~2020年》专家研讨会，再开国内先河，首次将主体功能区规划、城市总体规划与土地利用总体规划“三规合一”。根据规划，广州将以科学发展观为统领，以世界先进城市为标杆，按照国家中心城市和综合性门户城市的定位，加快建设成为广东宜居城乡的“首善之区”，建成面向世界、服务全国的国际大都市。广州市市长张广宁代表广州市委、市政府致欢迎辞时表示，规划好广州、建设好广州、发展好广州，是历史赋予的重大使命，希望与会专家为广州的规划建设出谋献策。(广州日报2009.9.28)

2009年9月28日，国家发改委组织召开电视电话会议，就“十二五”（2011至2015年）规划编制前期工作进行部署。会议指出，“十二五”规划将深化对一些全局性、战略性重大问题的研究，就解决经济社会发展的突出矛盾和问题提出相应措施。在“十二五”规划编制过程中，须根据国际环境的新变化和国内发展的新要求，深化对一些全局性、战略性的重大问题研究，从解决经济社会发展的突出矛盾和问题入手，明确发展的思路，提出相应的措施。根据会议的部署，规划编制将突出体现“统筹兼顾”，把握和处理速度与结构质量效益、内需与外需、投资与消费、中央与地方、经济发展与社会发展、改革发展稳定等重大关系，实现经济发展与社会和谐的有机统一。会议强调了“总体规划的统领作用”，表示在制定规划过程中要遵循下级规划服从上级规划、其他规划服从总体规划的原则。要提高编制过程的透明度和社会参与度，提高决策的科学化、民主化程度。据悉，“十二五”规划前期重大问题涉及八个领域三十九个题目。八大领域涵盖国内外发展环境、思路目标、产业结构、城乡区域、科教文化、改革开放、人民生活和资源环境。(中国新闻网2009.9.28)

2009年9月30日，联合国教科文组织保护非物质文化遗产政府间委员会第四次会议在阿布扎比召开，审议并批准了列入《人类非物质文化遗产代表作名录》的76个项目，其中包括中国申报的22个项目。列入名录的22个中国项目是：中国蚕桑丝织技艺、福建南音、南京云锦、安徽宣纸、贵州侗族大歌、广东粤剧、《格萨尔》史诗、浙江龙泉青瓷、青海热贡艺术、藏戏、新疆《玛纳斯》、蒙古族呼麦、甘肃花儿、西安鼓乐、朝鲜族农乐舞、书法、篆刻、剪纸、雕版印刷、传统木结构营造技艺、端午节、妈祖信俗。据悉，联合国教科文组织保护非物质文化遗产政府间委员会第四次会议9月28日在阿拉伯联合酋长国首都阿布扎比开幕，来自全球114个国家和地区的400多名代表与会。为期三天的会议主要讨论确定入选《人类非物质文化遗产代表作名录》和《急需保护的非物质文化遗产名录》的项目。(新华网2009.9.30)

2009年10月16日至17日，中国城市规划设计研究院55周年院庆报告会在北京举办。汪光焘、周干峙、邹德慈、王瑞珠分别作了题为《积极应对气候变化，促进城乡规划理念转变》、《扩大知识基础，深化细化工作》、《论证——城市规划的一项重要方法》、《城市设计，方法与实践》的学术报告。国土资源部总规划师胡存智、国务院参事陈全生、清华大学社会学系教授孙立平等也应邀在会上作学术报告。

2009年10月19日，中国城市科学研究会在北京召开了《中国低碳生态城市发展战略》成果新闻发布会。中国城市科学研究会副理事长、中国社会科学院副院长武寅研究员发表了讲话，她指出全球正面临着气候变化和资源环境的巨大压力，外延增长式的城市发展模式已难以适应新形势下的发展要求，世界城市发展模式面临着转型的抉择。中国城市需要积极实践、探索一条新的发展道路——低碳生态城市发展道路。

2009年10月31日至11月1日，“大遗址保护高峰论坛”在历史名城洛阳举办，论坛通过了《大遗址保护洛阳宣言》。国家文物局副局长童明康在论坛上说，中国大遗址保护正在有序推进，形成了以长城、大运河、丝绸之路、西安片区、洛阳片区“三线两片”为核心、100处重要大遗址为重要节点的基本格局。据介绍，最近一年来，长城资源调查和保护工作取得重大进展，调查、发布了明长城资源调查的最终数据——明长城的总长度为8851.8千米。总投资2亿元的山海关长城关城保护工程顺利通过国家级验收。大运河将作为中国2014年申报世界文化遗产项目，保护和申遗的各项工作正在积极推进，即将全面进入保护实施阶段。2010年底之前将公布第一批申报世界文化遗产的大运河点段的初步名单。截至目前，丝绸之路沿线48处遗址点的保护工作已全面启动，吐鲁番地区遗址保护工作和丝绸之路涉及的中国6个省区的申报文本均取得阶段性成果。继2008年10月大明宫考古遗址公园建设工作启动以来，牛河梁、良渚、汉长安城、秦始皇陵、隋唐洛阳城、汉魏洛阳城、偃师商城、长沙铜官窑、扬州城等的保护工作正在推进中。童明康说，5年来，中国大遗址保护行为越来越融入经济社会发展。洛阳、西安、无锡、扬州、杭州、安阳、郑州、成都等地的一系列实践案例充分表明，大遗址正在成为中国城市独具特色的名片。（新华网2009.11.5）

2009年11月16日，国务院批复《中国图们江区域合作开发规划纲要》，标志着长吉图开发开放先导区建设已上升为国家战略，成为迄今唯一一个国家批准实施的沿边开发开放区域。图们江区域是我国参与东北亚地区合作的重要平台。国务院在批复中指出，以吉林省为主体的图们江区域在我国沿边开放格局中具有重要战略地位，加快图们江区域合作开发，是新时期我国提升沿边开放水平、促进边疆繁荣稳定的重大举措。

2009年11月22日，第三届中国城市化国际峰会在北京举行。住房和城乡建设部村镇建设司司长李兵弟表示，中国的城镇化发展出路只能立足于现有的城乡建设用地，确保村庄整治节约出来的土地利益，绝大部分用于农民，防止单纯为解决城市发展的用地盲目撤并村庄。到2008年末，我国城乡建设用地有22万多平方公里，其中，城市建设用地约5万平方公里，乡村建设用地约17万平方公里。如果按户籍人口划分，城市的人均建设用地约在100平方米，农村的人均建设用地现在已经到180平方米。李兵弟认为，统筹城乡建设用地的确可以有效促进土地利用效率的提升，中国的城镇化发展出路只能立足于现有的城乡建设用地，乡村建设用地应该按照城乡规划实施，在切实保证宅基地、农村集体经济建设用地和农村公共服务设施用地的基础上，通过有效的村庄整治，节约用地，统筹用于城乡的发展。

2009年11月25日，国务院批复《关中—天水经济区发展规划》。关中—天水经济区是《国家西部大开发“十一五”规划》中确定的西部大开发三大重点经济区之一，《规划》提出，将把关中—天水经济区打造成为“全国内陆型经济开发开放的战略高地”。经济区规划范围包括陕西西安、咸阳、铜川、渭南、宝鸡、商洛部分县、杨凌农业高新技术产业示范区和甘肃省天水市所辖行政区域，总面积7.98万平方公里，规划期从2009年到2020年。

2009年11月30日~12月2日，有中国城市科学研究会和中国城镇供水排水协会联合主办的“第四届中国城镇水务发展国际研讨会暨中国城镇供水排水协会2009年年会”在北京召开，有来自国内外的2000多名代表参会、172个厂商参展。会议设了1个综合论坛和37个分论坛，有200多名专家学者在会上作学术交流。住房和城乡建设部副部长仇保兴主持开幕式，北京市副市长夏占义、环境保护部副部长吴晓青到会致辞，全国政协原副主席、中国工程院院士钱正英做“中国水利发展战略转变”主题演讲，联合国开发计划署驻华代表处副代表 Napoleon Navarro 的演讲题目为“在气候变化的环境下应对水务问题的挑战”，国际水协第一副主席 Glen Daigger 做“统筹城市水资源管理，建设可持续性未来城市主题演讲”，中国城镇供水排水协会会长李振东做“中国城市供排水蓬勃发展六十年”主题演讲。开幕式上还举行了全国第四批节水型城市授牌仪式。

2009 年 12 月 1 日，《海峡西岸城市群发展规划》获得国家住房和城乡建设部批复。《规划》指出，海西城市群总体上正向着加速城镇化、沿海化和网络化的方向发展。《规划》提出构建海峡城市群的战略构想：落实国家加快建设海峡西岸经济区的决策部署，充分发挥福建省比较优势，优化整合内部空间格局，联动周边省区，推进两岸合作交流，逐步形成两岸一体化发展的国际性城市群——“海峡城市群”，构筑我国区域经济发展的重要“增长区域”。《规划》就经济产业发展、社会文化发展、生态建设、城乡统筹发展等四个方面提出发展目标。(福建日报 2009.12.4)

2009 年 12 月 1 日，《深圳市城市更新办法》正式实施。《更新办法》的出台是深圳城市发展转型的一个重要标志。它意味着深圳的城市发展正由过去的以增量土地开发为主向存量土地“再开发”为主转变迈出了重要一步。《更新办法》对城市更新予以了明确的定义：“城市的基础设施、公共服务设施亟需完善；环境恶劣或者存在重大安全隐患；现在土地用途、建筑物使用功能或者资源、能源利用明显不符合社会经济发展要求，影响城市规划实施的。”《更新办法》在政策上有如下重大突破：一是明确原权利人可作为更新改造实施主体，改造项目无需由“发展商”实施，同时政府鼓励权利人自行改造；二是突破更新改造土地必须“招牌挂”出让的政策限制，规定权利人自行改造的项目可协议出让土地。《更新办法》突破了原有的框架范围，将更新改造范围扩大到旧工业区、旧商业区、旧住宅区、城中村及旧屋村等所有城市更新活动。《更新办法》还首次引入了“城市更新单元”这一概念。“城市更新单元”的划分可以不为具体的行政单位或地块所限，而是通过对零散土地进行整合，予以综合考虑，以此获取更多的“腾挪”余地，保障更新改造中城市基础设施和公共服务设施的相对完整性。

2009 年 12 月 3 日，国务院正式批复《黄河三角洲高效生态经济区发展规划》。国务院指出，要把《规划》实施作为应对国际金融危机、贯彻区域发展总体战略、保护环渤海和黄河下游生态环境的重大举措，把生态建设和经济社会发展有机结合起来，促进发展方式根本性转变，推动这一地区科学发展。国务院要求，《规划》实施要以资源高效利用和生态环境改善为主线，着力优化产业结构，着力完善基础设施，着力推进基本公共服务均等化，着力创新体制机制，率先转变发展方式，提高核心竞争力和综合实力，打造环渤海地区具有高效生态经济特色的重要增长区域，在促进区域可持续发展和参与东北亚经济合作中发挥更大作用。依据《规划》，黄河三角洲高效生态经济区的战略定位是：建设全国重要的高效生态经济示范区、特色产业基地、后备土地资源开发区和环渤海地区重要的增长区域。《规划》明确了黄河三角洲发展的近期和远期目标：到 2015 年，基本形成经济社会发展与资源环境承载力相适应的高效生态经济发展新模式；到 2020 年，率先建成经济繁荣、环境优美、生活富裕的国家级高效生态经济区。（新华网 2009. 12. 3）

2009 年 12 月 12 日，国务院正式批复《鄱阳湖生态经济区规划》，这标志着鄱阳湖生态经济区建设上升为国家战略。《规划》明确，鄱阳湖生态经济区包括南昌、景德镇、鹰潭 3 市，以及九江、新余、抚州、宜春、上饶、吉安市的部分县（市、区），共 38 个县（市、区），国土面积为 5. 12 万平方公里。鄱阳湖生态经济区的功能定位总结起来讲，就是“三区一平台”，即全国大湖流域综合开发示范区、长江中下游水生态安全保障区、加快中部崛起重要带动区和国际生态经济合作重要平台。围绕‘三区一平台’的总体定位，江西今后着力构建安全可靠的生态环境保护体系、调配有效的水利保障体系、清洁安全的能源供应体系、高效便捷的综合交通运输体系等四大支撑体系，重点打造区域性优质农产品生产基地，生态旅游基地，光电、新能源、生物及航空产业基地，改造提升铜、钢铁、化工、汽车等十大产业基地。（人民日报 2009. 12. 17）

2009 年 12 月 14 日，国务院总理温家宝主持召开国务院常务会议，研究完善促进房地产市场健康发展的政策措施，全面启动城市和国有工矿棚户区改造工作。会议认为，随着房地产市场的回升，一些城市出现了房价上涨过快等问题，应当引起高度重视。为保持房地产市场的平稳健康发展，会议要求，按照稳定完善政策、增加有效供给、加强市场监管、完善相关制度的原则，继续综合运用土地、金融、税收等手段，加强和改善对房地产市场的调控。重点是在保持政策连续性和稳定性的同时，加快保障性住房建设，加强市场监管，稳定市场预期，遏制部分城市房价过快上涨的势头。一要增加普通商品住房的有效供给。二是继续支持居民自住和改善型住房消费，抑制投资投机性购房。三要加强市场监管。四要继续大规模推进保障性安居工程建设。力争到 2012 年末，基本解决 1540 万户低收入住房困难家庭的住房问题。会议决定，用 5 年左右时间基本完成城市和国有工矿集中成片棚户区改造，有条件的地方争取用 3 年时间基本完成。（中国广播网 2009. 12. 14）

2009 年 12 月 15 日，北京市国土资源局正式公布了《北京市土地利用总体规划（2006 ~2020 年）》。《规划》提出了首都土地资源保护与开发利用新的战略目标、发展重点、空间格局和政策措施，是北京实行最严格土地管理制度的纲领性文件，是规划首都城乡建设和各项建设、各级部门依法行政的重要依据。根据《规划》，北京市近期新增建设用地的主要来源为城镇地块、城乡结合部、城中村改造地块，远期新增用地范围则向京郊浅山区推移。到 2020 年，北京市城乡建设用地规模控制在 27 万公顷以内；中心城区建设用地规模控制在 778 平方公里以内，建设用地扩展应优先利用闲置地、空闲地，尽量不占或少占耕地。《规划》按照土地功能定位首次提出将北京划分为四类功能区，分别为首都功能核心区、城市功能拓展区、城市发展新区、生态涵养发展区，因地制宜，分类引导和管理。《规划》提出未来北京土地利用总格局的空间结构在于着力构建“三圈九田多中心”土地利用总格局。（北京晨报 2009. 12. 16）

2009 年 12 月 18 日，住房和城乡建设部部长姜伟新在 2010 年全国建设工作会议上发言时表示，住房和城乡建设部 2010 年将继续大规模发展保障性住房建设，计划建 180 万套廉租房和130万套经济适用房，希望让更多的人“住有所居”。在总结住房和城乡建设部2009年工作时，姜伟新部长主要回顾了7个方面的工作进展情况，以及《2009～2011年廉租住房保障规划》的出台等工作。2009年房价上涨过快也引起了住房和城乡建设部的关注，姜伟新认为，这与2009年投资和投机占主导、保障房工作进展不平衡、一些地方的大拆重建工程比较多等因素有关。(法制晚报2009.12.18)

2009年12月24日，全国首个跨区域综合规划《广佛同城化发展规划（2009～2020年)》正式出台。《规划》提出，广佛都市圈战略定位就是建设全国科学发展试验区。2008年底，国务院批准《珠江三角洲地区改革发展规划纲要（2008～2020年)》，将广佛同城上升到国家战略层面，明确要求以广佛同城携领珠江三角洲地区打造布局合理、功能完善、联系紧密的城市群。《同城化发展规划》由发展基础与环境、总体要求和发展目标、空间发展布局、重点协调发展区域、发展重点、规划实施保障等六个部分组成。（人民网2009.12.25)

资料来源：2009年度《城市规划通讯》，2009年度《每周信息》，中国城市规划行业信息网。

(编辑整理：金晓春，中国城市规划设计研究院学术信息中心，主任工程师；胡文娜，中国城市规划设计研究院学术信息中心，城市规划师)

附录 2　2009 年中国城市政策法规文件索引

文件名称	批号(文号)	发布机构	发布日期	实施日期
国务院关于同意将江苏省南通市列为国家历史文化名城的批复	国函〔2009〕2 号	国务院	2009－1－2	
关于开展全国特色景观旅游名镇(村)示范工作的通知	建村〔2009〕3 号	住房和城乡建设部、国家旅游局	2009－1－4	2009－1－4
建设项目环境影响评价文件分级审批规定	第 5 号令	环境保护部	2009－1－16	2009－3－1
国土资源部办公厅关于印发市县乡级土地利用总体规划规划基数转换与各类用地布局指导意见(试行)通知	国土资厅发〔2009〕10 号	国土资源部	2009－1－20	2009－1－20
国土资源部关于改进报国务院批准单独选址建设项目用地审查报批工作的通知	国土资发〔2009〕8 号	国土资源部	2009－1－24	
西藏自治区布达拉宫保护办法	第 89 号令	西藏自治区人民政府	2009－1－25	2009－3－1
国务院关于推进重庆市统筹城乡改革和发展的若干意见	国发〔2009〕3 号	国务院	2009－1－26	
土地利用总体规划编制审查办法	国土资源部令第 43 号	国土资源部	2009－2－4	2009－2－4
关于印发《住房和城乡建设部防灾减灾与抗震工作 2008 年总结和 2009 年工作要点》的通知	建办质〔2009〕4 号	住房和城乡建设部	2009－2－17	2009－2－17
关于印发《城镇污水处理厂污泥处理处置及污染防治技术政策(试行)》的通知	建城〔2009〕23 号	住房和城乡建设部、环境保护部、科学技术部	2009－2－18	2009－2－18
关于进一步加强水利工程建设管理的指导意见	水建管〔2009〕115 号	水利部	2009－2－18	2009－2－18
关于发布《环境保护部直接审批环境影响评价文件的建设项目目录》及《环境保护部委托省级环境保护部门审批环境影响评价文件的建设项目目录》的公告	公告 2009 年第 7 号	环境保护部	2009－2－21	2009－3－1
关于印发《全国城镇生活垃圾处理信息报告、核查和评估办法》的通知	建城〔2009〕26 号	住房和城乡建设部	2009－2－24	2009－2－24
关于进一步做好汶川地震灾区受损城市桥梁隐患处置工作的通知	建办城函〔2009〕146 号			
国务院办公厅转发环境保护部等部门关于实行“以奖促治”加快解决突出的农村环境问题实施方案的通知	国办发〔2009〕11 号	国务院	2009－2－27	2009－2－27
国家发展改革委办公厅关于印发西藏生态安全屏障保护与建设规划(2008～2030 年)的通知	发改办农经〔2009〕446 号	国家发展和改革委员会办公厅	2009－3－2	2009－3－2

续表

文件名称	批号(文号)	发布机构	发布日期	实施日期
矿山地质环境保护规定	第44号令	国土资源部	2009-3-2	2009-5-1
国务院关于同意天津新技术产业园区更名为天津滨海高新技术产业开发区的批复	国函〔2009〕25号	国务院	2009-3-5	2009-3-5
国务院关于拉萨市城市总体规划的批复	国函〔2009〕27号	国务院	2009-3-12	
国土资源部关于全面实行耕地先补后占有关问题的通知		国土资源部	2009-3-14	
关于发布国家环境保护标准《规划环境影响评价技术导则　煤炭工业矿区总体规划》的公告	公告2009年第10号	环境保护部	2009-3-14	2009-7-1
国务院办公厅关于批准无锡市城市总体规划的通知	国办函〔2009〕36号	国务院办公厅	2009-3-16	
关于落实《政府工作报告》重点工作部门分工的意见	国发〔2009〕13号	国务院	2009-3-22	
关于印发《2009~2010年全国污染防治工作要点》的通知	环办函〔2009〕247号	环境保护部	2009-3-23	
关于加快推进太阳能光电建筑应用的实施意见	财建〔2009〕128号	财政部、住房和城乡建设部	2009-3-23	
关于表彰第二批全国文明风景旅游区和全国创建文明风景旅游区工作先进单位的决定		中央文明办、住房和城乡建设部、国家旅游局	2009-3-24	
国务院关于淮河流域防洪规划的批复	国函〔2009〕37号	国务院	2009-3-26	
陕西省城乡规划条例	公告第12号	陕西省人民代表大会常务委员会	2009-3-26	2009-7-1
国务院办公厅关于批准辽阳市城市总体规划的通知	国办函〔2009〕44号	国务院办公厅	2009-3-28	
关于开展工程项目带动村镇规划一体化实施试点工作的通知	建村函〔2009〕75号	住房和城乡建设部	2009-4-9	
关于对房地产开发中违规变更规划、调整容积率问题开展专项治理的通知	建规〔2009〕53号	住房和城乡建设部、监察部	2009-4-10	
国务院关于推进上海加快发展现代服务业和先进制造业建设国际金融中心和国际航运中心的意见	国发〔2009〕19号	国务院	2009-4-14	
关于加强稽查执法工作的若干意见	建稽〔2009〕60号	住房和城乡建设部	2009-4-17	
关于支持福建省加快建设海峡西岸经济区的若干意见	国发〔2009〕24号	国务院	2009-5-6	
关于2009年扩大农村危房改造试点的指导意见	建村〔2009〕84号	住房和城乡建设部、国家发展和改革委员会、财政部	2009-5-8	
国土资源部关于调整工业用地出让最低价标准实施政策的通知	国土资发〔2009〕56号	国土资源部	2009-5-11	
基础测绘条例	国务院令第556号	国务院	2009-5-12	2009-8-1
国家发展改革委办公厅关于加强区域创新基础能力建设工作的通知	发改办高技〔2009〕1039号	国家发展和改革委员会	2009-5-13	

续表

文件名称	批号(文号)	发布机构	发布日期	实施日期
国土资源部关于切实落实保障性安居工程用地通知		国土资源部	2009-5-13	
2009~2011年廉租住房保障规划	建保〔2009〕91号	住房和城乡建设部、国家发展和改革委员会、财政部	2009-5-22	
北京市城乡规划条例		北京市人大常委会	2009-5-22	
关于发布《国家环境保护技术评价与示范管理办法》的通知	环发〔2009〕58号	环境保护部	2009-5-25	
国土资源部办公厅关于印发市县乡级土地利用总体规划编制指导意见的通知	国土资厅发〔2009〕51号	国土资源部办公厅	2009-5-25	
大连市城乡规划条例	公告第1号	辽宁省大连市人大常委会	2009-6-9	2009-8-1
关于修改《中华人民共和国公路管理条例实施细则》的决定	交通运输部令2009年第8号	交通运输部	2009-6-13	
土地调查条例实施办法	国土资源部令第45号	国土资源部	2009-6-17	2009-6-17
国家发展改革委、住房城乡建设部关于做好城市供水价格管理工作有关问题的通知	发改价格〔2009〕1789号	国家发展和改革委员会、住房和城乡建设部	2009-7-6	
关于印发加快推进农村地区可再生能源建筑应用的实施方案的通知	财建〔2009〕306号	财政部、住房和城乡建设部	2009-7-6	
关于印发可再生能源建筑应用城市示范实施方案的通知	财建〔2009〕305号	财政部、住房和城乡建设部	2009-7-6	
关于印发《数字化城市管理模式建设导则(试行)》的通知	建城〔2009〕119号	住房和城乡建设部	2009-7-7	
国务院办公厅关于印发2009年节能减排工作安排的通知	国办发〔2009〕48号	国务院办公厅	2009-7-19	
关于扩大农村危房改造试点建筑节能示范的实施意见	建村函〔2009〕167号	住房和城乡建设部	2009-7-21	
海南省城乡规划条例	公告第24号	海南省人大常委会	2009-7-27	2009-10-1
关于新增建设用地土地有偿使用费征收等别执行政策问题的通知	财综〔2009〕50号	财政部、国土资源部	2009-7-31	
国土资源部关于严格建设用地管理促进批而未用土地利用的通知		国土资源部	2009-8-11	
规划环境影响评价条例	国务院令第559号	国务院	2009-8-17	2009-10-1
关于印发《住房和城乡建设部政府信息公开实施办法》的通知	建办〔2009〕145号	住房和城乡建设部	2009-8-31	
国务院关于进一步实施东北地区等老工业基地振兴战略的若干意见	国发〔2009〕33号	国务院	2009-9-9	
关于印发《城镇供水设施改造技术指南(试行)》的通知	建科〔2009〕149号	住房和城乡建设部	2009-9-10	
国务院办公厅关于发布吉林松花江三湖等16处新建国家级自然保护区名单的通知	国办发〔2009〕54号	国务院办公厅	2009-9-18	

续表

文件名称	批号(文号)	发布机构	发布日期	实施日期
关于印发半导体照明节能产业发展意见的通知	发改环资〔2009〕2441 号	国家发展和改革委员会、科技部、工业和信息化部、财政部、住房和城乡建设部、国家质检总局	2009-9-22	
成都市城乡规划条例		四川省第十一届人民代表大会常务委员会	2009-9-25	2010-1-1
重庆市城乡规划条例		重庆市第三届人民代表大会常务委员会	2009-9-25	
文化产业振兴规划		国务院	2009-9-26	
国务院办公厅关于调整天津古海岸与湿地等5处国家级自然保护区的通知	国办函〔2009〕92 号	国务院办公厅	2009-9-28	
国务院办公厅关于应对国际金融危机保持西部地区经济平稳较快发展的意见	国办发〔2009〕55 号	国务院办公厅	2009-9-30	
房屋建筑和市政基础设施工程竣工验收备案管理办法(2009 年修正)	住建部令第 2 号	住房和城乡建设部	2009-10-19	
深圳市城市更新办法	深圳市人民政府令第 211 号	深圳市人民政府	2009-10-22	2009-12-1
关于印发《住房和城乡建设系统开展工程建设领域突出问题专项治理工作方案》的通知	建市〔2009〕255 号	住房和城乡建设部	2009-10-26	
天津市城乡规划条例		天津市第十五届人民代表大会常务委员会	2009-11-19	
关于开展 2009 年住房城乡建设领域节能减排专项监督检查的通知	建办科函〔2009〕992 号	住房和城乡建设部办公厅	2009-11-27	
山西省城乡规划条例		山西省人民代表大会常务委员会	2009-11-26	2010-1-1
关于深入推进房地产开发领域违规变更规划调整容积率问题专项治理的通知		住房和城乡建设部、监察部、房地产开发领域违规变更规划调整容积率问题工作领导小组办公室	2009-11-30	
国务院关于加快发展旅游业的意见	国发〔2009〕41 号	国务院	2009-12-1	
关于公布第三批国家重点公园的通知	建城〔2009〕276 号	住房和城乡建设部	2009-12-3	
关于公布第六批国家城市湿地公园的通知	建城〔2009〕277 号	住房和城乡建设部	2009-12-3	

(编辑整理:金晓春,中国城市规划设计研究院学术信息中心,主任工程师;胡文娜,中国城市规划设计研究院学术信息中心,城市规划师)

附录3 中国城市基本数据(2007年)

城市名称 Name of cities		行政级别 admini-strative rank	行政区土地面积(平方公里) Area of administrative area (km²)	年末总人口(万人) Total Population (year-end) (10 thousand)	非农业人口(万人) Non-agricultural population (10 thousand)	建成区面积(平方公里) Surface Area of Built District (km²)	地区生产总值(万元) Gross Regional Product (10 000 yuan)	人均地区生产总值(元) Per Capita Gross Regional Product (yuan)	市政公用设施固定资产投资总额(万元) Completed National Investment in Fixed Assets of Urban Sevice Facilities (10 000 yuan)	污水处理率(%) Wastewater Treatment Rate(%)	生活垃圾处理率(%) Domestic Garbage Treatment Rate(%)	用水普及率(%) Water Coverage Rate(%)	人均公园绿地面积(平方米) Public Green Space Per Capita(m²)
北京市	Beijing	直辖市	16 411	1 213.26	928.90	1 289.32	93 533 200	58 204	5 736 800	76.16	95.73	100.00	8.57
天津市	Tianjin	直辖市	11 760	959.10	580.34	571.53	50 504 000	46 122	1 260 837	61.44	93.31	100.00	
河北省	Hebei												
石家庄市	Shijiazhuang	地级市	15 848	955.05	390.97	186.74	23 607 230	24 243	449 950	70.63	100.00	100.00	8.11
唐山市	Tangshan	地级市	13 472	724.66	236.23	209.11	27 794 190	37 765	570 142	84.44	100.00	100.00	9.73
秦皇岛市	Qinhuangdao	地级市	7 523	283.31	119.62	87.48	6 835 782	23 330	237 003	88.90	100.00	100.00	8.96
邯郸市	Handan	地级市	12 062	896.36	296.37	103.91	16 081 303	18 406	239 043	68.89	91.63	100.00	11.20
邢台市	Xingtai	地级市	12 486	694.68	176.66	70.00	8 907 487	12 978	172 787	75.00	100.00	100.00	8.91
保定市	Baoding	地级市	20 584	1 123.43	301.63	103.00	13 751 799	12 703	154 805	71.99	100.00	100.00	7.53
张家口市	Zhangjiakou	地级市	36 873	457.18	143.85	76.82	5 663 192	13 520	320 505	69.55	24.60	100.00	5.03
承德市	Chengde	地级市	39 548	366.89	97.50	80.73	5 535 406	16 377	99 650		94.16	100.00	19.95
沧州市	Cangzhou	地级市	14 053	700.20	207.70	42.86	14 653 827	21 205	93 333	60.00	73.04	100.00	4.16
廊坊市	Langfang	地级市	6 429	401.86	114.10	54.08	8 839 313	21 917	204 201	80.00	95.05	100.00	11.54
衡水市	Hengshui	地级市	8 815	427.18	99.79	43.90	5 583 839	13 132	124 041	77.31	93.57	100.00	6.43
辛集市	Xinji	县级市	951	61.10	22.87	23.70	1 668 307	27 305	5 620	90.19	100.00	100.00	6.59
藁城市	Gaocheng	县级市	836	75.60	20.87	16.00	2 090 002	27 646	6 039	76.60	100.00	96.59	6.58
晋州市	Jinzhou	县级市	619	52.40	8.15	13.50	1 068 401	20 389	1 550	72.66	100.00	100.00	6.11

续表

城市名称 Name of cities		行政级别 admini－strative rank	行政区土地面积(平方公里) Area of administrative area (km²)	年末总人口(万人) Total Population (year－end) (10 thousand)	非农业人口(万人) Non－agricultural population (10 thousand)	建成区面积(平方公里) Surface Area of Built District (km²)	地区生产总值(万元) Gross Regional Product (10 000 yuan)	人均地区生产总值(元) Per Capita Gross Regional Product (yuan)	市政公用设施固定资产投资总额(万元) Completed National Investment in Fixed Assets of Urban Sevice Facilities (10 000 yuan)	污水处理率(%) Wastewater Treatment Rate(%)	生活垃圾处理率(%) Domestic Garbage Treatment Rate(%)	用水普及率(%) Water Coverage Rate(%)	人均公园绿地面积(平方米) Public Green Space Per Capita(m²)
新乐市	Xinle	县级市	525	46.90	12.01	13.00	957 500	20 416	5 340	76.81		100.00	6.75
鹿泉市	Luquan	县级市	603	37.20	9.04	16.18	1 549 574	41 655	16 386	72.04	100.00	100.00	6.16
遵化市	Zunhua	县级市	1 513	70.90	10.67	18.40	2 937 435	41 431	42 440		100.00	100.00	6.41
迁安市	Qianan	县级市	1 208	69.90	12.21	25.18	4 016 069	57 454	28 026	94.35	100.00	100.00	12.02
武安市	Wuan	县级市	1 806	74.10	23.52	22.70	3 423 526	46 201	44 205	23.56	100.00	100.00	10.05
南宫市	Nangong	县级市	854	46.10	8.23	12.00	490 496	10 640	13 242		58.82	100.00	7.56
沙河市	Shahe	县级市	999	48.10	11.66	13.72	1 000 237	20 795	17 438	79.94	50.00	100.00	8.06
涿州市	Zhuozhou	县级市	742	61.90	19.53	25.40	1 151 351	18 600	20 932	32.31	82.95	100.00	6.54
定州市	Dingzhou	县级市	1 274	117.70	27.75	25.21	1 194 747	10 151	12 217	11.02	100.00	100.00	4.81
安国市	Anguo	县级市	486	40.20	8.98	12.60	460 317	11 451	14 580		100.00	100.00	6.42
高碑店市	Gaobeidian	县级市	672	58.80	12.39	16.65	838 010	14 252	9 050	3.96	100.00	100.00	3.49
泊头市	Botou	县级市	1 007	56.50	16.50	19.71	1 039 305	18 395	14 000	29.72	45.33	100.00	2.92
任丘市	Renqiu	县级市	1 012	81.00	36.18	41.00	4 067 322	50 214	28 003	42.79	100.00	100.00	6.48
黄骅市	Huanghua	县级市	1 545	42.60	16.09	18.02	1 107 768	26 004	22 121	74.32	100.00	100.00	7.00
河间市	Hejian	县级市	1 333	78.90	16.42	15.06	1 180 812	14 966	10 302			100.00	1.84
霸州市	Bazhou	县级市	784	58.30	24.17	17.60	1 679 820	28 813	35 716		100.00	100.00	5.63
三河市	Sanhe	县级市	643	50.90	17.20	18.10	1 979 101	38 882	41 104	72.03	92.59	100.00	4.26
冀州市	Jizhou	县级市	922	36.50	6.82	15.20	510 782	13 994	23 000		48.00	100.00	9.59
深州市	Shenzhou	县级市	1 252	57.00	10.28	16.44	636 736	11 171	8 168	22.44	71.21	100.00	6.20
山西省	Shanxi												
太原市	Taiyuan	地级市	6 963	355.31	256.39	238.00	12 549 447	36 377	411 532	65.43	87.00	100.00	6.72
大同市	Datong	地级市	14 127	309.42	144.01	91.20	4 908 465	15 581	133 746	65.80		100.00	4.63
阳泉市	Yangquan	地级市	4 570	128.24	66.15	43.05	2 732 413	20 839	41 625	63.01	20.00	100.00	6.63
长治市	Changzhi	地级市	13 896	323.80	94.42	45.30	5 506 252	16 887	22 053	66.34	100.00	77.63	5.59
晋城市	Jincheng	地级市	9 421	222.33	52.13	31.00	4 199 561	18 773	8 172	90.02	90.05	100.00	11.59

续表

城市名称 Name of cities		行政级别 admini-strative rank	行政区土地面积（平方公里）Area of administrative area (km^2)	年末总人口（万人）Total Population (year-end) (10 thousand)	非农业人口（万人）Non-agricultural population (10 thousand)	建成区面积（平方公里）Surface Area of Built District (km^2)	地区生产总值（万元）Gross Regional Product (10 000 yuan)	人均地区生产总值（元）Per Capita Gross Regional Product (yuan)	市政公用设施固定资产投资总额（万元）Completed National Investment in Fixed Assets of Urban Sevice Facilities (10 000 yuan)	污水处理率（%）Wastewater Treatment Rate (%)	生活垃圾处理率（%）Domestic Garbage Treatment Rate (%)	用水普及率（%）Water Coverage Rate (%)	人均公园绿地面积（平方米）Public Green Space Per Capita (m^2)
朔州市	Shuozhou	地级市	11 066	152.90	38.36	31.70	3 321 931	21 828	15 001	85.78	16.61	94.55	18.56
晋中市	Jinzhong	地级市	16 404	313.88	87.10	37.60	4 701 976	15 157	45 586	62.98		96.11	7.82
运城市	Yuncheng	地级市	13 964	487.21	87.12	30.00	6 195 053	12 313	29 278	65.00	26.80	88.21	4.48
忻州市	Xinzhou	地级市	25 117	299.81	65.75	20.10	2 572 845	8 209	19 743	41.48		80.87	1.10
临汾市	Linfen	地级市	20 275	426.91	105.93	37.40	6 580 869	15 821	74 458	82.85		95.99	11.26
吕梁市	Lvliang	地级市	21 241	370.12	80.82	15.00	5 076 745	14 241	30 053	40.00	100.00	87.53	14.74
古交市	Gujiao	县级市	1 584	21.80	14.09	15.90	341 194	15 651	6 382	97.75	82.00	98.57	5.18
潞城市	Lucheng	县级市	630	21.90	4.41	7.30	565 163	25 807	5 881	92.04	92.25	96.43	7.42
高平市	Gaoping	县级市	946	47.60	7.06	9.60	928 156	19 499	10 937			100.00	7.43
介休市	Jiexiu	县级市	744	38.90	11.26	17.55	926 157	23 809	19 361			93.94	13.03
永济市	Yongji	县级市	1 221	43.00	8.70	20.60	581 708	13 528	1 251	40.00		91.43	2.74
河津市	Hejin	县级市	593	38.10	9.93	18.00	1 913 726	50 229	9 100			31.20	2.09
原平市	Yuanping	县级市	2 560	47.40	12.47	9.17	440 377	9 291	1 165	28.61		97.14	1.14
侯马市	Houma	县级市	221	24.10	12.63	18.05	504 200	20 921	37 489	30.29		93.27	8.83
霍州市	Huozhou	县级市	764	29.90	11.37	13.90	430 429	14 396				61.70	0.77
孝义市	Xiaoyi	县级市	946	45.40	20.62	12.00	1 657 212	36 502	10 850	85.48		87.16	12.59
汾阳市	Fenyang	县级市	1 176	41.20	8.44	12.00	638 892	15 507				86.72	14.54
内蒙古自治区	Inner Mongolia												
呼和浩特	Huhehaote	地级市	17 224	220.84	103.16	150.00	11 011 331	42 016	197 412	45.36	92.68	95.00	13.91
包头市	Baotou	地级市	27 768	214.60	134.73	180.00	12 771 982	59 719	307 457	81.55	97.21	78.50	10.90
乌海市	Wuhai	地级市	1 754	47.70	44.85	37.51	1 900 400	40 135	34 031	21.24	82.57	100.00	9.64
赤峰市	Chifeng	地级市	90 659	452.77	105.99	75.90	5 901 361	13 471	121 759	50.71	82.19	62.71	4.85
通辽市	Tongliao	地级市	59 535	316.20	118.67	35.30	5 861 392	18 952	63 516	87.06	100.00	88.38	10.08
鄂尔多斯市	Eerduosi	地级市	86 752	143.99	46.34	99.68	11 509 051	75 164	245 160	73.63	87.24	90.57	8.07
呼伦贝尔市	Hulunbeier	地级市	253 356	270.56	178.49	28.00	5 050 392	18 687	22 829	87.01		77.51	20.67

续表

城市名称 Name of cities		行政级别 admini - strative rank	行政区土地面积(平方公里) Area of administrative area (km^2)	年末总人口(万人) Total Population (year - end) (10 thousand)	非农业人口(万人) Non - agricultural population (10 thousand)	建成区面积(平方公里) Surface Area of Built District (km^2)	地区生产总值(万元) Gross Regional Product (10 000 yuan)	人均地区生产总值(元) Per Capita Gross Regional Product (yuan)	市政公用设施固定资产投资总额(万元) Completed National Investment in Fixed Assets of Urban Sevice Facilities (10 000 yuan)	污水处理率(%) Wastewater Treatment Rate(%)	生活垃圾处理率(%) Domestic Garbage Treatment Rate(%)	用水普及率(%) Water Coverage Rate(%)	人均公园绿地面积(平方米) Public Green Space Per Capita(m^2)
巴彦淖尔市	Bayannaoer	地级市	64 413	182. 30	62. 13	32. 38	3 551 474	20 423	4 411	79. 18	99. 80	88. 33	4. 45
乌兰察布市	Wulanchabu	地级市	54 492	284. 26	69. 93	35. 00	3 440 007	16 071	25 934	85. 54		85. 47	27. 11
霍林郭勒市	Huolinguole	县级市	585	7. 60	7. 63	18. 00	803 345	105 703	9 710	77. 33		95. 74	2. 17
满洲里市	Manzhouli	县级市	732	30. 00	16. 33	27. 06	796 300	26 543	35 337			98. 25	9. 34
牙克石市	Yakeshi	县级市	27 830	39. 20	36. 72	15. 70	528 577	13 484	5 484	73. 33		37. 85	5. 15
扎兰屯市	Zhalantun	县级市	16 800	43. 20	16. 79	19. 20	491 999	11 389	3 137	78. 57		41. 78	10. 45
额尔古纳市	Eerguna	县级市	28 400	8. 50	7. 85	10. 37	157 553	18 536	611			40. 50	9. 75
根河市	Genhe	县级市	20 012	16. 40	16. 48	17. 50	181 593	11 073	771			75. 90	4. 66
丰镇市	Fengzhen	县级市	2 704	33. 60	9. 17	25. 00	558 412	16 619	5 480	27. 29	100. 00	58. 74	8. 15
乌兰浩特市	Wulanhaote	县级市	781	29. 30	22. 88	26. 04	455 920	15 560	11 970	88. 24	95. 01	83. 61	13. 81
阿尔山市	Aershan	县级市	7 409	4. 70	4. 80	10. 44	49 517	10 536	679			40. 63	1. 25
二连浩特市	Erlianhaote	县级市	4 015	8. 80	2. 32	20. 20	255 013	28 979	23 689			53. 69	1. 74
锡林浩特市	Xilinhaote	县级市	14 592	16. 40	14. 12	23. 40	767 243	46 783	1 507	83. 33	97. 14	83. 39	2. 59
辽宁省	Liaoning												
沈阳市	Shenyang	副省级	12 980	709. 77	455. 76	347. 00	32 211 508	45 582	2 011 098	72. 98	100. 00	100. 00	11. 63
大连市	Dalian	副省级	12 574	578. 19	336. 83	258. 00	31 306 789	51 630	606 390	90. 04	100. 00	100. 00	10. 01
鞍山市	Anshan	地级市	9 252	350. 25	176. 94	143. 96	13 435 436	38 387	74 398	26. 85	100. 00	96. 91	8. 52
抚顺市	Fushun	地级市	11 272	223. 72	147. 96	121. 56	5 472 419	24 451	60 990	48. 78	100. 00	98. 12	7. 65
本溪市	Benxi	地级市	8 411	155. 97	104. 51	106. 50	4 849 215	31 066	44 637	32. 96	95. 81	99. 70	8. 48
丹东市	Dandong	地级市	15 030	242. 80	101. 49	53. 40	4 640 241	19 119	36 643		100. 00	96. 91	6. 34
锦州市	Jinzhou	地级市	10 111	309. 41	120. 01	65. 45	5 510 889	17 817	47 542	43. 13	100. 00	100. 00	7. 37
营口市	Yingkou	地级市	5 402	232. 49	106. 45	93. 65	5 701 071	24 597	31 725	32. 00	61. 11	95. 64	10. 13
阜新市	Fuxin	地级市	10 355	193. 07	86. 39	67. 00	1 935 087	10 025	8 077		65. 91	95. 91	6. 99
辽阳市	Liaoyang	地级市	4 743	183. 38	80. 06	91. 56	4 677 120	25 564	48 218	96. 39	99. 96	100. 00	7. 77
盘锦市	Panjin	地级市	4 071	128. 24	83. 59	57. 64	5 628 575	43 131	28 277	35. 97	91. 25	100. 00	6. 71

续表

城市名称 Name of cities		行政级别 admini－strative rank	行政区土地面积（平方公里）Area of administrative area（km^2）	年末总人口（万人）Total Population（year－end）（10 thousand）	非农业人口（万人）Non－agricultural population（10 thousand）	建成区面积（平方公里）Surface Area of Built District（km^2）	地区生产总值（万元）Gross Regional Product（10 000 yuan）	人均地区生产总值（元）Per Capita Gross Regional Product（yuan）	市政公用设施固定资产投资总额（万元）Completed National Investment in Fixed Assets of Urban Sevice Facilities（10 000 yuan）	污水处理率（%）Wastewater Treatment Rate（%）	生活垃圾处理率（%）Domestic Garbage Treatment Rate（%）	用水普及率（%）Water Coverage Rate（%）	人均公园绿地面积（平方米）Public Green Space Per Capita（m^2）
铁岭市	Tieling	地级市	12 980	305.40	97.87	43.96	4 039 664	13 249	161 041	72.54	97.90	97.81	8.60
朝阳市	Chaoyang	地级市	19 699	340.16	93.08	32.00	3 342 279	9 824	29 576		100.00	75.68	7.71
葫芦岛市	Huludao	地级市	10 415	278.70	84.95	67.18	4 175 255	14 965	20 077	91.16	100.00	100.00	11.51
新民市	Xinmin	县级市	3 315	70.30	14.10	18.00	942 369	13 405	10 067			75.45	8.67
瓦房店市	Wafangdian	县级市	3 794	102.50	33.64	32.50	3 423 395	33 399	10 225	86.02	100.00	100.00	10.61
普兰店市	Pulandian	县级市	2 896	82.70	23.16	30.00	2 560 000	30 955	1217		100.00	93.99	15.56
庄河市	Zhuanghe	县级市	4 086	92.10	18.59	25.00	2 440 257	26 496	16 874			92.08	9.15
海城市	Haicheng	县级市	2 732	113.00	29.16	32.85	3 332 000	29 487	2 230	56.12	100.00	96.49	5.87
东港市	Donggang	县级市	2 414	63.60	13.11	27.93	2 040 185	32 078	4 119		100.00	99.76	7.96
凤城市	Fengcheng	县级市	5 513	58.90	17.92	16.90	1 247 821	21 185	3 846		100.00	98.35	5.19
凌海市	Linghai	县级市	2 474	53.60	11.76	17.53	955 603	17 828	1 915		100.00	100.00	9.45
北镇市	Beizhen	县级市	1 694	53.10	10.88	8.00	546 256	10 287	2 395		100.00	72.10	2.06
盖州市	Gaizhou	县级市	2 930	73.00	17.88	24.00	800 629	10 968	11 417		85.71	91.12	4.27
大石桥市	Dashiqiao	县级市	1 598	71.70	20.35	29.28	2 477 000	34 547	5 758			100.00	6.66
灯塔市	Dengta	县级市	1 331	51.00	9.66	10.00	828 241	16 240	1 192		100.00	64.27	2.78
调兵山市	Diaobingshan	县级市	262	24.10	17.86	13.50	278 717	11 565	7 868	93.02	100.00	91.75	9.02
开原市	Kaiyuan	县级市	2 828	59.10	14.13	13.60	1 101 250	18 634	20 468	52.72	100.00	95.73	8.49
北票市	Beipiao	县级市	4 460	60.00	20.89	18.40	659 122	10 985	7 726			86.74	4.09
凌源市	Lingyuan	县级市	3 278	64.50	13.83	21.30	794 992	12 325	3 794			82.67	6.06
兴城市	Xingcheng	县级市	2 118	55.20	13.24	29.94	333 251	6 037	589		78.33	61.06	5.56
吉林省	Jilin												
长春市	Changchun	副省级	20 571	745.95	328.96	284.76	20 890 859	28 132	567 306	56.44	97.68	96.48	11.46
吉林市	Jinglin	地级市	27 120	432.67	211.69	165.63	10 080 128	23 277	128 311	42.19	100.00	98.22	10.46
四平市	Siping	地级市	14 080	334.95	127.37	39.00	4 752 497	14 267	33 882			70.63	2.76
辽源市	Liaoyuan	地级市	5 139	123.40	55.77	42.00	2 165 000	17 545	12 650	96.47		77.26	4.57

续表

城市名称 Name of cities		行政级别 admini－strative rank	行政区土地面积(平方公里) Area of administra-tive area (km^2)	年末总人口(万人) Total Population (year－end) (10 thousand)	非农业人口(万人) Non－agricultural population (10 thousand)	建成区面积(平方公里) Surface Area of Built District (km^2)	地区生产总值(万元) Gross Regional Product (10 000 yuan)	人均地区生产总值(元) Per Capita Gross Regional Product (yuan)	市政公用设施固定资产投资总额(万元) Completed National Investment in Fixed Assets of Urban Sevice Facilities (10 000 yuan)	污水处理率(%) Wastewater Treatment Rate(%)	生活垃圾处理率(%) Domestic Garbage Treatment Rate(%)	用水普及率(%) Water Coverage Rate(%)	人均公园绿地面积(平方米) Public Green Space Per Capita(m^2)
通化市	Tonghua	地级市	15 195	226.91	104.84	46.81	3 536 277	15 559	11 170		100.00	86.43	8.83
白山市	Baishan	地级市	17 485	129.92	87.55	41.80	2 374 523	18 273	27 190		94.94	95.69	6.32
松原市	Songyuan	地级市	21 090	281.30	75.46	36.93	6 073 494	21 710	30 942	59.93	60.00	94.59	11.65
白城市	Baicheng	地级市	25 745	202.93	80.67	38.11	2 286 120	11 279	25 307		88.69	89.79	7.63
九台市	Jiutai	县级市	3 375	70.40	18.06	25.00	1 204 806	17 114	2 502			95.05	5.49
榆树市	Yushu	县级市	4 723	127.60	19.53	26.00	1 493 502	11 705	2 347			43.48	4.52
德惠市	Dehui	县级市	3 435	81.80	14.61	30.50	1 484 813	18 152	511		86.11	58.69	3.32
蛟河市	Jiaohe	县级市	6 364	45.50	17.38	12.50	619 382	13 613	4 520	5.43	100.00	92.31	12.09
桦甸市	Huadian	县级市	6 625	45.60	19.50	15.00	836 371	18 341	2 100			84.85	14.42
舒兰市	Shulan	县级市	4 557	65.90	19.84	25.00	628 320	9 534	1 962		100.00	89.55	1.49
磐石市	Panshi	县级市	3 867	54.10	17.55	13.27	1 911 161	35 326	4 340		94.83	70.83	6.00
公主岭市	Gongzhuling	县级市	4 028	106.90	32.97	25.07	1 425 024	13 330	32 758	97.33	40.12	80.80	1.67
双辽市	Shuangliao	县级市	3 121	41.40	14.20	13.74	667 024	16 112	3 579	40.73		63.11	4.69
梅河口市	Meihekou	县级市	2 174	61.90	26.07	21.64	975 985	15 767	38 390		96.97	92.02	5.58
集安市	Ji'an	县级市	3 217	22.50	8.10	13.79	352 713	15 676	9 030			94.56	10.11
临江市	Linjiang	县级市	3 008	17.60	11.01	6.00	300 476	17 073	2 300		2.50	94.04	8.31
洮南市	Taonan	县级市	5 031	43.60	15.44	17.40	401 209	9 202	2 300			87.84	6.89
大安市	Daan	县级市	4 879	42.10	14.65	13.90	405 922	9 642	4 838			91.12	7.84
延吉市	Yanji	县级市	1 350	43.60	39.21	34.68	1 151 927	26 420	34 696	44.84	100.00	82.99	4.97
图们市	Tumen	县级市	1 142	13.20	10.63	8.67	156 732	11 874				91.51	0.58
敦化市	Dunhua	县级市	11 545	48.30	26.65	17.20	625 658	12 954	16 177	78.08	100.00	98.41	19.58
珲春市	Hunchun	县级市	5 145	21.90	15.51	17.89	405 376	18 510	350		83.33	79.63	4.85
龙井市	Longjing	县级市	2 591	24.10	13.95	9.93	189 045	7 844	5 128		100.00	89.87	5.64
和龙市	Helong	县级市	5 069	20.60	12.78	9.23	195 024	9 467	469			46.19	4.16
黑龙江省	Heilongjiang												

续表

城市名称 Name of cities		行政级别 admini－strative rank	行政区土地面积（平方公里）Area of administrative area（km^2）	年末总人口（万人）Total Population（year－end）（10 thousand）	非农业人口（万人）Non－agricultural population（10 thousand）	建成区面积（平方公里）Surface Area of Built District（km^2）	地区生产总值（万元）Gross Regional Product（10 000 yuan）	人均地区生产总值（元）Per Capita Gross Regional Product（yuan）	市政公用设施固定资产投资总额（万元）Completed National Investment in Fixed Assets of Urban Sevice Facilities（10 000 yuan）	污水处理率（%）Wastewater Treatment Rate（%）	生活垃圾处理率（%）Domestic Garbage Treatment Rate（%）	用水普及率（%）Water Coverage Rate（%）	人均公园绿地面积（平方米）Public Green Space Per Capita（m^2）
哈尔滨市	Haerbin	副省级	53 068	987.32	476.92	336.01	24 368 044	24 768	622 115	36.70	82.34	77.10	6.65
齐齐哈尔市	Qiqihaer	地级市	42 469	567.80	204.20	134.79	5 560 392	10 302	52 747	39.74	43.54	93.85	6.88
鸡西市	Jixi	地级市	22 531	191.10	120.33	79.23	2 646 464	13 858	7 851		90.91	97.42	7.06
鹤岗市	Hegang	地级市	14 648	109.33	88.12	43.00	1 535 718	14 048	8 235			70.81	11.75
双鸭山市	Shuangyashan	地级市	23 202	150.44	93.28	58.80	2 064 301	13 744	15 804		22.54	97.40	12.89
大庆市	Daqing	地级市	21 219	273.36	133.95	169.40	18 222 781	67 161	223 441	98.24	100.00	88.27	12.24
伊春市	Yichun	地级市	32 759	127.60	109.15	159.16	1 532 188	12 001	19 379			63.09	17.02
佳木斯市	Jiamusi	地级市	32 704	250.53	123.64	59.84	3 368 924	13 690	26 107	48.19	83.55	88.87	8.71
七台河市	Qitaihe	地级市	6 221	89.51	50.21	62.37	1 351 595	15 137	15 097		70.00	86.00	8.94
牡丹江市	Mudanjiang	地级市	40 583	269.83	147.71	64.40	4 169 660	15 105	32 088	34.69	100.00	88.37	6.20
黑河市	Heihe	地级市	68 726	173.97	97.71	18.50	1 663 188	9 370	10 733			76.09	4.86
绥化市	Suihua	地级市	34 964	575.90	150.40	30.00	4 472 112	7 814	16 460			79.39	3.33
双城市	Shuangcheng	县级市	3 112	81.00	16.86	27.70	1 713 698	21 157	12 366			95.35	12.16
尚志市	Shangzhi	县级市	8 825	61.00	24.25	18.30	1 101 677	18 060	4 275			100.00	11.59
五常市	Wuchang	县级市	7 512	98.00	22.31	21.51	1 185 752	12 100	1 762			82.73	6.62
讷河市	Nehe	县级市	6 648	73.20	13.93	10.69	696 373	9 513	5 788	5.00		61.76	5.88
虎林市	Hulin	县级市	9 334	20.50	18.71	10.76	282 762	13 793	11 300			100.00	6.70
密山市	Mishan	县级市	7 843	36.00	18.25	22.00	347 779	9 661	1 897			97.61	14.79
铁力市	Tieli	县级市	6 730	38.70	27.77	16.50	361 883	9 351	1 039			79.55	7.48
同江市	Tongjiang	县级市	6 300	12.90	9.87	10.00	144 395	11 193	2 451			58.51	11.99
富锦市	Fujin	县级市	8 227	38.30	18.20	15.80	380 169	9 926	1 620			37.36	4.09
绥芬河市	Suifenhe	县级市	422	6.30	5.21	14.14	505 665	80 264	19 903		11.19	84.03	4.29
海林市	Hailin	县级市	8 814	43.50	25.38	12.31	586 403	13 481	14 626		100.00	90.55	8.86
宁安市	Ningan	县级市	7 924	42.50	14.68	8.40	543 148	12 780	2 216		83.33	71.36	1.55
穆棱市	Muling	县级市	6 673	32.50	13.57	10.83	512 583	15 772	9 166			100.00	7.58

续表

城市名称 Name of cities		行政级别 admini - strative rank	行政区土地面积(平方公里) Area of administrative area (km^2)	年末总人口(万人) Total Population (year - end) (10 thousand)	非农业人口(万人) Non - agricultural population (10 thousand)	建成区面积(平方公里) Surface Area of Built District (km^2)	地区生产总值(万元) Gross Regional Product (10 000 yuan)	人均地区生产总值(元) Per Capita Gross Regional Product (yuan)	市政公用设施固定资产投资总额(万元) Completed National Investment in Fixed Assets of Urban Sevice Facilities (10 000 yuan)	污水处理率(%) Wastewater Treatment Rate(%)	生活垃圾处理率(%) Domestic Garbage Treatment Rate(%)	用水普及率(%) Water Coverage Rate(%)	人均公园绿地面积(平方米) Public Green Space Per Capita(m^2)
北安市	Beian	县级市	7 194	40. 10	27. 58	17. 64	255 266	6 366	6 266			64. 50	5. 80
五大连池市	Wudalianchi	县级市	9 846	35. 80	20. 26	6. 00	178 090	4 975	1 315			55. 44	11. 14
安达市	Anda	县级市	3 586	51. 80	18. 96	18. 42	948 005	18 301	3 678			82. 46	3. 23
肇东市	Zhaodong	县级市	3 905	93. 00	27. 16	48. 77	1 915 650	20 598	800		70. 00	75. 00	2. 50
海伦市	Hailun	县级市	4 667	83. 80	16. 47	20. 56	432 531	5 161	1 381			91. 37	5. 37
上海市	Shanghai	直辖市	6 340	1 378. 86	1 196. 94	885. 67	121 888 500	66 367	4 854 253	72. 98	79. 42	100. 00	7. 48
江苏省	Jiangsu												
南京市	Nanjing	副省级	6 582	617. 17	481. 34	577. 44	32 837 300	53 639	1 149 001	83. 58	96. 64	100. 00	12. 99
无锡市	Wuxi	地级市	4 788	461. 74	334. 45	203. 00	38 585 400	83 923	929 123	84. 83	91. 27	99. 30	11. 93
徐州市	Xuzhou	地级市	11 258	940. 95	323. 46	177. 40	16 795 600	17 909	284 910	86. 62	90. 56	98. 99	11. 89
常州市	Changzhou	地级市	4 385	357. 38	180. 03	112. 50	18 812 800	52 840	831 165	89. 06	100. 00	100. 00	11. 35
苏州市	Suzhou	地级市	8 488	624. 43	330. 77	228. 31	57 008 500	91 911	874 820	95. 27	100. 00	100. 00	16. 86
南通市	Nantong	地级市	8 001	766. 13	291. 93	61. 36	21 118 800	27 500	465 183	81. 50	100. 00	100. 00	10. 31
连云港市	Lianyungang	地级市	7 500	482. 23	229. 74	90. 00	6 181 800	12 857	288 190	62. 66	99. 44	99. 12	9. 48
淮安市	Huaian	地级市	10 072	534. 00	166. 26	95. 00	7 652 300	14 347	20 260	84. 48	100. 00	98. 95	9. 80
盐城市	Yancheng	地级市	16 972	809. 79	283. 29	78. 00	13 712 600	16 987	138 292	80. 03	95. 95	100. 00	11. 72
扬州市	Yangzhou	地级市	6 634	459. 25	181. 02	72. 00	13 118 900	28 585	224 649	85. 00	100. 00	100. 00	18. 68
镇江市	Zhenjiang	地级市	3 847	268. 78	119. 45	94. 30	12 066 865	44 894	200 993	83. 76	100. 00	99. 04	14. 11
泰州市	Taizhou	地级市	5 797	500. 70	151. 28	56. 00	12 018 200	23 933	77 666	83. 62	100. 00	100. 00	8. 19
宿迁市	Suqian	地级市	8 555	531. 53	230. 76	50. 20	5 420 000	10 217	36 611	67. 67	99. 33	93. 17	9. 95
江阴市	Jiangyin	县级市	930. 8	118. 80	45. 85	51. 52	11 905 567	100 215	36 513	90. 70	100. 00	100. 00	15. 24
宜兴市	Yixing	县级市	2 038. 7	106. 10	52. 21	59. 64	5 050 619	47 602	36 749	71. 97	100. 00	100. 00	14. 40
新沂市	Xinyi	县级市	1 571	99. 10	19. 41	29. 30	1 063 000	10 727	8 405	90. 53	100. 00	100. 00	12. 02
邳州市	Pizhou	县级市	2 088	168. 70	43. 06	36. 20	1 763 300	10 452	5 855	71. 98	100. 00	93. 17	14. 50
溧阳市	Liyang	县级市	1 536	77. 60	34. 12	19. 90	2 665 133	34 344	27 044	85. 75	100. 00	100. 00	8. 74

续表

城市名称 Name of cities		行政级别 admini－strative rank	行政区土地面积(平方公里) Area of administrative area (km^2)	年末总人口(万人) Total Population (year－end) (10 thousand)	非农业人口(万人) Non－agricultural population (10 thousand)	建成区面积(平方公里) Surface Area of Built District (km^2)	地区生产总值(万元) Gross Regional Product (10 000 yuan)	人均地区生产总值(元) Per Capita Gross Regional Product (yuan)	市政公用设施固定资产投资总额(万元) Completed National Investment in Fixed Assets of Urban Sevice Facilities (10 000 yuan)	污水处理率(%) Wastewater Treatment Rate(%)	生活垃圾处理率(%) Domestic Garbage Treatment Rate(%)	用水普及率(%) Water Coverage Rate(%)	人均公园绿地面积(平方米) Public Green Space Per Capita(m^2)
金坛市	Jintan	县级市	976	54.40	28.16	17.10	2 230 000	40 993	51 733	85.13	100.00	100.00	9.00
常熟市	Changshu	县级市	1 094	106.10	49.73	97.32	9 757 032	91 961	102 610	91.10	100.00	100.00	34.04
张家港市	Zhangjiagang	县级市	772	89.30	41.73	59.72	10 500 206	117 583	134 684	85.48	100.00	100.00	17.06
昆山市	Kunshan	县级市	865	68.00	67.98	42.57	11 518 025	169 383	139 670	81.01	100.00	100.00	13.43
吴江市	Wujiang	县级市	1 093	79.30	25.97	73.33	6 180 028	77 932	98 360	88.32	100.00	100.00	15.09
太仓市	Taicang	县级市	620	46.40	20.16	22.64	4 402 729	94 886	50 589	93.00	100.00	100.00	11.28
启东市	Qidong	县级市	1 208	111.80	21.14	14.70	2 830 500	25 318	33 283	67.42	100.00	100.00	2.46
如皋市	Rugao	县级市	1 492	141.00	49.25	12.47	2 169 200	15 384	19 965	81.20	100.00	99.08	7.52
通州市	Tongzhou	县级市	1 166	124.90	42.77	9.18	3 233 300	25 887	1 394	76.40	100.00	100.00	7.87
海门市	Haimen	县级市	939	100.70	47.42	16.32	3 107 400	30 858	67 118	72.14	100.00	100.00	6.43
东台市	Dogntai	县级市	3 221	115.20	41.52	27.73	2 243 074	19 471	11 203	76.90	100.00	100.00	9.40
大丰市	Dafeng	县级市	3 059	72.70	19.14	13.50	1 738 000	23 906	13 966	68.00	92.73	94.97	4.94
仪征市	Yizheng	县级市	901	59.70	20.86	35.40	1 625 005	27 220	13 361	75.22	100.00	100.00	7.65
高邮市	Gaoyou	县级市	1 962	82.70	19.72	20.86	1 495 105	18 079	12 402	78.27	100.00	95.38	7.73
江都市	Jiangdu	县级市	1 330	106.90	31.36	28.00	2 801 000	26 202	40 298	93.70	100.00	99.80	10.24
丹阳市	Danyang	县级市	1 047	80.60	19.91	17.60	3 567 661	44 264	65 244	73.00	100.00	100.00	8.39
扬中市	Yangzhong	县级市	331	27.50	6.94	9.31	1 460 000	53 091	7 551	80.84	100.00	100.00	7.23
句容市	Jurong	县级市	1 387	57.90	26.65	15.08	1 530 500	26 434	7 268	81.56	100.00	100.00	10.87
兴化市	Xinghua	县级市	2 394	153.90	33.01	16.87	2 127 300	13 823	21 306	56.92	100.00	100.00	7.87
靖江市	Jingjiang	县级市	665	66.50	33.10	32.40	2 191 005	32 947	25 401	91.64	96.36	100.00	11.51
泰兴市	Taixing	县级市	1 254	126.70	45.01	21.15	2 551 457	20 138	17 950	86.57	100.00	100.00	10.18
姜堰市	Jiangyang	县级市	1 040	88.80	28.85	18.60	2 027 480	22 832	15.510	44.26	100.00	100.00	9.38
浙江省	Zhejiang												
杭州市	Hangzhou	副省级	16 596	672.35	323.75	344.48	41 001 722	52 590	855 057	82.08	100.00	100.00	12.18
宁波市	Ningbo	副省级	9 816	564.56	194.21	221.40	34 350 042	66 067	762 633	78.92	100.00	100.00	10.30

续表

城市名称 Name of cities		行政级别 admini-strative rank	行政区土地面积(平方公里) Area of administrative area (km^2)	年末总人口(万人) Total Population (year-end) (10 thousand)	非农业人口(万人) Non-agricultural population (10 thousand)	建成区面积(平方公里) Surface Area of Built District (km^2)	地区生产总值(万元) Gross Regional Product (10 000 yuan)	人均地区生产总值(元) Per Capita Gross Regional Product (yuan)	市政公用设施固定资产投资总额(万元) Completed National Investment in Fixed Assets of Urban Sevice Facilities (10 000 yuan)	污水处理率(%) Wastewater Treatment Rate(%)	生活垃圾处理率(%) Domestic Garbage Treatment Rate(%)	用水普及率(%) Water Coverage Rate(%)	人均公园绿地面积(平方米) Public Green Space Per Capita(m^2)
温州市	Wenzhou	地级市	11 784	764.57	161.06	153.00	21 589 093	28 387	196 140	50.25	92.50	100.00	6.28
嘉兴市	Jiaxing	地级市	3 915	336.81	120.36	78.50	15 853 145	47 157	292 153	56.32	98.83	100.00	10.06
湖州市	Huzhou	地级市	5 818	257.80	79.61	71.70	8 920 238	34 596	284 923	81.08	100.00	100.00	10.12
绍兴市	Shaoxing	地级市	8 256	436.24	136.32	90.10	19 720 520	45 244	85 656	86.73	100.00	100.00	14.62
金华市	Jinhua	地级市	10 941	459.19	103.31	68.79	14 656 700	32 002	19 520	69.29	100.00	99.56	11.49
衢州市	Quzhou	地级市	8 841	247.74	51.24	44.70	4 785 000	21 598	72 373	63.50	100.00	96.54	11.05
舟山市	Zhoushan	地级市	1 440	96.96	35.48	49.17	4 083 700	42 259	71 464	60.04	100.00	99.46	14.08
台州市	Taizhou	地级市	9 411	569.39	101.88	113.87	17 218 413	30 366	63 919	64.89	94.19	99.78	4.51
丽水市	Lishui	地级市	17 298	253.99	43.93	26.00	4 338 900	17 133	109 415	66.82	98.67	100.00	6.09
建德市	Jiande	县级市	2 364	51.00	12.55	7.83	1 377 045	27 001	13 041	67.03	100.00	100.00	7.99
富阳市	Fuyang	县级市	1 808	64.00	12.56	24.85	2 886 744	45 105	23 833	67.89	100.00	100.00	7.13
临安市	Linan	县级市	3 124	52.60	11.01	11.50	1 953 945	37 147	39 189	82.98	100.00	99.44	4.41
余姚市	Yuyao	县级市	1 501	82.90	17.62	35.00	4 208 427	50 765	119 777	70.52	100.00	100.00	7.43
慈溪市	Cixi	县级市	1 361	102.70	17.26	32.57	5 315 100	51 754	109 960	62.55	100.00	100.00	3.79
奉化市	Fenghua	县级市	1 268	48.00	10.37	12.58	1 688 914	35 186	9 647	53.85	100.00	100.00	6.15
瑞安市	Ruian	县级市	1 271	116.10	20.58	22.30	3 269 142	28 158	13 446	11.56	66.47	100.00	4.74
乐清市	Leqing	县级市	1 174	119.60	12.33	22.30	3 609 242	30 178	8 425		75.71	100.00	6.94
海宁市	Haining	县级市	668	64.90	22.48	27.60	3 048 867	46 978	48 622	75.23	100.00	100.00	10.30
平湖市	Pinghu	县级市	537	48.40	17.38	14.00	2 405 943	49 710	55 164	75.78	100.00	100.00	11.56
桐乡市	Tongxiang	县级市	727	66.70	16.25	30.00	2 728 632	40 909	31 709	75.01	100.00	100.00	11.74
诸暨市	Zhuji	县级市	2 311	106.00	15.36	36.90	4 400 932	41 518	13 643	85.74	100.00	100.00	10.85
上虞市	Shangyu	县级市	1 403	77.30	23.17	20.30	3 090 789	39 984	20 851	65.06	100.00	100.00	11.43
嵊州市	Shengzhou	县级市	1 790	73.40	14.83	32.30	1 923 028	26 199	17 406	43.20	100.00	97.08	6.27
兰溪市	Lanxi	县级市	1 313	65.80	12.40	27.00	1 273 938	19 361	3 320	2.67	98.73	75.96	5.46
义乌市	Yiwu	县级市	1 105	71.60	21.73	73.00	4 221 060	58 953	42 816	76.97	100.00	100.00	4.50

续表

城市名称 Name of cities		行政级别 admini－strative rank	行政区土地面积（平方公里）Area of administrative area（km^2）	年末总人口（万人）Total Population（year－end）（10 thousand）	非农业人口（万人）Non－agricultural population（10 thousand）	建成区面积（平方公里）Surface Area of Built District（km^2）	地区生产总值（万元）Gross Regional Product（10 000 yuan）	人均地区生产总值（元）Per Capita Gross Regional Product（yuan）	市政公用设施固定资产投资总额（万元）Completed National Investment in Fixed Assets of Urban Sevice Facilities（10 000 yuan）	污水处理率（%）Wastewater Treatment Rate（%）	生活垃圾处理率（%）Domestic Garbage Treatment Rate（%）	用水普及率（%）Water Coverage Rate（%）	人均公园绿地面积（平方米）Public Green Space Per Capita（m^2）
东阳市	Dongyang	县级市	1 739	80.80	13.95	33.50	2 097 216	25 956	32 611	60.37	100.00	98.52	5.90
永康市	Yongkang	县级市	1 049	56.00	9.37	36.32	2 117 159	37 806	13 704	45.27	100.00	100.00	5.98
江山市	Jiangshan	县级市	2 019	58.70	9.59	14.23	1 068 772	18 207	40 074	41.10	100.00	97.55	8.93
温岭市	Wenling	县级市	836	116.60	18.99	30.30	4 119 360	35 329	63 216	78.80	98.54	98.95	9.00
临海市	Linhai	县级市	2 171	113.80	14.88	34.30	2 271 385	19 959	10 327	66.14	100.00	99.63	9.65
龙泉市	Longquan	县级市	3 059	28.40	4.28	10.75	395 994	13 943	34 944	12.50	97.56	100.00	15.39
安徽省	Anhui												
合肥市	Hefei	地级市	7 029	478.90	203.73	224.74	13 346 102	28 134	1 019 584	99.16	100.00	96.57	9.59
芜湖市	Wuhu	地级市	3 317	230.46	113.36	117.56	5 823 014	25 933	370 846	70.10	100.00	98.62	8.61
蚌埠市	Bengbu	地级市	5 952	355.27	96.77	93.47	4 096 988	12 818	99 168	57.16	100.00	90.87	8.50
淮南市	Huainan	地级市	2 585	239.42	110.70	94.60	3 442 294	15 699	80 001	71.25	100.00	99.03	11.42
马鞍山市	Maanshan	地级市	1 686	127.32	61.09	69.90	5 321 000	41 917	71 282	81.00	100.00	91.68	12.13
淮北市	Huaibei	地级市	2 741	213.67	91.92	61.19	2 671 818	12 674	13 172	71.30	85.28	92.16	12.37
铜陵市	Tongling	地级市	1 113	73.65	43.30	45.00	2 869 000	40 116	53 491	55.17	90.06	100.00	10.72
安庆市	Anqing	地级市	15 318	610.99	107.20	63.09	5 876 612	10 485	147 571	76.85	99.66	93.69	8.63
黄山市	Huangshan	地级市	9 807	147.98	35.28	34.20	2 132 317	14 430	43 390	74.46	97.39	98.75	13.69
滁州市	Chuzhou	地级市	13 523	443.96	96.11	42.56	4 355 544	10 611	22 773	46.42	100.00	99.54	4.66
阜阳市	Fuyang	地级市	9 775	974.29	119.07	60.67	4 537 578	5 515	110 338	78.06	100.00	88.13	4.48
宿州市	Suzhou	地级市	9 787	617.17	79.09	41.50	4 242 700	7 430	50 311	76.11	44.99	95.64	5.45
巢湖市	Chaohu	地级市	9 394	455.03	73.23	36.30	4 039 900	9 809	15 157	74.64	100.00	99.49	5.56
六安市	Liuanshi	地级市	17 976	695.51	96.81	44.06	4 352 900	7 216	40 694	65.31	97.05	96.95	7.75
亳州市	Bozhou	地级市	8 374	576.38	63.51	32.00	3 355 660	6 718	26 861	79.30	80.00	94.41	7.03
池州市	Chizhou	地级市	8 272	158.02	27.45	25.00	1 580 091	10 949	138 404	38.69	100.00	94.17	14.80
宣城市	Xuancheng	地级市	12 323	275.20	48.75	26.51	3 326 478	13 077	125 819	44.74	100.00	97.84	7.62
桐城市	Tongcheng	县级市	1 572	74.90	10.95	17.91	761 181	10 163	16 246	5.89	100.00	81.31	4.62

续表

城市名称 Name of cities		行政级别 admini－strative rank	行政区土地面积(平方公里) Area of administra-tive area (km^2)	年末总人口(万人) Total Population (year－end) (10 thousand)	非农业人口(万人) Non－agricultural population (10 thousand)	建成区面积(平方公里) Surface Area of Built District (km^2)	地区生产总值(万元) Gross Regional Product (10 000 yuan)	人均地区生产总值(元) Per Capita Gross Regional Product (yuan)	市政公用设施固定资产投资总额(万元) Completed National Investment in Fixed Assets of Urban Sevice Facilities (10 000 yuan)	污水处理率(%) Wastewater Treatment Rate(%)	生活垃圾处理率(%) Domestic Garbage Treatment Rate(%)	用水普及率(%) Water Coverage Rate(%)	人均公园绿地面积(平方米) Public Green Space Per Capita(m^2)
天长市	Tianchang	县级市	1 751	62. 40	16. 23	21. 00	851 092	13 639	11 915	25. 61	39. 60	99. 93	0. 51
明光市	Mingguang	县级市	2 359	64. 80	12. 05	17. 20	482 494	7 446	11 095	62. 21	100. 00	90. 40	3. 68
界首市	Jieshou	县级市	666	76. 20	14. 37	16. 00	450 051	5 906	9 585	68. 15	63. 97	68. 97	2. 06
宁国市	Ningguo	县级市	2 487	38. 10	7. 54	17. 18	815 651	21 408	38 734	13. 33	100. 00	65. 43	8. 14
福建省	Fujian												
福州市	Fuzhou	地级市	12 188	630. 30	244. 97	170. 46	19 745 818	29 515	785 474	73. 76	100. 00	99. 65	6. 92
厦门市	Xiamen	副省级	1 573	167. 24	114. 16	180. 00	13 878 520	56 188	1 043 496	84. 71	100. 00	99. 96	8. 54
莆田市	Putian	地级市	4 119	310. 26	60. 11	48. 80	5 117 039	18 113	241 594	59. 56	94. 03	96. 01	11. 24
三明市	Sanming	地级市	23 061	269. 50	91. 01	23. 60	5 456 879	20 749	10 370	70. 01	93. 85	92. 97	8. 99
泉州市	Quanzhou	地级市	11 015	674. 29	193. 85	77. 00	22 837 002	29 601	398 417	77. 11	100. 00	98. 98	9. 76
漳州市	Zhangzhou	地级市	12 873	463. 10	134. 44	46. 77	8 548 082	18 072	102 785	73. 46	98. 35	99. 20	9. 39
南平市	Nanping	地级市	26 281	306. 33	106. 59	20. 13	4 665 770	16 201	37 102	57. 59	96. 05	96. 68	10. 53
龙岩市	Longyan	地级市	19 050	289. 20	85. 76	33. 30	5 534 371	20 088	44 650	80. 09	95. 35	99. 16	8. 75
宁德市	Ningde	地级市	13 256	330. 44	97. 65	17. 07	4 574 559	14 999	17 861		98. 13	98. 41	12. 95
福清市	Fuqing	县级市	1 917	123. 10	19. 93	19. 00	3 524 061	28 628	26 407	63. 00	94. 97	99. 30	6. 34
长乐市	Changle	县级市	724	66. 50	23. 62	23. 28	2 131 458	32 052	14 090	3. 75	84. 00	98. 24	10. 25
永安市	Yongan	县级市	2 942	32. 20	17. 12	18. 01	1 072 016	33 292	23 908	58. 30	100. 00	98. 80	9. 69
石狮市	Shishi	县级市	160	31. 20	10. 07	17. 26	2 401 705	76 978	24 716	55. 59	99. 46	99. 71	5. 04
晋江市	Jinjiang	县级市	721	104. 10	37. 06	29. 87	5 885 094	56 533	93 598	68. 89	99. 32	99. 50	9. 07
南安市	Nanan	县级市	2 036	148. 90	36. 38	15. 71	3 002 572	20 165	45 713	56. 17	50. 00	98. 46	9. 44
龙海市	Longhai	县级市	1 128	85. 10	15. 93	14. 82	2 098 296	24 657	16 363	20. 88	100. 00	95. 60	14. 00
邵武市	Shaowu	县级市	2 951	30. 10	13. 66	12. 65	661 892	21 990	8 911	45. 18	98. 64	99. 03	8. 58
武夷山市	Wuyishan	县级市	2 814	22. 60	10. 33	7. 39	416 660	18 436	5 337	41. 78	85. 00	98. 95	7. 22
建瓯市	Jianou	县级市	4 233	52. 20	15. 96	8. 58	631 922	12 106	756		85. 11	98. 88	5. 50
建阳市	Jianyang	县级市	3 378	33. 80	12. 30	9. 30	477 200	14 118	2 516		85. 08	94. 06	9. 31

续表

城市名称 Name of cities		行政级别 admini－strative rank	行政区土地面积（平方公里）Area of administrative area（km^2）	年末总人口（万人）Total Population（year－end）（10 thousand）	非农业人口（万人）Non－agricultural population（10 thousand）	建成区面积（平方公里）Surface Area of Built District（km^2）	地区生产总值（万元）Gross Regional Product（10 000 yuan）	人均地区生产总值（元）Per Capita Gross Regional Product（yuan）	市政公用设施固定资产投资总额（万元）Completed National Investment in Fixed Assets of Urban Sevice Facilities（10 000 yuan）	污水处理率（%）Wastewater Treatment Rate（%）	生活垃圾处理率（%）Domestic Garbage Treatment Rate（%）	用水普及率（%）Water Coverage Rate（%）	人均公园绿地面积（平方米）Public Green Space Per Capita（m^2）
漳平市	Zhangping	县级市	2 951	27.40	8.74	7.50	542 779	19 809	12 720	40.00	95.45	96.32	11.91
福安市	Fuan	县级市	1 880	62.30	17.15	8.50	1 094 730	17 572	4 178		100.00	98.45	4.81
福鼎市	Fuding	县级市	1 526	57.10	19.84	10.35	758 992.1	13 292	8 931		99.81	100.00	10.00
江西省	Jiangxi												
南昌市	Nanchang	地级市	7 402	491.31	232.76	180.00	13 898 920	30 460	449 121	63.93	100.00	99.16	8.08
景德镇市	Jingdezhen	地级市	5 656	156.18	64.65	72.00	2 618 517	16 899	15 091		100.00	97.38	9.90
萍乡市	Pingxiang	地级市	3 824	184.65	57.01	41.00	3 162 760	17 241	54 150		100.00	99.14	9.00
九江市	Jiujiang	地级市	18 823	479.58	129.06	80.14	5 925 614	12 590	54 696	76.22	100.00	100.00	10.37
新余市	Xinyu	地级市	3 181	113.85	40.43	44.00	2 807 714	25 013	102 379	61.61	100.00	99.20	9.61
鹰潭市	Yingtan	地级市	3 554	114.90	33.90	30.74	2 202 019	20 156	7 997	84.95	83.33	97.13	11.04
赣州市	Ganzhou	地级市	39 380	877.04	181.01	50.00	7 019 653	8 487	48 955		100.00	100.00	9.19
吉安市	Ji'an	地级市	24 922	479.72	106.48	38.06	4 060 052	8 559	50 066	34.95	100.00	76.85	6.82
宜春市	Yichun	地级市	18 669	539.09	143.01	32.20	5 088 563	9 478	27 080	65.01	100.00	98.87	12.93
抚州市	Fuzhou	地级市	18 820	385.10	93.40	42.05	3 679 225	9 570	50 187	26.12	83.74	80.10	9.63
上饶市	Shangrao	地级市	22 791	704.16	129.77	25.50	5 281 238	8 228	40 452	79.26	100.00	99.44	8.93
乐平市	Leping	县级市	1 975	83.20	18.77	15.90	856 781	10 298	3 446		100.00	90.81	9.91
瑞昌市	Ruichang	县级市	1 423	43.50	11.28	11.02	352 334	8 100	669		100.00	96.27	9.38
贵溪市	Guixi	县级市	2 480	57.70	11.96	19.50	1 548 085	26 830	22 637		100.00	99.07	12.04
瑞金市	Ruijin	县级市	2 448	63.30	11.79	18.00	417 825	6 601	19 059		100.00	97.87	5.36
南康市	Nankang	县级市	1 845	82.50	13.70	18.31	527 530	6 394	13 363		100.00	80.00	6.92
井冈山市	Jinggangshan	县级市	1 276	15.60	4.20	6.99	173 780	11 140	6 619	53.11	100.00	52.41	24.10
丰城市	Fengcheng	县级市	2 845	133.30	32.84	26.50	1 349 950	10 127	47 330		96.03	71.27	5.49
樟树市	Zhangshu	县级市	1 287	53.70	15.89	19.20	793 388	14 774	27 569		85.19	86.53	8.54
高安市	Gaoan	县级市	2 439	80.80	19.40	19.56	695 861	8 612	2 320		97.06	98.96	2.88
德兴市	Dexing	县级市	2 082	31.20	12.29	10.00	593 681	19 028	5 649		100.00	98.52	9.85

续表

城市名称 Name of cities		行政级别 admini-strative rank	行政区土地面积(平方公里) Area of administrative area (km^2)	年末总人口(万人) Total Population (year-end) (10 thousand)	非农业人口(万人) Non-agricultural population (10 thousand)	建成区面积(平方公里) Surface Area of Built District (km^2)	地区生产总值(万元) Gross Regional Product (10 000 yuan)	人均地区生产总值(元) Per Capita Gross Regional Product (yuan)	市政公用设施固定资产投资总额(万元) Completed National Investment in Fixed Assets of Urban Sevice Facilities (10 000 yuan)	污水处理率(%) Wastewater Treatment Rate(%)	生活垃圾处理率(%) Domestic Garbage Treatment Rate(%)	用水普及率(%) Water Coverage Rate(%)	人均公园绿地面积(平方米) Public Green Space Per Capita(m^2)
山东省	Shandong												
济南市	Jinan	副省级	8 177	604.85	352.71	315.30	25 628 135	42 424	649 884	61.21	86.81	99.21	9.50
青岛市	Qingdao	副省级	10 975	757.99	275.55	250.69	37 865 156	45 399	550 896	80.97	100.00	100.00	13.28
淄博市	Zibo	地级市	5 965	419.59	156.50	202.92	19 450 200	43 499	187 458	91.02	100.00	100.00	14.35
枣庄市	Zaozhuang	地级市	4 563	380.19	82.16	103.70	9 255 606	25 482	114 153	60.11	67.10	98.69	8.67
东营市	Dongying	地级市	7 923	183.09	65.33	92.82	16 648 004	84 081	142 335	77.87	100.00	100.00	16.00
烟台市	Yantai	地级市	13 746	651.47	129.87	195.22	28 799 509	41 271	308 689	93.53	100.00	99.84	15.34
潍坊市	Weifang	地级市	16 005	859.13	111.09	128.00	20 560 200	23 349	95 731	73.05	89.60	93.45	7.59
济宁市	Jining	地级市	11 194	818.27	56.68	60.12	17 360 100	21 992	123 280	90.25	100.00	99.60	10.59
泰安市	Taian	地级市	7 762	552.60	67.90	97.40	12 261 100	22 617	114 642	82.11	100.00	99.63	15.06
威海市	Weihai	地级市	5 698	251.06	46.94	109.00	15 834 545	63 226	190 264	83.56	100.00	100.00	23.75
日照市	Rizhao	地级市	5 310	283.38	59.83	65.28	6 295 800	23 180	310 982	85.18	100.00	100.00	18.87
莱芜市	Laiwu	地级市	2 246	125.35	48.53	56.50	3 672 700	29 011	122 408	86.00	100.00	100.00	15.40
临沂市	Linyi	地级市	17 182	1 027.50	140.40	118.89	16 604 600	16 962	320 090	92.33	100.00	100.00	15.04
德州市	Dezhou	地级市	10 356	561.67	41.87	46.00	11 808 200	21 723	61 806	70.54	93.59	100.00	18.86
聊城市	Liaocheng	地级市	8 703	580.75	104.36	59.90	10 254 153	18 576	37 750	88.42	90.45	99.65	14.23
滨州市	Binzhou	地级市	9 453	374.48	49.40	74.00	10 302 894	28 125	32 128	37.01	79.88	99.83	16.96
菏泽市	Heze	地级市	12 194	914.20	67.81	57.46	6 860 200	8 424	64 720	74.13	80.95	92.00	9.69
章丘市	Zhangqiu	县级市	1 855	100.40	29.07	34.00	3 218 228	32 054	160 447	88.46	85.19	100.00	13.17
胶州市	Jiaozhou	县级市	1 313	79.20	29.02	35.60	4 185 595	52 848	36 500	90.52	100.00	100.00	11.79
即墨市	Jimo	县级市	1 780	111.20	48.34	47.50	4 337 994	39 011	46 488	92.71	100.00	100.00	14.37
平度市	Pingdu	县级市	3 167	136.50	42.81	40.45	3 602 835	26 394	20 455	79.33	100.00	100.00	11.29
胶南市	Jiaonan	县级市	1 802	82.70	38.30	52.70	3 901 241	47 173	21 163	93.69	100.00	100.00	16.20
莱西市	Laixi	县级市	1 522	72.80	37.19	30.20	2 774 735	38 114	45 931	94.99	100.00	100.00	15.33
滕州市	Tengzhou	县级市	1 494	164.70	39.13	42.03	4 040 568	24 533	80 874	72.57	91.69	100.00	9.27

续表

城市名称 Name of cities		行政级别 admini-strative rank	行政区土地面积（平方公里）Area of administrative area（km^2）	年末总人口（万人）Total Population（year-end）（10 thousand）	非农业人口（万人）Non-agricultural population（10 thousand）	建成区面积（平方公里）Surface Area of Built District（km^2）	地区生产总值（万元）Gross Regional Product（10 000 yuan）	人均地区生产总值（元）Per Capita Gross Regional Product（yuan）	市政公用设施固定资产投资总额（万元）Completed National Investment in Fixed Assets of Urban Sevice Facilities（10 000 yuan）	污水处理率（%）Wastewater Treatment Rate（%）	生活垃圾处理率（%）Domestic Garbage Treatment Rate（%）	用水普及率（%）Water Coverage Rate（%）	人均公园绿地面积（平方米）Public Green Space Per Capita（m^2）
龙口市	Longkou	县级市	893	63.40	30.24	40.13	4 800 298	75 714	68 280	82.65	100.00	99.97	8.47
莱阳市	Laiyang	县级市	1 732	87.20	29.24	31.61	2 358 897	27 052	26 364	86.06	100.00	96.12	8.36
莱州市	Laizhou	县级市	1 878	86.00	35.72	35.00	3 401 592	39 553	11 113	82.10	100.00	98.71	8.61
蓬莱市	Penglai	县级市	1 129	44.60	17.42	25.53	2 429 429	54 472	23 249	82.65	100.00	91.48	12.49
招远市	Zhaoyuan	县级市	1 433	56.60	19.23	25.80	3 019 450	53 347	18 614	48.88	100.00	99.64	16.11
栖霞市	Qixia	县级市	2 016	62.70	15.18	9.50	1 253 168	19 987	2 561	91.42	100.00	99.17	10.73
海阳市	Haiyang	县级市	1 887	66.70	21.57	29.50	1 435 468	21 521	26 211	76.04	100.00	90.14	15.12
青州市	Qingzhou	县级市	1 569	90.00	31.61	37.50	2 210 592	24 562	55 575	88.49	94.81	100.00	9.64
诸城市	Zhucheng	县级市	2 183	106.30	46.67	37.65	3 026 378	28 470	39 286	91.81	100.00	100.00	9.49
寿光市	Shouguang	县级市	2 072	102.10	47.69	38.40	3 328 813	32 603	35 314	92.28	87.02	100.00	11.08
安丘市	Anqiu	县级市	1 928	105.40	27.53	32.26	1 231 159	11 681	5 549	87.00	100.00	97.30	27.01
高密市	Gaomi	县级市	1 605	87.40	28.11	41.30	1 957 240	22 394	17 829	85.70	100.00	97.01	35.09
昌邑市	Changyi	县级市	1 812	68.10	20.41	22.00	1 586 282	23 293	14 621	91.59	100.00	100.00	15.00
曲阜市	Qufu	县级市	896	64.10	18.25	19.00	1 755 031	27 380	19 207	94.34	100.00	96.27	24.60
兖州市	Yanzhou	县级市	648	61.40	16.33	30.08	2 424 109	39 481	35 907	98.75	96.63	100.00	10.51
邹城市	Zoucheng	县级市	1 616	113.60	39.60	32.50	3 769 100	33 179	35 704	97.01	99.35	94.78	14.60
新泰市	Xintai	县级市	1 933	136.70	39.47	58.00	3 466 141	25 356	46 461	77.00	100.00	99.87	15.20
肥城市	Feicheng	县级市	1 277	96.60	26.23	24.55	3 036 650	31 435	12 220	72.73	92.86	99.51	15.05
文登市	Wendeng	县级市	1 645	64.10	25.05	41.00	4 197 083	65 477	63 076	85.91	100.00	100.00	18.17
荣成市	Rongcheng	县级市	1 392	66.50	31.67	42.00	4 790 618	72 039	82 270	85.74	100.00	100.00	22.02
乳山市	Rushan	县级市	1 668	57.30	15.39	23.20	2 516 216	43 913	45 299	75.79	100.00	99.22	14.80
乐陵市	Leling	县级市	1 172	68.20	17.82	47.50	959 500	14 069	9 580	65.75	100.00	97.25	3.58
禹城市	Yucheng	县级市	990	51.70	16.17	20.80	1 053 248	20 372	4 200	87.12	100.00	94.98	7.50
临清市	Linqing	县级市	950	73.60	30.01	20.70	1 439 840	19 563	14 543	57.54	88.68	91.45	10.09
河南省	Henan												

续表

城市名称 Name of cities		行政级别 admini－strative rank	行政区土地面积（平方公里）Area of administrative area（km^2）	年末总人口（万人）Total Population（year－end）（10 thousand）	非农业人口（万人）Non－agricultural population（10 thousand）	建成区面积（平方公里）Surface Area of Built District（km^2）	地区生产总值（万元）Gross Regional Product（10 000 yuan）	人均地区生产总值（元）Per Capita Gross Regional Product（yuan）	市政公用设施固定资产投资总额（万元）Completed National Investment in Fixed Assets of Urban Sevice Facilities（10 000 yuan）	污水处理率（%）Wastewater Treatment Rate（%）	生活垃圾处理率（%）Domestic Garbage Treatment Rate（%）	用水普及率（%）Water Coverage Rate（%）	人均公园绿地面积（平方米）Public Green Space Per Capita（m^2）
郑州市	Zhengzhou	地级市	7 446	707.01	297.86	320.66	24 867 470	34 069	455 750	92.75	85.93	100.00	9.23
开封市	Kaifeng	地级市	6 444	505.63	97.34	86.00	5 554 386	11 855	64 660	26.23	65.27	100.00	4.89
洛阳市	Luoyang	地级市	15 200	676.05	184.88	144.92	15 953 222	25 120	60 172	78.35	90.16	71.09	8.13
平顶山市	Pingdingshan	地级市	7 882	516.70	127.61	61.00	8 211 632	16 976	61 073	86.04	100.00	87.64	7.76
安阳市	Anyang	地级市	7 413	559.90	123.01	73.00	8 078 243	15 526	39 019	79.45	94.02	100.00	8.04
鹤壁市	Hebi	地级市	2 182	154.10	49.83	45.00	2 744 319	19 195	13 257	75.07	70.00	96.14	10.05
新乡市	Xinxiang	地级市	8 169	584.04	162.76	90.92	7 796 766	14 095	33 885	70.00	100.00	96.79	10.98
焦作市	Jiaozuo	地级市	4 071	357.97	105.44	78.00	8 560 041	25 230	36 782	60.45	100.00	100.00	9.47
濮阳市	Puyang	地级市	4 266	386.45	72.59	36.00	5 261 408	14 976	7 585	26.65		92.24	11.76
许昌市	Xuchang	地级市	4 996	475.15	121.51	63.00	8 553 952	19 968	41 721	80.27	82.14	98.52	11.27
漯河市	Luohe	地级市	2 617	269.35	64.57	51.30	4 370 242	17 601	16 179	41.67	100.00	92.49	17.01
三门峡市	Sanmenxia	地级市	10 496	226.57	67.11	28.00	5 184 183	23 201	7 651	99.45	87.50	93.38	14.45
南阳市	Nanyang	地级市	26 400	1 126.71	176.20	81.26	13 763 321	13 814	38 174	47.92	75.79	73.09	11.33
商丘市	Shangqiu	地级市	10 704	889.71	162.03	58.50	7 656 721	10 014	11 980	84.02	81.11	78.77	4.64
信阳市	Xinyang	地级市	19 541	834.96	149.02	52.00	6 990 260	10 539	24 833	66.75	100.00	94.82	7.00
周口市	Zhoukou	地级市	11 959	1 166.72	139.87	42.00	7 985 380	8 051	39 651	73.00		100.00	10.68
驻马店市	Zhumadian	地级市	15 083	858.79	119.29	48.20	6 674 772	8 665	18 200	90.06	80.22	68.32	7.99
巩义市	Gongyi	县级市	1 041	80.50	16.03	21.00	2 906 804	36 109	11 924	59.51		88.57	8.55
荥阳市	Xingyang	县级市	908	59.90	11.21	19.50	2 395 273	39 988	2 738	88.58	92.31	90.47	9.06
新密市	Xinmi	县级市	978	76.30	18.73	19.06	2 616 699	34 295	11 876	60.23	85.71	86.11	11.34
新郑市	Xinzheng	县级市	887	62.00	17.73	18.50	2 510 647	40 494	3 450	85.82	100.00	66.82	6.01
登封市	Dengfeng	县级市	1 219	64.90	19.93	18.50	1 908 645	29 409	9 156	100.00	95.00	83.02	12.16
偃师市	Yanshi	县级市	948	84.80	10.69	14.00	2 677 355	31 573	4 334	70.26	100.00	99.64	11.00
舞钢市	Wugang	县级市	630	32.50	9.94	13.83	863 890	26 581	7 136	46.83		96.12	9.75
汝州市	Ruzhou	县级市	950	94.70	11.10	25.00	1 635 187	17 267	5 165	82.24	8.15	74.28	6.83

续表

城市名称 Name of cities		行政级别 admini－strative rank	行政区土地面积（平方公里）Area of administra-tive area（km^2）	年末总人口（万人）Total Population（year－end）（10 thousand）	非农业人口（万人）Non－agricultural population（10 thousand）	建成区面积（平方公里）Surface Area of Built District（km^2）	地区生产总值（万元）Gross Regional Product（10 000 yuan）	人均地区生产总值（元）Per Capita Gross Regional Product（yuan）	市政公用设施固定资产投资总额（万元）Completed National Investment in Fixed Assets of Urban Sevice Facilities（10 000 yuan）	污水处理率（%）Wastewater Treatment Rate（%）	生活垃圾处理率（%）Domestic Garbage Treatment Rate（%）	用水普及率（%）Water Coverage Rate（%）	人均公园绿地面积（平方米）Public Green Space Per Capita（m^2）
林州市	Linzhou	县级市	2 046	99. 60	17. 32	18. 00	1 726 399	17 333	5 193	22. 16		81. 63	12. 10
卫辉市	Weihui	县级市	862	49. 00	11. 98	18. 27	537 991	10 979	4 220			79. 28	
辉县市	Huixian	县级市	2 007	80. 20	38. 87	21. 30	1 183 378	14 755	6 457	65. 33		100. 00	6. 78
济源市	Jiyuan	县级市	1 894	67. 20	19. 23	26. 50	2 234 076	33 245	9 938	71. 48	100. 00	99. 72	8. 87
沁阳市	Qinyang	县级市	624	48. 30	9. 35	17. 50	1 551 784	32 128	10 433	81. 98	0. 55	95. 43	6. 98
孟州市	Mengzhou	县级市	542	37. 50	5. 79	14. 18	1 133 202	30 219	16 203		100. 00	99. 71	7. 64
禹州市	Yuzhou	县级市	1 461	123. 30	19. 84	31. 30	2 127 663	17 256	17 782	67. 10		97. 70	11. 12
长葛市	Changge	县级市	650	70. 30	15. 94	17. 50	1 869 060	26 587	13 779	87. 02	100. 00	74. 62	10. 68
义马市	Yima	县级市	112	16. 50	13. 15	15. 14	628 365	38 083	3 730	30. 27		72. 46	8. 98
灵宝市	Lingbao	县级市	3 011	74. 30	12. 11	17. 00	1 881 697	25 326	9 647	63. 18	100. 00	86. 75	7. 61
邓州市	Dengzhou	县级市	2 370	155. 10	16. 25	21. 00	1 678 852	10 824	9 981			85. 79	5. 29
永城市	Yongcheng	县级市	1 994	145. 80	18. 76	23. 00	1 848 695	12 680	15 864	66. 67		48. 40	6. 21
项城市	Xiangcheng	县级市	1 083	125. 40	20. 90	25. 50	1 270 640	10 133	8 165	70. 82	100. 00	93. 03	9. 32
湖北省	Hubei												
武汉市	Wuhan	副省级	8 494	828. 21	528. 62	222. 30	31 419 048	35 582	1 930 193	80. 47	79. 66	100. 00	8. 20
黄石市	Huangshi	地级市	4 583	255. 39	92. 81	62. 00	4 666 800	19 409	65 121	72. 75	100. 00	100. 00	11. 56
十堰市	Shiyan	地级市	23 680	348. 86	104. 16	57. 60	4 114 200	12 745	34 908	41. 40	95. 93	96. 09	8. 72
宜昌市	Yichang	地级市	21 048	401. 46	131. 57	72. 54	8 209 000	20 355	61 398	82. 19	89. 88	100. 00	10. 44
襄樊市	Xiangfan	地级市	19 724	582. 00	193. 35	78. 42	7 854 500	14 478	44 243	75. 79	100. 00	100. 00	9. 94
鄂州市	Ezhou	地级市	1 504	107. 01	41. 12	46. 20	2 087 073	20 263	34 595	59. 57	98. 73	100. 00	9. 16
荆门市	Jingmen	地级市	12 404	298. 57	80. 69	44. 60	4 200 794	14 157	37 689	86. 85	99. 46	100. 00	11. 14
孝感市	Xiaogan	地级市	8 910	516. 76	97. 31	32. 00	4 808 000	8 828	24 910	60. 49	98. 55	97. 12	8. 89
荆州市	Jingzhou	地级市	14 205	651. 77	162. 03	64. 03	5 196 300	8 001	28 146	35. 01	100. 00	100. 00	6. 02
黄冈市	Huanggang	地级市	17 446	730. 98	165. 33	27. 56	4 737 400	5 891	22 172	64. 34	91. 37	100. 00	10. 29
咸宁市	Xianning	地级市	9 861	286. 08	77. 40	30. 80	2 867 400	10 099	15 076		100. 00	97. 71	10. 32

续表

城市名称 Name of cities		行政级别 admini－strative rank	行政区土地面积(平方公里) Area of administrative area (km^2)	年末总人口(万人) Total Population (year－end) (10 thousand)	非农业人口(万人) Non－agricultural population (10 thousand)	建成区面积(平方公里) Surface Area of Built District (km^2)	地区生产总值(万元) Gross Regional Product (10 000 yuan)	人均地区生产总值(元) Per Capita Gross Regional Product (yuan)	市政公用设施固定资产投资总额(万元) Completed National Investment in Fixed Assets of Urban Sevice Facilities (10 000 yuan)	污水处理率(%) Wastewater Treatment Rate(%)	生活垃圾处理率(%) Domestic Garbage Treatment Rate(%)	用水普及率(%) Water Coverage Rate(%)	人均公园绿地面积(平方米) Public Green Space Per Capita(m^2)
随州市	Suizhou	地级市	9 636	254.23	49.92	42.00	2 576 200	11 183	10 084	48.98	97.50	98.12	8.73
大冶市	Daye	县级市	1 566	92.40	92.42	20.00	1 398 008	15 130	6 841	50.00	65.77	96.44	4.85
丹江口市	Danjiangkou	县级市	3 121	49.50	21.22	27.60	545 033	11 011	12 210			82.32	60.24
宜都市	Yidu	县级市	1 357	39.40	10.58	12.00	844 000	21 421	6 650	71.76	81.33	99.01	12.18
当阳市	Dangyang	县级市	2 159	48.50	12.26	20.50	815 148	16 807	2 144	55.56	87.50	98.47	6.50
枝江市	Zhijiang	县级市	1 310	50.50	13.62	12.60	852 520	16 882	5 250	74.42	92.19	100.00	12.79
老河口市	Laohekou	县级市	1 032	52.80	29.54	27.00	498 300	9 438	15 266	87.06	100.00	97.85	8.55
枣阳市	Zaoyang	县级市	3 277	109.80	18.22	19.60	974 800	8 878	4 504	70.13	100.00	98.00	8.85
宜城市	Yicheng	县级市	2 115	56.50	22.72	13.70	508 900	9 007	7 474		93.86	100.00	3.19
钟祥市	Zhongxiang	县级市	4 488	103.50	21.75	18.00	1 130 776	10 925	18 825	55.77	100.00	100.00	10.87
应城市	Yingcheng	县级市	1 103	68.00	29.17	19.54	715 600	10 524	4 530	72.72	93.02	92.20	8.38
安陆市	Anlu	县级市	1 355	62.20	12.96	16.15	526 290	8 461	5 630	20.97	91.67	80.99	7.56
汉川市	Hanchuan	县级市	1 663	109.90	24.40	15.68	1 209 696	11 007	4 460	37.22	94.51	97.03	4.07
石首市	Shishou	县级市	1 427	63.00	15.24	22.51	564 944	8 967	6 300	67.50	100.00	99.93	8.90
洪湖市	Honghu	县级市	2 519	91.30	17.63	39.52	671 407	7 354	6 538	18.78	100.00	72.37	8.18
松滋市	Songzi	县级市	2 235	84.30	15.31	15.00	574 500	6 815	13 000		100.00	95.76	23.98
麻城市	Macheng	县级市	3 747	115.90	29.91	23.76	643 133	5 549	6 057	49.76	93.71	97.96	6.01
武穴市	Wuxue	县级市	1 246	74.70	25.77	24.36	650 084	8 703	3 015	50.84	97.50	97.42	12.74
赤壁市	Chibi	县级市	1 723	51.10	16.26	21.76	823 944	16 124	9 186		100.00	96.29	7.61
广水市	Guangshui	县级市	2 647	92.90	17.18	19.20	861 500	9 273	3 288	41.97	89.06	80.00	10.63
恩施市	Enshi	县级市	3 972	79.30	20.24	18.00	528 633	6 666	9 860	84.33	98.27	87.76	8.34
利川市	Linchuan	县级市	4 607	86.90	7.39	12.23	352 204	4 053	4 637	15.45		88.89	4.94
仙桃市	Xiantao	县级市	2 538	148.10	40.79	37.30	1 904 030	12 856	24 900	53.48	100.00	100.00	11.50
潜江市	Qianjiang	县级市	2 004	100.20	30.49	38.60	1 566 300	15 632	31 455	68.50	100.00	100.00	10.06
天门市	Tianmen	县级市	2 622	162.10	25.21	24.00	1 519 288	9 373	8 000		100.00	99.84	5.86

续表

城市名称 Name of cities		行政级别 admini－strative rank	行政区土地面积（平方公里）Area of administrative area（km^2）	年末总人口（万人）Total Population（year－end）（10 thousand）	非农业人口（万人）Non－agricultural population（10 thousand）	建成区面积（平方公里）Surface Area of Built District（km^2）	地区生产总值（万元）Gross Regional Product（10 000 yuan）	人均地区生产总值（元）Per Capita Gross Regional Product（yuan）	市政公用设施固定资产投资总额（万元）Completed National Investment in Fixed Assets of Urban Sevice Facilities（10 000 yuan）	污水处理率（%）Wastewater Treatment Rate（%）	生活垃圾处理率（%）Domestic Garbage Treatment Rate（%）	用水普及率（%）Water Coverage Rate（%）	人均公园绿地面积（平方米）Public Green Space Per Capita（m^2）
湖南省	Hunan												
长沙市	Changsha	地级市	11 819	637.36	230.56	181.23	21 902 548	33 711	1 437 140	48.70	100.00	100.00	8.43
株洲市	Zhuzhou	地级市	11 276	380.34	102.01	89.58	7 512 625	20 387	66 796	61.99	100.00	91.91	8.19
湘潭市	Xiangtan	地级市	5 015	292.70	82.24	70.00	5 268 100	19 171	151 139	59.78	100.00	96.87	7.96
衡阳市	Hengyang	地级市	15 303	728.88	300.43	93.00	8 208 659	12 232	66 518	17.51	100.00	100.00	8.36
邵阳市	Shaoyang	地级市	20 830	749.60	119.72	45.00	4 759 067	7 074	84 105	27.52	100.00	94.63	6.50
岳阳市	Yueyang	地级市	15 087	542.94	244.87	78.59	9 158 376	17 799	51 412	63.58	100.00	89.69	8.65
常德市	Changde	地级市	18 190	611.99	144.03	71.83	8 640 845	15 901	54 260	62.54	100.00	98.41	8.97
张家界市	Zhangjiajie	地级市	9 516	162.39	29.08	21.45	1 513 284	10 201	119 823	67.44	100.00	97.54	7.14
益阳市	Yiyang	地级市	12 144	465.25	93.50	48.60	4 176 247	10 020	12 854	50.24	100.00	74.08	5.65
郴州市	Chenzhou	地级市	19 388	466.39	186.65	40.70	6 505 242	14 861	76 874	69.09	100.00	92.91	6.92
永州市	Yongzhou	地级市	22 441	580.16	93.12	53.30	5 063 922	9 887	45 204	37.04	100.00	99.33	5.18
怀化市	Huaihua	地级市	27 624	502.01	94.09	32.82	4 116 746	9 045	81 960	17.97	100.00	93.57	7.69
娄底市	Loudi	地级市	8 117	416.12	87.11	40.60	4 266 519	11 493	44 430	39.44	100.00	93.21	8.16
浏阳市	Liuyang	县级市	5 008	136.40	14.88	21.05	2 527 188	18 528	11 680	67.92	100.00	81.86	5.64
醴陵市	Liling	县级市	2 157	98.40	14.89	25.73	1 520 598	15 453	16 398	40.00	100.00	85.73	9.93
湘乡市	Xiangxiang	县级市	2 011	88.50	12.55	13.75	990 978	11 197	2 655	35.65	100.00	91.49	7.55
韶山市	Shaoshan	县级市	210	9.90	1.61	4.70	191 991	19 393	14 274	46.30	100.00	99.60	9.92
耒阳市	Leiyang	县级市	2 656	125.90	20.56	31.50	1 323 889	10 515	5 322	23.42	100.00	100.00	6.97
常宁市	Changning	县级市	2 064	86.20	16.17	9.51	833 369	9 668	3 420	27.98	100.00	98.78	8.02
武冈市	Wugang	县级市	1 532	75.00	9.62	14.10	427 611	5 701	15 359	14.01	100.00	89.15	6.43
汨罗市	Miluo	县级市	1 562	72.60	17.01	12.57	850 915	11 721	1 951	12.32	100.00	72.02	9.93
临湘市	Linxiang	县级市	1 744	49.10	12.87	14.50	538 195	10 961	296	43.08	100.00	81.38	5.93
津市市	Jinshi	县级市	558	26.30	12.16	10.66	356 022	13 537	4 006	35.08	100.00	97.24	9.00
沅江市	Yuanjiang	县级市	1 797	74.10	18.75	13.10	798 473	10 776	9 178	31.45	100.00	84.86	2.74

续表

城市名称 Name of cities		行政级别 admini-strative rank	行政区土地面积(平方公里) Area of administrative area (km^2)	年末总人口(万人) Total Population (year-end) (10 thousand)	非农业人口(万人) Non-agricultural population (10 thousand)	建成区面积(平方公里) Surface Area of Built District (km^2)	地区生产总值(万元) Gross Regional Product (10 000 yuan)	人均地区生产总值(元) Per Capita Gross Regional Product (yuan)	市政公用设施固定资产投资总额(万元) Completed National Investment in Fixed Assets of Urban Sevice Facilities (10 000 yuan)	污水处理率(%) Wastewater Treatment Rate(%)	生活垃圾处理率(%) Domestic Garbage Treatment Rate(%)	用水普及率(%) Water Coverage Rate(%)	人均公园绿地面积(平方米) Public Green Space Per Capita(m^2)
资兴市	Zixing	县级市	2 747	36.60	13.01	19.63	829 552	22 665	15 897	81.81	100.00	81.98	7.29
洪江市	Hongjiang	县级市	2 174	52.20	12.32	4.00	442 630	8 480	4 000	15.08	100.00	69.77	3.95
冷水江市	Lengshuijiang	县级市	439	37.00	18.72	19.80	956 617	25 855	11 033	44.21	100.00	84.91	7.48
涟源市	Lianyuan	县级市	1 895	112.00	16.16	11.60	876 146	7 823	7 930	28.08	100.00	79.93	4.08
吉首市	Jishou	县级市	1 057	28.90	12.81	19.00	475 818	16 464	44 804	28.54	100.00	86.21	7.76
广东省	Guangdong												
广州市	Guangzhou	副省级	7 434	773.48	693.55	843.70	71 091 814	71 808	2 117 075	74.15	98.51	97.74	7.55
韶关市	Shaoguan	地级市	18 385	321.19	125.87	78.30	4 716 931	16 418	14 306	95.06	100.00	97.55	10.55
深圳市	Shenzhen	副省级	1 953	212.38	212.38	764.00	68 015 706	79 645	303 168	64.74	94.05	84.15	16.10
珠海市	Zhuhai	地级市	1 687	95.69	95.69	118.34	8 959 010	61 693	189 638	44.61	72.54	98.31	12.84
汕头市	Shantou	地级市	2 064	500.82	496.30	168.48	8 501 019	17 048	35 078	24.02	69.77	94.72	11.22
佛山市	Foshan	地级市	3 848	361.08	361.08	142.91	36 051 142	61 199	218 441	70.83	98.78	97.44	7.61
江门市	Jiangmen	地级市	9 541	388.38	219.46	108.62	11 070 736	26 882	72 312	25.81	100.00	100.00	8.94
湛江市	Zhanjiang	地级市	13 225	744.99	275.93	73.35	8 925 611	13 217		53.19	84.95	90.92	5.02
茂名市	Maoming	地级市	11 458	716.44	269.54	65.58	10 246 000	17 113	6 656	62.78	95.35	100.00	8.29
肇庆市	Zhaoqing	地级市	15 285	407.71	117.47	67.90	5 922 177	15 891	42 835	67.98	95.49	99.84	19.65
惠州市	Huizhou	地级市	11 158	312.89	183.35	110.15	11 049 758	28 945	30 253	37.03	91.01	89.13	7.43
梅州市	Meizhou	地级市	15 870	503.36	123.79	32.89	4 106 236	9 976	3 856	59.96	100.00	95.35	11.30
汕尾市	Shanwei	地级市	5 271	329.86	166.01	13.20	2 912 525	10 256	5 365			94.77	3.73
河源市	Heyuan	地级市	15 826	335.43	81.07	25.96	3 280 853	11 710		61.87	100.00	98.59	9.07
阳江市	Yangjiang	地级市	7 813	271.03	113.08	38.10	4 078 569	17 392	12 118	38.61	73.20	86.42	9.11
清远市	Qingyuan	地级市	19 153	403.01	116.26	40.94	5 939 484	16 330	5 950	77.74	75.64	64.20	1.31
东莞市	Dongguan	地级市	2 465	171.26	73.67	681.86	31 519 126	46 027	228 197	51.66	29.24	61.58	6.49
中山市	Zhongshan	地级市	1 800	145.15	76.30	85.60	12 380 456	49 488	62 590	64.46	94.58	100.00	5.94
潮州市	Chaozhou	地级市	3 110	254.06	73.95	41.68	3 802 248	15 261	1 677	75.64	100.00	100.00	10.25

续表

城市名称 Name of cities		行政级别 admini - strative rank	行政区土地面积（平方公里）Area of administrative area（km^2）	年末总人口（万人）Total Population（year - end）（10 thousand）	非农业人口（万人）Non - agricultural population（10 thousand）	建成区面积（平方公里）Surface Area of Built District（km^2）	地区生产总值（万元）Gross Regional Product（10 000 yuan）	人均地区生产总值（元）Per Capita Gross Regional Product（yuan）	市政公用设施固定资产投资总额（万元）Completed National Investment in Fixed Assets of Urban Sevice Facilities（10 000 yuan）	污水处理率（%）Wastewater Treatment Rate（%）	生活垃圾处理率（%）Domestic Garbage Treatment Rate（%）	用水普及率（%）Water Coverage Rate（%）	人均公园绿地面积（平方米）Public Green Space Per Capita（m^2）
揭阳市	Jieyang	地级市	5 240	634. 78	247. 55	41. 50	5 858 984	10 339	38 745		81. 60	96. 95	12. 19
云浮市	Yunfu	地级市	7 779	268. 62	99. 57	18. 60	2 710 105	11 498	1 742	81. 74	82. 48	100. 00	10. 26
增城市	Zengcheng	县级市	1 617	81. 80	33. 03	90. 39	4 081 934	49 901	174	15. 78	100. 00	96. 00	11. 60
从化市	Conghua	县级市	1 985	54. 90	23. 75	25. 00	1 276 447	23 250	2 469	16. 24	100. 00	98. 22	23. 45
乐昌市	Lechang	县级市	2 421	52. 10	25. 18	12. 30	382 400	7 340			100. 00	68. 42	7. 11
南雄市	Nanxiong	县级市	2 361	46. 30	11. 72	9. 76	332 144	7 174	2 010	37. 89	99. 68	96. 89	12. 80
台山市	Taishan	县级市	3 296	98. 30	27. 08	22. 90	1 506 797	15 329	11 715		100. 00	100. 00	14. 34
开平市	Kaiping	县级市	1 659	68. 30	24. 61	27. 20	1 498 480	21 940	2 708	50. 22	100. 00	97. 99	6. 08
鹤山市	Heshan	县级市	1 083	36. 20	14. 73	19. 30	1 227 465	33 908	10 363	28. 49	100. 00	100. 00	8. 07
恩平市	Enping	县级市	1 698	50. 00	17. 46	21. 55	704 299	14 086	2 328		100. 00	90. 03	8. 32
廉江市	Lianjiang	县级市	2 840	160. 00	34. 77	16. 80	1 076 391	6 727	736			100. 00	39. 48
雷州市	Leizhou	县级市	3 662	159. 60	30. 12	20. 80	794 092	4 976	1 056			52. 30	7. 75
吴川市	Wuchuan	县级市	849	105. 40	30. 00	17. 00	649 103	6 158	49			85. 99	1. 85
高州市	Gaozhou	县级市	3 276	167. 80	49. 08	15. 16	1 982 141	11 813	1 832		98. 97	97. 46	4. 39
化州市	Huazhou	县级市	2 354	153. 20	25. 08	24. 80	1 766 606	11 531	744		100. 00	99. 64	4. 80
信宜市	Xinyi	县级市	3 081	133. 40	34. 97	21. 80	1 431 740	10 733	423		99. 80	98. 43	7. 17
高要市	Gaoyao	县级市	2 200	74. 20	11. 96	18. 25	1 327 800	17 895	3 465	48. 23	70. 09	96. 61	17. 84
四会市	Sihui	县级市	1 163	40. 90	21. 39	24. 00	813 430	19 888	12 484	43. 64	85. 00	99. 95	9. 28
兴宁市	Xingning	县级市	2 105	114. 00	31. 96	16. 00	665 369	5 837	823			78. 51	7. 18
陆丰市	Lufeng	县级市	1 673	167. 00	64. 97	19. 83	905 813	5 424	245			96. 62	1. 16
阳春市	Yangchun	县级市	4 055	109. 30	29. 87	19. 80	1 111 906	10 173	3 056	59. 58	100. 00	84. 78	9. 78
英德市	Yingde	县级市	5 671	108. 80	24. 49	20. 76	1 095 036	10 065		86. 93	96. 12	66. 30	6. 96
连州市	Lianzhou	县级市	2 663	52. 10	9. 09	12. 95	617 708	11 856			100. 00	52. 05	5. 14
普宁市	Puning	县级市	1 620	221. 50	65. 81	24. 96	1 706 230	7 703	15 000			98. 09	0. 38
罗定市	Luoding	县级市	2 328	114. 10	38. 13	21. 00	660 411	5 788	195	40. 35		93. 28	9. 71

续表

城市名称 Name of cities		行政级别 admini－strative rank	行政区土地面积(平方公里) Area of administra-tive area (km²)	年末总人口(万人) Total Population (year－end) (10 thousand)	非农业人口(万人) Non－agricultural population (10 thousand)	建成区面积(平方公里) Surface Area of Built District (km²)	地区生产总值(万元) Gross Regional Product (10 000 yuan)	人均地区生产总值(元) Per Capita Gross Regional Product (yuan)	市政公用设施固定资产投资总额(万元) Completed National Investment in Fixed Assets of Urban Sevice Facilities (10 000 yuan)	污水处理率(%) Wastewater Treatment Rate(%)	生活垃圾处理率(%) Domestic Garbage Treatment Rate(%)	用水普及率(%) Water Coverage Rate(%)	人均公园绿地面积(平方米) Public Green Space Per Capita(m²)
广西壮族自治区	Guangxi												
南宁市	Nanning	地级市	22 112	683. 51	185. 95	179. 06	10 690 099	15 774	564 826	79. 31	100. 00	100. 00	10. 86
柳州市	Liuzhou	地级市	18 616	362. 50	126. 39	112. 50	7 551 234	20 737	318 302	56. 88	100. 00	99. 80	10. 26
桂林市	Guilin	地级市	27 809	504. 62	119. 26	58. 88	7 443 201	14 828	125 126	69. 76	100. 00	74. 95	6. 31
梧州市	Wuzhou	地级市	12 588	310. 15	61. 89	36. 10	3 195 739	10 565	19 226		89. 93	86. 54	7. 10
北海市	Beihai	地级市	3 337	156. 32	46. 53	40. 75	2 465 826	15 897	26 715	48. 94	100. 00	55. 33	3. 30
防城港市	Fangchenggang	地级市	6 181	83. 32	24. 61	18. 73	1 592 770	19 329	12 846		34. 63	99. 02	4. 97
钦州市	Qinzhou	地级市	10 843	355. 99	40. 36	84. 66	3 039 209	9 552	69 449	71. 43	78. 73	89. 54	5. 36
贵港市	Guigang	地级市	10 606	491. 59	52. 33	51. 25	3 380 180	8 038	28 622	11. 40	98. 45	100. 00	10. 05
玉林市	Yulin	地级市	12 838	625. 01	71. 97	50. 50	5 060 407	9 083	81 392		100. 00	100. 00	10. 75
百色市	Baise	地级市	36 352	385. 90	48. 50	31. 14	3 503 547	9 781	16 271		100. 00	98. 76	9. 36
贺州市	Hezhou	地级市	11 855	218. 41	30. 71	25. 00	2 392 012	11 552	2 509			65. 19	4. 44
河池市	Hechi	地级市	33 508	396. 99	57. 29	16. 92	3 193 089	8 486	16 907	86. 80	16. 30	100. 00	3. 76
来宾市	Laibin	地级市	13 409	250. 15	38. 03	20. 13	2 453 424	10 852	16 341	0. 12		100. 00	5. 93
崇左市	Chongzuo	地级市	17 351	236. 89	40. 33	13. 02	2 318 725	10 826	2 070			95. 89	6. 73
岑溪市	Cenxi	县级市	2 783	84. 80	13. 50	16. 05	703 623	8 297	2 356			95. 08	17. 17
东兴市	Dongxing	县级市	549	11. 70	4. 03	7. 70	230 242	19 679	10 859		85. 07	84. 62	8. 00
桂平市	Guiping	县级市	4 074	174. 80	16. 74	12. 58	948 639	5 427	2 374	23. 22		93. 35	6. 36
北流市	Beiliu	县级市	2 457	127. 20	13. 72	16. 71	885 566	6 962	12 231		100. 00	100. 00	8. 01
宜州市	Yizhou	县级市	3 869	63. 40	10. 40	11. 56	549 915	8 674	7 962	54. 69		100. 00	9. 83
合山市	Heshan	县级市	360	13. 80	5. 92	5. 55	150 632	10 915	866			100. 00	4. 35
凭祥市	Pingxiang	县级市	650	10. 80	3. 22	5. 10	188 444	17 449	31 709			98. 87	9. 00
海南省	Hainan												
海口市	Haikou	地级市	2 305	152. 94	91. 48	91. 42	3 936 858	22 109	195 408	85. 20	83. 15	84. 27	8. 69
三亚市	Sanya	地级市	1 915	53. 52	26. 84	20. 00	1 223 161	26 414	14 833	72. 09	88. 89	97. 28	20. 74

续表

城市名称 Name of cities		行政级别 admini－strative rank	行政区土地面积（平方公里）Area of administra-tive area（km^2）	年末总人口（万人）Total Population（year－end）（10 thousand）	非农业人口（万人）Non－agricultural population（10 thousand）	建成区面积（平方公里）Surface Area of Built District（km^2）	地区生产总值（万元）Gross Regional Product（10 000 yuan）	人均地区生产总值（元）Per Capita Gross Regional Product（yuan）	市政公用设施固定资产投资总额（万元）Completed National Investment in Fixed Assets of Urban Sevice Facilities（10 000 yuan）	污水处理率（%）Wastewater Treatment Rate（%）	生活垃圾处理率（%）Domestic Garbage Treatment Rate（%）	用水普及率（%）Water Coverage Rate（%）	人均公园绿地面积（平方米）Public Green Space Per Capita（m^2）
五指山市	Wuzhishan	县级市	1 128	12. 00	5. 64	6. 55	78 541	6 545	60		94. 80	83. 89	9. 73
琼海市	Qionghai	县级市	1 710	52. 40	14. 55	21. 70	631 227	12 046	21 196		100. 00	86. 52	17. 38
儋州市	Danzhou	县级市	3 265	113. 40	40. 55	25. 13	871 842	7 688	6 374		100. 00	54. 35	8. 13
文昌市	Wenchang	县级市	2 488	58. 80	12. 16	13. 80	688 167	11 704			91. 55	64. 25	6. 05
万宁市	Wanning	县级市	1 884	66. 50	17. 37	9. 60	553 399	8 322	13 750		92. 31	53. 73	6. 51
东方市	Dongfang	县级市	2 256	44. 10	10. 99	15. 70	573 240	12 999	1 805		100. 00	56. 60	5. 03
重庆市	Chonqing	直辖市	82 010	3 235. 32	876. 97	667. 45	41 225 100	14 660	2 197 983	74. 38	87. 54	91. 49	7. 61
四川省	Sichuan												
成都市	Chengdu	副省级	12 390	1 112. 28	595. 56	408. 66	33 241 677	26 525	1 930 093	81. 99	98. 25	92. 98	10. 41
自贡市	Zigong	地级市	4 373	322. 45	99. 15	50. 09	3 941 538	14 166	86 347	72. 44	72. 13	82. 41	4. 86
攀枝花市	Panzhihua	地级市	7 440	110. 08	59. 08	54. 00	3 452 571	30 251	27 092	28. 44	93. 58	94. 89	8. 19
泸州市	Luzhou	地级市	12 247	489. 15	84. 94	47. 95	4 038 967	9 474	26 855	64. 58	99. 34	77. 00	7. 10
德阳市	Deyang	地级市	5 954	385. 31	85. 77	40. 20	6 483 972	17 789	19 883	73. 04	57. 45	94. 12	7. 02
绵阳市	Mianyang	地级市	20 286	537. 95	133. 18	80. 48	6 734 967	13 640	46 911	83. 53	98. 97	95. 35	8. 01
广元市	Guangyuan	地级市	16 314	307. 41	62. 75	31. 82	2 084 596	6 893	14 569	74. 32	72. 16	89. 75	7. 80
遂宁市	Suining	地级市	5 325	383. 44	77. 33	43. 54	3 049 454	8 565	38 016	77. 17	81. 18	85. 29	6. 71
内江市	Neijiang	地级市	5 386	423. 83	82. 12	32. 92	3 746 111	9 432	2 526	32. 19	12. 67	63. 98	2. 80
乐山市	Leshan	地级市	12 826	352. 45	92. 20	48. 24	4 529 731	13 475	19 300	42. 21	83. 93	84. 87	9. 02
南充市	Nanchong	地级市	12 479	742. 11	146. 36	61. 23	5 081 290	8 234	33 820	28. 41	81. 58	97. 07	8. 62
眉山市	Meishan	地级市	7 186	348. 66	80. 31	39. 40	3 437 497	11 340	39 658	63. 80	8. 40	82. 93	11. 63
宜宾市	Yibin	地级市	13 283	526. 98	94. 48	45. 20	5 290 450	11 874	100 602	10. 44	75. 00	78. 10	11. 63
广安市	Guangan	地级市	6 344	462. 53	71. 18	20. 55	3 388 327	9 054	16 036	78. 96	80. 74	86. 17	13. 54
达州市	Dazhou	地级市	16 591	650. 11	116. 47	20. 01	5 104 223	8 970	16 969	14. 06		96. 37	9. 02
雅安市	Yaan	地级市	15 302	153. 67	34. 26	20. 13	1 767 505	10 871	5 652	44. 02	90. 72	97. 51	8. 08
巴中市	Bazhong	地级市	12 301	374. 22	61. 46	16. 13	1 761 156	5 632	9 034	59. 97	71. 43	76. 40	7. 64

续表

城市名称 Name of cities		行政级别 admini - strative rank	行政区土地面积(平方公里) Area of administrative area (km^2)	年末总人口(万人) Total Population (year - end) (10 thousand)	非农业人口(万人) Non - agricultural population (10 thousand)	建成区面积(平方公里) Surface Area of Built District (km^2)	地区生产总值(万元) Gross Regional Product (10 000 yuan)	人均地区生产总值(元) Per Capita Gross Regional Product (yuan)	市政公用设施固定资产投资总额(万元) Completed National Investment in Fixed Assets of Urban Sevice Facilities (10 000 yuan)	污水处理率(%) Wastewater Treatment Rate(%)	生活垃圾处理率(%) Domestic Garbage Treatment Rate(%)	用水普及率(%) Water Coverage Rate(%)	人均公园绿地面积(平方米) Public Green Space Per Capita(m^2)
资阳市	Ziyang	地级市	7 962	493. 22	68. 88	25. 60	3 739 669	8 818	15 699		80. 00	85. 87	9. 50
都江堰市	Dujiangyan	县级市	1 208	60. 90	17. 10	26. 34	1 162 156	19 083	17 153	33. 51	91. 91	75. 22	7. 68
彭州市	Pengzhou	县级市	1 420	79. 50	25. 51	17. 42	1 084 228	13 638	24 300	40. 48	82. 11	62. 64	4. 70
邛崃市	Qionglai	县级市	1 384	65. 10	18. 46	16. 00	770 448	11 835	15 715	75. 79	89. 78	84. 16	8. 27
崇州市	Chongzhou	县级市	1 090	66. 60	16. 96	17. 71	795 896	11 950	12 311		98. 21	90. 31	11. 07
广汉市	Guanghan	县级市	551	59. 40	13. 85	28. 76	1 102 561	18 562	9 462		46. 53	73. 36	5. 18
什邡市	Shifang	县级市	863	43. 10	9. 26	10. 18	1 272 761	29 530	5 105		93. 98	76. 29	6. 72
绵竹市	Mianzhu	县级市	1 245	51. 40	11. 27	10. 46	1 425 244	27 728	7 451		96. 23	69. 34	8. 96
江油市	Jiangyou	县级市	2 720	87. 90	24. 53	24. 08	1 384 432	15 750	20 704	70. 90	98. 15	79. 72	4. 21
峨眉山市	Emeishan	县级市	1 168	43. 50	15. 06	13. 80	746 387	17 158	25 117	57. 53		80. 71	6. 29
阆中市	Langzhong	县级市	1 877	87. 10	19. 27	17. 15	604 594	6 941	21 680	13. 35	82. 13	96. 56	8. 05
华蓥市	Huaying	县级市	466	35. 40	9. 46	6. 50	461 404	13 034	8 060		44. 64	74. 25	8. 15
万源市	Wanyuan	县级市	4 065	59. 00	9. 42	8. 43	428 099	7 256	605			93. 11	4. 78
简阳市	Jianyang	县级市	2 215	143. 10	21. 03	16. 60	1 154 499	8 068	12 720		43. 96	72. 04	5. 43
西昌市	Xichang	县级市	2 655	60. 50	19. 79	28. 77	1 258 555	20 803	10 124	10. 64	91. 67	76. 36	9. 50
贵州省	Guizhou												
贵阳市	Guiyang	地级市	8 034	359. 82	179. 12	132. 00	6 937 170	19 489	308 823	36. 05	90. 62	82. 33	8. 81
六盘水市	Liupanshui	地级市	9 974	308. 96	68. 12	37. 00	3 008 419	9 844	12 402	59. 35	100. 00	72. 22	2. 00
遵义市	zunyi	地级市	30 762	739. 40	113. 78	50. 18	5 405 353	7 229	3 879	48. 40	99. 55	94. 29	4. 93
安顺市	Anshun	地级市	9 267	267. 36	40. 93	29. 10	1 457 813	5 536	41 615		100. 00	77. 93	1. 37
清镇市	Qingzhen	县级市	1 492	49. 60	10. 62	15. 52	611 896	12 337	915			54. 04	0. 39
赤水市	Chishui	县级市	1 801	29. 90	7. 21	7. 90	244 184	8 167	1 045	84. 56		96. 16	8. 77
仁怀市	Renhuai	县级市	1 788	62. 90	7. 84	10. 00	895 887	14 243		89. 71	73. 00	72. 03	1. 78
铜仁市	Tongren	县级市	1 514	36. 70	12. 73	21. 00	340 947	9 290	2 653		66. 67	75. 00	4. 90
兴义市	Xingyi	县级市	2 911	77. 30	12. 35	25. 00	880 965	11 397	5 511	34. 82		92. 11	5. 37

续表

城市名称 Name of cities		行政级别 admini－strative rank	行政区土地面积（平方公里）Area of administrative area（km^2）	年末总人口（万人）Total Population（year－end）（10 thousand）	非农业人口（万人）Non－agricultural population（10 thousand）	建成区面积（平方公里）Surface Area of Built District（km^2）	地区生产总值（万元）Gross Regional Product（10 000 yuan）	人均地区生产总值（元）Per Capita Gross Regional Product（yuan）	市政公用设施固定资产投资总额（万元）Completed National Investment in Fixed Assets of Urban Sevice Facilities（10 000 yuan）	污水处理率（%）Wastewater Treatment Rate（%）	生活垃圾处理率（%）Domestic Garbage Treatment Rate（%）	用水普及率（%）Water Coverage Rate（%）	人均公园绿地面积（平方米）Public Green Space Per Capita（m^2）
毕节市	Bijie	县级市	34 120	136.20	16.78	14.40	736 523	5 408	143 159	98.14	95.00	74.69	0.45
凯里市	Kaili	县级市	1 306	47.50	17.63	29.41	508 021	10 695	5 159	48.66	100.00	76.41	3.66
都匀市	Duyun	县级市	2 274	48.40	17.42	14.69	484 382	10 008	3 889		100.00	98.27	8.57
福泉市	Fuquan	县级市	1 688	31.30	6.14	9.60	344 808	11 016	97		100.00	100.00	11.46
云南省	Yunnan												
昆明市	Kunming	地级市	21 011	517.70	215.17	253.30	14 050 473	21 711	186 726	63.92	87.08	99.70	6.70
曲靖市	Qujing	地级市	28 906	603.04	75.33	33.70	6 504 206	11 381	104 557	89.83	98.90	89.24	7.50
玉溪市	Yuxi	地级市	15 285	212.25	37.78	22.30	4 959 279	21 992	19 683	53.64	100.00	96.81	10.27
保山市	Baoshan	地级市	19 637	246.42	26.83	18.60	1 623 779	6 630	45 000	35.71	61.28	86.42	4.32
昭通市	Zhaotong	地级市	22 430	545.97	45.12	22.50	2 266 935	4 346	5 480	99.69	70.95	89.08	3.36
丽江市	Lijiang	地级市	21 219	118.02	17.20	18.40	848 176	6 984	3 300	98.02	100.00	87.61	27.43
普洱市	Puer	地级市	45 385	244.81	32.21	19.00	1 515 080	5 878	841			78.74	2.24
临沧市	Lincang	地级市	24 469	222.77	24.32	11.60	1 357 830	5 737	3 762		86.21	94.07	2.37
安宁市	Anning	县级市	1 302	26.80	14.45	19.20	991 804	37 008	12 987	77.17	88.06	100.00	6.52
宣威市	Xuanwei	县级市	6 053	142.60	14.14	22.50	949 250	6 657	14 030	89.82	97.50	87.23	4.07
楚雄市	Chuxiong	县级市	4 482	50.50	15.08	23.00	1 014 106	20 081	11 828	65.34	100.00	92.51	9.60
个旧市	Gejiu	县级市	1 587	39.00	21.69	12.15	856 443	21 960	8 188	84.06	100.00	100.00	13.63
开远市	Kaiyuan	县级市	1 950	26.50	10.58	18.00	542 900	20 487	3 529	29.36	100.00	98.06	7.15
景洪市	Jinghong	县级市	6 959	38.40	15.64	18.80	541 380	14 098	2 427	66.08	100.00	100.00	15.11
大理市	Dali	县级市	1 815	60.80	21.42	36.68	1 266 141	20 825	57 766	94.27	100.00	93.81	10.41
瑞丽市	Ruili	县级市	1 020	12.10	4.67	13.70	186 579	15 420	8 856	66.67	99.60	96.23	9.43
潞西市	Luxi	县级市	2 987	35.50	7.88	15.00	277 931	7 829	3 130	100.00	47.95	62.17	4.53
西藏自治区	Tibet												
拉萨市	Lasa	地级市	29 517	62.23	18.46	58.80	1 219 100	19 582.72	56 502		80.00	90.32	4.12
日喀则市	Rikaze	县级市	3 654	10.40	3.66	20.00	100 812	9 693				91.46	16.34

续表

城市名称 Name of cities		行政级别 admini－strative rank	行政区土地面积(平方公里) Area of administrative area (km^2)	年末总人口(万人) Total Population (year－end) (10 thousand)	非农业人口(万人) Non－agricultural population (10 thousand)	建成区面积(平方公里) Surface Area of Built District (km^2)	地区生产总值(万元) Gross Regional Product (10 000 yuan)	人均地区生产总值(元) Per Capita Gross Regional Product (yuan)	市政公用设施固定资产投资总额(万元) Completed National Investment in Fixed Assets of Urban Sevice Facilities (10 000 yuan)	污水处理率(%) Wastewater Treatment Rate(%)	生活垃圾处理率(%) Domestic Garbage Treatment Rate(%)	用水普及率(%) Water Coverage Rate(%)	人均公园绿地面积(平方米) Public Green Space Per Capita(m^2)
陕西省	Shanxi												
西安市	Xi'an	副省级	10 108	764.25	353.85	267.91	17 637 300	21 339	1 123 107	61.56	81.23	100.00	7.61
铜川市	Tongchuan	地级市	3 882	84.86	40.06	36.54	1 022 700	12 266	14 276	58.01	98.66	96.94	7.60
宝鸡市	Baoji	地级市	18 172	376.97	94.48	63.50	5 817 500	15 439	76 863	74.39	100.00	99.81	10.53
咸阳市	Xianyang	地级市	10 196	506.84	109.66	70.51	5 858 860	11 705	36 637	40.11	17.97	97.23	9.60
渭南市	Weinan	地级市	13 269	546.87	158.40	36.50	4 248 820	7 812	18 744	80.62	100.00	99.23	7.57
延安市	Yanan	地级市	37 037	219.55	58.88	24.16	6 100 780	28 675	555	76.28	80.98	66.57	7.96
汉中市	Hanzhong	地级市	27 246	379.25	74.81	28.00	2 910 899	8 319	34 400	63.33	76.92	78.05	6.45
榆林市	Yulin	地级市	43 578	356.58	61.91	36.00	6 723 120	20 277	50 847		94.74	93.75	4.75
安康市	Ankang	地级市	23 529	300.07	46.69	27.20	1 873 700	7 067	36 691			96.30	12.48
商洛市	Shangluo	地级市	19 292	243.23	37.60	13.00	1 357 980	5 704	34 772		100.00	90.07	8.51
兴平市	Xingping	县级市	509	57.50	12.00	14.30	510 800	8 883	7 224			96.65	5.38
韩城市	Hancheng	县级市	1 621	39.00	19.67	17.72	751 800	19 277	6 790		100.00	98.23	7.68
华阴市	Huayin	县级市	817	26.00	14.23	18.00	232 560	8 945			50.93	95.71	3.89
甘肃省	Gansu												
兰州市	Lanzhou	地级市	13 085	319.28	198.53	175.81	7 327 581	22 325	610 178	50.08	98.46	98.83	8.29
嘉峪关市	Jiayuguan	地级市	2 935	18.14	16.11	40.70	1 201 845	58 856	21 297	66.27	100.00	100.00	14.31
金昌市	Jinchang	地级市	8 896	47.30	22.55	31.58	2 132 190	45 574	16 573	86.95	95.01	95.52	16.07
白银市	Baiyin	地级市	21 158	176.34	44.05	41.00	2 075 226	11 868	9 776	38.94	85.34	87.46	3.97
天水市	Tianshui	地级市	14 359	354.76	94.66	46.12	1 962 073	5 550	22 155	61.12	100.00	75.91	5.46
武威市	Wuwei	地级市	33 238	188.60	31.81	24.64	1 876 523	9 885	4 994	76.99	76.34	94.30	4.21
张掖市	Zhangye	地级市	41 924	128.72	32.93	26.91	1 466 371	11 514	25 017	81.40	88.46	98.30	8.78
平凉市	Pingliang	地级市	11 170	226.83	35.21	36.00	1 478 204	6 753	23 779	54.29	94.32	94.02	7.61
酒泉市	Jiuquan	地级市	193 974	93.57	32.25	29.00	2 032 500	20 524	5 084	73.74	96.72	99.28	5.27
庆阳市	Qingyang	地级市	27 119	255.95	31.00	14.70	2 008 175	7 998	17 462		90.11	97.37	2.84

续表

城市名称 Name of cities		行政级别 admini - strative rank	行政区土地面积（平方公里）Area of administrative area（km^2）	年末总人口（万人）Total Population（year - end）（10 thousand）	非农业人口（万人）Non - agricultural population（10 thousand）	建成区面积（平方公里）Surface Area of Built District（km^2）	地区生产总值（万元）Gross Regional Product（10 000 yuan）	人均地区生产总值（元）Per Capita Gross Regional Product（yuan）	市政公用设施固定资产投资总额（万元）Completed National Investment in Fixed Assets of Urban Sevice Facilities（10 000 yuan）	污水处理率（%）Wastewater Treatment Rate（%）	生活垃圾处理率（%）Domestic Garbage Treatment Rate（%）	用水普及率（%）Water Coverage Rate（%）	人均公园绿地面积（平方米）Public Green Space Per Capita（m^2）
定西市	Dingxi	地级市	20 330	296.12	30.45	22.22	1 001 031	3 398	4 486	69.68	75.00	93.45	3.55
陇南市	Longnan	地级市	27 915	275.75	40.43	6.57	1 118 061	4 067	14 171		100.00	49.96	1.39
玉门市	Yumen	县级市	13 496	18.50	8.37	21.36	722 598	39 059	3 644	19.87	94.44	96.04	10.37
敦煌市	Dunhuang	县级市	31 200	18.20	3.99	13.50	292 155	16 052	3 910	50.00	87.93	96.13	7.14
临夏市	Linxia	县级市	88	22.20	11.76	14.00	189 233	8 524	15 082	66.67	89.89	73.21	1.05
合作市	Hezuo	县级市	2 291	8.00	5.03	8.98	80 339	10 042	2 513			81.37	3.07
青海省	Qinghai												
西宁市	Xining	地级市	7 665	215.36	87.70	64.92	3 424 581	15 999	97 935	36.02	100.00	100.00	9.34
格尔木市	Geermu	县级市	118 954	11.80	9.42	30.51	901 989	76 440	21 771	17.73	94.57	100.00	3.74
德令哈市	Delingha	县级市	27 358	6.80	4.10	15.22	174 351	25 640	8 696		100.00	100.00	5.11
宁夏回族自治区	Ningxia												
银川市	Yinchuan	地级市	9 555	148.79	94.91	107.00	4 086 009	27 845	197 680	82.23	100.00	91.78	8.00
石嘴山市	Shizuishan	地级市	5 213	73.41	43.25	87.00	1 693 068	22 264	53 473	17.18		97.33	14.35
吴忠市	Wuzhong	地级市	20 394	130.82	40.28	20.98	1 388 272	10 676	23 131	87.03	98.90	85.53	12.34
固原市	Guyuan	地级市	11 286	153.84	19.64	31.64	618 352	4 054	2 666	72.73	88.89	84.87	3.59
中卫市	Zhongwei	地级市	16 824	106.04	26.69	22.10	896 641	8 800	20 800	76.67	96.05	70.82	22.15
灵武市	Lingwu	县级市	4 529	22.20	10.75	6.79	644 842	29 047	5 149		98.76	80.28	7.50
青铜峡市	Qingtongxia	县级市	2 445	27.10	7.99	16.78	630 282	23 258	41 070	75.97	83.33	100.00	10.86
新疆维吾尔自治区	Xinjiang												
乌鲁木齐市	Urumuchi	地级市	14 216	231.30	173.07	261.88	8 202 800	31 140	267 087	54.21	56.86	99.78	6.94
克拉玛依市	Kelamayi	地级市	9 608	35.34	26.23	49.36	5 151 297	98 938	81 302	89.07	98.59	100.00	8.24
吐鲁番市	Tulufan	县级市	13 589	26.90	8.54	9.03	355 586	13 219	2 662	65.07	100.00	98.60	2.40
哈密市	Hami	县级市	85 587	42.40	28.94	32.10	779 560	18 386	18 227	88.01	100.00	99.72	8.24
昌吉市	Changji	县级市	8 206	34.80	22.25	29.00	1 081 766	31 085	35 063	96.95	100.00	100.00	8.69
阜康市	Fukang	县级市	11 726	16.60	9.63	6.29	472 183	28 445	15 465	90.00	100.00	86.96	7.17

续表

城市名称 Name of cities		行政级别 admini－strative rank	行政区土地面积(平方公里) Area of administrative area (km²)	年末总人口(万人) Total Population (year－end) (10 thousand)	非农业人口(万人) Non－agricultural population (10 thousand)	建成区面积(平方公里) Surface Area of Built District (km²)	地区生产总值(万元) Gross Regional Product (10 000 yuan)	人均地区生产总值(元) Per Capita Gross Regional Product (yuan)	市政公用设施固定资产投资总额(万元) Completed National Investment in Fixed Assets of Urban Sevice Facilities (10 000 yuan)	污水处理率(%) Wastewater Treatment Rate(%)	生活垃圾处理率(%) Domestic Garbage Treatment Rate(%)	用水普及率(%) Water Coverage Rate(%)	人均公园绿地面积(平方米) Public Green Space Per Capita(m²)
博乐市	Bole	县级市	7 956	25.90	15.51	13.10	505 186	19 505	14 870	75.95	95.16	99.46	11.88
库尔勒市	Kuerle	县级市	7 219	47.20	30.03	43.00	3 538 605	74 970	34 483	97.51	100.00	100.00	8.83
阿克苏市	Akesu	县级市	18 000	45.20	24.40	28.10	495 815	10 969	31 451	100.00	100.00	100.00	9.15
阿图什市	Atushi	县级市	16 151	22.50	7.40	8.30	119 571	5 314	94	96.77	100.00	92.78	2.23
喀什市	Kashi	县级市	555	44.00	25.91	30.20	482 616	10 969	12 522		100.00	100.00	8.80
和田市	Hetian	县级市	496	28.20	12.24	17.03	146 478	5 194	1 325	79.94	80.90	94.91	9.92
伊宁市	Yining	县级市	525	44.60	29.87	29.12	569 160	12 761	19 259	70.04	98.17	100.00	8.00
奎屯市	Kuitun	县级市	1 110	14.80	27.74	24.56	401 569	27 133	9 561	67.18	100.00	100.00	5.81
塔城市	Tacheng	县级市	4 353	14.70	10.44	13.80	263 158	17 902	5 983	97.00	96.94	91.15	16.22
乌苏市	Wusu	县级市	13 729	21.50	7.74	15.47	526 645	24 495	4 279	88.50	85.14	95.81	6.23
阿勒泰市	Aletai	县级市	10 829	19.40	14.94	10.62	232 061	11 962	5 298	98.66	97.74	99.24	18.63
石河子市	Shihezi	县级市	7 681	63.60	52.61	25.41	1 055 785	16 600	13 438	65.23	94.31	100.00	9.88
阿拉尔市	Alaer	县级市	4 196	17.40	11.70	3.74	307 144	17 652	3 811			91.88	11.88
图木舒克市	Tumushuke	县级市	1 901	14.00	13.47	14.40	115 084	8 220	585	92.59		69.12	9.80
五家渠市	Wujiaqu	县级市	711	9.30	7.08	14.16	230 021	24 733	7 416			98.26	11.63

关于《中国城市基本数据（2007）》的说明

一、数据来源（Data Resources）

1. 行政区土地面积（Area of administrative area）

2. 年末总人口［Total Population（year-end）］

3. 地区生产总值（Gross Regional Product）

来源：国家统计局城市社会经济调查司编，《中国城市统计年鉴（2008）》，北京：中国统计出版社，2008.12

4. 建成区面积（Surface Area of Built District）

5. 市政公用设施固定资产投资总额（Completed National Investment in Fixed Assets of Urban Service Facilities）

6. 污水处理率（Wastewater Treatment Rate）

7. 生活垃圾处理率（Domestic Garbage Treatment Rate）

8. 用水普及率（Water Coverage Rate）

9. 人均公园绿地面积（Public Green Space Per Capita）

来源：住房和城乡建设部综合财务司编，《中国城市建设统计年鉴（2007年）》，北京：中国建筑工业出版社，2008.9

10. 人均地区生产总值（Per Capita Gross Regional Product）

地级及以上城市人均地区生产总值来源于《中国城市统计年鉴（2008）》。

县级市人均地区生产总值为计算得出，计算公式为：县级市人均生产总值（元）＝县级市地区生产总值（万元）/县级市年末总人口（万人）；其中，县级市地区生产总值、年末总人口均来源于《中国城市统计年鉴（2008）》。

11. 非农业人口（Non-agricultural population）

地级及以上城市（不包括山东地级及以上城市）非农业人口来源于《中国城市统计年鉴（2008）》。

山东地级及以上城市、全国县级市非农业人口来源：住房和城乡建设部城乡规划司，住房和城乡建设部城乡规划管理中心编，《2007年全国设市城市及其人口统计资料（内部资料）》，2008.10

二、指标解释

1. 行政区域土地面积：是指在该行政区划内的全部土地面积（包括水面面积）。计算土地面积是以行政区划为准。（《中国城市统计年鉴（2008）》，p473）

2. 年末总人口：是指本市本年12月31日24时的人口总数。（《中国城市统计年鉴（2008）》，p473）

3. 非农业人口：

其中，地级及以上城市（不包括山东地级及以上城市）的非农业人口所采用的定义是“指从事农业以外的职业维持生活的人口以及由他们抚养的人口，采用按农业、非农业分类的户籍统计口径。”（《中国城市统计年鉴（2008）》，p473）

山东地级及以上城市、全国县级市非农业人口统计数据，摘自公安部编2007年《全国分县市人口统计资料》，是参照居民常住户口所在地的城乡性质划分进行计算的。（《2007年全国设市城市及其人口统计资料（内部资料）》，p1）

4. 建成区面积：城市建成区内实际已成片开发建设、市政公用设施和公共设施基本具备的区域。对核心城市，它包括集中连片的部分以及分散的若干个已经成片建设起来，市政公用设施和公共设施基本具备的地区；对一城多镇来说，它包括由几个连片开发建设起来的，市政公用设施和公共设施基本具备的地区组成。因此建成区范围，一般是指建成区外轮廓线所能包括的地区，也就是这个城市实际建设用地所达到的范围。（《中国城市建设统计年鉴（2007年）》，p100）

5. 地区生产总值：指按市场价格计算的一个国家（地区）所有常住单位在一定时期内生产活动的最终成果。（《中国城市统计年鉴（2008）》，p473）

6. 污水处理率：指报告期内污水处理总量与污水排放总量的比率。计算公式：

污水处理率 = 污水处理总量/污水排放总量 × 100%

（《中国城市建设统计年鉴（2007年）》，p49）

7. 生活垃圾处理率：指报告期内生活垃圾处理量与生活垃圾产出量的比率。计算公式：

生活垃圾处理率 = 生活垃圾处理量/生活垃圾产生量 × 100%

在统计时，由于生活垃圾产生量不易取得，用清运量代替。（《中国城市建设统计年鉴（2007年）》，p43）

8. 用水普及率：指报告期末城区内用水人口与总人口的比率。计算公式为：

用水普及率 = 城区用水人口/（城区人口 + 城区暂住人口）× 100%

（《中国城市建设统计年鉴（2007年）》，p48）

9. 人均公园绿地面积：指报告期末城区内平均每人拥有的公园绿地面积。计算公式：

人均公园绿地面积 = 城区公园绿地面积/（城区人口 + 城区暂住人口）

（《中国城市建设统计年鉴（2007年）》，p48）

注：

1. 2007年1月21日，国务院发布《国务院关于同意云南省思茅市及相关县区更名的批复》，全文如下：

国务院关于同意云南省思茅市及相关县区更名的批复

国函〔2007〕8 号

云南省人民政府：

你省《关于请求批准思茅市及相关县区更名的请示》（云政发〔2006〕54 号）收悉。现批复如下：

同意思茅市更名为普洱市，普洱哈尼族彝族自治县更名为宁洱哈尼族彝族自治县，思茅市翠云区更名为普洱市思茅区。请你们认真做好有关工作。

国务院

二〇〇七年一月二十一日

在《中国城市建设统计年鉴（2007 年）》和《2007 年全国设市城市及其人口统计资料》中，思茅市已更名为普洱市；但《中国城市统计年鉴（2008）》仍沿用思茅市的称谓。在此“2007 年中国城市基本数据”的统计工作中，统一采用“普洱市”这一称谓。

2. 目前，由于各城市户籍改革步伐进展不一，一些地区已经把暂住人口完全纳入当地人口管理范畴，而另一些地区则仍维持原来的户籍人口管理办法，把暂住人口排除在外，导致各城市总人口概念差异较大。因此，本统计中的总人口及在此基础上计算出的各项人均指标均采用所引资料中的定义，可能与其他渠道统计数据存在出入，仅供参考。

（数据收集整理：毛其智，清华大学教授，国际欧亚科学院院士；厉基巍，清华大学建筑学院博士研究生）

附录4　2008～2009中国人居环境奖获奖名单

一、住房和城乡建设部于2009年4月7日公布了2008年中国人居环境奖获奖名单（建城〔2009〕50号），其中人居环境奖获奖城市2个，人居环境范例奖获奖项目32个。

2008年中国人居环境奖

1. 江苏省南京市
2. 陕西省宝鸡市

2008年中国人居环境范例奖

1. 北京市奥林匹克公园环境建设项目
2. 北京市西城区金融街片区绿化建设项目
3. 上海市金山区廊下镇中华村村庄整治项目
4. 上海市闵行区市容环境综合建设和管理项目
5. 天津市桥园环境综合整治项目
6. 天津市外环线绿化带建设项目
7. 山西省晋城市城市东、南出入口生态修复工程
8. 吉林省长白山二道白河生态景观工程
9. 辽宁省大连市旅顺口区环境整治项目
10. 沈阳建筑大学新校区校园环境建设项目
11. 山东省莱芜市牟汶河城区段水环境综合治理工程
12. 江苏省淮安市中心城区物业管理与社区服务项目
13. 江苏省江阴市申港镇人居环境建设项目
14. 江苏省常熟市沙家浜镇生态环境建设项目
15. 江西省赣州市村庄环境整治项目
16. 安徽省芜湖市九莲塘地段棚户区环境综合整治工程
17. 安徽省合肥市清溪路垃圾填埋场综合整治工程
18. 安徽省池州市城区环境综合整治项目
19. 浙江省杭州市中山南路综合保护工程

20. 浙江省杭州市国家高新区（滨江）农村住房改善项目
21. 河南省新安县生态保护及城市绿化建设项目
22. 湖北省咸宁市淦河水环境治理项目
23. 湖北省钟祥市莫愁湖水环境治理项目
24. 湖南省长沙县城市管理与市容环境建设项目
25. 广东省梅州市城市公厕可持续发展新模式项目
26. 广东省湛江市生态保护及城市绿化建设项目
27. 广东省中山市村村通自来水工程建设项目
28. 四川省双流县城镇改造综合整治工程
29. 四川省遂宁市涪江（城区段）环境综合整治工程
30. 宁夏回族自治区石嘴山市北武当生态建设项目
31. 新疆维吾尔自治区伊宁市南市区历史文化遗产保护项目
32. 新疆维吾尔自治区布尔津县生态保护与城区绿化建设项目

二、住房和城乡建设部于 2010 年 2 月 23 日公布了 2009 年中国人居环境奖获奖名单（建城〔2010〕24 号），其中人居环境奖 1 个，人居环境范例奖获奖项目 34 个。

2009 年中国人居环境奖

浙江省安吉县

2009 年中国人居环境范例奖

1. 北京市什刹海历史文化保护区环境整治项目
2. 北京市门头沟区樱桃沟村新农村建设项目
3. 天津市华明示范小城镇建设项目
4. 天津市海河两岸宜居家园工程项目
5. 上海市浦东新区生态环境改善项目
6. 重庆市南岸区南山街道宜居城镇建设项目
7. 重庆市湖广会馆历史文化遗产保护及周边环境整治项目
8. 河北省廊坊市绿色生态走廊建设项目
9. 河北省迁安市三里河两岸环境整治建设项目
10. 山西省晋城市煤层气综合利用工程
11. 内蒙古自治区呼伦贝尔市弘扬民族文化塑造草原风情城市项目
12. 黑龙江省哈尔滨市群力新区生态环境建设项目
13. 吉林省长春市棚户区改造工程
14. 辽宁省铁岭市莲花湖湿地生态恢复工程
15. 山东省淄博市周村古商城历史文化遗产保护项目

16. 江苏省常州市公园绿地建设管理体制创新项目
17. 江苏省镇江市西津渡历史文化街区保护与更新项目
18. 安徽省合肥市西南城区环境综合整治项目
19. 浙江省金华市改善居民住房项目
20. 浙江省上虞市曹娥江两岸环境综合整治项目
21. 福建省南安市西溪两岸生态环境建设项目
22. 河南省嵩县生态保护及城市绿化建设项目
23. 湖北省鄂州市居民住房改善项目
24. 湖北省神农架木鱼镇特色小城镇建设项目
25. 广东省梅州市龙丰垃圾填埋场 CDM 综合治理项目
26. 广东省肇庆市星湖湿地生态保护与环境整治项目
27. 广东省惠州市两江四岸人文与生态环境建设项目
28. 广西壮族自治区柳州市柳江环境整治项目
29. 广西壮族自治区北海市银滩改造与生态保护项目
30. 云南省昆明市莲花池公园环境整治项目
31. 四川省成都市青白江区生态保护及城市绿化建设工程项目
32. 陕西省西安市曲江新区人居环境建设项目
33. 宁夏回族自治区中卫市开发保护黄河湿地资源项目
34. 新疆维吾尔自治区沙湾县绿化建设项目

（资料整理：廖远涛，陶琳，广州市城市规划勘测设计研究院）

附录5　国家第四批历史文化名镇（村）名单

为进一步加强对历史文化名镇名村的保护，更好地保护、继承和发展我国优秀建筑历史文化遗产，弘扬民族传统和地方特色，让文物保护真正实现可持续发展，根据《中国历史文化名镇（村）评选办法》（建村〔2003〕199号）等规定，在各地初步考核和推荐的基础上，经专家评审并按《中国历史文化名镇（村）评价指标体系》审核，住房和城乡建设部、国家文物局于2008年10月14日公布了第四批中国历史文化名镇（村）名单（建规〔2008〕192号）。其中历史文化名镇58个，历史文化名村36个。

第四批中国历史文化名镇名单

1. 北京市密云县古北口镇
2. 天津市西青区杨柳青镇
3. 河北省邯郸市峰峰矿区大社镇
4. 河北省井陉县天长镇
5. 山西省泽州县大阳镇
6. 内蒙古自治区喀喇沁旗王爷府镇
7. 内蒙古自治区多伦县多伦淖尔镇
8. 辽宁省海城市牛庄镇
9. 吉林省四平市铁东区叶赫镇
10. 吉林省吉林市龙潭区乌拉街镇
11. 黑龙江省黑河市爱辉镇
12. 上海市南汇区新场镇
13. 上海市嘉定区嘉定镇
14. 江苏省昆山市锦溪镇
15. 江苏省江都市邵伯镇
16. 江苏省海门市余东镇
17. 江苏省常熟市沙家浜镇
18. 浙江省仙居县皤滩镇
19. 浙江省永嘉县岩头镇

20. 浙江省富阳市龙门镇
21. 浙江省德清县新市镇
22. 安徽省歙县许村镇
23. 安徽省休宁县万安镇
24. 安徽省宣城市宣州区水东镇
25. 福建省永泰县嵩口镇
26. 江西省横峰县葛源镇
27. 山东省桓台县新城镇
28. 河南省开封县朱仙镇
29. 河南省郑州市惠济区古荥镇
30. 河南省确山县竹沟镇
31. 湖北省咸宁市汀泗桥镇
32. 湖北省阳新县龙港镇
33. 湖北省宜都市枝城镇
34. 湖南省望城县靖港镇
35. 湖南省永顺县芙蓉镇
36. 广东省东莞市石龙镇
37. 广东省惠州市惠阳区秋长镇
38. 广东省普宁市洪阳镇
39. 海南省儋州市中和镇
40. 海南省文昌市铺前镇
41. 海南省定安县定城镇
42. 重庆市九龙坡区走马镇
43. 重庆市巴南区丰盛镇
44. 重庆市铜梁县安居镇
45. 重庆市永川区松溉镇
46. 四川省巴中市巴州区恩阳镇
47. 四川省成都市龙泉驿区洛带镇
48. 四川省大邑县新场镇
49. 四川省广元市元坝区昭化镇
50. 四川省合江县福宝镇
51. 四川省资中县罗泉镇
52. 贵州省安顺市西秀区旧州镇
53. 贵州省平坝县天龙镇
54. 云南省孟连县娜允镇
55. 西藏自治区日喀则市萨迦镇

56. 陕西省铜川市印台区陈炉镇
57. 甘肃省秦安县陇城镇
58. 甘肃省临潭县新城镇

第四批中国历史文化名村名单

1. 河北省涉县偏城镇偏城村
2. 河北省蔚县涌泉庄乡北方城村
3. 山西省汾西县僧念镇师家沟村
4. 山西省临县碛口镇李家山村
5. 山西省灵石县夏门镇夏门村
6. 山西省沁水县嘉峰镇窦庄村
7. 山西省阳城县润城镇上庄村
8. 浙江省龙游县石佛乡三门源村
9. 安徽省黄山市徽州区呈坎镇呈坎村
10. 安徽省泾县桃花潭镇查济村
11. 安徽省黟县碧阳镇南屏村
12. 福建省福安市溪潭镇廉村
13. 福建省屏南县甘棠乡漈下村
14. 福建省清流县赖坊乡赖坊村
15. 江西省安义县石鼻镇罗田村
16. 江西省浮梁县江村乡严台村
17. 江西省赣县白鹭乡白鹭村
18. 江西省吉安市富田镇陂下村
19. 江西省婺源县思口镇延村
20. 江西省宜丰县天宝乡天宝村
21. 山东省即墨市丰城镇雄崖所村
22. 河南省郏县李口乡张店村
23. 湖北省宣恩县沙道沟镇两河口村
24. 广东省恩平市圣堂镇歇马村
25. 广东省连南瑶族自治县三排镇南岗古排村
26. 广东省汕头市澄海区隆都镇前美村
27. 广西壮族自治区富川瑶族自治县朝东镇秀水村
28. 四川省汶川县雁门乡萝卜寨村
29. 贵州省赤水市丙安乡丙安村
30. 贵州省从江县往洞乡增冲村
31. 贵州省开阳县禾丰布依族苗族乡马头村

32. 贵州省石阡县国荣乡楼上村

33. 云南省石屏县宝秀镇郑营村

34. 云南省巍山县永建镇东莲花村

35. 宁夏回族自治区中卫市香山乡南长滩村

36. 新疆维吾尔自治区哈密市回城乡阿勒屯

（资料整理：廖远涛，陶琳，广州市城市规划勘测设计研究院）

附录6　新中国城市雕塑建设成就奖名录

为提高我国城市雕塑建设水平作出新贡献，加强对优秀城市雕塑的宣传和保护，推动和促进城市雕塑建设科学、有序发展，中华人民共和国住房和城乡建设部、中华人民共和国文化部于2009年12月1日公布了“新中国城市雕塑建设成就奖”，其中，60个城市雕塑项目获得“新中国城市雕塑建设成就奖”，40个城市雕塑项目获得“新中国城市雕塑建设成就提名奖”。

成就奖（60项）

1. 北京市　《人民英雄纪念碑浮雕》
2. 江苏省南京市　《南京大屠杀纪念馆扩建工程组雕—“家破人亡”、“逃难”、“冤魂·呐喊”、“和平”》
3. 上海市　《宋庆龄塑像》
4. 广东省深圳市　《开荒牛》
5. 山西省吕梁市　《刘胡兰纪念像》
6. 北京市　《庆丰收组雕》
7. 上海市　《鲁迅塑像》
8. 北京市　《和平少女》
9. 江苏省南京市　《雨花台烈士就义组雕》
10. 广西壮族自治区桂林市　《红军突破湘江纪念碑》
11. 广东省广州市　《五羊石像》
12. 江苏省淮安市　《周总理像》
13. 河北省唐山市　《李大钊像》
14. 吉林省长春市　长春世界雕塑公园
15. 广东省广州市　《艰苦岁月》
16. 北京市　《中国人民抗日战争雕塑园抗战组雕》
17. 上海市　《蔡元培像》
18. 上海市　《陈毅塑像》
19. 湖南省韶山市　《毛泽东同志铜像》

20. 广东省广州市　《广州起义主题组雕》
21. 甘肃省兰州市　《黄河母亲》
22. 香港特别行政区　《竹谱》
23. 北京市　《孙中山雕像》
24. 北京市　《全民皆兵、陆海空组雕》
25. 北京市　《朱自清像》
26. 北京市　《郭沫若纪念像》
27. 上海市　《知识大道组雕》
28. 江苏省常州市　《大江东去》
29. 河北省石家庄市　《走向胜利》
30. 黑龙江省牡丹江市　《八女投江》
31. 重庆市　《歌乐山烈士纪念碑》
32. 山东省青岛市　《蒲松龄像》
33. 北京市　《中国现代文学馆组雕》
34. 上海市　《龙华烈士陵园组雕》
35. 福建省厦门市　《郑成功像》
36. 澳门特别行政区　《盛世莲花》
37. 北京市　《风凌霄汉》
38. 黑龙江省哈尔滨市　《哈尔滨防洪胜利纪念塔》
39. 陕西省西安市　《丝绸之路》
40. 江苏省淮安市　《天人合一——老子》
41. 江西省南昌市　《八一广场军史浮雕》
42. 北京市　《丰功伟绩组雕》
43. 广东省广州市　《广州解放纪念像》
44. 广东省广州市　《走向世界》
45. 辽宁省大连市　《九一八残历碑》
46. 广东省广州市　《欧阳海》
47. 香港特别行政区　《紫荆花》
48. 上海市　《东方之光》
49. 北京市　《永恒的回旋》
50. 辽宁省沈阳市　《胜利向前》
51. 天津市　《平津战役纪念碑组雕》
52. 山西省　《九运呈祥》
53. 浙江省湖州市　《湖笔群雕》
54. 福建省福州市　《林则徐像》
55. 山东省青岛市　《五月的风》

56. 湖南省湘潭市　《乡情历史人物组雕》
57. 辽宁省大连市　《苏军烈士纪念碑》
58. 四川省雅安市　《中国工农红军强渡大渡河纪念碑》
59. 辽宁省抚顺市　《雷锋纪念馆系列组雕》
60. 广东省珠海市　《珠海渔女》

提名奖（40 项）

1. 北京市　《卓玛》
2. 北京市　《王府井街区组雕》
3. 陕西省西安市　《秦统一》
4. 陕西省西安市　《诗魂、诗峡组雕》
5. 吉林省长春市　《时空组雕》
6. 山东省青岛市　《青岛东海路系列组雕》
7. 广东省深圳市　《邓小平像》
8. 河北省秦皇岛市　《医圣张仲景像》
9. 四川省眉山市　《苏东坡像》
10. 江苏省南京市　《南京长江大桥桥头组雕》
11. 河南省安阳市　《岳飞像》
12. 甘肃省银川市　《民族团结碑》
13. 安徽省铜陵市　《丰收门》
14. 西藏自治区拉萨市　《高原之宝》
15. 河南省新乡市　《河南东方文化街群雕》
16. 云南省昆明市　《红军渡江纪念碑》
17. 内蒙古自治区包头市　《敕勒魂》
18. 海南省三亚市　《鹿回头》
19. 新疆维吾尔自治区乌鲁木齐市　《庆丰收》
20. 广东省深圳市　《深圳人的一天》
21. 湖北省武汉市　《祝融观星》
22. 吉林省四平市　《四平解放纪念碑》
23. 四川省阿坝藏族羌族自治州　《四川汶川特大地震国家纪念碑——“汶川时刻”、“四川汶川特大地震记事浮雕墙”》
24. 四川省成都市　《活水公园系列组雕》
25. 青海省格尔木市　《亲情》
26. 天津市　《抗震纪念碑》
27. 天津市　《四海同心》
28. 上海市　《五卅运动纪念碑》

29. 广东省广州市　　　　　　《钢琴》
30. 辽宁省大连市　　　　　　《群虎》
31. 青海省西宁市　　　　　　《开拓》
32. 贵州省贵阳市　　　　　　《抗争》
33. 安徽省铜陵市　　　　　　《起舞》
34. 内蒙古自治区鄂尔多斯市　《崛起的鄂尔多斯》
35. 广西壮族自治区北海市　　《潮》
36. 吉林省长春市　　　　　　《碰撞与融合》
37. 天津市　　　　　　　　　《怒潮》
38. 湖南省郴州市　　　　　　《拼搏》
39. 湖北省宜昌市　　　　　　《长江三峡截流纪念环境雕塑》
40. 浙江省杭州市　　　　　　《志愿军》

（资料整理：廖远涛，陶琳，广州市城市规划勘测设计研究院）

附录7　国家重点公园名单

按照《国家重点公园管理办法（试行）》（建城〔2006〕67号）的规定，为更好的保护具有独特自然景观或特殊历史文化价值的人文景观，制定相应有效的保护措施，国家住房和城乡建设部于2007年2月6日批准北京颐和园等20个公园为第一批国家重点公园（建城〔2007〕34号）。此后，于2008年9月12日批准26个公园成为第二批国家重点公园（建城〔2008〕168号），2009年12月3日批准10个公园成为第三批国家重点公园（建城〔2009〕276号）。

第一批国家重点公园名单

1. 北京颐和园
2. 北京天坛公园
3. 北京北海公园
4. 北京动物园
5. 北京植物园
6. 苏州拙政园
7. 苏州留园
8. 苏州网师园
9. 苏州环秀山庄
10. 苏州狮子林
11. 苏州艺圃
12. 苏州耦园
13. 苏州退思园
14. 苏州沧浪亭
15. 沈阳市东陵公园
16. 沈阳市北陵公园
17. 济南市趵突泉公园
18. 扬州个园
19. 扬州何园
20. 长春世界雕塑公园

第二批国家重点公园名单

1. 邯郸市丛台公园
2. 苏州市虎丘山
3. 扬州市瘦西湖公园
4. 常州市红梅公园
5. 南京市玄武湖公园
6. 无锡市梅园
7. 无锡市锡惠公园
8. 镇江市金山公园
9. 衢州市府山公园
10. 湖州市莲花庄公园
11. 合肥市环城公园
12. 厦门市园林植物园
13. 厦门园林博览苑
14. 厦门市中山公园

15. 福州市罗星塔公园
16. 泉州市东湖公园
17. 九江市南湖公园
18. 济南市大明湖
19. 武汉市中山公园
20. 武汉市黄鹤楼公园
21. 重庆市南山植物园
22. 重庆市鹅岭公园
23. 广州市越秀公园
24. 深圳市仙湖植物园
25. 深圳国际园林花卉博览园
26. 深圳市莲花山公园

第三批国家重点公园名单

1. 北京市中山公园
2. 北京市景山公园
3. 北京市香山公园
4. 北京市紫竹院公园
5. 北京市陶然亭公园
6. 重庆动物园
7. 银川市中山公园
8. 柳州市柳侯公园
9. 长沙市湖南烈士公园
10. 新绛县绛守居园池公园

（资料整理：廖远涛，陶琳，广州市城市规划勘测设计研究院）

编后语

2009年是新中国建国60周年。60年前，中华人民共和国宣告成立，开辟了中国历史新纪元。回望这60年，时光荏苒，沧桑巨变，波澜壮阔。在中国共产党的领导下，中华大地发生了翻天覆地的社会进步，特别是改革开放30多年来，祖国的城镇化水平高速增长，激励着每一个中华儿女发愤图强，为祖国的日益强盛和欣欣向荣而倍感自豪。

21世纪第一个十年匆匆走过。这是一个风雨兼程、机遇与挑战并存的十年。2008年冬天，国际金融危机袭击我国，导致2009年成为新世纪以来我国经济发展最为困难的一年。国际金融危机持续扩散蔓延，世界经济严重衰退。在此国际大环境的冲击下，我国经济社会发展遇到重重困难。但是在党中央、国务院的正确领导下，举国上下从容应对，坚定信心，共克时艰，有效遏止了经济明显下滑的态势，率先实现经济形势总体回升向好。通过全国人民一年的努力，我国稳住了经济，稳定了就业，保持了社会的安宁。2009年我国的城市发展同样取得了好成绩。2009年也是澳门回归10周年纪念。回归10年的经济社会发展已使澳门成为全球最活跃的微型经济体，拥有名列亚洲第二的人均GDP。在“一国两制”的框架下，我们完全有信心、有智慧、有能力解决祖国统一的难题。为此，《中国城市发展报告（2009）》的主题确定为“中国城市发展60年取得的伟大成就”，“构建和谐城市，应对金融危机，扩大社会保障”。

在本期的《中国城市发展报告》中，我们邀请了几十位院士、专家和学者围绕《报告》主题内容撰稿。2009年《报告》除了全面反映建国60年城市发展光辉历程所取得的伟大成就外，还对2009年当年城市发展中的重大事件和典型案例做了报道或综述。

由中国市长协会主办、国际欧亚科学院中国科学中心承办编写的《中国城市发展报告》已走过了五周年。2009年《报告》即将出版发行，2010年的帷幕即将拉开。

在新的一年，以“城市，让生活更美好”为主题的世界博览会和“盛世亚运”将分别在中国的上海和广州举行。我们热忱欢迎国际友人们共襄盛会，在中国城市发展的旋律中，共建和谐城市，共同谱写增进了解和友谊的新篇章！

我们恳切希望各个城市的决策者、管理者和研究人员以及广大读者多提宝贵意见，帮助我们进一步改进编写工作，提高编写质量，把《中国城市发展报告》编写得更好。

国际欧亚科学院中国科学中心

城市科学学部副主任　国际欧亚科学院院士

执笔　戴逢

2009年12月28日